따라 하면서 마스터하는
네트워크와 네트워크 보안 2/e

실무로 이해하는 네트워크 및 네트워크 보안의 개념과 원리

따라 하면서 마스터하는
네트워크와 네트워크 보안 2/e

실무로 이해하는 네트워크 및 네트워크 보안의 개념과 원리

현정훈 지음

ili
에이콘

지속적으로 변화하는 IT 기술에 맞춰, 안정적인 서비스 제공을 위한 네트워크 기술 역시 빠르게 발전하고 있습니다. 특히 빠른 속도와 신뢰되는 서비스를 제공해야 하는 증권 금융 분야의 네트워크 기술의 중요성은 계속 강조해도 지나치지 않습니다.

저자는 증권 금융 네트워크 분야의 베테랑으로, 20년 이상의 국가 기반시설 증권 금융 네트워크 인프라 구축 및 운영 실무 경험과 노하우를 전달하고 있습니다. 운영 이론과 실무 사례를 체계적으로 설명하고 있어 입문자들은 네트워크 인프라의 핵심이 되는 기술을 상세하게 접할 수 있습니다.

다른 책과 차별화되는 강력한 특징은 수많은 사례와 설정 값에 저자의 내공이 고스란히 녹아 있다는 것입니다. 전반적으로 소개되는 실용적인 사례들은 현업에서 바로 사용할 수 있어 네트워크 엔지니어들이 실무용 참고서적으로 유용하게 활용할 수 있습니다.

정보 보안을 공부하거나 관련 업무를 하면서 네트워크 기반 지식에 대한 깊은 갈증을 느끼는 분들에게도, 사막을 헤매다 오아시스를 만난 것처럼 네트워크 공부의 길잡이가 돼줄 것입니다. 네트워크 기반 지식에 대한 이해가 선행되면 정보 보안 업무의 이해도 또한 높아질 것이 분명하기에, 정보 보안 공부를 하는 분들도 이 책을 통해 네트워크 기반 지식 습득에 도움을 받길 추천합니다.

이 책은 네트워크에 대한 이해의 폭을 넓히고자 하는 분들에게 큰 도움이 될 보물상자와 같은 책입니다.

코스콤 이현정

| 지은이 소개 |

현 정 훈

전자공학을 전공하던 대학 시절 컴퓨터 통신에 심취한 때가 있었다. 당시 컴퓨터 통신이라는 분야는 지금처럼 인터넷이 대중화가 되기 전이라 TCP/IP를 제대로 접하게 된 것은 1995년 (주)한국증권전산에 입사하고부터였다. 통신시스템, IT인프라 및 네트워크 관련 부서에서 25년간 근무했으며, 컴퓨터 통신이론을 실무에서는 어떻게 활용하는지 패킷스위치 장비부터 다양한 TCP/IP 장비를 다뤄 봤다. 이론과 실무는 많이 다르다는 것을 느꼈지만 이론이 바탕이 돼야 실무를 접하는 데 도움이 된다고 지금에서야 생각하게 됐다.

또한 다년간 네트워크 구축 · 운영 실무를 하면서 느낀 점은 네트워크를 구성했다고 해서 서비스가 정상적으로 돌아가지는 않으며, 방화벽이나 침입탐지시스템과 같은 정보보호시스템이 필요한 부분에 반드시 구축돼야 한다는 점이다. 정보보호 분야를 모르고서는 네트워크 인프라의 깊이를 논할 수 없다는 것을 느꼈다. 학업으로 정보보호대학원에서 네트워크 보안 및 사이버 침해대응 부분에 많은 관심을 가지고 학교에서 얻은 지식을 실무에 적용하고자 노력하고 있다.

현재는 (주)코스콤(구 (주)한국증권전산)에서 정보보호운영팀장을 거쳐 네트워크운영팀장을 맡고 있다.

정보통신 감리사, CCIE^Certified Cisco Internetwork Expert Routing & Switching, CCIE Security 자격증, 국제공인 정보시스템 보안전문가^CISSP, Certified Information System Security Professional를 보유하고 있다.

25년간 네트워크와 정보보호 실무를 담당하면서 네트워크와 정보 보호는 항상 함께 갈 수밖에 없는 관계라는 것을 절실히 느끼고 있습니다. 네트워크 실무를 담당한 것은 입사 때부터지만 정보 보호는 2007년부터 관심과 필요성을 느끼고 있었으며, 실무를 담당한 것은 2014년부터입니다.

네트워크 실무라고 하면 라우팅^{Routing} 및 스위칭^{Switching}이 네트워크 기술을 대표한다고 볼 수 있지만 요즘에는 네트워크 기술도 다양하게 적용되며, 네트워크 보안도 네트워크 실무에서 반드시 접하게 됩니다.

정보 보호라는 용어를 접할 때는 모의해킹, 피싱, 파밍, 해커, 사이버 침해, 포렌식 등과 같은 어려운 용어들을 접하게 됩니다. 여기서는 네트워크 보안에 필요한 요소인 네트워크 보안 시스템에 대한 부분을 다뤘습니다. 네트워크 보안은 정보 보호의 일부분이고, 정보 보호를 실천하기 위한 기반이라고 생각합니다.

인프라 관점에서 네트워크 실무와 네트워크 보안을 접한다는 것은 참으로 매력적인 일입니다. 정보 보호 업무를 담당하고 있던 사람들 중 많은 분들이 네트워크가 어렵다고 말합니다. 또한 네트워크 업무를 담당하는 사람들 중 많은 분들이 정보 보호는 어렵다고 합니다. 저는 평소 "사람들이 어렵다고 느끼는 네트워크와 정보 보호를 쉽게 접하게 할 수 있는 방법은 없을까?"를 고민해왔습니다.

이 책은 오랫동안 접해온 네트워크 지식을 바탕으로 정보보호운영 팀원들과 함께 약 2개월 이상 네트워크 실무를 공부하면서 만든 자료를 많은 사람과 공유하고자 집필을 시작했습니다. 아울러 네트워크 업무를 하는 사람들이 네트워크 보안을 쉽게 접할 수 있도록 하고, 정보 보호 업무를 하는 사람들도 네트워크를 좀 더 쉽게 접할 수 있는 책을 만들고 싶었습니다.

처음에는 함께 일하는 동료들과 공부하고 경험한 내용을 정리하고 공유하는 수준에서 출발했습니다. 2015년 말쯤에 처음으로 공부한 내용이 정리된 교육 교재가 나왔고, 이 교재를 바탕으로 스터디를 시작을 했습니다. 스터디를 하면서 부족한 부분이 많다는 것을 느꼈습니다. 부족한 부분을 보충하는 과정에서 팀 동료 한 분이 책으로 출판해보는 것이 어떠냐고 권유했습니다. 그때까지만 하더라도 출판할 생각은 전혀 없었습니다. 가장 먼저 책을 만드는 것이 아무나 할 수 있는 일이 아니라고 생각했고 책을 낸다고 한들 누가 읽어주겠냐는 생각도 들었습니다. 그리고 '지금까지 만든 자료가 과연 책으로 나올 만한 내용일까?'라는 생각도 들었습니다.

한편으로는 재미있겠다는 생각을 하게 됐고, 25년간의 네트워크와 보안 경험을 정리해보는 것도 의미 있는 일이라 생각해 책을 쓰기로 결정했습니다.

시중에는 네트워크와 보안에 관한 책이 다양하게 나와 있습니다. 하지만 처음 접하는 독자들이 이해하기 어려운 부분이 많아 처음부터 끝까지 읽고 이해를 했다고 할 만한 책은 그리 많지 않을 것입니다. 일반적으로 접하지 않고 많이 쓰이지 않는 기술은 이런 기술도 있구나 정도로 이해하는 수준입니다. 이런 상황에서 '독자들이 느끼는 어려움을 해소할 수 있는 책을 쓰면 어떨까?'하는 생각을 하게 됐고, 책의 이름에 '실전 네트워크와 네트워크 보안 실무'라는 말을 넣었습니다.

1판은 운이 좋게도 2018년 세종도서 학술부문 선정도서가 되기도 했습니다.

아직도 부족한 부분이 많아서 1판의 제목과 어울릴 수 있는 내용으로 보완을 했으며, 실무에서 경험한 다양한 네트워크 구축 가이드, 구축 사례, 트러블슈팅에 대한 부분도 보강을 했습니다.

네트워크 운영자와 네트워크 보안 파트에서 업무를 임하는 독자들에게 조금이나마 도움이 될 수 있기를 바랍니다.

에이콘출판의 기틀을 마련하신 故 정완재 선생님 (1935-2004)

| 차례 |

이 책의 구성

이 책에는 네트워크와 네트워크 보안에 관련된 실무적인 내용을 기술했다. 네트워크 기술 분야에서는 라우팅^{Routing}과 스위칭^{Switching} 기술이 가장 중요하며, 이를 제대로 알기 위해서는 다양한 네트워크 개론과 네트워킹 프로토콜에 대한 지식이 바탕이 돼야 한다.

개념 학습과 예제 실습을 통해 네트워크 인프라를 어떻게 구축해야 하는지, 어떤 프로토콜을 사용해야 하는지, 네트워크가 어떤 것인지를 몸소 느낄 수 있도록 구성했다.

또한 네트워크 보안 분야에 대해서도 다뤘다. 인프라의 관점에서 봤을 때 네트워크 보안은 네트워크 실무 지식과 떼려야 뗄 수 없는 관계라고 할 수 있다. 사실 액세스 리스트나 가상 사설망^{VPN}이라는 분야는 네트워크 분야에 더 가까운 기술이다. 그러나 이 책에서는 이를 네트워크 보안으로 분류했으며, 암호화나 터널 기술 등과 같은 보안적인 기술은 순수 네트워크 기술과는 다르기 때문에 보안 분야로 구분했다. 따라서 네트워크에 관련된 지식이 있어야만 네트워크 보안을 쉽게 이해할 수 있을 것이다.

모든 시스템은 취약점이 없는 완벽한 상태로 출시되지 않는다. 네트워크 장비도 이와 마찬가지다. 이 책에서는 네트워크 장비는 어떠한 취약점이 있으며, 어떻게 대처해야 하는지를 기술했다.

현재 수많은 기업들이 인프라 보안에 많은 관심을 가지고 있다. 인프라를 구축할 때는 반드시 인프라의 구조적인 보안을 고려해야 한다. 하나의 네트워크를 구축할 때도 인프라 보안성 검토라는 단계를 반드시 거쳐야 한다. 마지막 부분에 인프라 보안성 검토의 실제 사례를 간단히 서술했다.

네트워크와 네트워크 보안은 유기적인 관계에 있다. 지금은 인터넷을 이용해 많은 일이 가능한 세상이고, 보안 또한 빼놓을 수 없는 필수적인 용어가 됐다. 그렇다면 보안을 먼저 해야 할까? 아니면 인터넷을 먼저 해야 할까? 나는 보안의 중요성을 더 강조하게 만든 인터넷이라는 네트워크를 먼저 알아야 한다고 생각한다. 즉, 인터넷은 어떻게 생겨났고 어떠한 구조를 가지고 있으며, 어떻게 동작하는지를 알아야 한다.

장별 내용

1장, 네트워크 개론에서는 통신의 개념과 데이터 통신이란 무엇이며, 데이터 통신이 어떤 의미인지를 설명한다. 컴퓨터 네트워크에서 테이터 통신을 할 때 인터네트워킹 Internetworking이 이뤄지는 과정, 그리고 통신 방식의 과거와 비교해 현재가 어떤가에 대해서도 설명한다.

2장, 네트워크의 개념에서는 데이터 통신의 기본 개념을 바탕으로 OSI 표준 프로토콜을 설명한다. 표준 프로토콜이 필요한 이유는 1장의 끝부분에 언급했다. 더 나아가 OSI 7 레이어와 각 레이어의 역할과 앞으로 이 책에서 다룰 TCP/IP 레이어를 설명한다.

3장, 네트워크 주소에서는 TCP/IP에서의 IP 주소에 대해 설명한다. 물론 이 책을 읽는 독자들은 잘 알고 있을 것이라 생각하지만, 한 번쯤 쉬어가는 장으로 생각하고 읽어주기 바란다. IP 주소는 네트워킹에 있어서 의미 있는 정보를 전달하는 기본 색인이라 할 수 있다.

그런데 IP 주소만 알고 있으면 네트워킹을 할 수 있을까? 그렇지 않다. IP 주소와 항상 함께 따라다니는 서브넷 마스크, 클래스라는 용어도 함께 알아야 한다. 여기서는 IP 주소 체계 및 무엇을 알아야 정보를 전달하는 데 필요한 네트워킹이 가능한지를 알아본다.

4장, 네트워크 연결에서는 X.25, HDLC 및 프레임 릴레이$^{Frame-Relay}$에 대해 간단히 소개한다. 이 중에서 프레임 릴레이는 네트워크 토폴로지 실습에서 WAN 프로토콜로 사용되기 때문에 개념과 특성에 대해 기술한다. 그리고 앞으로 계속 접해야 하는 이더넷^{Ethernet}에 대해서는 프로토콜의 특징, 구조 및 네트워크 장비에 사용되는 방식 등 관련 내용을 상세히 설명할 것이다.

5장, 라우팅은 네트워크에서의 스위칭과 함께 필수적인 내용이다. 동일 네트워크상의 연결이나 데이터 전송에는 MAC 주소가 이용되지만, 서로 다른 네트워크상의 연결이나 데이터 전송에는 라우팅 기술이 이용된다. 라우팅에는 다양한 방식의 프로토콜이 있다. 5장에서는 이런 다양한 라우팅에 대한 기술 및 각 기술에 대한 특성을 알아보고, 적용에 따른 결과가 어떻게 나타나는지에 대해서도 실습을 통해 알아본다.

6장, 라우팅 프로토콜에서는 네트워크 토폴로지상에서 목적지로 가는 경로를 결정하는 중요한 역할을 하는 라우팅 프로토콜에 대해 알아본다. 라우팅 프로토콜은 라우팅 테이블을 생성하기 위한 다양한 경로 정보를 만들어준다. 라우팅 테이블에는 다양한 목적지에 대해 경유지(Gateway 또는 Next Hop)를 나타내며, 라우팅 프로토콜에 의해 생성된 여러 가지 경로 중 최적의 경로가 등록된다. 6장에서는 정적^{Static} 및 동적^{Dynamic} 라우팅 프로토콜에 대한 특성 및 라우팅 테이블이 생성되는 원리를 알아본다. 그리고 네트워크 구축에 있어 라우팅 프로토콜의 적용을 실습해본다.

7장, 스위칭에서는 2계층 및 3계층 스위칭에 대해 반드시 알아야 하는 네트워크 기술과 네트워크를 구축할 때에는 어떤 스위칭 기술이 사용되고, 어떤 부분을 주의해야 하는지에 대해 알아본다. 네트워크에 있어서 스위칭 기술은 라우팅 기술 못지않게 중요한 부분을 차지하고 있다. 네트워크를 처음 접할 때는 기본적으로 라우팅 및 스위칭 기술을 접하게 되므로 스위치에 대한 전반적이면서도 꼭 알아야 하는 기술 위주로 설명한다.

8장, 네트워크 보안에서는 이제까지 배운 라우팅과 스위칭에 대한 개념 및 기술, 네트워크의 설계 및 구축에서 한 단계 더 들어간 네트워크 보안과 관련된 내용을 다룬다.

네트워크에 관련된 기술을 갖춘 후에는 네트워크 보안을 하지 않으면 안 된다. 8장에서 네트워크의 취약점에 관련된 부분을 간단한 팁으로 제공한 것은 네트워크 엔지니어들은 현재의 네트워크 엔지니어로 머물러서는 안 된다는 생각 때문이다. 네트워크에 관련된 지식을 충분히 보유하고 있다면 네트워크 보안을 더 쉽게 접할 수 있을 것이다.

9장, 인프라 보안에서는 네트워크 보안에서 살펴본 네트워크 기능이나 요소별 보안이 아닌 좀 더 넓은 시야에서 보안을 바라본다. 과거의 인프라 보안은 어느 수준이며, 현재의 보안 수준은 과거에 비해 얼마나 진화했는지를 알아본다. 인프라 요소별 다양한 보안 솔루션이 구축 운영되고 있는데 대체적으로 어떤 요소에는 어떠한 보안 시스템(솔루션)이 적용되는지에 대해 알아본다. 마지막으로 인프라가 어떻게 새롭게 구축되는지와 변경이 발생할 때 항상 따라다니는 보안성 검토라는 절차는 무엇인지에 대해 알아본다.

10장. 트러블 슈팅에서는 다년간 네트워크 시스템을 운영하다가 겪은 장애 및 발생 원인과 해결 방안에 대해서 15가지 사례를 들어 설명했다. 네트워크 관련 장애는 운영자가 네트워크 인프라 구축 시 고려하지 못한 부분에서 발생했음을 알 수 있다. 네트워크 인프라를 구축함에 있어 상세한 네트워크 설계와 장애가 발생할 수 있는 요소에 대해서 파악하고 대응해야 한다. 원인 분석과 해결방안을 바탕으로 향후 네트워크 인프라를 구축할 때 많은 도움이 될 수 있을 것이다.

11장. 네트워크 및 정보 보호 인프라 구축 사례는 크게 세 가지 유형으로 나눠 설명하는데, 인터넷을 이용한 외부망, 전용선을 이용한 외부망 및 내부 업무망에 대한 구축을 예로 들었다. 대내·외 서비스망을 구축할 때 요소별 장애대비 업무의 연속성을 고려했으며, 필요한 부분에 정보보호시스템을 구축했다. 정보보호시스템을 포함한 전체 네트워크 인프라를 구축함에 있어서 고려해야 할 부분을 구체적으로 제시했다.

이 책의 활용법

네트워크 기반 지식에서 네트워크 보안에 이르기까지 네트워크의 전반적인 지식을 이해할 수 있는 학습서다. 네트워크 기반을 다진 후에 네트워크 보안, 더 나아가 정보 보호까지 이해하기 위해 기반을 다지는 수단으로 활용하기에 적절하다. 네트워크 지식과 취약점을 함께 다루고 있으므로 항상 네트워크를 구축할 때 인프라 보안적인 요소를 숙지해 구축하는 데 도움이 될 것이다. 각 장의 마지막에 네트워크 취약점에 대해 기술한 부분은 실무에 바로 적용해야 하는 보안적인 요소로서 인프라 실무를 접하는 사람들에게 매우 유용할 것이다.

이 책의 대상 독자

네트워크 실무 종사자나 입문자 및 정보 보호 입문자 및 네트워크 보안 실무자를 대상으로 한다.

정오표

정오표는 에이콘출판사의 도서정보 페이지 http://www.acornpub.co.kr/book/practical-network-security-2e에서 확인할 수 있다.

질문

이 책과 관련해 질문이 있다면 이 책의 지은이나 에이콘출판사 편집 팀(editor@acornpub.co.kr)으로 문의해주길 바란다.

네트워크 개론

1. 통신의 개념

통신이란 어떤 목적을 가지고 한 지점에 있는 사람이 다양한 수단을 이용해 다른 지점에 있는 사람에게 의미 있는 정보를 전달하는 것이다. 다양한 수단이란 과거에는 소리나 멀리서 볼 수 있도록 불빛이나 연기를 이용한 봉화로부터 현재는 전기나 광신호를 이용한 디지털 통신을 말한다.

이 책에서는 전기신호를 이용한 통신을 다룬다. 전류를 매개로 하는 구리선과 같은 통신선로, 광신호나 광 파장을 매개로 하는 광케이블로 된 광선로와 같은 유선통신과 대기와 같은 공간을 매개로 다양한 전파대역(주파수)으로 정보를 전달하는 무선통신으로 분류된다.

통신에 있어서는 객체라고 할 수 있는 의미있는 내용과 그것을 실어나르는 전류, 광, 전파 등 매체와 같은 주체가 필수 요소다.

1) 데이터 통신

데이터 통신이란 IT 기기, 컴퓨터를 이용해 기계나 사람이 이해할 수 있도록 기호나 문자와 같이 일정한 형태를 가진 정보를 전달하는 것을 말한다. 데이터 통신의 목적은 출발지에서 데이터를 보내기를 원하는 임의의 목적지에 의미 있게 만들어진 정보를 전달하는 것이며, 목적지로 전달할 때 컴퓨터와 같은 수단을 이용해서 왜곡 없이 정확히 정보를 전달하는 것이다.

전달하는 과정에서는 사람이 이해하는 문자와 컴퓨터가 이해하는 2진수와 같은 디지털 신호로 상호 변환되는 과정은 반드시 거친다. 다만 사용자로서는 문자만 인식할 뿐이다.

데이터 통신을 하기 위해서는 데이터 통신시스템이 반드시 갖춰져야 한다. 소리는 공기와 같은 전달매체, 열은 열을 전달할 수 있는 열전도체, 데이터는 데이터를 전달할 수 있는 통신시스템과 같은 매체를 통해 데이터를 전달한다.

통신시스템을 이루는 매체를 간단히 살펴보면 컴퓨터와 같은 단말장치와 이것을 상호 연결해주는 통신단말이라고 하는 DTE^{Data Terminal Equipment}와 통신시스템 종단장치 DCE^{Data Circuit-Terminating Equipment}라는 시스템이 있다. DTE와 DEC 시스템의 중심에는 교환망이나 전용망을 구성하는 통신교환장치가 있다.

2) 컴퓨터 네트워크

여러 대의 컴퓨터 시스템을 공용 목적으로 상호 간 의미있는 정보를 전달하기 위해 통신회선을 연결한 것을 말한다.

여기에는 입력 및 출력 등 다양한 처리장치가 연결돼 있으며, 처리장치는 컴퓨터 하드웨어인 단말을 기준으로 봤을 때는 독립적으로 동작할 수 있지만, 각종 소프트웨어나 데이터베이스 같은 경우에는 공동으로 동작하기도 한다. 이러한 다양한 컴퓨팅 시스템이 유기적으로 연결돼 있고, 상호 연동하고 있는 네트워크를 '컴퓨터 네트워크'라고 한다.

2. 인터네트워킹의 정의

인터네트워킹Internetworking은 네트워크와 네트워크를 연결해 의미 있는 데이터를 전달하기 위한 네트워킹을 말한다. 이는 하나 이상의 네트워크가 상호 물리적 연결을 바탕으로 한 논리적 연결로 데이터를 전달할 수 있는 구조로 이뤄져 있다는 것을 의미한다. 사용자의 입장에서 보면 물리적이든, 논리적이든 데이터를 전달함에 있어서 상호 명확한 네트워킹이 이루어진다는 의미다. 이런 의미에서 트랜스페어런트 네트워킹Transparent Networking이라고도 한다.

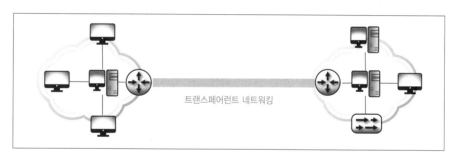

트랜스페어런트 네트워킹

그림 1-1 인터네트워킹의 구조

3. 통신의 진화

통신의 진화는 의미 있는 정보를 전달하는 방법으로, 다양한 형태와 방법으로 발전해 왔다. 여기서는 실시간 통신의 역사를 기준으로 전화를 이용한 시점부터 살펴볼 것이다. 이 시점에는 회선 교환이라는 통신 기술이 존재한다. 우선 회선 교환 방식에서부터 현재의 IP 통신인 TCP/IP까지 간단히 살펴보자.

그림 1-2 통신 방식의 진화

초장기 통신의 수단으로 전화 교환기라는 **회선 교환** 시스템을 이용했으며, 저속 및 제한된 영역에서만 이용할 수 있었다. 또한 일단 점유된 회선은 해제될 때까지 다른 사용자가 사용할 수 없는 구조를 가지고 있었다. 이러한 회선 교환의 비효율성과 불편한 점을 개선하기 위해 효과적인 통신 방식인 **패킷 교환** 방식을 실현한 프레임 릴레이 Frame-Relay와 비동기 전송 방식ATM이 등장했다. 이 방식의 등장으로 메시지를 이용한 데이터 분할 통신이 이뤄졌으며, 효율적인 회선 대역을 사용할 수 있게 됐다.

비약적인 통신의 발전을 가능하게 만든 **TCP/IP**는 OSIOpen System Interconnection의 일환으로, 표준 이더넷의 등장과 근거리 통신(다소 거리의 제약은 있지만) 및 장거리 통신까지의 확대는 **TCP/IP**가 지금까지 급속한 데이터 통신의 발전을 기여하게 된 전환점이라고 할 수 있다.

4. TCP/IP

앞으로 다루게 될 네트워크 기술 및 통신 방식은 모두 IP 통신 방식이 될 것이다. 1장에서는 간단하게 언급하고 2장부터 본격적인 개념 정의를 하고자 한다.

TCP/IP는 현재까지 널리 사용되는 인터네트워크의 핵심 프로토콜이다. 인터넷을 비롯한 IP 통신에서 전송되는 의미 있는 데이터들은 패킷이라는 일정한 크기의 조각들로 분할돼 인터넷과 같은 많은 네트워크 디바이스로 구성된 네트워크 경로를 통해 전달되며, 목적지에 도달한 패킷 조각들은 원래의 데이터로 재조립되게 하는 기능을 수행한다.

또한 앞으로 나오게 될 프로토콜Protocol은 데이터를 전달하기 위한, 사람과 사람 간에 의사소통을 하는 언어와 같은 규약이라고 할 수 있다. 컴퓨터 사이에 의미 있는 데이터를 전달하기 위해서는 데이터 전달에 있어서의 오류를 최소화해야 한다. 의미 있는 정보가 제대로 정확하게 전달되기 위해 만들어진 규칙을 모아놓은 것이 통신 프로토콜이라고 이해하면 된다. 통신에서 사용되는 프로토콜은 통신 디바이스 간 연결 및 데이터를 전달하는 방법을 포함하고 있으며, 프로토콜이 이해하는 데이터의 형식과 이를 제대로 전달하기 위해 오류를 찾아내는 방법, 전달하는 데 있어서의 통신상 속도bps 등을 정의한 것이다.

통신 디바이스와 컴퓨터 등 서로 다른 종류의 통신이 가능한 기기들은 각각 전달하는 방식을 보유하고 있지만, 이러한 이기종의 통신 디바이스 간에 의미 있는 데이터를 전달하기 위해서는 다양한 디바이스가 인식할 수 있는 표준 프로토콜을 정의하고 적용해야 한다. 이에 이용되는 통신 프로토콜 가운데 대표적인 것이 TCP/IP[1]다.

---

1 TCP/IP는 패킷 통신 방식의 인터넷 프로토콜인 IP(인터넷 프로토콜)와 전송 조절 프로토콜인 TCP(제어 프로토콜)로 이뤄져 있다. IP는 패킷 전달 여부를 보증하지 않고, 패킷을 보낸 순서와 받는 순서가 다를 수 있다(unreliable datagram service). TCP는 IP 위에서 동작하는 프로토콜로, 데이터의 전달을 보증하고 보낸 순서대로 받게 해준다. HTTP, FTP, SMTP 등 TCP를 기반으로 하는 많은 수의 애플리케이션 프로토콜들이 IP 위에서 동작하기 때문에 이를 묶어 TCP/IP라고 부르기도 한다(출처: 위키백과사전).

표 1-1 인터넷 프로토콜 스택의 계층 구조

응용 계층(L5)	DNS, TFTP, TLS/SSL, FTP, HTTP, IMAP, NNTP, POP3, SMTP, SNMP, SSH, 텔넷, ECHO, RTP, PNRP, rlogin, ENRP, …
트랜스포트 계층(L4)	TCP, UDP, DCCP, SCTP, IL, RUDP, …
인터넷 계층(L3)	IP(IPv4, IPv6), …
네트워크 인터페이스 계층 (L1, L2)	이더넷, Wi-Fi, 토큰링, PPP, SLIP, FDDI, ATM, 프레임 릴레이, SMDS, …

 네 트 워 크 보 안 1

예측이 어려운 패스워드 설정

네트워크 장비를 비롯한 대부분 장비들은 기본 패스워드를 가지고 있다. 네트워크 장비의 경우에는 이 부분을 특히 간과하기 쉬우며, 반드시 변경하되 예측이 어려운 복잡한 패스워드로 설정할 것을 권고한다. 그 이유는 무작위 대입 공격(Brute Force Attack)을 통한 패스워드 습득이 불가능하기 때문이다.

■ 패스워드 설정 시 복잡성 권고 규칙

- 암호는 최소 9자 이상이어야 한다.
- 3개 이상의 연속 문자나 숫자는 포함하지 않아야 한다.
- 대문자는 최소 한 글자 이상 입력해야 한다.
- 최소 한 글자 이상의 특수문자를 입력해야 한다.

불필요 서비스 비활성화

현재 생산되는 네트워크 장비는 많은 기능을 지원하고, 기본 상태가 활성화돼 있다. 대표적인 서비스의 예로는 http, tftp, bootp 등을 들 수 있다.

이러한 활성화된 서비스의 취약점을 통한 침해의 우려가 있으며, 목적에 맞는 서비스만 활성화해 적용함으로써 장비의 취약점 및 낭비적인 성능 이슈를 제거하는 것이 필요하다.

■ 기본적으로 활성화된 서비스

```
ip domain lookup
ip http server
ip http secure-server
ip bootp server
```

■ (보안 적용) 활성화된 서비스 비활성화

```
SW1(config)#no ip domain lookup
SW1(config)#no ip http server
SW1(config)#no ip http secure-server
SW1(config)#no ip bootp server
```

Finger 서비스

Finger 서비스는 시스템에 등록돼 있는 사용자뿐만 아니라 네트워크를 통해 연결돼 다른 시스템에 접속돼 있는 사용자에 대한 정보를 보여준다. 사용자가 현 시스템을 사용하는 도중에 현재 로긴한 시스템이나 원격 시스템의 사용자들에 대한 정보를 자세히 알고자 하는 경우에는 Finger 명령어를 사용해야 한다.

■ finger만 입력했을 때 기본적으로 확인할 수 있는 정보

```
- user name
- user's full name
- terminal name(prepared with a '*' if write-permission is denied)
- idle time
```

- login time
- host name, if logged in remotely

■ 적용 예

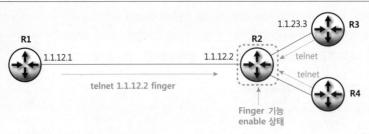

```
R1#telnet 1.1.12.2 finger
Trying 1.1.12.2, 79 ... Open

    Line        User      Host(s)       Idle       Location
    0 con 0               idle         00:00:30
   98 vty 0               idle         00:00:18       1.1.23.3
   99 vty 1               idle         00:00:05       1.1.24.4
 *100 vty 2               idle         00:00:00       1.1.12.1

  Interface    User      Mode          Idle       Peer Address
```

※ Finger 서비스가 disable되었을 경우

```
R1#telnet 1.1.12.2 finger
Trying 1.1.12.2, 79 ...
% Connection refused by remote host
```

■ (보안 적용) 네트워크 장비에서 Finger 기능의 비활성화 조치 필요(disable)

R2(config)#no service finger or R1(config)#no ip finger

2

네트워크 개념

1. OSI란?

OSI^{Open System Interconnection}는 동일한 통신 수단을 가진 컴퓨터끼리만 통신하는 폐쇄형 시스템이 아닌 다양한 통신이 가능한 디바이스가 서로 의미 있는 데이터를 주고받을 수 있도록 표준 프로토콜을 사용하게 하는 개방형 시스템 간의 통신 연결을 의미한다. 여기서 개방형이란 같은 종류의 시스템끼리만 통신이 가능하던 종래와 달리, 시스템의 종류나 구현 방법, 시스템의 규모 등 조건에 제약을 받지 않고 서로 다른 시스템끼리 연결해 통신이 가능하도록 한 것을 말한다. 참조 모델은 네트워크 시스템 구성 요소들이 서로 결합하는 방법과 구성 요소들 사이의 인터페이스에 대한 표준 제시 시스템 간 정보 교환만 다루는 것이 아니라 시스템끼리 어떤 공동의 일을 하기 위한 상호 협력 관계에 있다.

2. OSI 7 계층

OSI 7 계층^{Layer}은 ISO^{International Standard Organization, 국제표준화기구}에서 개발한 모델로, 컴퓨터 네트워크 프로토콜 디자인과 통신을 계층으로 나눠 설명한 것이다. 일반적으로 OSI 7계층 모델이라고 한다. 다시 말하면, 이기종 시스템 간의 통신을 기술적인 독립성, 기능적인 공통성 등의 관점에서 7개의 계층과 각 계층 간의 프로토콜을 규정한 통신상의 구조를 나타낸다.

OSI 7 계층은 프로토콜을 기능별로 정의해 나눈 것으로, 각 계층은 하위 계층의 기능만을 이용하고, 상위 계층에게 기능을 제공한다. 여기서 프로토콜 스택이란 프로토콜이 구현된 시스템을 의미하는데, 프로토콜 스택은 하드웨어나 소프트웨어 또는 둘이 혼합된 구성이 될 수 있으며, 일반적으로 하위 계층들은 하드웨어로, 상위 계층들은 소프트웨어로 구현된다.

1) 응용 계층

■ 응용 계층

응용 계층^{Application Layer}(7 계층)은 사용자 인터페이스라고 정의하며, 이 계층에서는 사용자가 인식하고 있는 애플리케이션을 하위 계층인 표현^{Presentation} 계층과 상호 작용할 수 있는 데이터 스트림을 전달한다.

[용도] 응용 프로그램 실행, 제어, 접근 관리 등
[사용 프로토콜] E-mail, File Transfer, Web Application, File Service, Host Session 등

■ 표현 계층

번역을 담당하며 응용 계층에서 하는 데이터 스트림의 형식을 담당하는 역할을 대신 해준다. 이 계층에서는 MIME[1] 인코딩이나 암호화 등과 같은 동작이 이뤄진다. EBCDIC[2]로 인코딩된 문서 파일을 ASCII로 인코딩된 파일로 바꿔주는 것이 예다.

[용도] 각 시스템의 데이터를 표현하는 문법 등

[사용 프로토콜] SMTP, POP, FTP, HTTP, NFS, 텔넷 등(응용 계층과의 경계가 약간 모호함)

■ 세션 계층

세션 계층Session Layer(5 계층)은 TCP/IP 세션을 생성하거나 없애는 역할을 하며, 양쪽 End-to-End 간 응용 프로세스는 통신을 유지, 관리하기 위한 방법을 제공한다. 전이중 통신 방식Full duplex, 반이중 방식half-duplex의 통신과 함께 세션의 유지, 종료, 재설정 등을 수행한다.

[용도] 각 시스템의 데이터를 표현하는 문법, TCP 세션 관리 등

[사용 프로토콜] POP/25, 20/21, 80, RPC Portmapper, 23 등

2) 데이터 전달 계층

■ 전달 계층

전달 계층Transport Layer(4 계층)은 양쪽 사용자들이 유효성과 효율성을 바탕으로 신뢰성 있는 데이터를 주고받을 수 있게 해주고, 오류를 제어하며, 특정 연결의 유효성을 제어한다. 이 계층에서 사용하는 프로토콜 중에서는 상태 개념Stateful의 특성을 가진 프로토콜과 연결 기반의 특성을 가진 프로토콜이 있다. 전달된 패킷들의 전송 유

---

1 Multipurpose Internet Mail Extension의 약자로, ASCII 기반의 메시지 형식을 유지하면서 메시지 내용에 멀티미디어 데이터 인코딩 방법을 추가로 정의하는 것을 말한다. 전자메일에 보편적으로 사용된다.

2 Extended Binary-Coded Decimal Interchange Code의 약자로, 확장 2진화 10진 코드다.

효성을 확인할 수 없는 경우에는 재전송을 요구한다. 대표적인 프로토콜의 예로는 TCP를 들 수 있다.

[용도] 송신자와 수신자 사이의 안전한 전송 확인

[사용 프로토콜] TCP, UDP

■ 네트워크 계층

네트워크 계층Network Layer(3 계층)은 데이터를 전달하는 데 있어서 많은 통신상 노드를 지날 때마다 경로를 찾아주는 역할을 하는 계층이다. 다양한 크기를 가진 데이터를 네트워크 경로를 통해 전달하거나 전달하는 과정에서 상위 계층이 요구하는 신뢰성을 제공하기 위해 기능적, 절차적 수단을 제공한다.

네트워크 계층에서는 라우팅, 흐름 제어, 데이터 분할, 오류 제어 및 네트워킹 등을 수행한다. 네트워크 계층에서의 핵심은 라우팅과 스위칭이라고 할 수 있다. 데이터를 라우팅이나 스위칭을 이용해 연결된 다른 네트워크로 전달함으로써 인터넷과 같은 데이터 통신을 가능하게 만드는 계층이다. 계층적인 구조를 가지고 있으며, 사용자가 네트워크 주소IP Address를 직접 할당할 수 있다.

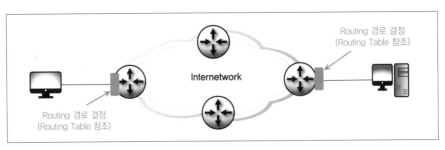

그림 2-1 인터네트워크 라우팅 개념

[용도] 데이터의 정확한 전송을 위한 경로 배정

[사용 프로토콜] IPInternet Protocol 버전 4, 6

■ 데이터링크 계층

데이터링크 계층Data Link Layer(2 계층)은 CRC 기반의 오류 제어를 이용해 신뢰성 있는 전송을 보장하기 위한 계층으로, 흐름 제어를 가능하게 해준다. 네트워크를 통한 데이터를 전달하고, 하위 계층에서 발생하는 오류를 찾으며, 수정할 수 있는 수단을 제공한다. 데이터링크 계층에서는 MAC[3] 주소MAC Address라는 네트워크 인터페이스 카드에 고유의 하드웨어 주소를 할당한다. 데이터링크 계층의 대표적인 프로토콜로는 이더넷을 들 수 있으며, 이 밖에도 HDLC, LLC 등과 같은 근거리 네트워크용 프로토콜이 있다. 네트워크 디바이스 중 브릿지나 허브 등이 이 계층에서 동작한다.

[용도] 물리적인 링크를 통해 신뢰성 있는 정보 전달

[사용 프로토콜] SLIP, PPP, 803.2, SNAP, Ethernet 등

■ 물리 계층

물리 계층Physical Layer(1 계층)은 네트워크상에서 물리적인 하드웨어 전송 기술을 다룬다. 다양한 하드웨어 기술이 물리적 인터페이스로 적용된다. 물리 계층은 OSI 7 계층의 계층 구조에서 가장 다양한 계층이라 할 수 있다. 데이터 링크 사이에서 프레임을 전달하기 위해 물리적인 커넥션Connection을 설정하거나 전송 매체에 알맞은 신호 변환 기능을 수행한다.

물리적인 서비스 단계Activating, Maintaining, Deactivating로 상위 계층으로부터 전송된 데이터, 즉 Bit 스트림을 물리적인 매체를 통해 다른 시스템으로 전송하는 서비스를 수행

---

3 MAC(Media Access Control) 계층(Layer): 물리적인 와이어상에서 프레임 전송 방법 정의
   · MAC 주소: 48bits(8octets) 구성

24bits(6Octets) 제조사 고유 식별자			24bits(6Octets) Network Interface Controller 고유 식별자		
8bits	8bits	8bits	8bits	8bits	8bits
A 1	B 2	0 C	E 1	1 D	9 F

한다. 기계적, 전기적, 기능적, 절차적 방법을 통해 물리적 매체에 액세스한다. 물리 계층은 타임 동기화와 1계층과 2계층 사이의 인터페이스 역할을 한다.

[용도] 물리 매체를 통해 실제적인 데이터를 Bit 스트림으로 전송, 데이터 송ㆍ수신, 하드웨어적인 연결 방법 제공

[사용 프로토콜] RS232, RS422, V.35, ISDN, ADSL 등

3. OSI 7 계층 vs TCP/IP 계층

OSI 7 계층 이외에도 네트워크 관점의 네트워크 계층이 있다. 이를 구조적으로 비교해보면 그림 2-2와 같다. 네트워크의 개념에서 볼 때 앞에서 언급한 Upper 레이어는 5계층부터 7계층까지를 응용 계층으로 보고 있다.

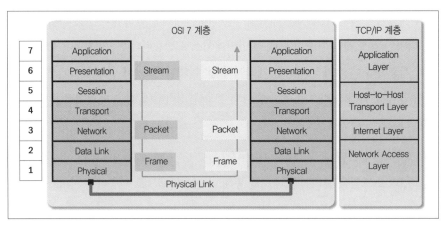

그림 2-2 OSI 7 계층 vs TCP/IP 계층

네트워크 관점에서 응용 계층(L5~L7)에서 흐르는 데이터는 데이터 스트림으로 본다. 네트워크 계층에서는 패킷으로 간주하며, 물리와 데이터 링크 계층에서는 프레임으로 간주한다.

4. OSI 7 계층 데이터 헤더 구조

OSI 7 계층에서 보는 헤더 구조는 계층별 데이터 사이즈를 달라지게 한다. 예를들어 사용자 데이터인 Upper 계층 데이터는 순수한 데이터로 보지만 하위 계층으로 내려가면서 TCP 헤더, IP 헤더, LLC 헤더, MAC 헤더가 포함돼 데이터 구조를 이루고 있다.

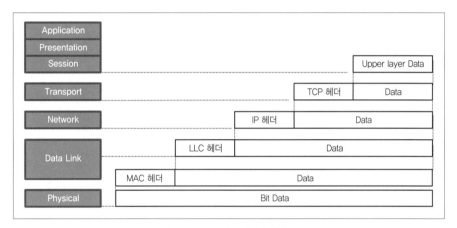

그림 2-3 OSI 7 계층 데이터 헤더 구조

본격적으로 라우팅, 스위칭을 배우기 전에 위와 같은 계층별 데이터 구조를 이해하고 있어야 한다. 데이터 구조를 이해한 후에 패킷 분석의 구조를 이해하면 복잡한 패킷에서 필요한 부분을 패킷 분석으로 적절하게 찾을 수 있는 역량이 생길 것이다.

 네트워크 보안 4

암호화된 패스워드 관리

네트워크 장비의 초기 패스워드는 텍스트 형태로 저장되기 때문에 Configuration 파일이 유출될 경우 네트워크 장비의 접근 패스워드도 함께 유출될 수 있기 때문에 패스워드 저장 시 암호화해 저장해야 한다.

■ (보안 적용) 시스코 장비 기준

• password 설정(텔넷, 콘솔)
• enable password 설정
• enable secret 설정(enable password보다 우선순위임)
• service password-encryption 설정(패스워드 암호화)

```
R1#show running-config

service password-encryption                    //전체 설정되는 패스워드 암호화 적용//
... ...
enable password 7 1158481406130A161E6B6A   //패스워드 암호화//
enable secret 7 1158481406130A161E6B6A     //패스워드 암호화//
... ...
line con 0                                  //콘솔 접속//
 exec-timeout 0 0
 privilege level 15
 password 7 134456435A1D152B2A3E32          //패스워드 암호화//
 logging synchronous
line vty 0 4                                //텔넷 접속//
 password 7 1158481406130A161E6B6A         //패스워드 암호화//
 login
```

NTP 동기

NTP(Network Time Protocol) 서버와 타임 동기를 통해 경고나 장애 이벤트가 발생했을 때 연관 시스템 로그와 대조해 원인을 파악하는 데 필요하다.

■ NTP 서버 연동 명령어(시스코 사 장비 기준)

```
R1#config terminal
R1(config)#ntp server 128.134.20.100      //NTP 서버 연동//
```

 네트워크 보안 6

미사용 보조 입출력 포트 차단 설정

현재 많은 기업이 사용하고 있는 네트워크 장비들은 Aux 포트, USB 포트 등 다양한 입출력 포트를 가지고 있다. 초기 설정을 위한 콘솔 포트가 가장 많이 사용되며, AUX와 같은 포트는 거의 사용되지 않는다.

최근 USB 포트를 지원하는 장비는 설정 값 등 로그 정보를 입·출력을 위해 많이 사용하고 있다. 설사 사용하더라도 초기에 사용하거나 특별한 경우에만 사용해야 하며, 장비의 정보의 유출이나 비인가 접속으로 인한 장애를 사전에 방지하려면 평상시에는 차단하는 것이 좋다.

■ 미사용 보조 입출력 포트 차단(시스코 사 장비 기준)

```
R1#config terminal
R1(config)#line aux 0
R1(config-line)#no password    //임의의 사용자 접속 차단//
R1(config-line)# transport input none   //임의의 입력 값을 받지 않음//
R1(config-line)#no exec   //임의의 명령어 실행 차단//
R1(config-line)#exec-timeout 0 1    //1초 후 자동 타임아웃 설정//
```

■ USB 포트의 경우에는 포트를 물리적으로 차단하는 방법이 있다

- USB 포트를 사전 봉인하는 데에는 일반 단말이나 서버 및 네트워크 장비에 삽입하는 방법을 주로 사용하고 있다.
- 완전 봉인과 특수한 키로만 제거 가능한 방법이 있다.

3

네트워크 주소

1. IP 주소

IP 주소는 인터네트워크상에서 패킷을 송수신하기 위한 출발지와 목적지를 구분하는 식별자다. 그림 3-1을 보면서 IP 주소에 대한 정확한 의미를 파악해보자.

IP 주소Internet Protocol Address, 인터넷 규약 주소는 인트라네트워크상에서 서로를 인식하고 데이터를 주고받기 위해 사용하는 IP 통신이 가능한 장치들이 가지고 있는 이름표와 같은 식별자다. IP 통신을 하기 위해서는 네트워크에 연결된 모든 장치가 각각 식별자를 가지고 있어야 한다. 이 식별자를 이용해 메시지를 보내는 송신자는 수신자의 식별자를 인식하고 메시지를 목적지로 보낸다. IP 주소를 간단히 IP라고 부르기도 하지만 IP는 인터넷 규약 자체를 가리키는 말이기 때문에 정확히 구별할 필요가 있다(출처: 위키백과사전).

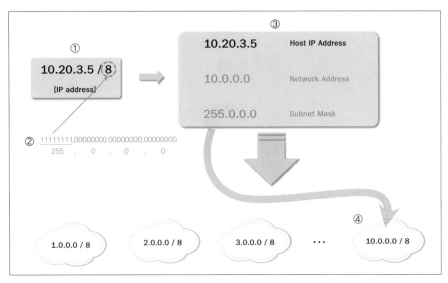

그림 3-1 IP 주소 체계

① 10.20.3.5/8은 하나의 호스트(단말, 서버 등)가 패킷을 전달하기 위한 식별자다. /8
   은 이진수로 32비트 중 앞단 8비트를 나타낸다. 이것이 서브넷 마스크다.

② 11111111.00000000.0000000.00000000 이진수 값은 255.0.0.0으로 나타내며,
   네트워크 대역을 구분하는 서브넷 마스크다.

③ IP 주소 10.20.3.5/8을 구분해 보면 Host IP 주소, 네트워크 주소, 서브넷 마스크
   로 구성돼 있는 것을 알 수 있다.

④ 다음 여러 개의 네트워크 대역 중 10.20.3.5/8 IP 주소가 속하는 네트워크 대역
   은 10.0.0.0/8임을 보여준다. 즉, 서브넷 마스크 255.0.0.0(/8)에 의해 구분되는
   네트워크 대역을 말한다.

2. 네트워크 주소

서브넷 마스크로 구분되는 개개의 호스트 IP 주소가 속하는 그룹을 말한다. 여기서 말하는 네트워크 주소는 하나의 IP 주소를 말하는 것이 아니라 각각의 IP 주소가 동일한 그룹 내에서 서로 IP 통신이 가능한 대역을 말한다.

 네트워크 주소 예시

- **192.168.10.0 255.255.255.0(/24)**
  - 네트워크 주소에 속하는 그룹의 호스트 주소: 192.168.10.1~192.168.10.254
  - 네트워크 주소 192.168.10.0/24는 C class를 서브넷 마스크로 가진 네트워크 주소다.

- **172.16.0.0 255.255.0.0(/16)**
  - 네트워크 주소에 속하는 그룹의 호스트 주소: 172.16.0.1~172.16.255.254
  - 네트워크 주소 172.16.0.0/16은 B class를 서브넷 마스크로 가진 네트워크 주소다.

- **10.0.0.0 255.0.0.0(/8)**
  - 네트워크 주소에 속하는 그룹의 호스트 주소: 10.0.0.1~10.255.255.254
  - 네트워크 주소 10.0.0.0/8은 A class를 서브넷 마스크로 가진 네트워크 주소다.

3. 호스트 IP 주소

일반적으로 IP 통신이 가능한 장비에는 반드시 자신의 식별자로 사용되는 IP 주소가 할당된다. 이러한 IP 주소를 호스트 IP 주소라고도 한다.

네트워크 장비의 경우 대부분 호스트 IP 주소는 수동으로 할당하는 경우가 많다. 그러나 일반 가정에서 사용하는 무선 인터넷 단말이나, 스마트폰과 같은 IP 통신 기기는 호스트 IP 주소를 수동으로 할당하지 않고 자동으로 미리 정해진 특정대역의 IP

주소를 할당받아서 IP 통신을 하는 경우가 대부분이다. 이렇게 자동으로 IP 주소를 할당하기 위해서는 DHCP라는 기능을 이용한 주소할당 서버가 있어야 하며, DHCP 서버와 IP 장비 사이에 DHCP 프로토콜이 맞아야 IP 주소를 자동으로 할당하고 통신을 할 수 있을 것이다. DHCP 서버에서 할당하는 IP 주소 대역은 주로 192.168.x.x 나 10.x.x.x와 같은 사설 IP 주소 대역이지만 이는 임의로 조정할 수 있다.

4. 브로드캐스트 주소 개념

브로드캐스트 주소는 논리적인 주소로 다중 접근이 가능한 네트워크 대역에 속해 있는 호스트 IP를 가진 모든 터미널이 패킷을 수신할 수 있는 주소, 즉 하나의 네트워크 대역에 전체(모든 호스트 주소)가 포함되는 주소 체계를 말한다.

 브로드캐스트 주소 예시

- **192.168.10.0 255.255.255.0(/24)**
  - 네트워크 주소에 속하는 그룹의 브로드캐스트 주소: 192.168.10.255
  - 네트워크 주소 192.168.10.0/24는 C Class를 서브넷 마스크로 가진 네트워크 주소다.

- **172.16.0.0 255.255.0.0(/16)**
  - 네트워크 주소에 속하는 그룹의 호스트 주소: 172.16.255.255
  - 네트워크 주소 172.16.0.0/16은 B Class를 서브넷 마스크로 가진 네트워크 주소다.

- **10.0.0.0 255.0.0.0(/8)**
  - 네트워크 주소에 속하는 그룹의 호스트 주소: 10.255.255.255
  - 네트워크 주소 10.0.0.0/8은 A Class를 서브넷 마스크로 가진 네트워크 주소다.

5. 네트워크 클래스

네트워크 클래스^{Network Class}는 네트워크 주소를 만들기 위한 호스트 주소가 속하는 범위를 말한다. 클래스별로 다양한 조건의 네트워크 주소를 표현할 수 있으며, 서로 통신할 수 있는 동일한 네트워크 대역을 마련해주는 역할을 한다.

네트워크 클래스에는 A, B, C, D, E 클래스가 있으며, 자세한 내용은 표 3-1을 참고하기 바란다.

표 3-1 네트워크 클래스 체계

클래스	IP 주소 첫 8비트	범위	IP 주소 범위	비고
A	0 X X X X X X X (0.0.0.0/8)	0~127	0.0.0.0~ 127.255.255.255	Network: 1.0.0.0~127.0.0.0 Host: 1.0.0.1 ~1.255.255.254 … … 127.0.0.1~127.255.255.254
B	1 0 X X X X X X (128.0.0.0/16)	128~191	128.0.0.0~ 191.255.255.255	Network: 128.0.0.0~191.255.0.0 Host: 128.0.0.1~128.0.255.254 … … 191.255.0.1~191.255.255.254
C	1 1 0 X X X X X (192.0.0.0/24)	192~223	192.0.0.0~ 223.255.255.255	Network: 192.0.0.0. ~ 223.255.255.0 Host: 192.0.0.1~192.0.0.254 … … 223.255.255.1~223.255.255.254
D	1 1 1 0 X X X X	224~239	224.0.0.0~ 239.255.255.255	Multicast 그룹 주소 224.0.0.0~239.255.255.255 A,B,C class IP 주소와는 달리 실제 호스트 주소가 아니며, 멀티캐스트 패킷 수신을 위해 수신자가 각 해당 주소 그룹에 속해 있는지의 여부를 판단해 패킷 수용 여부를 결정하는 용도의 IP 주소 Class 224.0.0.1(TTL=1)[1]

---

1 멀티캐스트 용도로 사용되는 D 클래스 중 224.0.0.1의 경우에는 TTL(Time To Live)=1로 멀티캐스트 데이터가 해당 네트워크 영역에서만 전달할 수 있다(다른 네트워크로 전파되지 않음, 네트워크 Hop을 넘어 전달되지 않음).

| E | 1 1 1 1 X X X X | 240~255 | 240.0.0.0~
255.255.255.255 | 연구용으로 예약된 주소 |

주) IP 주소(2진수 체계): XXXXXXXX(첫 8비트).XXXXXXXX.XXXXXXXX.XXXXXXXX

1) 서브넷 마스크

서브넷 마스크Subnet Mask는 IP 통신이 가능한 개개의 단말이나 서버가 할당 받은 호스트 주소와 네트워크 주소 부분을 구분할 때 사용하는 식별 방법을 말한다. 서브넷 마스크를 이용한 네트워크 규모에 따라 적당한 Class 주소 대역을 사용해야 한다.

표 3-2 클래스별 네트워크/호스트 관계

구분	네트워크 수	호스트 수	비고
A Class	127개	255x255x254개	가장 많은 호스트 수 필요
B Class	64x255개	255x254개	많은 호스트 수 필요
C Class	32x255x255개	254개	많은 네트워크 대역 필요

표 3-2는 대표적인 서브네팅이며, 이 밖에도 더 작은 영역(호스트 2개까지 가능)으로 서브네팅을 할 수 있다. 상세한 서브네팅 방법은 뒤에서 설명한다.

분리된 많은 네트워크 대역이 필요한 경우에는 클래스 중 C 클래스가 많은 네트워크 대역을 확보할 수 있다(32x255x255개).

동일한 네트워크 대역에서 많은 호스트 수가 필요한 경우에는 클래스 중 A 클래스, B 클래스를 주로 이용해 많은 호스트 수를 확보할 수 있다. 그러나 하나의 네트워크 대역에서 많은 호스트를 가지는 경우에는 대량의 브로드캐스트 데이터가 발생할 수 있으므로 적당한 네트워크 대역을 산정하는 것은 네트워크 설계 및 구축에 있어서 중요한 요소 중 하나다.

2) 브로드캐스트 주소

서브넷 마스크를 사용하면 네트워크 주소에 따라 브로드캐스트 영역을 구분할 수 있다.

브로드캐스트 영역을 구분하는 이유는 1개의 네트워크 대역 내 호스트 수를 제한하고 호스트 수에 맞게 적당한 네트워크 대역을 설계하는 것이 목적이며, 이는 IP 주소 대역의 효율적인 사용을 가능하게 한다.

서브넷 할당에 따라 다양한 네트워크 대역을 나눌 수 있다. 즉, 특정 네트워크 대역을 다양한 브로드캐스트 영역으로 나눌 수 있다.[2]

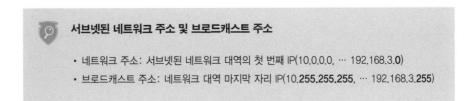

서브넷된 네트워크 주소 및 브로드캐스트 주소

• 네트워크 주소: 서브넷된 네트워크 대역의 첫 번째 IP(10.0.0.0, … 192.168.3.**0**)
• 브로드캐스트 주소: 네트워크 대역 마지막 자리 IP(10.**255.255.255**, … 192.168.3.**255**)

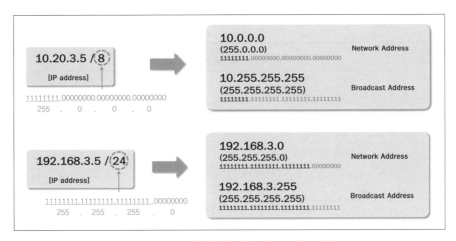

그림 3-2 IP 주소별 네트워크 주소 및 브로드캐스트 주소

---

2 동일한 대역의 네트워크에 많은 호스트가 존재할 경우에는 과도한 브로드캐스트 데이터가 발생하거나 해당 네트워크 대역에서 장비 부하 및 데이터 지연 등과 같은 통신상 문제가 발생할 우려가 있다.

3) 서브넷 마스크 네트워크

여기에서는 다양한 서브네팅으로 만들 수 있는 네트워크와 해당 네트워크에 속하는 호스트 수, 네트워크 주소 및 브로드캐스트 주소를 보여준다.

표 3-3 서브네팅을 통한 네트워크 주소, 브로드캐스트 주소 및 호스트 단말 수

서브넷 (호스트)	네트워크 주소 / 브로드캐스트 주소
/30 (2)	네트워크: 0, 4, 8, 12, 16, 20, 24, 28, 32, 36, 40, 44, 48, 52, 56, 60, 64, 68, 72, 76, 80, 84, 88, 92, 96, 100, 104, 108, 112, 116, 120, 124 브로드캐스트: 3, 7, 11, 15, 19, 23, 27, 31, 35, 39, 43, 47, 51, 55, 59, 63, 67, 71, 75, 79, 83, 87, 91, 95, 99, 103, 107, 111, 115, 119, 123, 127
/29 (6)	네트워크: 0, 8, 16, 24, 32, 40, 48, 56, 64, 72, 80, 88, 96, 104, 112, 120 브로드캐스트: 7, 15, 23, 31, 39, 47, 55, 63, 71, 79, 87, 95, 103, 111, 119, 127
/28 (14)	네트워크: 0, 16, 32, 48, 64, 80, 96, 112 브로드캐스트: 15, 31, 47, 63, 79, 95, 111, 127
/27 (30)	네트워크: 0, 32, 64, 96 브로드캐스트: 31, 63, 95, 127
/26 (62)	네트워크: 0, 64 브로드캐스트: 63, 127
/25 (126)	네트워크: 0 브로드캐스트: 127
/24 (254)	네트워크: 0 브로드캐스트: 255

서브넷 (호스트)	네트워크 주소 / 브로드캐스트 주소
/30 (2)	네트워크: 128, 132, 136, 140, 144, 148, 152, 156, 160, 164, 168, 172, 176, 180, 184, 188, 192, 196, 200, 204, 208, 212, 216, 220, 224, 228, 232, 236, 240, 244, 248, 252 브로드캐스트: 131, 135, 139, 143, 147, 151, 155, 159, 163, 167, 171, 175, 179, 183, 187, 191, 195, 199, 203, 207, 211, 215, 219, 223, 227, 231, 235, 239, 243, 247, 251, 255
/29 (6)	네트워크: 128, 136, 144, 152, 160, 168, 176, 184, 192, 200, 208, 216, 224, 232, 240, 248 브로드캐스트: 135, 143, 151, 155, 167, 175, 183, 191, 199, 207, 215, 223, 231, 239, 247, 255
/28 (14)	네트워크: 128, 144, 160, 176, 192, 208, 224, 240 브로드캐스트: 143, 159, 175, 191, 207, 223, 239, 255
/27 (30)	네트워크: 128, 160, 192, 224 브로드캐스트: 159, 191, 223, 255
/26 (62)	네트워크: 128, 223 브로드캐스트: 191, 255
/25 (126)	네트워크: 128 브로드캐스트: 255
/24 (254)	네트워크: 0 브로드캐스트: 255

1) 192.168.10.0/24 = 192.168.10.0 255.255.255.0(11111111.11111111.11111111.00000000), 192.168.10.0 ~ 255
  → **Network Address : 192.168.10.0 / 24 (255.255.255.0)**
  → **Host Address : 192.168.10.1 ~ 254 (호스트 수 254개)**
  → **Broadcast Address : 192.168.10.255**
  Network 주소   Broadcast 주소

2) 192.168.10.0/25 = 192.168.10.0 255.255.255.128 (11111111.11111111.11111111.10000000), 192.168.10.0 ~ 127
  → **Network Address : 192.168.10.0 / 25 (255.255.255.128)**
  → Host Address : 192.168.10.1 ~ 126 (호스트 수 126개)
  → Broadcast Address : 192.168.10.127
  Network 주소   Broadcast 주소

  192.168.10.128/25 = 192.168.10.128 255.255.255.128 (11111111.11111111.11111111.10000000), 192.168.10.128 ~ 255
  → **Network Address : 192.168.10.128 / 25 (255.255.255.128)**
  → Host Address : 192.168.10.129 ~ 254 (호스트 수 126개)
  → Broadcast Address : 192.168.10.255
  Network 주소   Broadcast 주소

3) 192.168.10.0/30 = 192.168.10.0 255.255.255.252 (11111111.11111111.11111111.11111100), 192.168.10.0 ~ 3
  → **Network Address : 192.168.10.0 / 30 (255.255.255.252)**
  → Host Address : 192.168.10.1 ~ 2 (호스트 수 2개)
  → Broadcast Address : 192.168.10.3
  Network 주소   Broadcast 주소

  192.168.10.4/30 = 192.168.10.4 255.255.255.252 (11111111.11111111.11111111.11111100), 192.168.10.4 ~ 7
  → **Network Address : 192.168.10.4 / 30 (255.255.255.252)**
  → Host Address : 192.168.10.5 ~ 6 (호스트 수 2개)
  → Broadcast Address : 192.168.10.7
  Network 주소   Broadcast 주소

  192.168.10.8/30 = 192.168.10.8 255.255.255.252 (11111111.11111111.11111111.11111100), 192.168.10.8 ~ 11
  → **Network Address : 192.168.10.8 / 30 (255.255.255.252)**
  → Host Address : 192.168.10.9 ~ 10 (호스트 수 2개)
  → Broadcast Address : 192.168.10.11
  Network 주소   Broadcast 주소

그림 3-3 서브네트워크 예시

6. 사설 네트워크 주소

사설 네트워크 주소Private Network Address는 전 세계 인터넷상에서 사용되는 공인 IP 주소 대역과 달리 인터넷과 같은 공중망Public Network과 연결돼 있지 않은 어떠한 목적에 의해서 만들어진 독립적인 네트워크에서 주로 사용하는 대역을 말한다. IETF RFC 1918에서 사설 IP 주소Private IP Address는 인터넷과 연동되지 않은 독립 네트워크상에서 사용되는 주소 대역이기도 하다.

사설 IP 대역은 보안적인 측면에서 사용되기도 하는데, 내부 네트워크에서는 사설 IP 대역을 사용하며 인터넷과 같은 공중망이 연결돼 있는 접점을 통과해야 할 경우 라우터나 방화벽 장비에서 NAT(or PAT)와 같이 공인 IP와 사설 IP를 1:1 또는 1:N으로 변환해 전달함으로써 내부 IP에 대한 정보가 외부로 알려지는 것을 방지하는 보안적인 기능으로 사용하기도 한다.

IP 주소를 사용할 때에는 무작위로 IP 주소를 사용해서는 안 된다. 즉, 인터넷과 같은 공중망과 연동되는 망에서 사설 네트워크 주소를 사용하지 않을 경우, 내부에서 사용하는 IP 대역이 공인 IP 주소 대역이라고 가정하면 해당 공인 IP를 사용하는 인터넷상 IP 주소로는 접속하지 못하는 경우가 발생한다. 단, 초기에 구축했고 사설 네트워크 주소로 변경하기 어려울 경우에 해결할 수 있는 방법으로 NAT를 이용하기도 한다. 그러나 NAT가 완전한 해결 수단은 아니다. IP 주소를 사용할 때는 네트워크 특성에 따라 반드시 사설 네트워크 주소와 공인 네트워크 주소를 구분해 사용해야 한다.

표 3-4 사설 네트워크 대역 및 IP 주소

클래스	네트워크 주소	네트워크 범위	호스트 IP 주소 범위
A (B,C 가능)	10.0.0.0 / 8	10.0.0.0~ 10.255.255.255.0	10.0.0.1~10.0.0.254 ...... 10.255.255.1~10.255.255.254
B (C 가능)	172.16.0.0 / 12	172.16.0.0~ 172.31.255.0	172.16.0.1~172.16.255.254 ...... 172.31.0.1~172.31.255.254
C (B 가능)	192.168.0.0 / 16	192.168.0.0~ 192.168.255.0	192.168.0.1~192.168.0.254 ...... 192.168.255.1~192.168.255.254
루프백	127.0.0.0	127.0.0.0~ 127.255.255.0	Host : 127.0.0.1~127.255.255.254 ※ 127.0.0.1을 가장 일반적으로 사용

▪ NAT

NAT^{Network Address Translation}는 사설 IP 주소를 공인 IP 주소로 1:1로 변환하는 것으로, 공인과 사설의 개념 없이 하나의 IP 주소를 다른 IP 주소로 변환해주는 것을 의미한다. NAT는 보안적인 측면에서는 내부 IP 주소의 보호 목적으로 주로 사용하고 있다.

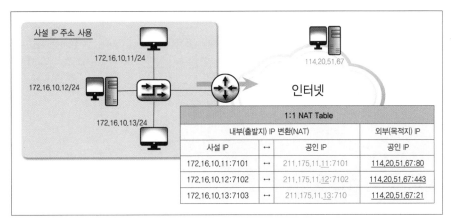

그림 3-4 NAT 처리

▪ PAT

PAT^{Port Address Translation}는 일반적인 1:1 NAT 개념과 달리 N:1 개념인 내부 다수의 사설 IP 대역이 하나의 공인 IP로 변환되는 것을 말한다. 1:1 IP 변환을 하지 않은 상태에서 외부로 전송될 때는 하나의 공인 IP로 전송되지만, 되돌아올 때 하나의 공인 IP가 다수의 사설 IP로 변환되는 N:1 변환으로 수신되는 패킷에는 문제가 발생할 수 있다. 이 부분을 해결하고자 TCP, UDP 포트, ICMP 쿼리에 대한 식별자까지 변환시켜 통신이 가능하게 한 기술이다. PAT의 가장 큰 장점은 한정된 공인 IP(IPv4)를 효율적으로 사용할 수 있다는 것이다.

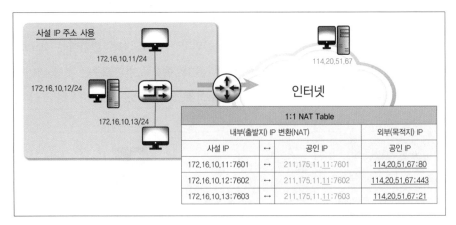

그림 3-5 PAT 처리

7. IP 주소 버전 6

IPv6는 인터넷 프로토콜 스택 중 네트워크 계층의 프로토콜로서 버전 6 인터넷 프로토콜version 6 Internet Protocol로 제정된 차세대 인터넷 프로토콜을 말한다.

현재 일반적으로 사용하고 있는 IP 주소 체계는 32비트 주소 체계인 IPv4이며, 앞서 서술된 내용은 모두 IPv4에 대한 내용이다. 즉, 일반적으로 사용되고 있는 주소 체계다.

IPv6가 왜 논의되는지는 대부분 알고 있을 것이다. 현재 주소 체계인 IPv4 주소가 만들 수 있는 IP 개수는 232개로 42억 9,496만 7,296개다. IPv4 주소 체계를 현재 IoTInternet Of Things와 같이 나날이 증가하는 IT 관련 기기에 할당하기에는 턱없이 부족하며, 클래스 단위의 주소 체계로 인한 주소 할당에 있어 낭비적인 요소가 있다. 그뿐만 아니라 각 나라에 할당돼 사용하고 있는 공인 IP는 더욱 부족한 실정이다. 표 3-5는 IPv6의 특징을 나타낸 것이다.

표 3-5 IPv6 특징

특징	상세 내용
IP 주소 공간 확장	• 128비트 주소 체계(IP 주소 개수 = 2^{128}개) ※ IPv4 = 2^{32}개의 2^{96}배
IP 주소 구성	• IP 주소를 효율적으로 사용하기 위한 NAT, DHCP 등이 필요 없음 • 자동 주소 생성 기능 • Unicast, Anycast, Multicast 주소 형태 지원
새로운 헤더 포맷	• IPv4의 일부 헤더 필드를 삭제하고 확장 헤더 적용 • 40바이트 고정 길이 헤더 제공(기본 헤더 길이 2배) • 헤더 필드 수 줄임(IPv4: 12개 → IPv6: 8개) • 패킷 단편화 관련 필드 삭제 → 라우터의 패킷 처리 부담 감소 • 체크섬 필드 삭제
패킷 크기 확장	• 점보그램 옵션 이용 특정 호스트 간 임의 크기의 큰 패킷 교환 가능 • 대역폭이 넓은 네트워크를 더욱 효율적으로 사용 가능 ※ IPv4에서 패킷 크기는 64바이트로 제한
인증 및 보안 기능	• IPSec 기능 기본 지원 • 패킷 인증, 데이터 무결성 및 기밀성 보장 제공 • 네트워크 End-To-End 암호화 기능 제공
서비스 기능 강화	• 플로 레이블을 이용한 트래픽 처리 및 확인 가능 • 등급별, 서비스별 패킷 구분이 가능하며 QoS를 적용하기 쉬움

1) IPv6 주소 표현

IPv4 주소는 앞에서 살펴봤듯이 8비트 단위로 구분해 192.168.230.111로 표현한다. IPv6 주소 체계에서는 128비트 주소 체계로 A1B1:1001:2E3F:2301:2345:1818:0000:0023과 같이 16비트의 숫자를 8개 콜론(:)으로 구분한다.

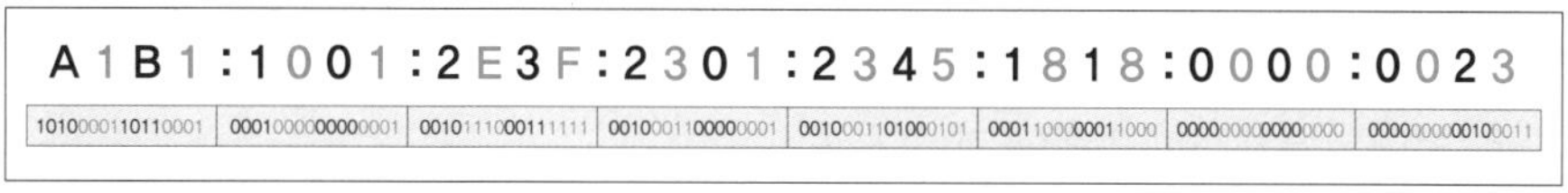

A1B1 : 1001 : 2E3F : 2301 : 2345 : 1818 : 0000 : 0023
1010000110110001	0001000000000001	0010111000111111	0010001100000001	0010001101000101	0001100000011000	0000000000000000	0000000000100011

그림 3-6 IPv6 기본 주소 표현

그림 3–6과 같이 IPv6 주소는 IPv4의 32비트 구조와 달리 128비트 구조로, IP 주소의 길이가 매우 크기 때문에 일일이 표기하기가 불편하므로 축약해 표시한다.

2) IPv6 주소 표기

IPv6 주소는 "1441:0AB1:0000:0000:0000:0000:AB11:00AF"와 같이 128비트, 16진수로 표현하며, 콜론(:)으로 구분해 8자리로 나타낸다.

IPv6 주소 체계는 주소 자리에 숫자 0을 많이 가지게 되므로 16진수 '0000:0000:0000:0000'을 하나의 0으로 축약해 '1441:0AB1:0:0:0:0:AB11:00AF'로 표현할 수 있다. 연속되는 '0000:0000:0000:0000'의 그룹을 없애고 '1441:0AB1::AB11:00AF'로 표현할 수도 있다.

또한 각 16비트 자리의 맨 앞자리에 있는 0도 축약할 수 있다. 따라서 '1441:0AB1::AB11:00AF'는 '1441:AB1::AB11:AF'로 축약할 수 있다.

```
1441:0AB1:0000:0000:0000:0000:AB11:00AF
1441:0AB1:0000:0000:0000::AB11:00AF
1441:0AB1:0:0:0:0:AB11:00AF
1441:0AB1:0::0:AB11:00AF
1441:0AB1::AB11:00AF
1441:AB1::AB11:AF
```

그림 3-7 IPv6 주소 축약 표현

IPv6 주소를 표기할 때 주의해야 할 부분은 0을 축약하고 콜론(:)으로 간단히 표시하는 방법에 있어 콜론(:)을 두 번 이상 적용할 수 없다는 것이다. 두 번 이상 적용하는 것이 허용돼 1441::ABDE::11AF와 같이 표기한다면, 즉 다음 네 가지 다른 주소가 하나의 주소로 표기된다면 IPv6 주소 체계로 구성된 인프라에서 상호 데이터를 전달할 수 없다는 문제점이 발생할 것이다.

```
1441:0000:0000:0000:0000:ABDE:0000:11AF
1441:0000:0000:0000:ABDE:0000:0000:11AF      ≠  1441::ABDE::11AF
1441:0000:0000:ABDE:0000:0000:0000:11AF
1441:0000:ABDE:0000:0000:0000:0000:11AF
```

그림 3-8 IPv6 주소 표현 오류

```
1441:0000:0000:0000:0000:ABDE:0000:11AF = 1441::ABDE:0:11AF
1441:0000:0000:0000:ABDE:0000:0000:11AF = 1441::ABDE:0:0:11AF
1441:0000:0000:ABDE:0000:0000:0000:11AF = 1441:0:0:ABDE::11AF
1441:0000:ABDE:0000:0000:0000:0000:11AF = 1441:0:ABDE::11AF
```

그림 3-9 IPv6 주소 정상 표현

이밖에 IPv4와 Pv6 주소 체계를 함께 사용하는 환경에서 IPv4 주소를 캡슐화해 표
현하는 IPv4 매핑 주소도 있다. 이는 IPv6 프로그램에 IPv4와의 호환성을 유지하기
위해 사용하는 방법이다. 처음 80비트를 0으로 설정하고 다음 16비트를 1로 설정한
후, 나머지 32비트에 IPv4 주소를 기록하는 것으로, 이 주소 공간에서는 마지막 32
비트를 10진수로 표기할 수 있다.

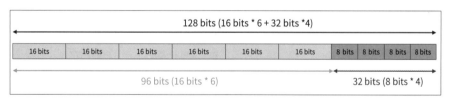

그림 3-10 IPv6 주소 표기(IPv4 캡슐화)

따라서 172.16.5.100은 ::FFFF:172.16.5.100과 같이 사용한다.

■ **IPv4 10진수 표기**

IPv4	IPv6
172.16.5.100	0000:0000:0000:0000:0000:FFFF:172.16.5.100 ::FFFF:172.16.5.100

IPv4 매핑 주소에 앞서 표준 IPv6 표기로 IPv4 주소가 172.16.5.100을 16진수로 표시하면 0xAC100564가 된다. 이를 그대로 IPv6 주소로 변경하면 0000:0000:0000:0000:0000:0000:AC10:0564가 되고, 줄이면 ::AC10:0564가 된다.

■ **IPv4 16진수 표기**

IPv4		IPv6
172.16.5.100	→	0000:0000:0000:0000:0000:0000:AC10:0564 ::AC10:0564

※ 172.16.5.100 = 10101100.00010000.00000101.01100100 → (16진수) AC10:0564

3) IPv6와 IPv4의 관계

표 3-7 IPv6, IPv4 주소 관계

주소 형태	이진 표현	IPv4 주소 표기	IPv6 주소 표기
멀티캐스트 주소	11111111	224.0.0.0/4	FF00::/8
브로드캐스트 주소	1111….1111	255.255.255.255	없음
루프백 주소	0000….1(128)	127.0.0.1	::1/128
미지정 주소	0000….0(128)	::/128	::/128
링크 로컬 주소	1111111010	169.254.0.0/16	FE80::/64
공인 IP 주소	–	별도 공인 IP 주소	FC00::/7
사설 IP 주소	–	10.0.0.0/8 172.16.0.0/12 192.168.0.0/16	해당주소 없음
IPv4 매핑 주소 (IPv4 호환 주소)	–	–	::FFFF:0:0/96 (::/96)

지금까지 IPv6의 개념과 IPv4와 비교한 특성에 대해 간략히 살펴봤다. 뒤에서는 라우팅Routing에서 IPv6를 지원하는 네트워크 장비에 어떻게 적용되는지를 살펴볼 것이다. 다만 여기서는 IPv6에 대한 기초적인 개념만 기술했으며 IPv6 전환 기술 등 자세한 내용을 알기 위해서는 좀 더 체계적인 교재로 학습해야 한다.

접근 관리

텔넷이나 SSH를 이용해 원격 접근이 가능하게 하는 옵션으로, VTY(Virtual Teletype) 설정이 돼 있다면 접근하고자 하는 대상에 특정 IP 주소(관리자 단말 IP 주소)에만 접근할 수 있도록 조치해야 한다.

복잡한 패스워드나 암호화를 적용하거나 패스워드가 사회공학(Social Engineering)을 이용해 탈취되더라도 장비에 직접 접속하기 위해 물리적으로 차단돼 있고 원격접속에 대한 대상을 정의하면 접근을 막을 수 있다. 접근을 시도했을 경우 알람이나 경고를 통한 패스워드 변경 조치도 할 수 있다.

사회공학(Social Engineering): 정보보안에서 타인의 정보를 알아내는 수단으로 사회생활중 신뢰적인 인간관계를 이용해 상대방의 개인 정보를 비롯한 보안적으로 중요한 정보를 탈취해 정상적인 보안 절차를 깨트리기 위한 시스템적 절차가 아닌 사회학적인 기술이다.

■ **네트워크 장비에 접근할 수 있는 특정 관리자 IP를 정의하고 그 외에는 차단 적용**

```
… …
ip access-list standard PERMIT      //장비에 접근 대상 IP를 Access list로 정의//
 permit 192.168.10.11
 permit 192.168.10.12
… …
line con 0
 access-class PERMIT in             //허가된 IP 주소에 한해서만 접근 허용//
 exec-timeout 0 0
 privilege level 15
 password 7 134456435A1D152B2A3E32
 logging synchronous

line vty 0 4
 access-class PERMIT in             //허가된 IP 주소에 한해서만 접근 허용//
 password 7 1158481406130A161E6B6A
 login
```

네트워크 별도 Syslog 서버 구축

네트워크 장비에서 발생하는 시스템 로그는 변화가 발생할 때마다 생성되므로 네트워크 장비의 메모리 공간의 한계로 인해 장비 자체에서 대량의 시스템 로그와 장시간 보관하는 것은 불가능하다. 따라서 별도의 통합 로그 시스템을 구축한 후 시스템 로그를 일정 기간 동안 저장해야 한다.

■ 시스템 로그 서버 연동(시스코 장비)

```
R1(config)# configure terminal
R1(config)#logging on
R1(config)#logging trap informational      //System log 트랩 설정//
R1(config)#logging 10.1.101.254            //Log 서버 연동//
R1(config)#logging facility local0
```

주) '전자금융감독규정'에 따르면 중요 정보 시스템의 경우, 시스템 로그 정보는 최소 1년 이상 보관할 것을 권고하고 있다.

네트워크 장비 OS의 최신 보안 패치 관리

사이버 해킹의 기술이 발전함에 따라 네트워크 장비의 경우도 서버 장비와 마찬가지로 취약점이 발견될 수 있는 여지가 있다. 물론 일반적으로 많이 사용하는 단말에 설치된 OS나 유닉스, 리눅스와 같은 서버 OS와 비교했을 때 빈도는 낮을지 모르지만, 취약점이 발견되고 그 취약점을 이용한 사이버 해킹이 이뤄진다면 파급되는 영향은 전체적인 서비스 차원에서 볼 때 해킹보다 더 심각할 수 있다.

현재 가장 많은 글로벌 마켓을 보유하고 있는 시스코 사의 경우, OS(IOS, NOS)에 대한 버그 및 보안 취약점에 대한 패치가 꾸준히 이뤄지고 있으며, 기업들은 네트워크 장비별 버그 패치나 취약점이 패치된 OS를 시스코 파트너 사를 통해서 꾸준히 제공받고 적용하고 있다.

■ 네트워크 장비 OS 버전 정보 확인

```
R1#show version
Cisco IOS Software, 3700 Software(C3725-ADVENTERPRISEK9-M), Version
12.4(23), RELEASE SOFTWARE(fc1)
```

Technical Support: http://www.cisco.com/techsupport
Copyright(c) 1986-2008 by Cisco Systems, Inc.
Compiled Sun 09-Nov-08 01:11 by prod_rel_team

ROM: ROMMON Emulation Microcode
ROM: 3700 Software(C3725-ADVENTERPRISEK9-M), Version 12.4(23), RELEASE
SOFTWARE(fc1)

R1 uptime is 12504 minutes
System returned to ROM by unknown reload cause - suspect boot_data[BOOT_
COUNT] 0x0, BOOT_COUNT 0, BOOTDATA 19
System image file is "tftp://255.255.255.255/unknown"

This product contains cryptographic features and is subject to United
States and local country laws governing import, export, transfer and
use. Delivery of Cisco cryptographic products does not imply
third-party authority to import, export, distribute or use encryption.
Importers, exporters, distributors and users are responsible for
compliance with U.S. and local country laws. By using this product you
agree to comply with applicable laws and regulations. If you are unable
to comply with U.S. and local laws, return this product immediately.

A summary of U.S. laws governing Cisco cryptographic products may be
found at:
http://www.cisco.com/wwl/export/crypto/tool/stqrg.html

If you require further assistance please contact us by sending email to
export@cisco.com.

Cisco 3725(R7000) processor(revision 0.1) with 124928K/6144Kbytes of
memory.
Processor board ID FTX0945W0MY
R7000 CPU at 240MHz, Implementation 39, Rev 2.1, 256KB L2, 512KB L3 Cache
4 FastEthernet interfaces
2 Serial(sync/async) interfaces
DRAM configuration is 64bits wide with parity enabled.
55Kbytes of NVRAM.

Configuration register is 0x2102

R1#

주) http://www.cisco.com/c/en/us/about/security-center/ios-nx-os-reference-guide.html
// White Paper: Cisco IOS and NX-OS Software Reference Guide//

4

네트워크 연결

1. 네트워크 연결 토폴로지

1) X.25

패킷 교환망은 DTE와 DCE 간, 패킷 교환 장치 간, 국내망 간, 국제망 간에 연동돼 있으며, 이에 맞는 프로토콜도 정의돼 있다. DTE와 DCE 간 패킷 교환은 X.25 하위 3계층을 이용하며, 국내망 간 연동은 X.25 상위 계층, 국제망 간 연동은 X.75 프로 토콜을 이용한다.

패킷 교환망에서 널리 사용되는 국제 표준(ITU–T)으로 채택됐으며, 컴퓨터 간 데이 터 통신을 가능하게 하는 WAN 프로토콜이다. DCE^Data Circuit-Terminating Equipment, 데이터 회 선 종단 장치, DTE^Data Terminal Equipment, 데이터 단말 장치와 상호 접속 및 통신 절차를 규정하는 OSI

7계층 중 하위 3개 계층(물리, 링크, 네트워크)으로 나눠지는 계층화된 프로토콜이다.

패킷 교환망에 접속된 장비들은 데이터를 전달함에 있어 패킷의 형태로 변환해 전송되며, 패킷 교환망과 터미널 간에서도 DCE와 DTE의 상호 접속을 통해 동일한 절차가 이뤄진다. X.25 패킷 교환에 있어 계층별 기능은 표 4-1과 같다.

표 4-1 X.25 계층별 기능

물리 계층(1계층)	DCE와 DTE 사이의 물리적인 인터페이스 접속 정의, X.21 사용 단말(DTE)과 패킷 교환망 간 접속의 설정, 해제, 보정 역할
데이터링크 계층(2계층)	패킷 전송을 담당, 전송 제어용 프로토콜 LAPB[1]를 사용하며, 연속된 비트열을 전송 단위로 분할, 순서 제어, 에러 검출 및 흐름 제어 기능
네트워크 계층(3계층)	터미널 간 통신이 가능하도록 호출 설정, 에러 제어 및 가상 회선(Virtual Circuit)[2] 서비스 제공 등 데이터 전송 기능 수행

이 밖에도 교환 방식이 있는데, 이는 전화 교환기PSTN, Public Switched Telephone Network를 이용한 전화 회선 교환과 같이 상호 접속된 장치들 간에 직접 연결되는 것과 같으며 통신 경로가 매우 투명Transparent하다.

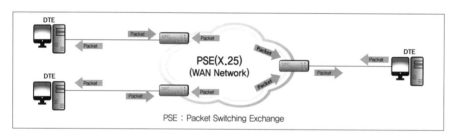

그림 4-1 X.25 패킷 교환망 구조

---

1 'Link Access Protocol-Balanced'의 약자로, 비동기 균형 모드(SABM, Set Asynchronous Balanced Model)의 설정 요구 신호와 UA(Unnumbered Ack) 비번호 프레임에 대한 응답 신호를 주고받음으로써 X.25 가상 회선의 연결 설정에 사용되는 프로토콜을 말한다.

2 호출 성립 후의 논리적인 통신 경로를 말하며, 호출 해제까지 유지된다.

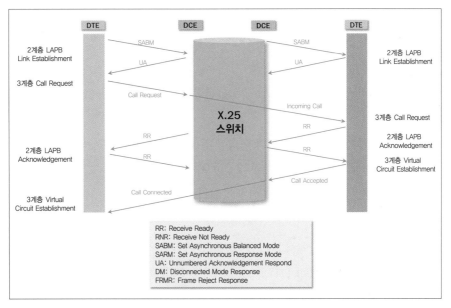

그림 4-2 X.25 프로토콜 신호 교환 체계

그림 4-2의 비동기 균형 모드에서 연결을 설정할 때는 한쪽에서 SABM 명령어를 전송할 때 반대편에서 UA로 응답함으로써 2계층 연결 설정이 완료된다.

2) 프레임 릴레이

프레임 릴레이Frame Relay는 WAN 프로토콜로 기존 X.25 패킷 전송 기술에서 프레임을 대폭 간소화해 고속 데이터 통신이 가능하도록 성능을 향상시킨 서비스를 말한다. 패킷 전송망의 효율성과 전용회선의 고속 통신 특성이 결합된 것으로 볼 수 있으며, 광대역 종합 정보 통신망인 ATM의 전 단계라 할 수 있다. X.25 방식보다 빠르고 효과적이지만 에러 제어는 제공하지 않는다. 프레임 릴레이의 특징을 간단히 살펴보면 다음과 같다.

• 패킷 교환망 서비스 HDLC, PPP와 같이 전용회선을 사용해야 하는 프로토콜과 달리 전용회선을 사용할 수 있으며, 프레임 릴레이라는 공용 네트워크망을

이용할 수도 있다.

- 가상회선Virtual Circuit으로 고정 가상회선PVC, Permanent Virtual Circuit을 구성해 회선 전송 서비스를 제공할 수 있다.

- 회선 대역에 대한 최소 제공 대역을 보장하면서 가변 대역 서비스를 제공할 수 있다.

- DLCIDate Link Connection Identifier 데이터를 전송하기 위해 식별자를 이용한 프레임 릴레이 스위치Frame Relay Switch를 구성한 서비스다.

- 인터페이스에서의 물리적인 연결은 하나이지만, 다수의 가상회선을 만들 수 있다.

- 프레임 릴레이 구간에서 DCE를 통해 클록Clock을 설정하며, 라우터와 같은 장비는 터미널을 이용한 DTE로 연결된다. 이때 프레임 릴레이 스위치는 항상 DCE, 라우터는 항상 DTE이다.

 프레임 릴레이에서 사용되는 용어

- PVC(Permanent Virtual Circuit): Frame-Relay 스위치상에서 종단 간 할당하는 가상의 회선을 나타내며, 항상 연결된 회선이다.
- SVC(Switched Virtual Circuit): 패킷 교환망에서 전송할 데이터가 있을 때에만 통신 경로를 설정하고 통신을 끝낼 때는 선로 연결이 해지되는 접속 방식으로, 'On-Demand 접속 방식'이라고도 한다.
- DLCI(Data Link Connection Identifier): 가상회선(VC)과 프레임 릴레이 스위치를 구분하는 번호를 말한다.
- CIR(Committed Information Rate): 회선 사용자에게 최소한 보장할 수 있는 대역을 말한다.
- LMI(Local Management Interface): PVC의 연결 상태를 말한다. LMI 신호 타입으로는 cisco, ansi, q933a 세 가지가 있으며 반드시 양쪽단이 일치해야 한다.
  ① Active: Local and Remote status is OK
  ② In active: Remote isn't OK(failure)
  ③ Deleted: Local isn't OK(failure)

- 혼잡 제어(FECN, BECN)
  ① FECN(Forward-explicit congestion notification): 목적지가 받게 되는 혼잡 제어 비트
  ② BECN(Backward-explicit congestion notification): 출발지가 받게 되는 혼잡 제어 비트

프레임 릴레이의 특징 중 하나로 프레임 릴레이망에서 가상회선과 종단 간에는 1:N 구성이 가능하므로 기존 HDLC나 PPP에 비해 회선 대역을 효과적으로 이용할 수 있다. 여기서는 프레임 릴레이망 구성에 대해 간단히 살펴보고자 한다.

이 책의 구성상 네트워크 구축에 대한 실습이 많이 진행될 것이다. WAN은 프레임 릴레이로 구성할 것이고, 이를 간단하게 실습하기 위한 구성을 알아보자.

이 책에서는 시스코 라우터를 이용해 프레임 릴레이 스위치를 구성할 것이다. 개념을 잡기 위해 프레임 릴레이 맵 구성과 시스코 라우터의 설정 값을 알아보자.

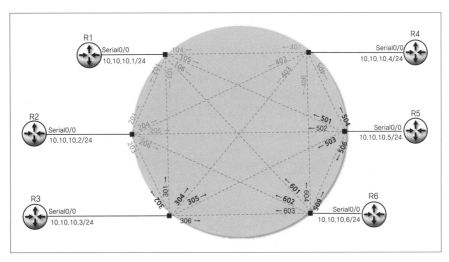

그림 4-3 프레임 릴레이 스위치 맵 구성

프레임 릴레이 스위치는 풀메시Full Mesh 구성으로 각 라우터에서 모든 상대 라우터로 프레임 릴레이 가상회선이 구성돼야 한다. 라우터 R1에서 R6까지 풀메시 구성을 하면 회선 서비스 가입자는 목적지 및 프레임 릴레이 스위치 내 대역Bandwidth을 효과적으로 할당하거나 사용할 수 있게 된다.

프레임 릴레이 스위치에 연결돼 있는 각 라우터가 다른 모든 라우터와 통신을 하기 위해 프레임 릴레이 스위치 및 라우터 설정 작업은 본격적으로 네트워크를 구성해보는 5장, '라우팅' 앞부분에서 네트워크 시뮬레이터인 GNSGraphic Network Simulator의 설치 및 사용법과 함께 알아본다.

3) HDLC

HDLCHigh-Level Data Link Connection 프로토콜은 현재 전용회선에서 가장 많이 사용되는 WAN 프로토콜로, 이더넷 프로토콜이 원거리 전송 수단으로 사용되기 이전부터 전용회선과 다양한 회선 대역에서 사용되고 있다. HDLC 프로토콜의 특징은 다음과 같다.

HDLC는 데이터 통신의 OSI 7계층 모델의 2계층인 데이터 링크 계층에서 사용되는 전송 프로토콜로, 1970년대에 메인 프레임 컴퓨터 환경의 IBM 대형 고객 사이트에 의해 광범위하게 사용된 SDLC 프로토콜로부터 발전한 ISO 표준이다.

- 반이중Half Duplex과 전이중Full Duplex의 두 가지 통신 형태를 가진 프로토콜이다.
- Point-to-Point 또는 Multipoint 링크상에서 사용한다.
- 주 스테이션 ↔ 부 스테이션(호스트↔터미널)과 Peer(컴퓨터 ↔ 컴퓨터) 사이에서 사용한다.
- 주로 X.25 패킷 스위칭 네트워크에서 사용되거나 라우터와 같은 장비의 시리얼 인터페이스 기본 프로토콜로 사용된다.
- 데이터는 프레임이라고 불리는 단위로 이뤄져 있으며, 프레임은 회선 구간을 통해 송신되고, 도착지에서는 성공적으로 도착했는지를 검증한다.

- 2계층의 HDLC는 하나의 새롭고 커다란 프레임에 데이터링크 제어 정보를 추가함으로써 3계층 패킷을 프레임으로 캡슐화한다.
- HDLC 프로토콜은 데이터 프레임 내에서 이뤄지는 데이터의 흐름을 제어하고 에러를 보정할 수 있도록 하기 위한 정보(CRC 필드)를 끼워넣는다.

HDLC는 OSI라고 불리는 산업계의 통신 참조 모델 2계층 내의 프로토콜 중에서 가장 일반적으로 사용되는 프로토콜 중 하나다.

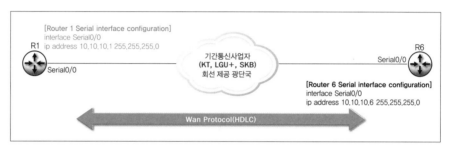

그림 4-4 HDLC WAN 구성

시스코 라우터에서는 시리얼 인터페이스 기본 프로토콜로 HDLC를 사용하고 있다. 이 책에서는 표준과는 약간 차이가 있지만 그만큼 범용적인 WAN 프로토콜로 이해하는 수준에서 그 특징과 구성을 간단히 언급했다. HDLC 프로토콜에 대해 좀 더 공부하고 싶은 독자는 데이터 통신 기술 서적을 참고하기 바란다.

4) 이더넷

이더넷Ethernet은 의미 있는 정보를 전달하는 데이터 통신이 시작된 이후 근거리 통신망(LAN)에 사용되는 프로토콜 중 가장 보편적으로 사용되는 표준 프로토콜이며, 특징은 다음과 같다.

- 이더넷은 근거리 통신망(LAN)에서 데이터를 전달하기 위해 개발된 컴퓨터 통신 기술이다.

- 이더넷은 OSI 계층 모델에서 1계층인 물리 계층(신호와 배선), 2계층인 데이터 링크 계층에서 MAC^{media access control} 패킷과 프로토콜 형식을 정의한다.
- 이더넷 기술은 대부분 IEEE 802.3 규약으로 표준화돼 있으며, 현재 가장 널리 사용되고 있다.
- 네트워크상에 연결된 각 기기들의 LAN 포트라고 하는 NiC^{Network Interface Card}는 48비트 길이의 고유 MAC 주소를 가지고 있으며, 이 주소를 이용해 상호간에 데이터를 주고받을 수 있도록 만들어졌다.
- 전송 매체로는 UTP, BNC(동축 케이블), Fiber(광 케이블)를 사용하며, 각 기기를 상호 연결하기 위해 라우터, 스위치, 허브, 리피터 등과 같은 장치를 이용한다.

이더넷의 동작 방식은 다음과 같다. 1, 2계층 구조를 기반으로 네트워크상에서 데이터 송·수신을 할 경우에는 송신단에서 전송한 데이터를 동일한 네트워크 대역(동일한 클래스를 가진 대역)을 가지고 있는 모든 수신단에 전달할 수 있다. 수신단에서는 수신한 데이터의 2계층 주소(MAC 주소)를 검사한 후 자신에게 도착한 것일 경우에는 데이터를 수신하고, 그렇지 않은 경우에는 데이터를 무시하는 방식으로 동작한다.

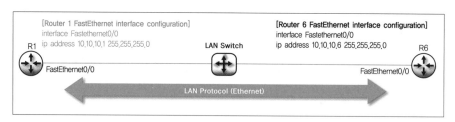

그림 4-5 이더넷 LAN 구성

이더넷의 네트워크 토폴로지는 데이터 전달을 위한 버스(BUS)형 구조를 가지고 있다. 이러한 이더넷 구조에서 네트워크를 구성하는 요소들, 즉 송·수신을 할 수 있는 터미널이 증가할 경우에는 상호 전송되는 데이터 간에 충돌이 발생할 수 있으며, 이로 인해 네트워크의 데이터 송·수신의 효율성이 떨어진다. 데이터 충돌로 인한 네트워크의 효율성 저하라는 단점을 개선하기 위해 CSMA/CD^{Carrier Sense Multiple Access/}

Collision Detection라는 기술이 나왔으며, 이는 데이터 전송을 담당하는 전송로가 현재 비어 있는 것을 토큰이라는 패킷으로 확인한 후 비어 있을 때 데이터를 송신하는 원리로 작동한다.

 CSMA/CD 동작 방식(절차)

① 데이터를 전송하려는 컴퓨터는 먼저 현재 네트워크 위에 흐르고 있는 데이터가 있는지 감지

② 현재 다른 데이터가 전송 중이면 사용할 수 있을 때까지 기다리고, 아니면 전송 시작

③ 여러 군데에서 동시에 전송을 시작해 충돌이 발생하면 최소 패킷을 짧은 시간 동안 전송을 계속해 다른 컴퓨터가 충돌을 탐지할 수 있도록 함

④ 임의의 시간 동안 기다린 후에 다시 신호(반송파)를 감지하고, 네트워크 사용자가 없으면 전송을 다시 시작

⑤ 전송을 마치면 상위 계층에 전송이 끝났음을 알리고 끝마친다(여러 번 다시 시도했음에도 전송에 실패하면 이를 상위 계층에 알리고 끝마친다).

---

2. 이더넷 연결 토폴로지

1) 이더넷 허브

이더넷망에서 여러 대의 단말과 터미널 장비, 네트워크 장비를 연결할 수 있게 해주는 장치로, 동일 허브에 연결된 터미널과 네트워크 장비는 모두 상호간에 통신할 수 있다. 허브에 라우터나 3계층 스위치 등과 같은 장비가 연결되면 이를 통해 다른 네트워크와도 연결할 수 있다. 허브로 연결 구성된 네트워크는 동일한 브로드캐스트Broadcast 영역으로 한 컴퓨터에서 주고받은 데이터가 같은 허브에 연결된 다른 모든 터미널 장비에 전달(broadcast)된다. 연결된 터미널이 많아질수록 다량의 브로드캐스트 데이터가 발생하고, 이로 인한 네트워크상 패킷 충돌(collision)이 많아지며, 속도도 느려진다.

2) 이더넷 스위치

이더넷 스위치Ethernet Switch3의 목적은 허브와 거의 동일하지만, 훨씬 더 향상된 네트워크 속도를 제공한다.

각 터미널에서 주고받은 데이터가 허브처럼 다른 모든 컴퓨터에 전송되는 것이 아니라 데이터를 필요로 하는 터미널에게만 전송하기 때문에 허브처럼 많은 브로드캐스트 데이터로의 트래픽 지연 현상이 쉽게 생기지 않는다.

스위치는 각 컴퓨터의 고유한 MAC 주소를 기억하고 있기 때문에 이 주소를 통해 어떤 데이터가 어디로 전송돼야 하는지를 판단해야 한다.

3) 이더넷 타입에 따른 전송 방식

이더넷 타입에 따른 다양한 전송 방식이 있다. 일반적으로 사용되는 4쌍의 트위스트 페어Twisted Pair 케이블로 구성된 UTPUnshielded Twisted Pair 케이블에는 카테고리Category 3, 5, 6 타입이 있으며 RJ45라는 8핀 커넥터에 연결해 사용한다. 광케이블Fiber Cable도 멀티모드, 싱글모드, SX, LX, ZX 등과 같은 다양한 타입 및 특성을 가지고 있다. 자세한 내용은 표 4-2와 같다.

---

3 이더넷 스위치는 데이터가 필요한 컴퓨터에만 전송하는 스위치로, 대부분의 허브는 충돌을 탐지하기 위해 반이중(half duplex)만을 지원하는 데 반해, 이더넷 스위치는 전이중(full duplex)을 지원한다.

표 4-2 이더넷 타입에 따른 전송 방식

타입	속도	사양	전송 거리	전송 방식
10BASE-T	10Mbps	• Cat3, 5 UTP(Unshielded Twitched-Pair), 4가닥(Tx:2, Rx:2), Pin 번호(1-2,3-6)	100m	전이중/반이중
100BASE-TX	100Mbps	• Cat 5 UTP(Unshielded Twitched-Pair), 4가닥(Tx:2, Rx:2), Pin 번호(1-2,3-6)	100m	전이중/반이중
100BASE-FX	100Mbps	• 광케이블, 멀티모드 광케이블	412m	전이중/반이중
1000BASE-T	1Gbps	• Cat5e, Cat6 케이블 사용	100m	전이중/반이중
1000BASE-SX	1Gbps	• Short Wave Length, 멀티모드 광케이블	550m	전이중/반이중
1000BASE-LX	1Gbps	• Long Wave Length, 멀티모드 광케이블 싱글모드 광케이블(10 km 지원)	5km	전이중/반이중
1000BASE-ZX	1Gbps	• Extended Wave Length, 싱글모드 광케이블, ZX1(40km), ZX2(70km) 전송	7~10km	전이중/반이중

전송 방식에는 전이중Full Duplex와 반이중Half Duplex 방식이 있다.

- 전이중 방식: 데이터 통신을 하는 2개의 터미널에서 송신과 수신이 별도의 데이터 채널로, 서로의 간섭이 없이 데이터를 동시에 주고받을 수 있는 방식이다.

- 반이중 방식: 데이터 통신을 하는 2개의 터미널에서 송신과 수신이 하나의 데이터 채널을 이용하는 경우이며, 동시에 데이터를 주고받을 수는 있지만 데이터를 전송할 때 충돌이 발생할 수 있다.

대부분의 터미널이나 통신 장비 인터페이스는 전이중 방식을 지원하기 때문에 데이터를 송·수신하는 과정에서 지연이나 패킷의 누락이 발생한다면 인터페이스 전송 타입을 우선적으로 확인해야 한다.

장비 간 인터페이스 연결은 주로 자동 협상Auto Negotiation을 통해 전송 타입이 결정되며 대개는 전이중Full Duplex 방식으로 설정되지만, 다른 기종의 장비가 접속하면 종종 반이중^{Half Duplex}으로 연결 설정이 되는 경우가 있다. 이 경우에는 자동 협상 기능을 비활성화한 후 강제로 전이중 상태로 설정하는 것이 좋다.

자동 협상(Auto Negotiation) 인터페이스	강제로 설정 인터페이스
interface FastEthernet0/0 ip address 10.10.10.2 255.255.255.0 speed auto duplex auto	interface FastEthernet0/0 ip address 10.10.10.2 255.255.255.0 speed 100 full-duplex

 광케이블 타입

- 멀티모드(Multi-Mode Fiber Cable)
  하나의 광코어 내에 약간씩 다른 반사각을 가진 광선을 동시에 전송할 수 있도록 설계된 광케이블이다. 싱글모드(Single-mode)에 비해 데이터 손실이 많기 때문에 비교적 소규모의 네트워크 구성이나 전송 거리가 짧은 네트워크 구성에 사용한다.
- 싱글모드(Single-Mode Fiber Cable)
  광코어는 장거리 전송이 필요한 백본 등을 구성할 때 사용되며, 싱글모드(Single-mode) 광섬유는 멀티모드 광섬유에 비해 훨씬 크기가 작은 코어가 사용된다.

3. 이더넷 토폴로지

1) 이더넷 프레임 구조

이더넷 프레임 기능은 한 스테이션에서 다른 스테이션으로 안전하고 효과적으로 패킷을 전송하는 컨테이너^{Container} 역할을 한다. 이더넷은 현재 가장 많이 사용되는 프로토콜이다. 이번에는 프레임 구조를 비롯한 특징을 살펴보자.

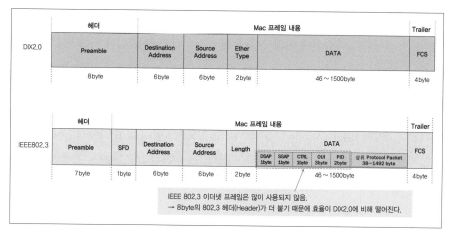

그림 4-6 이더넷 프레임 구조

이더넷 프레임 구성 요소에 대한 설명은 다음과 같다.

- Preamble: 패킷(프레임) 동기 등을 위해 각 프레임의 헤더 맨 앞에 붙이는 영역
- SFD^{Start of Frame Delimiter}: 프레임의 시작 부근에서 Preamble 바로 뒤에 붙어지는 10101011로 구성된 1바이트짜리 비트열
  - SFD 비트열부터 바이트 단위로 구성돼 있다는 사실을 알리는 프레임 동기용 비트열
- Destination address: 목적지 MAC 주소
- Source address: 송신지 MAC 주소
- Type: 상위계층 프로토콜 종류를 표시. 0x600 이상이면 Type(DIX 2.0), 0x600 이하이면 Length(802.3:CSMA/CD)로 해석된다.
  - Type: 많은 타입을 가지고 있으며, 가장 대표적인 Type으로는 IP^{Internet Protocol}를 들 수 있다.
  - Length: 길이(3~1500byte)를 나타낸다.
- DATA: 상위 프로토콜 데이터 패킷
- FCS^{Frame Check Sequence}: CRC 체크 등 프레임에 문제 여부를 판별하는 용도로 사용

○ 순환 중복 검사CRC, Cyclic Redundancy Check는 에러 검출 방법 중 하나로, 송신 측 데이터가 다항식에 의해 추출된 결과를 여분의 오류 검사 필드FCS, Frame Check Sequence에 덧붙여 보내면, 수신 측에서는 이와 동일한 방법으로 추출한 결과와 일치하는지를 판단해 오류 검사를 하는 기술이다.

이더넷 프레임 타입은 그림 4-6에서도 알 수 있듯이 DIX2.0, IEEE802.3의 두 가지 타입이 있지만, 주로 DIX2.0을 사용하고 있다. 그 이유는 IEEE802.3 프레임 구조에서처럼 데이터 부분에 8byte 802.3 헤더가 붙고, 데이터를 전달하는 데 있어 DIX2.0에 비해 효율성이 떨어지기 때문이다. 이를 확인하기 위해 패킷 계측기 와이어샤크를 이용한 이더넷 프레임 패킷 구조가 어떤 타입인지 확인해보자.

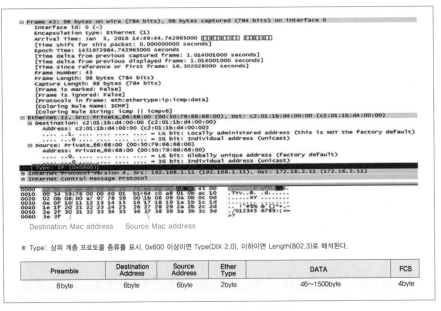

Preamble	Destination Address	Source Address	Ether Type	DATA	FCS
8byte	6byte	6byte	2byte	46~1500byte	4byte

그림 4-7 DIX2.0 이더넷 프레임 패킷

76

2) 이더넷 프레임 구조 분석

이더넷 프레임은 최소 64바이트에서 최대 1500바이트의 크기를 가지고 있다. OSI Layer2에 해당되며, 이더넷 헤더(Destination MAC Address, Source MAC Address, Ethernet Type)를 제외하고 최소 크기는 46바이트를 만족해야 한다.

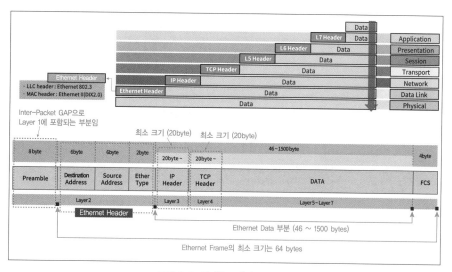

그림 4-8 이더넷 프레임 구조 분석

이더넷 프레임의 최소 크기는 64바이트다. 64바이트에 포함되는 요소는 다음과 같다.

```
6 bytes (Destination MAC) + 6 bytes (Source MAC) + 2 bytes (Ethernet Type)
+ 46 bytes (최소 Data) + 4 bytes (Frame Check Sequence) = 64 bytes
```

이더넷 헤더를 제외한 이더넷 프레임의 데이터 부분의 구성을 보면 반드시 최소 사이즈인 46바이트를 지켜야 한다. 46바이트에 포함되는 요소는 다음과 같다.

```
20 bytes (IP Header) + 20 bytes (TCP Header) + 6 bytes (Padding) = 46
bytes
```

여기서 6바이트 크기의 Padding 부분이 있다. Padding 부분이 추가되는 이유는 이더넷 프레임에 데이터 사이즈가 0바이트일 경우 이더넷 패킷을 전송하기 위해서는 최소 64바이트를 지켜야 하기 때문에 이더넷 프로토콜상에서 Null 값으로 6바이트 Padding을 붙여 최소 64바이트를 유지하게 함으로써 데이터 전송을 가능하게 한다.

위 내용을 계측기 분석을 통해 어떻게 보이는가를 확인해 보자.

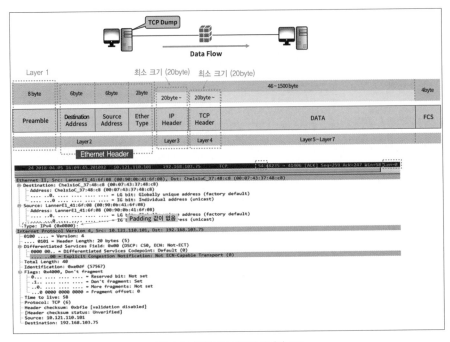

그림 4-9 54바이트 이더넷 프레임 구조

그림 4-9에서 보여주는 트래픽 계측기 자료는 서버단에서 TCP Dump 기능으로 측정된 내용이며, 최소 이더넷 프레임이 서버의 이더넷 인터페이스를 지나기 전에 측정된 값이다.

계측기에서 프레임 사이즈를 54바이트로 보여준다. 여기에는 이더넷 헤더(6바이트 + 6바이트 + 2바이트와 IP 헤더(20바이트), TCP 헤더(20바이트)로 구성되며, 이더넷 인터페이스를 통과하기 전이기 때문에 Padding(6바이트) 값은 아직 붙기 전이다. 물론 FCS(4바이트)도 붙지 않는다.

다음으로는 이더넷 인터페이스를 통과한 최소 이더넷 프레임에 대한 계측 결과를 확인해보자.

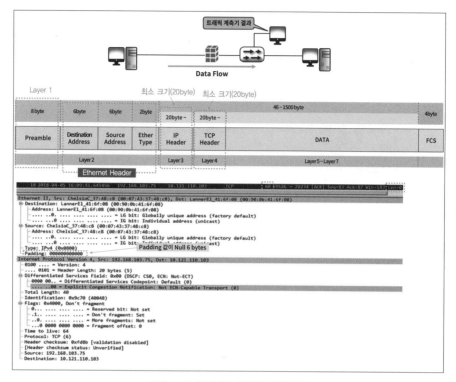

그림 4-10 60바이트 이더넷 프레임 구조

그림 4-10은 계측기로 측정된 값이 프레임 사이즈를 60바이트로 보여준다. 여기에는 이더넷 헤더(6바이트 + 6바이트 + 2바이트)와 IP 헤더(20바이트), TCP 헤더(20바이트) 및 Padding(6바이트)으로 구성된다. Padding 값은 Null로 이더넷 패킷 전송을 위해 최소 사이즈 64바이트를 이더넷 프로토콜 자체에서 의미없는 Null 값을 삽입해 최소 이더넷 프레임 사이즈를 만족하게 한다. 이더넷 인터페이스를 통과하기 때문에 Null Padding 6bytes 값을 확인할 수 있다.

계측기에는 보여지지 않지만 여기에 FCS 4bytes를 붙여 최소 64바이트 이더넷 프레임 크기를 만족하고 패킷 전송이 가능하게 된다.

이더넷 프레임에서 Padding 값의 역할

이더넷 프레임에서 전송할 수 있는 프레임의 최소 사이즈는 64바이트가 돼야 한다. 64바이트 미만의 경우는 이더넷 프로토콜상에서 폐기 처리하게 된다. 그러나, 프레임 상에서 데이터가 없는 경우는 최소 46바이트를 만족해야 한다. 46바이트에는 IP 헤더(20바이트), TCP 헤더(20바이트)가 포함되고 여기에 최소 데이터 사이즈가 6바이트가 돼야 한다.

프레임의 전달에 있어 데이터 내용이 없을 경우에 의미없는 데이터인 Padding 값을 Null로 6바이트를 추가해 이더넷 프레임이 전달될 수 있게 한다.

여기에 중요한 부분은 Padding 값을 Null로 처리하는 것을 RFC 894에서 권고하고 있다.

Padding에 Null 값이 아닌 Random 값으로 처리할 경우 FCS에서 오류를 발생시킬 수 있다.

이러한 부분은 이더넷 프레임 처리과정에서 현장에서 경험한 사례이며, 랜카드 등 IP 통신이 가능한 인터페이스의 제조사는 반드시 지켜야 할 권고사항이다.

■ RFC 894

The minimum length of the data field of a packet sent over an Ethernet is 46 bytes.

If necessary, the data field should be padded (with octets of zero) to meet the Ethernet minimum frame size. This padding is not part of the IP packet and is not included in the total length field of the IP header.

■ RFC(Request for Commands)

IETF(Internet Engineering Task Force)에서 인터넷에서 기술을 구현하는 데 필요한 절차 등을 제공하는 공문서, 인터넷상에서 기술을 구현함에 있어서 요구되는 상세한 절차와 기분 틀을 제공하는 기술 관련 내용으로 돼 있다.

4. IP 토폴로지

IP는 네트워크상에서 정보를 출발지의 터미널에서 목적지의 터미널로 전달하기 위해 사용하는 3계층의 식별자 프로토콜이라고 할 수 있다. 네트워크상에서 정보를 전달할 수 있는 터미널, 각 호스트들은 다른 터미널과 구별되는 유일한 주소, 즉 IP 주소를 가져야 한다. IP 주소는 버전 4(IPv4)와 버전 6(IPv6)이 있다.

1) IP 패킷 구조

네트워크 계층의 데이터 전송 프로토콜로 IP^{Internet Protocol}는 호스트 인식, 패킷 분할 기능을 지원한다.

End-to-End 오류 제어나 흐름 제어 기능은 제공하지 않으며 End-to-End 패킷을 전송할 때 전송 패킷이 수신 호스트에 도착하는 것을 보장하지 않는다(Best Effort 원칙). 상위 레벨인 TCP에서 전송 패킷을 정상 수신했는지 보장한다.

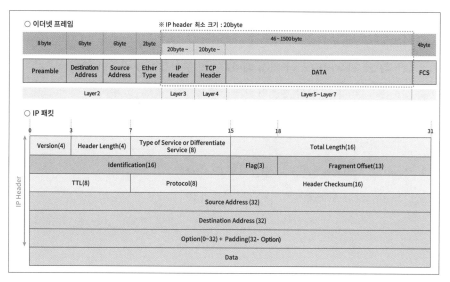

그림 4-11 IP 패킷 구조

- Version(4비트): IP 버전을 표시(예: IPv4 또는 IPv6)
- HL^Header Length: IP 패킷에서 헤더가 차지하는 길이, IP 패킷은 '헤더+데이터 +옵션'으로 구성되므로 헤더의 길이를 알면 데이터의 시작점을 알 수 있다.
- TOS^Type Of Service: 서비스 타입 및 수준을 표시한다(패킷이 얼마나 빨리 처리, 전달돼야 하는지에 대한 정보를 말한다). 그 예로는 111(네트워크 컨트롤용), 110(인터네트워크 컨트롤용), 101(CRITIC/ECP), 100(플래시 오버라이드용), 011(플래시 용), 010(즉시 처리용), 001(우선 처리용), 000(일반 처리용)이 있다.
- Total Length(16비트): 패킷의 전체 길이를 표시
- Identification(16비트): 하나의 패킷이 여러 조각으로 분할됐을 경우 각 조각을 구분하기 위해 부여하는 정보
- Flag(3비트): 패킷 분할에 관한 컨트롤 정보
  - Bit0: 항상 0으로 예약돼 있음[Bit 1:(DF) 0 = 분할 가능, 1 = 분할 불가, Bit 2:(MF) 0 = 마지막 조각, 1 = 이후 조각 더 있음]
- Fragment Offset(13비트): 이 조각^Fragment이 어느 데이터그램(IP 패킷)에 소속되는지 표시
- TTL^Time to Live(8비트): 이 패킷이 인터넷에서 사용될 수 있는 시간을 표시함. 일반적으로 라우터를 하나 거칠 때마다 1씩 줄어들어 0이 되면 폐기됨
- Protocol(8비트): 상위 계층의 프로토콜을 표시(예: tcp/udp 등)
- Header Checksum(32비트): 헤더 부분에 에러가 발생했을 때 에러를 정정하기 위한 체크
- Source Address(32비트): 출발지의 IP 주소
- Destination Address(32비트): 목적지의 IP 주소
- Option(27비트): 선택 사양, 보안 단계, 소스 경로, Route recode, timestamp 등

와이어샤크에서 보여지는 IP 패킷의 계측 결과는 그림 4-9와 같다. 이러한 계측기 화면을 보여주는 이유는 네트워크 담당이나 보안 담당자들이 네트워크상에서 트러블

슈팅 등과 같이 다양한 네트워크 패킷 분석을 하는 경우가 있기 때문이다.

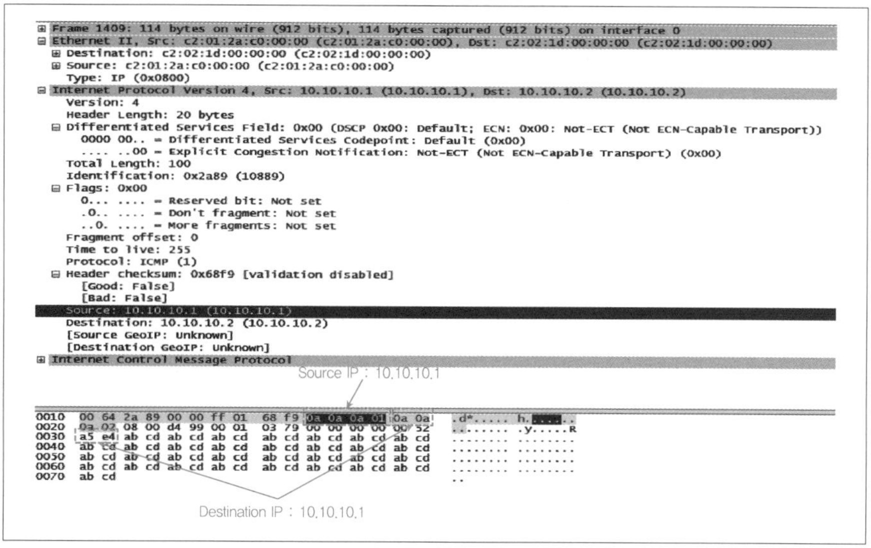

그림 4-12 IP 패킷 계측 구조

2) IP 패킷 단편화 기능

IP 패킷 단편화 기능은 MTU 사이즈를 초과하는 데이터 전송 처리에서 단편화 Fragmentation해 전송하는 기능이다. 단편화 기능은 패킷 분석에서 확인할 수 있다.

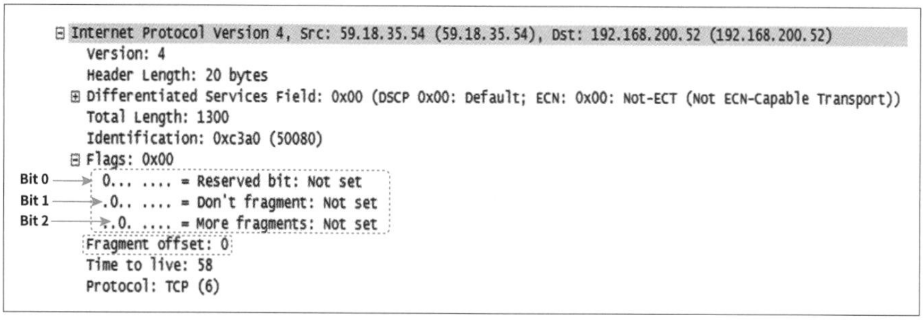

그림 4-13 IP 패킷 단편화

IP 패킷에서 단편화 기능이 동작하는 것은 IP 패킷의 Flag 부분을 확인하면 된다.

- Bit 0: 예약 비트로 항상 '0'으로 예약돼 있음
- Bit 1: (DF) '1'이면 단편화 기능 사용 안 함(분할 불가), '0'이면 단편화 기능 사용(분할 가능)
- Bit 2: (MF) '1' 이면 뒤에 조각된 패킷이 있음, '0' 이면 뒤에 조각된 패킷이 없는 마지막 조각을 나타냄

Fragment Offset(13비트)은 단편화된 패킷들을 구분하는 용도로 사용되며, 해당되는 조각이 어느 데이터그램(IP 패킷)에 소속되는지 알려준다.

IP 패킷에서 데이터 부분은 이더넷의 최대 데이터 크기인 MTU^{Maximum Transmission Unit} 1500바이트에서 IP 헤더 크기인 20바이트를 뺀 부분을 MSS^{Maximum Segment Size}라고 한다. IP 패킷의 단편화 단위는 MSS 1480바이트가 된다.

※ MSS(Maximum Segment Size) = MTU(1500바이트) − IP 헤더(20바이트) = 1480바이트

(MSS + Header ≤ MTU)

IP 패킷 사이즈에서 5000바이트가 단편화될 때 어떻게 되는지 확인해보자. 그리고, 단편화될 때 패킷 분석에서는 어떻게 보여지는지 확인해보자.

 5000바이트를 MSS 단위로 단편화

- MSS 1480바이트 단위로 4번 단편화됨

[5000바이트   ]

[1480] [1480]   [1480]   [560]   : 4개의 파일로 단편화됨

0–1479 **1480**–2959 **2960**–4439 **4440**–4999

☞ [0] [185] [370] [555]   : Fragment Offset 값

(Fragment offset = (분할패킷 맨 앞 숫자)를 8로 나눈 값이 표시됨)

출발지 IP 주소 3.3.3.3에서 목적지 IP 주소 1.1.12.1로 4096바이트 패킷을 전송할 때 계측기에서 어떻게 보이는지 그림 4-14에서 확인해보자.

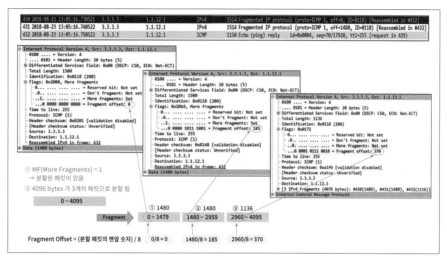

그림 4-14 IP 패킷 단편화 계측기 확인

5. TCP 토폴로지

TCP^Transmission Control Protocol는 4계층인 전송 계층 프로토콜로, 연결형 서비스를 제공하며, 신뢰성 있는 데이터 전송을 보장한다. TCP는 전송 계층으로 응용 계층(파일 전송, DNS, 전자메일 등)과 3계층인 네트워크 계층 사이에 위치하고, TCP/IP의 계층적 구조에서 네트워크 계층의 기능을 제공하는 프로토콜은 IP이며, IP 프로토콜 위에서 실행되는 전송 계층 프로토콜은 서비스의 유형에 따라 두 가지 종류로 구분한다. TCP는 연결형 서비스를 지원하는 프로토콜이고, UDP는 비연결형 서비스를 지원하는 프로토콜이다.

TCP 프로토콜의 특징을 간단히 요약하면 다음과 같다.

*   데이터 전달에 신뢰성 보장^Reliable Data Transfer

- 시퀀스 번호와 Ack[Acknowledge] 번호를 이용해 데이터 손실이나 흐름 장애 시 재전송 처리
- 패킷 순서를 확인한 후 재조립해 사용자에게 보여줌
- 중간 유실이 발생할 경우, 시퀀스 번호를 확인해 재전송 요청
- 연결지향형[Connection Oriented] 서비스 제공
- 3Way 핸드쉐이크[Handshake] 상호 연결을 우선 수행해 신뢰성 데이터 전송 보장, 통신 종료(4Way Handshake)
  - 핸드세이크 동작 동안 데이터를 전송하기 전 메모리에 버퍼를 만든다.
- 흐름 제어[Flow Control] : 수신 측 버퍼 오버플로 방지
- 혼잡 제어[Congestion Control] : 네트워크상 패킷 수가 과도하게 증가하는 것을 방지한다.
- 출발지, 목적지의 각 포트 정보와 2개의 IP 정보를 통해 소켓을 식별한다.
- 20바이트 패킷 오버헤드
- 7계층 프로토콜(HTTP, FTP, SMTP, Telnet 등)에 사용된다.

1) TCP 패킷 구조

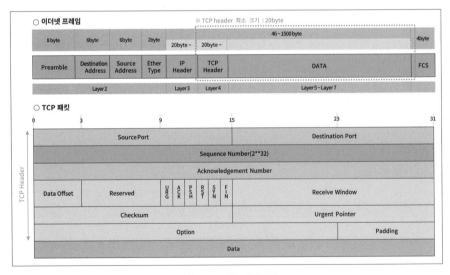

그림 4-15 TCP 패킷 구조

- Source port(16비트): 상위 애플리케이션에 따라 값이 결정되며, 송신지 포트 번호를 나타냄
- Destination port(16비트): 수신지 포트 번호를 나타냄
- Sequence Number(23비트): 패킷 송신 데이터의 일련번호를 나타냄
- Acknowledgement Number(32비트): 수신 데이터의 일련번호를 나타냄(수신 될 다음 번 바이트의 예상 일련번호)
- Data Offset(4비트): 패킷 내의 데이터 오프셋
- Reserved(6비트)
- Control(6비트): TCP의 연결 및 종료를 제어한다.
  ○ URG(긴급 포인터), ACK(승인), PSH(푸시 기능), RST(접속의 리셋), SYN(동기화 일련번호), FIN(송신자로부터 더 이상의 데이터가 없음) 등
- Window(16비트): 메시지 전송 시 흐름 제어를 한다.
- Checksum(16비트): 에러를 체크하고, TCP 메시지 검사 및 목적지에 제대로 도착했는지 확인한다.
- Urgent Position(16비트): TCP 긴급 포인터
- Options(24비트): TCP 옵션
  ○ SEG_SEQ: 패킷 일련번호, SEG_ACK: 패킷 확인번호, SEG_FLAG: 제 어비트
- Padding(8비트): 헤더의 크기를 4바이트로 맞추기 위해 사용
- Data

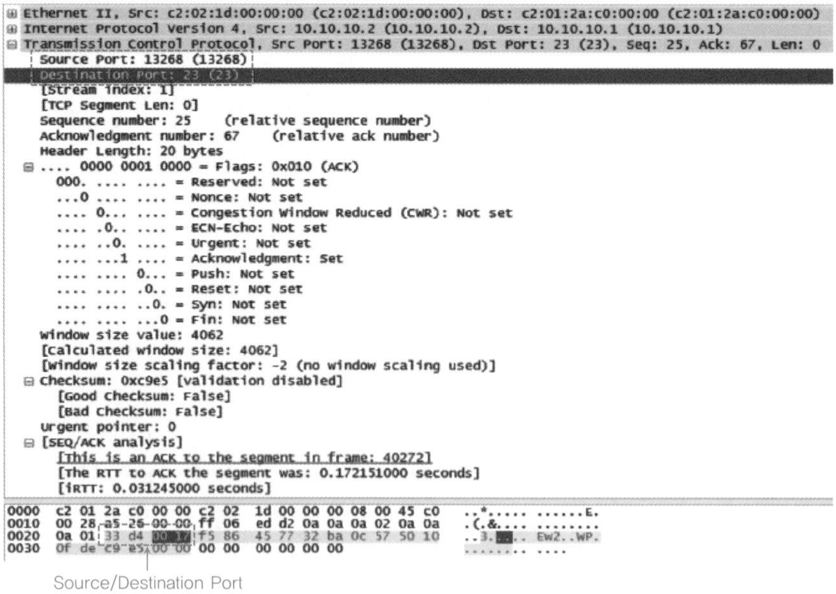

```
⊞ Ethernet II, Src: c2:02:1d:00:00:00 (c2:02:1d:00:00:00), Dst: c2:01:2a:c0:00:00 (c2:01:2a:c0:00:00)
⊞ Internet Protocol Version 4, Src: 10.10.10.2 (10.10.10.2), Dst: 10.10.10.1 (10.10.10.1)
⊟ Transmission Control Protocol, Src Port: 13268 (13268), Dst Port: 23 (23), Seq: 25, Ack: 67, Len: 0
     Source Port: 13268 (13268)
     Destination Port: 23 (23)
     [Stream index: 1]
     [TCP Segment Len: 0]
     Sequence number: 25      (relative sequence number)
     Acknowledgment number: 67      (relative ack number)
     Header Length: 20 bytes
  ⊟ .... 0000 0001 0000 = Flags: 0x010 (ACK)
       000. .... .... = Reserved: Not set
       ...0 .... .... = Nonce: Not set
       .... 0... .... = Congestion Window Reduced (CWR): Not set
       .... .0.. .... = ECN-Echo: Not set
       .... ..0. .... = Urgent: Not set
       .... ...1 .... = Acknowledgment: Set
       .... .... 0... = Push: Not set
       .... .... .0.. = Reset: Not set
       .... .... ..0. = Syn: Not set
       .... .... ...0 = Fin: Not set
     Window size value: 4062
     [Calculated window size: 4062]
     [Window size scaling factor: -2 (no window scaling used)]
  ⊟ Checksum: 0xc9e5 [validation disabled]
       [Good Checksum: False]
       [Bad Checksum: False]
     Urgent pointer: 0
  ⊟ [SEQ/ACK analysis]
       [This is an ACK to the segment in frame: 40272]
       [The RTT to ACK the segment was: 0.172151000 seconds]
       [iRTT: 0.031245000 seconds]

0000   c2 01 2a c0 00 00 c2 02   1d 00 00 00 08 00 45 c0   ..*..... ......E.
0010   00 28 a5 26 00 00 ff 06   ed d2 0a 0a 0a 02 0a 0a   .(.&.... ........
0020   0a 01 33 d4 00 17 f5 86   45 77 32 ba 0c 57 50 10   ..3..... Ew2..WP.
0030   0f de c9 e5 00 00 00 00   00 00 00 00               ........ ....
```

Source/Destination Port

그림 4-16 TCP 패킷 계측 구조

6. UDP 토폴로지

네트워크상에서 정보를 전달할 때 상호 송·수신 형식이 아닌 한쪽에서 일방적으로
보내는 방식의 통신 프로토콜이다. 정보 전달에 있어 정보를 보낼 때 정보의 송신 주
체나 수신 주체가 상호 신호 절차를 거치지 않고 송신 측에서 일방적으로 데이터를
전달하는 용도로 사용된다. 또한 송신 측에서 수신 측이 데이터를 정상적으로 수신했
는지 확인하지 않고, 확인할 필요도 없게 만든 프로토콜이다.

UDP[User Datagram Protocol]는 TCP와 상반된 개념을 가지고 있으며, 데이터를 전달할 때
수신 측이 정상 수신에 대한 보장을 하지 않는다. 송신자가 보낸 데이터 정보를 전혀
확인하지 않는다는 것은 TCP보다 안정성 면에서는 떨어지지만, 데이터 전달 속도는
훨씬 빠르다는 것을 의미한다.

UDP의 특징을 간단히 요약하면 다음과 같다.

- 비연결형Connectionless은 신뢰성을 보장하지 않는다.
- UDP가 제공하는 두 가지 서비스(두 가지 전송 계층 서비스)
  ○ 프로세스 대 프로세스 데이터 전달, 포트-프로세스 매핑, 2개의 포트 정보 (출발지, 목적지)를 통해 소켓을 식별한다.
  ○ 오류 검출: 헤더에 오류 검출 필드를 포함함으로써 무결성 검사를 제공한다.
- TCP보다 오버헤드가 작기 때문에 데이터 전달 속도가 빠르다.
- TCP와 달리 메시지를 데이터그램으로 나누고, 받는 쪽에서 재조립하는 기능이 없다(세션이 형성되지 않는다).
- 도착하는 패킷의 순서를 보장하지 않으며, 도착 여부를 확인하지 않는다.
- 전송 승인 확인 기능이 없다.
- 점대점 통신Point-to-Point과 지점 대 다중 지점 간Point-to-Multipoint 통신을 지원한다.
- DNS, NFS, SNMP, RIP 등이 사용된다.
- 잘 알려진 포트Well-Known Port: 0~1023, SNMP(161), TFTP(69), NTP(123), DNS(53) 등

1) UDP 패킷 구조

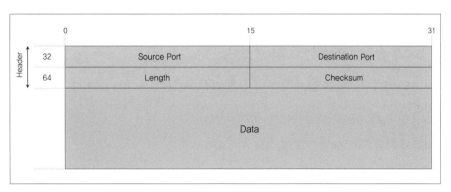

그림 4-17 UDP 패킷 구조

- Source Port Number: 송신 포트 번호, 포트 번호를 통해 상위 단계 프로그램들을 식별한다.
- Destination Port Number: 수신 포트 번호
- Length: UDP 헤더와 데이터를 합친 길이
- Checksum: UDP 헤더와 데이터를 모두 포함해 체크

2) TCP vs UDP 특성 비교

표 4-3 TCP vs UDP 특징 비교

구분	TCP	UDP
연결 타입(Connection Type)	Connection Oriented	Conectionless
데이터 시퀀스	패킷 순서 유지	패킷 순서 유지하지 않음
데이터 손실	손실 보장(재전송 등 손실 보상)	손실 가능(보상하지 않음)
Flow/Congestion/Error Control	GBN, SR, ARQ 사용	해당 제어 기능 없음
패킷 오버헤드	20byte	8바이트
사용 예	대부분의 7계층 프로토콜 HTTP, FTP, SMTP, 텔넷 등	DNS, NFS, SNMP, RIP 등

3) 잘 알려진 포트

TCP/IP 프로토콜을 이용한 데이터 통신에서 특정 프로토콜 용도로 예약돼 있는 포트 번호를 잘 알려진Well-Known 포트라 한다.

0 ~ 65535까지 사용을 할 수 있으나 잘 알려진 포트는 0 ~ 1023까지다.

- 잘 알려지 포트Well-Known Port: 0 ~ 1023
- 등록된 포트Registered Port: 1024 ~ 49151
- 동적 포트Dynamic Port: 49152 ~ 65535

여기서 일반적으로 애플리케이션에서 사용되는 포트는 1024 이후 포트를 사용하는 것이 보통이다.

표 4-4 잘 알려진 포트

서비스	포트 번호	프로토콜	서비스	포트 번호	프로토콜
FTP(Data)	20	TCP	IMAP2/4(인터넷 메일)	143	TCP/UDP
FTP(Control)	21	TCP	SNMP	161	TCP/UDP
SSH(Secure Shell)	22	TCP/UDP	SNMP Trap	162	TCP/UDP
Telnet(원격 액세스)	23	TCP	LDAP(디렉터리 서비스)	389	TCP/UDP
SMTP(메일 전송)	25	TCP/UDP	HTTPS(웹 암호통신)	443	TCP/UDP
WHOIS(도메인 검색)	43	TCP	SMTPS(SMTP 암호 통신)	465	TCP
DNS(도메인명 서비스)	53	TCP/UDP	Syslog(로그수집)	514	UDP
HTTP(웹 접속)	80	TCP/UDP	FTPS(Data)	989	TCP/UDP
Kerberos(인증)	88	TCP/UDP	FTPS(Control)	990	TCP/UDP
POP3(메일 수신)	110	TCP	Telnets(텔넷 암호통신)	992	TCP/UDP
NTP(시간동기)	123	UDP	IMAPS(IMAP 암호통신)	993	TCP
Microsoft RPC(원격 접속)	135	TCP	POP3S(POP3 암호 통신)	995	TCP

7. 패킷 분석

네트워크상에서 패킷 분석은 툴을 이용한다. 대표적인 패킷 분석 툴로는 와이어샤크(WireShark)가 있다. 캔자스주의 미주리 대학교 제럴드 콤즈Gerald Combs에 의해서 개발이 된 툴이며, 초기에 패킷 분석 툴인 이더리얼Etherreal의 창시자이기도 하다.

와이어샤크는 오픈 소스로 개발됐으며, GPLGeneral Public Licence 원칙에 따라 무료 배포 소프트웨어로 누구나 사용할 수 있다.

■ GPL

공개 운영체제인 GNU 프로젝트로부터 제공되는 소프트웨어가 적용되는 라이선스이다. 사용자들이 소프트웨어를 자유롭게 공유하고 내용을 수정하도록 보증하는 것을 말한다. 따라서 사람들은 GPL^{General Public Licence}을 이용해 소프트웨어의 배포판을 만들어 배포할 수 있고, 원한다면 그 배포판을 상업적으로 이용할 수도 있다. GPL의 가장 큰 특징은 GPL이 적용된 SW를 이용해 개량된 SW를 개발했을 경우, 개발한 SW의 소스코드 역시 공개해야 한다. 가장 널리(전체 공개SW의 70~80%) 적용되는 공개SW 라이선스로, 공개SW 세계의 헌법이라는 별칭까지 붙어있다. 자유SW재단의 리차드 스톨만이 만들었다(출처: 네이버 지식백과).

1) 패킷 캡처 API 윈도우 모듈(WinPcap)

NIC^{Network Interface Card}라고 불리는 네트워크 카드^{Lan Card}는 몇 킬로바이트의 아주 작은 메모리만 가지고 있어, 빠르게 단말로 패킷을 전달하거나 폐기시켜야 한다. 랜카드는 패킷을 수신하는 즉시 CRC 체크와 같은 간단한 처리를 해 패킷의 오류가 없다고 판단되면 즉시, 버스 컨트롤러에게 패킷을 수신하라고 요청한다.

이러한 요청에 의해 랜카드에서 단말의 NIC Dirver Packet Buffer로 패킷이 이동하게 됨과 동시에 APIC^{Advanced Programmable Interrupt Controller} 칩에게 하드웨어 인터럽트를 보낸다.

APIC 칩은 운영체제의 인터럽트 처리 루틴을 동작시키고 NIC 디바이스 드라이버의 ISR^{Interrupt Service Routine}을 실행시킨다.

인터럽트 처리 부분이 크면 메인 루틴 실행에 영향을 줄 수 있으므로 인터럽트는 최소화해야 한다. 따라서 ISR 역시 아주 소량의 일만하므로 우선 순위도 낮게 책정되며, 이를 DPC^{Deferred Procedure Call}라고 한다.

CPU는 현재 기다리고 있는 인터럽트가 없다면 이 DPC를 실행시켜 상위의 프로토콜 계층 드라이버나 패킷 캡처 드라이버에게 패킷이 도착했음을 알린다.

인터럽트는 다른 작업을 모두 멈추고 특정 작업을 우선적으로 처리해야 하고 오버 헤드가 큰 동작이기 때문에 랜카드는 가능하면 한 번의 인터럽트에 여러 패킷을 처리한다.

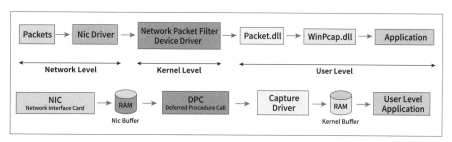

그림 4-18 Win32 플랫폼 패킷 캡처 아키텍처

■ WinPcap(패킷 캡처 드라이버)

WinPcap은 네트워크 카드Lan Card에 도달한 패킷이 DPCDeferred Procedure Call에 의해 상위 계층 드라이버로 전달되는 구간에 위치한다.

패킷 캡처는 메시지를 훅처럼 지나가는 길목에 끼어넣어 내용을 보기만 하는 것이며, 하위나 상위 계층에 있는 구성요소에 미미한 시간 지연을 제외하고는 아무런 영향력이 없다. 이러한 훅이 실행하는 함수는 tap( )이라는 함수이며, Tap 함수는 BPFBerkley Packet Filter에서 구조를 받아온 것으로 BPF의 Tap 함수와 거의 같은 기능을 한다.

Tap은 우선 모든 IP를 통과시키라든지 하는 필터링 작업을 먼저 한다. 이후 물리 계층에서 넘겨온 패킷의 길이, 시간 등을 처리하고 커널 버퍼에 패킷을 복사한다. 커널 버퍼는 사용자 계층에서 패킷 내용을 읽어가기 전까지 패킷이 저장되는 공간이다.

WinPcap은 패킷이 랜카드에서 응용프로그램까지 전달되는 경로 중에서 DCP 다음에 패킷 캡처 드라이버를 삽입함으로써 패킷을 가로챌 수 있다.

2) 네트워크 패킷 분석 툴

앞서 간단히 언급했듯이 와이어샤크Wireshark는 간단히 말하면 오픈 소스로 개발된 패킷 분석 프로그램이다. 와이어샤크는 네트워크 트러블슈팅Trouble Shooting, 소프트웨어 및 통신 프로토콜 개발이나 교육 등에 주로 사용된다. 와이어샤크가 개발되기 전에는 초기 버전으로 EtherReal이라는 이름으로 사용됐다.

 [와이어샤크: WireShark]
- 개발자: 와이어샤크 팀
- 안정화 버전: 2.6.3(2018년 8월 29일)
- 저장소: https://code.wireshark.org/review/gitweb?p=wireshark.git
- 프로그래밍 언어: C, C++
- 운영체제: 크로스 프랫폼
- 종류: 패킷 가로채기
- 라이선스: GNU 일반 공중 사용 허가서

[출처: 위키백과]

와이어샤크는 Pcap을 이용해 특정 네트워크 경로를 통과하는 패킷을 분석할 수 있게 그대로 낚아챈다. 그리고, 다양한 OS를 지원하기 때문에 어떤 플랫폼에서도 설치할 수 있다. 특히 GNU 일반 공중 허가서를 통해 공개 소프트웨어로 누구나 사용할 수 있다.

네트워크 시뮬레이터인 GNS3와 연동이 돼 네트워크 구성 실습이나 네트워크 프로토콜을 구현할 때 패킷의 특성을 쉽게 파악할 수 있어 정보 보호나 네트워크 분야에서 많이 사용되고 있다.

GNS3에서 와이어샤크를 실행시키는 것은 아주 쉽다. GNS3로 구성한 네트워크 토폴로지에서 라우터간 연결 회선을 선택한 후 마우스 오른쪽 버튼만 클릭하면 된다.

R3에서 PC1으로 ping을 실행시킨 후 와이어샤크를 실행시킨다.

```
R3#ping 192.168.1.10 repeat 100
Sending 100, 100-byte ICMP Echos to 192.168.1.10, timeout is 2 seconds:
!!!!!!!!!!!!!!!!!!!!!!!!!!!!!!!!!!!!!!!!!!!!!!!!!!!!!!!!!!!!!!!!!!!!!!!!!!!
!!!!!!!!!!!!!!!!!!!!!!!!!!!!!!
Success rate is 100 percent (100/100), round-trip min/avg/max = 8/26/160
ms
```

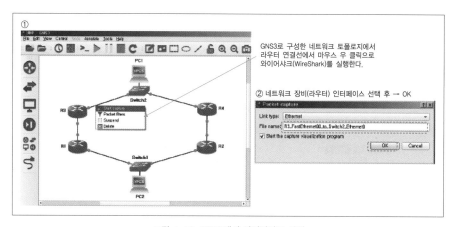

① GNS3로 구성한 네트워크 토폴로지에서
라우터 연결선에서 마우스 우 클릭으로
와이어샤크(WireShark)를 실행한다.

② 네트워크 장비(라우터) 인터페이스 선택 후 → OK

그림 4-19 GNS3에서 와이어샤크 실행

R3에서 단말 PC1까지 Ping 결과를 와이어샤크로 확인한 결과다.

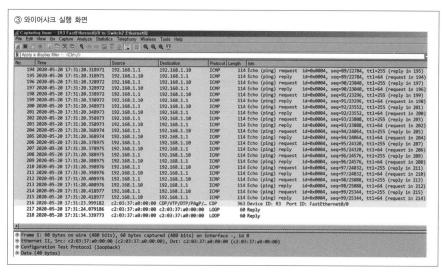

그림 4-20 GNS3에서 와이어샤크 실행된 화면

GNS3에서 와이어샤크의 실행은 그림 4-19와 같이 아주 쉽다. 일반적으로 사용할 때도 마찬가지다. http://www.wireshark.org/에서 설치할 단말 OS에 맞는 최신 버전을 다운로드해 설치하고 실행만하면 된다.

와이어샤크 프로그램 사용법은 이 책에서는 따로 설명하지 않으며, 필요하다면 『와이어샤크 개론 2/e』(에이콘, 2018)을 추천한다.

다음으로 패킷 전달과정에서 사용하는 프로토콜별로 어떻게 보이는지 확인해보자.

그림 4-21의 네트워크 토폴로지를 구성하려면 라우팅 및 스위칭 과정의 학습이 필요하지만 구성에 대한 이해는 진도를 좀 더 나간 뒤 하기로 하고 설정 값을 그대로 따라하기 바란다.

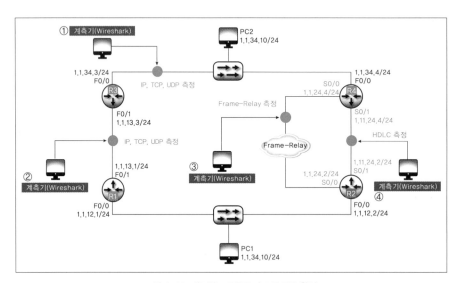

그림 4-21 네트워크 토폴로지 프로토콜 확인

■ 각 라우터 및 단말(PC1, PC2) 설정 값

각 라우터 및 단말에 그대로 입력하고, 동작 원리는 뒤에서 학습할 것이다.

```
enable password cisco        //Telnet(TCP/23) 접속을 위한 설정//

interface FastEthernet0/0
 ip address 1.1.12.1 255.255.255.0
 standby 10 ip 1.1.12.254
 standby 10 priority 110
 standby 10 preempt
 standby 10 track FastEthernet0/1 30
interface FastEthernet0/1
 ip address 1.1.13.1 255.255.255.0

ip route 0.0.0.0 0.0.0.0 1.1.13.3

line vty 0 4                 //Telnet(TCP/23) 접속을 위한 설정//
 password cisco
 login
```

[R2]

```
enable password cisco          //Telnet(TCP/23) 접속을 위한 설정//

interface FastEthernet0/0
 ip address 1.1.12.2 255.255.255.0
 standby 10 ip 1.1.12.254
 standby 10 preempt
interface Serial0/0              //Frame-Relay 인터페이스//
 ip address 1.1.24.2 255.255.255.0
 encapsulation frame-relay
 frame-relay map ip 1.1.24.4 204 broadcast
interface Serial0/1             //HDLC 인터페이스//
 ip address 1.11.24.2 255.255.255.0

ip route 0.0.0.0 0.0.0.0 1.1.24.4
ip route 0.0.0.0 0.0.0.0 1.11.24.4

line vty 0 4                     //Telnet(TCP/23) 접속을 위한 설정//
```

```
 password cisco
 login
```

[R3]
```
enable password cisco          //Telnet(TCP/23) 접속을 위한 설정//

interface FastEthernet0/0
 ip address 1.1.34.3 255.255.255.0
 standby 10 ip 1.1.34.254
 standby 10 priority 150
 standby 10 preempt
 standby 10 track FastEthernet0/1 60

interface FastEthernet0/1
 ip address 1.1.13.3 255.255.255.0

ip route 0.0.0.0 0.0.0.0 1.1.13.1

line vty 0 4                  //Telnet(TCP/23) 접속을 위한 설정//
 password cisco
 login
```

[R4]
```
enable password cisco          //Telnet(TCP/23) 접속을 위한 설정//

interface FastEthernet0/0
 ip address 1.1.34.4 255.255.255.0
 standby 10 ip 1.1.34.254
 standby 10 preempt
interface Serial0/0            //Frame-Relay 인터페이스//
 ip address 1.1.24.4 255.255.255.0
 encapsulation frame-relay
 frame-relay map ip 1.1.24.2 402 broadcast
interface Serial0/1            //HDLC 인터페이스//
 ip address 1.11.24.4 255.255.255.0
```

```
ip route 0.0.0.0 0.0.0.0 1.1.24.2
ip route 0.0.0.0 0.0.0.0 1.11.24.2

line vty 0 4                          //Telnet(TCP/23) 접속을 위한 설정//
 password cisco
 login
```

[PC1]	[PC2]
PC1> show ip	PC2> show ip
NAME : PC1[1]	NAME : PC2[1]
IP/MASK : 1.1.12.10/24	IP/MASK : 1.1.34.10/24
GATEWAY : 1.1.12.254	GATEWAY : 1.1.34.254

① UDP 패킷 분석

UDP 프레임에서 R3와 R4간 HSRP[Hot Standby Routing Protocol]에서 서로 주고받는 패킷은
멀티캐스트 IP(224.0.0.2)를 이용한 UDP 프레임이다.

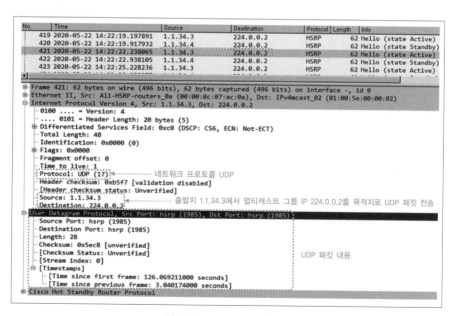

그림 4-22 UDP 프로토콜 패킷 덤프

UDP 프레임 분석은 End-to-End 통신이 아니며, UDP 프로토콜의 특성이 전달되는 패킷의 신뢰성을 보장하지 않는다(Best Effort). TCP와 달리 출발지와 목적지 간의 세션 정보가 없다.

그림 4-21 네트워크 토폴로지 구조에서 보면 R1과 R2간 이중화 프로토콜인 HSRP^{Hot Standby Redundancy Protocol}의 기능으로 R1와 R2간 Active 권한을 가지기 위해서 R1과 R2에서 멀티캐스트 그룹 IP(224.0.0.2)를 가지고 UDP 패킷을 전송하고 각각의 라우터에서 그것을 수신하면서 R1과 R2간 정상유무를 체크한다. 이때 사용하는 프로토콜이 UDP이다.

② IP 패킷 분석

사실 UDP 패킷에서도 당연히 IP 레벨은 존재한다. OSI 7 레이어에서 IP 프레임에 데이터로 TCP나 UDP가 속하게 된다. 그림 4-23에서도 계층 3 정보인 IP 프레임을 확인할 수 있다.

UDP 패킷과 다른 점을 보여주기 위해서 ICMP 프로토콜을 사용하는 Ping 패킷으로 분석했다.

PC1에서 PC2로 ping 패킷을 전송해서 그 결과를 패킷 덤프로 잡은 것이다.

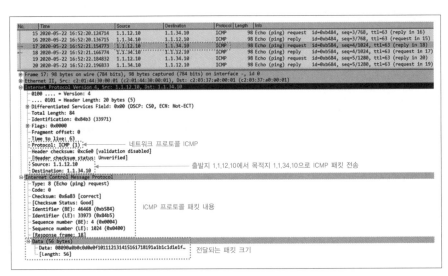

그림 4-23 IP 프로토콜 패킷 덤프

IP 패킷 분석은 OSI 7 계층에서 3계층인 IP 레벨을 보는 것이다. IP 레벨에서는 출발지 IP와 복적지 IP가 있으며, IP 레벨에서 사용되는 프로토콜로 ICMP^{Internet Control Message Protocol}가 보인다.

여기서 UDP 패킷과 다른 점은 출발지와 목적지가 있기 때문에 전달하는 데이터가 존재하며, 크기가 패킷 덤프상에 보여진다. 여기서 ICMP 프로토콜로 56바이트 데이터를 전달하는 것을 보여준다.

③ Frame-Relay 패킷 분석

Frame-Relay는 패킷 스위칭 기술을 사용한 디지털 통신 채널의 물리적인 데이터 링크 계층을 지정하는 표준화로 WAN^{Wide Area Network} 프로토콜이다.

WAN 프로토콜 혹은 시리얼^{Serial} 인터페이스에 적용되는 통신 프로토콜로 시리얼 프로토콜이라고도 한다. 와이어샤크로 확인한 프레임 구조는 다음과 같다.

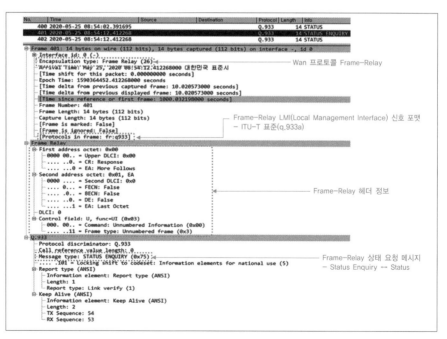

그림 4-24 Frame-Relay WAN 프로토콜 패킷 덤프

Frame-Relay는 기존 X.25의 기술적인 단점을 보완한 WAN 프로토콜로 가상회선 VC, Virtual Circuit 기반의 패킷 교환 서비스 용도로 하나의 물리적 회선으로 1,024개까지 논리적 채널을 만들 수 있으며, 1:N 등 다중화 접속 구성을 할 수 있다.

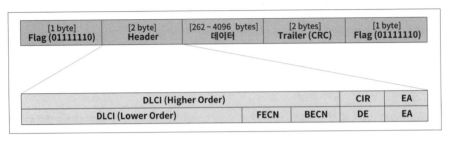

[1 byte] Flag (01111110)	[2 byte] Header	[262 ~ 4096 bytes] 데이터	[2 bytes] Trailer (CRC)	[1 byte] Flag (01111110)

DLCI (Higher Order)			CIR	EA
DLCI (Lower Order)	FECN	BECN	DE	EA

그림 4-25 Frame-Relay 패킷 프레임 구조

그림 4-25는 Frame-Relay 패킷 구조이며, 상세 내용은 4장의 네트워크 연결의 1, 네트워크 연결 토폴로지 – 2)프레임 릴레이를 참고하길 바란다.

④ HDLC 패킷 분석

CISCO 라우터 Serial 인터페이스에서 기본으로 동작하는 WAN 프로토콜은 HDLC High-Level Data Link Control이다.

HDLC는 데이터 통신에 적합한 전송제어 방식으로 점대점 링크, 다중점 링크를 지원하며, 반이중Half Duplex 및 전이중Full Duplex 통신을 지원한다. 에러 제어를 위해서는 Go-Back-N ARP를 사용하고 슬라이딩 윈도우 방식의 흐름 제어를 지원한다.

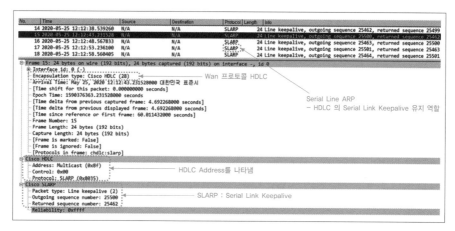

그림 4-26 HDLC WAN 프로토콜 패킷 덤프1

HDLC 프레임은 시리얼 인터페이스 Keepalive 패킷으로는 SLARP^{Serial Link ARP}를 사용한다.

라우터 시리얼 인터페이스 기본 프로토콜인 HDLC로 인캡슐레이션되는 것을 덤프상에서 알 수 있다. HDLC는 데이터 링크 레벨로 IP 레벨을 데이터로 인식한다. HDLC 프레임에 Ping(ICMP) 패킷을 흘려 보냈을 때 보이는 패킷 덤프는 데이터 링크 레벨인 프레임에서 HDLC 프로토콜로 인캡슐레이션하는 것이 보이며 다음으로 네트워크 레벨인 IP 레벨이 보이며 데이터로 사용된 ICMP 프로토콜에 End-to-End 전송되는 패킷 사이즈와 함께 그림 4-27과 같이 보인다.

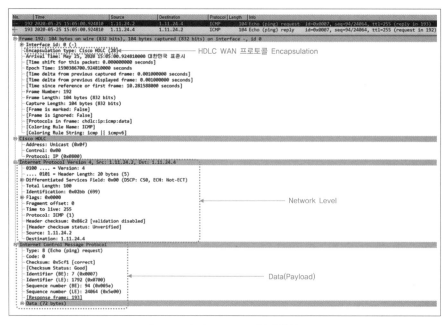

그림 4-27 HDLC WAN 프로토콜 패킷 덤프2

HDLC 프레임은 정보 프레임Information Frame, 감사 프레임Supervisory Frame 및 비번호 프레임Unnumbered Frame으로 구분된다.

HDLC 및 각 프레임의 구조는 그림 4-28과 같다.

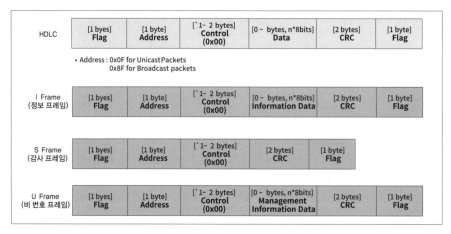

그림 4-28 HDLC 패킷 프레임 구조

- 정보 프레임(I-Frame): 사용자 정보, 제어 정보를 실으며 사용자 데이터 및 일부 제어 정보의 전달에 사용된다.
- 감사 프레임(S-frame): 제어 정보만 실으며 확인, 응답, 데이터 링크의 흐름제어 및 오류제어 용도로 사용된다.
- 비 번호 프레임(U-frame): 링크 관리 정보를 실으며, 링크 자체 관리용으로 주로 사용되고, 비연결형 데이터 전송용으로도 사용된다.

3) TCP 3-Way 핸드쉐이킹 동작 분석

TCP 세션을 맺기 위해서는 TCP 3Way 핸드쉐이킹Handshaking 과정을 거쳐야 한다. 핸드쉐이크 과정에서 패킷 분석을 위해 Sequence와 Acknowledgement Number에 대한 규칙을 확인해 보자.

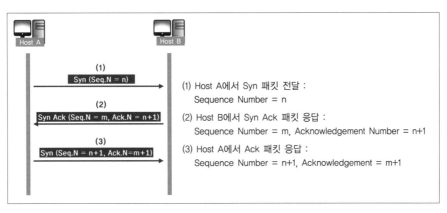

그림 4-29 TCP 3Way 핸드쉐이킹 과정

위 과정이 정상적으로 이뤄지면 TCP 세션이 맺어지게 되며, 이후 데이터 패킷을 전달할 수 있는 단계가 된다.

이번에는 실제 트래픽 계측기 상에서 TCP 세션을 맺기 위해 각 세션별 Sequence와 Acknowledgement Number가 그림 4-29 과정대로 보이는 것을 확인해 보자.

다음은 라우터에서 라우터로 Telnet 세션을 맺는 과정에서 보여지는 TCP 3Way 핸드쉐이킹 과정이며, 직접 해봄으로써 쉽게 확인할 수 있다.

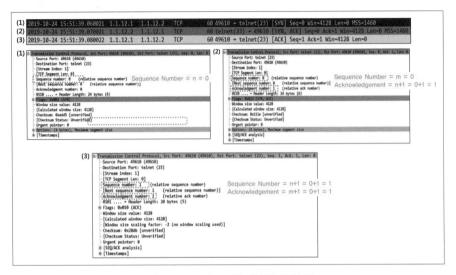

그림 4-30 TCP 3Way 핸드쉐이킹 패킷 분석

4) TCP Sequence & Acknowlegement 번호 상관성

TCP 3Way 핸드쉐이킹 과정을 패킷 분석으로 확인했으니 이젠, 실제 데이터(패킷)를 주고받은 과정에서 패킷 분석을 해보자.

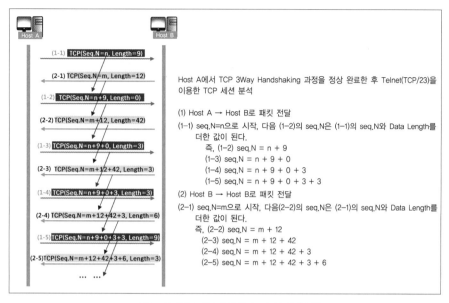

그림 4-31 TCP 데이터(패킷) 송·수신 패킷 분석

Host A에서 Host B로 TCP 데이터(패킷)를 송·수신하는 과정에서 분석의 중요 포인트는 Sequence Number를 확인할 수 있어야 한다. Sequence Number로 TCP 패킷을 전달하는 순서를 찾을 수 있다.

패킷의 전달하는 순서는 Host A에서 Host B로 전달하는 과정과 Host B에서 Host A로 전달하는 과정을 동시에 분석해야 한다.

Host A에서 Host B로 전달(1) 패킷에서 Sequence Number와 패킷 크기(Length)가 Sequence Number를 만드는 데 사용된다.

(1) Host A → Host B로 패킷이 전달되는 과정을 보면

(1-1) Sequence Number = n으로 시작하며, Length = 9이다.

(1-2) Sequence Number는 (1-1)의 Sequence Number와 Length를 더한 값이 된다.

(1-2) Sequence Number = n + 9, 그다음 (1-3) Sequence Number도 동일하게

적용된다.

(1-3) Sequence Number = n + 9 + 0

(1-4) Sequence Number = n + 9 + 0 + 3

(1-5) Sequence Number = n + 9 + 0 + 3 + 3

(2) Host B → Host A로 패킷이 전달되는 과정도 동일하게 적용된다.

(2-1) Sequence Number = m, Length = 12로 시작된다고 하면

(2-2) Sequence Number = m + 12

(2-3) Sequence Number = m + 12 + 42

(2-4) Sequence Number = m + 12 + 42 + 3

(2-5) Sequence Number = m + 12 + 42 + 3 + 6

실제 Telnet (TCP/23) 접속을 시도해 계측기 상에서 위 내용대로 결과가 보이는지 확인해 보자.

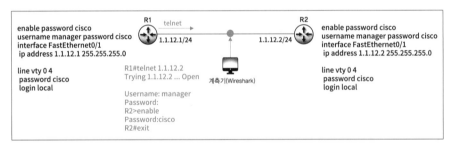

그림 4-32 TCP 데이터(패킷) 송 · 수신 패킷 계측 구성도

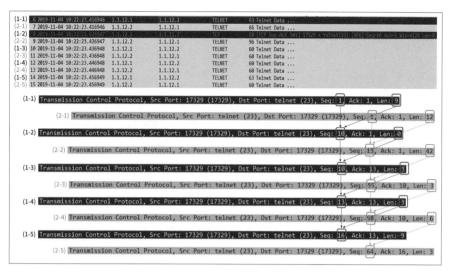

그림 4-33 TCP 데이터(패킷) 송 · 수신 패킷 계측 결과

그림 4-29, 그림 4-30 및 그림 4-31을 기본으로 패킷 분석을 진행할 수 있다. 패킷 분석에 있어서는 정상적인 패턴으로 패킷의 송 · 수신이 이뤄진다면 분석할 필요가 없겠지만 비정상적인 패킷 누락이나 재전송이 언제든지 발생할 수 있다. 패킷 누락이나 재전송의 현상이 송신단에서 발생하는지 수신단에서 발생하는지를 패킷 분석으로 확인하고 정확한 원인을 찾는 단계로 넘어갈 수 있다. 네트워크 운영 경험과 다양한 케이스를 겪어보면서 운영자들은 한 단계 업그레이드할 수 있다.

5) TCP 재전송 & Timeout

TCP의 가장 큰 특징은 신뢰성 있는 데이터 전달Reliable Data Transfer이다. 신뢰성 있는 데이터 전달은 End-to-End 통신에서 상호 데이터의 전달을 체크한다는 것이다. 데이터 전달을 했으니, 잘 받았는지 응답Ack을 하는 방식으로 구현된다. 데이터를 받지 못한 경우에 신뢰성 보장을 위해서 하는 동작은 재전송Retransmission이다. 전달한 데이터를 수신단에서 정상적으로 받았다는 신호를 받지 못했을 경우에 재전송이 이뤄진다.

재전송을 하는 경우는 ① Retransmission Timeout(재전송 타임아웃)과 ② Duplicate ACK가 발생한 경우다.

① 재전송 타임아웃

TCP는 데이터 전송 시 모든 세크먼트마다 재전송 타이머가 동작한다. 재전송 타임아웃RTO, Retransmission Timeout 동안 상대방으로부터 ACK 응답을 받지 못하면 송신자는 해당 패킷이 누락된 것으로 판단해 재전송 동작을 수행한다.

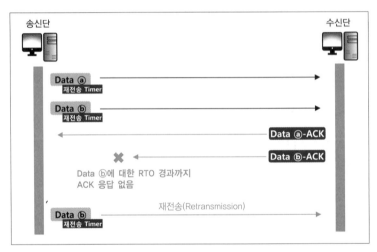

그림 4-34 TCP 재전송 타임아웃

송신단에서 Data ⓐ를 전송했으나, 수신단으로부터 Data ⓑ에 대한 정상 수신을 했다는 ACK 응답을 받지 못함으로써 Data ⓑ를 전송할 때 재전송 타이머의 동작으로 재전송 타임아웃이 발생했고, Data ⓑ를 다시 전송한다.

재전송 타임아웃이 경과할 때까지 패킷 수신이나 수신에 대한 응답 패킷을 받지 못했을 때 재전송이 발생한다. 재전송 타임아웃은 주로 다음 3가지 요인에 의해서 발생한다.

- 첫 번째: 송신자가 보내는 패킷 유실
- 두 번째: 송신자가 보낸 패킷에 대한 수신자의 ACK 응답 유실

- 세 번째: 송신자가 보낸 패킷에 대한 수신자의 ACK 응답이 RTO 만료 후 도착

재전송 타임아웃이 발생하는 원인은 거의 대부분이 네트워크 회선상 장애나 트래픽 지연 때문이다.

 TCP RTO와 RTT(Roung Trip Time) 연관성

1) RTO 값은 RTT 값보다 커야 한다
- RTO 〈 RTT인 경우
  - 패킷 수신에 대한 응답패킷(ACK)이 정상적으로 전달되는 중에 Timeout이 발생해 불필요한 재전송 발생(Spurious Retransmission Timeout)
  - → Suprious Retransmission Timeout은 수신단에서 패킷을 정상적으로 수신한 후 응답패킷(ACK)을 전송하는 중간에 RTO 〈 RTT일 경우 또는 갑작스런 통신단절로 인해 수신측에서 이전에 받았던 패킷을 재수신하는 경우
- RTO 〉〉 RTT인 경우
  - 응답패킷(ACK)이 실제로 손실됐을 때 송신단에 바로 재전송을 해줘야 하지만 재전송을 하지 않고 Timeout 시간까지 기다렸다가 재전송이 이뤄진다.

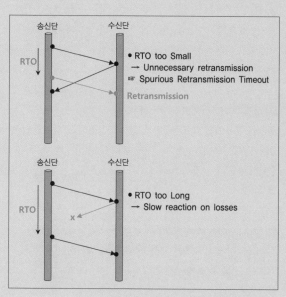

그림 4-35 TCP 재전송 Timeout과 Round Trip Time 관계

2) RTT 설정 방법

- Sample RTT
  - 송신단에 어떤 패킷을 보내고 응답패킷이 올 때까지 매번 시간을 체크함
    (RTT값은 실제로 변동값이 크기 때문에 기본 RTT값은 사용하지 않음)
- Estimated RTT
  - Estimated RTT는 Sample RTT의 가중 평균값이다.
  - Estimated RTT = (1 − a) x Estimated RTT(바로 이전 Estimated RTT)
    + (a(0.125) x Smaple RTT
    - a = 0.8 ~ 0.9 사이 비례인자, 상수
    - Sample RTT는 12.5% 적용
  - RTO는 Estimated RTT를 기준으로 전하되, RTO는 Estimated RTT보다 약간
    크게 잡는다.

3) RTO 설정 방법

- Estimated RTT보단 약간의 여유값(Dev RTT)을 더한 값으로 설정
  - Sample RTT의 변화량이 큰 경우는 여유값도 따라서 커져야 하며, 반대인 경우
    도 동일하다.
- Dev RTT
  - Sample RTT가 Estimated RTT로부터 얼마나 벗어나는지에 대한 예측이며,
    네트워크 상태가 불안정할 경우 Sample RTT가 Estimated RTT에서 많이 벗
    어난다.
  - Dev RTT가 크다는 것은 Sample RTT의 변화량이 크다는 것이다.
  - Dev RTT의 첫 단계는 0부터 시작
  - Dev RTT가 크면 네트워크가 상당히 불안정하고, 작으면 안정적이다.
  - Dev RTT = (1 − b) x Dev RTT(이전의 값) + b(= 0.25) x (절대값
    Sample RTT − Estimated RTT) − b권장값 = 0.25(네트워크 변화량 25%
    로 적용)
- RTO 설정
  - Timeout Interval = Estimated RTT + 4 x Dev RTT
  - Timeout이 크면 패킷을 재전송하기 위해 대기시간이 길다.
  - TCP는 단일 Timer를 사용한다.

재전송은 애플리케이션에 따라 다르지만 일정시간, 횟수 동안 발생한다. 재전송 시간이나 횟수의 임계치에 도달할 때까지 수신단으로부터 ACK 신호를 받지 못한다면 송신단과 수신단의 연결 세션을 종료하게 된다.

② Duplicated ACK 발생

TCP 중복 응답패킷이 발생하는 경우는 패킷 분석과정에서 자주 접하게 된다. 중복 응답패킷이 발생한다는 것은 네트워크 구간 이상 등의 이유로 패킷 유실이 발생했다는 것이다. 패킷 유실은 전달 패킷이나 응답패킷의 유실일 수 있다. TCP 재전송 타임아웃 발생으로 인한 재전송과 유사한 경우도 있지만 전송 응답 없이 연속적으로 패킷 전송을 가능하게 설정한 경우 연속해서 패킷을 전송하는 과정에서 중간에 패킷이 유실돼 전송하는 패킷의 순서가 잘못됐을 때 재전송이 발생하는 경우가 있다. Duplicated ACK가 발생하는 원인은 크게 두 가지 정도가 있다.

첫 번째로 TCP 응답패킷이 지연 및 유실돼 송신단에서 재전송이 발생한다.

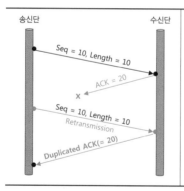

송신단 수신단	1) 송신단에서 패킷(Sequence=10, Length=10) 전송
	2) 수신단에서 수신 패킷에 대한 응답 패킷 유실
	 · 수신단에서 응답 패킷(ACK=20)은 전송했으나 네트워크
	  구간에서 유실
	3) TCP Timeout 후 송신단에서 패킷(Sequence=10,
	  Length=10) 재전송
	4) 수신측에서 수신 패킷에 대한 응답(ACK=20)을 했기 때문
	  에 중복 응답패킷 전송

그림 4-36 TCP 중복 응답(Duplicated ACK) 발생 (1)

두 번째로 전달 패킷 유실로 인해 순서(Sequence)가 잘못된 패킷이 도착한 경우에 발생한다.

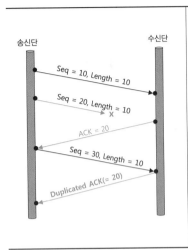

1) 송신단에서 첫 번째 패킷(Sequence=10, Length=10) 전송

2) 송신단에서 두 번째 패킷(Sequence=20, Length=10) 전송
  · 첫 번째 패킷 전송응답 없이 연달아 패킷 전송이 가능하게 설정(No-Delay 설정한 경우)
  · 두 번째 패킷 전송 시 네트워크 구간에서 유실

3) 수신측에서 첫 번째 패킷만 수신한 후 응답 패킷 전송 (ACK=20)

4) 송신측에서 세 번째 패킷(Sequence=30, Length=10) 전송

5) 수신측에서 Sequnce 번호의 순서가 잘못된 30번 패킷을 수신했기 때문에 패킷 순서가 잘못됐음을 알리는 응답패킷(ACK=20)으로 응답(Duplicated ACK 발생)

그림 4-37 TCP 중복 응답(Duplicated ACK) 발생 (2)

6) 인터넷 트래픽 지연에 따른 패킷 유실 분석

금융권 회사 중 증권사의 경우 대부분 주식거래를 위한 홈트레이딩 시스템HTS, Home Trading System을 갖추고 있다. 개인의 경우 주식거래를 하기 위해 홈트레이딩 시스템을 이용할 때 대부분 인터넷 회선을 이용해 거래한다.

주식 주문을 요청하면 거래조건이 맞으면 체결되고 바로 체결 결과를 확인할 수 있다. 이때 인터넷 회선의 장애가 아니더라도 인터넷 트래픽의 과다로 지연이 발생할 수 있으며, 지연이 발생하는 경우에는 패킷의 손실도 발생할 수 있다.

주식 주문의 경우는 짧은 시간에 많은 주문 패킷과 체결 패킷을 주고 받기 때문에 1초가 아닌 1밀리초 동안 지연이 발생하는 경우도 있다.

인터넷 지연을 알 수 있는 방법은 인터넷 트래픽의 추이를 확인하면, 트래픽 지연 여부를 간단히 확인할 수 있다. 그러나 정확한 인터넷 트래픽 추이를 확인하는 것은 쉽지 않을 뿐더러 실시간 트래픽을 확인하기 위해서는 별도의 시스템을 마련해야 한다.

일반적으로 회선 속도의 산정기준은 BPS$^{Bit\ per\ Second}$ 단위다. 다른 말로 회선 대역폭 ^{Bandwidth}이라고도 할 수 있다. 즉, 100Mbps 회선 속도는 1초에 100Mbps 데이터를 전달하는 것이다. 그렇다고 하면 트래픽 추이는 1초 단위로 트래픽을 보여줘야 정확한 트래픽 추이를 확인할 수 있다고 할 수 있다.

트래픽 추이를 측정하는 방법으로 SNMP$^{Simple\ Network\ Management\ Protocol}$를 이용해 SNMP 요청과 응답 요청 시 패킷량을 표시하는 것이다. SNMP 쿼리를 요청하는 시스템이 별도로 있어야 하고, 네트워크 장비에서는 SNMP Reply를 1초 단위로 응답해야 실질적인 회선 대역폭에 맞는 트래픽 추이를 보여줄 수 있다. 그러나, 요즘 출시되는 대부분의 네트워크 장비는 시스템 성능에 영향을 줄 수 있다는 이유로 1초 단위로 SNMP 응답을 지원하지 않는다.

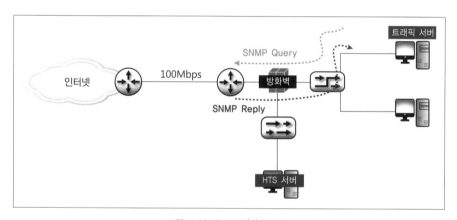

그림 4-38 SNMP 쿼리 & Reply

트래픽 추이를 확인하는 도구로 와이어샤크를 이용할 수 있으며, 동시에 패킷 분석을 통해 지연이 발생하는 원인을 찾을 수 있고, 해결안을 제시할 수 있다.

인터넷 트래픽 지연에 따른 패킷 유실 분석으로 실제로 특정 증권사 홈트레이딩 시스템으로 주고받는 데이터를 분석한 결과와 대안을 제시한 사례를 살펴보자.

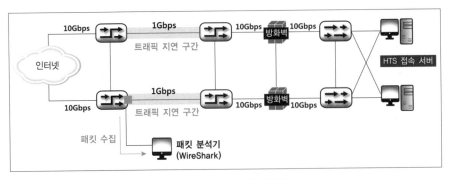

그림 4-39 A사 HTS 접속 구성도

그림 4-39의 홈트레이딩 인터넷 구성도에서 1Gbps 회선구간이 병목구간으로 트래픽 지연이 발생할 수 있는 구간이다. 우선 하루 주식거래시간대 트래픽 추이를 확인해보자.

단, 그림 4-40의 트래픽 추이는 10초 평균 트래픽 추이 그래프로 1초 그래프와는 차이가 있다.

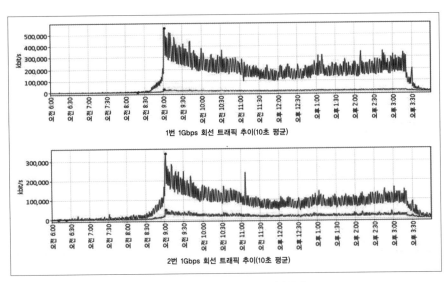

그림 4-40 HTS 인터넷 회선 트래픽 추이

그런데 위 트래픽 추이 그래프를 보면 회선구간 1Gbps 대역에 절반 정도만 트래픽이 흐르는 것을 확인할 수 있다. 그러나 그림 4-40은 트래픽 수집 특성상 10초 평균 값을 그려주고 있기 때문에 정확한 트래픽 추이를 볼 수 있는 그래프라고 할 수 없다.

다음으로 계측기를 통한 패킷 분석 결과가 어떻게 보이는지 확인해보자.

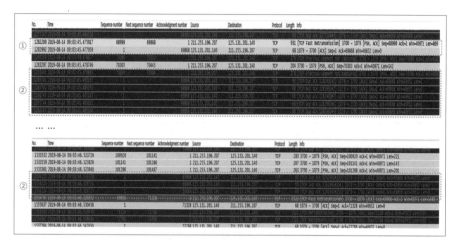

그림 4-41 패킷 유실로 인한 TCP 재전송 반복 발생

① TCP 재전송 발생

- 내부 HTS 접속 서버 → 외부 사용자로 재전송Retransmission 요청(09:03:45.475917)
- 외부 사용자 → 내부 HTS 접속 서버로 재전송 요청에 대한 응답을 줌 (09:03:45.477959)

② 패킷 유실로 인한 동일 패킷 재전송 반복 발생

- 외부 사용자로부터 내부 HTS 접속 서버로 전송 패킷에 대한 응답 미수신으로 동일 반복적으로 패킷 재전송 발생(#1~#155, 09:03:45.485161~09:03:46.526725)

HTS 인터넷 트래픽 추이를 봤을 때는 패킷 전송 지연이 발생할 것이라고 판단하기 어렵다. 그러나 패킷 분석 결과를 보면 다량의 재전송 현상이 발생했으며, 이로 인

해 HTS 이용자들은 홈트레이딩 주문이나 체결 결과를 받는데 지연이 생긴다고 느낄 수 있다.

위 계측기 분석 결과를 설명해줄 수집한 실제 패킷을 이용해서 트래픽 추이를 확인해보자.

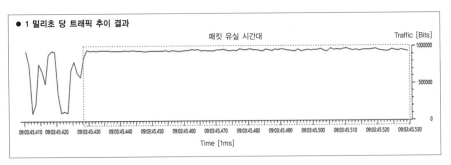

그림 4-42 1밀리초당 단위 HTS 인터넷 트래픽 추이

계측기WireShark에서 수집한 패킷을 이용해 1밀리초당 트래픽 추이 그래프를 그렸다. 여기에서 확연하게 드러나는 부분은 짧은 시간 동안이지만 1G 대역을 완전히 채우는 패킷으로 흐름을 확인할 수 있다. 이런 상황이라면 충분히 패킷 지연이나 유실로 재전송이 발생할 수 있다.

지금까지 패킷 지연과 유실에 대한 현상을 확인했으니 해결점을 찾아보자.

해결 방법은 의외로 간단하다. 애플리케이션 상에서 송·수신되는 패킷을 느리게 보내면 되겠지만 홈트레이딩 거래 특성상 주문과 체결을 느리게 한다는 것은 홈트레이딩 이용자 입장에서 적절한 해결 방법이 아니다. 그러면 가장 단순한 해결 방법은 회선 대역폭을 증가시켜서 해결하면 된다. 명확한 원인이 나왔고 그것을 해결하기에 간단하고 확실한 방법이다.

HTS 인터넷 회선 대역이 현재 1Gbps 2회선을 사용하고 있으며 대역폭 증속을 하려면 10Gbps로 증속시키면 될 것이다. 그러나 1Gbps나 10Gbps 속도를 수용하는 인터페이스는 사양이 다르기 때문에 해당 회선을 수용하는 네트워크 장비의 포트나 장비 자체를 교체해야 할 수도 있다.

네트워크 장비를 교체한다는 것은 간단한 일이 아니다. 24*365 업무가 이뤄지는 장비를 교체한다는 것은 대고객 서비스 업무의 중단이 고려돼야 한다. 그래서 업무 중단없이 해결할 수 있는 방법으로 1Gbps 2회선에서 4회선으로 회선 수를 늘리고, 1Gbps 4회선을 고르게 사용할 수 있게 하는 부하 분산으로 처리하면 업무의 중단없이 해결할 수 있다.

1Gbps 4회선으로 회선 수를 늘린 후 부하 분산 방법에 대해서 간단히 설명하고 그 결과를 확인해보자.

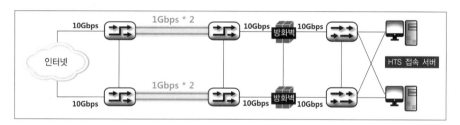

그림 4-43 A사 HTS 인터넷 구간 회선 수 추가 구성도

1Gbps 회선 수를 2회선에서 4회선으로 2회선을 추가해 부하 분산을 적용하면 트래픽 병목구간은 어느 정도 해소될 수 있다. 부하 분산 방법은 Equal-Cost로 회선 부분에 메트릭 값을 동일하게 가져간다면 자연스럽게 부하 분산이 된다. 회선단 부하 분산 방법에 대해서는 이 책의 라우팅 부분에서 자세히 다룰 것이기 때문에 여기에서는 간단히 Equal-Cost를 적용한다고만 언급하고 넘어가기로 하자.

1Gbps 4회선으로 회선 수 추가를 한 후 트래픽 결과를 그림 4-40의 그래프와 비교 확인해보자.

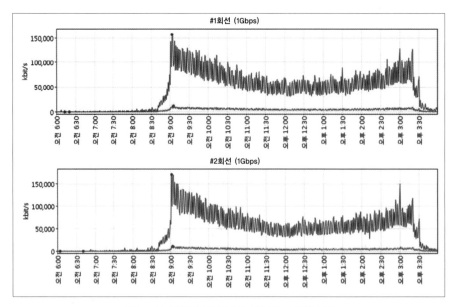

그림 4-44 HTS 인터넷 구간 #1, 2번 회선 트래픽 추이

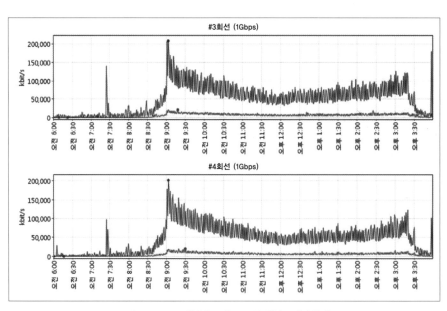

그림 4-45 HTS 인터넷 구간 #3, 4번 회선 트래픽 추이

120

HTS 인터넷 구간 회선 수를 늘린 후 각각 회선에 대한 트래픽 추이를 확인하면 그림 4-40의 트래픽 그래프와 비교했을 때 10초 트래픽 데이터이지만, 1Gbps 4회선을 사용함으로써 최대값이 현저하게 떨어진 것을 확인할 수 있으며, 적당히 트래픽 부하 분산이 되고 있는 것을 확인할 수 있다.

홈트레이딩 시스템 사용자가 느끼는 주문 요청에 따른 응답 지연 및 패킷 유실에 대해서 인터넷 트래픽에 대한 패킷 분석을 통해 원인을 찾아내고 해결점을 제시했다. 네트워크 운영자는 트러블슈팅에 있어 장비의 이슈도 있겠지만 장애는 아니지만 지연이나 사용자의 불편을 초래하는 경우가 종종 발생할 때, 이것을 해결하는 트러블슈팅 방법으로 패킷 분석이 매우 중요한 역할을 한다는 것을 명심하기 바란다.

7) TCP 세션 단절로 인한 재전송

텔넷 접속 요청에 TCP 3Way 핸드쉐이킹을 완료한 후 정상적인 세션이 맺어진 후 연결회선의 장애로 인한 재전송 현상을 확인해 보자.

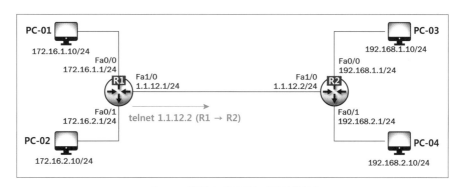

그림 4-46 텔넷(TCP/23) 접속 패킷 분석 구성도

그림 4-46의 구성을 위한 간단한 설정 값은 텔넷 접속을 위한 설정으로 그대로 따라 입력해서 분석해보자.

```
[R1]
enable password cisco
interface FastEthernet0/0
  ip address 172.16.1.1 255.255.255.0
interface FastEthernet0/1
  ip address 172.16.2.1 255.255.255.0
interface FastEthernet1/0
  ip address 1.1.12.1 255.255.255.0

ip route 0.0.0.0 0.0.0.0 1.1.12.2

line vty 0 4                //원격 텔넷(TCP/23) 접속을 위한 설정//
  password cisco
  login
```

```
[R2]
enable password cisco

interface FastEthernet0/0
  ip address 192.168.1.1 255.255.255.0
interface FastEthernet0/1
  ip address 192.168.2.1 255.255.255.0
interface FastEthernet1/0
  ip address 1.1.12.2 255.255.255.0

ip route 0.0.0.0 0.0.0.0 1.1.12.1

line vty 0 4                //원격 텔넷(TCP/23) 접속을 위한 설정//
  password cisco
  login
```

R1에서 R2로 텔넷(TCP/23) 접속 시도에 따른 패킷 분석 결과를 보면 TCP 3Way 핸드쉐이킹이 정상적으로 이뤄진 것을 확인할 수 있다.

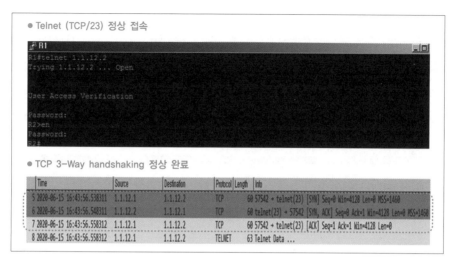

그림 4-47 텔넷(TCP/23) 접속 패킷 분석 결과

텔넷 세션이 정상적으로 이뤄진 것을 확인했다. R1과 R2 연결구간에 장애를 발생시켜 재전송이 발생함을 확인해보자.

텔넷 세션이 정상적으로 연결된 R1과 R2 사이 링크를 다운시켰을 때 재전송이 발생함을 볼 수 있다. 텔넷 세션이 끊어질 때까지 재전송 현상은 반복적으로 발생한다. TCP 세션의 특징으로 전송한 패킷을 정상 수신했다는 것을 확인하는 Ack 신호를 받지 못했기 때문에 세션이 끊어질 때까지 계속 재전송이 발생함을 볼 수 있다. TCP 세션을 유지하는 시간이 있기 때문에 그시간 동안 지속되는 것을 확인할 수 있다.

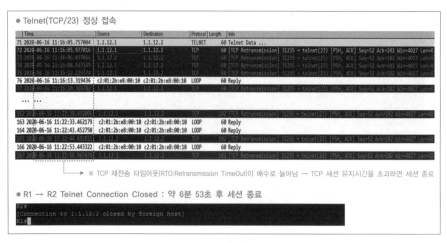

● Telnet(TCP/23) 정상 접속

Time	Source	Destination	Protocol	Length	Info
71 2020-06-16 11:16:05.757004	1.1.12.1	1.1.12.2	TELNET	60	Telnet Data ...
72 2020-06-16 11:16:05.977016	1.1.12.1	1.1.12.2	TCP	60	[TCP Retransmission] 31235 → telnet(23) [PSH, ACK] Seq=52 Ack=102 Win=4027 Len=4
73 2020-06-16 11:16:06.857066	1.1.12.1	1.1.12.2	TCP	60	[TCP Retransmission] 31235 → telnet(23) [PSH, ACK] Seq=52 Ack=102 Win=4027 Len=4
74 2020-06-16 11:16:08.647109	1.1.12.1	1.1.12.2	TCP	60	[TCP Retransmission] 31235 → telnet(23) [PSH, ACK] Seq=52 Ack=102 Win=4027 Len=4
75 2020-06-16 11:16:12.229374	1.1.12.1	1.1.12.2	TCP	60	[TCP Retransmission] 31235 → telnet(23) [PSH, ACK] Seq=52 Ack=102 Win=4027 Len=4
76 2020-06-16 11:16:13.319436	c2:01:2b:e8:00:10	c2:01:2b:e8:00:10	LOOP	60	Reply
77 2020-06-16 11:16:19.369782	1.1.12.1	1.1.12.2	TCP	60	[TCP Retransmission] 31235 → telnet(23) [PSH, ACK] Seq=52 Ack=102 Win=4027 Len=4

... ..

162 2020-06-16 11:22:30.432006	1.1.12.1	1.1.12.2	TCP	102	[TCP Retransmission] 31235 → telnet(23) [PSH, ACK] Seq=52 Ack=102 Win=4027 Len=4
163 2020-06-16 11:22:33.462179	c2:01:2b:e8:00:10	c2:01:2b:e8:00:10	LOOP	60	Reply
164 2020-06-16 11:22:43.452750	c2:01:2b:e8:00:10	c2:01:2b:e8:00:10	LOOP	60	Reply
165 2020-06-16 11:22:44.692821	1.1.12.1	1.1.12.2	TCP	102	[TCP Retransmission] 31235 → telnet(23) [PSH, ACK] Seq=52 Ack=102 Win=4027 Len=4
166 2020-06-16 11:22:53.443322	c2:01:2b:e8:00:10	c2:01:2b:e8:00:10	LOOP	60	Reply
167 2020-06-16 11:22:58.963638	1.1.12.1	1.1.12.2	TCP	102	[TCP Retransmission] 31235 → telnet(23) [PSH, ACK] Seq=52 Ack=102 Win=4027 Len=4

→ ※ TCP 재전송 타임아웃(RTO:Retransmission TimeOut)이 배수로 늘어남 → TCP 세션 유지시간을 초과하면 세션 종료

● R1 → R2 Telnet Connection Closed : 약 6분 53초 후 세션 종료

```
R2#
[Connection to 1.1.12.2 closed by foreign host]
R1#
```

그림 4-48 TCP 재전송 반복 발생

텔넷 세션이 R1과 R2 사이에 맺고 있는 상태에서 연결 링크가 단절될 경우 그림 4-48과 같이 TCP 재전송Retransmission이 반복해서 발생한다.

재전송이 발생하는 규칙이 있다. 최소 발생할 때와 재차 발생할 때 시간적인 차이가 존재한다. 즉, RTORetransmission TimeOut가 1초에 재전송이 발생했다면 다음 번 RTO는 2초에 발생하고 동일한 재전송이 발생하는 RTO는 배수로 늘어나는 것을 볼 수 있다. 배수로 늘어나되 최대 RTO는 약 14~15초 간격을 유지하며 재전송 패킷을 전송한다. 그 이후, TCP 세션을 유지할 수 있는 임계시간 전까지 연결 링크가 복구되지 않는다면 세션은 끊어진다.

일반적으로 홈페이지 접속 시 약 15초 대기 시간이 있다는 것은 인터넷 시대의 사용자로서 답답함을 느낄 것이다. 하물며 금융거래에서 15초 동안 거래 결과를 기다린다는 것은 생각할 수도 없다. 그래서, TCP 재전송 간격인 RTO가 15초까지간다는 것은 패킷의 전송구간에 장애가 생긴 것으로 봐도 무방하다.

증권거래에서 주식이나 파생상품 거래 시 주문 및 체결 세션을 유지하는 시간을 15초라는 한계점을 두고 15초 이상 재전송 대기시간 RTO가 발생한다면 바로 세션을 끊고 다시 세션을 맺는 프로세스가 동작하게 세션 애플리케이션을 구현하고 있다.

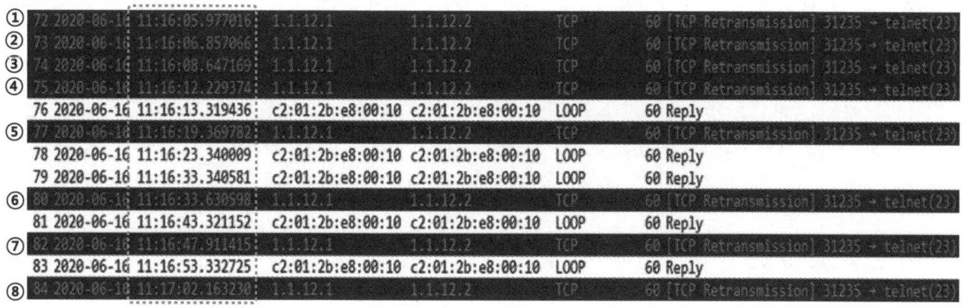

① 72 2020-06-16 11:16:05.977016 1.1.12.1 1.1.12.2 TCP 60 [TCP Retransmission] 31235 → telnet(23)
② 73 2020-06-16 11:16:06.857066 1.1.12.1 1.1.12.2 TCP 60 [TCP Retransmission] 31235 → telnet(23)
③ 74 2020-06-16 11:16:08.647169 1.1.12.1 1.1.12.2 TCP 60 [TCP Retransmission] 31235 → telnet(23)
④ 75 2020-06-16 11:16:12.229374 1.1.12.1 1.1.12.2 TCP 60 [TCP Retransmission] 31235 → telnet(23)
76 2020-06-16 11:16:13.319436 c2:01:2b:e8:00:10 c2:01:2b:e8:00:10 LOOP 60 Reply
⑤ 77 2020-06-16 11:16:19.369782 1.1.12.1 1.1.12.2 TCP 60 [TCP Retransmission] 31235 → telnet(23)
78 2020-06-16 11:16:23.340009 c2:01:2b:e8:00:10 c2:01:2b:e8:00:10 LOOP 60 Reply
79 2020-06-16 11:16:33.340581 c2:01:2b:e8:00:10 c2:01:2b:e8:00:10 LOOP 60 Reply
⑥ 80 2020-06-16 11:16:33.630598 1.1.12.1 1.1.12.2 TCP 60 [TCP Retransmission] 31235 → telnet(23)
81 2020-06-16 11:16:43.321152 c2:01:2b:e8:00:10 c2:01:2b:e8:00:10 LOOP 60 Reply
⑦ 82 2020-06-16 11:16:47.911415 1.1.12.1 1.1.12.2 TCP 60 [TCP Retransmission] 31235 → telnet(23)
83 2020-06-16 11:16:53.332725 c2:01:2b:e8:00:10 c2:01:2b:e8:00:10 LOOP 60 Reply
⑧ 84 2020-06-16 11:17:02.163230 1.1.12.1 1.1.12.2 TCP 60 [TCP Retransmission] 31235 → telnet(23)

① 11:16:05.977016 : 재전송 최초 발생
② 11:16:06.857066 : 2번째 재전송 발생 (RTO : 약 0.88초 간격)
③ 11:16:08.647169 : 3번째 재전송 발생 (RTO : 약 1.79초 간격)
④ 11:16:12.229374 : 4번째 재전송 발생 (RTO : 약 3.58초 간격)
⑤ 11:16:19.369782 : 5번째 재전송 발생 (RTO : 약 7.14초 간격)
⑥ 11:16:33.630598 : 6번째 재전송 발생 (RTO : 약 14.26초 간격)
⑦ 11:16:47.911415 : 7번째 재전송 발생 (RTO : 약 14.28초 간격)
⑧ 11:17:02.163230 : 8번째 재전송 발생 (RTO : 약 14.25초 간격)
…… 이후 약 14초 간격을 유지하면서 재전송이 발생 → TCP 세션타임 임계시간까지 간격 유지

그림 4-49 TCP 재전송 패킷 발생 간격

8) 방화벽 CRC 체크 오류로 인한 재전송 발생

금융권을 포함한 대부분의 분야에서 IT를 구축함에 있어 대외접속을 위해서는 반드시 방화벽을 사용하고 있다. 증권사에서는 주문 및 체결에 대한 세션을 오픈하고 유지하면서 주식 및 파생 거래를 한다.

여기서 나타난 현상은 주문과 체결 세션 중 체결 세션이 끊어지는 현상이 반복해서 발생하고 있고 증권사에서는 제대로 업무를 할 수 없는 상황이다. 특이한 현상으로는 주문 및 체결 세션을 맺고 있는 서버가 총 10대이며 그 중 2대에서만 체결 세션이 끊어지는 현상이 발생했다. 그 현상에 대한 원인 파악 및 해결점에 대해서 확인해 보자.

여기서 참고할 부분은 '7) TCP 세션 단절로 인한 재전송'에서 본 TCP 재전송 타임아웃(RTO)이 최대 시간에 도달하면 TCP 세션을 애플리케이션에서 강제적으로 끊어지게 하는 기능을 적용했다.

그 기능은 TCP 세션이 끊어지는 임계시간까지 재전송이 이뤄질 때 최대 RTO는 15초로 TCP 세션 유지시간을 초과할 때까지 약 15초 단위로 패킷 재전송이 발생한다.

TCP 세션이 끊어지는 임계시간은 약 5분까지 지속될 수도 있다. 약 5분 동안 증권사에서 주식이나 파생상품 거래가 안 된다면 큰 장애로 이어진다. 단 15초 동안만 응답 패킷이 없다고 해도 금융거래에 좋지 않은 영향을 미칠 수 있다. 그래서 주문을 던지고 받아주는 시스템에서 애플리케이션 측면에서 세션을 강제로 끊고 재접속하게 하는 프로세스를 적용했다.

최대 재전송 타임아웃^{RTO}을 15초를 기준으로 해 RTO가 15초에 도달할 때 바로 TCP 세션을 끊어서 재접속할 수 있게 했다. 15초라는 시간은 금융거래에서는 긴 시간일 수 있으나 TCP 재전송 표준을 기준으로 해 15초를 정했으며, 증권거래 장이 폭등이나 폭락할 때는 발생할 가능성이 있는 시간이기도 하다. 그러한 특별한 경우를 제외하고 주문이나 체결에 대한 응답이 없고 재전송이 발생한다면 증권거래에 있어서는 거의 장애와 같은 상황으로 인지하고 강제적으로 TCP 세션을 끊어지게 적용한 것이다.

그러나, 이번 사례는 15초 동안 재전송에 대한 응답이 없어 세션을 강제로 끊어지게 했지만 끊어짐과 동시에 바로 세션이 재연결되는 현상이 반복되고 있었다. 그리고 특정 서버에서만 나타나는 현상으로 회선구간의 장애가 있다는 것을 의심할 수 있는 상황도 아니며, 네트워크 장비에서 처리하는 라우팅의 이슈도 물론 아니다.

지금부터 증권사 주문 구성도를 기준으로 해서 원인 파악과 해결한 사례를 확인해보자.

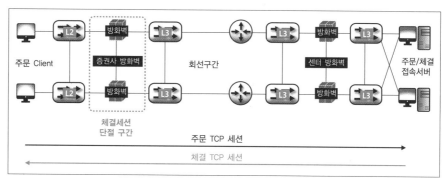

그림 4-50 증권사 주문 및 체결 연결 구성도

그림 4-50에서 원인 분석을 위한 패킷을 수집하는 구간을 결정해야 하고 그 구간에서 지나가는 패킷을 수집해 분석해야 한다.

이러한 현상은 네트워크 인프라 구성을 변경한 이후 발생했으며, 그 변경은 증권사 방화벽을 1Gbps급에서 10Gbps급으로 업그레이드하면서 발생했다. 1Gbps 방화벽으로 원복을 했을 때 세션이 끊어지는 현상이 없었기 때문에 원인이 되는 구간은 어느 정도 명확했다.

측정 구간으로 증권사 주문 클라이언트^{Client}에서 스위치를 통과하고 방화벽 전단 포인트와 방화벽을 통과한 포인트 두 구간에 패킷 계측기를 설치해 패킷을 수집했다. 그리고, 확실히 패킷 분석을 위해 기존 방화벽인 1Gbps급 방화벽으로 원복을 했을 때 똑같은 구간에 계측기를 설치해 정상인 패킷을 분석했다.

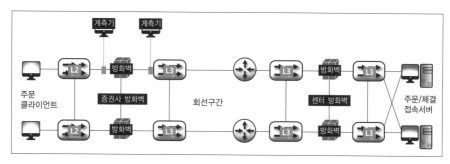

그림 4-51 증권사 주문 및 체결 연결구간 패킷 수집 포인트

결론적으로 TCP 체크섬Checksum 에러가 발생했고, 체크섬 에러로 인한 데이터의 깨짐 현상이 TCP 재전송을 발생시켰고 세션이 끊어지는 현상까지 이어졌다.

분석에서 중요한 사항으로 증권사에 있는 방화벽에서는 주소변환 기능인 NAT^{Network} ^{Address Translation} 기능이 동작하고 있다. 출발지 주소가 방화벽을 통과하면서 다른 IP 주소로 변환이 발생하면 TCP 체크섬을 재수행하게 된다.

[TCP 체크섬에 사용되는 요소]

Pseudo 헤더, TCP 헤더, 데이터 부분이며 Pseudo 헤더는 IP 헤더에서 추출된다.
Pseudo Header = source, destination address, reserved field, Protocol, TCP segment length

[TCP 체크섬 수행 원칙]

Pseudo Header + TCP Header + Data를 연산해 계산

※ 이더넷 프로토콜 특성상 64바이트 미만의 패킷은 폐기되기 때문에 64바이트 미만의 패킷은 패딩
   (Padding)이라는 데이터를 붙여 이더넷 프레임을 전송한다. 패딩 값은 TCP 체크섬의 대상값이 아
   니다.

10Gbps급 방화벽에 레이턴시Latency 성능을 개선하기 위해 10Gbps LLC^{Low Latency Card} 를 실장했고, 보통 NAT 기능은 방화벽의 OS 커널단에서 수행하지만, 레이턴시 성능을 개선하기 위해 10Gbps LL 카드에서 ASIC^{Application Specific Integrated Circuit}로 NAT 기능을 수행하게 했다. IP 주소 변환이 LL 카드에서 이뤄져서 TCP 체크섬을 재수행한다. 그래서 LL 카드에서 64바이트 미만인 패킷에 이더넷 전송을 위해 붙이는 패딩^{Padding} 값을 TCP 체크섬에 포함해서 계산하게 된다.

단, 64바이트 미만 패킷에 패딩 값을 붙일 때는 반드시 6바이트 널^{Null} 값을 붙여야 한다. 랜덤^{Random} 패딩 값이 붙게 되면 LL 카드에서 체크섬 연산과정을 수행할 때 데이터 값이 변경됐기 때문에 CheckSum 연산에 오류가 발생한다.

RFC 894

The minimum length of the data field of a packet sent over an Ethernet is 46 bytes.

If necessary, the data field should be padded (with octets of zero) to meet the Ethernet minimum frame size. This padding is not part of the IP packet and is not included in the total length field of the IP header.

• RFC(Request for Comments): IETF(Internet Engineering Task Force)에서 인터넷에서 기술을 구현하는 데 필요한 절차 등을 제공하는 공문서, 인터넷상에서 기술을 구현함에 있어서 요구되는 상세한 절차와 기본 틀을 제공하는 기술 관련 내용으로 돼 있다.

근본적인 원인은 전송이 가능한 최소 사이즈 64바이트를 만들기 위해 데이터 부분에 의미없는 6바이트 패딩 값을 붙이되 랜덤^{Random} 패딩을 붙임으로써 RFC 표준을 따르지 않았다. 그리고, OS 커널단에서 체크섬을 수행하지 않고 레이턴시를 개선하기 위해 LL 카드를 사용했고, IP 변환 기능을 LL 카드에 넣어 IP 변환과 동시에 체크섬을 재수행하게 함으로써 TCP 체크섬 연산에서 오류가 발생했다. TCP 체크섬 오류로 인해 정상적으로 패킷을 수신하지 못하면서 재전송이 발생했고, 재전송 간격 시간이 15초를 넘게 돼 TCP 세션이 끊어지는 현상이 발생한 것이다.

패딩 값은 이더넷 인터페이스에서 데이터를 전송할 때 64바이트를 지키기 위해 의미없는 널^{Null} 패딩을 붙여서 전송한다.

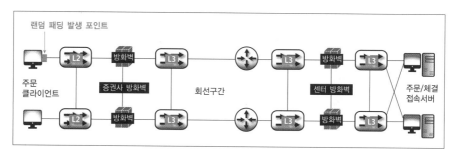

그림 4-52 랜덤 패딩 발생 포인트

패딩이 이더넷 프레임이 전달되는 이더넷 인터페이스에서 발생한다. 애플리케이션에서 데이터가 만들어지면 L2 레이어 이더넷 레벨에서 64바이트 미만의 패킷에 패딩을 붙여서 이더넷 프로토콜로 정상적으로 프레임이 전송되게 한다.

결국에 특정 이더넷 인터페이스에서 패딩 값을 널이 아닌 랜덤을 붙여 전송하게 된 것이다.

이더넷 프레임에 널Null 패딩과 랜덤Random 패딩이 계측기 상에서 어떻게 보이는지 확인해보자.

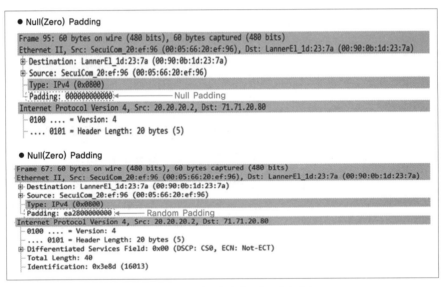

그림 4-53 이더넷 프레임 널(Null) & 랜덤 패딩

랜덤 패딩으로 인한 증권거래 주문과 체결 세션에서 재전송이 발생하는 경우를 살펴보자.

여기서 한 가지 알아야 할 점은 애플리케이션에서 TCP 세션을 끊는다고 앞에서 언급한 적이 있다. 그러면 애플리케이션에서 TCP 세션을 유지하고 끊기 위해서 TCP 세션 상태 및 패킷이 정상적으로 주고받는 것을 확인하기 위한 방법을 알아야 한다.

증권거래 주문 및 체결의 TCP 세션을 유지 관리하기 위해 애플리케이션단에서 HeartBit 패킷을 이용해 주기적으로 세션을 맺고 있는 클라이언트와 서버 간을 항상 체크하고 재전송이 발생하는 정도를 파악해 세션을 유지하고 끊고 한다. HeartBit 패킷 크기는 82바이트, 86바이트로 만들어졌기 때문에 패딩과는 관계가 없다. 그러나 HeartBit 패킷을 정상적으로 수신했다고 응답을 Ack로 주기 때문에 Ack 패킷의 크기가 64바이트 미만이기 때문에 패딩이 붙음으로써 TCP 체크섬을 수행하게 된다.

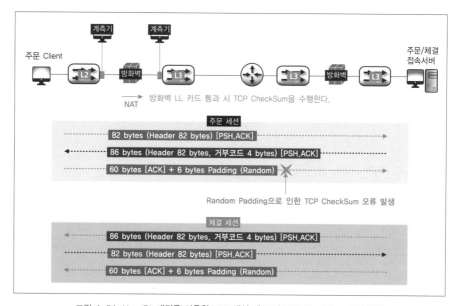

그림 4-54 HeartBit 패킷을 이용한 TCP 세션 체크 시 TCP CheckSum 오류 발생

애플리케이션단에서 HeartBit 패킷을 이용한 TCP 세션 상태를 확인할 경우 그림 4-54와 같은 결과가 나온다.

방화벽 LL 카드를 통과하면 IP 변환으로 TCP 체크섬을 수행하게 된다. 실제로 TCP 체크섬 오류가 발생한 방화벽 LL 카드 통과 전 · 후의 계측기 분석 결과를 확인해보자.

애플리케이션 HeartBit 패킷
- 주식 및 파생 거래를 위해 거래소 시장과 주문 및 체결 세션 이상 유무를 체크하기 위해 5초 단위로 상호 응답을 확인한다.
- 5초 3회(15초) 응답이 없을 경우 세션을 강제로 종료한다.

HeartBit 전송 원칙
- 애플리케이션 데이터(주문/체결)가 최초 발생하는 곳에서 먼저 HeartBit 패킷을 보낸다.

```
TCP - Transport Control Protocol
 ⊛ Source Port:          36877 [34-35]
 ⊛ Destination Port:     62823 [36-37]
 ⊛ Sequence Number:      673864500 [38-41]
 ⊛ Ack Number:           1138968328 [42-45]
 ⊛ TCP Offset:           5   (20 bytes) [46 Mask 0xF0]
 ⊛ Reserved:             %0000 [46 Mask 0x0F]
 ▼ TCP Flags:            %00010000  ...A.... [47]
   ─⊛                    0... ....  (No Congestion Window Reduction)
   ─⊛                    .0.. ....  (No ECN-Echo)
   ─⊛                    ..0. ....  (No Urgent pointer)
   ─⊛                    ...1 ....  Ack
   ─⊛                    .... 0...  (No Push)
   ─⊛                    .... .0..  (No Reset)
   ─⊛                    .... ..0.  (No SYN)
   ─⊛                    .... ...0  (No FIN)
 ⊛ Window:               49640 [48-49]
 ⊛ TCP Checksum:         0xBE8F [50-51]
 ⊛ Urgent Pointer:       0 [52-53]
 ⊛ No TCP Options
Extra bytes
 ─⊛ Number of bytes:     (6 bytes) [54-59]
 FCS - Frame Check Sequence
   ─⊛ FCS:               0xC2359E1D  Calculated
```
TCP CheckSum 정상
(10G방화벽 LL Card 통과 전)

```
TCP - Transport Control Protocol
 ⊛ Source Port:          44354 [34-35]
 ⊛ Destination Port:     48217 [36-37]
 ⊛ Sequence Number:      3439604813 [38-41]
 ⊛ Ack Number:           43455908 [42-45]
 ⊛ TCP Offset:           5   (20 bytes) [46 Mask 0xF0]
 ⊛ Reserved:             %0000 [46 Mask 0x0F]
 ▼ TCP Flags:            %00010000  ...A.... [47]
   ─⊛                    0... ....  (No Congestion Window Reduction)
   ─⊛                    .0.. ....  (No ECN-Echo)
   ─⊛                    ..0. ....  (No Urgent pointer)
   ─⊛                    ...1 ....  Ack
   ─⊛                    .... 0...  (No Push)
   ─⊛                    .... .0..  (No Reset)
   ─⊛                    .... ..0.  (No SYN)
   ─⊛                    .... ...0  (No FIN)
 ⊛ Window:               137 [48-48]
 ⊛ TCP Checksum:         0x22C3  Checksum invalid. Should be:   0x8AF3 [50-51]
 ⊛ Urgent Pointer:       0 [52-53]
 ⊛ No TCP Options
```
TCP CheckSum 오류발생
(10G방화벽 LL Card 통과 후)
→ IP 변환에 따른 Random Padding 값 추가로 발생

그림 4-55 방화벽 LL 카드 통과 전·후 TCP 체크섬 결과

앞서 설명에서는 체결 세션에서 재전송과 RTO 초과로 인한 세션 끊어짐 현상이 발생했다고 했으나 그림 4-54, 그림 4-55에서 보면 주문 세션에서 문제가 발생하는 것으로 보인다.

그림 4-55의 결과는 단순히 애플리케이션단에서 TCP 세션 체크를 위한 HeartBit 패킷으로만 체크한 것이고 실제 환경에서는 HeartBit 패킷만 존재하는 것이 아니고 실주문과 체결 패킷이 동시에 존재하기 때문에 다른 결과를 보여준다.

HeartBit 패킷으로만 보면 주문 세션이 문제되고 체결 세션은 정상이어야 하지만 실제 주문과 체결 패킷을 고려해 분석해보자. 결과는 정반대로 나타남을 알 수 있다.

① TCP 주문 세션 동작 분석

TCP 주문 세션 상태 체크를 위해 HeartBit 패킷의 동작에서 증권사 주문 클라이언트로부터 Ack 응답 시 랜덤 패딩이 데이터에 추가됨으로써 TCP 체크섬 오류가 발생함을 확인했다. TCP 체크섬 오류가 발생해 재전송 현상을 확인할 수 있다. 그러나, 재전송으로 인한 TCP 주문 세션이 끊어지는 현상이 발생하지 않았다. 다음 계측기 패킷 내용을 확인해 보자.

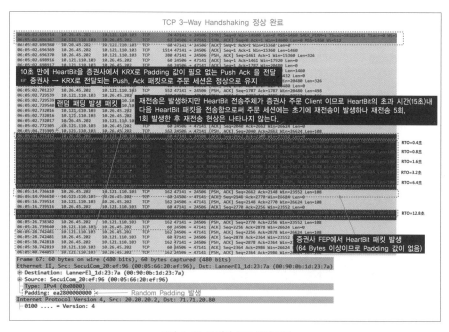

그림 4-56 증권사 주문 패킷 분석

주문 패킷 분석 결과를 보면 TCP 3Way 핸드쉐이킹은 정상적으로 수행해 주문 세션은 정상적으로 맺어졌으며, 그 이후 애플리케이션단에서 주문 세션을 체크하는 HeartBit 패킷의 응답에서 랜덤 패딩으로 인한 재전송이 발생함을 볼 수 있다.

재전송이 RTO 증가에 따라 반복적으로 발생했으나, 실제 데이터 패킷이 [PSH,ACK]로 증권사측으로 RTO가 15초가 되기 전에 전송됐기 때문에 주문 세션은 유지하게 된다.

TCP 3Way 핸드쉐이킹 과정에서 Ack 응답 패킷의 경우에 64바이트 미만의 패킷으로 응답을 주게 되며, 패딩값이 붙게 되지만 재전송이 나타나지 않은 이유는 최소 TCP 세션을 성립하는 단계에서는 방화벽의 OS 커널단에서 처리하기 때문에 LL 카드에서는 TCP 체크섬 연산을 처리하지 않기 때문이다. 그래서 TCP 3Way 핸드쉐이킹 과정은 정상적으로 이뤄진다.

각각의 송 · 수신 패킷의 흐름으로 재분석한 결과는 그림 4-57과 같다.

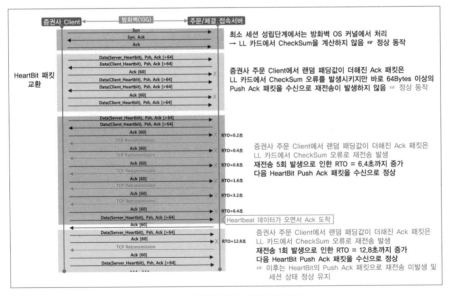

그림 4-57 증권사 주문 패킷 흐름도 분석

134

TCP 3Way 핸드쉐이킹 과정을 정상적으로 처리하고 HeartBit 패킷을 처리하는 과정에서 랜덤 패딩으로 인한 체크섬 오류는 발생하지만 재전송은 나타나지 않는다. 그 이유는 HeartBit 패킷을 5초 단위로 발생시키는 쪽이 증권사 주문 클라이언트이다. 그래서, 주문 클라이언트에서 전달한 Ack 패킷은 체크섬 에러가 발생하지만 바로 이어서 82바이트 HeartBit 패킷을 [PSH, ACK]로 전달하기 때문에 주문/체결 접속 서버에서 86바이트 HeartBit 패킷의 응답으로 인식하기 때문에 주문 세션에 대한 재전송이나 끊어지는 현상은 발생하지 않는다.

동일한 현상으로 짧은 시간 ROT로 인해 재전송이 발생하더라도 마찬가지로 주문 클라이언트에서 82바이트 HeartBit 패킷 [PSH, ACK]를 전송하기 때문에 정상적으로 주문 세션을 유지하게 된다.

이러한 패킷 송·수신 흐름으로 인해 주문 세션에 대해서는 이더넷상에서 랜덤 패딩이 발생하더라도 재전송이 몇 차례 발생할 뿐 TCP 세션이 끊어지는 현상은 발생하지 않는다.

② TCP 체결 세션 동작 분석

TCP 체결 세션 상태 체크를 위해 HeartBit 패킷의 동작에서 주문/체결 접속 서버로부터 HeartBit 요청에 대한 HeartBit 응답 시 랜덤 패딩이 필요없는 82바이트 패킷으로 응답을 하기 때문에 HeartBit 패킷상에서는 재전송 및 세션이 끊어지는 현상은 발생하지 않는다. 그러나 실제 체결 패킷이 주문/체결 서버에서 주문 클라이언트로 전달될 때 주문 클라이언트에서 체결 패킷을 정상 수신했다는 Ack 패킷을 전달하게 된다. 이때는 64바이트 미만의 패킷이 전달되기 때문에 랜덤 패딩이 더해져서 전달되기 때문에 LL 카드에서 TCP 체크섬 연산에 오류가 발생한다.

그림 4-58의 체결 세션상에서 전달되는 패킷의 분석 내용을 확인해보자.

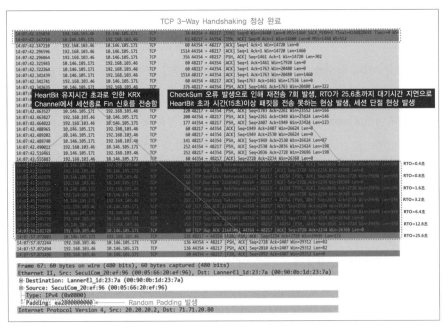

그림 4-58 증권사 체결 패킷 분석

체결 패킷에 대해 주문 클라이언트로부터 64바이트 미만인 응답 Ack를 전달함으로써 방화벽 LL 카드에서 TCP 체크섬 연산 오류가 발생하며, 재전송이 일어난다. 재전송이 일어나는 과정에서 HeartBit 패킷의 임계값인 15초 이상 지연이 발생해 RTO가 25.6초에서 강제로 체결 세션을 끊는 [Fin, PSH, ACK] 패킷을 주문/체결 접속 서버에서 증권사 주문 클라이언트로 전달해서 체결에 대한 TCP 세션이 강제로 끊어진다.

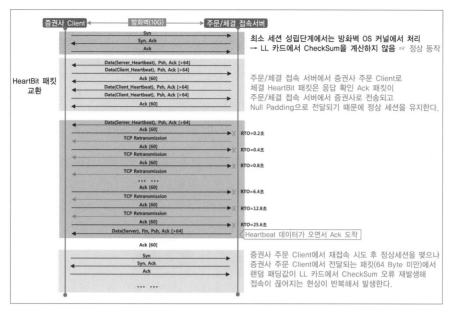

그림 4-59 증권사 체결 패킷 흐름도 분석

지금까지 패킷을 분석해 체결 세션이 끊어지는 현상의 원인을 확인했다. 그럼 해결은 어떻게 했는지 간단히 요약해보자.

해결 ① (단기적 해결 방안)

랜덤 패딩을 발생시키는 이더넷 인터페이스를 RFC 894 표준을 따르게 하는 것으로, 주문 클라이언트에서 명령어를 사용해 패딩값을 랜덤에서 널로 변경시키는 방법이다.

 [서버에서 적용 명령어]

#cxgbtool 〈eth〉 reg 0x0945c=0xff

[제조사 권고 내용]

To fix the issue of T5 generating padded data with non-zero bytes.
Please try this #cxgbtool 〈eth〉 reg 0x0945c=oxff if it works, we will probably deliver this fix via fw config file change

해결 ② (근본적 해결 방안 1 H/W 조치)

랜덤 패딩을 발생시키는 이더넷 인터페이스 카드를 널 패딩으로 처리하는 카드로 교체

해결 ③ (근본적 해결 방안 2 S/W 조치: 실제 조치한 결과)

방화벽 제조사에서 OS 커널 패치를 통한 TCP 체크섬 연산 오류를 수정

랜덤 패딩값이 방화벽으로 유입돼 LL 카드에서 TCP 체크섬 연산의 오류가 발생할 경우 이것을 모니터링해 정상적인 체크섬 패킷을 재전송해 보정하도록 처리

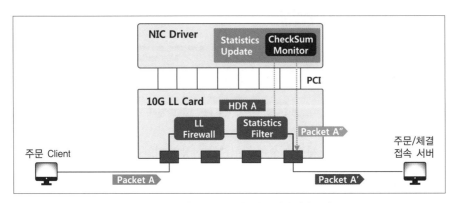

그림 4-60 방화벽 LL 카드 이더넷 랜덤 패딩 개선 구성도

Packet A가 RFC 894 랜덤 패딩을 위반하는 패킷이라면 주문 클라이언트에서 방화벽을 거쳐 주문/체결 접속 서버로 전송되는 Packet A' 는 TCP 체크섬 오류가 발생하게 되며, 이 경우를 대비해 NIC 드라이버(Driver)의 Statistics Update 로직에 체크섬 모니터 로직을 추가함

- 체크섬 모니터 로직
  ① 조건 확인
    ⓐ 패킷의 크기는 60바이트(이더넷 패딩 제외)
    ⓑ "Ethernet Header Size + IP Header Size + TCP Header Size + TCP Payload Size"가 59 이하

138

ⓒ 위 ⓑ의 네 가지 헤더 영역 뒤쪽이 "0"으로 채워지지 않은 경우

② 위 ①의 세 가지 조건을 모두 만족하는 패킷들에 대해 TCP 헤더 체크섬을 계산해 패킷 내의 TCP 체크섬과 같은지 확인

③ 위 ②에서 체크섬의 오류가 발생했다면, 체크섬 오류를 보정한 후 패킷을 LL 카드로 전송

TCP 체크섬 연산 오류가 발생한 Packet A'가 발생할 경우 이를 NIC 드라이버내 CheckSum Monitor에서 보정 패킷 Packet A"를 생성시켜 주문/체결 접속 서버 입장에서 CheckSum 오류가 난 Packet A'와 CheckSum이 정상인 Packet A"를 연이어 받게 했다. 이때 오류 패킷인 Packet A'는 버리고 정상적인 Packet A"만 처리하게 해서 TCP 재전송이 발생하지 않게 처리함

9) VPN IPSec 암호화 터널 패킷 확인

가상 사설망을 구축할 수 있는 VPN의 경우는 암호화 터널을 생성해 보호해야 하는 IP 대역을 암호화를 적용해 통신을 가능하게 할 수 있다.

IPSec 암호화 터널을 생성하고 보호대상 IP 대역을 결정한 후 End-to-End 단말 간 통신을 시도하고 계측기 상에서 암호화 패킷은 어떻게 보이는가를 확인해보자.

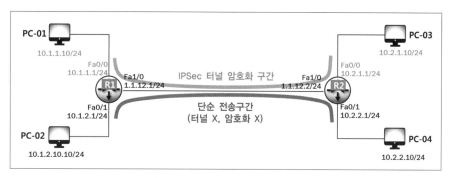

그림 4-61 VPN IPSec 암호화 터널 패킷 확인

우선, 비보호대상 IP 대역의 통신 상태를 계측기로 수집해서 패킷을 확인해보자.

그림 4-62 VPN 비보호 대상 패킷 확인

비보호 대상 패킷에서는 프로토콜 및 데이터 정보가 그대로 보인다. 즉 암호화 처리가 전혀 돼 있지 않다는 것을 보여준다.

이번에는 보호대상 IP 대역의 통신 상태를 계측기로 수집해서 패킷을 확인해보자.

```
1012 2020-04-01 13:04:22.248679   1.1.12.1      1.1.12.2      ESP    150 ESP (SPI=0xae49a3a8)
1013 2020-04-01 13:04:22.265680   1.1.12.2      1.1.12.1      ESP    150 ESP (SPI=0x736043c2)
1014 2020-04-01 13:04:22.565697   10.2.2.10     10.1.2.10     ICMP    98 Echo (ping) request  id=0xc612, seq=517/1282, ttl=63 (reply in 1015)
1015 2020-04-01 13:04:22.578698   10.1.2.10     10.2.2.10     ICMP    98 Echo (ping) reply    id=0xc612, seq=517/1282, ttl=63 (request in 1014)
1016 2020-04-01 13:04:22.588698   10.2.2.10     10.1.2.10     ICMP    98 Echo (ping) request  id=0xc612, seq=524/3074, ttl=63 (reply in 1017)
1017 2020-04-01 13:04:22.605699   10.2.2.10     10.1.2.10     ICMP    98 Echo (ping) reply    id=0xc612, seq=524/3074, ttl=63 (request in 1016)
1018 2020-04-01 13:04:22.935718   1.1.12.1      1.1.12.2      ESP    150 ESP (SPI=0x736043c2)
1019 2020-04-01 13:04:22.948719   1.1.12.1      1.1.12.2      ESP    150 ESP (SPI=0xae49a3a8)
1020 2020-04-01 13:04:23.278738   1.1.12.1      1.1.12.2      ESP    150 ESP (SPI=0xae49a3a8)
1021 2020-04-01 13:04:23.295739   1.1.12.2      1.1.12.1      ESP    150 ESP (SPI=0x736043c2)
1022 2020-04-01 13:04:23.428746   c2:01:68:90:00:10  c2:01:68:90:00:10  LOOP   60 Reply
1023 2020-04-01 13:04:23.595756   10.2.2.10     10.1.2.10     ICMP    98 Echo (ping) request  id=0xc712, seq=518/1538, ttl=63 (reply in 1024)
1024 2020-04-01 13:04:23.608757   10.1.2.10     10.2.2.10     ICMP    98 Echo (ping) reply    id=0xc712, seq=518/1538, ttl=63 (request in 1023)
1025 2020-04-01 13:04:23.618757   10.1.2.10     10.2.2.10     ICMP    98 Echo (ping) reply    id=0xc712, seq=525/3330, ttl=63 (request in 1026)
1026 2020-04-01 13:04:23.635758   10.2.2.10     10.1.2.10     ICMP    98 Echo (ping) reply    id=0xc712, seq=525/3330, ttl=63 (request in 1025)

Frame 1018: 150 bytes on wire (1200 bits), 150 bytes captured (1200 bits) on interface 0
Ethernet II, Src: c2:02:64:9c:00:10 (c2:02:64:9c:00:10), Dst: c2:01:68:90:00:10 (c2:01:68:90:00:10)
Internet Protocol Version 4, Src: 1.1.12.2, Dst: 1.1.12.1
  0100 .... = Version: 4
  .... 0101 = Header Length: 20 bytes (5)
⊞ Differentiated Services Field: 0x00 (DSCP: CS0, ECN: Not-ECT)
  Total Length: 136
  Identification: 0x0b2b (2859)
⊞ Flags: 0x0000
  ...0 0000 0000 0000 = Fragment offset: 0
  Time to live: 255
  Protocol: Encap Security Payload (50)
  Header checksum: 0x9614 [validation disabled]
  [Header checksum status: Unverified]
  Source: 1.1.12.2
  Destination: 1.1.12.1
Encapsulating Security Payload
  ESP SPI: 0x736043c2 (1935688642)        프로토콜 및 Data Payload 암호화로 보이지 않음
  ESP Sequence: 1223                       → ESP( Encapsulating Security Payload로 보임
```

그림 4-63 VPN 보호 대상 IPSec 터널 암호화 패킷 확인

VPN을 이용해 IPSec 터널 암호화를 적용했을 때 대부분의 정보는 ESP^{Encapsulation} ^{Security Payload} 암호화로 프로토콜 정보나 데이터 페이로드 정보는 전혀 볼 수가 없다.

이렇게 내부 정보를 숨길 수 있고 외부로 유출이 되더라도 중요한 정보를 숨길 수 있다. 요즘에는 전용선과 같은 보안 효과가 있어 인터넷과 같은 공중망에서 VPN 암호화를 많이 사용하고 있다.

 네트워크 보안 10

접근 계정별 권한 관리

네트워크 장비에 접근할 때에는 계정별 권한 관리가 필요하다. 대부분의 네트워크 장비들은 특정 패스워드 하나로 관리되고 있다. 대규모 IT 기업의 경우에는 협력 파트너 사에서 장비에 대한 운영 및 유지보수를 수행하고 있다. 이러한 환경에서는 접근하는 계정별(admin, Monitor, Partner 등)로 권한에 차등을 두는 것이 필요하다.
네트워크 장비에 패스워드로 접근한다는 것은 Privilege(enable) 모드로 접근한다는 것을 의미한다.
Privilege 모드상에서는 장비가 지원하는 모든 기능의 명령어 수행이 가능하다. 즉, 장비 운영상에서는 매우 중요하지만 협력사에서까지 볼 필요가 없는 명령어의 경우에는 철저히 제한하는 것이 안정적인 운영에 도움이 된다.

```
… …
service password-encryption    //패스워드 암호화//
username Monitor privilege 3 password aaaa1aaaa  //접근계정 Monitor 권한3//
username Partner privilege 2 password bbbb2bbbb  //접근계정 Partner 권한2//
username admin password cccc3cccc   //접근계정 admin 권한, 최고 관리자 권한//
… …
privilege exec level 1 show               //권한 Level별 실행 권한 부여//
privilege exec level 1 configure terminal
privilege exec level 2 show ip
privilege exec level 2 show interfaces
privilege exec level 3 show ip interface brief
privilege exec level 3 show ip interface

line vty 0 4
 password 7 045802150C2E
 login local                           //User 계정별 접근가능하게 설정//
… …
```

CDP 기능 비활성화(시스코 스위치 장비)

시스코 사 스위치 제품이 가진 유용한 기능 중에는 CDP라는 것이 있다. CDP 정보를 이용하면 스위치에서 스위치와 연결돼 있고 CDP 기능이 활성화돼 있는 네트워크 장비의 상세정보를 확인할 수 있다.

네트워크 관리자에게 유용한 정보가 비인가자에게 탈취당했을 때 똑같이 유용한 정보로 이용될 수 있으므로 다소 불편하더라도 비활성화해 운영하는 것이 네트워크 보안강화를 위해서 필요하다. 단, 시스코사 IP 전화기의 경우 CDP 패킷을 이용하므로 비활성화가 어려운 경우도 있다.

■ CDP 정보를 통해 확인 가능한 정보

- 연결된 장비의 IP 주소, 연결 포트 번호, 연결 장비 스펙 및 ISO 버전 정보 전체를 확인할 수 있다.

```
SW1#show cdp neighbors
Capability Codes: R - Router, T - Trans Bridge, B - Source Route Bridge
                  S - Switch, H - Host, I - IGMP, r - Repeater

Device ID    Local Intrfce   Holdtme   Capability   Platform   Port ID
R2           Fas 1/2         143       R S I        3725       Fas 0/0
R3           Fas 1/3         123       R S I        3725       Fas 0/0


SW1#show cdp neighbors detail
-------------------------
Device ID: R2
Entry address(es):
  IP address: 10.10.1.2
Platform: Cisco 3725,  Capabilities: Router Switch IGMP
Interface: FastEthernet1/2,  Port ID(outgoing port): FastEthernet0/0
Holdtime : 135 sec
Version :
Cisco IOS Software, 3700 Software(C3725-ADVENTERPRISEK9-M),  Version
12.4(23), RELEASE SOFTWARE(fc1)
Technical Support: http://www.cisco.com/techsupport
Copyright(c) 1986-2008 by Cisco Systems, Inc.
Compiled Sun 09-Nov-08 01:11 by prod_rel_team
advertisement version: 2
VTP Management Domain: ''
```

```
Duplex: half

-------------------------
Device ID: R3
Entry address(es):
  IP address: 10.10.1.3
Platform: Cisco 3725,  Capabilities: Router Switch IGMP
Interface: FastEthernet1/3,  Port ID(outgoing port): FastEthernet0/0
Holdtime : 174 sec
Version :
Cisco IOS Software, 3700 Software(C3725-ADVENTERPRISEK9-M), Version
12.4(23), RELEASE SOFTWARE(fc1)
Technical Support: http://www.cisco.com/techsupport
Copyright(c) 1986-2008 by Cisco Systems, Inc.
Compiled Sun 09-Nov-08 01:11 by prod_rel_team
advertisement version: 2
VTP Management Domain: ''
Duplex: half
```

■ CDP 기능 비활성화

```
SW1#confgure terminal
SW1(config)#no cdp run    //CDP 기능 비활성화//
```

로그 저장을 위한 버퍼 메모리 크기 설정

네트워크 장비는 주기적으로 발생하는 로그 데이터의 경우, 파일로 저장되지 않고 버퍼 (Buffer) 메모리에 저장된다. 버퍼 메모리의 경우 용량이 제한적이므로 로그 데이터를 충분히 저장할 수 없고, 용량이 초과한 경우에는 먼저 저장된 로그부터 삭제된다.

장애 발생 또는 사이버 침해를 당했을 경우 순간적으로 많은 로그가 발생했다면 네트워크 장비가 가지고 있는 버퍼 메모리 용량에 따라 사고를 점검하기 위한 로그 데이터가 삭제돼 제대로 된 로그 분석이 어려운 경우가 자주 발생할 것이다.

네트워크 장비에서 최대한 정확하게 분석하기 위해서는 버퍼 메모리를 설정하되 저장되는 로그 용량과 장비가 지원하는 버퍼 사이즈를 고려해 설정해야 한다.

■ 네트워크 장비 버퍼 메모리 용량 할당 방법(시스코 사 장비의 경우)

```
R1#config terminal
R1(config)#logging on
R1(config)#logging buffered ?
  <0-7>               Logging severity level
  <4096-2147483647>   Logging buffer size
  alerts              Immediate action needed          (severity=1)
  critical            Critical conditions              (severity=2)
  debugging           Debugging messages               (severity=7)
  emergencies         System is unusable               (severity=0)
  errors              Error conditions                 (severity=3)
  filtered            Enable filtered logging
  informational       Informational messages           (severity=6)
  notifications       Normal but significant conditions(severity=5)
  warnings            Warning conditions               (severity=4)
  xml                 Enable logging in XML to XML logging buffer
R1(config)#logging buffered 256000   //256 Kbyte 버퍼 메모리 할당//
R1(config)#logging buffered informational  //Severity 레벨 설정//
```

144

5

라우팅

1. 네트워크 시뮬레이터

라우팅에 들어가기 전에 네트워크 구성 및 설정 등에 관련된 실습에 사용할 네트워크 시뮬레이터인 GNS^{Graphic Network Simulator}의 활용 방법에 대해 알아보자.

GNS는 www.gns3.com에서 다운로드해 설치할 수 있는 소프트웨어로, PC 환경에서 EIGRP, OSPF, BGP 등 다양한 라우팅 프로토콜을 이용한 네트워크 토폴로지를 구축하고 시뮬레이션할 수 있는 네트워크 가상화를 지원하는 소프트웨어다.

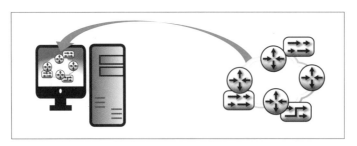

그림 5-1 네트워크 시뮬레이터

GNS3를 다운로드하는 방법과 설치 방법, 사용 방법은 인터넷에서 쉽게 접할 수 있으므로, 여기서는 설치 방법과 사용 방법에 대해 간단히 설명하고 넘어가고자 한다.

1) GNS3 소프트웨어 설치

www.gns3.com에 접속한 후 가입 및 프로그램을 다운로드한다.

그림 5-2 www.gns3.com 웹 사이트 가입

GNS3 프로그램을 다운로드한 후 관리자 권한으로 실행한다.

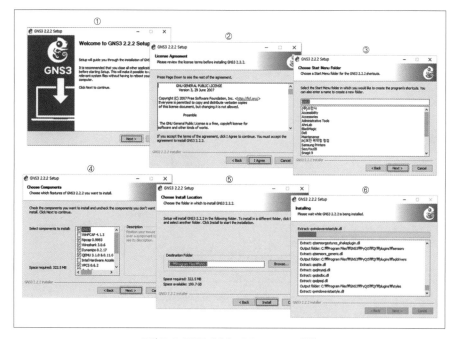

그림 5-3 GNS3-2.2.2-all-in-one.exe 설치1

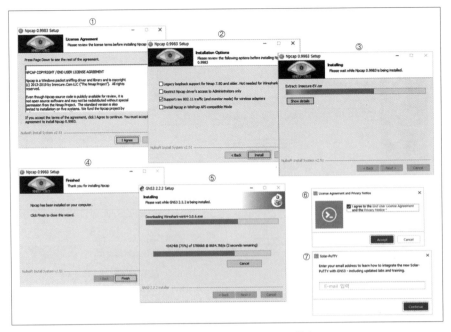

그림 5-4 GNS3-2.2.2-all-in-one.exe 설치2

그림 5-5 GNS3-2.2.2-all-in-one.exe 설치 완료

148

GNS3를 설치하면 winpcap 및 계측기 프로그램인 wireshark도 함께 설치될 것이다. SolarWinds 설치 부분에서 이메일 주소를 입력해도 문제는 없으며, 굳이 설치를 하지 않아도 상관없다.

지금까지 그림으로 GNS3의 설치를 알아봤고 그대로 따라하면 간단히 설치할 수 있다.

GNS3 설치를 완료한 후 실행할 때 나타나는 화면에서 추가적으로 설정해야 하는 부분을 살펴보자.

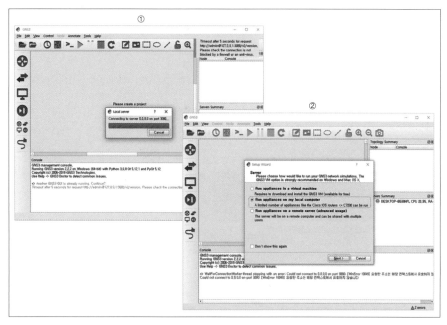

그림 5-6 GNS3-2.2.2-all-in-one.exe 실행 설정1

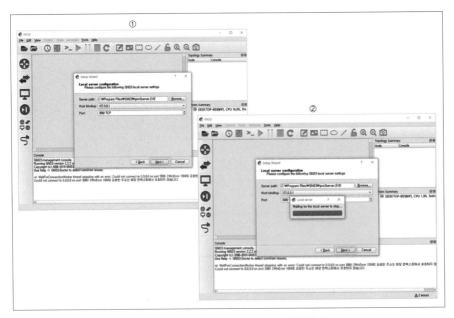

그림 5-7 GNS3-2.2.2-all-in-one.exe 실행 설정2

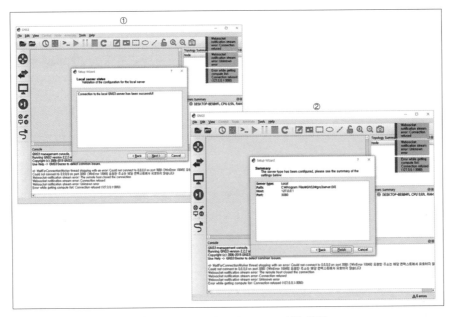

그림 5-8 GNS3-2.2.2-all-in-one.exe 실행 설정3

GNS3 설치 및 실행 설정을 완료한 후 GNS3를 종료하고 재실행하면 그림 5-8에서 나타난 알람은 사라진다. 여기까지 네트워크 시뮬레이터 GNS3 설치를 완료했고 그 다음 네트워크 시뮬레이션을 위한 네트워크장비 라우터 IOS 이미지를 GNS3에 등록하자.

2) 라우터 IOS 이미지 등록

네트워크 시뮬레이터(GNS3)를 실행한 후 라우터 IOS를 올리면 네트워크 시뮬레이션을 위한 준비가 끝난다.

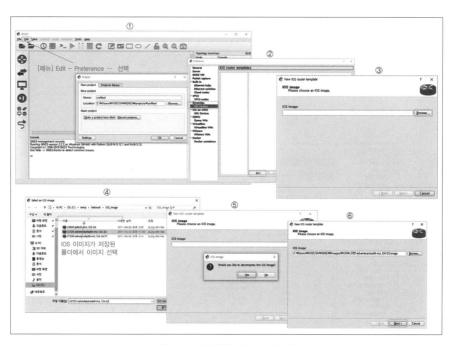

그림 5-9 GNS3에서 IOS 이미지 등록1

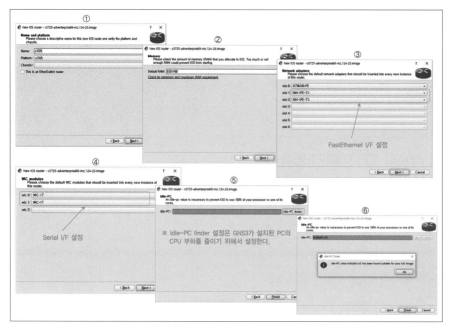

그림 5-10 GNS3에서 IOS 이미지 등록2

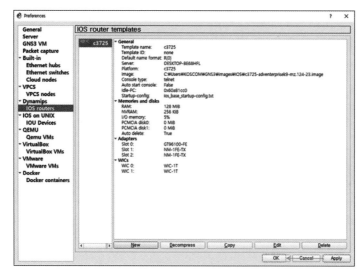

그림 5-11 GNS3에서 IOS 이미지 등록 완료

네트워크 시뮬레이터에서 사용할 라우터 이미지에는 두 가지 이미지를 사용한다. 둘 다 라우터 IOS 이미지이지만, c3725는 라우터 용도로 사용하고, c3640은 스위치 용도로 사용한다. 그림 5-9~그림 5-11까지 그대로 따라 하면 문제 없이 설치된다.

라우터 IOS 이미지
- 다운로드 사이트 http://cafe.naver.com/networksvalley -자유수다- c3640, c3725 첨부 파일
- 라우터: c3725-adventerprisek9-mz.124-23.bin
- 라우터: c3640-jk9o3s-mz.124-16.bin(16P Ethernet 모듈을 실장해 스위치 용도로 사용)
- 라우터: c7200-advsecurity9-mz.124-24.T1.bin(SSL VPN(WebVPN) 설정 시 사용)

c3640-jk9o3s-mz.124-16.bin 이미지를 등록해보는데 여기서는 16포트 이더넷 스위치 모듈을 넣어 GNS3 시뮬레이터에서 스위치 용도로 사용하기 위함이다.

그림 5-9, 그림 5-10을 따라서 진행하되, 그림 5-10 ③에서 16포트 이더넷 모듈을 설정하면 된다.

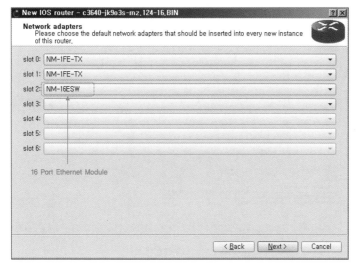

그림 5-12 GNS3에서 IOS 이미지에 16포트 이더넷 모듈 등록

이렇게 두 가지(C3725, C3640) IOS 이미지 등록을 완료했다. GNS3에서 보여지는 실행 화면은 그림 5-13과 같다.

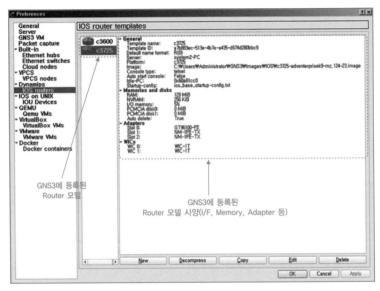

그림 5-13 GNS3에 라우터 IOS 이미지 등록 결과

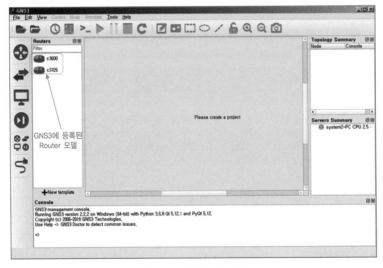

그림 5-14 GNS3 실행 화면

3) 프레임 릴레이 스위치 설정

프레임 릴레이 스위치는 기본 네트워크 시뮬레이터에서 제공하므로 장비 포트와 DLCI 번호를 매핑해주면 프레임 릴레이 스위치를 구성할 수 있다.

네트워크 설계 및 구축 실습을 위해 네트워크 시뮬레이터(GNS3)로 프레임 릴레이 스위치를 구성하고 프레임 릴레이 WAN 프로토콜이 올라간 라우터 Serial Interface (WAN)를 설정해보자.

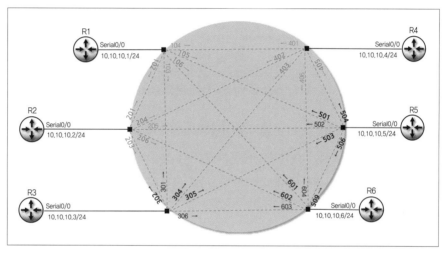

그림 5-15 프레임 릴레이 스위치 맵 구성

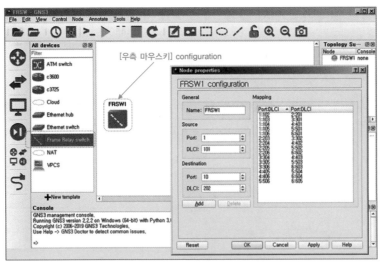

그림 5-16 GNS3를 이용한 프레임 릴레이 스위치 설정

그림 5-16에서 프레임 릴레이 스위치를 설정한 후 라우터(R1~R6) Serial Interface (WAN)를 프레임 릴레이 스위치 1~6포트에 각각 연결하면 각각의 라우터는 프레임 릴레이 스위치를 통해서 풀메시Full Mesh로 서로 연결 구성이 가능한 토포폴로지 맵을 구성할 수 있게 된다.

프레임 릴레이 맵상 풀메시 구성이 가능한 구조이지만 각각의 라우터 Serial Interface에 프레임 릴레이 설정을 해야만 완전한 풀메시 구성이 된다.

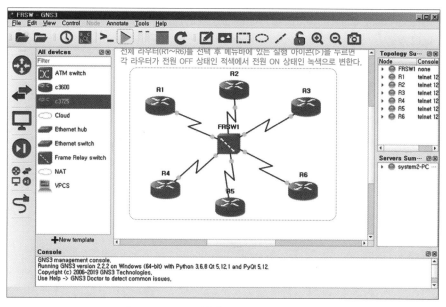

그림 5-17 GNS3를 이용한 프레임 릴레이 네트워크 구성

프레임 릴레이 스위치 맵 구성과 라우터(R1~R6)까지 연결 구성은 완료됐다. 이번에는 프레임 릴레이 스위치에 연결되는 각 라우터(R1~R6)까지의 Serial Interface (WAN)에 IP 및 프레임 릴레이 프로토콜을 설정한 후 통신 상태를 확인해보자.

```
[R1]
interface Serial0/0
 ip address 10.10.10.1 255.255.255.0
 encapsulation frame-relay   //프레임 릴레이 프로토콜 설정//
 frame-relay map ip 10.10.10.2 102 broadcast   //R1→ R2 프레임 릴레이 IP 및
DLCI 설정//
 frame-relay map ip 10.10.10.3 103 broadcast   //R1→ R3 프레임 릴레이 IP 및
DLCI 설정//
 frame-relay map ip 10.10.10.4 104 broadcast   //R1→ R4 프레임 릴레이 IP 및
DLCI 설정//
 frame-relay map ip 10.10.10.5 105 broadcast   //R1→ R5 프레임 릴레이 IP 및
DLCI 설정//
```

```
  frame-relay map ip 10.10.10.6 106 broadcast    //R1→ R6 프레임 릴레이 IP 및
DLCI 설정//
```

[R2]
```
interface Serial0/0
 ip address 10.10.10.2 255.255.255.0
 encapsulation frame-relay    //프레임 릴레이 프로토콜 설정//
 frame-relay map ip 10.10.10.1 201 broadcast    //R2→ R1 프레임 릴레이 IP 및
DLCI 설정//
 frame-relay map ip 10.10.10.3 203 broadcast    //R2→ R3 프레임 릴레이 IP 및
DLCI 설정//
 frame-relay map ip 10.10.10.4 204 broadcast    //R2→ R4 프레임 릴레이 IP 및
DLCI 설정//
 frame-relay map ip 10.10.10.5 205 broadcast    //R2→ R5 프레임 릴레이 IP 및
DLCI 설정//
 frame-relay map ip 10.10.10.6 206 broadcast    //R2→ R6 프레임 릴레이 IP 및
DLCI 설정//
```

[R3]
```
interface Serial0/0
 ip address 10.10.10.3 255.255.255.0
 encapsulation frame-relay    //프레임 릴레이 프로토콜 설정//
 frame-relay map ip 10.10.10.1 301 broadcast    //R3→ R1 프레임 릴레이 IP 및
DLCI 설정//
 frame-relay map ip 10.10.10.2 302 broadcast    //R3→ R2 프레임 릴레이 IP 및
DLCI 설정//
 frame-relay map ip 10.10.10.4 304 broadcast    //R3→ R4 프레임 릴레이 IP 및
DLCI 설정//
 frame-relay map ip 10.10.10.5 305 broadcast    //R3→ R5 프레임 릴레이 IP 및
DLCI 설정//
 frame-relay map ip 10.10.10.6 306 broadcast    //R3→ R6 프레임 릴레이 IP 및
DLCI 설정//
```

[R4]
```
interface Serial0/0
 ip address 10.10.10.4 255.255.255.0
 encapsulation frame-relay    //프레임 릴레이 프로토콜 설정//
```

```
 frame-relay map ip 10.10.10.1 401 broadcast    //R4→ R1 프레임 릴레이 IP 및
DLCI 설정//
 frame-relay map ip 10.10.10.2 402 broadcast    //R4→ R2 프레임 릴레이 IP 및
DLCI 설정//
 frame-relay map ip 10.10.10.3 403 broadcast    //R4→ R3 프레임 릴레이 IP 및
DLCI 설정//
 frame-relay map ip 10.10.10.5 405 broadcast    //R4→ R5 프레임 릴레이 IP 및
DLCI 설정//
 frame-relay map ip 10.10.10.6 406 broadcast    //R4→ R6 프레임 릴레이 IP 및
DLCI 설정//
```

[R5]

```
interface Serial0/0
 ip address 10.10.10.5 255.255.255.0
 encapsulation frame-relay    //프레임 릴레이 프로토콜 설정//
 frame-relay map ip 10.10.10.1 501 broadcast    //R5→ R1 프레임 릴레이 IP 및
DLCI 설정//
 frame-relay map ip 10.10.10.2 502 broadcast    //R5→ R2 프레임 릴레이 IP 및
DLCI 설정//
 frame-relay map ip 10.10.10.3 503 broadcast    //R5→ R3 프레임 릴레이 IP 및
DLCI 설정//
 frame-relay map ip 10.10.10.4 504 broadcast    //R5→ R4 프레임 릴레이 IP 및
DLCI 설정//
 frame-relay map ip 10.10.10.6 506 broadcast    //R5→ R6 프레임 릴레이 IP 및
DLCI 설정//
```

[R6]

```
interface Serial0/0
 ip address 10.10.10.6 255.255.255.0
 encapsulation frame-relay    //프레임 릴레이 프로토콜 설정//
 frame-relay map ip 10.10.10.1 601 broadcast    //R6→ R1 프레임 릴레이 IP 및
DLCI 설정//
 frame-relay map ip 10.10.10.2 602 broadcast    //R6→ R2 프레임 릴레이 IP 및
DLCI 설정//
 frame-relay map ip 10.10.10.3 603 broadcast    //R6→ R3 프레임 릴레이 IP 및
DLCI 설정//
```

```
    frame-relay map ip 10.10.10.4 604 broadcast    //R6→ R4 프레임 릴레이 IP 및
DLCI 설정//
    frame-relay map ip 10.10.10.5 605 broadcast    //R6→ R5 프레임 릴레이 IP 및
DLCI 설정//
```

■ 프레임 릴레이 맵 연결 상태 확인

```
R1#show frame-relay map
Serial0/0(up): ip 10.10.10.2 dlci 102(0x67,0x1870), static,
             broadcast,
             CISCO, status defined, active
Serial0/0(up): ip 10.10.10.3 dlci 103(0x66,0x1860), static,
             broadcast,
             CISCO, status defined, active
… …(이하 생략)
```

각 라우터(R1~R6)에서 임의로 프레임 릴레이 네트워크를 이용하기 위해 해당 시리얼 인터페이스에 해당 프레임 릴레이 맵 정보(IP 및 DLCI 번호 포함)를 일일이 입력해야 하는 번거로움이 있기는 하지만 frame-relay inverse-arp 기능을 통해 자동으로 받아오게 할 수도 있다.

[R1]	[R2]
interface Serial0/0	interface Serial0/0
ip address 10.10.10.1	ip address 10.10.10.2
255.255.255.0	255.255.255.0
encapsulation frame-relay	encapsulation frame-relay
frame-relay inverse-arp	frame-relay inverse-arp

■ 프레임 릴레이 맵 연결 상태 확인

```
R1#show frame-relay map
Serial0/0(up): ip 10.10.10.2 dlci 102(0x67,0x1870), dynamic,
             broadcast,
```

```
             CISCO, status defined, active
Serial0/0(up): ip 10.10.10.3 dlci 103(0x66,0x1860), dynamic,
             broadcast,
             CISCO, status defined, active
… …(이하 생략)
```

■ 라우터 R1~R6까지의 통신 상태 확인

```
R1#show ip interface brief
Interface          IP-Address     OK?   Method  Status              Protocol
FastEthernet0/0    unassigned     YES   unset   administratively down
down
Serial0/0          10.10.10.1     YES   manual  up                         up


R1#ping 10.10.10.2
!!!!!
Success rate is 100 percent(5/5), round-trip min/avg/max = 1/4/20 ms
R1#ping 10.10.10.3
!!!!!
Success rate is 100 percent(5/5), round-trip min/avg/max = 1/2/8 ms
R1#ping 10.10.10.4
!!!!!
Success rate is 100 percent(5/5), round-trip min/avg/max = 1/3/8 ms
R1#ping 10.10.10.5
!!!!!
Success rate is 100 percent(5/5), round-trip min/avg/max = 1/5/20 ms
R1#ping 10.10.10.6
!!!!!
Success rate is 100 percent(5/5), round-trip min/avg/max = 1/3/8 ms


R2#show ip interface brief
Interface          IP-Address   OK?   Method  Status              Protocol
FastEthernet0/0    unassigned   YES   unset   administratively down  down
Serial0/0          10.10.10.2   YES   manual  up                         up
```

```
R2#ping 10.10.10.1
!!!!!
Success rate is 100 percent(5/5), round-trip min/avg/max = 1/3/12 ms
... ...(여백)
R2#ping 10.10.10.6
!!!!!
Success rate is 100 percent(5/5), round-trip min/avg/max = 1/3/8 ms
```

```
R3#show ip interface brief
Interface         IP-Address   OK? Method Status                    Protocol
FastEthernet0/0   unassigned   YES unset  administratively down     down
Serial0/0         10.10.10.3   YES manual up                        up


R3#ping 10.10.10.1
!!!!!
Success rate is 100 percent(5/5), round-trip min/avg/max = 24/28/40 ms
... ...(여백)
R3#ping 10.10.10.6
!!!!!
Success rate is 100 percent(5/5), round-trip min/avg/max = 20/24/32 ms
```

```
R4#show ip interface brief
Interface         IP-Address   OK? Method Status                    Protocol
FastEthernet0/0   unassigned   YES unset  administratively down     down
Serial0/0         10.10.10.4   YES manual up                        up


R4#ping 10.10.10.1
!!!!!
Success rate is 100 percent(5/5), round-trip min/avg/max = 20/28/36 ms
... ...(여백)
R4#ping 10.10.10.6
!!!!!
Success rate is 100 percent(5/5), round-trip min/avg/max = 24/28/36 ms
```

```
R5#show ip interface brief
Interface        IP-Address    OK?  Method  Status                  Protocol
FastEthernet0/0  unassigned    YES  unset   administratively down   down
Serial0/0        10.10.10.5    YES  manual  up                           up

R5#ping 10.10.10.1
!!!!!
Success rate is 100 percent(5/5), round-trip min/avg/max = 20/25/32 ms
… …(여백)
R5#ping 10.10.10.6
!!!!!
Success rate is 100 percent(5/5), round-trip min/avg/max = 1/7/20 ms
```

```
R6#show ip interface brief
Interface        IP-Address    OK?  Method  Status                  Protocol
FastEthernet0/0  unassigned    YES  unset   administratively down   down
Serial0/0        10.10.10.6    YES  manual  up                           up

R6#ping 10.10.10.1
!!!!!
Success rate is 100 percent(5/5), round-trip min/avg/max = 20/26/36 ms
… …(여백)
R6#ping 10.10.10.5
!!!!!
Success rate is 100 percent(5/5), round-trip min/avg/max = 1/3/8 ms
```

지금까지 프레임 릴레이 특성 및 프레임 릴레이 스위치 구성 후 라우터 R1~R6번까지 풀메시Full Mesh 네트워크 토폴로지를 구성해 데이터 통신 상태가 각 라우터에서 정상적으로 진행되는 것을 직접 실습을 통해 확인했다.

프레임 릴레이 네트워크의 특징인 1:N, N:N 접속을 확인했고, 이를 통해 효율적인 End-to-End 통신이 가능하다는 것을 알 수 있다.

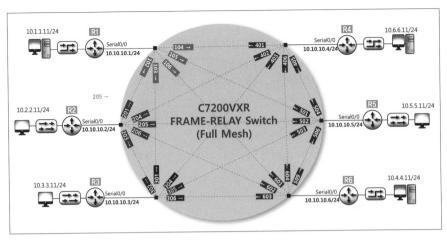

그림 5-18 프레임 릴레이 스위치 풀메시 구조

실제 환경에서 데이터를 전송하기 위해 라우터 장비를 이용해 프레임 릴레이 스위치를 구축하는 것은 네트워크 시뮬레이터(GNS3)를 이용해 구축하는 원리와 동일하다.

프레임 릴레이 스위치를 구축하는 경우에는 프레임 릴레이 프로토콜을 활성화 Encapsulation해야 하며, 데이터 전송 서비스를 제공하기 위해서는 인터페이스를 풀메시 Full Mesh로 구성해야 프레임 릴레이 스위치에서 제공하는 하나의 인터페이스에서 다른 모든 인터페이스로 경로를 설정할 수 있고, 데이터 전송도 할 수 있다. 프레임 릴레이 스위치에서는 정보에 대한 식별자인 DICI 번호를 이용한다. 프레임 릴레이 스위치와 연결된 라우터(R1~R6)의 설정은 그림 5-17에서 해봤을 것이다.

- 프레임 릴레이 스위치 설정 값[1]
- 장비 모델: Cisco Router 7206VXR
- 장비 스펙 및 인터페이스 구성: 6 Slots, 8 Ports Serial 모듈 2장, 4 Port Serial 모듈 1장
  - 0번 Slot: I/O Controller Port Adapter(C7200-I/O)

---

1 GNS 시뮬레이터 설정이 아닌 실제 라우터 장비를 활용한 프레임 릴레이 스위치 설정 값

○ 1번 Slot: 8Ports Serial 모듈(PA-8T-V35)

• 프레임 릴레이 스위치 연결 구성

```
interface Serial1/0
 no ip address

interface Serial1/1
 no ip address
 encapsulation frame-relay      //프레임 릴레이 프로토콜 설정//
 frame-relay lmi-type cisco      //프레임 릴레이 LMI Type 설정 .. ex) cisco,
ansi, q933a //
 frame-relay intf-type dce       //프레임 릴레이 스위치 I/F type DCE, Router I/F
type DTE//
 frame-relay route 102 interface Serial1/2 102    //프레임 릴레이 DLCI 맵 설정
Serial 1/1 → Serial 1/2//
 frame-relay route 103 interface Serial1/3 103    //프레임 릴레이 DLCI 맵 설정
Serial 1/1 → Serial 1/3//
 frame-relay route 104 interface Serial1/4 104    //프레임 릴레이 DLCI 맵 설정
Serial 1/1 → Serial 1/4//
 frame-relay route 105 interface Serial1/5 105    //프레임 릴레이 DLCI 맵 설정
Serial 1/1 → Serial 1/5//
 frame-relay route 106 interface Serial1/6 106    //프레임 릴레이 DLCI 맵 설정
Serial 1/1 → Serial 1/6//

interface Serial1/2
 no ip address
 encapsulation frame-relay      //프레임 릴레이 프로토콜 설정//
 frame-relay lmi-type cisco      //프레임 릴레이 LMI Type 설정 .. ex) cisco,
ansi, q933a //
 frame-relay intf-type dce       //프레임 릴레이 스위치 I/F type DCE, Router I/F
type DTE//
 frame-relay route 112 interface Serial1/1 201    //프레임 릴레이 DLCI 맵 설정
Serial 1/2 → Serial 1/1//
 frame-relay route 113 interface Serial1/3 203    //프레임 릴레이 DLCI 맵 설정
Serial 1/2 → Serial 1/3//
```

```
 frame-relay route 114 interface Serial1/4 204    //프레임 릴레이 DLCI 맵 설정
Serial 1/2 → Serial 1/4//
 frame-relay route 115 interface Serial1/5 205    //프레임 릴레이 DLCI 맵 설정
Serial 1/2 → Serial 1/5//
 frame-relay route 116 interface Serial1/6 206    //프레임 릴레이 DLCI 맵 설정
Serial 1/2 → Serial 1/6//

interface Serial1/3
 no ip address
 encapsulation frame-relay    //프레임 릴레이 프로토콜 설정//
 frame-relay lmi-type cisco    //프레임 릴레이 LMI Type 설정 .. ex) cisco,
ansi, q933a //
 frame-relay intf-type dce     //프레임 릴레이 스위치 I/F type DCE, Router I/F
type DTE//
 frame-relay route 201 interface Serial1/1 301    //프레임 릴레이 DLCI 맵 설정
Serial 1/3 → Serial 1/1//
 frame-relay route 203 interface Serial1/2 302    //프레임 릴레이 DLCI 맵 설정
Serial 1/3 → Serial 1/2//
 frame-relay route 204 interface Serial1/4 304    //프레임 릴레이 DLCI 맵 설정
Serial 1/3 → Serial 1/4//
 frame-relay route 205 interface Serial1/5 305    //프레임 릴레이 DLCI 맵 설정
Serial 1/3 → Serial 1/5//
 frame-relay route 206 interface Serial1/6 306    //프레임 릴레이 DLCI 맵 설정
Serial 1/3 → Serial 1/6//

interface Serial1/4
 no ip address
 encapsulation frame-relay    //프레임 릴레이 프로토콜 설정//
 frame-relay lmi-type cisco    //프레임 릴레이 LMI Type 설정 .. ex) cisco,
ansi, q933a //
 frame-relay intf-type dce     //프레임 릴레이 스위치 I/F type DCE, Router I/F
type DTE//
 frame-relay route 211 interface Serial1/1 401    //프레임 릴레이 DLCI 맵 설정
Serial 1/4 → Serial 1/1//
 frame-relay route 213 interface Serial1/2 402    //프레임 릴레이 DLCI 맵 설정
```

Serial 1/4 → Serial 1/2//
  frame-relay route 214 interface Serial1/3 403   //프레임 릴레이 DLCI 맵 설정
Serial 1/4 → Serial 1/3//
  frame-relay route 215 interface Serial1/5 405   //프레임 릴레이 DLCI 맵 설정
Serial 1/4 → Serial 1/5//
  frame-relay route 216 interface Serial1/6 406   //프레임 릴레이 DLCI 맵 설정
Serial 1/4 → Serial 1/6//

interface Serial1/5
 no ip address
encapsulation **frame-relay**   //프레임 릴레이 프로토콜 설정//
frame-relay lmi-type **cisco**   //프레임 릴레이 **LMI Type** 설정 .. **ex) cisco,**
ansi, q933a //
 frame-relay intf-type **dce**   //프레임 릴레이 스위치 **I/F type DCE, Router I/F**
type DTE//
  frame-relay route 301 interface Serial1/1 501   //프레임 릴레이 DLCI 맵 설정
Serial 1/5 → Serial 1/1//
  frame-relay route 302 interface Serial1/2 502   //프레임 릴레이 DLCI 맵 설정
Serial 1/5 → Serial 1/2//
  frame-relay route 304 interface Serial1/3 503   //프레임 릴레이 DLCI 맵 설정
Serial 1/5 → Serial 1/3//
  frame-relay route 305 interface Serial1/4 504   //프레임 릴레이 DLCI 맵 설정
Serial 1/5 → Serial 1/4//
  frame-relay route 306 interface Serial1/6 506   //프레임 릴레이 DLCI 맵 설정
Serial 1/5 → Serial 1/6//

interface Serial1/6
 no ip address
encapsulation **frame-relay**   //프레임 릴레이 프로토콜 설정//
frame-relay lmi-type **cisco**   //프레임 릴레이 **LMI Type** 설정 .. **ex) cisco,**
ansi, q933a //
 frame-relay intf-type **dce**   //프레임 릴레이 스위치 **I/F type DCE, Router I/F**
type DTE//
  frame-relay route 401 interface Serial1/1 601   //프레임 릴레이 DLCI 맵 설정
Serial 1/6 → Serial 1/1//

```
frame-relay route 402 interface Serial1/2 602    //프레임 릴레이 DLCI 맵 설정
Serial 1/6 → Serial 1/2//
 frame-relay route 403 interface Serial1/3 603    //프레임 릴레이 DLCI 맵 설정
Serial 1/6 → Serial 1/3//
  frame-relay route 405 interface Serial1/4 604    //프레임 릴레이 DLCI 맵 설정
Serial 1/6 → Serial 1/4//
  frame-relay route 406 interface Serial1/5 605    //프레임 릴레이 DLCI 맵 설정
Serial 1/6 → Serial 1/5//
```

2. 라우팅 개요

라우팅은 3계층인 네트워크 계층에서 가장 중요한 역할을 한다. 라우팅은 서로 다른 네트워크 사이에서 상호간 패킷을 전달하기 위한 네트워크 핵심 기술이다. 이를 간단히 요약하면 라우팅 테이블을 참고해 목적지로 패킷을 전달하기 위해 목적지로 갈 수 있는 경유지(Gateway or Next Hop) IP 정보로 패킷을 전달하게 하는 기술이라고 할 수 있다.

라우팅 기술에는 정적 라우팅Static Routing과 동적 라우팅Dynamic Routing이 있다. 정적 라우팅은 사용자가 목적지에 대해 직접 해당 경유지 IP를 입력하는 방식이고, 동적 라우팅은 다양한 라우팅 프로토콜을 이용해 목적지로 가는 경유지의 IP 정보를 자동으로 찾아내 보여주는 방식이다.

컴퓨터 통신 개념으로 라우팅을 설명하면 네트워크상에서 주소를 이용해 목적지까지 패킷을 전달하기 위한 경로를 체계적으로 결정하는 과정이라고 할 수 있다. 즉, 라우팅 프로토콜을 이용해 경로를 산출한 후 라우팅 테이블을 작성하기 위한 일련의 동작 모두를 포함한다.

3. 라우팅 테이블

라우팅 테이블은 패킷을 전달할 수 있는 단말, 3계층(L3) 스위치 및 라우터가 경로가 있는 목적지로 패킷을 전달하기 위한 경유지 IP 주소를 목적지 네트워크와 함께 표현한 네트워크 경로 테이블이다.

패킷을 보내고자 하는 목적지로 전달할 수 있는 네트워크 경로를 모아놓은 트래픽 경로 리스트다. 이는 목적지 주소에 대한 경유지 IP로 구성돼 있다. 동일한 목적지로 가는 여러 가지 경로가 존재할 수 있지만, 최적의 경로만 표시해준다.

- 최적의 경로를 포함한 목적지로 가는 다른 경로를 확인하기 위해서는 라우팅 토폴로지Routing topology 테이블에서 확인할 수 있다. 라우팅 프로토콜Routing Protocol이 수행하는 가장 중요한 역할 중 하나는 라우팅 테이블Routing Table을 구성하는 것이다.

■ 라우팅 테이블

단말	IPv4 경로 테이블

```
IPv4 경로 테이블
===================================================================
활성 경로:
    네트워크 대상        네트워크 마스크          게이트웨이           인터페이스      메트릭
        0.0.0.0          0.0.0.0      210.108.137.1    192.168.200.1      276
        0.0.0.0          0.0.0.0    192.168.200.254    192.168.200.1       20
      127.0.0.0        255.0.0.0            연결됨          127.0.0.1      306
      127.0.0.1  255.255.255.255            연결됨          127.0.0.1      306
127.255.255.255  255.255.255.255            연결됨          127.0.0.1      306
  192.168.200.0    255.255.255.0            연결됨      192.168.200.1      276
  192.168.200.1  255.255.255.255            연결됨      192.168.200.1      276
192.168.200.255  255.255.255.255            연결됨      192.168.200.1      276
      224.0.0.0        240.0.0.0            연결됨          127.0.0.1      306
      224.0.0.0        240.0.0.0            연결됨      192.168.200.1      276
255.255.255.255  255.255.255.255            연결됨          127.0.0.1      306
255.255.255.255  255.255.255.255            연결됨      192.168.200.1      276
===================================================================
```

| 라우터<br>또는 스위치 | ```
R1#show ip route
 1.0.0.0/24 is subnetted, 1 subnets
C    1.1.1.0 is directly connected, Loopback0
 2.0.0.0/24 is subnetted, 1 subnets
D    2.2.2.0 [90/2297856] via 10.10.10.2, 00:10:18, Serial0/0
 3.0.0.0/24 is subnetted, 1 subnets
D    3.3.3.0 [90/2297856] via 10.10.10.3, 00:08:21, Serial0/0
 4.0.0.0/24 is subnetted, 1 subnets
D    4.4.4.0 [90/2297856] via 10.10.10.4, 00:06:50, Serial0/0
 5.0.0.0/24 is subnetted, 1 subnets
D    5.5.5.0 [90/2323456] via 10.10.10.4, 00:05:02, Serial0/0
 172.30.0.0/24 is subnetted, 1 subnets
D    172.30.45.0 [90/2195456] via 10.10.10.4, 00:06:42, Serial0/0
 10.0.0.0/24 is subnetted, 1 subnets
C    10.10.10.0 is directly connected, Serial0/0
C  192.168.1.0/24 is directly connected, FastEthernet0/0
``` |

네트워크상에서 라우팅 토폴로지가 어떻게 표현되는지 알아보자. 목적지로 가기 위한 패킷이 지나가는 경로에서 제일 처음 접하는 곳을 경유지라고 한다. 그러나 해당 목적지로 가기 위한 경유지는 반드시 출발지 라우터나 단말(터미널)에서 접근이 되는 동일 네트워크상 통신이 가능해야만 경유지로 설정할 수 있다.

> 🔍 **네트워크 토폴로지상에서 라우팅 테이블 개념**
> - 임의의 네트워크에서 목적지 주소에 도달하기 위한 네트워크 경로를 표현하는 목적
> - 라우팅 프로토콜의 가장 중요한 목적은 라우팅 테이블의 구성이다.

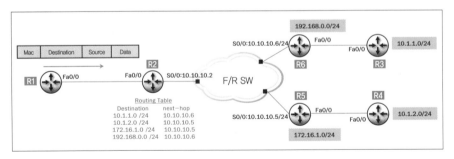

그림 5-19 라우팅 테이블 표현
```

■ 라우팅 테이블 생성 및 라우팅 동작 방식(절차)

① 수신한 패킷 Layer2 정보 확인

② L2 헤더를 제거한 후 목적지 IP 확인

③ 라우팅 테이블 참조해 목적지와 연결되는 인터페이스 결정

④ 경유지 장비의 L2 주소 획득 및 전송할 프레임 생성

⑤ 목적지와 연결되는 인터페이스로 패킷 전송

- 패킷이 출발지에서 목적지로 가는 동안 Layer2 헤더(프레임 헤더)는 계속 변경되지만, IP 주소는 유지한다.

4. 라우팅 경로 설정

라우팅 경로를 설정하는 데에는 여러 가지 방법이 있다. 여기서는 이러한 방법 중에서 가장 단순하고 쉬운 방법인 정적 라우팅 및 라우팅 프로토콜을 이용한 동적 라우팅을 직접 설정한 후에 결과를 확인하고, 동적 라우팅의 경우에는 EIGRP, OSPF 두 가지에 대해서만 살펴볼 것이다.

위의 동적 라우팅 프로토콜은 현재 가장 많이 사용되고 있다. 동작 원리 및 특성에 대해서는 6장에서 BGP를 포함해 자세히 다룰 예정이므로 5장에서는 그대로 따라한 후 결과만 확인하자.

1) 정적 라우팅 설정

정적Static 라우팅 설정으로 라우팅 테이블 및 목적지까지의 통신 상태를 알아보자.

그림 5-20에서 프레임 릴레이 스위치 설정은 R1~R4까지만 하기로 한다.

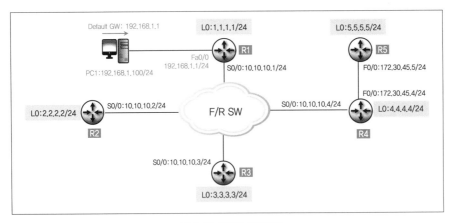

그림 5-20 라우팅 토폴로지

■ 단말(PC1) 및 라우터 R1~R5까지 설정 내역

[PC1]
PC1> ip 192.168.1.100/24 192.168.1.1
Checking for duplicate address...
PC1 : 192.168.1.100 255.255.255.0 gateway 192.168.1.1

PC1> show ip
NAME   : PC1[1]
IP/MASK   : 192.168.1.100/24
GATEWAY   : 192.168.1.1
DNS   :
MAC   : 00:50:79:66:68:00
LPORT   : 10000
RHOST:PORT : 127.0.0.1:10001
MTU: : 1500

[R1]
interface Fa0/0
  ip address 192.168.1.1 255.255.255.0
interface loopback 0
  ip address 1.1.1.1 255.255.255.0

```
interface Serial0/0
 ip address 10.10.10.1 255.255.255.0
 encapsulation frame-relay
 frame-relay map ip 10.10.10.2 102 broadcast   //Frame Relay Map 설정//
 frame-relay map ip 10.10.10.3 103 broadcast   //Frame Relay Map 설정//
 frame-relay map ip 10.10.10.4 104 broadcast   //Frame Relay Map 설정//

ip route 2.2.2.0 255.255.255.0 10.10.10.2      //정적 라우팅 설정//
ip route 3.3.3.0 255.255.255.0 10.10.10.3      //정적 라우팅 설정//
ip route 4.4.4.0 255.255.255.0 10.10.10.4      //정적 라우팅 설정//
ip route 5.5.5.0 255.255.255.0 10.10.10.4      //정적 라우팅 설정//
ip route 172.30.45.0 255.255.255.0 10.10.10.4  //정적 라우팅 설정//
```

[R2]

```
interface loopback 0
 ip address 2.2.2.2 255.255.255.0
interface Serial0/0
 ip address 10.10.10.2 255.255.255.0
 encapsulation frame-relay
 frame-relay map ip 10.10.10.1 201 broadcast   //Frame Relay Map 설정//
 frame-relay map ip 10.10.10.3 203 broadcast   //Frame Relay Map 설정//
 frame-relay map ip 10.10.10.4 204 broadcast   //Frame Relay Map 설정//

ip route 1.1.1.0 255.255.255.0 10.10.10.1      //정적 라우팅 설정//
ip route 3.3.3.0 255.255.255.0 10.10.10.3      //정적 라우팅 설정//
ip route 4.4.4.0 255.255.255.0 10.10.10.4      //정적 라우팅 설정//
ip route 5.5.5.0 255.255.255.0 10.10.10.4      //정적 라우팅 설정//
ip route 172.30.45.0 255.255.255.0 10.10.10.4  //정적 라우팅 설정//
ip route 192.168.1.0 255.255.255.0 10.10.10.1  //정적 라우팅 설정//
```

[R3]

```
interface loopback 0
 ip address 3.3.3.3 255.255.255.0
interface Serial0/0
 ip address 10.10.10.3 255.255.255.0
 encapsulation frame-relay
 frame-relay map ip 10.10.10.1 301 broadcast   //Frame Relay Map 설정//
```

```
 frame-relay map ip 10.10.10.2 302 broadcast        //Frame Relay Map 설정//
 frame-relay map ip 10.10.10.4 304 broadcast        //Frame Relay Map 설정//

ip route 1.1.1.0 255.255.255.0 10.10.10.1           //정적 라우팅 설정//
ip route 2.2.2.0 255.255.255.0 10.10.10.2           //정적 라우팅 설정//
ip route 4.4.4.0 255.255.255.0 10.10.10.4           //정적 라우팅 설정//
ip route 5.5.5.0 255.255.255.0 10.10.10.4           //정적 라우팅 설정//
ip route 172.30.45.0 255.255.255.0 10.10.10.4       //정적 라우팅 설정//
ip route 192.168.1.0 255.255.255.0 10.10.10.1       //정적 라우팅 설정//
```

[R4]
```
interface Fa0/0
 ip address 172.30.45.4 255.255.255.0
interface loopback 0
 ip address 4.4.4.4 255.255.255.0
interface Serial0/0
 ip address 10.10.10.4 255.255.255.0
 encapsulation frame-relay
 frame-relay map ip 10.10.10.1 401 broadcast        //Frame Relay Map 설정//
 frame-relay map ip 10.10.10.2 402 broadcast        //Frame Relay Map 설정//
 frame-relay map ip 10.10.10.3 403 broadcast        //Frame Relay Map 설정//

ip route 1.1.1.0 255.255.255.0 10.10.10.1           //정적 라우팅 설정//
ip route 2.2.2.0 255.255.255.0 10.10.10.2           //정적 라우팅 설정//
ip route 3.3.3.0 255.255.255.0 10.10.10.3           //정적 라우팅 설정//
ip route 5.5.5.0 255.255.255.0 172.30.45.5          //정적 라우팅 설정//
ip route 192.168.1.0 255.255.255.0 10.10.10.1       //정적 라우팅 설정//
```

[R5]
```
interface Fa0/0
 ip address 172.30.45.5 255.255.255.0
interface loopback 0
 ip address 5.5.5.5 255.255.255.0

ip route 1.1.1.0 255.255.255.0 172.30.45.4          //정적 라우팅 설정//
ip route 2.2.2.0 255.255.255.0 172.30.45.4          //정적 라우팅 설정//
```

```
ip route 3.3.3.0 255.255.255.0 172.30.45.4        //정적 라우팅 설정//
ip route 4.4.4.0 255.255.255.0 172.30.45.4        //정적 라우팅 설정//
ip route 10.10.10.0 255.255.255.0 172.30.45.4     //정적 라우팅 설정//
ip route 192.168.1.0 255.255.255.0 172.30.45.     //정적 라우팅 설정//
```

※ 여기에서는 다양한 목적지에 대해 동일한 경유지 정보를 가지고 있다. 기본 라우팅(Default Routing)을 설정하면 1개의 정적 라우팅으로 해결할 수 있다.

```
ip route 0.0.0.0 0.0.0.0 172.30.45.4
```

■ 라우터 R1~R5까지 라우팅 테이블 & 통신 상태 확인

R1#show ip route
```
     1.0.0.0/24 is subnetted, 1 subnets
C        1.1.1.0 is directly connected, Loopback0
     2.0.0.0/24 is subnetted, 1 subnets
S        2.2.2.0 [1/0] via 10.10.10.2
     3.0.0.0/24 is subnetted, 1 subnets
S        3.3.3.0 [1/0] via 10.10.10.3
     4.0.0.0/24 is subnetted, 1 subnets
S        4.4.4.0 [1/0] via 10.10.10.4
     5.0.0.0/24 is subnetted, 1 subnets
S        5.5.5.0 [1/0] via 10.10.10.4
     172.30.0.0/24 is subnetted, 1 subnets
S        172.30.45.0 [1/0] via 10.10.10.4
     10.0.0.0/24 is subnetted, 1 subnets
C        10.10.10.0 is directly connected, Serial0/0
C    192.168.1.0/24 is directly connected, FastEthernet0/0
```

R1#ping 2.2.2.2	R1#ping 3.3.3.3	R1#ping 4.4.4.4	R1#ping 5.5.5.5
!!!!!	!!!!!	!!!!!	!!!!!

R2#show ip route
```
     1.0.0.0/24 is subnetted, 1 subnets
S        1.1.1.0 [1/0] via 10.10.10.1
```

```
      2.0.0.0/24 is subnetted, 1 subnets
C        2.2.2.0 is directly connected, Loopback0
      3.0.0.0/24 is subnetted, 1 subnets
S        3.3.3.0 [1/0] via 10.10.10.3
      4.0.0.0/24 is subnetted, 1 subnets
S        4.4.4.0 [1/0] via 10.10.10.4
      5.0.0.0/24 is subnetted, 1 subnets
S        5.5.5.0 [1/0] via 10.10.10.4
      172.30.0.0/24 is subnetted, 1 subnets
S        172.30.45.0 [1/0] via 10.10.10.4
      10.0.0.0/24 is subnetted, 1 subnets
C        10.10.10.0 is directly connected, Serial0/0
S     192.168.1.0/24 [1/0] via 10.10.10.1
```

| R2#ping 1.1.1.1 | R2#ping 3.3.3.3 | R2#ping 4.4.4.4 | R2#ping 5.5.5.5 |
| !!!!! | !!!!! | !!!!! | !!!!! |

R3#show ip route
```
 1.0.0.0/24 is subnetted, 1 subnets
S        1.1.1.0 [1/0] via 10.10.10.1
      2.0.0.0/24 is subnetted, 1 subnets
S        2.2.2.0 [1/0] via 10.10.10.2
      3.0.0.0/24 is subnetted, 1 subnets
C        3.3.3.0 is directly connected, Loopback0
      4.0.0.0/24 is subnetted, 1 subnets
S        4.4.4.0 [1/0] via 10.10.10.4
      5.0.0.0/24 is subnetted, 1 subnets
S        5.5.5.0 [1/0] via 10.10.10.4
      172.30.0.0/24 is subnetted, 1 subnets
S        172.30.45.0 [1/0] via 10.10.10.4
      10.0.0.0/24 is subnetted, 1 subnets
C        10.10.10.0 is directly connected, Serial0/0
S     192.168.1.0/24 [1/0] via 10.10.10.1
```

| R3#ping 1.1.1.1 | R3#ping 2.2.2.2 | R3#ping 4.4.4.4 | R3#ping 5.5.5.5 |
| !!!!! | !!!!! | !!!!! | !!!!! |

R4#show ip route

```
 1.0.0.0/24 is subnetted, 1 subnets
S       1.1.1.0 [1/0] via 10.10.10.1
    2.0.0.0/24 is subnetted, 1 subnets
S       2.2.2.0 [1/0] via 10.10.10.2
    3.0.0.0/24 is subnetted, 1 subnets
S       3.3.3.0 [1/0] via 10.10.10.3
    4.0.0.0/24 is subnetted, 1 subnets
C       4.4.4.0 is directly connected, Loopback0
    5.0.0.0/24 is subnetted, 1 subnets
S       5.5.5.0 [1/0] via 172.30.45.5
    172.30.0.0/24 is subnetted, 1 subnets
C       172.30.45.0 is directly connected, FastEthernet0/0
    10.0.0.0/24 is subnetted, 1 subnets
```

R4#ping 1.1.1.1	R4#ping 2.2.2.2	R4#ping 3.3.3.3	R4#ping 5.5.5.5
!!!!!	!!!!!	!!!!!	!!!!!

R5#show ip route

```
 1.0.0.0/24 is subnetted, 1 subnets
S       1.1.1.0 [1/0] via 172.30.45.4
    2.0.0.0/24 is subnetted, 1 subnets
S       2.2.2.0 [1/0] via 172.30.45.4
    3.0.0.0/24 is subnetted, 1 subnets
S       3.3.3.0 [1/0] via 172.30.45.4
    4.0.0.0/24 is subnetted, 1 subnets
S       4.4.4.0 [1/0] via 172.30.45.4
    5.0.0.0/24 is subnetted, 1 subnets
C       5.5.5.0 is directly connected, Loopback0
    172.30.0.0/24 is subnetted, 1 subnets
C       172.30.45.0 is directly connected, FastEthernet0/0
    10.0.0.0/24 is subnetted, 1 subnets
S       10.10.10.0 [1/0] via 172.30.45.4
S    192.168.1.0/24 [1/0] via 172.30.45.4
```

R5#ping 1.1.1.1	R5#ping 2.2.2.2	R5#ping 3.3.3.3	R5#ping 4.4.4.4
!!!!!	!!!!!	!!!!!	!!!!!

여기서 한 가지 알아둬야 할 점은 기본Default 라우팅은 정적 라우팅 설정을 간편하게 해주는 방법으로 보아도 무방하다는 것이다. 위 R5의 예에서 알 수 있듯이 경로를 결정하는 인터페이스를 1개만 가지고 있다면 일일이 목적지에 대해 동일한 경유지 정보를 따로 입력할 필요 없이 하나의 기본 라우팅으로 처리하면 된다. 즉, 모든 패킷이 전달되는 경로는 한 가지밖에 없기 때문에 위와 같이 바로 인접한 네이버 IP로 기본 라우팅[2]을 설정하면 된다. 이때 기본 라우팅 설정 방법은 정적 라우팅 설정 방법과 동일하다.

정적 라우팅 설정을 간편하게 해주는 장점이 있는 반면, 기본 라우팅 설정으로 인해 전혀 패킷을 주고받을 필요가 없는 목적지에서 출발지 네트워크 정보만으로 경로를 설정한다면 통신이 가능한 경우가 있다. 이러한 점은 네트워크 보안상 권고할 만한 것이 아니다.

잠시 기본 라우팅Default Routing을 설정하는 경우에 대해 알아보자.

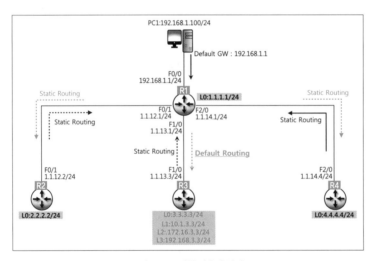

그림 5-21 기본 라우팅 설정

---

2 라우팅을 설정할 수 있는 장비(라우터, 스위치, 터미널 장비 등)에서 가장 마지막에 적용되는 라우팅 경로를 말한다. 정적 라우팅, 동적 라우팅 및 기본 라우팅이 함께 설정돼 있다고 가정하면 패킷을 전달하는 순서는 정적 라우팅, 동적 라우팅, 기본 라우팅이 된다.

178

```
[R1]
interface FastEthernet0/1
 ip address 1.1.12.1 255.255.255.0
interface FastEthernet1/0
 ip address 1.1.13.1 255.255.255.0
interface FastEthernet2/0
 ip address 1.1.14.1 255.255.255.0

ip route 0.0.0.0 0.0.0.0 1.1.13.3
ip route 2.2.2.0 255.255.255.0 1.1.12.2
ip route 4.4.4.0 255.255.255.0 1.1.14.4
```

```
[R2]
interface Loopback0
 ip address 2.2.2.2 255.255.255.0
interface FastEthernet0/1
 ip address 1.1.12.2 255.255.255.0

ip route 0.0.0.0 0.0.0.0 1.1.12.1
```

```
[R3]
interface Loopback0
 ip address 3.3.3.3 255.255.255.0
interface Loopback1
 ip address 10.1.3.3 255.255.255.0
interface Loopback2
 ip address 172.16.3.3 255.255.255.0
interface Loopback3
 ip address 192.168.3.3 255.255.255.0
interface FastEthernet1/0
 ip address 1.1.13.3 255.255.255.0

ip route 0.0.0.0 0.0.0.0 1.1.13.1
```

```
[R4]
interface Loopback0
 ip address 4.4.4.4 255.255.255.0
```

```
interface FastEthernet2/0
 ip address 1.1.14.4 255.255.255.0

ip route 0.0.0.0 0.0.0.0 1.1.14.1
```

R1에서 기본 라우팅을 R3로 설정한 이유를 알고 있을 것이다. 각 목적지에 대한 정적 라우팅을 설정한다면 네트워크(3.3.3.0/24, 10.1.3.0/24, 172.16.3.0/24, 192.168.3.0/24)에 대한 동일한 경유지를 설정해야 할 것이다.

기본 라우팅은 R1, R2가 가지고 있는 네트워크(2.2.2.0/24, 4.4.4.0/24)를 제외한 나머지 R3가 가지고 있는 네트워크 설정을 하나의 기본 라우팅으로 처리할 수 있다.

또한 R2, R3, R4에서 외부로 패킷을 전달하는 경로가 한 개의 경로밖에 없기 때문에 기본 라우팅 처리가 가능하다.

2) 동적 라우팅 설정

가. EIGRP

■ EIGRP를 이용한 라우팅 구현

그림 5-20 네트워크 토폴로지를 이용해 동적Dynamic 라우팅 EIGRPEnhanced Interior Gateway Routing Protocol를 설정해보자.

여기서 PC1의 설정 값과 라우터의 인터페이스 설정 값은 그대로 이용하기로 하고 동적 라우팅 프로토콜만 설정하기로 한다.

```
[R1]
router eigrp 10                      //동적 라우팅 EIGRP 설정 //
 network 1.1.1.0 0.0.0.255
 network 10.10.10.0 0.0.0.255
 network 192.168.1.0
```

```
no auto-summary
```

[R2]
```
router eigrp 10                          //동적 라우팅 EIGRP 설정 //
 network 2.2.2.0 0.0.0.255
 network 10.10.10.0 0.0.0.255
 no auto-summary
```

[R3]
```
router eigrp 10                          //동적 라우팅 EIGRP 설정 //
 network 3.3.3.0 0.0.0.255
 network 10.10.10.0 0.0.0.255
 no auto-summary
```

[R4]
```
router eigrp 10                          //동적 라우팅 EIGRP 설정 //
 network 4.4.4.0 0.0.0.255
 network 10.10.10.0 0.0.0.255
 network 172.30.45.0 0.0.0.255
 no auto-summary
```

[R5]
```
router eigrp 10                          //동적 라우팅 EIGRP 설정 //
 network 5.5.5.0 0.0.0.255
 network 172.30.45.0 0.0.0.255
 no auto-summary
```

■ **라우터 R1~R5까지 라우팅 테이블, EIGRP 네이버 상태 및 통신 상태 확인**

```
R1#show ip route
     1.0.0.0/24 is subnetted, 1 subnets
C       1.1.1.0 is directly connected, Loopback0
     2.0.0.0/24 is subnetted, 1 subnets
D       2.2.2.0 [90/2297856] via 10.10.10.2, 00:06:06, Serial0/0
     3.0.0.0/24 is subnetted, 1 subnets
D       3.3.3.0 [90/2297856] via 10.10.10.3, 00:05:37, Serial0/0
     4.0.0.0/24 is subnetted, 1 subnets
```

```
D        4.4.4.0 [90/2297856] via 10.10.10.4, 00:05:04, Serial0/0
     5.0.0.0/24 is subnetted, 1 subnets
D        5.5.5.0 [90/2323456] via 10.10.10.4, 00:00:42, Serial0/0
     172.30.0.0/24 is subnetted, 1 subnets
D        172.30.45.0 [90/2195456] via 10.10.10.4, 00:04:58, Serial0/0
     10.0.0.0/24 is subnetted, 1 subnets
C        10.10.10.0 is directly connected, Serial0/0
C        192.168.1.0/24 is directly connected, FastEthernet0/0
```

```
R1#show ip eigrp neighbor
H   Address      Interface   Hold Uptime    SRTT   RTO   Q    Seq
                             (sec)          (ms)         Cnt  Num
2   10.10.10.4   Se0/0       125 00:05:21    24    200   0    15
1   10.10.10.3   Se0/0       146 00:05:55    48    288   0    12
0   10.10.10.2   Se0/0       137 00:06:24    12    200   0    12
```

R1#ping 2.2.2.2	R1#ping 3.3.3.3	R1#ping 4.4.4.4	R1#ping 5.5.5.5
!!!!!	!!!!!	!!!!!	!!!!!

```
R2#show ip route
     1.0.0.0/24 is subnetted, 1 subnets
D        1.1.1.0 [90/2297856] via 10.10.10.1, 00:11:46, Serial0/0
     2.0.0.0/24 is subnetted, 1 subnets
C        2.2.2.0 is directly connected, Loopback0
     3.0.0.0/24 is subnetted, 1 subnets
D        3.3.3.0 [90/2297856] via 10.10.10.3, 00:11:12, Serial0/0
     4.0.0.0/24 is subnetted, 1 subnets
D        4.4.4.0 [90/2297856] via 10.10.10.4, 00:10:38, Serial0/0
     5.0.0.0/24 is subnetted, 1 subnets
D        5.5.5.0 [90/2323456] via 10.10.10.4, 00:06:19, Serial0/0
     172.30.0.0/24 is subnetted, 1 subnets
D        172.30.45.0 [90/2195456] via 10.10.10.4, 00:10:34, Serial0/0
     10.0.0.0/24 is subnetted, 1 subnets
C        10.10.10.0 is directly connected, Serial0/0
D        192.168.1.0/24 [90/2195456] via 10.10.10.1, 00:11:48, Serial0/0
```

```
R2#show ip eigrp neighbor
H   Address       Interface    Hold Uptime     SRTT   RTO    Q     Seq
                               (sec)           (ms)          Cnt   Num
2   10.10.10.4    Se0/0        128 00:10:49     50    300    0     15
1   10.10.10.3    Se0/0        146 00:11:23     88    528    0     12
0   10.10.10.1    Se0/0        134 00:11:57     33    200    0     12
```

R2#ping 1.1.1.1	R2#ping 3.3.3.3	R2#ping 4.4.4.4	R2#ping 5.5.5.5
!!!!!	!!!!!	!!!!!	!!!!!

```
R3#show ip route
1.0.0.0/24 is subnetted, 1 subnets
D       1.1.1.0 [90/2297856] via 10.10.10.1, 00:14:32, Serial0/0
    2.0.0.0/24 is subnetted, 1 subnets
D       2.2.2.0 [90/2297856] via 10.10.10.2, 00:14:33, Serial0/0
    3.0.0.0/24 is subnetted, 1 subnets
C       3.3.3.0 is directly connected, Loopback0
    4.0.0.0/24 is subnetted, 1 subnets
D       4.4.4.0 [90/2297856] via 10.10.10.4, 00:13:59, Serial0/0
    5.0.0.0/24 is subnetted, 1 subnets
D       5.5.5.0 [90/2323456] via 10.10.10.4, 00:09:40, Serial0/0
    172.30.0.0/24 is subnetted, 1 subnets
D       172.30.45.0 [90/2195456] via 10.10.10.4, 00:13:55, Serial0/0
    10.0.0.0/24 is subnetted, 1 subnets
C       10.10.10.0 is directly connected, Serial0/0
D    192.168.1.0/24 [90/2195456] via 10.10.10.1, 00:14:35, Serial0/0


R3#show ip eigrp neighbor
H   Address       Interface    Hold Uptime     SRTT   RTO     Q     Seq
                               (sec)           (ms)           Cnt   Num
2   10.10.10.4    Se0/0        147 00:14:09     57    342     0     15
1   10.10.10.1    Se0/0        146 00:14:43    525   3150     0     12
0   10.10.10.2    Se0/0        162 00:14:43    417   2502     0     12
```

R3#ping 1.1.1.1	R3#ping 2.2.2.2	R3#ping 4.4.4.4	R3#ping 5.5.5.5
!!!!!	!!!!!	!!!!!	!!!!!

```
R4#show ip route
1.0.0.0/24 is subnetted, 1 subnets
D       1.1.1.0 [90/2297856] via 10.10.10.1, 00:15:47, Serial0/0
     2.0.0.0/24 is subnetted, 1 subnets
D       2.2.2.0 [90/2297856] via 10.10.10.2, 00:15:48, Serial0/0
     3.0.0.0/24 is subnetted, 1 subnets
D       3.3.3.0 [90/2297856] via 10.10.10.3, 00:15:48, Serial0/0
     4.0.0.0/24 is subnetted, 1 subnets
C       4.4.4.0 is directly connected, Loopback0
     5.0.0.0/24 is subnetted, 1 subnets
D       5.5.5.0 [90/409600] via 172.30.45.5, 00:11:24, FastEthernet0/0
     172.30.0.0/24 is subnetted, 1 subnets
C       172.30.45.0 is directly connected, FastEthernet0/0
     10.0.0.0/24 is subnetted, 1 subnets
C       10.10.10.0 is directly connected, Serial0/0
D     192.168.1.0/24 [90/2195456] via 10.10.10.1, 00:15:49, Serial0/0

R4#show ip eigrp neighbor
H   Address        Interface    Hold Uptime    SRTT  RTO    Q    Seq
                                (sec)          (ms)         Cnt  Num
3   172.30.45.5    Fa0/0        12 00:11:38    781   4686   0    3
2   10.10.10.2     Se0/0        171 00:16:02   41    246    0    12
1   10.10.10.3     Se0/0        177 00:16:02   88    528    0    12
0   10.10.10.1     Se0/0        155 00:16:02   73    438    0    12
```

R4#ping 1.1.1.1	R4#ping 2.2.2.2	R4#ping 3.3.3.3	R4#ping 5.5.5.5
!!!!!	!!!!!	!!!!!	!!!!!

```
R5#show ip route
1.0.0.0/24 is subnetted, 1 subnets
D       1.1.1.0 [90/2323456] via 172.30.45.4, 00:13:11, FastEthernet0/0
     2.0.0.0/24 is subnetted, 1 subnets
D       2.2.2.0 [90/2323456] via 172.30.45.4, 00:13:11, FastEthernet0/0
     3.0.0.0/24 is subnetted, 1 subnets
D       3.3.3.0 [90/2323456] via 172.30.45.4, 00:13:11, FastEthernet0/0
     4.0.0.0/24 is subnetted, 1 subnets
```

```
D       4.4.4.0 [90/409600] via 172.30.45.4, 00:13:11, FastEthernet0/0
     5.0.0.0/24 is subnetted, 1 subnets
C       5.5.5.0 is directly connected, Loopback0
     172.30.0.0/24 is subnetted, 1 subnets
C       172.30.45.0 is directly connected, FastEthernet0/0
     10.0.0.0/24 is subnetted, 1 subnets
D       10.10.10.0 [90/2195456] via 172.30.45.4, 00:13:14,
FastEthernet0/0
D     192.168.1.0/24 [90/2221056] via 172.30.45.4, 00:13:14,
FastEthernet0/0


R5#show ip eigrp neighbor
IP-EIGRP neighbors for process 10
```

H	Address	Interface	Hold Uptime (sec)	SRTT (ms)	RTO	Q Cnt	Seq Num
0	172.30.45.4	Fa0/0	11 00:13:21	185	1110	0	14

R5#ping 1.1.1.1 !!!!!	R5#ping 2.2.2.2 !!!!!	R5#ping 3.3.3.3 !!!!!	R5#ping 4.4.4.4 !!!!!

나. OSPF

■ OSPF를 이용한 라우팅 구현

그림 5-20 네트워크 토폴로지를 이용한 동적라우팅 OSPF[Open Shortest Path First]를 설정해보자.

여기서는 기존 EIGRP 라우팅 설정 값을 모두 삭제한 후 다음 OSPF 설정 값을 입력해야 한다.

EIGRP 라우팅 설정 값을 한번에 삭제하려면 각 라우터 config 모드에서 no router eigrp 10을 입력하면 된다.

위 명령어를 실행했을 때 다음과 같이 기존의 EIGRP Neighbor 관계는 끊어지는 것을 볼 수 있다.

```
R1(config)#no router eigrp 10
*Mar  5 03:33:26.555: %DUAL-5-NBRCHANGE: IP-EIGRP(0) 10: Neighbor
10.10.10.4 (Serial0/0) is down: interface down
*Mar  5 03:33:26.555: %DUAL-5-NBRCHANGE: IP-EIGRP(0) 10: Neighbor
10.10.10.3 (Serial0/0) is down: interface down
*Mar  5 03:33:26.555: %DUAL-5-NBRCHANGE: IP-EIGRP(0) 10: Neighbor
10.10.10.2 (Serial0/0) is down: interface down
```

PC1은 처음 설정 값을 그대로 유지하면 된다.

```
[R1]
interface Serial0/0
 ip ospf network point-to-multipoint  //Frame-Relay 인터페이스에 OSPF 토폴로지
타입 결정//

router ospf 10                        //동적 라우팅 OSPF 설정//
 router-id 1.1.1.1
 network 1.1.1.0 0.0.0.255 area 0
 network 10.10.10.0 0.0.0.255 area 0
 network 192.168.1.0 0.0.0.255 area 0
```

```
[R2]
interface Serial0/0
 ip ospf network point-to-multipoint  //Frame-Relay 인터페이스에 OSPF 토폴로
지 타입 결정//

router ospf 10                        //동적 라우팅 OSPF 설정//
```

```
router-id 2.2.2.2
network 2.2.2.0 0.0.0.255 area 0
network 10.10.10.0 0.0.0.255 area 0
```

[R3]
interface Serial0/0

ip ospf network point-to-multipoint //Freme-Relay 인터페이스에 OSPF 토폴로지 타입 결정//

```
router ospf 10                       //동적 라우팅 OSPF 설정//
 router-id 3.3.3.3
 network 3.3.3.0 0.0.0.255 area 0
 network 10.10.10.0 0.0.0.255 area 0
```

[R4]
interface Serial0/0

ip ospf network point-to-multipoint //Frame-Relay 인터페이스에 OSPF 토폴로지 타입 결정//

```
router ospf 10                       //동적 라우팅 OSPF 설정//
 router-id 4.4.4.4
 network 4.4.4.0 0.0.0.255 area 0
 network 10.10.10.0 0.0.0.255 area 0
 network 172.30.45.0 0.0.0.255 area 0
```

[R5]
```
router ospf 10                       //동적 라우팅 OSPF 설정//
 router-id 5.5.5.5
 network 5.5.5.0 0.0.0.255 area 0
 network 172.0.0.0 0.0.0.255 area 0
```

■ 라우터 R1~R5까지 라우팅 테이블, OSPF 네이버 및 통신 상태 확인

```
R1#show ip route
1.0.0.0/24 is subnetted, 1 subnets
C       1.1.1.0 is directly connected, Loopback0
     2.0.0.0/32 is subnetted, 1 subnets
O       2.2.2.2 [110/65] via 10.10.10.2, 00:00:04, Serial0/0
     3.0.0.0/32 is subnetted, 1 subnets
O       3.3.3.3 [110/65] via 10.10.10.3, 00:00:04, Serial0/0
     4.0.0.0/32 is subnetted, 1 subnets
O       4.4.4.4 [110/65] via 10.10.10.4, 00:00:04, Serial0/0
     5.0.0.0/32 is subnetted, 1 subnets
O       5.5.5.5 [110/75] via 10.10.10.4, 00:00:04, Serial0/0
     172.30.0.0/24 is subnetted, 1 subnets
O       172.30.45.0 [110/74] via 10.10.10.4, 00:00:06, Serial0/0
     10.0.0.0/24 is subnetted, 1 subnets
C       10.10.10.0 is directly connected, Serial0/0
C    192.168.1.0/24 is directly connected, FastEthernet0/0
```

```
R1#show ip ospf neighbor
Neighbor ID  Pri  State          Dead Time  Address      Interface
2.2.2.2      1    2WAY/DROTHER   00:00:31   10.10.10.2   Serial0/0
3.3.3.3      1    FULL/BDR       00:00:30   10.10.10.3   Serial0/0
4.4.4.4      1    FULL/DR        00:00:31   10.10.10.4   Serial0/0
```

R1#ping 2.2.2.2	R1#ping 3.3.3.3	R1#ping 4.4.4.4	R1#ping 5.5.5.5
!!!!!	!!!!!	!!!!!	!!!!!

```
R2#show ip route
1.0.0.0/32 is subnetted, 1 subnets
O       1.1.1.1 [110/65] via 10.10.10.1, 00:00:18, Serial0/0
     2.0.0.0/24 is subnetted, 1 subnets
C       2.2.2.0 is directly connected, Loopback0
     3.0.0.0/32 is subnetted, 1 subnets
O       3.3.3.3 [110/65] via 10.10.10.3, 00:00:18, Serial0/0
     4.0.0.0/32 is subnetted, 1 subnets
```

```
O        4.4.4.4 [110/65] via 10.10.10.4, 00:00:18, Serial0/0
     5.0.0.0/32 is subnetted, 1 subnets
O        5.5.5.5 [110/75] via 10.10.10.4, 00:00:18, Serial0/0
     172.30.0.0/24 is subnetted, 1 subnets
O        172.30.45.0 [110/74] via 10.10.10.4, 00:00:19, Serial0/0
     10.0.0.0/24 is subnetted, 1 subnets
C        10.10.10.0 is directly connected, Serial0/0
O    192.168.1.0/24 [110/74] via 10.10.10.1, 00:00:19, Serial0/0


R2#show ip ospf neighbor
Neighbor ID  Pri State        Dead Time  Address      Interface
1.1.1.1       1  2WAY/DROTHER  00:00:37   10.10.10.1   Serial0/0
3.3.3.3       1  FULL/BDR      00:00:36   10.10.10.3   Serial0/0
4.4.4.4       1  FULL/DR       00:00:38   10.10.10.4   Serial0/0
```

R2#ping 1.1.1.1	R2#ping 3.3.3.3	R2#ping 4.4.4.4	R2#ping 5.5.5.5
!!!!!	!!!!!	!!!!!	!!!!!

R3#show ip route
```
     1.0.0.0/32 is subnetted, 1 subnets
O        1.1.1.1 [110/65] via 10.10.10.1, 00:00:41, Serial0/0
     2.0.0.0/32 is subnetted, 1 subnets
O        2.2.2.2 [110/65] via 10.10.10.2, 00:00:41, Serial0/0
     3.0.0.0/24 is subnetted, 1 subnets
C        3.3.3.0 is directly connected, Loopback0
     4.0.0.0/32 is subnetted, 1 subnets
O        4.4.4.4 [110/65] via 10.10.10.4, 00:00:41, Serial0/0
     5.0.0.0/32 is subnetted, 1 subnets
O        5.5.5.5 [110/75] via 10.10.10.4, 00:00:41, Serial0/0
     172.30.0.0/24 is subnetted, 1 subnets
O        172.30.45.0 [110/74] via 10.10.10.4, 00:00:43, Serial0/0
     10.0.0.0/24 is subnetted, 1 subnets
C        10.10.10.0 is directly connected, Serial0/0
O    192.168.1.0/24 [110/74] via 10.10.10.1, 00:00:43, Serial0/0


R3#show ip ospf neighbor
```

```
Neighbor ID  Pri  State         Dead Time  Address      Interface
1.1.1.1      1    FULL/DROTHER  00:00:36   10.10.10.1   Serial0/0
2.2.2.2      1    FULL/DROTHER  00:00:36   10.10.10.2   Serial0/0
4.4.4.4      1    FULL/DR       00:00:36   10.10.10.4   Serial0/0
```

R3#ping 1.1.1.1 !!!!!	R3#ping 2.2.2.2 !!!!!	R3#ping 4.4.4.4 !!!!!	R3#ping 5.5.5.5 !!!!!

R4#show ip route

```
1.0.0.0/32 is subnetted, 1 subnets
O      1.1.1.1 [110/65] via 10.10.10.1, 00:00:52, Serial0/0
    2.0.0.0/32 is subnetted, 1 subnets
O      2.2.2.2 [110/65] via 10.10.10.2, 00:00:52, Serial0/0
    3.0.0.0/32 is subnetted, 1 subnets
O      3.3.3.3 [110/65] via 10.10.10.3, 00:00:52, Serial0/0
    4.0.0.0/24 is subnetted, 1 subnets
C      4.4.4.0 is directly connected, Loopback0
    5.0.0.0/32 is subnetted, 1 subnets
O      5.5.5.5 [110/11] via 172.30.45.5, 00:00:52, FastEthernet0/0
    172.30.0.0/24 is subnetted, 1 subnets
C      172.30.45.0 is directly connected, FastEthernet0/0
    10.0.0.0/24 is subnetted, 1 subnets
C      10.10.10.0 is directly connected, Serial0/0
O   192.168.1.0/24 [110/74] via 10.10.10.1, 00:00:55, Serial0/0
```

```
R4#show ip ospf neighbor
Neighbor ID  Pri  State         Dead Time  Address        Interface
5.5.5.5      1    FULL/DR       00:00:37   172.30.45.5    FastEthernet0/0
1.1.1.1      1    FULL/DROTHER  00:00:35   10.10.10.1     Serial0/0
2.2.2.2      1    FULL/DROTHER  00:00:35   10.10.10.2     Serial0/0
3.3.3.3      1    FULL/BDR      00:00:34   10.10.10.3     Serial0/0
```

R4#ping 1.1.1.1 !!!!!	R4#ping 2.2.2.2 !!!!!	R4#ping 3.3.3.3 !!!!!	R4#ping 5.5.5.5 !!!!!

R5#show ip route

```
1.0.0.0/32 is subnetted, 1 subnets
```

```
O        1.1.1.1 [110/75] via 172.30.45.4, 00:00:54, FastEthernet0/0
     2.0.0.0/32 is subnetted, 1 subnets
O        2.2.2.2 [110/75] via 172.30.45.4, 00:00:54, FastEthernet0/0
     3.0.0.0/32 is subnetted, 1 subnets
O        3.3.3.3 [110/75] via 172.30.45.4, 00:00:54, FastEthernet0/0
     4.0.0.0/32 is subnetted, 1 subnets
O        4.4.4.4 [110/11] via 172.30.45.4, 00:00:54, FastEthernet0/0
     5.0.0.0/24 is subnetted, 1 subnets
C        5.5.5.0 is directly connected, Loopback0
     172.30.0.0/24 is subnetted, 1 subnets
C        172.30.45.0 is directly connected, FastEthernet0/0
     10.0.0.0/24 is subnetted, 1 subnets
O        10.10.10.0 [110/74] via 172.30.45.4, 00:00:56, FastEthernet0/0
O     192.168.1.0/24 [110/84] via 172.30.45.4, 00:00:56, FastEthernet0/0


R5#show ip ospf neighbor
Neighbor ID  Pri  State      Dead Time   Address         Interface
4.4.4.4       1   FULL/BDR   00:00:37    172.30.45.4   FastEthernet0/0
```

R5#ping 1.1.1.1	R5#ping 2.2.2.2	R5#ping 3.3.3.3	R5#ping 4.4.4.4
!!!!!	!!!!!	!!!!!	!!!!!

지금까지 정적 라우팅과 동적 라우팅을 설정을 통해 알아봤다. 여기서 강조할 부분은 동적 라우팅을 설정한 후 반드시 이웃 라우터와 네이버Neighbor 관계가 정상적으로 맺어졌는지를 확인해야 한다는 것이다. 이 부분은 6장에서 자세히 다룬다.

3) 정책 라우팅 설정

정적 라우팅과 동적 라우팅에 대해서 특징과 동작 여부를 확인했다.

목적지를 기준으로 하는 기존 라우팅과는 다소 차이가 나지만 출발지나 출발지 목적지 조합으로 라우팅 방향을 결정할 수 있는 정책 라우팅에 대해서 알아보자.

정책 라우팅Policy Based Routing은 기존 라우팅과의 차이로 인해 출발지 라우팅이라는 의미도 가지고 있다. 특정 출발지 IP 주소를 근거로 특정 목적지로 가기 위한 넥스트 홉을 결정하는 것이다.

정책 라우팅을 결정하기 위해서는 ACLAccess List이라는 사전 작업이 필요하다. ACL을 참조로 해 특정 출발지에서 특정 목적지로 데이터가 전달되게 하기 위해 넥스트 홉 IP를 결정하는 것이다.

정책 라우팅이 특이한 점은 라우팅 테이블과는 전혀 관계가 없다는 것이다. 즉, 라우팅 테이블을 참조해 데이터를 전달하는 것이 아니며, 정책에 의해서 트래픽 방향을 결정하는 것이다.

다만, 정책 라우팅에서 정의가 돼 있지 않는 데이터의 전달은 라우팅 테이블을 참조해 트래픽 방향을 결정하게 된다.

■ 라우팅 우선순위

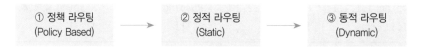

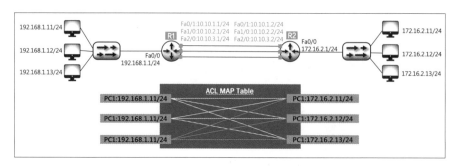

그림 5-22 정책 라우팅 설정

■ 라우팅 설정 방법

① 출발지(Source) IP 주소와 목적지(Destination) IP 주소 Access List 매핑

```
access-list 101 permit ip host 192.168.1.11 host 172.16.2.11
access-list 102 permit ip host 192.168.1.12 host 172.16.2.12
access-list 103 permit ip host 192.168.1.13 host 172.16.2.13
```

② Route Map을 이용한 넥스트 홉[Next-Hop] 지정

```
route-map PBR permit 101
 match ip address 101
 set ip next-hop 10.10.1.2

 route-map PBR permit 102
 match ip address 102
 set ip next-hop 10.10.2.2

 route-map PBR permit 103
 match ip address 103
 set ip next-hop 10.10.3.2
```

③ IP 패킷이 발생하는 인터페이스에 정책 활성화

```
interface FastEthernet0/0
 ip address 192.168.1.1 255.255.255.0
 ip policy route-map PBR
```

■ 라우터 설정 내역

```
[R1]
interface FastEthernet0/0
 ip address 192.168.1.1 255.255.255.0
 ip policy route-map PBR          //③ I/F에 정책 적용//
```

```
interface FastEthernet0/1
 ip address 10.10.1.1 255.255.255.0
interface FastEthernet1/0
 ip address 10.10.2.1 255.255.255.0
interface FastEthernet2/0
 ip address 10.10.3.1 255.255.255.0

router eigrp 100
 network 10.10.0.0 0.0.255.255
 network 192.168.1.0
 no auto-summary

access-list 101 permit ip host 192.168.1.11 host 172.16.2.11 //① ACL 설정//
access-list 102 permit ip host 192.168.1.12 host 172.16.2.12 //① ACL 설정//
access-list 103 permit ip host 192.168.1.13 host 172.16.2.13 //① ACL 설정//

route-map PBR permit 101      //② Route-Map 및 Next-Hop 지정//
 match ip address 101
 set ip next-hop 10.10.1.2

route-map PBR permit 102      //② Route-Map 및 Next-Hop 지정//
 match ip address 102
 set ip next-hop 10.10.2.2

route-map PBR permit 103      //② Route-Map 및 Next-Hop 지정//
 match ip address 103
 set ip next-hop 10.10.3.2
```

[R2]
```
interface FastEthernet0/0
 ip address 172.16.2.1 255.255.255.0
interface FastEthernet0/1
 ip address 10.10.1.2 255.255.255.0
interface FastEthernet1/0
 ip address 10.10.2.2 255.255.255.0
interface FastEthernet2/0
```

```
 ip address 10.10.3.2 255.255.255.0

router eigrp 100
 network 10.10.0.0 0.0.255.255
 network 172.16.2.0 0.0.0.255
 no auto-summary
```

■ 라우터 경로 확인

R1#show ip route
```
      172.16.0.0/24 is subnetted, 1 subnets
D        172.16.2.0 [90/284160] via 10.10.3.2, 00:08:48, FastEthernet2/0
                    [90/284160] via 10.10.2.2, 00:08:48, FastEthernet1/0
      10.0.0.0/24 is subnetted, 3 subnets
C        10.10.1.0 is directly connected, FastEthernet0/1
C        10.10.2.0 is directly connected, FastEthernet1/0
C        10.10.3.0 is directly connected, FastEthernet2/0
C     192.168.1.0/24 is directly connected, FastEthernet0/0
```

R1#show ip cef exact-route 192.168.1.11 172.16.2.11 //실제 트래픽 경로 확인//
```
192.168.1.11    -> 172.16.2.11    : FastEthernet1/0 (next hop 10.10.2.2)
```

R1#show ip cef exact-route 192.168.1.12 172.16.2.12 //실제 트래픽 경로 확인//
```
192.168.1.12    -> 172.16.2.12    : FastEthernet2/0 (next hop 10.10.3.2)
```

R1#show ip cef exact-route 192.168.1.13 172.16.2.13 //실제 트래픽 경로 확인//
```
192.168.1.13    -> 172.16.2.13    : FastEthernet2/0 (next hop 10.10.3.2)
```

접속 타임아웃 설정

네트워크 관리자가 장비 관리를 위해 로그인한 후 일정 시간 동안 입력이 없을 경우에는
자동 세션 타임아웃을 설정해야 한다. 이는 관리자의 자리 비움으로 인한 비인가자의 접근
을 방지하기 위해서다.

■ 네트워크 장비 설정 방법(시스코 장비)

```
… …
line con 0
 access-class PERMIT in
 exec-timeout 1 0          //콘솔 접속 시 timeout 설정//
 privilege level 15
 password 7 134456435A1D152B2A3E32
 logging synchronous
line vty 0 4
 access-class PERMIT in
 exec-timeout 1 0          //텔넷 접속 시 timeout 설정//
 password 7 1158481406130A161E6B6A
 login
… …
```

Timestamp 로그 설정

네트워크 장비에서 로그가 발생했을 때 타임 정보가 없다면 발생 시기 등과 같은 정보를
자세히 알 수 없으므로 장애나 침해 상황을 정확히 분석할 수 없다.
로그 발생 시 타임 정보를 함께 보여주면 정확한 로그 분석을 할 수 있다.

■ 네트워크 장비 설정 방법(시스코 장비)

```
R4#configure terminal
R4(config)#service timestamps log datetime msec localtime show-timezone
```

DDoS 공격 중 Smurf 공격 차단 설정

네트워크 장비의 기능 중 브로드캐스트 데이터를 하나의 네트워크에서 다른 네트워크 대역으로 전송을 가능하게 하는 Directed Broadcast 기능을 지원한다.

브로드캐스트 데이터는 DDoS 공격 일종인 Smurf 공격에 주로 이용되는 방식으로, 공격목적지까지 도달하려면 유니캐스트(Unicast) 방식으로 전송되다가 Directed Broadcast 기능이 활성화된 마지막 라우터를 통과하는 순간, 브로드캐스트로 데이터를 전송하게 된다.

브로드캐스트를 이용한 Smurf 공격은 동일 브로드캐스트 대역의 네트워크에 많은 패킷을 흘림으로써 지연을 발생시켜 서비스에 지장을 초래할 수 있다.

Ping 패킷을 보낼 때 브로드캐스트성 데이터를 보낸다(예: #ping 192.168.10.255). 해당 네트워크에 연결된 호스트는 모드 응답을 할 것이다.

■ 네트워크 장비 차단 설정(ICMP) 및 Directed Broadcast 기능 비활성화 (시스코 사 장비)

• Broadcast ping 결과

```
R1#ping 192.168.10.255
Reply to request 0 from 192.168.10.2, 72 ms
Reply to request 0 from 192.168.10.4, 96 ms
Reply to request 0 from 192.168.10.3, 92 ms
Reply to request 1 from 192.168.10.2, 44 ms
Reply to request 1 from 192.168.10.4, 64 ms
Reply to request 1 from 192.168.10.3, 56 ms
Reply to request 2 from 192.168.10.2, 48 ms
Reply to request 2 from 192.168.10.4, 88 ms
Reply to request 2 from 192.168.10.3, 80 ms
Reply to request 3 from 192.168.10.2, 36 ms
Reply to request 3 from 192.168.10.4, 60 ms
Reply to request 3 from 192.168.10.3, 60 ms
Reply to request 4 from 192.168.10.3, 60 ms
Reply to request 4 from 192.168.10.4, 104 ms
Reply to request 4 from 192.168.10.2, 72 ms
```

- 액세스 리스트를 이용한 Broadcast ping 차단 설정

```
R1#config terminal
R1(config)#access-list 100 deny icmp any host 192.168.10.255
R1(config)#access-list 100 deny icmp any host 192.168.10.0
R1(config)#interface FastEthernet0/0
R1(config-if)#ip access-group 100 out
```

- Directed Broadcast 기능 비활성화

```
R1#config terminal
R1(config)#interface FastEthernet0/0
R1(config-if)#no ip directed-broadcast
```

라우팅 프로토콜

1. 라우팅 경로 설정

라우팅 경로 정보는 정적 및 동적 라우팅 프로토콜에 의해 결정된다. 정적 라우팅 경로는 사용자가 임의로 결정할 수 있지만, 동적 라우팅 경로는 라우팅 프로토콜의 자체 알고리즘에 의해 결정된다.

라우팅 경로에 대한 정보는 라우팅 테이블에 기록되며, 라우팅 테이블에는 목적지 주소와 목적지 주소로 패킷을 전달하기 위한 경유지(Gateway or Next Hop)가 입력된다. 라우팅 테이블에 나타나는 라우팅 경로는 목적지 주소로 패킷을 전달하는 최적의 경로가 된다.

라우팅 테이블 생성 절차

① 라우팅 프로토콜에 의해 목적지로 가는 경로가 결정된다.

② 수집된 다양한 경로 정보 중 최적의 경로를 결정한다.

③ 목적지로 가는 최적의 경로에 대한 경유지를 설정함으로써 라우팅 테이블이 완성된다.

1) 정적 라우팅

목적지로 가는 경유지 정보를 수동으로 설정한다. 새로운 경로가 생길 때마다 목적지로 가는 경유지 정보를 수동으로 일일이 설정해야 한다.

- 소규모망에서는 쉽게 사용할 수 있음
- 많은 라우터와 다양한 경로가 존재할 경우에는 목적지마다 설정 작업을 해줘야 하며, 최적 경로에 장애가 발생했을 때는 백업 경로에 대한 대안이 동적 라우팅에 비해 약하다. 다만, 정적 경로를 설정할 때 우회경로가 존재한다면 정적 경로에 대한 가중치를 부여함으로써 백업경로를 마련할 수도 있지만 일일이 정적 경로에 대한 백업경로를 수동으로 설정한다는 것은 매우 번거로운 작업이 될 수 있다.
- 정적 라우팅 프로토콜: Static

2) 동적 라우팅

목적지로 가는 경유지 정보를 동적 라우팅 프로토콜의 자체 알고리즘을 이용해 자동으로 이웃 라우터나 경유지 장비에서 받아온다. 새로운 경로가 생길 때마다 별도의 경유지 정보를 설정할 필요가 없고, 경로가 자동으로 만들어진다. 다양한 경로가 존재하는 네트워크상에서는 일반적으로 정적 라우팅보다 동적 라우팅이 사용된다.

- 목적지로 가는 다양한 경로가 존재할 경우, 최적의 경로가 라우팅 테이블에 등록된다. 등록된 최적의 경로에 장애가 발생할 경우, 차선의 경로로 자동 전환이 가능하다.
- 동적 라우팅 프로토콜: IGRP, EIGRP, OSPF, RIPv1, RIPv2, IS-IS, BGP 등

여기서는 동적 라우팅 프로토콜로 가장 많이 사용되는 EIGRP, OSPF, BGP에 대해 다룰 것이며, 실습도 병행해 이해도를 높이고자 한다.

2. EIGRP

1) EIGRP 특징

가) 시스코 사의 장비에 특화된 라우팅 프로토콜이다(2016년 4월까지).

※ EIGRP 프로토콜은 CISCO사 전용 라우팅 프로토콜로 타 벤더와 호환성이 떨어졌으나, 2016년 5월 EIGRP 라우팅 프로토콜은 RFC 7868 문서가 공개됐으며, 호환성이 떨어진다는 단점은 사라졌다(출처: https://tools.ietf.org/html/rfc7868#page-41).

RFC 7868   Cisco's EIGRP   May 2016

5.5.4. Coefficient K6

K6 has been introduced with Wide Metric support and is used to allow for Extended Attributes, which can be used to reflect in a higher aggregate metric than those having lower energy usage. Currently there are two Extended Attributes, Jitter and energy, defined in the scope of this document.

5.5.4.1. Jitter

Use of Jitter-based Path Selection results in a path calculation with the lowest reported Jitter. Jitter is reported as the interval between the longest and shortest packet delivery and is expressed in microseconds. Higher values result in a higher aggregate metric when compared to those having lower Jitter calculations.

Jitter is measured in microseconds and is accumulated along the path, with each hop using an averaged 3-second period to smooth out the metric change rate.

Presently, EIGRP does not have the ability to measure Jitter, and, as such, the default value will be zero (0). Performance-based solutions such as PfR could be used to populate this field.

5.5.4.2. Energy

Use of Energy-based Path Selection results in paths with the lowest energy usage being selected in a loop-free and deterministic manner. The amount of energy used is accumulative and has results in a higher aggregate metric than those having lower energy.

Presently, EIGRP does not report energy usage, and as such the default value will be zero (0).

5.6. EIGRP Metric Calculations

5.6.1. Classic Metrics

The composite metric is based on bandwidth, delay, load, and reliability. MTU is not an attribute for calculating the composite metric, but carried in the vector metrics.

One of the original goals of EIGRP was to offer and enhance routing solutions for IGRP. To achieve this, EIGRP used the same composite metric as IGRP, with the terms multiplied by 256 to change the metric from 24 bits to 32 bits.

- EIGRP^{Enhanced Interior Gateway Routing Protocol}의 경우는 표준이 아닌 시스코 장비에마 적용되는 라우팅 프로토콜이지만(~2016년 4월까지) 시스코 네트워크 장비를 전 세계적으로 가장 많이 사용하고 있으며, 시스코 사의 제품을 가장 많이 사용하는 이유도 EIGRP 프로토콜의 장점 때문이다. 또한 이는 네트워크 관련 업무를 하는 사람들은 반드시 알아야 하는 프로토콜이기도 하다(2014년 5월부

터 RFC 7868 표준이 됨).

- 시스코 사 자체적으로도 IT 전문가 자격증을 보유하고 있으며(CCNA, CCNP, CCIE, CCDE 등) 이러한 자격증은 IT 기업에서는 어디서나 네트워크 기술에 대한 전문성을 인정을 해주고 있는 실정이다.

나) 어드벤스드 디스턴스 벡터Advanced Distanced Vector 라우팅 프로토콜

- 라우팅 정보 업데이트 시 처음에는 전체적으로 업데이트된 후 라우팅에 대한 변경 이슈가 발생할 때만 부분적으로 업데이트되는 Incremental Update(Partial Update), Triggered Update를 지원한다.
- 라우팅 프로토콜의 종류에는 RIPv2, EIGRP, BGP가 있다.
- Classless: 세분화된 네트워크 마스킹(Subnet Mask)의 전달로 네트워크 주소의 효율적 사용이 가능하다.
- VLSMVariable Length Subnet Mask을 지원한다.

 전통적인 디스턴스 벡터(Traditional Distance Vector) 라우팅 프로토콜

- 라우팅 업데이트: 주기적으로 라우팅 전체 정보를 업데이트
  - Periodic Full Update, Entire Update
- 라우팅 프로토콜 종류: RIP, IGRP(현재 사용하지 않음)
- Classful: 서브넷 마스크(Subnet Mask)를 전달하지 않고 슈퍼 네트워크(Super Network)만 지원하며, 자동 요약(Summary) 기능으로 네트워크 주소 사용에 있어 비효율적이다.
- FLSM(Fixed Length Subnet Mask) 지원

■ Classless 서브넷의 특성

- 불연속 네트워크 주소 지원(Discontiguous 네트워크)

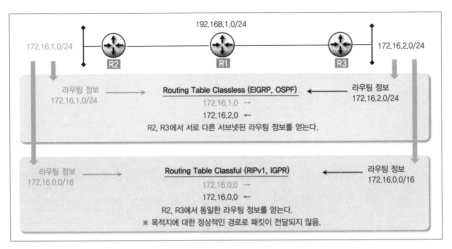

그림 6-1 Classless vs Classful 네트워크 마스크 특징

- 네트워크 주소의 요약Summarization을 매뉴얼하게 설정할 수 있다.
  - auto summery, no auto summery 기능을 지원한다.
- 유연한 네트워크 설계가 가능하다Flexible Network Design.
  - OSPF, IS-IS의 경우에는 링크 상태Link-State의 라우팅 프로토콜로 Area라는 영역으로 계층적으로 구분되는 구조로 EIGRP와 같은 디스턴스 벡터라우팅 프로토콜에 비해서 구조가 다소 복잡하다.
- 프로토콜 Health Check 수단으로는 멀티캐스트Multicast 224.0.0.10을 사용한다.
  - Ripv2: 멀티캐스트 224.0.0.9
  - OSPF: 멀티캐스트 224.0.0.5, 6
  - Ripv1: 브로드캐스트(Broadcast)
  - BGP: 유니캐스트(Unicast)
- 라우팅 경로 설정을 위한 DUALDiffusing Update Algorithm을 사용한다.
  - 기본 원칙으로 Loop Free를 보장함으로써 최적의 경로를 선출한다.
- Equal-Cost & Unequal-Cost Pathways Load Balancing을 지원한다.
  - Unequal-Cost 부하 분산은 EIGRP의 고유한 특징으로 부하 분산을 효과

204

적으로 지원한다.

- Multiple Network Layer Protocol 지원
  - TLV^{Type Length Value}의 특성을 이용해 Type을 지정하면 그에 맞는 값^{Value}을 실을 수 있다(단, OSPF 경우는 IP 환경에서만 동작).

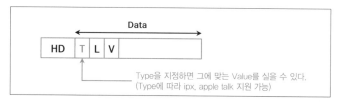

그림 6-2 EIGRP TLV 특징

  - EIGRP는 IPv6를 지원하기 위해 타입^{Type}에 IPv6 타입을 지정한다. 그러나 OSPF의 경우에는 버전 자체가 변경돼야 지원할 수 있다(버전2 → 버전3). 즉, EIGRP의 장점은 현재 프로토콜의 특성을 유지하면서 지원할 수 있다는 것이다.

> Support for Multiple Network-Layer(ipx, apple-talk, IPv4, IPv6) Protocols
> ※ TLV를 가지고 있는 유사 프로토콜: BGP, IS-IS

다) 헬로 패킷^{Hello Packet}의 역할

- EIGRP가 자신과 연결된 인접 라우터인 네이버 라우터를 통해 라우팅 정보를 discovery/Recovery하는 과정을 수행하는 역할을 한다.
- 업데이트 주기는 기본 5초(또는 시리얼 인터페이스와 같이 네트워크 대역폭이 작은 경우에는 60초)이며, 주기적으로 네이버 간에 주고받음으로써 인접 라우터와 네이버 관계를 유지한다.
- 업데이트 주기의 3배(15초 또는 180초) 동안 응답을 받지 못할 경우 인접 네이버 라우터가 다운된 것으로 간주하고 네이버와의 관계를 끊는다.

라) RTP Reliable Transport Protocol**로 신뢰성 있는 동작을 지원한다.**

- 정보를 주고받을 때 상대방이 받았는지 확인한 후에 다음 동작을 수행하며, 받지 못했을 경우에는 재전송하는 기능을 제공한다.
- ACK Packet을 사용해 신뢰성 있는 동작을 지원한다.

마) DUAL finite-state MAChine: 주어진 동작 방식에 한해 반복적인 동작을 지원한다.

- 목적지로 가는 경로의 메트릭이 가장 작은 경로Select lowest-cost를 선택한다.

바) PDM Protocol Dependent Module**을 지원한다.**

- IP, IPX, Appletalk, Novell Netware Protocol을 지원하는 모듈Module을 가지고 있다.
- TLVType Length Value Format으로 인해 가능

2) EIGRP 동작

네이버(Neighbor) 테이블	토폴로지(Topology) 테이블	라우팅(Routing) 테이블
• EIGRP 정보를 주고받은 라우터(스위치) • 직접 연결돼 있음 　－ Adjacency • Hello Packet 　－ 네이버(Neighbor)를 찾거나 보관하거나 유지하는 역할	• 네이버를 통해 배운 모든 정보를 보관 • 각각의 목적지로 갈 수 있는 가능한 모든 경로를 보여준다. • 목적지로 가는 모든 정보 FD, AD를 가지고 있다.	• 목적지로 가는 최적의 경로 • The Best Route for Destination • 최종 패킷 전송(Packet Forwarding)에 사용

3) DUAL

DUAL^{Diffusing Update Algorithm}은 EIGRP의 라우팅 경로를 산출하는 기본 알고리즘이다. DUAL의 가장 큰 특징은 루프가 발생하지 않는 다양한 경로를 산출한 후 최적의 경로를 라우팅 테이블에 등록하는 것이다.

- DUAL의 동작 원리와 특징에 대해 알아보자.
- 개개의 목적지로 가는 경로 중 루프^{Loop}가 발생하지 않는 경로를 각 목적지로 가는 라우팅 경로로 선택한다.
- 라우팅 경로로 선택된 경로 중 각 목적지로 향하는 최적 경로[1]인 가장 메트릭 (Metric=Cost)이 작은 경로를 선택해 이용할 수 있도록 해준다.

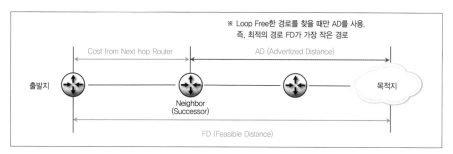

그림 6-3 EIGRP DUAL Loop Free 특성을 이용한 경로 선출

---

1 최적 경로는 목적지로 가는 모든 라우팅 경로가 등록되는 토폴로지 테이블에서 가장 메트릭이 작은 경로가 최적의 경로 이며 이 경로가 라우팅 테이블에 등록된다.

EIGRP 라우팅 경로 산출을 위한 용어 정의

- **AD(Advertized Distance)**
  - 목적지까지의 거리를 알려주는 네이버(neighbor 또는 Next-Hop)로부터 목적지 까지의 거리
  - EIGRP에서 루프가 없는 조건을 만들기 위해 AD가 사용된다.

- **FD(Feasible Distance): EIGRP Metric**
  - 출발지부터 목적지까지 거리(Cost from Next-hop Router + AD)

- **Successor**
  - 루프(Loop) 없이 목적지까지 가는 가장 좋은 경로를 알려준 네이버(Neighbor, Next-Hop) 라우터
  - 토폴로지 테이블(Topology Table)에서 Successor 라우터의 경로가 라우팅 테 이블(Routing Table)에 등록된다.
  - 루프가 없으며 가장 작은 Cost를 가진 경유지(Next Hop) 라우터(FD가 작은 것 이 된다.)

- **Feasible Successor**
  - 루프가 없으며 두 번째로 좋은 경로를 가진 네이버(Neighbor)
  - FD가 두 번째로 작은 네이버
  - 있을 수도 있고, 없을 수도 있다(없을 경우: 목적지까지의 경로가 1개뿐인 경우, 2 개가 있지만 1개의 경로에 루프가 있는 경우)

EIGRP 라우팅 테이블 및 토폴로지 테이블에서 AD와 FD를 확인해보자.

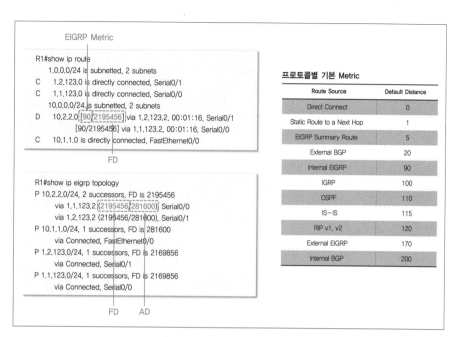

그림 6-4 EIGRP 토폴로지 테이블 & 라우팅 테이블

루프가 없는(Loop Free) 조건

- 출발지에서 AD ﹤ Successor FD = Feasible Successor AD ﹤ Successor FD

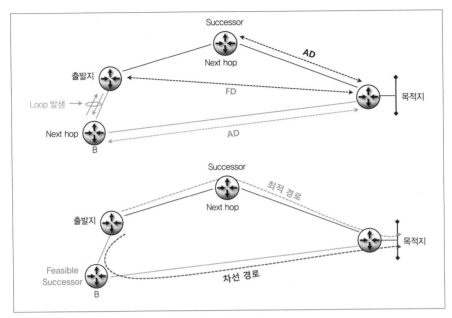

그림 6-5 EIGRP Loop Free 이용 경로 설정

그림 6-5에서 루프가 발생하는 조건은 출발지에서 목적지까지 최적 경로를 나타내는 출발지에서 본 AD가 FD보다 큰 라우터B를 Successor로 판단하고 라우터B로 패킷을 보냈다면 라우터B 입장에서 목적지까지 최적 경로는 출발지 라우터를 Successor라고 판단하고 패킷을 출발지 라우터로 다시 보내게 되는 패킷 전송상 루프 현상이 발생한다.

EIGRP에서 사용되는 DUAL 알고리즘은 반드시 FD가 AD보다 크다는 조건을 지킴으로써 패킷 전송상 루프가 발생하지 않는 라우팅 경로를 산출하게 된다. 이러한 루프가 없는 경로를 찾아 라우팅 토폴로지에 등록한 후 그 중 최적의 경로를 찾아 라우팅 테이블에 등록한다. 여기서 알 수 있는 것은 최적의 경로를 결정하기 위해 목적지까지 가는 경유지Next Hop는 출발지보다는 목적지에 좀 더 가까운 곳에 있어야 한다는 것이다.

최적의 경로를 결정하는 Successor가 있다면 루프가 없는 두 번째 최적의 경로를 만들어주는 Feasible Successor도 있으며 그림 6-5에서 보듯이 Feasible Successor
는 있을 수도 있고, 차선의 경로가 없다면 없을 수 있다.

EIGRP 네이버 테이블	EIGRP 토폴로지 테이블
• EIGRP가 동작하고 있는 네이버에 대한 정보 • 직접 연결(Directly connect) • 인접 라우터(Adjacency)	• 네이버에서 배운 모든 정보가 포함됨 • 동일한 목적지에 대해 여러 가지 경로 정보가 있을 수 있음 • FD: 최적 경로 → Successor 결정, 차선 경로 → Feasible Successor 결정 • AD: Loop Free를 보장하는 요소

EIGRP 라우팅 프로토콜을 이용해 최적의 경로를 선출하는 과정에는 네이버 테이블,
토폴로지 테이블을 생성해 마지막으로 최적의 경로만 등록되는 라우팅 테이블이 만
들어진다.

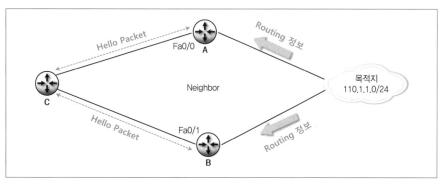

그림 6-6 EIGRP 라우팅 정보 선출

그림 6-6은 네트워크 토폴로지를 바탕으로 EIGRP 라우팅 경로 설정 과정을 보여준
다. 라우팅 테이블에 등록될 최적의 경로를 선출하기 위한 스탭별 처리 과정을 다음
에서 보여준다.

최초의 과정은 이웃^{Adjacency} 라우터를 통해 네이버^{Neighbor} 정보를 받고, 받은 정보에
포함된 라우팅 정보를 바탕으로 토폴로지 테이블이 생성되며 여기서 최적의 경로를

선출해 라우팅 테이블에 등록한다.

Step 1: 네이버 테이블	
경유지(Next Hop) 라우터	인터페이스(Interface)
라우터 A	FastEthernet 0/0
라우터 B	FastEthernet0/1

Step 2: 토폴로지 테이블			
네트워크	FD(Feasible Distance)	AD(Advertized Distance)	네이버
110.1.1.0/24	2000	1000	라우터 A
110.1.1.0/24	2500	1500	라우터 B

Step 3: 라우팅 테이블			
네트워크	FD(Feasible Distance)	AD(Advertized Distance)	네이버
110.1.1.0.24	2000	1000	라우터 A

4) EIGRP 패킷 프로세스

EIGRP 패킷 프로세스에는 다양한 종류가 있으며, 네이버 간 관계 형성, 유지, 정보 교환 및 업데이트 처리를 한다.

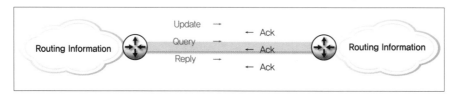

그림 6-7 EIGRP 패킷 프로세싱

■ EIGRP 패킷의 동작 내용

표 6-1 EIGRP 패킷 종류별 동작 내용

패킷의 종류	상세 동작 내용
Hello	• 네이버 관계 형성, 유지, 주기적인 Health Check
Update	• 네이버 간 최초 전체 정보 교환, 이후 Triggered 업데이트
Query, Reply	• Successor가 Down되고 Feasible Successor가 없을 경우 네이버에 Query 패킷(Packet)을 전송한다. 즉, 차선의 경로로 대신할 수 있는 정보를 네이버에 물어보는 과정으로 Query와 Reply로 네이버와 패킷을 교환한다.
ACK	• Update, Query, Reply에서만 동작한다. • Update, Query, Reply는 네이버 간에 주고받는 패킷을 정상적으로 받았는지 요구하는 패킷이다. 주기적으로 교환되는 패킷이 아니라 필요할 때마다 교환되는 패킷이다. ※ 단, Hello 패킷은 주기적으로 동작하기 때문에 Ack가 발생하지 않는다(Hello 패킷은 주기적으로 주고받으므로 신뢰성이 보장된다).

■ EIGRP 초기 경로 회복

EIGRP 라우팅 테이블을 생성하는 과정에서 최초 네이버 테이블, EIGRP 패킷 교환 과정과 토폴로지 테이블 및 최종적으로 라우팅 테이블이 만들어지는 과정을 그림 6-8을 통해 확인해보자.

- EIGRP가 동작하는 라우터는 네트워크 명령어를 통해 EIGRP가 선언되면 그 네트워크에 포함된 인터페이스에서 Hello 패킷(224.0.0.10)을 보낸다.

- 네이버 등록을 위해 Hello 패킷으로부터 AS#, K-value를 확인한 후, 일치할 경우에 네이버 관계가 형성되고 네이버 테이블에 등록된다.

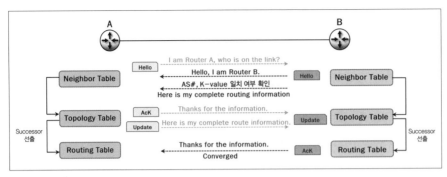

그림 6-8 EIGRP 초기 라우팅 경로 결정 과정

5) EIGRP 메트릭

EIGRP 경로를 결정하는 메트릭Metric 요소로는 대역폭Bandwidth, 지연도Delay, 신뢰성
Reliability, 부하도Load Utilization 및 MTUMaximum Transmission Unit가 있다. 다섯 가지 다른 메
트릭 요소가 있지만 실제로 최적의 경로를 결정하는 데 사용되는 요소는 대역폭과
지연도로 최적의 경로를 선출해 라우팅 테이블에 등록한다. 이 밖에 각 요소에 할당
되는 K값Vlaue도 있다. 표 6-2는 일반적으로 EIGRP 메트릭에 대한 K값을 할당하는
경우다.

표 6-2 EIGRP 메트릭

EIGRP 메트릭	기본 값	K값(K value)
대역폭(Bandwidth)	–	K1 = 1
지연도(Delay)	–	K2 = 1
신뢰성(Reliability)	255	K3 = 0
부하도(Load Utilization)	1	K4 = 0
MTU	1500(Ethernet 패킷 기본 값)	K5 = 0

EIGRP 메트릭을 고려한 라우팅 경로에는 출발지에서 목적지까지 다양한 대역폭을 가
진 경로가 있을 것이다. 그러나 EIGRP 대역폭에서 라우팅 경로를 결정하는 데 가장

큰 영향을 미치는 대역폭은 출발지와 목적지 사이의 경로상에 있는 가장 작은 대역폭
이다. 그림 6-9를 이용해 EIGRP 메트릭 산출 방법에 대해 알아보자.

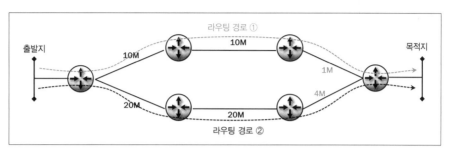

그림 6-9 EIGRP 경로 결정 메트릭(대역폭)

라우팅 경로 ①에서 대역폭 1M가 라우팅 경로를 결정하는 데 가장 큰 의미가 있고,
라우팅 경로 ②에서는 대역폭 4M가 해당 라우팅 경로에서 가장 큰 의미가 있다.

대역폭을 이용한 EIGRP 메트릭 계산법은 현재 거의 사용되지 않지만 IGRP라는 라
우팅 프로토콜에서 찾을 수 있다.

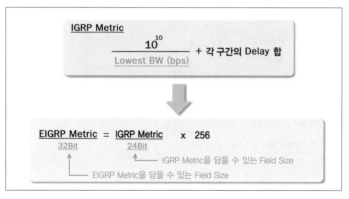

그림 6-10 EIGRP 메트릭 계산

그림 6-10을 보면 EIGRP 메트릭을 구하는 공식에서 알 수 있듯이 출발지와 목적
지까지의 구간별 대역폭 중 가장 작은 대역폭이 메트릭을 결정하는 중요한 요소가
된다.

- 기본적인 K 값(신뢰도, 부하도, MTU)이 고려되지 않은 상태에서 EIGRP 메트릭은 대역폭과 지연율을 더한 것과 같은 의미를 가진다.

  EIGRP 메트릭(Metric) = **대역폭**(Bandwidth) + **지연율**(Delay)

EIGRP에서 K값은 매우 중요하다. 그림 6-8에서도 알 수 있듯이 EIGRP가 네이버 관계를 정상적으로 맺기 위해서는 반드시 K값이 같아야 한다. K값은 임의로 변경할 수 있다.

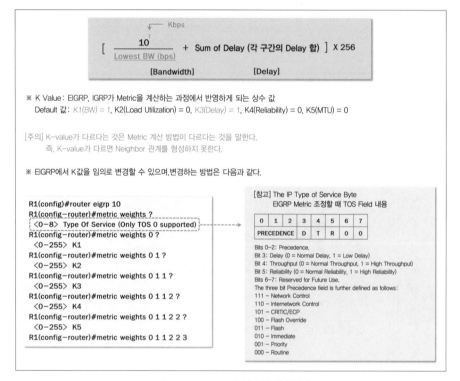

그림 6-11 EIGRP K값 의미 및 설정 방법

지금까지 EIGRP 프로토콜로 라우팅 테이블을 등록하기 위한 메트릭 계산 공식을 알아봤다. 다음은 출발지에서 목적지까지 여러 가지 경로를 가지고 있는 네트워크 토폴로지에 대한 EIGRP 메트릭을 계산해보자.

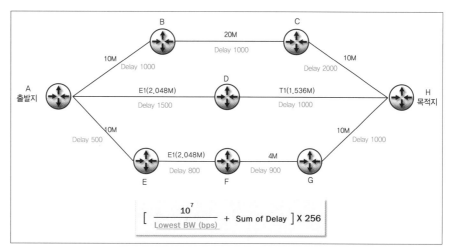

$$\left[\frac{10^7}{\text{Lowest BW (bps)}} + \text{Sum of Delay} \right] \times 256$$

그림 6-12 EIGRP 메트릭 이용 최적 경로 선정

출발지A에서 목적지H까지 가는 라우팅 경로별 메트릭 값의 계산 결과를 살펴보면, 첫 번째 경로의 메트릭 값은 1,280,000으로 세 경로 중 가장 작은 메트릭 값을 가지고 있으므로 최적의 경로로 선정돼 라우팅 테이블에 등록된다. 그리고 나머지 두 번째, 세 번째 경로는 토폴로지 테이블에 등록된다.

- 첫 번째 경로(A → B → C → H) Metric

  (10,000,000/10,000) × 256 + (1,000 + 1,000 + 2,000) × 256 = 1,280,000

  → 최적 경로로 라우팅 테이블에 등록
- 두 번째 경로(A → D → H) Metric

  (10,000,000/1,536) × 256 + (1,500 + 1,000) × 256 = 2,306,667
- 첫 번째 경로(A → E → F → G → H) 메트릭

  (10,000,000/2,048) × 256 + (500 + 800 + 900 + 1,000) × 256 = 2,069,200

위에서 보듯이 Distance Vector Protocol인 EIGRP는 인접한 라우터에서 라우팅 정보를 수신해서 목적지로 가는 경로의 상태 정보(Link 정보)를 어떻게 계산해 보여주는가를 알려준다.

EIGRP 메트릭은 대역폭Bandwidth과 지연율Delay 정보를 전달하면서 메트릭을 계산한다. 대역폭과 지연율 정보를 넘겨줄 때 대역폭의 경우에는 경로상에 있는 대역폭을 비교해 가장 작은 대역폭을 취하며, 지연율의 경우에는 경로상에 있는 모든 지연율의 값을 더한 누적값을 전달한다.

6) EIGRP 메트릭의 종류

- 벡터 메트릭Vector Metric: 라우터와 라우터 간 전파되는 메트릭
  자신과 인접한 네이버에서 전달 받은 대역폭은 자신의 대역폭과 비교한 후 작은 대역폭을 반영해 결정하며, 지연율 정보는 목적지까지 경유하는 링크의 지연률 값을 더한 값이다.
- 컴포지트 메트릭Composite Metric: 네이버로 전파되지 않는 메트릭
  대역폭, 지연율을 이용해 구한 메트릭, 즉 해당 라우터에서 계산된 메트릭Metric 값은 네이버로 전달하지 않는다.

EIGRP 프로토콜은 메트릭을 계산할 때 네이버 관계에 있는 이웃(Adjacency) 라우터가 가지고 있는 경로 상태 정보만 참조한다. 반면, 뒤에서 배울 OSPF는 네트워크 토폴로지에 있는 모든 경로에 대한 상태 정보를 참조한다. OSPF는 뒤에서 자세히 배우도록 하자.

7) EIGRP 설정

■ EIGRP 동작

- EIGRP 프로토콜이 적용되는 AS 번호 지정: Router(config)#router eigrp 100

```
Router(config)#router eigrp [AS number]   //1~65355//
Router(config-router)#network [network] [wildcard mask]
```

- AS 번호: K값과 함께 동일한 AS 번호를 가져야만 EIGRP 네이버 형성 가능
- 네트워크 설정 방법
  - 해당 프로토콜이 동작하는 I/F 지정
  - 해당 EIGRP로 광고할 네트워크 지정
- no auto summary(classless 지원)

```
network 10.0.0.0            → 10.에 포함된 I/F 동작
        (Super Network)
network 10.1.1.0 0.0.0.255  → 서브넷된 네트워크 광고
no auto summary             → 위 서브넷된 네트워크 광고를 가능하게 함
```

여기서 중요한 부분은 **no auto summary**가 있을 때와 없을 때 차이가 크다는 것이다.

만약 no auto summary를 선언하지 않았을 경우 위 두 네트워크 선언(10.0.0.0, 10.1.1.0 0.0.0.255)은 10.0.0.0/8로 하나의 네트워크로 인식하고 광고하게 된다. 즉 Subnetwork를 인식 못하고 Supernetwork만 인식한다는 것이다.

※ Supernetwork: A, B, C Class에 대표적인 주소 대역(표 3-1 네트워크 클래스 체계 참조)

- A Class: 1.0.0.0/8 ~ 127.0.0.0/8
- B Class: 128.xxx.0.0/16 ~ 192.xxx.0.0/16
- C Class: 192.xxx.xxx.0/24 ~ 223.xxx.xxx.0/24

■ EIGRP 네트워크 명령어의 의미

- 자신이 가지고 있는 인터페이스에 EIGRP 동작(Directly Connected)
- 자신이 광고하고자 하는 네트워크에 EIGRP 동작
- Super Network 지정 또는 Wildcard Mask를 이용해 상세 네트워크Subnetwork를 구분해 설정한다.

  단, Subnetwork를 광고하기 위해서는 no auto summary 적용이 필요하다.

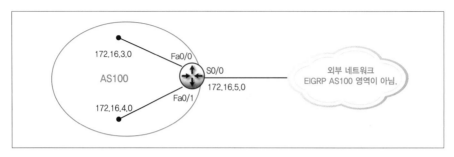

그림 6-13 EIGRP 라우팅 프로토콜 설정

■ EIGRP 선언

표 6-3 EIGRP 네트워크 선언

Super Network 지정 선언	Wildcard Mask 지정 선언
Router eigrp 100 　network 172.16.0.0 해당 라우터에서 B Class Super Network 선언	Router eigrp 100 　network 172.16.3.0 0.0.0.255 　network 172.16.4.0 0.0.0.255 　no auto summary
Router eigrp 100 　network 172.16.3.0 0.0.0.255 　network 172.16.4.0 0.0.0.255 　network 172.16.5.0 0.0.0.255 　no auto summary 3개 network 모두를 선언할 때와 같은 효과	해당 라우터에서 Subnet 각각 선언할 때 FastEthernet 0/0 : 172.16.4.0 FastEthernet 0/1 : 172.16.5.0 Serial Interface 0/0 네트워크를 제외한 2개의 Class network를 선언할 필요가 있을 경우에는 wildcard mask를 사용한다. ※ no auto summary 반드시 설정해야 한다.

지금까지 EIGRP 라우팅 프로토콜에 대한 기본적인 개념 및 설정 방법에 대해 알아봤다. 이번에는 EIGRP를 이용해 기본 라우팅Default Routing 정보를 전달하는 방법을 실습해보자.

라우터의 기본 라우팅 설정에서 가장 간단한 방법은 정적 라우팅을 이용해 설정하는 것이다. 정적 경로를 사용한다면 모든 라우터에서 매번 기본 라우팅을 설정해야 하는 번거로움이 있다. 이러한 번거로움을 해결하기 위해서 기본 라우팅 정보를 EIGRP 네이버를 통해 받음으로써 별도의 기본 라우팅 설정 없이 최종 경로는 기본 라우팅을 가지고 있는 네이버 라우터가 경유지 라우터로 결정돼 패킷 전달을 가능하게 한다.

그림 6-14 EIGRP 기본 라우팅 전달 구성

■ **설정 방법 1(R2에 적용)**

```
router eigrp 10
 network 0.0.0.0
 ip route 0.0.0.0 0.0.0.0 [해당 인터페이스]
```

● 라우터(R1~R3) 설정 값

```
[R1]
interface Loopback0
 ip address 10.1.1.1 255.255.255.0
interface FastEthernet0/0
 ip address 1.1.12.1 255.255.255.0

router eigrp 10
 network 1.1.12.0 0.0.0.255
 network 10.1.1.0 0.0.0.255
 no auto-summary
```

```
[R2]
interface FastEthernet0/0
 ip address 1.1.12.2 255.255.255.0
interface FastEthernet0/1
 ip address 1.1.23.2 255.255.255.0

router eigrp 10
```

```
 network 1.1.12.0 0.0.0.255
 network 1.1.23.0 0.0.0.255
 network 0.0.0.0
 no auto-summary

ip route 0.0.0.0 0.0.0.0 FastEthernet0/1
```

```
[R3]
interface Loopback0
 ip address 172.16.3.3 255.255.255.0
interface FastEthernet0/1
 ip address 1.1.23.3 255.255.255.0

router eigrp 10
 network 1.1.23.0 0.0.0.255
 no auto-summary
```

- 설정에 따른 라우터(R1~R3) 라우팅 테이블

R1#show ip route
```
1.0.0.0/24 is subnetted, 2 subnets
C       1.1.12.0 is directly connected, FastEthernet0/0
D       1.1.23.0 [90/307200] via 1.1.12.2, 00:11:00, FastEthernet0/0
     10.0.0.0/24 is subnetted, 1 subnets
C       10.1.1.0 is directly connected, Loopback0
D*   0.0.0.0/0 [90/307200] via 1.1.12.2, 00:06:02, FastEthernet0/0
//D* 에서 '*'는 기본 경로(Default Route)를 나타낸다.//
```

R2#show ip route
```
1.0.0.0/24 is subnetted, 2 subnets
C       1.1.12.0 is directly connected, FastEthernet0/0
C       1.1.23.0 is directly connected, FastEthernet0/1
     10.0.0.0/24 is subnetted, 1 subnets
D       10.1.1.0 [90/409600] via 1.1.12.1, 00:12:40, FastEthernet0/0
S*   0.0.0.0/0 is directly connected, FastEthernet0/1
//S* 에서 '*'는 기본 경로를 나타낸다.//
```

222

- 통신 상태 확인

```
R1#p 172.16.3.3
!!!!!
Success rate is 100 percent(5/5), round-trip min/avg/max = 88/90/92 ms
```

```
R2#ping 10.1.1.1
!!!!!
Success rate is 100 percent(5/5), round-trip min/avg/max = 16/20/24 ms
R2#ping 172.16.3.3
!!!!!
Success rate is 100 percent(5/5), round-trip min/avg/max = 20/24/32 ms
```

```
R3#ping 10.1.1.1
!!!!!
Success rate is 100 percent(5/5), round-trip min/avg/max = 40/44/56 ms
```

그럼 정적 라우팅을 이용할 경우의 라우터 설정 값을 확인해 보자.

위 EIGRP 프로토콜 설정 외에 다음과 같이 정적 라우팅을 별도로 R1, R2에 설정해
야 한다.

R1# ip route 0.0.0.0 0.0.0.0 1.1.12.2	R2# ip route 0.0.0.0 0.0.0.0 1.1.23.3

■ 설정 방법 2(R2에 적용)

```
router eigrp 10
 redistribute static
ip route 0.0.0.0 0.0.0.0 [해당 인터페이스 또는 next-hop IP]
```

- 각 라우터 설정 값

[R1]
interface Loopback0
 ip address 10.1.1.1 255.255.255.0
interface FastEthernet0/0
 ip address 1.1.12.1 255.255.255.0

router eigrp 10
 network 1.1.12.0 0.0.0.255
 network 10.1.1.0 0.0.0.255
 no auto-summary

[R2]
interface FastEthernet0/0
 ip address 1.1.12.2 255.255.255.0
interface FastEthernet0/1
 ip address 1.1.23.2 255.255.255.0

router eigrp 10
 redistribute static
 network 1.1.12.0 0.0.0.255
 network 1.1.23.0 0.0.0.255
 no auto-summary

ip route 0.0.0.0 0.0.0.0 1.1.23.3

[R3]
interface Loopback0
 ip address 172.16.3.3 255.255.255.0
interface FastEthernet0/1
 ip address 1.1.23.3 255.255.255.0

router eigrp 10
 network 1.1.23.0 0.0.0.255
 no auto-summary

- 설정에 따른 각 라우터에서의 라우팅 테이블

R1#show ip route

    1.0.0.0/24 is subnetted, 2 subnets
C   1.1.12.0 is directly connected, FastEthernet0/0
D   1.1.23.0 [90/307200] via 1.1.12.2, 00:32:45, FastEthernet0/0
    10.0.0.0/24 is subnetted, 1 subnets
C   10.1.1.0 is directly connected, Loopback0
D*EX 0.0.0.0/0 [170/307200] via 1.1.12.2, 00:03:32, FastEthernet0/0
//D*에서 '*'는 기본 경로를 나타낸다.//

R2#show ip route

    1.0.0.0/24 is subnetted, 2 subnets
C   1.1.12.0 is directly connected, FastEthernet0/0
C   1.1.23.0 is directly connected, FastEthernet0/1
    10.0.0.0/24 is subnetted, 1 subnets
D   10.1.1.0 [90/409600] via 1.1.12.1, 00:16:03, FastEthernet0/0
S*   0.0.0.0/0 [1/0] via 1.1.23.3
//S*에서 '*'는 기본 경로를 나타낸다.//

R3# show ip route

    1.0.0.0/24 is subnetted, 2 subnets
D   1.1.12.0 [90/307200] via 1.1.23.2, 00:28:36, FastEthernet0/1
C   1.1.23.0 is directly connected, FastEthernet0/1
    172.16.0.0/24 is subnetted, 1 subnets
C   172.16.3.0 is directly connected, Loopback0
    10.0.0.0/24 is subnetted, 1 subnets
D   10.1.1.0 [90/435200] via 1.1.23.2, 00:17:13, FastEthernet0/1
D*EX 0.0.0.0/0 [170/307200] via 1.1.23.2, 00:05:46, FastEthernet0/1
//D*EX에서 '*'는 기본 경로를 나타낸다.//

■ 통신 상태 확인

```
R1#p 172.16.3.3
!!!!!
Success rate is 100 percent(5/5), round-trip min/avg/max = 88/90/92 ms

R2#ping 10.1.1.1
!!!!!
Success rate is 100 percent(5/5), round-trip min/avg/max = 16/20/24 ms
R2#ping 172.16.3.3
!!!!!
Success rate is 100 percent(5/5), round-trip min/avg/max = 20/24/32 ms

R3#ping 10.1.1.1
!!!!!
Success rate is 100 percent(5/5), round-trip min/avg/max = 40/44/56 ms
```

8) EIGRP 네이버 관계 검증

EIGRP에는 이웃(Adjacency) 라우터와 네이버 관계를 검증하기 위한 Hello, Update 등 관련 패킷들이 존재한다. 이러한 패킷들의 종류와 동작을 실제 네트워크 구성을 통해 살펴보자.

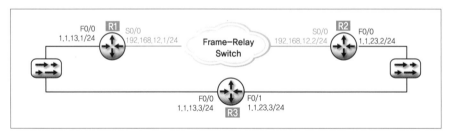

그림 6-15 EIGRP 네이버 관계 검증

■ 각 라우터 설정 값

Frame-Relay 스위치 설정은 5장의 '3) 프레임 릴레이 스위치 설정'을 참고하기 바란다

```
[R1]
interface FastEthernet0/0
ip address 1.1.13.1 255.255.255.0
interface Serial0/0
ip address 192.168.12.1 255.255.255.0
encapsulation frame-relay
frame-relay map ip 192.168.12.1 102 broadcast    //Frame-Relay 자신 인터페이
스 ping 가능//
frame-relay map ip 192.168.12.2 102 broadcast

router eigrp 123
network 1.1.13.0 0.0.0.255
network 192.168.12.0
no auto-summary
```

```
[R2]
interface FastEthernet0/0
ip address 1.1.23.2 255.255.255.0
interface Serial0/0
ip address 192.168.12.2 255.255.255.0
encapsulation frame-relay
frame-relay map ip 192.168.12.1 201 broadcast
frame-relay map ip 192.168.12.2 201 broadcast    //Frame-Relay 자신 인터페
이스 ping 가능//

router eigrp 123
network 1.1.23.0 0.0.0.255
network 192.168.12.0
no auto-summary
```

```
[R3]
interface FastEthernet0/0
ip address 1.1.13.3 255.255.255.0
interface FastEthernet0/1
ip address 1.1.23.3 255.255.255.0

router eigrp 123
network 1.1.13.0 0.0.0.255
network 1.1.23.0 0.0.0.255
no auto-summary
```

위 라우터 설정 값 중에는 프레임 릴레이 자신의 인터페이스 IP 주소에 DLCI와 함께 설정한 값이 존재한다(R1에서 frame-relay map ip 192.168.12.1 102 broadcast). 이는 프레임 릴레이의 특성상 위 설정 값이 없을 경우, 해당 라우터 자신의 Serial 인터페이스에 Ping 응답을 받을 수 없다.

프레임 릴레이 설정상 필요 없을 수도 있지만 인터페이스의 정상 유무를 체크하기 위해 설정해야 하는 경우도 있다.

■ 각 라우터의 네이버 관계

- EIGRP Verification Tip(EIGRP 상태 검증 방법)

# show ip eigrp neighbor	EIGRP로 맺어진 네이버 테이블
# show ip route eigrp	EIGRP로 네이버로부터 받아온 라우팅 정보
# show ip protocol	프로토콜 상태 정보
# show ip eigrp topology	EIGRP로 네이버에서 받아온 모든 라우팅 정보
# show ip eigrp traffic	EIGRP 네이버와 주고받은 트래픽 카운트 정보

```
R1#show ip eigrp neighbor

                                    ①        ②          ③      ④      ⑤     ⑥
H   Address        Interface    Hold     Uptime     SRTT   RTO    Q     Seq
                                (sec)               (ms)          Cnt   Num
1   192.168.12.2   Se0/0        151      00:02:11   80     480    0     9
0   1.1.13.3       Fa0/0        12       00:07:06   20     200    0     10

R2#show ip eigrp neighbor
1   192.168.12.1   Se0/0        157      00:06:47   1253   5000   0     7
0   1.1.23.3       Fa0/0        14       00:10:01   827    4962   0     9

R3#show ip eigrp neighbor
1   1.1.23.2       Fa0/1        14       00:48:18   69     414    0     12
0   1.1.13.1       Fa0/0        12       06:37:45   832    4992   0     4
```

① Hello/Hold time: EIGRP가 자신과 연결된 상대방 Neighbor discovery/Recovery

- Hello: 5초(또는 60초, 네트워크 대역폭이 작은 경우)
  - FastEthernet: 5초
  - Serial I/F(T1/E1): 60초
- Hold Time: Hello 주기의 3배 15초 또는 180초
  - Hold Time 동안 Hello packet을 받지 못할 경우: EIGRP 네이버 관계를 끊음

② Uptime: EIGRP 네이버 관계를 유지하고 있는 시간

③ SRTT^{Smoothed Round Trip Time}: 상대방 네이버까지 갔다가 되돌아오는 평균 시간 RTO^{Retransmission Timeout} 값을 결정하기 위한 자료로 활용

④ RTO: 라우터가 재전송 큐^{Retransmission Queue}로부터 네이버에 신뢰성 있는 패킷을 전달하기 전 Ack를 기다리는 시간

⑤ Queue Count: Interface Queue
  - 전송되기 전 Queue에 대기하는 패킷이 "0"이면 EIGRP 패킷이 Queue에

없고, "0" 보다 큰 값이면 Congestion Problem이 발생할 수 있다는 것을 나타냄

⑥ Sequence Number: Last Update, Query, Reply 패킷을 네이버[Neighbor]로 수신한 수(신뢰성 관계)

지금까지 EIGRP에 대한 기본 특성 및 동작 방식에 대해 알아봤다. 지금부터는 EIGRP 라우팅 프로토콜의 세부 적용이 라우팅 테이블에 어떠한 영향을 미치고, 어떻게 동작하는지 알아보자.

9) EIGRP Passive 인터페이스

EIGRP Passive Interface는 EIGRP에서 라우터 상호간 라우팅 정보를 주고받을 때나 특정한 인터페이스에 대한 라우팅 정보를 전달할 필요가 없을 때 사용한다.

EIGRP에서는 Passive Interface 설정에서 EIGRP 라우팅 업데이트 정보를 네이버로부터 수신하지만 자신의 라우팅 정보를 EIGRP를 통해 네이버로 전달하지는 않는다.[2]

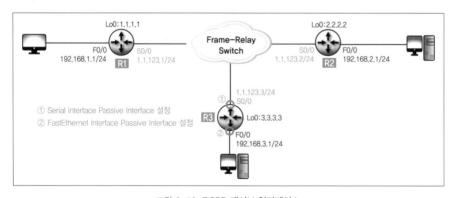

그림 6-16 EIGRP 패시브 인터페이스

---

2 OSPF와 같은 Link State Routing Protocol은 EIGRP와 달리 Passive Interface 상태에서는 라우팅 업데이트 정보를 주고 받지 않는다.

그림 6-16에서 EIGRP Passive Interface의 동작을 확인하기에 앞서 EIGRP Passive Interface를 사용하는 이유에 대해 알아보자. EIGRP 프로토콜이 적용된 라우터와 같은 네트워크 장비는 항상 EIGRP Hello 패킷을 이용해 서로의 상태 정보를 공유하고 있다. 이러한 트래픽은 실제 데이터 전송을 위한 트래픽이 아니라 라우터 간 상태 정보를 파악하기 위한 백그라운드 트래픽이라고 할 수 있다.

백그라운드 트래픽 자체는 많은 대역폭을 차지하고 있지 않지만 네이버 간 상태 정보를 주고받을 필요가 없는 구간에서 이러한 불필요한 트래픽을 차단하면 데이터를 좀 더 효과적으로 전송할 수 있다.

■ 각 라우터 설정 값 및 라우팅 테이블(Passive Interface 적용 전)

```
[R1]
interface Loopback0
 ip address 1.1.1.1 255.255.255.0
interface FastEthernet0/0
 ip address 192.168.1.1 255.255.255.0
interface Serial0/0
 ip address 1.1.123.1 255.255.255.0
 encapsulation frame-relay
 frame-relay map ip 1.1.123.2 102 broadcast
 frame-relay map ip 1.1.123.3 103 broadcast

router eigrp 123
 network 1.1.1.0 0.0.0.255
 network 1.1.123.0 0.0.0.255
 network 192.168.1.0
 no auto-summary
```

```
[R2]
interface Loopback0
 ip address 2.2.2.2 255.255.255.0
interface FastEthernet0/0
 ip address 192.168.2.1 255.255.255.0
```

```
interface Serial0/0
 ip address 1.1.123.2 255.255.255.0
 encapsulation frame-relay
 frame-relay map ip 1.1.123.1 201 broadcast
 frame-relay map ip 1.1.123.3 203 broadcast

router eigrp 123
 network 1.1.123.0 0.0.0.255
 network 2.2.2.0 0.0.0.255
 network 192.168.2.0
 no auto-summary
```

[R3]
```
interface Loopback0
 ip address 3.3.3.3 255.255.255.0
interface FastEthernet0/0
 ip address 192.168.3.1 255.255.255.0
interface Serial0/0
 ip address 1.1.123.3 255.255.255.0
 encapsulation frame-relay
 frame-relay map ip 1.1.123.1 301 broadcast
 frame-relay map ip 1.1.123.2 302 broadcast

router eigrp 123
 network 1.1.123.0 0.0.0.255
 network 3.3.3.0 0.0.0.255
 network 192.168.3.0
 no auto-summary
```

R1#show ip route
```
1.0.0.0/24 is subnetted, 2 subnets
C       1.1.1.0 is directly connected, Loopback0
C       1.1.123.0 is directly connected, Serial0/0
     2.0.0.0/24 is subnetted, 1 subnets
D       2.2.2.0 [90/2297856] via 1.1.123.2, 01:35:31, Serial0/0
     3.0.0.0/24 is subnetted, 1 subnets
```

```
D        3.3.3.0 [90/2297856] via 1.1.123.3, 00:48:00, Serial0/0
C    192.168.1.0/24 is directly connected, FastEthernet0/0
D    192.168.2.0/24 [90/2195456] via 1.1.123.2, 01:35:31, Serial0/0
D    192.168.3.0/24 [90/2195456] via 1.1.123.3, 00:48:02, Serial0/0
```

R2#show ip route
```
1.0.0.0/24 is subnetted, 2 subnets
D        1.1.1.0 [90/2297856] via 1.1.123.1, 01:41:13, Serial0/0
C        1.1.123.0 is directly connected, Serial0/0
     2.0.0.0/24 is subnetted, 1 subnets
C        2.2.2.0 is directly connected, Loopback0
     3.0.0.0/24 is subnetted, 1 subnets
D        3.3.3.0 [90/2297856] via 1.1.123.3, 00:53:40, Serial0/0
D    192.168.1.0/24 [90/2195456] via 1.1.123.1, 01:41:13, Serial0/0
C    192.168.2.0/24 is directly connected, FastEthernet0/0
D    192.168.3.0/24 [90/2195456] via 1.1.123.3, 00:53:41, Serial0/0
```

R3#show ip route
```
1.0.0.0/24 is subnetted, 2 subnets
D        1.1.1.0 [90/2297856] via 1.1.123.1, 00:56:20, Serial0/0
C        1.1.123.0 is directly connected, Serial0/0
     2.0.0.0/24 is subnetted, 1 subnets
D        2.2.2.0 [90/2297856] via 1.1.123.2, 00:56:18, Serial0/0
     3.0.0.0/24 is subnetted, 1 subnets
C        3.3.3.0 is directly connected, Loopback0
D    192.168.1.0/24 [90/2195456] via 1.1.123.1, 00:56:20, Serial0/0
D    192.168.2.0/24 [90/2195456] via 1.1.123.2, 00:56:18, Serial0/0
C    192.168.3.0/24 is directly connected, FastEthernet0/0
```

앞에서 기본 네트워크 토폴로지에 대한 구성도, 설정 값 및 라우팅 테이블을 확인했으므로 이번에는 R3의 ①, ② 구간에 EIGRP Passive Interface를 적용했을 경우의 동작 상태를 확인해보자.

① Serial Interface Passive Interface 적용

```
R3(config)#router eigrp 123
R3(config-router)#passive-interface serial 0/0
R3(config-router)#
*Mar  1 21:05:51.694: %DUAL-5-NBRCHANGE: IP-EIGRP(0) 123: Neighbor
1.1.123.2(Serial0/0) is down: interface passive
*Mar  1 21:05:51.702: %DUAL-5-NBRCHANGE: IP-EIGRP(0) 123: Neighbor
1.1.123.1(Serial0/0) is down: interface passive
```

- Serial 0/0 Passive—interface를 설정하는 경우
  - Serial 0/0이 기존에 Eigrp 네이버 관계를 맺고 있다면 끊어진다(위 로그 Neighbor is down 발생).
  - Passive—interface가 설정되면 Eigrp Hello Packet을 더 이상 전달하지 않는다. 단, Eigrp Hello 패킷 수신은 외부로부터 정상적으로 한다.
- 이러한 설정은 외부 가입자 연결 구간에 주로 설정되며 외부 접속 구간은 굳이 Eigrp 네이버 관계가 필요없으며 기본 라우팅Default Routing 처리가 적당하다.
- 라우터에서 보안 강화의 관점에서 외부 인터페이스로의 Passive Interface 설정은 Eigrp Hello 패킷에 속해 있는 정보가 외부로 전달되는 것을 방지할 수 있어 보안상 취약점을 개선할 수 있다.
- 구간 Eigrp Passive Interface 설정 전후에 Eigrp Hello 패킷은 어떻게 동작하는지 계측기를 이용해 네이버 간 패킷 전달 상태를 확인해보자.

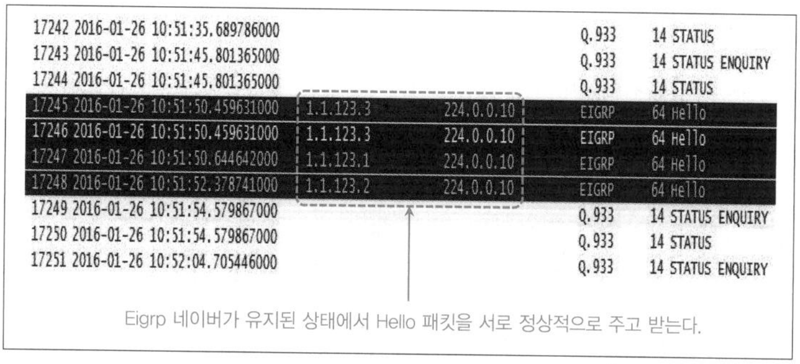

17242 2016-01-26 10:51:35.689786000			Q.933	14 STATUS
17243 2016-01-26 10:51:45.801365000			Q.933	14 STATUS ENQUIRY
17244 2016-01-26 10:51:45.801365000			Q.933	14 STATUS
17245 2016-01-26 10:51:50.459631000	1.1.123.3	224.0.0.10	EIGRP	64 Hello
17246 2016-01-26 10:51:50.459631000	1.1.123.3	224.0.0.10	EIGRP	64 Hello
17247 2016-01-26 10:51:50.644642000	1.1.123.1	224.0.0.10	EIGRP	64 Hello
17248 2016-01-26 10:51:52.378741000	1.1.123.2	224.0.0.10	EIGRP	64 Hello
17249 2016-01-26 10:51:54.579867000			Q.933	14 STATUS ENQUIRY
17250 2016-01-26 10:51:54.579867000			Q.933	14 STATUS
17251 2016-01-26 10:52:04.705446000			Q.933	14 STATUS ENQUIRY

Eigrp 네이버가 유지된 상태에서 Hello 패킷을 서로 정상적으로 주고 받는다.

그림 6-17 Serial Interface에 Passive Interface 설정 전 Hello 패킷 전달

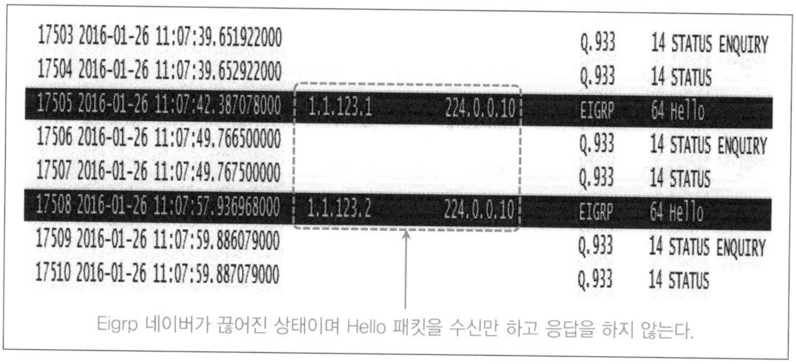

17503 2016-01-26 11:07:39.651922000			Q.933	14 STATUS ENQUIRY
17504 2016-01-26 11:07:39.652922000			Q.933	14 STATUS
17505 2016-01-26 11:07:42.387078000	1.1.123.1	224.0.0.10	EIGRP	64 Hello
17506 2016-01-26 11:07:49.766500000			Q.933	14 STATUS ENQUIRY
17507 2016-01-26 11:07:49.767500000			Q.933	14 STATUS
17508 2016-01-26 11:07:57.936968000	1.1.123.2	224.0.0.10	EIGRP	64 Hello
17509 2016-01-26 11:07:59.886079000			Q.933	14 STATUS ENQUIRY
17510 2016-01-26 11:07:59.887079000			Q.933	14 STATUS

Eigrp 네이버가 끊어진 상태이며 Hello 패킷을 수신만 하고 응답을 하지 않는다.

그림 6-18 Serial Interface에 Passive Interface 설정 후 Hello 패킷 전달

② FastEthernet Interface Passive Interface 적용

```
R3(config)#router eigrp 123
R3(config-router)#passive-interface FastEthernet 0/0
```

- FastEthernet 0/0 Passive-interface를 설정하는 경우
  - Eigrp 패킷을 전달할 필요가 없는 구간(단말/서버단)에서는 Hello 패킷 전달
    은 필요없다. 즉, 서버나 단말이 연결된 네트워크에서는 Eigrp 네이버가 존
    재하지 않는다.

- 구간 Eigrp Passive Interface 설정전 · 후 EIGRP Hello 패킷은 어떻게 동작하는지를 계측기를 이용해 네이버 간 패킷 전달 상태를 확인해보자.

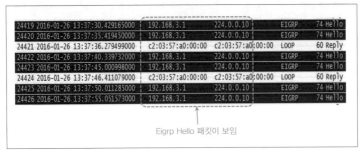

Eigrp Hello 패킷이 보임

그림 6-19 FastEthernet Interface에 Passive Interface 설정 전 Hello 패킷 전달

Eigrp Hello 패킷이 보이지 않음

그림 6-20 FastEthernet Interface에 Passive Interface 설정 후 Hello 패킷 전달

10) EIGRP SIA

EIGRP SIA[Stuck In Active]는 EIGRP가 동작하는 네트워크상에서 특정 네트워크에 대한 라우팅 정보를 수신하기 위한 EIGRP Query 패킷에 대한 응답 패킷인 Reply 패킷을 받지 못했을 때 발생하며, 주로 EIGRP가 동작하는 대규모망에서 발생한다.

EIGRP SIA 현상이 발생하는 원인을 상세히 살펴보자. EIGRP를 통해 받은 라우팅 정보 중 어떤 경로에 대한 라우팅 정보가 사라졌을 때 그 경로에 대한 차선의 경로[Feasible Successor]가 없으면 Query 패킷을 네이버에 보내게 되며, 경로 상태는 Active 상태가 된다(show ip eigrp topology 명령어로 확인 가능). 이때 라우팅 테이블에 등록되는 경유지Next hop 라우터인 Successor에게는 Query 패킷을 전달하지 않는다. 그 이유는 스플릿 호라이즌Split Horizon 규칙으로 디스턴스벡터Distance Vector 라우팅 프로토콜에서 적용되는 기법으로, 루프를 방지하기 위해 라우팅 정보를 수신한 인터페이스로는 동일한 정보를 전송하지 않기 때문이다.

 스플릿 호라이즌

디스턴스 벡터 라우팅 프로토콜(Distance Vector Routing Protocol)에 적용되는 기법으로, 루프를 방지하기 위해 라우팅 정보를 수신한 인터페이스로는 동일한 정보를 전송하지 않는 규칙이다.
스플릿 호라이즌 기능은 기본적으로 활성화돼 있다(Default Option: enable).
단, 네트워크 토폴로지 상태에 따라 스플릿 호라이즌 기능을 비활성화해야 한다.
예) NBMA 환경: Frame-Relay(1:N 연결), Hub and Spoke 환경

Query 패킷을 수신한 네이버에 해당 경로에 대한 정보가 없으면 다른 네이버로 Query 패킷을 전송한다. 여기서 네이버에 해당 경로에 대한 정보가 있다면 다른 네이버로 Query 패킷을 전달하지 않고 경로에 대한 정보를 응답으로 되돌려준다.

각 라우터들은 Query 패킷을 전송한 네이버들의 리스트를 유지하면서 응답을 보내는 라우터를 확인(show ip eigrp topology active)한다.

Query에 대한 응답을 모두 받아야만 해당 경로가 Passive 상태로 변환되고 해당 경로에 대한 최적의 경로를 다시 계산할 수 있다. 기본적으로 3분 이내에 Query 패킷에 대한 응답을 받지 못하면 응답을 보내지 않은 네이버와의 관계를 해제한다.

이후 Query와 Reply 패킷에 의해 네이버 관계가 해제된 라우터는 다시 EIGRP 네이버 관계를 맺기 위해 EIGRP Hello 패킷을 통해 이웃(Adjacency) 라우터와 다시 네이버 관계가 다시 맺어진다.

네이버 관계를 다시 맺었다는 것은 라우팅 테이블을 서로 교환한다는 의미이며, 또다시 EIGRP SIA 현상으로 인해 네이버 관계가 끊어지는 동작이 반복된다. 이러한

반복적으로 네이버 관계가 끊어졌다가 다시 맺어지는 현상을 'SIA^Stuck in Active' 상태라고 한다.

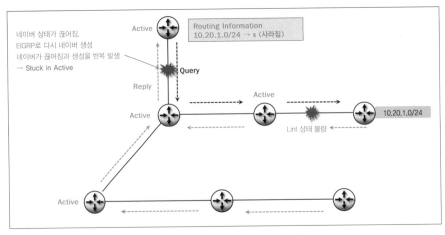

그림 6-21 EIGRP SIA(Stuck In Active)

■ EIGRP SIA 동작 절차

① Query 패킷을 보낸 상태에서는 보낸 라우터 및 받은 라우터가 Active 상태를 유지한다.

② Query 패킷을 보낸 라우터는 Active 상태에서 Reply를 받더라도 경로값을 계산하지 않는다.

③ 여러 가지 라우터로 Query 패킷을 보낸 후 Active 상태의 라우터에서는 한쪽에서 대체 경로에 대한 정보를 보내주었더라도 다른 쪽 라우터에서 Reply을 받지 못하면 3분 동안 Active 상태를 유지하게 된다(즉, Query와 Reply 수가 동일해야만 Active에서 Passive 상태로 넘어간다).

라우팅 테이블에 등록할 경로에 대한 메트릭 값을 계산하기 위해서는 라우터의 상태가 Active에서 Passive로 돼야만 경로값을 계산한다. 라우터에서 연결된 네이버가 어떤 상태인지 알기 위해서는 show ip eigrp topology 명령어로 확인할 수 있다.

라우팅 테이블에 등록할 경로에 대한 메트릭 값을 계산하려면 라우터의 상태가 Active에서 Passive로 돼야만 경로값에 대한 계산을 한다. 라우터에서 네이버 간 상태를 알기 위해서는 show ip eigrp topology를 이용한다.

- **SIA 상태가 발생하는 원인**

  - 과부하로 인해 CPU, Memory의 사용률이 임계 값을 초과하는 경우(Query, Reply Packet을 처리할 수 없다.)
  - 인접한 라우터와의 링크 상태가 좋지 않을 경우
  - 트래픽 방향이 단방향으로만 흐르는 경우(즉, ACL 설정 오류로 받아야 할 정보를 받지 못하는 경우)

- **SIA 현상을 줄이기 위한 동작(SIA Query, SIA Reply) 절차**

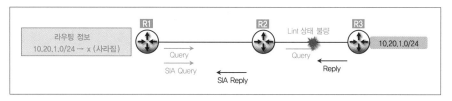

그림 6-22 EIGRP SIA 현상 방지

① 매 90초 동안 쿼리에 대한 응답이 없으면 SIA Query를 전송한다.

  - R1은 Reply 패킷을 받기 전 SIA 상태 유무에 대한 점검 차원에서 SIA Query 패킷을 보내고, R2는 SIA Reply 패킷을 보내 R1, R2간 링크 상태가 정상이라고 판단하며, R2와의 네이버 관계를 유지한다.

② R3에서는 10.20.1.0/24에 대한 응답을 하지 않고 있기 때문에 R2는 R3와의 네이버 관계를 해제하고, 최종적으로 SIA Reply Packet을 R1에게 전송한다.

③ R1, R2에서는 10.20.1.0/24에 대한 경로 상태가 Passive로 변환되고, 네이버 관계도 계속 유지된다. 그러나 여기서도 여전히 3분 동안 해당 경로인 10.20.1.0/24로 라우팅을 하지 못하게 된다.

■ EIGRP SIA 현상을 방지하는 방법

기본 원칙: Query 패킷의 전파 범위를 줄여야 함.

① Summary Address 이용: 토폴로지 테이블에 특정 네트워크를 저장되지 않도록
한다.

- 서브넷 마스크를 이용한 네트워크 대역 조정

    : 192.168.0.0/24, 192.168.1.0/24, 192.168.2.0/24 → 192.168.0.0/23

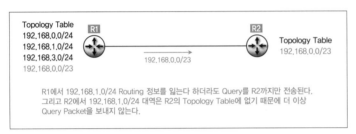

그림 6-23 EIGRP SIA 현상 방지: Summary address

② 특정 네트워크 대역 차단

- 특정 네트워크 대역을 차단함으로써 토폴로지 테이블에 저장하지 않는다. 즉,
자신의 토폴로지 테이블에 저장하지 않으므로 Query 패킷을 더 이상 전송하
지 않는다. 단, 차단된 네트워크 대역으로는 라우팅에 문제가 발생할 수 있다
는 점에 주의해야 한다.

③ 다른 라우팅 프로토콜과 혼용해 사용함으로써 EIGRP Query 패킷 발생을 제한
한다.

- Query 패킷은 EIGRP 프로토콜에서만 사용되기 때문에 정적Static, 재분배
Redistribute 등과 같은 다른 라우팅 프로토콜을 사용해 Query 패킷 발생 범위
를 제한한다.

④ SIA Timer 조정

- 네이버가 끊어지는 시간을 지연시킴.

- 차선의 경유지^{Feasible Successor}가 있는 경우에는 EIGRP 컨버전스 타임^{Convergence} ^{Time}이 길어지기 때문에 패킷 전송^{Packet Forwarding} 중단 시간이 길어질 수 있다.

- 라우터 설정 방법

```
R(config)#router eigrp AS#
timer active-timer [min]
```

⑤ EIGRP Stub Router 설정: SIA Query 패킷 전송 범위를 줄일 수 있음.

- EIGRP Stub 라우터로는 네이버에서 Query 패킷을 전송하지 않는다.

- Stub 라우터에서는 기본적으로 Connected 네트워크와 Summary 네트워크 정보만 네이버로 전달한다.

- 라우터 설정 방법

```
R(config)#router eigrp AS#
  eigrp stub [connected/summary/static/redistributed/receive-only]
```

 Eigrp stub 옵션 설명

- connected: stub router에 직접 연결된 네트워크 정보만 네이버(Neighbor)에 전달
- summary: Summary 정보만 네이버에 전달
- static: 정적(static) 경로 정보만 네이버에 전달
- redistributed: 재분배된(redistributed) 경로 정보만 네이버에 전달
- received-only: stub router가 가지고 있는 정보는 전송하지 않고 네이버 (Neighbor)에서 정보를 수신하기만 한다. 단, 위 옵션 중 received-only만 제외하고 모두 조합해 사용할 수 있다.

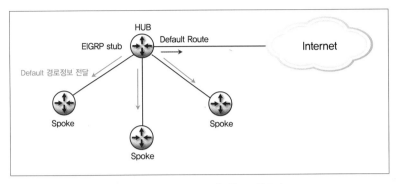

그림 6-24 EIGRP Stub 네트워크 토폴로지

 Query 패킷을 전송하지 않는 경우

- 토폴로지 테이블에 해당하는 라우팅 정보가 없는 경우
- 네이버(Neighbor)가 없는 경우
- 해당 라우팅 테이블에 대한 차선의 경유지(Feasible Successor)가 있는 경우
- 라우팅 경로가 Active 상태인 경우

11) EIGRP Unequal 부하 분산

■ Equal Cost 부하 분산

- EIGRP, RIP, OSPF 및 IS-IS에서는 동일한 목적지에 대해 최대 6~16개까지 동일한 메트릭 값을 가지는 경로에 대해서는 부하 분산Load Balancing을 지원한다. 단, 시스코 라우터의 경우 IOS 버전에 따라 차이가 있을 수 있다.

■ Unequal Cost 부하 분산

- EIGRP에서는 동일한 목적지에 대해 메트릭 값이 다른 경로에 대한 부하 분산을 지원한다.
- Variance값을 이용한 Unequal Load Balancing을 지원한다.

적용 공식: 각 경로 Metric ⟨ variance 값×FD(최적 경로)

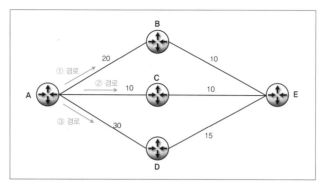

그림 6-25 EIGRP Unequal 부하 분산

그림 6-25의 네트워크 토폴로지상에서 Variance 값에 따른 Unequal Cost 부하 분산이 어떻게 적용되는지 위 공식을 이용해 확인해보자.

■ Valance 값 = 2일 때

```
R(config)#router eigrp AS#
  variance 2
```

① 경로: (20+10) < 2*(10+10) = 40: Unequal Load Balancing 반영
② 경로: (10+10) < 2*(10+10) = 40: Unequal Load Balancing 반영
③ 경로: (30+15) > 2*(10+10) = 40: Unequal Load Balancing 미반영

■ Valance 값 = 3일 때

```
R(config)#router eigrp AS#
  variance 3
```

① 경로: (20+10) < 3*(10+10) = 60: Unequal Load Balancing 반영
② 경로: (10+10) < 3*(10+10) = 60: Unequal Load Balancing 반영
③ 경로: (30+15) < 3*(10+10) = 60: Unequal Load Balancing 반영

Eigrp Unequal Load Balancing 동작을 실습을 통해서 알아보자.

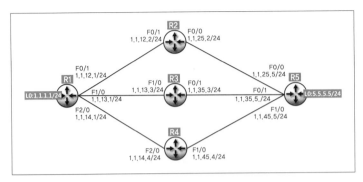

그림 6-26 EIGRP Unequal 부하 분산 실습

■ R1~R5 라우터의 설정 값

```
[R1]
interface Loopback0
 ip address 1.1.1.1 255.255.255.0
interface FastEthernet0/1
 bandwidth 100          //Unequal Cost를 만들기 위해 Bandwidth 100으로 조정//
 ip address 1.1.12.1 255.255.255.0
interface FastEthernet1/0
 bandwidth 500          //Unequal Cost를 만들기 위해 Bandwidth 500으로 조정//
 ip address 1.1.13.1 255.255.255.0
interface FastEthernet2/0
 bandwidth 1000         //Unequal Cost를 만들기 위해 Bandwidth 1000으로 조정//
 ip address 1.1.14.1 255.255.255.0

router eigrp 10
 variance 10            //조건 Metric < variance * FD를 만족하기 위해 variance
= 10으로 조정//
 network 1.1.1.0 0.0.0.255
 network 1.1.12.0 0.0.0.255
 network 1.1.13.0 0.0.0.255
 network 1.1.14.0 0.0.0.255
 no auto-summary
```

```
[R2]
interface FastEthernet0/0
 ip address 1.1.25.2 255.255.255.0
interface FastEthernet0/1
 bandwidth 100        //Unequal Cost를 만들기 위해 Bandwidth 100으로 조정//
 ip address 1.1.12.2 255.255.255.0

 router eigrp 10
 network 1.1.12.0 0.0.0.255
 network 1.1.25.0 0.0.0.255
 no auto-summary
```

```
[R3]
interface FastEthernet0/1
 ip address 1.1.35.3 255.255.255.0
interface FastEthernet1/0
 bandwidth 500        //Unequal Cost를 만들기 위해 Bandwidth 500으로 조정//
 ip address 1.1.13.3 255.255.255.0

 router eigrp 10
 network 1.1.13.0 0.0.0.255
 network 1.1.35.0 0.0.0.255
 no auto-summary
```

```
[R4]
interface FastEthernet1/0
 ip address 1.1.45.4 255.255.255.0
interface FastEthernet2/0
 bandwidth 1000        //Unequal Cost를 만들기 위해 Bandwidth 1000으로 조정//
 ip address 1.1.14.4 255.255.255.0

 router eigrp 10
 network 1.1.14.0 0.0.0.255
 network 1.1.45.0 0.0.0.255
 no auto-summary
```

```
[R5]
interface Loopback0
 ip address 5.5.5.5 255.255.255.0
interface FastEthernet0/0
 ip address 1.1.25.5 255.255.255.0
interface FastEthernet0/1
 ip address 1.1.35.5 255.255.255.0
interface FastEthernet1/0
 ip address 1.1.45.5 255.255.255.0

router eigrp 10
 network 1.1.25.0 0.0.0.255
 network 1.1.35.0 0.0.0.255
 network 1.1.45.0 0.0.0.255
 network 5.5.5.0 0.0.0.255
 no auto-summary
```

Eigrp 프로토콜에서 Variance값을 10으로 조정하기 전·후에 대한 결과를 확인해
보자.

[Eigrp variance 적용전 R1]
R1#show ip eigrp topology 5.5.5.0/24   //Eigrp 토폴로지에서는 3개의 경로
가 존재한다.//
IP-EIGRP (AS 10): Topology entry for 5.5.5.0/24
  State is Passive, Query origin flag is 1, 1 Successor(s), FD is
2693120
  Routing Descriptor Blocks:
  1.1.14.4 (FastEthernet2/0), from 1.1.14.4, Send flag is 0x0
      Composite metric is (2693120/156160), Route is Internal
//FD = 2693120//
      Vector metric:
        Minimum bandwidth is 1000 Kbit
        Total delay is 5200 microseconds
        Reliability is 255/255
        Load is 1/255

```
            Minimum MTU is 1500
            Hop count is 2
      1.1.13.3 (FastEthernet1/0), from 1.1.13.3, Send flag is 0x0
            Composite metric is (5276160/409600), Route is Internal
//FD = 5276160//
         Vector metric:
            Minimum bandwidth is 500 Kbit
            Total delay is 6100 microseconds
            Reliability is 255/255
            Load is 1/255
            Minimum MTU is 1500
            Hop count is 2
      1.1.12.2 (FastEthernet0/1), from 1.1.12.2, Send flag is 0x0
            Composite metric is (25779200/409600), Route is Internal
//FD = 25779200//
         Vector metric:
            Minimum bandwidth is 100 Kbit
            Total delay is 7000 microseconds
            Reliability is 255/255
            Load is 1/255
            Minimum MTU is 1500
            Hop count is 2

R1#show ip route 5.5.5.0
Routing entry for 5.5.5.0/24
   Known via "eigrp 10", distance 90, metric 2693120, type internal
   Redistributing via eigrp 10
   Last update from 1.1.14.4 on FastEthernet2/0, 00:00:17 ago
   Routing Descriptor Blocks:
   * 1.1.14.4, from 1.1.14.4, 00:00:17 ago, via FastEthernet2/0
//라우팅 테이블에 1개의 경로만 존재//
         Route metric is 2693120, traffic share count is 1
//가장 작은 FD값을 가진 경로가 최적 경로//
         Total delay is 5200 microseconds, minimum bandwidth is 1000 Kbit
         Reliability 255/255, minimum MTU 1500 bytes
         Loading 1/255, Hops 2
```

R1#**show ip eigrp topology 5.5.5.0/24**   //Eigrp 토폴로지에서는 3개
의 경로가 존재한다.//

IP-EIGRP (AS 10): Topology entry for 5.5.5.0/24
  State is Passive, Query origin flag is 1, 1 Successor(s), FD is
2693120
  Routing Descriptor Blocks:
  1.1.14.4 (FastEthernet2/0), from 1.1.14.4, Send flag is 0x0
      Composite metric is (2693120/156160), Route is Internal
//FD = 2693120//
      Vector metric:
        Minimum bandwidth is 1000 Kbit
        Total delay is 5200 microseconds
        Reliability is 255/255
        Load is 1/255
        Minimum MTU is 1500
        Hop count is 2
  1.1.13.3 (FastEthernet1/0), from 1.1.13.3, Send flag is 0x0
      Composite metric is (5276160/409600), Route is Internal
//FD = 5276160//
      Vector metric:
        Minimum bandwidth is 500 Kbit
        Total delay is 6100 microseconds
        Reliability is 255/255
        Load is 1/255
        Minimum MTU is 1500
        Hop count is 2
  1.1.12.2 (FastEthernet0/1), from 1.1.12.2, Send flag is 0x0
      Composite metric is (25779200/409600), Route is Internal
//FD = 25779200//
      Vector metric:
        Minimum bandwidth is 100 Kbit
        Total delay is 7000 microseconds
        Reliability is 255/255
        Load is 1/255
        Minimum MTU is 1500

```
        Hop count is 2

R1#show ip route 5.5.5.0
Routing entry for 5.5.5.0/24
  Known via "eigrp 10", distance 90, metric 2693120, type internal
  Redistributing via eigrp 10
  Last update from 1.1.12.2 on FastEthernet0/1, 00:00:23 ago
  Routing Descriptor Blocks:
  * 1.1.14.4, from 1.1.14.4, 00:00:23 ago, via FastEthernet2/0
//라우팅 테이블에 3개의 경로가 존재//
      Route metric is 2693120, traffic share count is 240
      Total delay is 5200 microseconds, minimum bandwidth is 1000 Kbit
      Reliability 255/255, minimum MTU 1500 bytes
      Loading 1/255, Hops 2
    1.1.13.3, from 1.1.13.3, 00:00:23 ago, via FastEthernet1/0
//라우팅 테이블에 3개의 경로가 존재//
      Route metric is 5276160, traffic share count is 123
      Total delay is 6100 microseconds, minimum bandwidth is 500 Kbit
      Reliability 255/255, minimum MTU 1500 bytes
      Loading 1/255, Hops 2
    1.1.12.2, from 1.1.12.2, 00:00:23 ago, via FastEthernet0/1
//라우팅 테이블에 3개의 경로가 존재//
      Route metric is 25779200, traffic share count is 25
      Total delay is 7000 microseconds, minimum bandwidth is 100 Kbit
      Reliability 255/255, minimum MTU 1500 bytes
      Loading 1/255, Hops 2
```

3. OSPF

1) OSPF(Open Shortest Path First) 특징

가) 링크 상태 프로토콜(Link-State Protocol)

- 인터페이스 링크 상태(up/down, bandwidth, ip address, mask 등 속성) 정보가 이용된다.
- LSA^Link-State Advertisement라는 패킷에 링크 정보를 담아 전달(교환)한다.

나) Triggered Update

- 영역^Area 내의 모든 라우터에서 링크 정보의 변화 즉시 업데이트
- 링크 상태^Link-State가 동작하는 모든 라우터의 내부에는 교환되는 링크 상태 정보를 보관하는 메모리가 필요하다. 이 메모리를 'LSDB^Link-state Database'라고 한다.

 LSDB
- 어떤 링크가 어떤 속성을 가지고 어디에 있는지, 각 경로들이 가지고 있는 메트릭을 포함한 전체 네트워크 지도(MAP)를 나타낸다.
- 동일한 영역(Area)에 속해있는 각 라우터는 동일한 지도(Topology Map)를 가지고 있으며, 지도로부터 가장 좋은 경로를 추출하는 방법으로 SPF(Shortest Path First) 알고리즘을 이용한다.
- SPF 알고리즘의 동작은 각 라우터를 중심에 두고 그들로부터 각각의 목적지까지 가는 경로를 계산한다.
- 각 라우터에서 목적지까지 최단 경로는 라우터마다 다르다.

다) OSPF 프로토콜에서 라우팅 테이블 선출 과정

그림 6-27 OSPF 라우팅 테이블 선출 과정

라) OSPF LSA 동작 절차

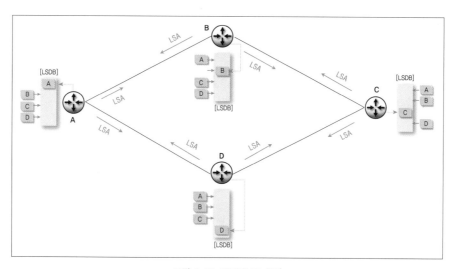

그림 6-28 OSPF LSA 동작

① 모든 라우터는 LSA에 자신의 Link 정보를 담는다.

② LSA를 자신의 LSDB$^{\text{Link State Database}}$에 복사한다.

③ 라우터B와 D에 LSA 패킷을 통해 링크 상태$^{\text{Link-State}}$를 전달한다.

　라우터B와 D에서 보면 C에서 전달된 LSDB에 복사된 라우터C의 링크 정보를 단
순히 복사만 하고 그 정보를 그대로 라우터A에 전달한다. 즉, 링크 상태$^{\text{Link-State}}$ 정

보는 LSA에 실려 모든 라우터에 전달된다.

※ 전체적으로 라우터A, B, C, D에서 LSDB에 있는 정보를 비교하면 모두 같다. 그 이유는 단순히 LSA를 통해 받은 링크 상태 정보를 복사하기 때문이다.

마) 링크 상태 데이터 구조Link-State Data Structure

- 동작하는 과정에서 서로 다른 3개의 테이블을 가진다.
- 네이버 테이블(= adjacency Table), EIGRP와 유사하다. → 네이버 정보 보관
- 토폴로지 테이블(=Link−State Database)
- 라우팅 테이블(=Routing table)

토폴로지 테이블에는 자신의 영역Area에 있는 모든 링크와 그 링크를 가진 라우터들의 종합적인 정보를 보관하고 있고, 특정한 영역에 있는 모든 라우터는 동일한 LSDB를 가진다. 즉, 라우터의 위치는 다르지만 동일한 데이터베이스를 가진다. 단, LSDB는 종합적인 링크에 대한 정보일 뿐, 최단 경로를 의미하지는 않는다.

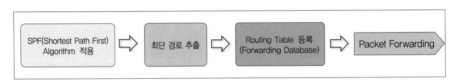

그림 6-29 OSPF 패킷 포워딩 단계

링크 상태Link-State의 프로토콜은 디스턴스 벡터Distance Vector 프로토콜에 비해 훨씬 많은 정보를 자신의 데이터베이스에 가지게 된다. 즉 정확한 정보를 네이버 라우터에게만 전달하는 것이 아니라 그 정보를 가진 출발지가 발생시킨 정보를 직접 받으므로 좀 더 정확하고 풍부한 정보를 보유하고 있다.

위와 같은 정보를 가지고 경로를 결정함으로써 좀 더 정확한 경로 결정이 가능해진다. 그러나 SPF 동작에 따라 라우터의 메모리, CPU가 요구되며 라우터의 리소스를 많이 사용하게 될 수밖에 없다.

2) SPF 알고리즘

OSPF 라우팅 프로토콜의 경우, 링크 상태 프로토콜Link-State Protocol로 다양한 라우팅 경로에서 최적의 경로를 선출하는 방식으로는 SPFShortest Path First 알고리즘을 이용한다. SPF 알고리즘으로 전체 라우터에서 가지고 있는 각각의 링크 상태 정보를 이용해 가장 짧은 경로를 최선의 라우팅 경로로 선출해 라우팅 테이블에 등록하는 방식을 들 수 있다.

이번에는 SPF 알고리즘의 간단한 원리에 대해 알아보자. 동일한 영역Area 내에 있는 모든 라우터는 동일한 LSDB를 가진다는 전제하에 자신이 속해 있는 영역에서 각 라우터는 자신을 Root에 두고, 자기로부터 도달하려는 목적지까지 가는 최단의 경로를 계산한다. 여기서 링크 정보는 Cost값을 함께 반영한다.

Cost(= 10/Bandwidth) → Cost값이 작은 것이 Best 경로가 된다.

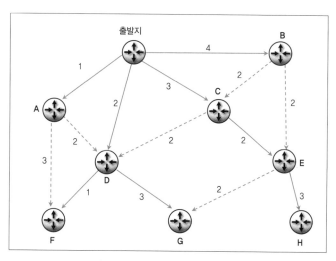

그림 6-30 OSPF SPF 알고리즘 동작 방식

그림 6-30에서 OSPF SPF 알고리즘 동작에 따른 최적의 경로를 찾아가는 절차를 확인해 보자.

① 자신(Root)과 직접 연결돼 있는 가지를 후보로 등록

라우팅 후보(Candidate)			결과(Result)	
라우터	Cost		라우터	Cost
라우터 A	1	→	라우터 A	1
라우터 D	2	→	라우터 D	2
라우터 C	3	→	라우터 C	3
라우터 B	4	→	라우터 B	4

② 그중 가장 짧은 가지를 결과로 추출

③ 라우터A의 입장에서 직접 연결된 가지를 후보로 올린다.

④ 라우터D에 직접 연결돼 있는 가지를 후보에 등록한다.

⑤ 라우터C에 직접 붙어 있는 가지를 후보에 등록한다.

출발지	목적지		
Root 라우터	라우터A(1)	라우터D(3)	
		라우터F(4)	
	라우터B(4)	라우터C(6)	
		라우터E(6)	
	라우터C(3)	라우터D(5)	라우터G(7)
		라우터E(5)	라우터H(8)
	라우터D(2)	라우터F(3)	
		라우터G(5)	

위 표에서 Root 라우터에서 목적지까지 가는 경로중 Cost가 가장 작은 경로가 결국 에는 라우팅 테이블에 등록된다.

■ 라우팅 테이블에 등록되는 목적지까지의 라우터 및 Cost 정보

출발지	목적지		
Root 라우터	라우터A(1)		
	라우터B(4)		
	라우터C(3)	라우터E(5)	라우터H(8)
	라우터D(2)	라우터F(3)	
		라우터G(5)	

3) OSPF AREA

OSPF는 링크 상태 라우팅 프로토콜로 계층적 네트워크 구조를 가진다.

* Two-Level Hierarchical Network Structure를 가진다.
* Transit Area(Backbone Area=Area 0), Regular Area(Non Backbone Areas= Area#)

OSPF는 링크 상태Link-State 라우팅 프로토콜로, 같은 영역 내에 있는 모든 라우터가 자신이 가지고 있는 링크 상태 정보를 LSDB라는 형태로 동일하게 가지고 있다. OSPF가 동작하는 대규모 네트워크 영역일 경우에는 각 라우터에서 전체의 LSDB를 저장할 수 있는 자원의 한계가 있으므로, 영역이라는 적당한 규모의 네트워크 영역을 구분해 LSDB를 관리함으로써 적정한 수의 LSDB로 최적의 경로 계산을 할 수 있다.

OSPF 영역을 정의하기 전에 ASAutonomous System라는 개념을 먼저 간단히 알아보자. AS는 OSPF는 물론 BGP에서도 사용되는 개념으로, 라우팅 및 스위칭 등 라우팅 프로토콜이 독립된 관리 권한으로 운용되는 집합적인 네트워크라고 볼 수 있다. AS 번호가 가장 필요한 네트워크 구조는 인터넷 사업자인 ISP간 인터넷 연동을 할 경우, 각 ISP는 하나의 자율 시스템AS, Autonomous System의 집합체로 볼 수 있다.

OSPF에서 AS를 사용하는 이유는 계층적 구조인 Area로 나눠지는 구조에서 타 AS와 접속을 이루는 경계 라우터인 ASBR^AS Border Router 구성이 되므로, 타 AS의 기존 OSPF 가 아닌 다른 라우팅 프로토콜을 사용하는 독립된 네트워크와도 연결할 수 있다.

AS 번호가 인터넷 ISP에서 사용하는 BGP 프로토콜과 다른 점은 BGP에서 사용되는 AS 번호는 기관별로 유일한 번호를 사용하고 있다는 것이다(사설 AS 번호도 있음). 그러나 OSPF에서 사용하는 AS 번호는 AS 내에서 사용되는 프로토콜의 구분으로 이해하는 것이 좋다.

이번에는 OSPF의 계층적 구조를 이용한 효율적인 네트워크 토폴로지 구성에 대해 알아보자. 앞에서 OSPF 프로토콜의 경우, LSDB라는 데이터베이스를 동일한 영역 내에 있는 모든 라우터가 동일한 정보를 가지고 있어야 한다고 설명했다. 동일한 영 역내 구축돼 있는 라우터들은 다양한 성능을 가진 라우터가 존재할 수 있고, 대규모 망에 구축된 소형 라우터인 경우에는 장비의 리소스 부족으로 LSDB를 저장 및 처리 할 수 있는 성능을 보장할 수 없다. 그래서 OSPF는 LSDB로 인한 성능 이슈를 해결 하기 위해 네트워크 구성을 계층적 구조로 설계할 수 있다.

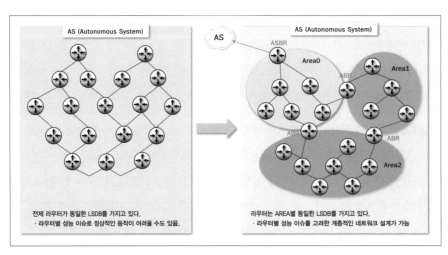

그림 6-31 OSPF 프로토콜 계층구조

- ABR^{Area Border Router} : 2개 이상의 영역(Area)에 연결된 라우터
- ASBR^{AS Boundary Router} : AS 경계 라우터, OSPF 네트워크와 다른 라우팅 프로토콜이 설정된 네트워크를 연결하는 라우터
- 백본 라우터^{Backbone Router} : 백본 영역^{Area}에 소속된 라우터

4) OSPF 패킷

OSPF 라우팅 프로토콜을 이용해 라우팅 테이블을 만드는 데 사용되는 패킷으로, 다섯 가지 타입이 있다. EIGRP와 마찬가지로 네이버 관계를 맺기 위한 Hello 패킷, DB 동기화와 관련된 DBD 패킷, 링크 상태와 관련된 LSR, LSU 패킷 및 응답 패킷으로 LSAck가 있다. 자세한 기능 및 포함하고 있는 정보는 표 6-4를 참고하기 바란다.

표 6-4 OSPF 패킷 종류별 특징

패킷 타입	상세 내용
Hello	네이버 관계 형성/유지
	라우터ID, ArealD, Subnet Mask, Hello Interval, Stub Area Flag, 라우터 우선순위(Priority), Dead Interval, DR, BDR, Password(설정한 경우)
	• 라우터ID: OSPF 라우터를 구분하는 데 사용(도메인 내 유일한 값) 동작 중인 인터페이스 중에서 선택하며, Loopback 인터페이스가 없는 경우에는 동작 중인 인터페이스중 가장 높은 주소를 가진 인터페이스가 라우터 ID로 선택된다.
	• Area ID: OSPF Area ID(OSPF Process ID, 1~65535)
	• Hello Interval: Hello 송신 주기 – Broadcast/point-to-point (10초) – NBMA (30초)
	• 라우터 우선순위(Priority): 라우터DR, BDR 선출 시 사용하는 우선순위
	• Dead Interval: Hello 패킷을 수신하지 못해 네이버가 끊어지는 시간 – Hello interval의 4배 – Broadcast/Point-to-point(40초) – NBMA(120초)
	※ OSPF 네이버 성립 조건: Area ID, Subnet Mask, Hello/Dead Interval, Stub Area Flag가 같아야만 네이버 관계가 형성됨.
DBD(Database Description)	OSPF 네이버 라우터 간 LSA들을 교환하기 전에 자신의 LSDB에 있는 LSA 목록을 상대 라우터에게 알려주기 위해 사용

패킷 타입	상세 내용
LSR (Link State Request)	상대 라우터가 보낸 DDP를 본 후 자신에게 없는 네트워크 정보(LSA)가 있는 경우 상세한 내용(LSA)을 요청할 때 사용하는 패킷 • DDP: Database Description Packet
LSU (Link State Update)	상대 라우터로부터 LSR을 받거나 네트워크 상태가 변했을 경우에 전송하는 패킷, 즉 LSU는 LSA를 실어나를 때 사용하는 패킷
LSAck (Link State Ack)	OSPF 패킷을 정상적으로 수신했음을 알려줄 때 사용 OSPF는 DDP, LSR 및 LSU 패킷을 수신하며, 반드시 LSAck 패킷을 사용해 상대에게 정상적으로 수신했음을 알려야 한다.

OSPF 패킷 구조를 통해 패킷 타입에서 보여주는 정보는 그림 6-32와 같다.

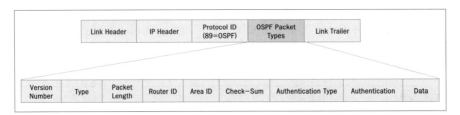

그림 6-32 OSPF 패킷 구조

5) OSPF 네이버 관계

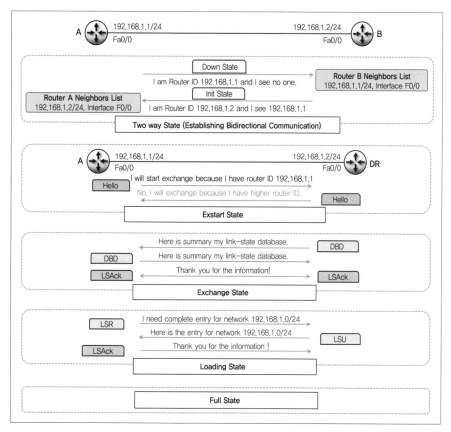

그림 6-33 OSPF 네이버 관계 형성 과정

OSPF에서 이웃(Adjacency) 라우터들과 네이버 관계를 맺기 위해서는 우선 첫 번째 과정으로 OSPF Hello 패킷이 동작하며, 각 라우터의 LSDB를 동기화한 후 각 이웃 라우터에 LSA 패킷을 플러드Flood하게 된다.

[Neighbor 형성] – Hello		
Router ID		
Hello/Dead Interval		
Neighbors	Sync Each Router **LSDB**	LSAs are flood each **Adjacencies**
Area ID		
Router Priority	각 라우터의 LSDB 동기	각 라우터 자신의 링크 상태를
DR IP address		이웃 라우터들에게 광고
BDR IP Address		
Authentication Password		
Stub Area Flag		

그림 6-34 OSPF 네이버 관계 성립 동작

 LSA(Link-State Advertisement) Sequence Numbering

- Each LSA record in the LSDB maintains a sequence number.
  4-byte number: 0x80000001~0x7fffffff
- OSPF에서는 매30분마다 LSDB 동기화를 위해 LSA를 Flood한다.
- 매번 LSA를 Flood할 때마다 Sequence Number 부여 및 1씩 증가함
- LSA 매번 발생할 때마다 Sequence Number가 증가하고 최대 시간(1시간) 후에 초기화된다(Flushed).
- 두 개의 LSA 경로를 동시에 받았을 경우는 Sequence number가 높은 것이 최신으로 인정하고 결정하게 된다.

6) OSPF 토폴로지 종류

 라우터 인터페이스에 OSPF Topology 설정 방법

```
router(config-if)# ip ospf network?
 broadcast            specify OSPF broadcast multi-access network
 non-broadcast        specify OSPF broadcast NBMA network
  point-to-multipoint     specify OSPF broadcast point-to-multipoint
network
 point-to-point       specify OSPF broadcast point-to-point network
```

※ OSPF의 NBMA 환경에서는 non-broadcast가 기본적으로 설정돼 있으므로, 명령을 입력하지 않아도 된다.

가) NBMA

NBMA$^{\text{Non Broadcast Multiple Access}}$ 네트워크 토폴로지에서는 다중 접속을 허용하지만 브로드캐스트는 허용하지 않는다. 대표적인 토폴로지로는 프레임 릴레이$^{\text{Frame Relay}}$, ATM, X.25, 서브 인터페이스를 이용한 멀티포인트(예: Interface Serial 0/0.102 point-to-multipoint)를 들 수 있다.

하나의 인터페이스(서브 인터페이스)에서는 프레임 릴레이와 같이 여러 라우터와의 연결을 지원하지만 하나의 패킷을 모든 라우터에 한 번에 전달할 수 있는 브로드캐스트는 지원하지 않는다. 즉, 하나의 패킷을 모든 라우터에 한 번에 전달할 수 없다.

NBMA 토폴로지의 경우에는 OSPF DR, BDR의 선출이 필요하다. 자동이 아닌 수동으로 선출해야 한다. 네이버를 지정하면 수동으로 선출되며 Hello 및 Dead interval은 기본적으로 30/120이다.

 NBMA 환경에서 네이버를 수동으로 지정하는 방법

```
R1(config)#router ospf 10
R1(config-router)#neighbor 10.10.10.2
R1(config-router)#neighbor 10.10.10.3
```

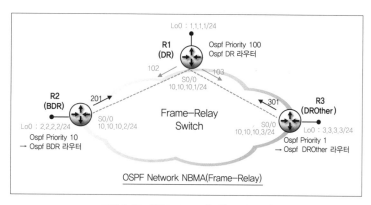

그림 6-35 OSPF NBMA 네트워크 토폴로지

■ 라우터의 설정 값 및 OSPF 네이버, DR, BDR 관계

[R1]
interface Loopback0
 ip address 1.1.1.1 255.255.255.0
interface Serial0/0
 ip address 10.10.10.1 255.255.255.0
 encapsulation frame-relay
 ip ospf priority 100   //R1이 DR로 설정 Seiral Interface Ospf
Priority 값 조정//
 frame-relay map ip 10.10.10.2 102 broadcast
 frame-relay map ip 10.10.10.3 103 broadcast

router ospf 10
 router-id 1.1.1.1
 network 1.1.1.0 0.0.0.255 area 0
 network 10.10.10.0 0.0.0.255 area 0
 neighbor 10.10.10.2   //NBMA 네트워크에서 R2와 Ospf Neighbor 관계를
수동으로 선출한다.//
 neighbor 10.10.10.3   //NBMA 네트워크에서 R3와 Ospf Neighbor 관계를
수동으로 선출한다.//

[R2]
interface Loopback0
 ip address 2.2.2.2 255.255.255.0
interface Serial0/0
 ip address 10.10.10.2 255.255.255.0
 encapsulation frame-relay
 ip ospf priority 10   //R1을 BDR로 설정. Serial0/0에 OSPF Priority 값 조정,
R1보다 작게 그외보다는 크게//
 frame-relay map ip 10.10.10.1 201 broadcast

router ospf 10
 router-id 2.2.2.2
 network 2.2.2.0 0.0.0.255 area 0
 network 10.10.10.0 0.0.0.255 area 0

```
[R3]
interface Loopback0
 ip address 3.3.3.3 255.255.255.0
interface Serial0/0
 ip address 10.10.10.3 255.255.255.0
 encapsulation frame-relay
 frame-relay map ip 10.10.10.1 301 broadcast

router ospf 10
 router-id 3.3.3.3
 network 3.3.3.0 0.0.0.255 area 0
 network 10.10.10.0 0.0.0.255 area 0
```

[OSPF 네이버 관계 R1]

```
R1#show ip ospf neighbor
Neighbor ID   Pri    State        Dead Time   Address       Interface
2.2.2.2        10    FULL/BDR      00:01:54    10.10.10.2    Serial0/0
3.3.3.3         1    FULL/DROTHER  00:01:54    10.10.10.3    Serial0/0


R1#show ip ospf interface
Loopback0 is up, line protocol is up
  Internet Address 1.1.1.1/24, Area 0
  Process ID 10, Router ID 1.1.1.1, Network Type LOOPBACK, Cost: 1
  Loopback interface is treated as a stub Host
Serial0/0 is up, line protocol is up
  Internet Address 10.10.10.1/24, Area 0
  Process ID 10, Router ID 1.1.1.1, Network Type NON_BROADCAST, Cost: 64
  Transmit Delay is 1 sec, State DR, Priority 100
  Designated Router (ID) 1.1.1.1, Interface address 10.10.10.1
  Backup Designated router (ID) 2.2.2.2, Interface address 10.10.10.2
  Timer intervals configured, Hello 30, Dead 120, Wait 120, Retransmit 5
    oob-resync timeout 120
    Hello due in 00:00:20
  Supports Link-local Signaling (LLS)
  Index 2/2, flood queue length 0
  Next 0x0(0)/0x0(0)
```

```
Last flood scan length is 3, maximum is 3
Last flood scan time is 0 msec, maximum is 0 msec
Neighbor Count is 2, Adjacent neighbor count is 2
  Adjacent with neighbor 2.2.2.2  (Backup Designated Router)
  Adjacent with neighbor 3.3.3.3
Suppress hello for 0 neighbor(s)
```

[OSPF 네이버 관계 R2]

R2#show ip ospf neighbor

```
Neighbor ID    Pri    State      Dead Time    Address      Interface
1.1.1.1        100    FULL/DR    00:01:42     10.10.10.1   Serial0/0
```

R2#show ip ospf interface
```
Loopback0 is up, line protocol is up
  Internet Address 2.2.2.2/24, Area 0
  Process ID 10, Router ID 2.2.2.2, Network Type LOOPBACK, Cost: 1
  Loopback interface is treated as a stub Host
Serial0/0 is up, line protocol is up
  Internet Address 10.10.10.2/24, Area 0
  Process ID 10, Router ID 2.2.2.2, Network Type NON_BROADCAST, Cost: 64
  Transmit Delay is 1 sec, State BDR, Priority 10
  Designated Router (ID) 1.1.1.1, Interface address 10.10.10.1
  Backup Designated router (ID) 2.2.2.2, Interface address 10.10.10.2
  Timer intervals configured, Hello 30, Dead 120, Wait 120, Retransmit 5
    oob-resync timeout 120
    Hello due in 00:00:03
  Supports Link-local Signaling (LLS)
  Index 2/2, flood queue length 0
  Next 0x0(0)/0x0(0)
  Last flood scan length is 1, maximum is 1
  Last flood scan time is 0 msec, maximum is 0 msec
  Neighbor Count is 1, Adjacent neighbor count is 1
    Adjacent with neighbor 1.1.1.1  (Designated Router)
  Suppress hello for 0 neighbor(s)
```

```
R3#show ip ospf neighbor
Neighbor ID  Pri    State        Dead Time    Address       Interface
1.1.1.1      100    FULL/DR      00:01:37     10.10.10.1    Serial0/0


R3#show ip ospf interface
Loopback0 is up, line protocol is up
  Internet Address 3.3.3.3/24, Area 0
  Process ID 10, Router ID 3.3.3.3, Network Type LOOPBACK, Cost: 1
  Loopback interface is treated as a stub Host
Serial0/0 is up, line protocol is up
  Internet Address 10.10.10.3/24, Area 0
  Process ID 10, Router ID 3.3.3.3, Network Type NON_BROADCAST, Cost: 64
  Transmit Delay is 1 sec, State BDR, Priority 1
  Designated Router (ID) 1.1.1.1, Interface address 10.10.10.1
  Backup Designated router (ID) 3.3.3.3, Interface address 10.10.10.3
  Timer intervals configured, Hello 30, Dead 120, Wait 120, Retransmit 5
    oob-resync timeout 120
    Hello due in 00:00:18
  Supports Link-local Signaling (LLS)
  Index 2/2, flood queue length 0
  Next 0x0(0)/0x0(0)
  Last flood scan length is 1, maximum is 1
  Last flood scan time is 0 msec, maximum is 0 msec
  Neighbor Count is 1, Adjacent neighbor count is 1
    Adjacent with neighbor 1.1.1.1  (Designated Router)
  Suppress hello for 0 neighbor(s)
```

나) BMA

BMA^{Broadcast Multiple Access}는 브로드캐스트를 지원하면서 다중 접근이 가능한 네트워크 토폴로지를 말하며, 대표적인 네트워크로는 이더넷을 들 수 있다(Token-Ring, FDDI도 BMA 토폴로지에 속한다).

이더넷의 특징은 동일한 네트워크 대역을 가지며, 같은 VLAN에 속하는 하나의 포트에서 수신한 브로드캐스트 또는 멀티캐스트 데이터를 모든 포트로 전송한다는 것이다.

OSPF 네이버 관계에 있는 라우터들은 OSPF 패킷을 보낼 때 주로 멀티캐스트를 사용한다.

OSPF BMA, Point-to-Point 네트워크에서 OSPF Hello Packet의 경우는 Multicast IP 224.0.0.5를 사용하며, Frame-Relay와 같은 NBMA^{Non-Broadcast Multiple Access} 형태의 네트워크에서는 Unicast IP를 사용한다.

BMA 네트워크 토폴로지에서는 자동으로 우선순위(Priority)나 라우터 ID를 비교한 후 OSPF DR, BDR을 자동으로 선출하며, 기본 Hello/Dead Interval은 10/40이다.

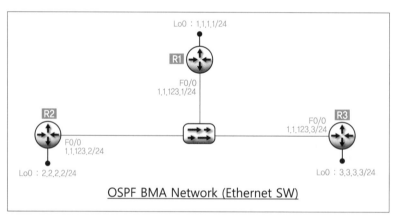

그림 6-36 OSPF BMA 네트워크 토폴로지

■ 라우터의 설정 값 및 OSPF 네이버, DR, BDR 관계

```
[R1]
interface Loopback0
 ip address 1.1.1.1 255.255.255.0
interface FastEthernet0/0
```

```
 ip address 1.1.123.1 255.255.255.0

router ospf 10
 router-id 1.1.1.1
 network 1.1.1.0 0.0.0.255 area 0
 network 1.1.123.0 0.0.0.255 area 0
```

[R2]
```
interface Loopback0
 ip address 2.2.2.2 255.255.255.0
interface FastEthernet0/0
 ip address 1.1.123.2 255.255.255.0

router ospf 10
 router-id 2.2.2.2
 network 1.1.123.0 0.0.0.255 area 0
 network 2.2.2.0 0.0.0.255 area 0
```

[R3]
```
interface Loopback0
 ip address 3.3.3.3 255.255.255.0
interface FastEthernet0/0
 ip address 1.1.123.3 255.255.255.0

router ospf 10
 router-id 3.3.3.3
 network 1.1.123.0 0.0.0.255 area 0
 network 3.3.3.0 0.0.0.255 area 0
```

[OSPF 네이버 관계 R1]
```
R1#show ip ospf neighbor
Neighbor ID     Pri   State     Dead Time   Address      Interface
2.2.2.2          1   FULL/BDR   00:00:37    1.1.123.2    FastEthernet0/0
3.3.3.3          1   FULL/DR    00:00:39    1.1.123.3    FastEthernet0/0

R1#show ip ospf interface
Loopback0 is up, line protocol is up
```

```
    Internet Address 1.1.1.1/24, Area 0
    Process ID 10, Router ID 1.1.1.1, Network Type LOOPBACK, Cost: 1
    Loopback interface is treated as a stub Host
  FastEthernet0/0 is up, line protocol is up
    Internet Address 1.1.123.1/24, Area 0
    Process ID 10, Router ID 1.1.1.1, Network Type BROADCAST, Cost: 10
    Transmit Delay is 1 sec, State DROTHER, Priority 1
    Designated Router (ID) 3.3.3.3, Interface address 1.1.123.3
    Backup Designated router (ID) 2.2.2.2, Interface address 1.1.123.2
    Timer intervals configured, Hello 10, Dead 40, Wait 40, Retransmit 5
      oob-resync timeout 40
      Hello due in 00:00:02
    Supports Link-local Signaling (LLS)
    Index 2/2, flood queue length 0
    Next 0x0(0)/0x0(0)
    Last flood scan length is 1, maximum is 1
    Last flood scan time is 4 msec, maximum is 4 msec
    Neighbor Count is 2, Adjacent neighbor count is 2
      Adjacent with neighbor 2.2.2.2  (Backup Designated Router)
      Adjacent with neighbor 3.3.3.3  (Designated Router)
    Suppress hello for 0 neighbor(s)
```

[OSPF 네이버 관계 R2]

```
R2#show ip ospf neighbor
Neighbor ID   Pri   State        Dead Time   Address     Interface
1.1.1.1        1    FULL/DROTHER  00:00:39   1.1.123.1   FastEthernet0/0
3.3.3.3        1    FULL/DR       00:00:34   1.1.123.3   FastEthernet0/0

R2#show ip ospf interface
Loopback0 is up, line protocol is up
  Internet Address 2.2.2.2/24, Area 0
  Process ID 10, Router ID 2.2.2.2, Network Type LOOPBACK, Cost: 1
  Loopback interface is treated as a stub Host
FastEthernet0/0 is up, line protocol is up
  Internet Address 1.1.123.2/24, Area 0
  Process ID 10, Router ID 2.2.2.2, Network Type BROADCAST, Cost: 10
```

Transmit Delay is 1 sec, State BDR, Priority 1
Designated Router (ID) 3.3.3.3, Interface address 1.1.123.3
Backup Designated router (ID) 2.2.2.2, Interface address 1.1.123.2
Timer intervals configured, Hello 10, Dead 40, Wait 40, Retransmit 5
  oob-resync timeout 40
  Hello due in 00:00:07
Supports Link-local Signaling (LLS)
Index 1/1, flood queue length 0
Next 0x0(0)/0x0(0)
Last flood scan length is 0, maximum is 1
Last flood scan time is 0 msec, maximum is 0 msec
Neighbor Count is 2, Adjacent neighbor count is 2
  Adjacent with neighbor 1.1.1.1
  Adjacent with neighbor 3.3.3.3 (Designated Router)
Suppress hello for 0 neighbor(s)

[OSPF 네이버 관계 R3]

R3#show ip ospf neighbor

Neighbor ID	Pri	State	Dead Time	Address	Interface
1.1.1.1	1	FULL/DROTHER	00:00:30	1.1.123.1	FastEthernet0/0
2.2.2.2	1	FULL/BDR	00:00:33	1.1.123.2	FastEthernet0/0

R3#show ip ospf interface
Loopback0 is up, line protocol is up
  Internet Address 3.3.3.3/24, Area 0
  Process ID 10, Router ID 3.3.3.3, Network Type LOOPBACK, Cost: 1
  Loopback interface is treated as a stub Host
FastEthernet0/0 is up, line protocol is up
  Internet Address 1.1.123.3/24, Area 0
  Process ID 10, Router ID 3.3.3.3, Network Type BROADCAST, Cost: 10
  Transmit Delay is 1 sec, State DR, Priority 1
  Designated Router (ID) 3.3.3.3, Interface address 1.1.123.3
  Backup Designated router (ID) 2.2.2.2, Interface address 1.1.123.2
  Timer intervals configured, Hello 10, Dead 40, Wait 40, Retransmit 5
    oob-resync timeout 40
    Hello due in 00:00:02

```
Supports Link-local Signaling (LLS)
Index 1/1, flood queue length 0
Next 0x0(0)/0x0(0)
Last flood scan length is 2, maximum is 2
Last flood scan time is 0 msec, maximum is 0 msec
Neighbor Count is 2, Adjacent neighbor count is 2
  Adjacent with neighbor 1.1.1.1
  Adjacent with neighbor 2.2.2.2  (Backup Designated Router)
Suppress hello for 0 neighbor(s)
```

OSPF NBMA 네트워크 토폴로지에서 OSPF Priority값을 임의로 주어서 DR, BDR 및 DROther를 선출하는 것을 확인해 봤다.

BMA 네트워크 토폴로지에서는 DR, BDR을 자동으로 선출할 수 있게 OSPF Priority 값을 기본 값인 Priority 1로 임의로 설정 값을 변경하지 않았을 경우 자동으로 DR, BDR 및 DROther를 선출하는 것을 확인할 수 있다. OSPF Priority값을 기본 값으로 둔 상태에서 자동으로 선출할 때 영향을 주는 값은 라우터 ID값이며 R3의 라우터 ID값이 3.3.3.3으로 가장 높기 때문에 DR 라우터가 되며, 그 다음으로 높은 R2(라우터 ID = 2.2.2.2)가 BDR이 되고 나머지 R1(라우터 ID = 1.1.1.1)이 DROther 가 되는 것을 확인할 수 있다.

다) Point-to-Point

OSPF에서의 기본적인 네트워크 토폴로지는 Point-to-Point 모드다. 그 예로는 서브 인터페이스를 이용한 Point-to-Point sub-interface, HDLC, PPP 등이 있으며 1:1 연결의 경우에는 DR, BDR을 선출하지 않는다. 그 이유는 서로 자신을 DR 로 선출하기 때문이다. Point-to-Point 모드에서 Hello/Dead Interval의 기본 값은 10/40이다.

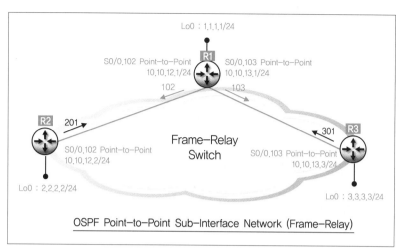

LoO : 1.1.1.1/24

R1

S0/0.102 Point-to-Point
10.10.12.1/24

S0/0.103 Point-to-Point
10.10.13.1/24

102   103

R2   201

S0/0.102 Point-to-Point
10.10.12.2/24

Frame-Relay
Switch

301   R3

S0/0.103 Point-to-Point
10.10.13.3/24

LoO : 2.2.2.2/24

LoO : 3.3.3.3/24

OSPF Point-to-Point Sub-Interface Network (Frame-Relay)

그림 6-37 OSPF Point-to-Point Sub-Interface 네트워크 토폴로지

그림 6-37에서 Frame-Relay 스위치로 Point-to-Point Sub-Interface를 이용한 OSPF 네트워크 토폴로지를 보여주며, OSPF 라우팅 프로토콜에서 DR/BDR이 어떻게 보이는지 확인해보자.

```
[R1]
interface Loopback0
 ip address 1.1.1.1 255.255.255.0
interface Serial0/0
 no ip address
 encapsulation frame-relay
interface Serial0/0.102 point-to-point    //Frame-Relay Sub-Interface를 이
용한 Point-to-point 네트워크//
 ip address 10.10.12.1 255.255.255.0
 frame-relay interface-dlci 102           //Frame-Relay Sub-Interface를 이
용해 R2 연결 DLCI 설정//
interface Serial0/0.103 point-to-point    //Frame-Relay Sub-Interface를 이
용한 Point-to-point 네트워크//
 ip address 10.10.13.1 255.255.255.0
 frame-relay interface-dlci 103           //Frame-Relay Sub-Interface를 이
용해 R3 연결 DLCI 설정//
```

```
router ospf 10
 router-id 1.1.1.1
 network 1.1.1.0 0.0.0.255 area 0
 network 10.10.12.0 0.0.0.255 area 0
 network 10.10.13.0 0.0.0.255 area 0
```

[R2]
```
interface Loopback0
 ip address 2.2.2.2 255.255.255.0

interface Serial0/0
 no ip address
 encapsulation frame-relay
interface Serial0/0.102 point-to-point    //Frame-Relay Sub-Interface를
이용한 Point-to-point 네트워크//
 ip address 10.10.12.2 255.255.255.0
 frame-relay interface-dlci 201           //Frame-Relay Sub-Interface를
이용해 R1 연결 DLCI 설정//

router ospf 10
 router-id 2.2.2.2
 network 2.2.2.0 0.0.0.255 area 0
 network 10.10.12.0 0.0.0.255 area 0
```

[R3]
```
interface Loopback0
 ip address 3.3.3.3 255.255.255.0
interface Serial0/0
 no ip address
 encapsulation frame-relay
interface Serial0/0.103 point-to-point    //Frame-Relay Sub-Interface를
이용한 Point-to-point 네트워크//
 ip address 10.10.13.3 255.255.255.0
 frame-relay interface-dlci 301           //Frame-Relay Sub-Interface를
이용해 R1 연결 DLCI 설정//
```

```
router ospf 10
 router-id 3.3.3.3
 network 3.3.3.0 0.0.0.255 area 0
 network 10.10.13.0 0.0.0.255 area 0
```

[OSPF 네이버 관계 R1]
R1#show ip ospf neighbor

Neighbor ID	Pri	State	Dead Time	Address	Interface
3.3.3.3	0	FULL/ -	00:00:31	10.10.13.3	Serial0/0.103

//DR/BDR 선출하지 않음//

| 2.2.2.2 | 0 | FULL/ - | 00:00:36 | 10.10.12.2 | Serial0/0.102 |

//DR/BDR 선출하지 않음//

R1#show ip ospf interface
```
Loopback0 is up, line protocol is up
  Internet Address 1.1.1.1/24, Area 0
  Process ID 10, Router ID 1.1.1.1, Network Type LOOPBACK, Cost: 1
  Loopback interface is treated as a stub Host
Serial0/0.103 is up, line protocol is up
  Internet Address 10.10.13.1/24, Area 0
  Process ID 10, Router ID 1.1.1.1, Network Type POINT_TO_POINT, Cost:
64
  Transmit Delay is 1 sec, State POINT_TO_POINT
  Timer intervals configured, Hello 10, Dead 40, Wait 40, Retransmit 5
    oob-resync timeout 40
    Hello due in 00:00:05
  Supports Link-local Signaling (LLS)
  Index 3/3, flood queue length 0
  Next 0x0(0)/0x0(0)
  Last flood scan length is 1, maximum is 1
  Last flood scan time is 0 msec, maximum is 0 msec
  Neighbor Count is 1, Adjacent neighbor count is 1
    Adjacent with neighbor 3.3.3.3
  Suppress hello for 0 neighbor(s)
Serial0/0.102 is up, line protocol is up
  Internet Address 10.10.12.1/24, Area 0
```

Process ID 10, Router ID 1.1.1.1, Network Type POINT_TO_POINT, Cost:
64
  Transmit Delay is 1 sec, State POINT_TO_POINT
  Timer intervals configured, Hello 10, Dead 40, Wait 40, Retransmit 5
    oob-resync timeout 40
    Hello due in 00:00:09
  Supports Link-local Signaling (LLS)
  Index 2/2, flood queue length 0
  Next 0x0(0)/0x0(0)
  Last flood scan length is 1, maximum is 1
  Last flood scan time is 0 msec, maximum is 0 msec
  Neighbor Count is 1, Adjacent neighbor count is 1
    Adjacent with neighbor 2.2.2.2
  Suppress hello for 0 neighbor(s)

[OSPF 네이버 관계 R2]

R2#show ip ospf neighbor

Neighbor ID	Pri	State	Dead Time	Address	Interface
1.1.1.1	0	FULL/ -	00:00:30	10.10.12.1	Serial0/0.102

//DR/BDR 선출하지 않음//

R2#show ip ospf interface
Loopback0 is up, line protocol is up
  Internet Address 2.2.2.2/24, Area 0
  Process ID 10, Router ID 2.2.2.2, Network Type LOOPBACK, Cost: 1
  Loopback interface is treated as a stub Host
Serial0/0.102 is up, line protocol is up
  Internet Address 10.10.12.2/24, Area 0
  Process ID 10, Router ID 2.2.2.2, Network Type POINT_TO_POINT, Cost:
64
  Transmit Delay is 1 sec, State POINT_TO_POINT
  Timer intervals configured, Hello 10, Dead 40, Wait 40, Retransmit 5
    oob-resync timeout 40
    Hello due in 00:00:06
  Supports Link-local Signaling (LLS)
  Index 2/2, flood queue length 0

Next 0x0(0)/0x0(0)
Last flood scan length is 1, maximum is 1
Last flood scan time is 0 msec, maximum is 0 msec
Neighbor Count is 1, Adjacent neighbor count is 1
  Adjacent with neighbor 1.1.1.1
Suppress hello for 0 neighbor(s)

[OSPF 네이버 관계 R3]
R3#show ip ospf neighbor

Neighbor ID	Pri	State		Dead Time	Address	Interface
1.1.1.1	0	FULL/	-	00:00:37	10.10.13.1	Serial0/0.103

//DR/BDR 선출하지 않음//

R3#show ip ospf interface
Loopback0 is up, line protocol is up
  Internet Address 3.3.3.3/24, Area 0
  Process ID 10, Router ID 3.3.3.3, Network Type LOOPBACK, Cost: 1
  Loopback interface is treated as a stub Host
Serial0/0.103 is up, line protocol is up
  Internet Address 10.10.13.3/24, Area 0
  Process ID 10, Router ID 3.3.3.3, Network Type POINT_TO_POINT, Cost:
64
  Transmit Delay is 1 sec, State POINT_TO_POINT
  Timer intervals configured, Hello 10, Dead 40, Wait 40, Retransmit 5
    oob-resync timeout 40
    Hello due in 00:00:08
  Supports Link-local Signaling (LLS)
  Index 2/2, flood queue length 0
  Next 0x0(0)/0x0(0)
  Last flood scan length is 1, maximum is 1
  Last flood scan time is 0 msec, maximum is 0 msec
  Neighbor Count is 1, Adjacent neighbor count is 1
    Adjacent with neighbor 1.1.1.1
  Suppress hello for 0 neighbor(s)

Frame-Relay Sub-Interface를 이용해 Point-to-Point 네트워크 설정 시 OSPF 네트워크 토폴로지의 동작은 DR/BDR을 선출하지 않는 것을 확인할 수 있다.

OSPF Point-to-Point 네트워크인 HDLC에서 DR/BDR 선출 여부와 BMA 네트워크인 이더넷^{Ethernet}에서 DR/BDR 동작을 비교해보자.

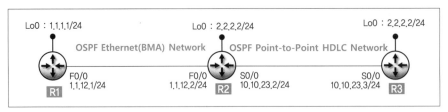

그림 6-38 OSPF Point-to-Point(HDLS) vs BMA(Ethernet) 네트워크 토폴로지

[R1]
```
interface Loopback0
 ip address 1.1.1.1 255.255.255.0
interface FastEthernet0/0
 ip address 1.1.12.1 255.255.255.0      //OSPF BMA(Ethernet) 네트워크//

router ospf 10
 router-id 1.1.1.1
 network 1.1.1.0 0.0.0.255 area 0
 network 1.1.12.0 0.0.0.255 area 0
```

[R2]
```
interface Loopback0
 ip address 2.2.2.2 255.255.255.0
interface FastEthernet0/0
 ip address 1.1.12.2 255.255.255.0        //OSPF BMA(Ethernet) 네트워크//

router ospf 10
 router-id 2.2.2.2
 network 1.1.12.0 0.0.0.255 area 0
 network 10.10.23.0 0.0.0.255 area 0
```

---

interface Loopback0
 ip address 3.3.3.3 255.255.255.0   //OSPF BMA(Ethernet) 네트워크//
interface Serial0/0
 ip address 10.10.23.3 255.255.255.0   //OSPF Point-to-Point(HDLC) 네트
워크//

router ospf 10
 router-id 3.3.3.3
 network 3.3.3.0 0.0.0.255 area 0
 network 10.10.23.0 0.0.0.255 area 0

[OSPF 네이버 관계 R1]
R1#show ip ospf neighbor

Neighbor ID	Pri	State	Dead Time	Address	Interface
2.2.2.2	1	FULL/BDR	00:00:33	1.1.12.2	FastEthernet0/0

//BMA DR/BDR 선출//

R1#show ip ospf interface
Loopback0 is up, line protocol is up
  Internet Address 1.1.1.1/24, Area 0
  Process ID 10, Router ID 1.1.1.1, Network Type LOOPBACK, Cost: 1
  Loopback interface is treated as a stub Host
FastEthernet0/0 is up, line protocol is up
  Internet Address 1.1.12.1/24, Area 0
  Process ID 10, Router ID 1.1.1.1, Network Type BROADCAST, Cost: 10
  Transmit Delay is 1 sec, State DR, Priority 1
  Designated Router (ID) 1.1.1.1, Interface address 1.1.12.1
  Backup Designated router (ID) 2.2.2.2, Interface address 1.1.12.2
  Timer intervals configured, Hello 10, Dead 40, Wait 40, Retransmit 5
    oob-resync timeout 40
    Hello due in 00:00:02
  Supports Link-local Signaling (LLS)
  Index 2/2, flood queue length 0
  Next 0x0(0)/0x0(0)
  Last flood scan length is 0, maximum is 1

Last flood scan time is 0 msec, maximum is 4 msec
Neighbor Count is 1, Adjacent neighbor count is 1
  Adjacent with neighbor 2.2.2.2 (Backup Designated Router)
Suppress hello for 0 neighbor(s)

[OSPF 네이버 관계 R2]

R2#show ip ospf neighbor

Neighbor ID	Pri	State	Dead Time	Address	Interface
3.3.3.3	0	FULL/ -	00:00:32	10.10.23.3	Serial0/0

//PTP DR/BDR 선출 안 함//

| 1.1.1.1 | 1 | FULL/DR | 00:00:31 | 1.1.12.1 | FastEthernet0/0 |

//BMA DR/BDR 선출//

R2#show ip ospf interface
Serial0/0 is up, line protocol is up
  Internet Address 10.10.23.2/24, Area 0
  Process ID 10, Router ID 2.2.2.2, Network Type POINT_TO_POINT, Cost:
64
  Transmit Delay is 1 sec, State POINT_TO_POINT
  Timer intervals configured, Hello 10, Dead 40, Wait 40, Retransmit 5
    oob-resync timeout 40
    Hello due in 00:00:02
  Supports Link-local Signaling (LLS)
  Index 2/2, flood queue length 0
  Next 0x0(0)/0x0(0)
  Last flood scan length is 1, maximum is 1
  Last flood scan time is 0 msec, maximum is 0 msec
  Neighbor Count is 1, Adjacent neighbor count is 1
    Adjacent with neighbor 3.3.3.3
  Suppress hello for 0 neighbor(s)
FastEthernet0/0 is up, line protocol is up
  Internet Address 1.1.12.2/24, Area 0
  Process ID 10, Router ID 2.2.2.2, Network Type BROADCAST, Cost: 10
  Transmit Delay is 1 sec, State BDR, Priority 1
  Designated Router (ID) 1.1.1.1, Interface address 1.1.12.1
  Backup Designated router (ID) 2.2.2.2, Interface address 1.1.12.2

```
Timer intervals configured, Hello 10, Dead 40, Wait 40, Retransmit 5
  oob-resync timeout 40
  Hello due in 00:00:03
Supports Link-local Signaling (LLS)
Index 1/1, flood queue length 0
Next 0x0(0)/0x0(0)
Last flood scan length is 1, maximum is 1
Last flood scan time is 0 msec, maximum is 0 msec
Neighbor Count is 1, Adjacent neighbor count is 1
  Adjacent with neighbor 1.1.1.1  (Designated Router)
Suppress hello for 0 neighbor(s)
```

[OSPF 네이버 관계 R3]

R3#show ip ospf neighbor

```
Neighbor ID    Pri   State        Dead Time   Address      Interface
2.2.2.2         0   FULL/  -      00:00:31    10.10.23.2   Serial0/0
//PTP DR/BDR 선출 안 함//
```

R3#show ip ospf interface
```
Loopback0 is up, line protocol is up
  Internet Address 3.3.3.3/24, Area 0
  Process ID 10, Router ID 3.3.3.3, Network Type LOOPBACK, Cost: 1
  Loopback interface is treated as a stub Host
Serial0/0 is up, line protocol is up
  Internet Address 10.10.23.3/24, Area 0
  Process ID 10, Router ID 3.3.3.3, Network Type POINT_TO_POINT, Cost:
64
  Transmit Delay is 1 sec, State POINT_TO_POINT
  Timer intervals configured, Hello 10, Dead 40, Wait 40, Retransmit 5
    oob-resync timeout 40
    Hello due in 00:00:04
  Supports Link-local Signaling (LLS)
  Index 2/2, flood queue length 0
  Next 0x0(0)/0x0(0)
  Last flood scan length is 1, maximum is 1
  Last flood scan time is 0 msec, maximum is 0 msec
```

```
Neighbor Count is 1, Adjacent neighbor count is 1
  Adjacent with neighbor 2.2.2.2
Suppress hello for 0 neighbor(s)
```

OSPF 네트워크 토폴로지에서 Frame-Relay Sub-Interface와 HDLC의 경우
는 Point-to-Point 네트워크로 DR/BDR 선출을 하지 않는 것을 확인했으며,
BMA^{Broadcast Multiple Access} 토폴로지인 Ethernet 네트워크에서는 DR/BDR을 자동으
로 선출하는 것을 라우터 설정을 통해 확인했다.

라) Point-to-Multipoint

Point-to-Multipoint 토폴로지의 형식은 NBMA와 유사하지만, Point의 1개 물
리 인터페이스에는 여러 개의 서브 인터페이스가 논리적으로 존재하기 때문에 그림
6-37처럼 서브 인터페이스별로 서로 다른 네트워크로 연결되는 형태로 하나의 링크
만 고려하면 Point-to-Point 연결과 구조적으로 비슷하다. 즉, DR, BDR을 선출하
지 않고 자신이 DR로 인식한다. Point-to-Point와 다른 점은 Hello/Dead Interval
이 30/120이라는 것이다. 그 이유는 물리적인 전송 프로토콜은 프레임 릴레이와 같
은 구조를 가지고 있고, 대역폭이 상대적으로 작기 때문이다.

7) OSPF DR & BDR

이더넷이나 NBMA와 같은 다중 접속 토폴로지 환경에서는 전체 OSPF 라우터 간
OSPF LSA를 상호 교환한다. 브로드캐스트 네트워크 구간을 통해 OSPF가 동작하는
라우터 간 N:N으로 LSA를 서로 교환하며, 동일 네트워크 대역에서 중복된 LSA 및
LSAck가 필요 이상으로 많이 발생한다. 소규모 네트워크에서는 큰 문제가 되지 않
지만, 브로드캐스트 도메인에 많은 OSPF가 동작하는 라우터들이 있다면 라우터 간
LSA 및 LSAck 패킷으로 인해 정작 안정적으로 전송돼야 할 데이터가 전공구간에 흐
르는 많은 데이터로 인해 지연 현상이 발생할 수 있다.

브로드캐스트 도메인상에서 데이터 전달이 아닌 라우터 간 OSPF 패킷을 효율적으로 전달하기 위해 LSA를 하나의 대표 라우터에게만 보내고 대표 라우터가 나머지 라우터에 중계한다면 브로드캐스트 도메인에서 데이터 전송이 좀 더 효율적일 것이다. 이러한 대표 라우터 역할을 하는 라우터가 바로 'DR 라우터'다. 그러나 대표로 중계하는 라우터에 장애가 발생했을 경우 대신할 수 있는 라우터가 있어야 하는데, 이러한 라우터 역할을 하는 라우터를 'BDR 라우터'라고 한다.

그림 6-39는 DR 라우터가 있을 때와 없을 때 OSPF 패킷 전달의 효율성을 보여준다.

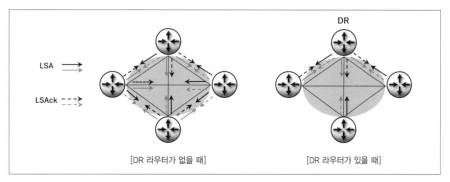

그림 6-39 OSPF DR 라우터 패킷 전송 역할 비교

■ OSPF상에서의 요소별 역할

- DR^{Designated Router} : LSA의 중계 역할
- BDR^{Backup DR} : DR 라우터 장애 시 DR 역할을 하는 라우터

■ DR/BDR 선출 기준 및 순서

① 라우터 인터페이스의 OSPF 우선순위(Priority)가 가장 높은 라우터가 DR 라우터가 되며, 다음 순위가 BDR 라우터가 된다.

[주의] OSPF 우선순위(Priority) = 0이면 DR, BDR이 될 수 없다.

② 라우터 인터페이스의 OSPF 우선순위(Priority)가 동일할 경우(Default 값 = 1), 라우터ID가 높은 것이 DR 라우터, 다음으로 높은 것이 BDR 라우터가 된다.

③ DR, BDR이 한 번 선출되면 더 높은 우선순위를 가진 라우터가 추가되더라도 다
시 DR, BDR을 선출하지 않는다. 단, 기존 DR, BDR의 우선순위가 '0'으로 조정
되면 DR, BDR을 위 과정으로 다시 선출한다. 이때는 DR, BDR이 아닌 라우터
DROther이라고 한다.

- OSPF Priority 설정 방법

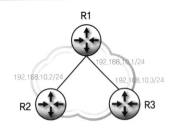

```
interface Serial0/0
 ip address 192.168.10.1 255.255.255.0
 encapsulation frame-relay
 frame-relay map ip 10.10.10.2 102
broadcast
 frame-relay map ip 10.10.10.3 103
broadcast

router ospf 10
 network 192.168.10.0 0.0.0.255 area 0
 neighbor 192.168.10.2
 neighbor 192.168.10.3
```

[OSPF Interface]	[OSPF Process]
R(config)# interface Fastethernet0/0 R(config-if)# ip ospf priority 100 / Priority는 0~255까지 설정할 수 있다./	R(config)# router ospf 10 R(config-router)#network 192.168.10.0 0.0.0.255 area 0 R(config-router)# neighbor 192.168.10.2 priority 0 R(config-router)# neighbor 192.168.10.3 priority 0

이번에는 OSPF 동작 중 특정 네트워크의 링크 상태 변경에 따른 OSPF 패킷 전송 절
차를 확인해보자.

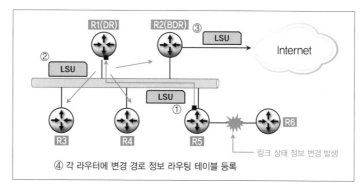

그림 6-40 OSPF 링크 상태 변동에 따른 OSPF 패킷 전달 과정

① 라우터 R5에서 발생한 링크 변경 정보를 DR 라우터인 R1으로 전달(224.0.0.6)

② DR 라우터 R1은 다른 라우터에 링크 정보 변경을 공지(224.0.0.5)

③ LSU^{Link-State Update} 정보를 다른 라우터에 전파(224.0.0.5)

④ 변경된 링크 상태를 수신한 모든 라우터는 라우팅 테이블에 변경 링크 정보 등록

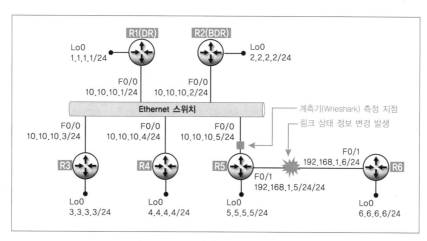

그림 6-41 OSPF 패킷 LS Update 동작 구성도

그림 6-41에서 R1~R6 라우터 인터페이스 및 OSPF 라우팅 프로토콜을 설정한 후
R5와 R6 사이 링크를 다운^{Down}시킬 경우 OSPF LS 업데이트 변화를 각 라우터의 네
이버 관계와 함께 계측기에서 OSPF 패킷 전달과정을 살펴보고, LS Update 패킷을

전달할 때 사용하는 IP에 대해서 확인해 보자.

※ R1 ~ R6까지 설정 값은 생략하도록 하겠다. 각자 그림 6-37을 보고 설정하기 바란다.

■ 라우터의 네이버 관계 확인

```
R1# show ip ospf neighbor
Neighbor ID  Pri State        Dead Time  Address      Interface
2.2.2.2      1   FULL/BDR      00:00:31   10.10.10.2   FastEthernet0/0
3.3.3.3      1   FULL/DROTHER  00:00:34   10.10.10.3   FastEthernet0/0
4.4.4.4      1   FULL/DROTHER  00:00:39   10.10.10.4   FastEthernet0/0
5.5.5.5      1   FULL/DROTHER  00:00:31   10.10.10.5   FastEthernet0/0

R2# show ip ospf neighbor
Neighbor ID  Pri State        Dead Time  Address      Interface
1.1.1.1      1   FULL/DR       00:00:32   10.10.10.1   FastEthernet0/0
3.3.3.3      1   FULL/DROTHER  00:00:39   10.10.10.3   FastEthernet0/0
4.4.4.4      1   FULL/DROTHER  00:00:34   10.10.10.4   FastEthernet0/0
5.5.5.5      1   FULL/DROTHER  00:00:37   10.10.10.5   FastEthernet0/0

R3# show ip ospf neighbor
Neighbor ID  Pri State        Dead Time  Address      Interface
1.1.1.1      1   FULL/DR       00:00:37   10.10.10.1   FastEthernet0/0
2.2.2.2      1   FULL/BDR      00:00:31   10.10.10.2   FastEthernet0/0
4.4.4.4      1   2WAY/DROTHER  00:00:39   10.10.10.4   FastEthernet0/0
5.5.5.5      1   2WAY/DROTHER  00:00:32   10.10.10.5   FastEthernet0/0

R4# show ip ospf neighbor
Neighbor ID  Pri State        Dead Time  Address      Interface
1.1.1.1      1   FULL/DR       00:00:33   10.10.10.1   FastEthernet0/0
2.2.2.2      1   FULL/BDR      00:00:37   10.10.10.2   FastEthernet0/0
3.3.3.3      1   2WAY/DROTHER  00:00:31   10.10.10.3   FastEthernet0/0
5.5.5.5      1   2WAY/DROTHER  00:00:38   10.10.10.5   FastEthernet0/0

R5# show ip ospf neighbor
Neighbor ID  Pri State        Dead Time  Address        Interface
192.168.1.6  1   FULL/BDR      00:00:31   192.168.1.6    FastEthernet0/1
1.1.1.1      1   FULL/DR       00:00:30   10.10.10.1     FastEthernet0/0
```

2.2.2.2	1	FULL/BDR	00:00:35	10.10.10.2	FastEthernet0/0
3.3.3.3	1	2WAY/DROTHER	00:00:38	10.10.10.3	FastEthernet0/0
4.4.4.4	1	2WAY/DROTHER	00:00:33	10.10.10.4	FastEthernet0/0

R6#show ip ospf neighbor

Neighbor ID	Pri	State	Dead Time	Address	Interface
5.5.5.5	1	FULL/DR	00:00:35	192.168.1.5	FastEthernet0/1

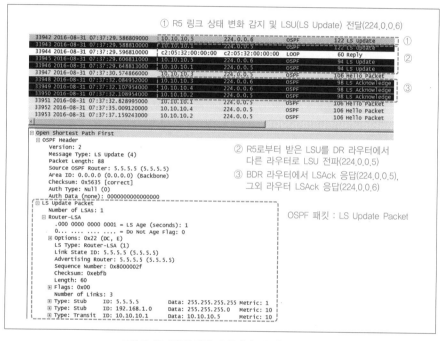

그림 6-42 OSPF 패킷 LS 업데이트 동작 상태 계측

8) OSPF 이웃

OSPF 라우팅 정보를 주고받은 네이버를 이웃 네이버Adjacent Neighbor라고 한다.

OSPF 라우터 간 이웃(Adjacency)을 맺는 경우는 다음과 같다.

- DR과 DROther 라우터

- BDR과 DROther 라우터

- Point-to-Point 네트워크로 연결된 두 라우터

- Point-to-Multipoint 네트워크로 연결된 라우터

■ 가상링크^{Virtual Link}로 연결된 두 라우터

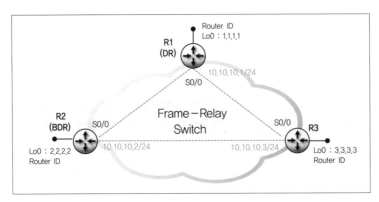

그림 6-43 OSPF 이웃

■ 라우터 설정 값

```
[R1]
interface Serial0/0
 ip address 10.10.10.1 255.255.255.0
 encapsulation frame-relay
 ip ospf network point-to-multipoint
 frame-relay map ip 10.10.10.2 102 broadcast
frame-relay map ip 10.10.10.3 103 broadcast

router ospf 10
 router-id 1.1.1.1
network 1.1.1.0 0.0.0.255 area 0
 network 10.10.10.0 0.0.0.255 area 0
```

```
[R2]
interface Serial0/0
 ip address 10.10.10.2 255.255.255.0
 encapsulation frame-relay
 ip ospf network point-to-multipoint
 frame-relay map ip 10.10.10.1 201 broadcast
 frame-relay map ip 10.10.10.3 203 broadcast

router ospf 10
 router-id 2.2.2.2
network 2.2.2.0 0.0.0.255 area 0
 network 10.10.10.0 0.0.0.255 area 0
```

```
[R3]
interface Serial0/0
 ip address 10.10.10.3 255.255.255.0
 encapsulation frame-relay
 ip ospf network point-to-multipoint
 frame-relay map ip 10.10.10.1 301 broadcast
 frame-relay map ip 10.10.10.3 302 broadcast

router ospf 10
 router-id 3.3.3.3
 network 3.3.3.0 0.0.0.255 area 0
 network 10.10.10.0 0.0.0.255 area 0
```

■ 라우터 OSPF Adjacency 확인

```
R1#show ip ospf interface s0/0
Serial0/0 is up, line protocol is up
  Internet Address 10.10.10.1/24, Area 0
  Process ID 10, Router ID 1.1.1.1, Network Type POINT_TO_MULTIPOINT,
Cost: 64
  Transmit Delay is 1 sec, State POINT_TO_MULTIPOINT
```

```
      Timer intervals configured, Hello 30, Dead 120, Wait 120, Retransmit 5
        oob-resync timeout 120
        Hello due in 00:00:04
      Supports Link-local Signaling(LLS)
      Index 2/2, flood queue length 0
      Next 0x0(0)/0x0(0)
      Last flood scan length is 1, maximum is 1
      Last flood scan time is 0 msec, maximum is 4 msec
      Neighbor Count is 2, Adjacent neighbor count is 2
        Adjacent with neighbor 3.3.3.3
        Adjacent with neighbor 2.2.2.2
      Suppress hello for 0 neighbor(s)

R2#show ip ospf interface s0/0
Serial0/0 is up, line protocol is up
  Internet Address 10.10.10.2/24, Area 0
  Process ID 10, Router ID 2.2.2.2, Network Type POINT_TO_MULTIPOINT,
Cost: 64
    Transmit Delay is 1 sec, State POINT_TO_MULTIPOINT
    Timer intervals configured, Hello 30, Dead 120, Wait 120, Retransmit 5
      oob-resync timeout 120
      Hello due in 00:00:00
    Supports Link-local Signaling(LLS)
    Index 2/2, flood queue length 0
    Next 0x0(0)/0x0(0)
    Last flood scan length is 1, maximum is 1
    Last flood scan time is 0 msec, maximum is 4 msec
    Neighbor Count is 2, Adjacent neighbor count is 2
      Adjacent with neighbor 1.1.1.1
      Adjacent with neighbor 3.3.3.3
    Suppress hello for 0 neighbor(s)

R3#show ip ospf interface s0/0
Serial0/0 is up, line protocol is up
  Internet Address 10.10.10.3/24, Area 0
  Process ID 10, Router ID 3.3.3.3, Network Type POINT_TO_MULTIPOINT,
Cost: 64
```

```
Transmit Delay is 1 sec, State POINT_TO_MULTIPOINT
Timer intervals configured, Hello 30, Dead 120, Wait 120, Retransmit 5
 … …
Last flood scan time is 0 msec, maximum is 4 msec
Neighbor Count is 2, Adjacent neighbor count is 2
  Adjacent with neighbor 1.1.1.1
  Adjacent with neighbor 2.2.2.2
Suppress hello for 0 neighbor(s)
```

9) OSPF 메트릭

OSPF는 메트릭으로 대역폭을 사용한다. EIGRP와 마찬가지로 Cost 값이 작은 경로가 우선 경로로 간주된다. 대역폭이 클수록 Cost 값이 작아지므로 대역폭이 큰 인터페이스 경로가 최적의 경로가 될 수 있다. 그리고 OSPF에서 기준이 되는 대역폭은 FastEthernet으로 100Mbps(10exp8 bps)다.

> 기준 대역폭(Reference Bandwidth) = 100Mbps(10exp8 bps)
>
> OSPF Cost = Σ [(Reference Bandwidth)/(실제 대역폭)]
> ※ Cost ≥ 1이면 위의 Cost 값을 그대로 사용한다.
> ※ Cost < 1이면 Cost 값은 무조건 1로 간주한다.

OSPF 메트릭의 기준 대역폭은 100Mbps로 1Gbps의 대역폭일 경우라도 동일하게 Cost가 1로 간주되기 때문에 2개의 라우터 간에 100Mbps와 1Gbps가 동시에 연결됐다면 부하 분산의 조건으로 Equal-Cost로 간주한다. 따라서 부하 분산 자체가 데이터 전송에 비효율적일 수 있다. 이러한 단점을 개선하기 위해 'auto-cost reference-bandwidth'라는 명령어로 OSPF 프로세서에서 기준 대역폭을 변경해 Cost 계산을 가능하게 할 수 있다. 단, 위 명령어는 시스코 장비에 대한 명령어라는 것을 참고하기 바란다.

표 6-5 OSPF 대역폭에 따른 메트릭 값

대역폭	OSPF Metric(Cost)
64Kbps	1562
T1(1.544Mbps, Serial Link)	64
E1(2.048Mbps, Serial	48
Ethernet	10
FastEthernet	1
ATM	1

OSPF 메트릭을 산출하는 데 이용되는 중요한 값이 대역폭^{Bandwidth}임을 알았다. 라우터에서 인터페이스의 대역폭은 임의로 설정할 수 있다. 즉, 실제 대역폭이 100Mbps라 하더라도 Cost를 조정하기 위해 대역폭을 512kbps로 설정할 수 있다. 여기서 인터페이스의 대역폭 조정은 단지 OSPF 메트릭, 즉 Cost값 계산에 사용되므로 실제 데이터 전송과는 아무런 관계가 없다.

■ OSPF 메트릭 값 조정

OSPF 메트릭, 즉 Cost를 변경하기 위해 라우터 인터페이스 대역폭 조정 방법에 대해 알아보자. Cost를 조정하는 데에는 앞에서 언급한 대역폭을 변경하는 방법과 OSPF Cost 자체를 입력하는 방법이 있다. 그림 6-44의 네트워크 토폴로지에서 라우팅 테이블에 올라간 특정 네트워크의 OSPF Cost를 대역폭으로 조정하는 방법과 OSPF Cost를 해당 인터페이스에 직접 입력하는 방법을 확인해보자.

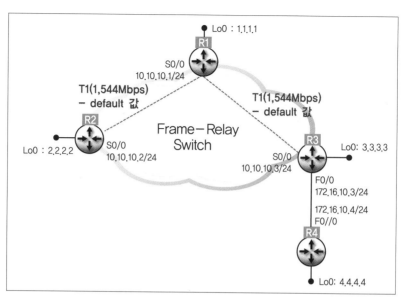

그림 6-44 OSPF 메트릭(Cost) 조정 1

라우터 R1 ~ R4 설정값은 다음과 같이 입력해보자.

```
[R1]
interface Loopback0
 ip address 1.1.1.1 255.255.255.0
interface Serial0/0
 ip address 10.10.10.1 255.255.255.0
 encapsulation frame-relay
 ip ospf network point-to-multipoint
 ip ospf priority 100
 frame-relay map ip 10.10.10.2 102 broadcast
 frame-relay map ip 10.10.10.3 103 broadcast

router ospf 10
 router-id 1.1.1.1
 network 1.1.1.0 0.0.0.255 area 0
 network 10.10.10.0 0.0.0.255 area 0
```

```
[R2]
interface Loopback0
 ip address 2.2.2.2 255.255.255.0
interface Serial0/0
 ip address 10.10.10.2 255.255.255.0
 encapsulation frame-relay
 ip ospf network point-to-multipoint
 ip ospf priority 10
 frame-relay map ip 10.10.10.1 201 broadcast

router ospf 10
 router-id 2.2.2.2
 network 2.2.2.0 0.0.0.255 area 0
 network 10.10.10.0 0.0.0.255 area 0
```

```
[R3]
interface Loopback0
 ip address 3.3.3.3 255.255.255.0
interface FastEthernet0/0
 bandwidth 512          //OSPF Cost 조정 = ip ospf cost 195와 동일한 결과//
 ip address 172.16.10.3 255.255.255.0
interface Serial0/0
 ip address 10.10.10.3 255.255.255.0
 encapsulation frame-relay
 frame-relay map ip 10.10.10.1 301 broadcast

router ospf 10
 router-id 3.3.3.3
 network 3.3.3.0 0.0.0.255 area 0
 network 10.10.10.0 0.0.0.255 area 0
 network 172.16.10.0 0.0.0.255 area 0
```

```
[R4]
interface Loopback0
 ip address 4.4.4.4 255.255.255.0
interface FastEthernet0/0
 ip address 172.16.10.4 255.255.255.0
```

```
router ospf 10
 router-id 4.4.4.4
 network 4.4.4.0 0.0.0.255 area 0
 network 172.16.10.0 0.0.0.255 area 0
```

[인터페이스 대역폭을 변경하는 방법]	[OSPF Cost 자체 입력 방법]
R3(config)#interface Fastethernet0/0 R3(config-if)#bandwidth 512	R3(config)#interface Fastethernet0/0 R3(config-if)#ip ospf cost 195

위 두 가지 변경 방법으로 나온 Cost 값은 동일하다.

R1#show ip route

··· ···

     1.0.0.0/24 is subnetted, 1 subnets
C   1.1.1.0 is directly connected, Loopback0
     3.0.0.0/32 is subnetted, 1 subnets
O   3.3.3.3 [110/**65**] via 10.10.10.3, 00:00:08, Serial0/0
//Serial0/0 Bandwidth = 1,544kbps//
     4.0.0.0/32 is subnetted, 1 subnets
O   4.4.4.4 [110/**260**] via 10.10.10.3, 00:00:08, Serial0/0
     172.16.0.0/24 is subnetted, 1 subnets
O   172.16.10.0 [110/**259**] via 10.10.10.3, 00:00:08, Serial0/0
     10.0.0.0/24 is subnetted, 1 subnets
C   10.10.10.0 is directly connected, Serial0/0

① 첫 번째 방법의 Cost 계산

- 172.16.10.0/24 네트워크 대역 Cost

100,000/512 = 195	+	100,000/1,544 = 64	=	259
R3 FastEthernet0/0 Cost		R1 Serial0/0 Cost		

- 4.4.4.0/24 네트워크 대역 Cost

100,000/512 = 195	+	100,000/1,544 = 64	=	1	260
R3 FastEthernet0/0 Cost		R1 Serial0/0 Cost		L0 FastEthernet Cost	

※ R3 FastEthernet0/0의 OSPF Cost 값을 임의로 195를 설정한 결과와 같다.

OSPF 라우팅 프로토콜은 영역(Area)을 이용한 계층(Hierarchy) 구조이다. 백본 영역인 Area0(Transit Area)가 받아오는 라우팅 메트릭(Cost) 값은 백본 영역이 아닌 영역(Regular Area)에서 받아오는 라우팅 메트릭 값과는 약간의 차이가 있다. 여기서 어떻게 차이가 나는지 간단히 확인만 하고 '10) OSPF 라우팅 테이블 경로 타입'에서 상세히 확인해보자.

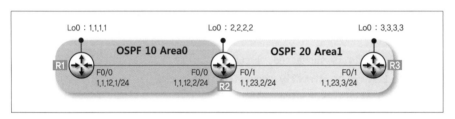

그림 6-45 OSPF 메트릭(Cost) 조정 2

```
[R1]
interface Loopback0
 ip address 1.1.1.1 255.255.255.0
interface FastEthernet0/0
 ip address 1.1.12.1 255.255.255.0

router ospf 10
 router-id 1.1.1.1
 network 1.1.1.0 0.0.0.255 area 0
 network 1.1.12.0 0.0.0.255 area 0
```

```
[R2]
interface Loopback0
 ip address 2.2.2.2 255.255.255.0
interface FastEthernet0/0
 ip address 1.1.12.2 255.255.255.0
interface FastEthernet0/1
 ip address 1.1.23.2 255.255.255.0
 ip ospf cost 195              //OSPF Cost 조정 bandwidth 512와 동일한 결과//

router ospf 10
 router-id 2.2.2.2
 redistribute ospf 20 subnets     //OSPF O E2로 라우팅을 받아오는 것을 확인하기
위해 재분배 처리//
 network 1.1.12.0 0.0.0.255 area 0
 network 2.2.2.0 0.0.0.255 area 0

router ospf 20
 redistribute ospf 10 subnets     //OSPF O E2로 라우팅을 받아오는 것을 확인하기
위해 재분배 처리//
 network 1.1.23.0 0.0.0.255 area 1
```

```
[R3]
interface Loopback0
 ip address 3.3.3.3 255.255.255.0
interface FastEthernet0/1
 ip address 1.1.23.3 255.255.255.0

router ospf 20
 router-id 3.3.3.3
 network 1.1.23.0 0.0.0.255 area 1
 network 3.3.3.0 0.0.0.255 area 1
```

R1에서 라우팅 테이블을 통해 OSPF Metric(Cost) 값을 확인해보자.

```
R1#show ip route
Codes: C - connected, S - static, R - RIP, M - mobile, B - BGP
       D - EIGRP, EX - EIGRP external, O - OSPF, IA - OSPF inter area
       N1 - OSPF NSSA external type 1, N2 - OSPF NSSA external type 2
       E1 - OSPF external type 1, E2 - OSPF external type 2
       i - IS-IS, su - IS-IS summary, L1 - IS-IS level-1, L2 - IS-IS
level-2
       ia - IS-IS inter area, * - candidate default, U - per-user static
route
       o - ODR, P - periodic downloaded static route

Gateway of last resort is not set

     1.0.0.0/24 is subnetted, 3 subnets
C       1.1.1.0 is directly connected, Loopback0
C       1.1.12.0 is directly connected, FastEthernet0/0
O E2    1.1.23.0 [110/195] via 1.1.12.2, 00:07:14, FastEthernet0/0
//OSPF Cost 195가 적용됨//
     2.0.0.0/32 is subnetted, 1 subnets
O       2.2.2.2 [110/11] via 1.1.12.2, 00:12:42, FastEthernet0/0
     3.0.0.0/32 is subnetted, 1 subnets
O E2    3.3.3.3 [110/196] via 1.1.12.2, 00:07:08, FastEthernet0/0
//Lo0 FastEthernet Cost 1이 더해짐//
```

그림 6-44에서 차이나는 부분은 R1에서 OSPF Metric(Cost)이 더해져야 하는 부분인 FastEthernet0/0의 Cost 값이 1이 더해져야 하지만 OSPF Metric 계산에 있어서 외부(External)에서 받아오는 경우에는 External Cost만 반영하기 때문에 OSPF Cost 195가 그대로 적용돼 보인다.

※ O E2의 경우는 External Cost만 고려한다.

10) OSPF 라우팅 테이블 경로 타입

OSPF 라우팅 프로토콜에 의해 라우팅 테이블에 등록되는 최적의 경로에는 영역내에서 생성되는 경로, ABR^AS Border Router을 통해 전달 받은 경로, 같은 또는 다른 라우팅 프로토콜상에서 재분배를 통해 받는 경로 및 완전 외부 타AS에서 받아오는 경로 등이 있다. 해당 경로에 따른 라우팅 테이블 코드는 OSPF LSA 타입을 통해서 라우팅 정보를 전달한다.

표 6-6의 OSPF LSA 타입과 표 6-7의 OSPF 경로 코드에 대해서 살펴보자.

표 6-6 OSPF 경로 코드

OSPF LSA 타입	설명
1	같은 영역 내에서 라우터끼리 주고 받는 LAS 정보(Router LSA)
2	같은 영역 내에서 DR/BDR이 있을 경우 DR이 다른 라우터에 전달하는 LSA 정보 (Network LSA)
3	두 개 영역에 속한 ABR이 다른 영역으로 자신의 정보를 요약해서 보내는 LSA 정보(Network Summary LSA)
4	외부 네트워크와 연결되는 ASBR이 다른 프로토콜로부터 재분배되는 정보를 전달하는 LSA 정보(ASBR Summary LSA)
5	다른 AS로부터 재분배된 LSA 정보(AS External LSA)
6	Multicast OSPF로 MOSPF에서 보여지나, PIM을 사용할 경우 사용되지 않음 (Multicast OSPF LAS) *PIM을 사용하는 Cisco에서는 지원하지 않음
7	다른 영역의 정보를 NSSA(Not-So-Stubby Area) 전체에 전달하는 LSA 정보 (NSSA Summary LSA)

표 6-7 OSPF 경로 코드

OSPF 경로 코드(Router Designator)		상세 설명
O	OSPF derived route Router and Network LSA	Area 내에서 LSA Type1, 2를 통해 전달 Area 내에서 생성되는 최적 경로가 라우팅 테이블에 등록
O IA	OSPF Inter-area route (Summary LSA)	ABR(Area Border Router)에서 LSA Type 3, 4를 통해 전달 Summary LSAs를 광고한다.
O E1	Type1 External routes	AS(Autonomous System) 밖의 네트워크 정보 External LSAs를 광고한다(LSA Type 5).
O E2	Type2 External routers	O E1: External Cost + Internal Cost O E2: Default, External Cost만 고려

위 OSPF 경로 코드를 확인하기 위해 그림 6-46 네트워크 토폴로지에서 AS간 연결용 ASBR 및 영역간 연결을 위한 ABR의 구성을 보여주고, R3에서 라우팅 테이블을 확인해보자.

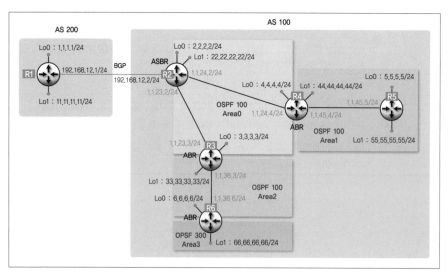

그림 6-46 OSPF 라우팅 경로 코드

아직 라우팅 프로토콜에 대해서 BGP까지 배우기 전이기 때문에 그림 6-46 네트워크 토폴로지는 BGP 및 라우팅 프로토콜 간 재분배가 적용돼 있다. 설정 정보는 참고만하고 그대로 따라서 적용한 후 라우팅 테이블에서 OSPF 라우팅 코드가 어떻게 보이는지 확인해보자.

```
[R1]
interface Loopback0
 ip address 1.1.1.1 255.255.255.0
interface Loopback1
 ip address 11.11.11.11 255.255.255.0
interface FastEthernet0/1
 ip address 192.168.12.1 255.255.255.0

router bgp 200               //BGP 라우팅 프로토콜은 뒤에서 상세히 배울 예정//
 no synchronization
 network 1.1.1.0 mask 255.255.255.0
 network 11.11.11.0 mask 255.255.255.0
 neighbor 192.168.12.2 remote-as 100
 neighbor 192.168.12.2 ebgp-multihop 5
 neighbor 192.168.12.2 next-hop-self
```

```
[R2]
interface Loopback0
 ip address 2.2.2.2 255.255.255.0
interface Loopback1
 ip address 22.22.22.22 255.255.255.0
interface FastEthernet0/0
 ip address 1.1.23.2 255.255.255.0
interface FastEthernet0/1
 ip address 192.168.12.2 255.255.255.0
interface FastEthernet1/0
 ip address 1.1.24.2 255.255.255.0

router ospf 100
 router-id 2.2.2.2
 redistribute bgp 100 subnets   //BGP 100의 라우팅 정보를 OSPF 100으로 재분배//
 network 1.1.23.0 0.0.0.255 area 0
 network 1.1.24.0 0.0.0.255 area 0
```

```
 network 2.2.2.0 0.0.0.255 area 0
 network 22.22.22.0 0.0.0.255 area 0

router bgp 100
 no synchronization
 network 1.1.0.0 mask 255.255.0.0
 network 2.2.2.0 mask 255.255.255.0
 network 3.3.3.0 mask 255.255.255.0
 network 4.4.4.0 mask 255.255.255.0
 network 5.5.5.0 mask 255.255.255.0
 network 6.6.6.0 mask 255.255.255.0
 network 22.22.22.0 mask 255.255.255.0
 network 33.33.33.0 mask 255.255.255.0
 network 44.44.44.0 mask 255.255.255.0
 network 55.55.55.0 mask 255.255.255.0
 network 66.66.66.0 mask 255.255.255.0
 redistribute ospf 100          //OSPF 100의 라우팅 정보를 BGP 100으로 재분배//
 neighbor 192.168.12.1 remote-as 200
 neighbor 192.168.12.1 ebgp-multihop 5
 neighbor 192.168.12.1 next-hop-self
```

[R3]
```
interface Loopback0
 ip address 3.3.3.3 255.255.255.0
interface Loopback1
 ip address 33.33.33.33 255.255.255.0
interface FastEthernet0/0
 ip address 1.1.23.3 255.255.255.0
interface FastEthernet0/1
 ip address 1.1.36.3 255.255.255.0

router ospf 100
 router-id 3.3.3.3
 network 1.1.23.0 0.0.0.255 area 0
 network 1.1.36.0 0.0.0.255 area 2
 network 3.3.3.0 0.0.0.255 area 0
 network 33.33.33.0 0.0.0.255 area 2
```

```
[R4]
interface Loopback0
 ip address 4.4.4.4 255.255.255.0
interface Loopback1
 ip address 44.44.44.44 255.255.255.0
interface FastEthernet0/0
 ip address 1.1.45.4 255.255.255.0
interface FastEthernet1/0
 ip address 1.1.24.4 255.255.255.0

router ospf 100
 router-id 4.4.4.4
 network 1.1.24.0 0.0.0.255 area 0
 network 1.1.45.0 0.0.0.255 area 1
 network 4.4.4.0 0.0.0.255 area 0
 network 44.44.44.0 0.0.0.255 area 1
```

```
[R5]
interface Loopback0
 ip address 5.5.5.5 255.255.255.0
interface Loopback1
 ip address 55.55.55.55 255.255.255.0
interface FastEthernet0/0
 ip address 1.1.45.5 255.255.255.0

router ospf 100
 router-id 5.5.5.5
 network 1.1.45.0 0.0.0.255 area 1
 network 5.5.5.0 0.0.0.255 area 1
 network 55.55.55.0 0.0.0.255 area 1
```

```
[R6]
interface Loopback0
 ip address 6.6.6.6 255.255.255.0
interface Loopback1
 ip address 66.66.66.66 255.255.255.0
```

```
interface FastEthernet0/1
 ip address 1.1.36.6 255.255.255.0

router ospf 100
 router-id 6.6.6.6
 redistribute ospf 300 subnets  //OSPF 300의 라우팅 정보를 OSPF 100으로 재분배//
 network 1.1.36.0 0.0.0.255 area 2
 network 6.6.6.0 0.0.0.255 area 2

router ospf 300
 redistribute ospf 100 subnets  //OSPF 100의 라우팅 정보를 OSPF 300으로 재분배//
 network 66.66.66.0 0.0.0.255 area 3
```

■ R1 ~ R6 라우터 라우팅 테이블 확인

```
R1#show ip route                        //R2와 eBGP Peer 관계에 있음//
C    192.168.12.0/24 is directly connected, FastEthernet0/1
     1.0.0.0/24 is subnetted, 5 subnets
C       1.1.1.0 is directly connected, Loopback0
B       1.1.23.0 [20/0] via 192.168.12.2, 17:36:45
B       1.1.24.0 [20/0] via 192.168.12.2, 17:36:45
B       1.1.36.0 [20/20] via 192.168.12.2, 17:36:45
B       1.1.45.0 [20/11] via 192.168.12.2, 17:36:45
     2.0.0.0/24 is subnetted, 1 subnets
B       2.2.2.0 [20/0] via 192.168.12.2, 1d00h
     33.0.0.0/32 is subnetted, 1 subnets
B       33.33.33.33 [20/11] via 192.168.12.2, 17:36:46
     3.0.0.0/32 is subnetted, 1 subnets
B       3.3.3.3 [20/11] via 192.168.12.2, 17:36:46
     4.0.0.0/32 is subnetted, 1 subnets
B       4.4.4.4 [20/2] via 192.168.12.2, 17:36:47
     55.0.0.0/32 is subnetted, 1 subnets
B       55.55.55.55 [20/12] via 192.168.12.2, 17:36:47
     5.0.0.0/32 is subnetted, 1 subnets
```

```
B       5.5.5.5 [20/12] via 192.168.12.2, 17:36:47
     66.0.0.0/24 is subnetted, 1 subnets
B       66.66.66.0 [20/1] via 192.168.12.2, 17:30:29
     6.0.0.0/32 is subnetted, 1 subnets
B       6.6.6.6 [20/21] via 192.168.12.2, 17:36:47
     22.0.0.0/24 is subnetted, 1 subnets
B       22.22.22.0 [20/0] via 192.168.12.2, 1d00h
     11.0.0.0/24 is subnetted, 1 subnets
C       11.11.11.0 is directly connected, Loopback1
     44.0.0.0/32 is subnetted, 1 subnets
B       44.44.44.44 [20/2] via 192.168.12.2, 17:36:47
```

```
R2#show ip route
C    192.168.12.0/24 is directly connected, FastEthernet0/1
     1.0.0.0/24 is subnetted, 5 subnets
B       1.1.1.0 [20/0] via 192.168.12.1, 1d00h
C       1.1.23.0 is directly connected, FastEthernet0/0
C       1.1.24.0 is directly connected, FastEthernet1/0
O IA    1.1.36.0 [110/20] via 1.1.23.3, 17:46:41, FastEthernet0/0
O IA    1.1.45.0 [110/11] via 1.1.24.4, 17:46:41, FastEthernet1/0
     2.0.0.0/24 is subnetted, 1 subnets
C       2.2.2.0 is directly connected, Loopback0
     33.0.0.0/32 is subnetted, 1 subnets
O IA    33.33.33.33 [110/11] via 1.1.23.3, 17:46:42, FastEthernet0/0
     3.0.0.0/32 is subnetted, 1 subnets
O       3.3.3.3 [110/11] via 1.1.23.3, 17:46:42, FastEthernet0/0
     4.0.0.0/32 is subnetted, 1 subnets
O       4.4.4.4 [110/2] via 1.1.24.4, 17:46:42, FastEthernet1/0
     55.0.0.0/32 is subnetted, 1 subnets
O IA    55.55.55.55 [110/12] via 1.1.24.4, 17:46:42, FastEthernet1/0
     5.0.0.0/32 is subnetted, 1 subnets
O IA    5.5.5.5 [110/12] via 1.1.24.4, 17:46:42, FastEthernet1/0
     66.0.0.0/24 is subnetted, 1 subnets
O E2    66.66.66.0 [110/1] via 1.1.23.3, 17:41:02, FastEthernet0/0
     6.0.0.0/32 is subnetted, 1 subnets
```

```
O IA    6.6.6.6 [110/21] via 1.1.23.3, 17:46:42, FastEthernet0/0
        22.0.0.0/24 is subnetted, 1 subnets
C       22.22.22.0 is directly connected, Loopback1
        11.0.0.0/24 is subnetted, 1 subnets
B       11.11.11.0 [20/0] via 192.168.12.1, 1d00h
        44.0.0.0/32 is subnetted, 1 subnets
O IA    44.44.44.44 [110/2] via 1.1.24.4, 17:46:43, FastEthernet1/0
```

R3#show ip route

```
1.0.0.0/24 is subnetted, 5 subnets
O E2    1.1.1.0 [110/1] via 1.1.23.2, 17:41:46, FastEthernet0/0      //외부
AS로부터 BGP 재분배 정보//
C       1.1.23.0 is directly connected, FastEthernet0/0
O       1.1.24.0 [110/11] via 1.1.23.2, 17:47:21, FastEthernet0/0
C       1.1.36.0 is directly connected, FastEthernet0/1
O IA    1.1.45.0 [110/21] via 1.1.23.2, 17:41:46, FastEthernet0/0
//ABR을 통한 전달 정보//
        2.0.0.0/32 is subnetted, 1 subnets
O       2.2.2.2 [110/11] via 1.1.23.2, 17:47:21, FastEthernet0/0
        33.0.0.0/24 is subnetted, 1 subnets
C       33.33.33.0 is directly connected, Loopback1
        3.0.0.0/24 is subnetted, 1 subnets
C       3.3.3.0 is directly connected, Loopback0
        4.0.0.0/32 is subnetted, 1 subnets
O       4.4.4.4 [110/12] via 1.1.23.2, 17:47:23, FastEthernet0/0
        55.0.0.0/32 is subnetted, 1 subnets
O IA    55.55.55.55 [110/22] via 1.1.23.2, 17:41:48, FastEthernet0/0
//ABR을 통한 전달 정보//
        5.0.0.0/32 is subnetted, 1 subnets
O IA    5.5.5.5 [110/22] via 1.1.23.2, 17:41:48, FastEthernet0/0
        66.0.0.0/24 is subnetted, 1 subnets
O E2    66.66.66.0 [110/1] via 1.1.36.6, 17:41:48, FastEthernet0/1
//OSPF300→OSPF100으로 재분배 정보//
        6.0.0.0/32 is subnetted, 1 subnets
O       6.6.6.6 [110/11] via 1.1.36.6, 17:41:48, FastEthernet0/1
        22.0.0.0/32 is subnetted, 1 subnets
```

```
O          22.22.22.22 [110/11] via 1.1.23.2, 17:47:23, FastEthernet0/0
       11.0.0.0/24 is subnetted, 1 subnets
O E2      11.11.11.0 [110/1] via 1.1.23.2, 17:41:48, FastEthernet0/0
//외부 AS로부터 BGP 재분배 정보//
       44.0.0.0/32 is subnetted, 1 subnets
O IA      44.44.44.44 [110/12] via 1.1.23.2, 17:41:48, FastEthernet0/0
//ABR을 통한 전달 정보//
```

```
R4#show ip route
1.0.0.0/24 is subnetted, 5 subnets
O E2      1.1.1.0 [110/1] via 1.1.24.2, 17:42:14, FastEthernet1/0
//외부 AS로부터 BGP 재분배 정보//
O          1.1.23.0 [110/11] via 1.1.24.2, 17:47:54, FastEthernet1/0
C          1.1.24.0 is directly connected, FastEthernet1/0
O IA      1.1.36.0 [110/21] via 1.1.24.2, 17:47:54, FastEthernet1/0
//ABR을 통한 전달 정보//
C          1.1.45.0 is directly connected, FastEthernet0/0
       2.0.0.0/32 is subnetted, 1 subnets
O          2.2.2.2 [110/2] via 1.1.24.2, 17:47:54, FastEthernet1/0
       33.0.0.0/32 is subnetted, 1 subnets
O IA      33.33.33.33 [110/12] via 1.1.24.2, 17:47:55, FastEthernet1/0
//ABR을 통한 전달 정보//
       3.0.0.0/32 is subnetted, 1 subnets
O          3.3.3.3 [110/12] via 1.1.24.2, 17:47:55, FastEthernet1/0
       4.0.0.0/24 is subnetted, 1 subnets
C          4.4.4.0 is directly connected, Loopback0
       55.0.0.0/32 is subnetted, 1 subnets
O          55.55.55.55 [110/11] via 1.1.45.5, 17:52:31, FastEthernet0/0
       5.0.0.0/32 is subnetted, 1 subnets
O          5.5.5.5 [110/11] via 1.1.45.5, 17:52:31, FastEthernet0/0
       66.0.0.0/24 is subnetted, 1 subnets
O E2      66.66.66.0 [110/1] via 1.1.24.2, 17:42:15, FastEthernet1/0
//OSPF300→OSPF100으로 재분배 정보//
       6.0.0.0/32 is subnetted, 1 subnets
O IA      6.6.6.6 [110/22] via 1.1.24.2, 17:47:55, FastEthernet1/0
//ABR을 통한 전달 정보//
```

```
      22.0.0.0/32 is subnetted, 1 subnets
O       22.22.22.22 [110/2] via 1.1.24.2, 17:47:55, FastEthernet1/0
      11.0.0.0/24 is subnetted, 1 subnets
O E2    11.11.11.0 [110/1] via 1.1.24.2, 17:42:15, FastEthernet1/0
//외부 AS로부터 BGP 재분배 정보//
      44.0.0.0/24 is subnetted, 1 subnets
C       44.44.44.0 is directly connected, Loopback1
```

```
R5#show ip route
      1.0.0.0/24 is subnetted, 5 subnets
O E2    1.1.1.0 [110/1] via 1.1.45.4, 17:43:05, FastEthernet0/0
//외부 AS로부터 BGP 재분배 정보//
O IA    1.1.23.0 [110/21] via 1.1.45.4, 17:53:21, FastEthernet0/0
//ABR을 통한 전달 정보//
O IA    1.1.24.0 [110/11] via 1.1.45.4, 17:53:21, FastEthernet0/0
//ABR을 통한 전달 정보//
O IA    1.1.36.0 [110/31] via 1.1.45.4, 17:53:21, FastEthernet0/0
//ABR을 통한 전달 정보//
C       1.1.45.0 is directly connected, FastEthernet0/0
      2.0.0.0/32 is subnetted, 1 subnets
O IA    2.2.2.2 [110/12] via 1.1.45.4, 17:53:21, FastEthernet0/0
//ABR을 통한 전달 정보//
      33.0.0.0/32 is subnetted, 1 subnets
O IA    33.33.33.33 [110/22] via 1.1.45.4, 17:53:23, FastEthernet0/0
//ABR을 통한 전달 정보//
      3.0.0.0/32 is subnetted, 1 subnets
O IA    3.3.3.3 [110/22] via 1.1.45.4, 17:53:23, FastEthernet0/0
//ABR을 통한 전달 정보//
      4.0.0.0/32 is subnetted, 1 subnets
O IA    4.4.4.4 [110/11] via 1.1.45.4, 17:53:23, FastEthernet0/0
//ABR을 통한 전달 정보//
      55.0.0.0/24 is subnetted, 1 subnets
C       55.55.55.0 is directly connected, Loopback1
      5.0.0.0/24 is subnetted, 1 subnets
C       5.5.5.0 is directly connected, Loopback0
      66.0.0.0/24 is subnetted, 1 subnets
```

```
O E2    66.66.66.0 [110/1] via 1.1.45.4, 17:43:06, FastEthernet0/0
//OSPF300→OSPF100으로 재분배 정보//
        6.0.0.0/32 is subnetted, 1 subnets
O IA    6.6.6.6 [110/32] via 1.1.45.4, 17:53:23, FastEthernet0/0
//ABR을 통한 전달 정보//
        22.0.0.0/32 is subnetted, 1 subnets
O IA    22.22.22.22 [110/12] via 1.1.45.4, 17:53:23, FastEthernet0/0
//ABR을 통한 전달 정보//
        11.0.0.0/24 is subnetted, 1 subnets
O E2    11.11.11.0 [110/1] via 1.1.45.4, 17:43:06, FastEthernet0/0
//외부 AS로부터 BGP 재분배 정보//
        44.0.0.0/32 is subnetted, 1 subnets
O       44.44.44.44 [110/11] via 1.1.45.4, 17:53:24, FastEthernet0/0
```

```
R6#show ip route
        1.0.0.0/24 is subnetted, 5 subnets
O E2    1.1.1.0 [110/1] via 1.1.36.3, 17:44:08, FastEthernet0/1
//외부 AS로부터 BGP 재분배 정보//
O IA    1.1.23.0 [110/20] via 1.1.36.3, 17:44:08, FastEthernet0/1
//ABR을 통한 전달 정보//
O IA    1.1.24.0 [110/21] via 1.1.36.3, 17:44:08, FastEthernet0/1
//ABR을 통한 전달 정보//
C       1.1.36.0 is directly connected, FastEthernet0/1
O IA    1.1.45.0 [110/31] via 1.1.36.3, 17:44:08, FastEthernet0/1
//ABR을 통한 전달 정보//
        2.0.0.0/32 is subnetted, 1 subnets
O IA    2.2.2.2 [110/21] via 1.1.36.3, 17:44:08, FastEthernet0/1
//ABR을 통한 전달 정보//
        33.0.0.0/32 is subnetted, 1 subnets
O       33.33.33.33 [110/11] via 1.1.36.3, 17:44:09, FastEthernet0/1
        3.0.0.0/32 is subnetted, 1 subnets
O IA    3.3.3.3 [110/11] via 1.1.36.3, 17:44:09, FastEthernet0/1
//ABR을 통한 전달 정보//
        4.0.0.0/32 is subnetted, 1 subnets
O IA    4.4.4.4 [110/22] via 1.1.36.3, 17:44:09, FastEthernet0/1
//ABR을 통한 전달 정보//
```

```
        55.0.0.0/32 is subnetted, 1 subnets
O IA    55.55.55.55 [110/32] via 1.1.36.3, 17:44:09, FastEthernet0/1
//ABR을 통한 전달 정보//
        5.0.0.0/32 is subnetted, 1 subnets
O IA    5.5.5.5 [110/32] via 1.1.36.3, 17:44:09, FastEthernet0/1
//ABR을 통한 전달 정보//
        66.0.0.0/24 is subnetted, 1 subnets
C       66.66.66.0 is directly connected, Loopback1
        6.0.0.0/24 is subnetted, 1 subnets
C       6.6.6.0 is directly connected, Loopback0
        22.0.0.0/32 is subnetted, 1 subnets
O IA    22.22.22.22 [110/21] via 1.1.36.3, 17:44:09, FastEthernet0/1
//ABR을 통한 전달 정보//
        11.0.0.0/24 is subnetted, 1 subnets
O E2    11.11.11.0 [110/1] via 1.1.36.3, 17:44:09, FastEthernet0/1
//외부 AS로부터 BGP 재분배 정보//
        44.0.0.0/32 is subnetted, 1 subnets
O IA    44.44.44.44 [110/22] via 1.1.36.3, 17:44:10, FastEthernet0/1
//ABR을 통한 전달 정보//
```

11) OSPF 네트워크 요약

네트워크 요약은 OSPF와 같이 링크 상태 변화가 발생하는 즉시 전체 라우터에 업데이트가 진행된다. 라우팅 테이블상에서 서브넷 마스킹된 상세 네트워크 등록이 돼 있다면 다양한 네트워크의 Up/Down 등과 같은 상태 변화가 발생할 경우, 전체 네트워크에 영향을 미치며, 해당 상세 네트워크의 상태 변화가 중요한 부분이 아니라면 굳이 상태 변화를 전체에 반영할 필요가 없다.

네트워크 토폴로지상 중요하지 않은 부분의 링크 상태 변화를 전체 네트워크에 반영하지 않으므로 네트워크 상태를 안정적으로 유지할 수 있다. 상세 네트워크의 변화가 전체 네트워크에 미치는 영향을 최소화하기 위해 네트워크 요약Summerization 기능을 사용한다.

■ 네트워크 요약 효과

- 안정된 네트워크 상태 유지 가능: 네트워크 요약으로 인한 상세 네트워크의 변화(Up/Down)가 전체 네트워크에 미치는 영향 최소화

- 네트워크 성능 향상: LSA 전파 감소, 라우팅 테이블 감소로 테이블 검색 속도가 개선되고, 패킷 전송 성능이 향상되며, 라우터 자원(CPU, Memory)의 절약으로 전체적인 성능이 개선된다.

OSPF에서는 네트워크 요약을 할 수 있는 위치가 정해져 있다.

자신의 영역에 소속된 네트워크를 축약해 다른 영역으로 전송시키려면 ABR에서 요약해야 하며, 외부 AS에서 재분배된 네트워크를 축약하려면 ASBR에서 요약해야 한다.

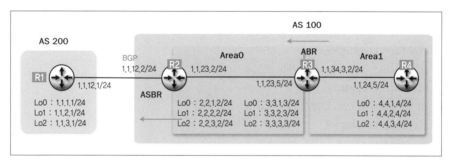

그림 6-47 OSPF 네트워크 요약

R2에서 BGP를 통해 R1으로 전달해야 하는 AS 100에 있는 네트워크 정보는 R2가 가지고 있는 네트워크 2.2.1.0/24, 2.2.2.0/24, 2.2.3.0/24와 R3가 가지고 있는 3.3.1.0/24, 3.3.2.0/24, 3.3.3.0/24 그리고 R3가 가지고 있는 네트워크 4.4.1.0/24, 4.4.2.0/24, 4.4.3.0/24이다. C Class 서브넷 마스크 기준으로 9개의 네트워크 대역을 R1으로 전달해야 한다.

9개의 네트워크 대역에서 변화가 발생한다면 전제 OSPF 네트워크의 상태 업데이트가 이뤄진다. 이러한 네트워크 토폴로지 변화를 최소로 하기 위해서 9개의 C Class

네트워크 대역을 3개의 네트워크 대역으로 요약할 수 있다. 요약된 3개의 네트워크를 R1으로 전달하는 것이 전체 네트워크 운용 및 관리에 효과적일 수 있다.

R2, R3, R4에서 네트워크 요약하는 방법을 살펴보고 전후 결과를 확인해보자.

ABR(R3)에서 네트워크 요약

```
R3(config)#router ospf 10
R3(config-router)#network 3.3.0.0 0.0.3.255 area 0
R3(config-router)#area 1 range 4.4.0.0 255.255.252.0
```

ASBR(R2)에서 네트워크 요약정보 전달

```
R2(config)#router ospf 10
R2(config-router)#network 2.2.0.0 0.0.3.255 area 0
R2(config)#router bgp 100
R2(config-router)#redistribute ospf 10
```

```
[R1]
interface Loopback0
 ip address 1.1.1.1 255.255.255.0
interface Loopback1
 ip address 1.1.2.1 255.255.255.0
interface Loopback2
 ip address 1.1.3.1 255.255.255.0
interface FastEthernet0/1
 ip address 1.1.12.1 255.255.255.0

router bgp 200
 no synchronization
 network 1.1.1.0 mask 255.255.255.0
 network 1.1.2.0 mask 255.255.255.0
 network 1.1.3.0 mask 255.255.255.0
 neighbor 1.1.12.2 remote-as 100
 neighbor 1.1.12.2 ebgp-multihop 5
 neighbor 1.1.12.2 next-hop-self
```

```
[R2]
interface Loopback0
 ip address 2.2.1.2 255.255.255.0
interface Loopback1
 ip address 2.2.2.2 255.255.255.0
interface Loopback2
 ip address 2.2.3.2 255.255.255.0
interface FastEthernet0/0
 ip address 1.1.23.2 255.255.255.0
interface FastEthernet0/1
 ip address 1.1.12.2 255.255.255.0

router ospf 10
 router-id 2.2.1.2
 redistribute bgp 100 subnets
 network 1.1.23.0 0.0.0.255 area 0
 network 2.2.0.0 0.0.3.255 area 0
!
router bgp 100
 no synchronization
 redistribute ospf 10
 neighbor 1.1.12.1 remote-as 200
 neighbor 1.1.12.1 ebgp-multihop 5
 neighbor 1.1.12.1 next-hop-self
```

```
[R3]
interface Loopback0
 ip address 3.3.1.3 255.255.255.0
interface Loopback1
 ip address 3.3.2.3 255.255.255.0
interface Loopback2
 ip address 3.3.3.3 255.255.255.0
interface FastEthernet0/0
 ip address 1.1.23.3 255.255.255.0
interface FastEthernet0/1
 ip address 1.1.34.3 255.255.255.0
```

```
router ospf 10
 router-id 3.3.1.3
 area 1 range 4.4.0.0 255.255.252.0
 network 1.1.23.0 0.0.0.255 area 0
 network 1.1.34.0 0.0.0.255 area 1
 network 3.3.0.0 0.0.3.255 area 0
```

[R4]
```
interface Loopback0
 ip address 4.4.1.4 255.255.255.0
interface Loopback1
 ip address 4.4.2.4 255.255.255.0
interface Loopback2
 ip address 4.4.3.4 255.255.255.0
interface FastEthernet0/1
 ip address 1.1.34.4 255.255.255.0

router ospf 10
 router-id 4.4.1.4
 network 1.1.34.0 0.0.0.255 area 1
 network 4.4.0.0 0.0.3.255 area 1
```

R1, R2에서 R4의 요약된 네트워크 정보를 확인해보자.

```
R1#show ip route
      1.0.0.0/24 is subnetted, 6 subnets
C        1.1.1.0 is directly connected, Loopback0
C        1.1.2.0 is directly connected, Loopback1
C        1.1.3.0 is directly connected, Loopback2
C        1.1.12.0 is directly connected, FastEthernet0/1
B        1.1.23.0 [20/0] via 1.1.12.2, 02:57:14
B        1.1.34.0 [20/20] via 1.1.12.2, 02:52:35
      2.0.0.0/24 is subnetted, 3 subnets
B        2.2.1.0 [20/0] via 1.1.12.2, 03:01:20
```

```
B       2.2.2.0 [20/0] via 1.1.12.2, 03:01:20
B       2.2.3.0 [20/0] via 1.1.12.2, 03:01:22
        3.0.0.0/32 is subnetted, 3 subnets
B       3.3.3.3 [20/11] via 1.1.12.2, 02:56:45
B       3.3.2.3 [20/11] via 1.1.12.2, 02:58:47
B       3.3.1.3 [20/11] via 1.1.12.2, 02:58:47
        4.0.0.0/22 is subnetted, 1 subnets          //전달받은 4.4.0.0/22
요약된 정보를 보여줌//
B       4.4.0.0 [20/21] via 1.1.12.2, 00:44:56
```

```
R2#show ip route
        1.0.0.0/24 is subnetted, 6 subnets
B       1.1.1.0 [20/0] via 1.1.12.1, 03:03:47
B       1.1.2.0 [20/0] via 1.1.12.1, 03:03:47
B       1.1.3.0 [20/0] via 1.1.12.1, 03:03:47
C       1.1.12.0 is directly connected, FastEthernet0/1
C       1.1.23.0 is directly connected, FastEthernet0/0
O IA    1.1.34.0 [110/20] via 1.1.23.3, 00:41:11, FastEthernet0/0
        2.0.0.0/24 is subnetted, 3 subnets
C       2.2.1.0 is directly connected, Loopback0
C       2.2.2.0 is directly connected, Loopback1
C       2.2.3.0 is directly connected, Loopback2
        3.0.0.0/32 is subnetted, 3 subnets
O       3.3.3.3 [110/11] via 1.1.23.3, 00:41:12, FastEthernet0/0
O       3.3.2.3 [110/11] via 1.1.23.3, 00:41:12, FastEthernet0/0
O       3.3.1.3 [110/11] via 1.1.23.3, 00:41:12, FastEthernet0/0
        4.0.0.0/22 is subnetted, 1 subnets          //전달받은 4.4.0.0/22
요약된 정보를 보여줌//
O IA    4.4.0.0 [110/21] via 1.1.23.3, 00:41:12, FastEthernet0/0
```

```
R3#show ip route
        1.0.0.0/24 is subnetted, 5 subnets
O E2    1.1.1.0 [110/1] via 1.1.23.2, 00:46:59, FastEthernet0/0
O E2    1.1.2.0 [110/1] via 1.1.23.2, 00:46:59, FastEthernet0/0
O E2    1.1.3.0 [110/1] via 1.1.23.2, 00:46:59, FastEthernet0/0
C       1.1.23.0 is directly connected, FastEthernet0/0
```

```
C        1.1.34.0 is directly connected, FastEthernet0/1
     2.0.0.0/32 is subnetted, 3 subnets
O        2.2.2.2 [110/11] via 1.1.23.2, 00:46:59, FastEthernet0/0
O        2.2.3.2 [110/11] via 1.1.23.2, 00:46:59, FastEthernet0/0
O        2.2.1.2 [110/11] via 1.1.23.2, 00:47:00, FastEthernet0/0
     3.0.0.0/24 is subnetted, 3 subnets
C        3.3.1.0 is directly connected, Loopback0
C        3.3.2.0 is directly connected, Loopback1
C        3.3.3.0 is directly connected, Loopback2
     4.0.0.0/8 is variably subnetted, 4 subnets, 2 masks
O        4.4.0.0/22 is a summary, 00:47:01, Null0        //R3에서 요약된 네트
워크 정보//
O        4.4.1.4/32 [110/11] via 1.1.34.4, 00:47:01, FastEthernet0/1
O        4.4.2.4/32 [110/11] via 1.1.34.4, 00:47:01, FastEthernet0/1
O        4.4.3.4/32 [110/11] via 1.1.34.4, 00:47:01, FastEthernet0/1
```

12) OSPF Stub Area

Stub Area는 OSPF 라우팅 프로토콜의 장점으로, OSPF가 동작하는 라우터에 적용할 수 있다. OSPF Stub Area는 타 AS 등 외부에서 들어오는 LSA 정보(Type 3, 4, 5)를 차단해 외부에 대한 라우팅 정보를 받지 않으며, 그 대신 기본 경로(Default Route)를 자동 생성해 AS 외부로 데이터를 전달할 때 경로로 사용한다.

즉, 라우팅 테이블상에서 외부에서 OSPF로 전달 받은 라우팅 경로의 표현인 O E1, O E2, O IA의 경로는 라우팅 테이블에서 사라지고 기본 경로가 생긴다. Stub Area를 사용함에 있어 OSPF 패킷 송수신으로 인해 불필요한 라우팅 정보를 수신하지 않으므로 네트워크의 안정 및 라우팅 성능을 향상시킬 수 있다.

Stub Area 구성 시 주의해야 할 사항으로는 Area 내부에 다른 라우팅 프로토콜이 적용돼 있는 ASBR이 있는 경우는 Stub Area를 설정해서는 안 된다. ASBR로부터

재분배되는 경로 O E2(Type 5)를 차단하기 때문에 해당 경로로 통신이 불가능하게 된다.

이때는 해당 Area를 NSSA Area로 설정하면 재분배되는 라우팅 경로 O E2(Type 7)로 전달하기 때문에 통신이 가능하게 된다.

표 6-8에서 Stub Area 유형별 설정 방법과 동작 결과는 그림 6-48을 통해서 확인해보자.

표 6-8 OSPF Stub 유형별 설정 방법 및 특징

종류	설정 값	차단 경로	LSA Type
① Stub Area	R(config)#router ospf 100 R(config-router)#area 1 stub	E1, E2	4, 5
	• Area 1의 ABR 라우터가 Stub Area 내부로 OSPF 외부 경로인 OE1, OE2 경로를 차단하고 기본 경로(Default Route)를 만들어준다. 		
② Totally Stub Area	R(config)#router ospf 100 R(config-router)#area 1 stub no-summary	E1, E2, IA	3, 4, 5
	• Area 1의 ABR 라우터가 Stub Area 내부로 OSPF 외부 경로 OE1, OE2뿐만 아니라 다른 Area에 속한 경로를 차단하고 기본 경로를 만들어준다. 		

③ Not So Stubby Area	R(config)#router ospf 100 R(config-router)#area 1 nssa default-information-originate	E1, E2	4, 5

- Area 내부에 ASBR이 있고 Stub이나 Totally Stub Area 구성의 제약조건이 있으므로, 여기서는 NSSA(Not-So-Stubby Area)로 구성하며, OSPF 외부 도메인 네트워크를 차단하고 기본 경로를 만들어준다.

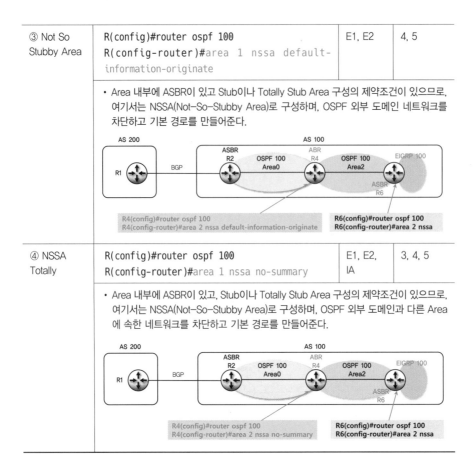

④ NSSA Totally	R(config)#router ospf 100 R(config-router)#area 1 nssa no-summary	E1, E2, IA	3, 4, 5

- Area 내부에 ASBR이 있고, Stub이나 Totally Stub Area 구성의 제약조건이 있으므로, 여기서는 NSSA(Not-So-Stubby Area)로 구성하며, OSPF 외부 도메인과 다른 Area에 속한 네트워크를 차단하고 기본 경로를 만들어준다.

 Stub Area 제약사항

- Area 0(백본 Area)이 될 수 없다.
- Virtual Link(가상 링크) 설정 시 Transit Area가 될 수 없다.
- Area 내부에 ASBR을 둘 수 없다(단, NSSA는 둘 수 있다).

지금까지 OSPF의 특징 및 구현에 대해 알아봤다. 앞에서 학습한 내용을 정리하는 의미에서 네트워크 토폴로지에 OSPF를 동작시킨 후 OSPF를 통한 라우팅 정보의 교환 및 Stub Area 기능을 동작시켜 어떠한 결과를 보여주는지 확인해보자.

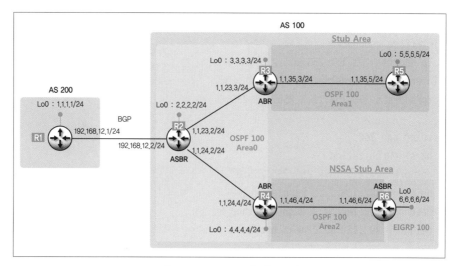

그림 6-48 OSPF Stub 네트워크 구성도

R3, R5를 이용해서 OSPF Stub을 적용했을 때 네트워크가 외부에서 OSPF로 전달 받은 라우팅 경로의 표현인 O E1, O E2의 경로는 라우팅 테이블에서 사라지고 기본 경로가 생기는 것을 그림 6-48의 OSPF Stub 네트워크 구성을 통해 확인해보고, Totally Stub Area 네트워크 구성을 통해 O AI 경로 정보까지 사라지는 것을 확인한 후 통신 상태를 점검해보자.

그리고 R4, R6를 이용해서는 AREA 내 ASBR이 존재하기 때문에 OSPF NSSA 및 Totally NSSA 기능을 적용한 후 경로 정보가 어떻게 사라지고 보이는가를 확인 및 통신 상태를 점검해보자.

여기에서도 BGP에 대한 설정 부분은 BGP 프로토콜 파트에서 자세히 다룰 예정이니 그대로 따라서 설정하기를 바란다.

```
[R1]
interface Loopback0
 ip address 1.1.1.1 255.255.255.0
interface FastEthernet0/1
 ip address 192.168.12.1 255.255.255.0

router bgp 200
 no synchronization
 network 1.1.1.0 mask 255.255.255.0
 neighbor 192.168.12.2 remote-as 100
 neighbor 192.168.12.2 ebgp-multihop 5
 neighbor 192.168.12.2 next-hop-self
```
```
[R2]
interface Loopback0
 ip address 2.2.2.2 255.255.255.0
interface FastEthernet0/1
 ip address 192.168.12.2 255.255.255.0
interface FastEthernet1/0
 ip address 1.1.23.2 255.255.255.0

router ospf 100
 router-id 2.2.2.2
 redistribute bgp 100 subnets                //BGP 100을 OSPF 100으로 재분배//
 network 1.1.23.0 0.0.0.255 area 0
 network 1.1.24.0 0.0.0.255 area 0
 network 2.2.2.0 0.0.0.255 area 0

router bgp 100
 no synchronization
 network 2.2.2.0 mask 255.255.255.0
 network 3.3.3.0 mask 255.255.255.0
 network 4.4.4.0 mask 255.255.255.0
 network 5.5.5.0 mask 255.255.255.0
 network 6.6.6.0 mask 255.255.255.0
 redistribute ospf 100                       //OSPF 100을 BGP 100으로 재분배//
```

```
 neighbor 192.168.12.1 remote-as 200
 neighbor 192.168.12.1 ebgp-multihop 5
 neighbor 192.168.12.1 next-hop-self
```

[R3] //Stub 적용 전//
```
interface Loopback0
 ip address 3.3.3.3 255.255.255.0
interface FastEthernet0/0
 ip address 1.1.35.3 255.255.255.0
interface FastEthernet1/0
 ip address 1.1.23.3 255.255.255.0

router ospf 100
 router-id 3.3.3.3
 network 1.1.23.0 0.0.0.255 area 0
 network 1.1.35.0 0.0.0.255 area 1
 network 3.3.3.0 0.0.0.255 area 0
```

[R3]   //Stub 적용//
```
router ospf 100
 router-id 3.3.3.3
 network 1.1.23.0 0.0.0.255 area 0
 network 1.1.35.0 0.0.0.255 area 1
 network 3.3.3.0 0.0.0.255 area 0
 area 1 stub
```

[R3]   //Totally Stub 적용//
```
router ospf 100
 router-id 3.3.3.3
 network 1.1.23.0 0.0.0.255 area 0
 network 1.1.35.0 0.0.0.255 area 1
 network 3.3.3.0 0.0.0.255 area 0
 area 1 stub no-summary
```

[R4]
```
interface Loopback0
 ip address 4.4.4.4 255.255.255.0
interface FastEthernet0/0
```

```
 ip address 1.1.46.4 255.255.255.0
interface FastEthernet2/0
 ip address 1.1.24.4 255.255.255.0

router ospf 100
 router-id 4.4.4.4
 network 1.1.24.0 0.0.0.255 area 0
 network 1.1.46.0 0.0.0.255 area 2
 network 4.4.4.0 0.0.0.255 area 0
```

[R4]   //NSSA Stub 적용//

```
router ospf 100
 router-id 4.4.4.4
 network 1.1.24.0 0.0.0.255 area 0
 network 1.1.46.0 0.0.0.255 area 2
 network 4.4.4.0 0.0.0.255 area 0
 area 2 nssa default-information-originate
```

[R4]   //NSSA Totally Stub 적용//

```
router ospf 100
 router-id 4.4.4.4
 network 1.1.24.0 0.0.0.255 area 0
 network 1.1.46.0 0.0.0.255 area 2
 network 4.4.4.0 0.0.0.255 area 0
 area 2 nssa no-summary
```

[R5]

```
interface Loopback0
 ip address 5.5.5.5 255.255.255.0
interface FastEthernet0/0
 ip address 1.1.35.5 255.255.255.0

router ospf 100
 router-id 5.5.5.5
 network 1.1.35.0 0.0.0.255 area 1
 network 5.5.5.0 0.0.0.255 area 1
```

320

```
[R5]    //Stub 적용//
router ospf 100
 router-id 5.5.5.5
 network 1.1.35.0 0.0.0.255 area 1
 network 5.5.5.0 0.0.0.255 area 1
 area 1 stub
```

```
[R5]    //Totally Stub 적용//
router ospf 100
 router-id 5.5.5.5
 network 1.1.35.0 0.0.0.255 area 1
 network 5.5.5.0 0.0.0.255 area 1
 area 1 stub
```

```
[R6]
interface Loopback0
 ip address 6.6.6.6 255.255.255.0
interface FastEthernet0/0
 ip address 1.1.46.6 255.255.255.0

router eigrp 100
 network 6.6.6.0 0.0.0.255
 no auto-summary

router ospf 100
 redistribute eigrp 100 subnets
 network 1.1.46.0 0.0.0.255 area 2
```

```
[R6]    //NSSA Stub 적용//
router ospf 100
 area 2 nssa
 redistribute eigrp 100 subnets
 network 1.1.46.0 0.0.0.255 area 2
```

```
[R6]    //NSSA Totally Stub 적용//
router ospf 100
 area 2 nssa
 redistribute eigrp 100 subnets
 network 1.1.46.0 0.0.0.255 area 2
```

OSPF Stub Area를 사용함으로써 라우팅 테이블에서 OSPF 패킷 송 · 수신으로 인해 굳이 받을 필요가 없는 라우팅 정보가 제외되는 것을 확인할 수 있다.

[R5 Stub 적용 전 라우팅 테이블]

```
R5#show ip route
Gateway of last resort is not set
      1.0.0.0/24 is subnetted, 5 subnets
O E2    1.1.1.0 [110/1] via 1.1.35.3, 00:22:24, FastEthernet0/0
//외부에서 전달되는 경로 E2가 존재//
O IA    1.1.23.0 [110/11] via 1.1.35.3, 00:22:41, FastEthernet0/0
O IA    1.1.24.0 [110/12] via 1.1.35.3, 00:22:41, FastEthernet0/0
C       1.1.35.0 is directly connected, FastEthernet0/0
O IA    1.1.46.0 [110/22] via 1.1.35.3, 00:22:41, FastEthernet0/0
      2.0.0.0/32 is subnetted, 1 subnets
O IA    2.2.2.2 [110/12] via 1.1.35.3, 00:22:41, FastEthernet0/0
      3.0.0.0/32 is subnetted, 1 subnets
O IA    3.3.3.3 [110/11] via 1.1.35.3, 00:22:42, FastEthernet0/0
      4.0.0.0/32 is subnetted, 1 subnets
O IA    4.4.4.4 [110/13] via 1.1.35.3, 00:22:42, FastEthernet0/0
      5.0.0.0/24 is subnetted, 1 subnets
C       5.5.5.0 is directly connected, Loopback0
      6.0.0.0/32 is subnetted, 1 subnets
O IA    6.6.6.6 [110/23] via 1.1.35.3, 00:22:31, FastEthernet0/0
```

[R5 Stub 적용 후 라우팅 테이블]

```
R5#show ip route
Gateway of last resort is 1.1.35.3 to network 0.0.0.0
      1.0.0.0/24 is subnetted, 4 subnets
O IA    1.1.23.0 [110/11] via 1.1.35.3, 00:00:13, FastEthernet0/0
O IA    1.1.24.0 [110/12] via 1.1.35.3, 00:00:13, FastEthernet0/0
C       1.1.35.0 is directly connected, FastEthernet0/0
O IA    1.1.46.0 [110/22] via 1.1.35.3, 00:00:13, FastEthernet0/0
      2.0.0.0/32 is subnetted, 1 subnets
O IA    2.2.2.2 [110/12] via 1.1.35.3, 00:00:13, FastEthernet0/0
      3.0.0.0/32 is subnetted, 1 subnets
```

```
O IA    3.3.3.3 [110/11] via 1.1.35.3, 00:00:14, FastEthernet0/0
     4.0.0.0/32 is subnetted, 1 subnets
O IA    4.4.4.4 [110/13] via 1.1.35.3, 00:00:14, FastEthernet0/0
     5.0.0.0/24 is subnetted, 1 subnets
C       5.5.5.0 is directly connected, Loopback0
     6.0.0.0/32 is subnetted, 1 subnets
O IA    6.6.6.6 [110/23] via 1.1.35.3, 00:00:14, FastEthernet0/0
O*IA 0.0.0.0/0 [110/11] via 1.1.35.3, 00:00:14, FastEthernet0/0
//E2가 사라지고 기본 경로가 생김//
```

[R1 → R5로 통신 상태 확인]
```
R1#ping 5.5.5.5 source 1.1.1.1
Packet sent with a source address of 1.1.1.1
!!!!!
Success rate is 100 percent (5/5), round-trip min/avg/max = 20/28/40 ms
```

[R5 Totally Stub 적용 후 라우팅 테이블]
```
R5#show ip route
Gateway of last resort is 1.1.35.3 to network 0.0.0.0
     1.0.0.0/24 is subnetted, 1 subnets
C       1.1.35.0 is directly connected, FastEthernet0/0
     5.0.0.0/24 is subnetted, 1 subnets
C       5.5.5.0 is directly connected, Loopback0
O*IA 0.0.0.0/0 [110/11] via 1.1.35.3, 00:00:03, FastEthernet0/0  //E2,
IA가 사라지고 기본 경로가 생김//
```

[R1 → R5로 통신 상태 확인]
```
R1#ping 6.6.6.6 source 1.1.1.1
Packet sent with a source address of 1.1.1.1
!!!!!
Success rate is 100 percent (5/5), round-trip min/avg/max = 16/34/44 ms
```

[R6 NSSA Stub 적용 전 라우팅 테이블]
```
R6#show ip route
Gateway of last resort is not set
     1.0.0.0/24 is subnetted, 5 subnets
```

```
O E2     1.1.1.0 [110/1] via 1.1.46.4, 00:04:35, FastEthernet0/0
//외부에서 전달되는 경로 E2가 존재//
O IA     1.1.23.0 [110/12] via 1.1.46.4, 00:31:22, FastEthernet0/0
O IA     1.1.24.0 [110/11] via 1.1.46.4, 00:31:22, FastEthernet0/0
O IA     1.1.35.0 [110/22] via 1.1.46.4, 00:31:22, FastEthernet0/0
C        1.1.46.0 is directly connected, FastEthernet0/0
         2.0.0.0/32 is subnetted, 1 subnets
O IA     2.2.2.2 [110/12] via 1.1.46.4, 00:31:22, FastEthernet0/0
         3.0.0.0/32 is subnetted, 1 subnets
O IA     3.3.3.3 [110/13] via 1.1.46.4, 00:31:23, FastEthernet0/0
         4.0.0.0/32 is subnetted, 1 subnets
O IA     4.4.4.4 [110/11] via 1.1.46.4, 00:31:23, FastEthernet0/0
         5.0.0.0/32 is subnetted, 1 subnets
O IA     5.5.5.5 [110/23] via 1.1.46.4, 00:04:42, FastEthernet0/0
         6.0.0.0/24 is subnetted, 1 subnets
C        6.6.6.0 is directly connected, Loopback0
```

[R6 NSSA Stub 적용 후 라우팅 테이블]

```
R6#show ip route
Gateway of last resort is 1.1.46.4 to network 0.0.0.0
         1.0.0.0/24 is subnetted, 4 subnets
O IA     1.1.23.0 [110/12] via 1.1.46.4, 00:00:04, FastEthernet0/0
O IA     1.1.24.0 [110/11] via 1.1.46.4, 00:00:04, FastEthernet0/0
O IA     1.1.35.0 [110/22] via 1.1.46.4, 00:00:04, FastEthernet0/0
C        1.1.46.0 is directly connected, FastEthernet0/0
         2.0.0.0/32 is subnetted, 1 subnets
O IA     2.2.2.2 [110/12] via 1.1.46.4, 00:00:04, FastEthernet0/0
         3.0.0.0/32 is subnetted, 1 subnets
O IA     3.3.3.3 [110/13] via 1.1.46.4, 00:00:05, FastEthernet0/0
         4.0.0.0/32 is subnetted, 1 subnets
O IA     4.4.4.4 [110/11] via 1.1.46.4, 00:00:05, FastEthernet0/0
         5.0.0.0/32 is subnetted, 1 subnets
O IA     5.5.5.5 [110/23] via 1.1.46.4, 00:00:05, FastEthernet0/0
         6.0.0.0/24 is subnetted, 1 subnets
C        6.6.6.0 is directly connected, Loopback0
```

```
O*N2 0.0.0.0/0 [110/1] via 1.1.46.4, 00:00:07, FastEthernet0/0    //E2가
사라지고 기본 경로가 생김//
```

[R1 → R6로 통신 상태 확인]
```
R1#ping 6.6.6.6 source 1.1.1.1
Packet sent with a source address of 1.1.1.1
!!!!!
Success rate is 100 percent (5/5), round-trip min/avg/max = 28/36/44 ms
```

[R6 Totally NSSA Stub 적용 후 라우팅 테이블]
```
R6#show ip route
Gateway of last resort is 1.1.46.4 to network 0.0.0.0
     1.0.0.0/24 is subnetted, 1 subnets
C       1.1.46.0 is directly connected, FastEthernet0/0
     6.0.0.0/24 is subnetted, 1 subnets
C       6.6.6.0 is directly connected, Loopback0
O*IA 0.0.0.0/0 [110/11] via 1.1.46.4, 00:00:16, FastEthernet0/0   //E2,
IA가 사라지고 기본 경로가 생김//
```

[R1 → R6로 통신 상태 확인]
```
R1#ping 6.6.6.6 source 1.1.1.1
Packet sent with a source address of 1.1.1.1
!!!!!
Success rate is 100 percent (5/5), round-trip min/avg/max = 20/28/36 ms
```

4. IS-IS

IGP 중 IS-IS 라우팅 프로토콜이 있다. IS-IS는 표준이지만 범용적으로 많이 사용하고 있지는 않다. 일부 ISP 사업장에서 IGP용으로 일부 사용하고 있다.

IS-IS는 Intermediate System to Intermediate System의 약어이며, CLNP^{Connec}tionless Network Protocol를 위한 라우팅 프로토콜로 개발됐다. CLNP 중에서 레이어 3 네트워크 계층의 TCP/IP 중 IP에 해당되는 프로토콜인 CLNS^{Connectionless Network Service}

를 라우팅 시키기 위해 개발됐다.

IS-IS는 OSPF와 같은 Link-State 라우팅 프로토콜이며, SPF^{Shortest Path First} 알고리즘을 이용해 라우팅 테이블을 생성한다. 또한, 영역을 사용하는 네트워크 구조도 OSPF와 동일하다.

IS-IS 라우팅 프로토콜은 ISO 표준이지만 범용적으로 사용되지 않기 때문에 여기에서는 어떤 프로토콜이고 어떻게 동작하는지를 간단히 다루고 넘어가도록 하겠다.

■ IS-IS 라우팅 프로토콜의 동작방식

① IS-IS 라우팅 프로토콜이 설정된 인터페이스로 Hello Packet 전송
   - 이웃(Adjacency)을 맺기 위해서 네이버^{Neighbor}를 검색한다.
② IS-IS 라우팅 프로토콜의 IS-type, MTU Size를 확인
   - IS-type과 MTU 사이즈가 같다면 네이버 관계를 맺는다.
③ IS-IS 네이버 관계를 맺는 라우터로부터 전달받은 네트워크를 기초로 LSP^{Link-State PDU}를 만든다(OSPF의 LSA의 역할을 함).
④ 라우터로부터 동일한 LSP를 수신한 네이버를 제외한 모든 네이버로 LSP를 전송한다.
⑤ 라우터는 수신한 LSP를 LSDB^{Link-State Database}에 저장한다.
⑥ SPF^{Shortest Path First} 알고리즘을 이용해 SPT^{Shortest Path Tree}를 만들어 라우팅 테이블을 생성한다.

■ IS-IS 패킷 종류

① Hello 패킷
   - 네이버 table을 만들기 위해 사용한다(OSPF의 Hello 패킷과 유사).
   - Hello 패킷의 주기: Default 10초, Hold time 30초
   - IS-IS에는 중복된 패킷 전달을 방지하기 위한 DIS(=OSPF의 DR)를 선정
     (DIS의 Hello 주기는 3.3초).

※ Neighbor 형성 조건

  – IS–IS의 Hello 패킷에 포함되는 정보(시스템 ID 길이, PDU 타입, Version 등)

  – 시스템 ID 길이, 최대 Area 주소, 인증 패스워드가 일치해야만 네이버가 형성됨

② PSNP^{Partial Sequence Number PDU}

  – 라우팅 정보 요청(ACK의 역할)

  – OSPF의 LSR, LSAck와 비슷한 역할

③ CSNP^{Complete Sequence Number PDU}

  – 토폴로지 데이터베이스를 작성하기 위한 경로 요약

  – OSPF의 DBD와 비슷한 역할

④ LSP^{Link State Packet}

  – Link State 정보를 교환하기 위해 사용

  – OSPF의 LSA 역할

IS–IS 라우팅 프로토콜은 라우팅 정보를 전달할 때 CLNS^{Connectionless Network Service} 패킷을 이용한다. CLNS 패킷을 이용하려면 CLNS 주소를 부여해야 한다.

CLNS 주소는 IS–IS 라우팅 프로토콜의 NET^{Network Entity Title}라고 한다.

■ IS–IS NET 주소

NET 주소 = Area ID + System ID + Selector = 49.1234.1234.5678.9123.00

① Area ID: Area(영역)을 나타낸다(OSPF Area와 유사하다).

  – 16진수로 표시. 반드시 49.XXXX (1Byte)로 시작해야 한다.

② System ID: Router를 나타낸다.

  – 임의의 숫자 사용, 라우터 IP 주소 사용, 라우터 MAC 주소 사용

  – 6bytes (XXXX.XXXX.XXXX)

③ Selector : 레이어 3의 특정 서비스를 표시하며, IP 라우팅에서는 0x00을 주로 사용한다.

    - .00으로 표시

1) Area(영역)

IS-IS 라우팅 프로토콜에서는 Area라는 영역이 있다. OSPF와 비교하면 OSPF의 Area처럼 복잡하지 않으며, 두 개의 Level 1, 2로 돼 있다.

Level 1은 동일한 Area 내의 라우터들의 집합이며, Level 2는 서로 다른 Area 간의 정보를 가지고 있으며, Level 1에 속해있는 라우터들이 외부와 통신하기 위한 통로의 역할이 Gateway이다.

동일한 Area에서는 Level 1 패킷을 주고 받고, 서로 다른 Area에서는 Level 2 정보를 주고 받는다.

- Level 1 Area : Level 1 라우팅으로 하나의 Area 내에서만 생성되는 라우팅으로써 동일 Area 내 라우터끼리 네이버 관계 맺음
    ○ OSPF의 Totally Stub과 유사하다.
- Level 2 Area : Level 2 라우팅으로 여러 Area 간 생성되는 라우팅으로써, OSPF의 Backbone Area와 같다.
- Level 1, 2 Area : 기본적으로 하나의 Area에 속하나 자산의 Area 정보와 Area 간의 정보 모두를 가지고 있다.
    ○ OSPF의 ABR[AS Border Router] 라우터와 유사하다.

OSPF와 유사하기 때문에 자주 OSPF와 비교가 된다. 다만, AREA 경계는 OSPF는 라우터가 되지만 IS-IS는 라우터의 인터페이스가 된다.

2) IS-IS 메트릭

IS-IS 메트릭은 Cost, Delay(지연), Expense(비용) 및 에러 값을 이용한다. 시스코 사라우터의 경우는 코스트 값만 지원한다. IS-IS 인터페이스 코스트 값은 1~16777214 사이의 값이 범위이며, 기본 값은 10으로 설정된다. 라우터 인터페이스 설정에서 조정할 수 있다.

■ IS-IS 메트릭 조정

```
R1(config-if)#interface FastEthernet0/1
R1(config-if)#isis metric ?
  <1-16777214>  Default metric
  maximum       Maximum metric. All routers will exclude this link from
their
                SPF
```

3) IS-IS 라우팅 적용

IS-IS에 대한 기본적인 이론을 간단하게 확인했으니, 실제 적용을 통해 라우팅 동작을 확인해보자.

그림 6-49 IS-IS 네트워크 토폴로지

■ 라우터 설정 값

```
[R1]
interface Loopback0
 ip address 1.1.1.1 255.255.255.0
 ip router isis                    //인터페이스 IS-IS 선언//
 isis circuit-type level-1         //인터페이스 IS-IS Area Level 1 설정//
!
interface FastEthernet0/0
 ip address 1.1.12.1 255.255.255.0
 ip router isis                    //인터페이스 IS-IS 선언, 기본 Area Level 1-2//

router isis                        //IS-IS 라우팅 프로토콜 정의//
 net 49.0001.1111.1111.1111.00     //R1 IS-IS NET 주소 설정//
```

```
[R2]
interface Loopback0
 ip address 2.2.2.2 255.255.255.0
 ip router isis                    //인터페이스 IS-IS 선언//
 isis circuit-type level-1         //인터페이스 IS-IS Area Level 1 설정//

interface FastEthernet0/0
 ip address 1.1.12.2 255.255.255.0
 ip router isis                    //인터페이스 IS-IS 선언, 기본 Area
Level1-2//

interface FastEthernet1/0
 ip address 1.1.23.2 255.255.255.0
 ip router isis                    //인터페이스 IS-IS 선언//
 isis circuit-type level-2-only    //IS-IS Area Level 2 설정//

router isis                        //IS-IS 라우팅 프로토콜 정의//
 net 49.0002.2222.2222.2222.00     //R2 IS-IS NET 주소 설정//
```

```
[R3]
interface Loopback0
 ip address 3.3.3.3 255.255.255.0
  ip router isis                         //인터페이스 IS-IS 선언//
  isis circuit-type level-1             //인터페이스 IS-IS Area Level 1 설정//

interface FastEthernet0/0
 ip address 1.1.34.3 255.255.255.0
  ip router isis                         //인터페이스 IS-IS 선언, 기본 Area Level 1-2//

interface FastEthernet1/0
 ip address 1.1.23.3 255.255.255.0
  ip router isis                         //인터페이스 IS-IS 선언//
  isis circuit-type level-2-only        //IS-IS Area Level 2 설정//

router isis                             //IS-IS 라우팅 프로토콜 정의//
 net 49.0003.3333.3333.3333.00         //R3 IS-IS NET 주소 설정//
```

```
[R4]
interface Loopback0
 ip address 4.4.4.4 255.255.255.0
  ip router isis                         //인터페이스 IS-IS 선언//
  isis circuit-type level-1             //인터페이스 IS-IS Area Level 1 설정//
!
interface FastEthernet0/0
 ip address 1.1.34.4 255.255.255.0
  ip router isis                         //인터페이스 IS-IS 선언, 기본 Area Level 1-2//

router isis                             //IS-IS 라우팅 프로토콜 정의//
 net 49.0004.4444.4444.4444.00         //R3 IS-IS NET 주소 설정//
```

■ IS-IS 라우팅 적용 결과

[R1] IS-IS Neighbor 관계 설정, 데이터베이스 및 IS-IS 라우팅 확인

```
R1#show isis neighbors
System Id      Type Interface   IP Address      State Holdtime Circuit Id
R2             L2   Fa0/0        1.1.12.2        UP    8        R2.01


R1#show isis database
IS-IS Level-1 Link State Database:
LSPID             LSP Seq Num   LSP Checksum  LSP Holdtime    ATT/P/OL
R1.00-00        * 0x00000007    0x780E        1108            1/0/0
IS-IS Level-2 Link State Database:
LSPID             LSP Seq Num   LSP Checksum  LSP Holdtime    ATT/P/OL
R1.00-00        * 0x0000000B    0x8E8C        1165            0/0/0
R2.00-00          0x0000000D    0x8123        1086            0/0/0
R2.01-00          0x00000002    0xB32A        423             0/0/0
R3.00-00          0x0000000D    0x381D        569             0/0/0
R3.02-00          0x00000004    0x0F98        545             0/0/0
R4.00-00          0x0000000A    0x9548        594             0/0/0
R4.01-00          0x00000002    0x80F6        328             0/0/0


R1#show ip route
Codes: i - IS-IS, su - IS-IS summary, L1 - IS-IS level-1, L2 - IS-IS
level-2
       ia - IS-IS inter area,
     1.0.0.0/24 is subnetted, 4 subnets
C       1.1.1.0 is directly connected, Loopback0
C       1.1.12.0 is directly connected, FastEthernet0/0
i L2    1.1.23.0 [115/20] via 1.1.12.2, FastEthernet0/0
i L2    1.1.34.0 [115/30] via 1.1.12.2, FastEthernet0/0
     2.0.0.0/24 is subnetted, 1 subnets
i L2    2.2.2.0 [115/20] via 1.1.12.2, FastEthernet0/0
     3.0.0.0/24 is subnetted, 1 subnets
i L2    3.3.3.0 [115/30] via 1.1.12.2, FastEthernet0/0
     4.0.0.0/24 is subnetted, 1 subnets
i L2    4.4.4.0 [115/40] via 1.1.12.2, FastEthernet0/0
```

[R2] IS-IS Neighbor 관계 설정, 데이터베이스 및 IS-IS 라우팅 확인

```
R2#show isis neighbors
System Id      Type Interface   IP Address     State Holdtime Circuit Id
R1             L2   Fa0/0        1.1.12.1       UP    26       R2.01
R3             L2   Fa1/0        1.1.23.3       UP    7        R3.02


R2#show isis database
IS-IS Level-1 Link State Database:
LSPID              LSP Seq Num  LSP Checksum  LSP Holdtime    ATT/P/OL
R2.00-00         * 0x00000008   0x1BFA        414             1/0/0
IS-IS Level-2 Link State Database:
LSPID              LSP Seq Num  LSP Checksum  LSP Holdtime    ATT/P/OL
R1.00-00           0x0000000B   0x8E8C        1136            0/0/0
R2.00-00         * 0x0000000D   0x8123        1061            0/0/0
R2.01-00         * 0x00000002   0xB32A        398             0/0/0
R3.00-00           0x0000000D   0x381D        544             0/0/0
R3.02-00           0x00000004   0x0F98        520             0/0/0
R4.00-00           0x0000000A   0x9548        569             0/0/0
R4.01-00           0x00000003   0x7EF7        1195            0/0/0


R2#show ip route
Codes: i - IS-IS, su - IS-IS summary, L1 - IS-IS level-1, L2 - IS-IS
level-2
       ia - IS-IS inter area,
     1.0.0.0/24 is subnetted, 4 subnets
i L2    1.1.1.0 [115/20] via 1.1.12.1, FastEthernet0/0
C       1.1.12.0 is directly connected, FastEthernet0/0
C       1.1.23.0 is directly connected, FastEthernet1/0
i L2    1.1.34.0 [115/20] via 1.1.23.3, FastEthernet1/0
     2.0.0.0/24 is subnetted, 1 subnets
C       2.2.2.0 is directly connected, Loopback0
     3.0.0.0/24 is subnetted, 1 subnets
i L2    3.3.3.0 [115/20] via 1.1.23.3, FastEthernet1/0
     4.0.0.0/24 is subnetted, 1 subnets
i L2    4.4.4.0 [115/30] via 1.1.23.3, FastEthernet1/0
```

[R3] IS-IS Neighbor 관계 설정, 데이터베이스 및 IS-IS 라우팅 확인

```
R3#show isis neighbors
System Id     Type Interface   IP Address      State Holdtime Circuit Id
R2            L2   Fa1/0        1.1.23.2        UP    23       R3.02
R4            L2   Fa0/0        1.1.34.4        UP    9        R4.01


R3#show isis database
IS-IS Level-1 Link State Database:
LSPID              LSP Seq Num   LSP Checksum  LSP Holdtime    ATT/P/OL
R3.00-00         * 0x00000008    0x4050        545             1/0/0
IS-IS Level-2 Link State Database:
LSPID              LSP Seq Num   LSP Checksum  LSP Holdtime    ATT/P/OL
R1.00-00           0x0000000B    0x8E8C        1106            0/0/0
R2.00-00           0x0000000D    0x8123        1031            0/0/0
R2.01-00           0x00000003    0xB12B        1185            0/0/0
R3.00-00         * 0x0000000D    0x381D        518             0/0/0
R3.02-00         * 0x00000005    0x0D99        1184            0/0/0
R4.00-00           0x0000000A    0x9548        543             0/0/0
R4.01-00           0x00000003    0x7EF7        1169            0/0/0


R3#show ip route
Codes: i - IS-IS, su - IS-IS summary, L1 - IS-IS level-1, L2 - IS-IS
level-2
       ia - IS-IS inter area,
     1.0.0.0/24 is subnetted, 4 subnets
i L2    1.1.1.0 [115/30] via 1.1.23.2, FastEthernet1/0
i L2    1.1.12.0 [115/20] via 1.1.23.2, FastEthernet1/0
C       1.1.23.0 is directly connected, FastEthernet1/0
C       1.1.34.0 is directly connected, FastEthernet0/0
     2.0.0.0/24 is subnetted, 1 subnets
i L2    2.2.2.0 [115/20] via 1.1.23.2, FastEthernet1/0
     3.0.0.0/24 is subnetted, 1 subnets
C       3.3.3.0 is directly connected, Loopback0
     4.0.0.0/24 is subnetted, 1 subnets
i L2    4.4.4.0 [115/20] via 1.1.34.4, FastEthernet0/0
```

[R4] IS-IS Neighbor 관계 설정, 데이터베이스 및 IS-IS 라우팅 확인

```
R4#show isis neighbors

System Id      Type Interface    IP Address       State Holdtime Circuit Id
R3             L2   Fa0/0         1.1.34.3         UP    24       R4.01


R4#show isis database

IS-IS Level-1 Link State Database:
LSPID                LSP Seq Num   LSP Checksum  LSP Holdtime    ATT/P/OL
R4.00-00           * 0x00000005    0xEA39        439             1/0/0
IS-IS Level-2 Link State Database:
LSPID                LSP Seq Num   LSP Checksum  LSP Holdtime    ATT/P/OL
R1.00-00             0x0000000B    0x8E8C        1076            0/0/0
R2.00-00             0x0000000D    0x8123        1001            0/0/0
R2.01-00             0x00000003    0xB12B        1154            0/0/0
R3.00-00             0x0000000D    0x381D        487             0/0/0
R3.02-00             0x00000005    0x0D99        1154            0/0/0
R4.00-00           * 0x0000000A    0x9548        516             0/0/0
R4.01-00           * 0x00000003    0x7EF7        1142            0/0/0


R4#show ip route
Codes: i - IS-IS, su - IS-IS summary, L1 - IS-IS level-1, L2 - IS-IS
level-2
       ia - IS-IS inter area,
     1.0.0.0/24 is subnetted, 4 subnets
i L2    1.1.1.0 [115/40] via 1.1.34.3, FastEthernet0/0
i L2    1.1.12.0 [115/30] via 1.1.34.3, FastEthernet0/0
i L2    1.1.23.0 [115/20] via 1.1.34.3, FastEthernet0/0
C       1.1.34.0 is directly connected, FastEthernet0/0
     2.0.0.0/24 is subnetted, 1 subnets
i L2    2.2.2.0 [115/30] via 1.1.34.3, FastEthernet0/0
     3.0.0.0/24 is subnetted, 1 subnets
i L2    3.3.3.0 [115/20] via 1.1.34.3, FastEthernet0/0
     4.0.0.0/24 is subnetted, 1 subnets
C       4.4.4.0 is directly connected, Loopback0
```

■ 라우터 간 통신 상태 확인

```
R1#ping 2.2.2.2
Sending 5, 100-byte ICMP Echos to 2.2.2.2, timeout is 2 seconds:
!!!!!
Success rate is 100 percent (5/5), round-trip min/avg/max = 8/12/20 ms


R1#ping 3.3.3.3
Sending 5, 100-byte ICMP Echos to 3.3.3.3, timeout is 2 seconds:
!!!!!
Success rate is 100 percent (5/5), round-trip min/avg/max = 20/25/48 ms


R1#ping 4.4.4.4
Sending 5, 100-byte ICMP Echos to 4.4.4.4, timeout is 2 seconds:
!!!!!
Success rate is 100 percent (5/5), round-trip min/avg/max = 16/35/64 ms
```

```
R2#ping 1.1.1.1
Sending 5, 100-byte ICMP Echos to 1.1.1.1, timeout is 2 seconds:
!!!!!
Success rate is 100 percent (5/5), round-trip min/avg/max = 4/14/36 ms


R2#ping 3.3.3.3
Sending 5, 100-byte ICMP Echos to 3.3.3.3, timeout is 2 seconds:
!!!!!
Success rate is 100 percent (5/5), round-trip min/avg/max = 4/9/16 ms


R2#ping 4.4.4.4
Sending 5, 100-byte ICMP Echos to 4.4.4.4, timeout is 2 seconds:
!!!!!
Success rate is 100 percent (5/5), round-trip min/avg/max = 4/16/28 ms
```

```
R3#ping 1.1.1.1
Sending 5, 100-byte ICMP Echos to 1.1.1.1, timeout is 2 seconds:
!!!!!
Success rate is 100 percent (5/5), round-trip min/avg/max = 16/20/24 ms
```

```
R3#ping 2.2.2.2
Sending 5, 100-byte ICMP Echos to 2.2.2.2, timeout is 2 seconds:
!!!!!
Success rate is 100 percent (5/5), round-trip min/avg/max = 4/8/12 ms

R3#ping 4.4.4.4
Sending 5, 100-byte ICMP Echos to 4.4.4.4, timeout is 2 seconds:
!!!!!
Success rate is 100 percent (5/5), round-trip min/avg/max = 4/10/20 ms
```

```
R4#ping 1.1.1.1
Sending 5, 100-byte ICMP Echos to 1.1.1.1, timeout is 2 seconds:
!!!!!
Success rate is 100 percent (5/5), round-trip min/avg/max = 20/29/40 ms

R4#ping 2.2.2.2
Sending 5, 100-byte ICMP Echos to 2.2.2.2, timeout is 2 seconds:
!!!!!
Success rate is 100 percent (5/5), round-trip min/avg/max = 16/20/24 ms

R4#ping 3.3.3.3
Sending 5, 100-byte ICMP Echos to 3.3.3.3, timeout is 2 seconds:
!!!!!
Success rate is 100 percent (5/5), round-trip min/avg/max = 4/9/16 ms
```

5. BGP

지금까지 살펴본 동적 라우팅 프로토콜은 내부 라우팅 프로토콜IGP, Interior Gateway Protocol이다. 하나의 ASAutonomous System 내에서 동작하는 라우팅 프로토콜과 AS와 AS 간에 동작하는 라우팅 프로토콜은 동작하는 규모 면이나 동작 방식에서 다르다는 것을 짐작할 수 있을 것이다.

지금부터 배울 BGP는 외부 라우팅 프로토콜EGP, Exterior Gateway Protocol로, 주로 인터넷 사업자ISP, Internet Service Provider를 비롯한 AS 번호를 보유한 기관들끼리 AS 정보를 포함한 네트워크 정보를 서로 전달하고 교환하기 위해 사용한다.

독립된 각 기관에서 내부 정책에 맞게 라우팅이 적용되므로 타 기관과의 상호 연계와 협조가 긴밀히 필요하다. 이것이 바로 AS 간 라우팅 정책이 된다.

BGP를 다루기에 앞서 BGP에 대해서는 많은 기능과 특징이 있지만 여기에서는 BGP 특성 및 기본적인 기능 위주로 다룰 것이다. 제대로 BGP를 공부하려면 시스코 공인 교육기관에서도 5일 전일제로 교육과정이 있으며, 이 책으로 부족하지만 BGP가 어떠한 프로토콜이고 어떻게 적용 및 운용되는가에 대한 내용을 숙지한다면 네트워크 운영자에게는 많은 도움이 될 것이다.

1) BGP 특징

BGP는 AS^{Autonomous System} 간 네트워크 정보를 교환하기 위해 동작하는 AS Border Gateway 프로토콜이다.

가) AS 번호의 역할

- 인터넷을 사용하는 각 기관에 부여되는 2바이트의 고유 번호로, 하나의 AS가 다른 AS와 동적 라우팅 정보를 교환하는 식별자로 사용된다.
- BGP와 같은 외부 라우팅 프로토콜에서 네트워크 간 정보를 교환하기 위해 필요하다.
- 인터넷 할당 번호 관리 기관IANA, Internet Assigned Numbers Authority에서 부여 및 관리한다.
- AS 번호 할당 범위는 0~65535 사이의 숫자로 표현되며 공인 AS, 사설 AS로 구분된다.

- 공인 AS 번호: 1~64511(인터넷상에서 기관별 고유한 번호)
- 사설 AS 번호: 64512~65535(인터넷에는 공개되지 않으며 내부 용도로만 사용)
- 인터넷 사업자 ISP(Internet Service Provider)와 같이 AS 간 데이터가 전달되는 경우, 동적 라우팅 프로토콜로 BGP를 사용한다.
- EIGRP(또는 Ripv2)와 같은 디스턴스 벡터^{Distance Vector} 라우팅 프로토콜로, 네트워크 토폴로지에 변화 발생 시(Triggered Update) 전체 업데이트가 아닌 변화가 발생한 정보만 전달하는 부분적인 업데이트(Incremental Update)를 지원한다.
- BGP 패킷 정보 전달 방식으로는 유니캐스트^{Unicast}를 지원하며, TCP 179을 사용함으로써 신뢰성 있는 통신을 지원한다. 그리고 TCP 연결성 확인 용도로 주기적 keepalive 패킷을 전달한다.
- IGP와는 다른 경로 벡터(Path Vector)[3] 및 어트리뷰트^{Attributes}라는 다양한 경로 메트릭^{Metric}이 있다.
- 인터넷 IX^{Internet Exchange}와 같이 AS 간 연결이 필요한 대규모 네트워크에서 사용된다.
- AS 내에서 IGP[4]로는 IRPv2, OSPF, EIGRP, IS-IS 등을 사용할 수 있다.

나) eBGP

서로 다른 AS에 속하는 BGP 네이버^{Neighbor}에 대한 eBGP(External BGP) 피어^{Peer}를 맺고 동작한다. eBGP 네이버는 AS 간에 반드시 직접 연결된 구간의 네트워크를 이용할 필요는 없다. 이러한 특징은 EIGRP, OSPF와 같은 IGP와는 다른 특징을 가진다.

---

3 외부 라우팅 프로토콜에서 사용하는 거리 값이 필요 없는 방식으로, 거리에 대한 처리 과정이 없으며, 관리하는 라우팅 정보에는 목적지 네트워크에 도착하기 위한 AS에 관한 내용만 포함된다.

4 AS 내 IGP 용도로는 BGP 네이버(Neighbor) 가능 경로 설정, BGP 경유지(Next-Hop) 문제 해결, BGP 동기(Sync) 문제 해결(no sync, Redistribute), AS 내 라우팅 등을 들 수 있다.

다) iBGP

동일한 AS에 속하는 BGP 네이버Neighbor에 대한 iBGPInternal BGP 피어Peer를 맺고 동작한다. iBGP 네이버를 연결하는 경우는 외부 AS와 eBGP로 연결된 라우터가 2개 이상일 때 설정하는 것이 좋다.

eBGP 설정된 라우터와 iBGP로 연결해주면 된다. AS 내 모든 라우터가 iBGP를 설정할 필요는 없다. Multi-Homed라는 eBGP가 동작하는 2개 이상의 경우에 iBGP를 설정하는 이유는 외부 AS로부터 받은 정보를 AS 내 다른 eBGP가 설정돼 있는 라우터로 전달하고 목적지에 대한 경로를 결정할 수 있게 하는 역할을 한다.

단일 경로로만 eBGP가 설정돼 있는 경우는 iBGP 설정이 필요없는 이유이기도 하다. 즉, 목적지에 대한 경로가 하나밖에 없기 때문에 iBGP 설정이 필요 없으며, AS 내 다른 라우터와는 EIGRP, OSPF와 같은 IGP로 정보를 상호교환하고 BGP와 IGP 간은 재분배를 통해 라우팅 정보를 전달하면 된다.

iBGP의 특징 중에 하나는 iBGP가 설정된 라우터는 같은 AS 내 iBGP 라우터로부터 네트워크 상태 변화 정보를 받으면 eBGP로 연결된 다른 AS의 라우터로 정보를 전달하고, iBGP로 연결된 다른 iBGP 라우터로는 변화된 정보를 전달하지 않는다 (Sprit-horizon 특성).

그래서 AS 내 eBGP가 설정된 라우터와 같은 AS 내 라우터와는 iBGP 세션을 풀메시Full Mesh 형태로 연결해줘야 한다.

표 6-9 BGP 속성에 따른 분류

속성	내용
Well-Known Mandatory	모든 BGP 라우터가 지원해야 하고, BGP 라우팅 정보에 반드시 포함돼야 한다.
Well-Known Discretionary	모든 BGP 라우터가 이 속성을 지원해야 하지만, BGP 라우팅 정보 전송 시 반드시 포함될 필요는 없다.
Optional Transitive	모든 BGP가 지원할 필요는 없지만, 이 속성을 지원하지 않는 라우터라도 해당 경로를 수용함과 동시에 네이버에게도 전달해야 한다.
Optional nonTransitive	모든 BGP가 지원할 필요도 없지만, 이 속성을 지원하지 않으면 해당 라우팅 정보를 무시하고 네이버에게도 전달하지 않는다.

2) BGP 데이터베이스

표 6-10 BGP 데이터베이스

BGP 네이버 테이블	• BGP 네이버 리스트

```
R2#show ip bgp summary
BGP router identifier 22.22.22.22, local AS number 100
BGP table version is 21, main routing table version 21
18 network entries using 2106 bytes of memory
19 path entries using 988 bytes of memory
7/6 BGP path/bestpath attribute entries using 868 bytes of memory
1 BGP AS-PATH entries using 24 bytes of memory
0 BGP route-map cache entries using 0 bytes of memory
0 BGP filter-list cache entries using 0 bytes of memory
BGP using 3986 total bytes of memory
BGP activity 18/0 prefixes, 19/0 paths, scan interval 60 secs
Neighbor        V    AS MsgRcvd MsgSent   TblVer  InQ OutQ Up/Down  State/PfxRcd
192.168.12.1    4   200    4531    4548       21    0    0 3d03h           4
```

BGP 테이블	• 네이버로부터 배운 네트워크 대역 전체
	• 목적지로 가는 멀티 Path 존재
	• 각 경로에 BGP 메트릭이 포함됨

```
R2#show ip bgp
BGP table version is 21, local router ID is 22.22.22.22
Status codes: s suppressed, d damped, h history, * valid, > best, i - internal,
              r RIB-failure, S Stale
Origin codes: i - IGP, e - EGP, ? - incomplete
   Network          Next Hop          Metric LocPrf Weight Path
*> 1.1.1.0/24       192.168.12.1           0             0 200 i
*> 2.2.2.0/24       0.0.0.0                0         32768 i
*> 3.3.3.3/32       10.10.23.3            11         32768 ?
*> 4.4.4.4/32       10.10.24.4            11         32768 ?
*> 5.5.5.5/32       10.10.24.4            21         32768 ?
*> 6.6.6.6/32       10.10.23.3            21         32768 ?
*> 10.10.23.0/24    0.0.0.0                0         32768 ?
*> 10.10.24.0/24    0.0.0.0                0         32768 ?
*> 10.10.36.0/24    10.10.23.3            20         32768 ?
*> 10.10.45.0/24    10.10.24.4            20         32768 ?
*> 11.11.11.0/24    192.168.12.1           0             0 200 i
*> 22.22.22.0/24    0.0.0.0                0         32768 i
*> 33.33.33.33/32   10.10.23.3            11         32768 ?
*> 44.44.44.44/32   10.10.24.4            11         32768 ?
*> 55.55.55.55/32   10.10.24.4            21         32768 ?
*> 66.66.66.66/32   10.10.23.3            21         32768 ?
*> 111.111.111.0/24 192.168.12.1           0             0 200 I
*> 192.168.12.0     0.0.0.0                0         32768 i
*                   192.168.12.1           0             0 200 i
```

BGP 라우팅 테이블	• 목적지로 가는 최적의 경로
	
	``
	R2#show ip route bgp
	     1.0.0.0/24 is subnetted, 1 subnets
	B 1.1.1.0 [20/0] via 192.168.12.1, 3d03h
	     111.0.0.0/24 is subnetted, 1 subnets
	B 111.111.111.0 [20/0] via 192.168.12.1, 3d03h
	     11.0.0.0/24 is subnetted, 1 subnets
	B 11.11.11.0 [20/0] via 192.168.12.1, 3d03h
	``

3) BGP와 IGP 비교

표 6-11 BGP vs IGP

구분	BGP	IGP
특징	다른 AS 간 라우팅 정보 교환	AS 내에서 라우팅 정보 교환
정보 교환 수단	TCP 179(Unicast)	Multicast, Broadcast
관리 영역	다른 IGP 간 연결 또는 일반 네트워크를 2개 이상 연결	하나의 조직이 자신의 IGP 관리
최적 경로 선출 방법	다양한 속성에 따라 메트릭이 결정됨 (Weight, LP, AS-path, MED 등). 단, 조직 간(AS보유사)의 내부 라우팅 규정과 상호 협의된 속성에 따라 다양한 정책을 가져갈 수 있다.	라우팅별 자체 메트릭 이용
프로토콜	BGP(eBGP, iBGP)	RIP, EIGRP, OSPF, IS-IS 등
라우팅 테이블	Routing Table, BGP Table	Routing Table

4) BGP 메시지 패킷 교환

BGP는 TCP 179를 이용해 메시지를 교환하며, 프로토콜에서 제공하는 메시지의 종류는 다음과 같다.

- Open: 다른 라우터와의 연관Relationship을 설정한다.
- Update: 라우팅 관련 정보를 전달한다.
- Keepalive: Open 메시지에 대한 응답 기능과 주변 라우터와의 연관을 주기

적으로 확인한다.

- Notification: 오류 상태를 통보한다.

5) BGP 최적 경로 선출 순위

BGP는 전달 받은 네트워크들의 속성을 혼합해 하나의 값으로 변환하되, 서로 비교하지 않는 대신 속성^{Attirbute}을 이용해 다음 기준에 의해 선택 대상인 네트워크들의 우선순위가 가려질 때까지 속성들을 차례대로 비교해 최적의 경로를 결정한다.

 BGP 최적 경로 선출을 위한 속성 및 적용 순위

BGP는 경유지(Next Hop)로 가는 경로를 알고 있고, IGP와 BGP 간 동기(Sync) 문제가 해결된 네트워크에 대해서만 다음과 같은 속성을 비교해 경로를 결정한다.

① Weight가 가장 큰 경로
  · Weight 값은 시스코 사 고유의 기능이며, 설정된 로컬 라우터에서만 유효함
② Local preference가 가장 큰 경로
③ 현재 라우터가 BGP 선언할 때 포함시킨 경로: network/redistribute/aggregate address
  · 로컬에서 생성된 경로가 최적의 경로가 된다.
④ AS 경로(Path)의 길이가 가장 짧은 경로
⑤ Origin 코드에 따라 최적의 경로가 된다: i 〉 e 〉 ?
  · Origin 타입의 크기: IGP 〈 EGP 〈 Incomplete(최적의 경로는 IGP이다)
⑥ MED가 가장 작은 경로
⑦ eBGP로 받은 경로가 iBGP로 받은 경로보다 우선이다.
⑧ BGP Next Hop까지 IGP Metric이 가장 작은 경로
⑨ Maximum-Paths 명령어로 부하 분산을 하도록 설정돼 있고, 최대 6개까지의 경로를 모두 저장
⑩ 비교 대상 경로가 모두 외부 경로인 경우, 먼저 전달 받은 경로
  · BGP 테이블상 가장 오래된 경로가 최적의 경로가 된다.
⑪ 라우터 ID가 가장 낮은 BGP 네이버로부터 수신한 경로
⑫ RR(Root Reflector)을 사용하는 경우 Cluster List 길이가 가장 짧은 경로
⑬ BGP 네이버 IP 주소(BGP Peer 주소) 중 IP 주소가 가장 낮은 경로

IGP는 전달 받은 네트워크 중 메트릭(Cost) 값이 가장 작은 경로를 선택해 라우팅 테이블에 등록된다.

6) BGP 설정 방법

■ BGP peer(네이버)

TCP 179을 이용한 BGP 라우팅 정보를 교환하기 위해서 연결되는 서로 다른 AS에 속한 라우터를 eBGP 피어Peer 또는 네이버라고 하며, 동일한 AS 내에서는 iBGP 피어(네이버)를 맺는다.

BGP 피어는 수동으로 직접 지정하며, 네이버 성립 시 주기적으로 60초 간격으로 Keepalive를 교환한다. Keepalive Time은 0~65535까지 조정할 수 있다.

eBGP와 iBGP의 피어(네이버) 설정법은 eBGP의 경우는 네이버를 맺을 때는 직접 연결된 IP를 사용하고, iBGP 피어(네이버)를 맺는 경우는 루프백, 시리얼 및 이더넷 IP를 모두 사용할 수 있다.

■ eBGP peer(네이버) 설정 방법
```
Router(config)# router bgp [ASnumber]
Router(config-router)# bgp router-id xxx.xxx.xxx.xxx
Router(config-router)#neighbor [직접 연결된 상대방 IP 주소] remote-as [네이버 AS 번호]
Router(config-router)#neighbor [네이버IP 주소] ebgp-multihop 5 //EBGP끼리 설정할
때만 사용하며 TTL을 1에서 5까지 늘려줄 수 있다. //
```

※ 만약 프레임 릴레이로 연결 중이라면 ebgp-multihop 카운트를 늘려줘야 한다.
  다른 AS의 BGP 라우터와 직접 연결돼 있을 경우에는 설정할 필요가 없다(default 값은 1).

■ iBGP peer(네이버) 설정 방법
```
Router(config)# router bgp [ASnumber]
Router(config-router)# bgp router-id xxx.xxx.xxx.xxx
Router(config-router)#neighbor [네이버의 루프백, 시리얼, 이더넷 IP] remote-as [자신
의 AS]
```

```
Router(config-router)#neighbor [네이버의 루프백이나 시리얼, 이더넷 IP 주소] update-
souce [네이버로 사용할 자신의 인터페이스]     //BGP 정보를 송신할 때 출발지 주소를 변경하는 명령어,
주로 루프백 인터페이스를 사용한다.//
```

■ BGP 광고
```
Router(config-router)#network [광고할 네트워크] mask [서브넷마스크]
```

7) BGP 속성

BGP는 최적의 경로를 선정함에 있어 해당 로컬 정책에 따라 임의로 경로를 설정할 수 있다. 대부분의 속성은 조정할 수 있고, 경유지$^{Next-Hop}$로 가는 경로도 이미 알고 있으며, 최적의 경로를 선정하도록 임의로 결정할 수 있다.

BGP에서 최적의 경로를 결정하는 우선순위가 되는 속성^{Attribute}에 대해 순위별로 알아보고, 어떻게 적용되고 어떤 식으로 보여지는지에 대해 알아보자.

BGP의 각 속성을 설명하기 위해 BGP 네트워크 토폴로지를 구성한 후 각 속성을 적용해보자.

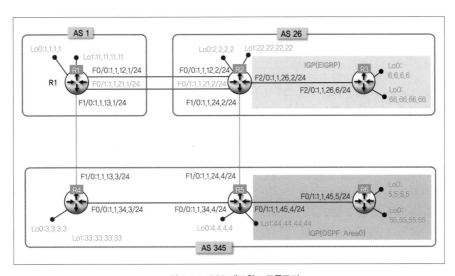

그림 6-50 BGP 네트워크 토폴로지

■ 각 라우터의 설정 값

[R1]
```
interface Loopback0
 ip address 1.1.1.1 255.255.255.0
interface Loopback1
 ip address 11.11.11.11 255.255.255.0
interface FastEthernet0/0
 ip address 1.1.12.1 255.255.255.0
interface FastEthernet0/1
 ip address 1.1.21.1 255.255.255.0
interface FastEthernet1/0
 ip address 1.1.13.1 255.255.255.0


router bgp 1
 no synchronization
 network 1.1.1.0 mask 255.255.255.0              //eBGP 광고 네트워크//
 network 11.11.11.0 mask 255.255.255.0           //eBGP 광고 네트워크//
 neighbor 1.1.13.3 remote-as 345                 //eBGP AS 345와 네이버 설정//
 neighbor 2.2.2.2 remote-as 26                   //eBGP AS 26과 네이버 설정//
 neighbor 2.2.2.2 ebgp-multihop 5                //eBGP 네이버 IP의 네트워크 홉
설정//
 neighbor 2.2.2.2 update-source Loopback0        //eBGP 네이버 IP를 Loopback0
로 설정//


ip route 2.2.2.0 255.255.255.0 1.1.12.2
ip route 2.2.2.0 255.255.255.0 1.1.21.2
```

[R2]
```
interface Loopback0
 ip address 2.2.2.2 255.255.255.0
interface Loopback1
 ip address 22.22.22.22 255.255.255.0
interface FastEthernet0/0
 ip address 1.1.12.2 255.255.255.0
interface FastEthernet0/1
```

```
 ip address 1.1.21.2 255.255.255.0
interface FastEthernet1/0
 ip address 1.1.24.2 255.255.255.0

router eigrp 26
 network 1.1.26.0 0.0.0.255
 no auto-summary

router bgp 26
 no synchronization
 network 2.2.2.0 mask 255.255.255.0              //eBGP 광고 네트워크//
 network 22.22.22.0 mask 255.255.255.0           //eBGP 광고 네트워크//
 redistribute eigrp 26                           //EIGRP 26을 BGP로 재분배//
 neighbor 1.1.1.1 remote-as 1                     //eBGP AS 1과 네이버 설정//
 neighbor 1.1.1.1 ebgp-multihop 5                //eBGP 네이버 IP의 네트워크 홉
설정//
 neighbor 1.1.1.1 update-source Loopback0        //eBGP 네이버 IP를 Loopback0
으로 설정//
 neighbor 1.1.24.4 remote-as 345                 //eBGP AS 345와 네이버 설정//

ip route 1.1.1.0 255.255.255.0 1.1.12.1
ip route 1.1.1.0 255.255.255.0 1.1.21.1
```

[R3]
```
interface Loopback0
 ip address 3.3.3.3 255.255.255.0
interface Loopback1
 ip address 33.33.33.33 255.255.255.0
interface FastEthernet0/0
 ip address 1.1.34.3 255.255.255.0
interface FastEthernet1/0
 ip address 1.1.13.3 255.255.255.0

router bgp 345
 no synchronization
 network 3.3.3.0 mask 255.255.255.0              //eBGP 광고 네트워크//
```

```
network 33.33.33.0 mask 255.255.255.0          //eBGP 광고 네트워크//
neighbor 1.1.13.1 remote-as 1                  //eBGP AS 1과 네이버 설정//
neighbor 1.1.34.4 remote-as 345                //iBGP AS 345와 네이버 설정//
```

[R4]
```
interface Loopback0
 ip address 4.4.4.4 255.255.255.0
interface Loopback1
 ip address 44.44.44.44 255.255.255.0
interface FastEthernet0/0
 ip address 1.1.34.4 255.255.255.0
interface FastEthernet0/1
 ip address 1.1.45.4 255.255.255.0
interface FastEthernet1/0
 ip address 1.1.24.4 255.255.255.0

router ospf 45
 router-id 4.4.4.4
 network 1.1.45.0 0.0.0.255 area 0

router bgp 345
 no synchronization
 network 4.4.4.0 mask 255.255.255.0            //eBGP 광고 네트워크//
 network 44.44.44.0 mask 255.255.255.0         //eBGP 광고 네트워크//
 redistribute ospf 45                          //OSPF 45를 BGP로 재분배//
 neighbor 1.1.24.2 remote-as 26                //eBGP AS 26과 네이버 설정//
 neighbor 1.1.34.3 remote-as 345               //iBGP AS 345와 네이버 설정//
```

[R5]
```
interface Loopback0
 ip address 5.5.5.5 255.255.255.0
interface Loopback1
 ip address 55.55.55.55 255.255.255.0
interface FastEthernet0/1
 ip address 1.1.45.5 255.255.255.0
```

```
router ospf 45
 router-id 5.5.5.5
 network 1.1.45.0 0.0.0.255 area 0
 network 5.5.5.0 0.0.0.255 area 0
 network 55.55.55.0 0.0.0.255 area 0

ip route 0.0.0.0 0.0.0.0 1.1.45.4
```

```
[R6]
interface Loopback0
 ip address 6.6.6.6 255.255.255.0
interface Loopback1
 ip address 66.66.66.66 255.255.255.0
interface FastEthernet2/0
 ip address 1.1.26.6 255.255.255.0

router eigrp 26
 network 1.1.26.0 0.0.0.255
 network 6.6.6.0 0.0.0.255
 network 66.66.66.0 0.0.0.255
 no auto-summary

ip route 0.0.0.0 0.0.0.0 1.1.26.2
```

■ 각 라우터의 라우팅 테이블 및 통신 상태 점검

```
R1#show ip route
1.0.0.0/24 is subnetted, 6 subnets
C       1.1.1.0 is directly connected, Loopback0
C       1.1.12.0 is directly connected, FastEthernet0/0
C       1.1.13.0 is directly connected, FastEthernet1/0
C       1.1.21.0 is directly connected, FastEthernet0/1
B       1.1.26.0 [20/0] via 2.2.2.2, 01:45:53
B       1.1.45.0 [20/0] via 1.1.13.3, 01:38:26
```

```
      2.0.0.0/24 is subnetted, 1 subnets
S       2.2.2.0 [1/0] via 1.1.21.2
                  [1/0] via 1.1.12.2
      33.0.0.0/24 is subnetted, 1 subnets
B       33.33.33.0 [20/0] via 1.1.13.3, 02:33:21
      3.0.0.0/24 is subnetted, 1 subnets
B       3.3.3.0 [20/0] via 1.1.13.3, 02:35:46
      4.0.0.0/24 is subnetted, 1 subnets
B       4.4.4.0 [20/0] via 1.1.13.3, 01:51:57
      55.0.0.0/32 is subnetted, 1 subnets
B       55.55.55.55 [20/0] via 1.1.13.3, 01:37:58
      5.0.0.0/32 is subnetted, 1 subnets
B       5.5.5.5 [20/0] via 1.1.13.3, 01:37:58
      66.0.0.0/24 is subnetted, 1 subnets
B       66.66.66.0 [20/156160] via 2.2.2.2, 01:45:55
      6.0.0.0/24 is subnetted, 1 subnets
B       6.6.6.0 [20/156160] via 2.2.2.2, 01:45:55
      22.0.0.0/24 is subnetted, 1 subnets
B       22.22.22.0 [20/0] via 2.2.2.2, 01:55:03
      11.0.0.0/24 is subnetted, 1 subnets
C       11.11.11.0 is directly connected, Loopback1
      44.0.0.0/24 is subnetted, 1 subnets
B       44.44.44.0 [20/0] via 1.1.13.3, 01:51:57
```

[R1 → R2, R3, R4, R5, R6 통신 상태]

※ Source ping을 하는 이유는 R1의 Loopback I/F를 제외하고는 eBGP 광고가 되지 않으며 R4, R5에서는 라우팅 테이블에 나타나지 않는다.

```
R1#ping 2.2.2.2 source 1.1.1.1
Packet sent with a source address of 1.1.1.1
!!!!!
Success rate is 100 percent (5/5), round-trip min/avg/max = 8/8/12 ms

R1#ping 22.22.22.22 source 1.1.1.1
Packet sent with a source address of 1.1.1.1
!!!!!
```

Success rate is 100 percent (5/5), round-trip min/avg/max = 8/9/12 ms

```
R1#ping 3.3.3.3 source 1.1.1.1
Packet sent with a source address of 1.1.1.1
!!!!!
Success rate is 100 percent (5/5), round-trip min/avg/max = 8/16/20 ms

R1#ping 33.33.33.33 source 1.1.1.1
Packet sent with a source address of 1.1.1.1
!!!!!
Success rate is 100 percent (5/5), round-trip min/avg/max = 12/18/20 ms

R1#ping 4.4.4.4 source 1.1.1.1
Packet sent with a source address of 1.1.1.1
!!!!!
Success rate is 100 percent (5/5), round-trip min/avg/max = 20/28/36 ms

R1#ping 44.44.44.44 source 1.1.1.1
Packet sent with a source address of 1.1.1.1
!!!!!
Success rate is 100 percent (5/5), round-trip min/avg/max = 16/24/40 ms

R1#ping 5.5.5.5 source 1.1.1.1
Packet sent with a source address of 1.1.1.1
!!!!!
Success rate is 100 percent (5/5), round-trip min/avg/max = 16/30/40 ms

R1#ping 55.55.55.55 source 1.1.1.1
Packet sent with a source address of 1.1.1.1
!!!!!
Success rate is 100 percent (5/5), round-trip min/avg/max = 20/28/40 ms

R1#ping 6.6.6.6 source 1.1.1.1
Packet sent with a source address of 1.1.1.1
!!!!!
Success rate is 100 percent (5/5), round-trip min/avg/max = 16/20/28 ms
```

```
R1#ping 66.66.66.66 source 1.1.1.1
Packet sent with a source address of 1.1.1.1
!!!!!
Success rate is 100 percent (5/5), round-trip min/avg/max = 16/20/24 ms
```

```
R2#show ip route
     1.0.0.0/24 is subnetted, 6 subnets
S       1.1.1.0 [1/0] via 1.1.21.1
                 [1/0] via 1.1.12.1
C       1.1.12.0 is directly connected, FastEthernet0/0
C       1.1.21.0 is directly connected, FastEthernet0/1
C       1.1.24.0 is directly connected, FastEthernet1/0
C       1.1.26.0 is directly connected, FastEthernet2/0
B       1.1.45.0 [20/0] via 1.1.24.4, 01:42:59
     2.0.0.0/24 is subnetted, 1 subnets
C       2.2.2.0 is directly connected, Loopback0
     33.0.0.0/24 is subnetted, 1 subnets
B       33.33.33.0 [20/0] via 1.1.24.4, 01:55:08
     3.0.0.0/24 is subnetted, 1 subnets
B       3.3.3.0 [20/0] via 1.1.24.4, 01:55:08
     4.0.0.0/24 is subnetted, 1 subnets
B       4.4.4.0 [20/0] via 1.1.24.4, 01:55:08
     55.0.0.0/32 is subnetted, 1 subnets
B       55.55.55.55 [20/11] via 1.1.24.4, 01:43:00
     5.0.0.0/32 is subnetted, 1 subnets
B       5.5.5.5 [20/11] via 1.1.24.4, 01:43:00
     66.0.0.0/24 is subnetted, 1 subnets
D       66.66.66.0 [90/156160] via 1.1.26.6, 02:01:10, FastEthernet2/0
     6.0.0.0/24 is subnetted, 1 subnets
D       6.6.6.0 [90/156160] via 1.1.26.6, 02:01:10, FastEthernet2/0
     22.0.0.0/24 is subnetted, 1 subnets
C       22.22.22.0 is directly connected, Loopback1
     11.0.0.0/24 is subnetted, 1 subnets
B       11.11.11.0 [20/0] via 1.1.1.1, 01:59:35
     44.0.0.0/24 is subnetted, 1 subnets
B       44.44.44.0 [20/0] via 1.1.24.4, 01:55:08
```

```
R3#show ip route
1.0.0.0/24 is subnetted, 5 subnets
B        1.1.1.0 [20/0] via 1.1.13.1, 02:40:39
C        1.1.13.0 is directly connected, FastEthernet1/0
B        1.1.26.0 [20/0] via 1.1.13.1, 01:50:49
C        1.1.34.0 is directly connected, FastEthernet0/0
B        1.1.45.0 [200/0] via 1.1.34.4, 01:43:22
     2.0.0.0/24 is subnetted, 1 subnets
B        2.2.2.0 [20/0] via 1.1.13.1, 01:59:26
     33.0.0.0/24 is subnetted, 1 subnets
C        33.33.33.0 is directly connected, Loopback1
     3.0.0.0/24 is subnetted, 1 subnets
C        3.3.3.0 is directly connected, Loopback0
     4.0.0.0/24 is subnetted, 1 subnets
B        4.4.4.0 [200/0] via 1.1.34.4, 01:56:52
     55.0.0.0/32 is subnetted, 1 subnets
B        55.55.55.55 [200/11] via 1.1.45.5, 01:43:17
     5.0.0.0/32 is subnetted, 1 subnets
B        5.5.5.5 [200/11] via 1.1.45.5, 01:43:17
     66.0.0.0/24 is subnetted, 1 subnets
B        66.66.66.0 [20/0] via 1.1.13.1, 01:50:50
     6.0.0.0/24 is subnetted, 1 subnets
B        6.6.6.0 [20/0] via 1.1.13.1, 01:50:50
     22.0.0.0/24 is subnetted, 1 subnets
B        22.22.22.0 [20/0] via 1.1.13.1, 01:59:28
     11.0.0.0/24 is subnetted, 1 subnets
B        11.11.11.0 [20/0] via 1.1.13.1, 02:40:41
     44.0.0.0/24 is subnetted, 1 subnets
B        44.44.44.0 [200/0] via 1.1.34.4, 01:56:52

R4#show ip route
1.0.0.0/24 is subnetted, 5 subnets
B        1.1.1.0 [20/0] via 1.1.24.2, 01:55:59
C        1.1.24.0 is directly connected, FastEthernet1/0
B        1.1.26.0 [20/0] via 1.1.24.2, 01:51:19
C        1.1.34.0 is directly connected, FastEthernet0/0
```

```
C       1.1.45.0 is directly connected, FastEthernet0/1
        2.0.0.0/24 is subnetted, 1 subnets
B       2.2.2.0 [20/0] via 1.1.24.2, 01:55:59
        33.0.0.0/24 is subnetted, 1 subnets
B       33.33.33.0 [200/0] via 1.1.34.3, 01:57:21
        3.0.0.0/24 is subnetted, 1 subnets
B       3.3.3.0 [200/0] via 1.1.34.3, 01:57:22
        4.0.0.0/24 is subnetted, 1 subnets
C       4.4.4.0 is directly connected, Loopback0
        55.0.0.0/32 is subnetted, 1 subnets
O       55.55.55.55 [110/11] via 1.1.45.5, 01:59:07, FastEthernet0/1
        5.0.0.0/32 is subnetted, 1 subnets
O       5.5.5.5 [110/11] via 1.1.45.5, 01:59:07, FastEthernet0/1
        66.0.0.0/24 is subnetted, 1 subnets
B       66.66.66.0 [20/156160] via 1.1.24.2, 01:51:20
        6.0.0.0/24 is subnetted, 1 subnets
B       6.6.6.0 [20/156160] via 1.1.24.2, 01:51:20
        22.0.0.0/24 is subnetted, 1 subnets
B       22.22.22.0 [20/0] via 1.1.24.2, 01:56:01
        11.0.0.0/24 is subnetted, 1 subnets
B       11.11.11.0 [20/0] via 1.1.24.2, 01:56:01
        44.0.0.0/24 is subnetted, 1 subnets
C       44.44.44.0 is directly connected, Loopback1

R5#show ip route
        1.0.0.0/24 is subnetted, 1 subnets
C       1.1.45.0 is directly connected, FastEthernet0/1
        55.0.0.0/24 is subnetted, 1 subnets
C       55.55.55.0 is directly connected, Loopback1
        5.0.0.0/24 is subnetted, 1 subnets
C       5.5.5.0 is directly connected, Loopback0
S*      0.0.0.0/0 [1/0] via 1.1.45.4

R6#show ip route
        1.0.0.0/24 is subnetted, 1 subnets
C       1.1.26.0 is directly connected, FastEthernet2/0
```

```
        66.0.0.0/24 is subnetted, 1 subnets
C          66.66.66.0 is directly connected, Loopback1
        6.0.0.0/24 is subnetted, 1 subnets
C          6.6.6.0 is directly connected, Loopback0
S*      0.0.0.0/0 [1/0] via 1.1.26.2
```

BGP 네트워크 토폴로지 구축에 따른 eBGP, iBGP 네이버를 통한 라우팅 동작 및 IGP(EIGRP, OSPF)와 연계한 간단한 BGP 네트워크 토폴로지는 위 설정 값을 적용해 구축했다.

설정 값에 대한 BGP 및 IGP 구조를 간단하게 설명하면 다음과 같다.

① eBGP Single-Homed 구성: AS1-AS345, AS26-AS345

② eBGP Multi-Homed 구성: AS1-AS26

③ iBGP 구성: R3-R4

④ 두 가지 IGP 적용: AS26(EIGRP), AS345(OSPF)

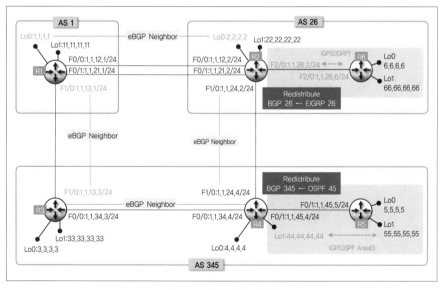

그림 6-51 BGP 라우팅 동작 구조

위 BGP 네트워크 토폴로지에서 BGP 속성 값들이 어떻게 보여지는지를 알아보기 위해 BGP 테이블을 통해 확인해보자.

앞서 BGP 동작 및 데이터를 전송하기 위해 각 라우터 설정 값을 보여줬다. 위 설정 값대로 정상적으로 설정됐다면 그림 6-51에 나와 있는 eBGP, iBGP 네이버 동작 및 전체적인 라우팅 정보를 송수신하기 위한 네트워크 구조가 쉽게 이해될 것이다. 아직 배우지 않은 재분배Redistribution 부분이 있지만 BGP 다음에 배울 것이므로 고민할 필요는 없다.

그림 6-52는 BGP 라우팅 테이블에서 속성 값들이 어떻게 표현되는지를 보여준다.

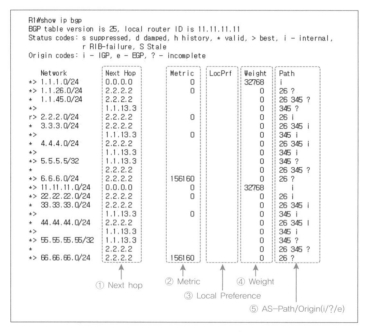

그림 6-52 R1 BGP 테이블

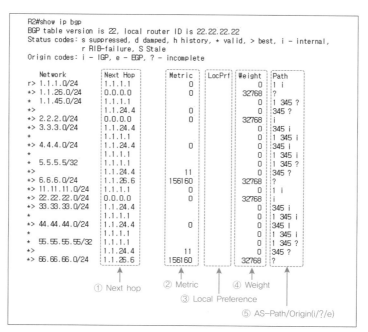

그림 6-53 R2 BGP 테이블

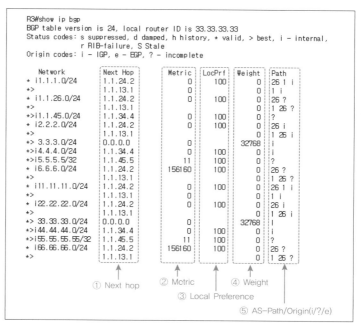

그림 6-54 R3 BGP 테이블

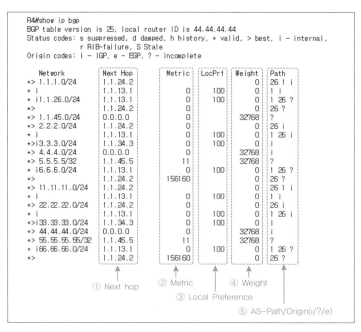

```
R4#show ip bgp
BGP table version is 25, local router ID is 44.44.44.44
Status codes: s suppressed, d damped, h history, * valid, > best, i - internal,
              r RIB-failure, S Stale
Origin codes: i - IGP, e - EGP, ? - incomplete

   Network          Next Hop      Metric   LocPrf   Weight   Path
*> 1.1.1.0/24       1.1.24.2                              0   26 1 i
*  i                1.1.13.1           0      100        0   1 i
*  i1.1.26.0/24     1.1.13.1           0      100        0   1 26 ?
*>                  1.1.24.2           0                 0   26 ?
*> 1.1.45.0/24      0.0.0.0            0             32768   ?
*> 2.2.2.0/24       1.1.24.2           0                 0   26 i
*  i                1.1.13.1           0      100        0   1 26 i
*>i3.3.3.0/24       1.1.34.3           0      100        0   i
*> 4.4.4.0/24       0.0.0.0            0             32768   i
*> 5.5.5.5/32       1.1.45.5          11             32768   ?
*  i6.6.6.0/24      1.1.13.1           0      100        0   1 26 ?
*>                  1.1.24.2      156160                 0   26 ?
*> 11.11.11.0/24    1.1.24.2                              0   26 1 i
*  i                1.1.13.1           0      100        0   1 i
*> 22.22.22.0/24    1.1.24.2                              0   26 i
*  i                1.1.13.1           0      100        0   1 26 i
*>i33.33.33.0/24    1.1.34.3           0      100        0   i
*> 44.44.44.0/24    0.0.0.0            0             32768   i
*> 55.55.55.55/32   1.1.45.5          11             32768   ?
*  i66.66.66.0/24   1.1.13.1           0      100        0   1 26 ?
*>                  1.1.24.2      156160                 0   26 ?
```

① Next hop ② Metric ④ Weight
③ Local Preference
⑤ AS-Path/Origin(i/?/e)

그림 6-55 R4 BGP 테이블

8) BGP 속성별 기능

가) AS 경로

AS 경로(AS Path)는 BGP로 받은 해당 네트워크까지 가는 경로상에 있는 AS 번호를 기록해 놓은 속성으로, BGP 경로 결정 과정에서 다른 조건이 동일하다면 경유하는 AS가 적은 쪽이 최적의 경로로 선택된다.

- 라우팅 루프 방지 기능

  eBGP 네이버로부터 라우팅 정보를 수신한 BGP 라우터가 AS 경로를 확인했을 때 자신이 속한 AS 번호가 포함돼 있다면 루프가 발생했다는 것을 의미하므로, 이러한 업데이트 패킷을 버린다.

- AS 번호 순서

  목적지 네트워크 소속된 AS 번호: 가장 오른쪽

  현재 라우터와 가장 인접한 경유지(Next-Hop) AS 번호: 가장 왼쪽

- AS Set: AS 번호를 순서 없이 기록한 것(보통 축약 네트워크에서 사용됨)으로 {2,1}로 표시된다.

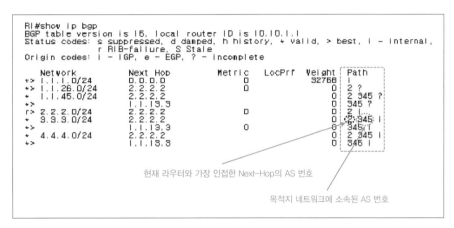

```
R1#show ip bgp
BGP table version is 15, local router ID is 10.10.1.1
Status codes: s suppressed, d damped, h history, * valid, > best, i - internal,
              r RIB-failure, S Stale
Origin codes: i - IGP, e - EGP, ? - incomplete

   Network          Next Hop         Metric    LocPrf    Weight  Path
*> 1.1.1.0/24       0.0.0.0          0                   32768   i
*> 1.1.26.0/24      2.2.2.2          0                   0       2 ?
*  1.1.45.0/24      2.2.2.2                              0       2 345 ?
*>                  1.1.13.3                             0       345 ?
r> 2.2.2.0/24       2.2.2.2          0                   0       2 i
*  9.9.9.0/24       2.2.2.2                              0       2 345 i
*>                  1.1.13.3         0                   0       345 i
*  4.4.4.0/24       2.2.2.2                              0       2 345 i
*>                  1.1.13.3                             0       345 i
```

현재 라우터와 가장 인접한 Next-Hop의 AS 번호

목적지 네트워크에 소속된 AS 번호

그림 6-56 BGP 속성 AS Path

나) ORIGIN

- 해당 네트워크를 BGP에 포함시킨 방법을 표시한다.

ORIGIN	내용
i	IGP로 표시되지만 BGP 네트워크 명령어를 이용해 BGP 테이블에 등록
e	EGP로 받아 BGP 테이블에 등록 ※ e(EGP): EGP는 현재 사용하지 않는 프로토콜로, 보이지 않음.
?	IGP나 EGP가 아닌 방법으로 BGP 테이블에 등록된 라우팅 정보(보통 BGP로 재분배된 네트워크를 의미)

그림 6-57에서 BGP 테이블을 통해 BGP 속성 중 Origin에 대한 부분을 확인해보자.

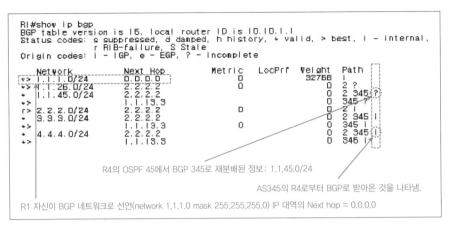

그림 6-57 BGP 속성 Origin

다) Next Hop

BGP 테이블에서 보여주는 목적지 네트워크로 가는 경유지를 'Next Hop'으로 표시한다.

- 라우터 자신이 BGP에 포함시킨 네트워크의 경유지는 0.0.0.0으로 표시한다.
- 그림 6-52에서 라우터 R1에서 BGP로 네트워크 선언한 1.1.1.0/24 대역의 경우, 경유지는 0.0.0.0으로 표시된다.

라) MED

BGP에서 MED^Multi-Exit Discriminator는 IGP에서 경로에 대한 Cost 메트릭이다. BGP에서 경로에 대한 결정은 거의 인터넷 관리자에 의한 정책에 의해 경로가 결정된다고 했다. MED의 경우도 다른 AS로 자신의 네트워크 정보를 전달할 때 MED 값을 입력해 전달한다.

MED는 Optional nonTransitive 속성을 가지고 있다. 네이버가 MED를 지원하지 않으면 이 속성은 무시하며, 현재 대부분의 ISP에서는 MED 속성을 무시한다. 그러나 MED에서 중요한 점은 AS 사이에서 주로 사용되며 MED는 낮은 값이 경로에 있

360

어서 우선순위가 된다.

좋은 적용의 예로는 멀티 홈^{Multi-Homed} 구성에서 자신이 전달하는 네트워크 정보에 대해 MED 값에 차등을 줘 전달할 경우, 낮은 값이 전달되는 쪽이 외부에서 자신의 네트워크를 목적지로 인식하고 들어오는 인바운드 트래픽에 대해 우선 경로가 되도록 할 수 있다.

MED에 대한 특성을 간단히 정리하면 다음과 같다.

- 인접 AS의 라우팅 결정에 영향을 줘 인접 AS에서 입력되는 트래픽의 입력 경로를 임의로 지정할 때 사용한다.
- BGP 경로 결정 과정에서 다른 조건이 동일하다면 MED 값이 낮은 것을 선택한다.
  - MED 값 범위: 0~4,294,967,295
- iBGP 네이버 간에는 MED 값이 변경되지 않고 전송된다.
- eBGP 네이버로 전송할 때
  - iBGP 네이버로부터 수신한 MED 값은 무시하고 전송하지 않는다.
  - 자신이 BGP에 포함시킨 네트워크 MED 값은 전송한다.

앞에서 요약한 부분을 MED 특성을 이용한 네트워크 토폴로지로 구성해보자.

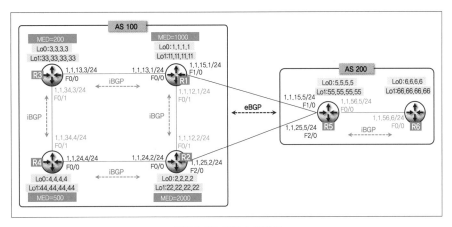

그림 6-58 BGP 속성 MED

■ 각 라우터 설정 값

```
[R1]
interface Loopback0
 ip address 1.1.1.1 255.255.255.0
interface Loopback1
 ip address 11.11.11.11 255.255.255.0
interface FastEthernet0/0
 ip address 1.1.13.1 255.255.255.0
interface FastEthernet0/1
 ip address 1.1.12.1 255.255.255.0
interface FastEthernet1/0
 ip address 1.1.15.1 255.255.255.0

router ospf 100
 router-id 1.1.1.1
 network 1.1.1.0 0.0.0.255 area 0
 network 1.1.13.0 0.0.0.255 area 0

router bgp 100
 no synchronization
 network 1.1.1.0 mask 255.255.255.0
 network 11.11.11.0 mask 255.255.255.0
 redistribute ospf 100                   //OSPF 100을 BGP 100으로 재분배//
 neighbor 1.1.12.2 remote-as 100
 neighbor 1.1.13.3 remote-as 100         //iBGP 네이버 설정//
 neighbor 1.1.13.3 next-hop-self
 neighbor 5.5.5.5 remote-as 200          //eBGP 네이버 설정//
 neighbor 5.5.5.5 ebgp-multihop 5
 neighbor 5.5.5.5 update-source Loopback0    //BGP 네이버 소스 IP를 Loopback0
으로 설정//

ip route 5.5.5.0 255.255.255.0 1.1.15.5
ip route 5.5.5.0 255.255.255.0 1.1.12.2 100    //Static 라우팅의 차선경로 설
정, Metric 100을 줌//
```

```
[R2]
interface Loopback0
 ip address 2.2.2.2 255.255.255.0
interface Loopback1
 ip address 22.22.22.22 255.255.255.0
interface FastEthernet0/0
 ip address 1.1.24.2 255.255.255.0
interface FastEthernet0/1
 ip address 1.1.12.2 255.255.255.0
interface FastEthernet2/0
 ip address 1.1.25.2 255.255.255.0

router ospf 100
 router-id 2.2.2.2
 network 1.1.24.0 0.0.0.255 area 0
 network 2.2.2.0 0.0.0.255 area 0

router bgp 100
 no synchronization
 network 2.2.2.0 mask 255.255.255.0
 network 22.22.22.0 mask 255.255.255.0
 redistribute ospf 100                          //OSPF 100을 BGP 100으로 재분배//
 neighbor 1.1.12.1 remote-as 100                //iBGP 네이버 설정//
 neighbor 1.1.24.4 remote-as 100                //iBGP 네이버 설정//
 neighbor 1.1.24.4 next-hop-self
 neighbor 5.5.5.5 remote-as 200                 //eBGP 네이버 설정//
 neighbor 5.5.5.5 ebgp-multihop 5
 neighbor 5.5.5.5 update-source Loopback0       //BGP 네이버 소스 IP를
Loopback0으로 설정//

ip route 5.5.5.0 255.255.255.0 1.1.25.5
ip route 5.5.5.0 255.255.255.0 1.1.12.1 100    //Static 라우팅의 차선경로 설
정, Metric 100을 줌//
```

```
[R3]
interface Loopback0
 ip address 3.3.3.3 255.255.255.0
interface Loopback1
 ip address 33.33.33.33 255.255.255.0
interface FastEthernet0/0
 ip address 1.1.13.3 255.255.255.0
interface FastEthernet0/1
 ip address 1.1.34.3 255.255.255.0

router ospf 100
 router-id 3.3.3.3
 network 1.1.13.0 0.0.0.255 area 0
 network 1.1.34.0 0.0.0.255 area 0
 network 3.3.3.0 0.0.0.255 area 0
 network 33.33.33.0 0.0.0.255 area 0

router bgp 100
 no synchronization
 network 3.3.3.0 mask 255.255.255.0
 network 33.33.33.0 mask 255.255.255.0
 neighbor 1.1.13.1 remote-as 100        //iBGP 네이버 설정//
 neighbor 1.1.34.4 remote-as 100        //iBGP 네이버 설정//
```

```
[R4]
interface Loopback0
 ip address 4.4.4.4 255.255.255.0
interface Loopback1
 ip address 44.44.44.44 255.255.255.0
interface FastEthernet0/0
 ip address 1.1.24.4 255.255.255.0
interface FastEthernet0/1
 ip address 1.1.34.4 255.255.255.0

router ospf 100
 router-id 4.4.4.4
```

```
 network 1.1.24.0 0.0.0.255 area 0
 network 1.1.34.0 0.0.0.255 area 0
 network 4.4.4.0 0.0.0.255 area 0
 network 44.44.44.0 0.0.0.255 area 0

router bgp 100
 no synchronization
 network 4.4.4.0 mask 255.255.255.0
 network 44.44.44.0 mask 255.255.255.0
 neighbor 1.1.24.2 remote-as 100        //iBGP 네이버 설정//
 neighbor 1.1.34.3 remote-as 100        //iBGP 네이버 설정//
```

[R5]
```
interface Loopback0
 ip address 5.5.5.5 255.255.255.0
interface Loopback1
 ip address 55.55.55.55 255.255.255.0
interface FastEthernet0/0
 ip address 1.1.56.5 255.255.255.0
interface FastEthernet1/0
 ip address 1.1.15.5 255.255.255.0
interface FastEthernet2/0
 ip address 1.1.25.5 255.255.255.0

router bgp 200
 no synchronization
 network 5.5.5.0 mask 255.255.255.0
 network 55.55.55.0 mask 255.255.255.0
 neighbor 1.1.1.1 remote-as 100            //eBGP 네이버 설정//
 neighbor 1.1.1.1 ebgp-multihop 5
 neighbor 1.1.1.1 update-source Loopback0
 neighbor 1.1.56.6 remote-as 200           //iBGP 네이버 설정//
 neighbor 2.2.2.2 remote-as 100            //eBGP 네이버 설정//
 neighbor 2.2.2.2 ebgp-multihop 3
 neighbor 2.2.2.2 update-source Loopback0  //BGP 네이버 소스 IP를
Loopback0으로 설정//
```

```
ip route 1.1.1.0 255.255.255.0 1.1.15.1
ip route 2.2.2.0 255.255.255.0 1.1.25.2

[R6]
interface Loopback0
 ip address 6.6.6.6 255.255.255.0
interface Loopback1
 ip address 66.66.66.66 255.255.255.0
interface FastEthernet0/0
 ip address 1.1.56.6 255.255.255.0

router bgp 200
 no synchronization
 network 6.6.6.0 mask 255.255.255.0
 network 66.66.66.0 mask 255.255.255.0
 neighbor 1.1.56.5 remote-as 200          //iBGP 네이버 설정//

ip route 0.0.0.0 0.0.0.0 1.1.56.5
```

그림 6-58에 설정된 각 라우터 BGP 테이블을 확인해보자.

BGP 속성 중 MED 값에 따른 BGP 경로 설정 부분을 확인해보고, 위 각 라우터의 설정 값에 대한 BGP 테이블은 R5만 확인하자.

① MED 값 적용 전 R5 BGP 테이블

```
R5#show ip bgp
   Network          Next Hop        Metric  LocPrf   Weight  Path
r> 1.1.1.0/24       1.1.1.1            0                0    100 i
r                   2.2.2.2                             0    100 i
*> 1.1.1.1/32       1.1.1.1                             0    100 ?
*                   2.2.2.2           31                0    100 ?
*> 1.1.13.0/24      1.1.1.1            0                0    100 ?
*                   2.2.2.2           30                0    100 ?
*  1.1.24.0/24      1.1.1.1           30                0    100 ?
```

*>	2.2.2.2	0		0	100	?
*> 1.1.34.0/24	1.1.1.1	20		0	100	?
*	2.2.2.2	20		0	100	?
r> 2.2.2.0/24	1.1.1.1			0	100	i
r	2.2.2.2	0		0	100	i
*> 2.2.2.2/32	2.2.2.2			0	100	?
*	1.1.1.1	31		0	100	?
*> 3.3.3.0/24	1.1.1.1			0	100	i
*> 3.3.3.3/32	1.1.1.1	11		0	100	?
*	2.2.2.2	21		0	100	?
*> 4.4.4.0/24	2.2.2.2			0	100	i
* 4.4.4.4/32	1.1.1.1	21		0	100	?
*>	2.2.2.2	11		0	100	?
*> 5.5.5.0/24	0.0.0.0	0		32768		i
*>i6.6.6.0/24	1.1.56.6	0	100	0		i
*> 11.11.11.0/24	1.1.1.1	0		0	100	i
*	2.2.2.2			0	100	i
*> 22.22.22.0/24	1.1.1.1			0	100	i
*	2.2.2.2	0		0	100	i
*> 33.33.33.0/24	1.1.1.1			0	100	i
*> 33.33.33.33/32	1.1.1.1	11		0	100	?
*	2.2.2.2	21		0	100	?
*> 44.44.44.0/24	2.2.2.2			0	100	i
* 44.44.44.44/32	1.1.1.1	21		0	100	?
*>	2.2.2.2	11		0	100	?
*> 55.55.55.0/24	0.0.0.0	0		32768		i
*>i66.66.66.0/24	1.1.56.6	0	100	0		i

위 BGP 테이블은 임의로 MED 값이 적용되지 않은 BGP 테이블이다. 우선 R1에 MED 값 1000을 적용하고, R3에 MED 값 200을 적용해 결과를 확인해보자.

앞서 BGP MED 특성을 설명한 것처럼 eBGP 네이버인 R5에서 BGP 테이블을 확인한 결과 R1에 적용한 MED 값만 BGP 테이블에 보인다. 이는 BGP의 특성으로, eBGP로 MED 값을 전달할 때 iBGP 네이버로부터 수신한 MED 값은 무시하고 전달하지 않으며, R1의 BGP에 포함시킨 네트워크에만 MED 값을 전달한다.

R1에서 전달한 MED 값에 따라 R5에서 볼 때 BGP 최적의 경로가 R2로 변경된다는
것을 알 수 있다.

따라서 BGP 프로토콜의 경우에는 AS 내 네트워크 관리자의 정책에 따라 경로가 변
경될 수 있다는 것을 알 수 있다.

따라서 BGP 프로토콜의 경우에는 AS 내 네트워크 관리자의 정책에 따라 경로가 변
경될 수 있다는 것을 알 수 있다.

■ R1, R3 BGP 속성 MED 적용 설정 값

```
R1(config)#route-map MED permit 10
R1(config-route-map)#set metric 1000
R1(config-route-map)#exit
R1(config)#router bgp 100
R1(config-router)#neighbor 5.5.5.5 route-map MED out
R1(config-router)#end
R1#clear ip bgp *    /BGP 테이블 업데이트를 위한 BGp 세션 reset/
```

```
R3(config)#route-map MED 10
R3(config-route-map)#set metric 200
R3(config-route-map)#exit
R3(config)#router bgp 100
R3(config-router)#neighbor 1.1.13.1 route-map MED out
R3#clear ip bgp *    /BGP 테이블 업데이트를 위한 BGp 세션 reset/
```

③ R1, R3에 MED 값을 그림 6-58과 같이 적용한 후의 BGP 테이블

```
R5#show ip bgp
Network           Next Hop      Metric   LocPrf    Weight   Path
r> 1.1.1.0/24     2.2.2.2                              0    100 i
r                 1.1.1.1       1000                   0    100 I
*  1.1.1.1/32     1.1.1.1       1000                   0    100 ?
*>                2.2.2.2       31                     0    100 ?
*  1.1.13.0/24    1.1.1.1       1000                   0    100 ?
*>                2.2.2.2       30                     0    100 ?
*  1.1.24.0/24    1.1.1.1       1000                   0    100 ?
*>                2.2.2.2       0                      0    100 ?
*  1.1.34.0/24    1.1.1.1       1000                   0    100 ?
*>                2.2.2.2       20                     0    100 ?
r  2.2.2.0/24     1.1.1.1       1000                   0    100 i
r>                2.2.2.2       0                      0    100 i
*> 2.2.2.2/32     2.2.2.2                              0    100 ?
*                 1.1.1.1       1000                   0    100 ?
*> 3.3.3.0/24     1.1.1.1       1000                   0    100 I
//MED 200은 보이지 않음//
*  3.3.3.3/32     1.1.1.1       1000                   0    100 ?
//MED 200은 보이지 않음//
*>                2.2.2.2       21                     0    100 ?
*> 4.4.4.0/24     2.2.2.2                              0    100 i
*  4.4.4.4/32     1.1.1.1       1000                   0    100 ?
*>                2.2.2.2       11                     0    100 ?
*> 5.5.5.0/24     0.0.0.0       0                  32768    i
*>i6.6.6.0/24     1.1.56.6      0        100           0    i
*> 11.11.11.0/24  2.2.2.2                              0    100 i
*                 1.1.1.1       1000                   0    100 i
*  22.22.22.0/24  1.1.1.1       1000                   0    100 i
*>                2.2.2.2       0                      0    100 i
*> 33.33.33.0/24  1.1.1.1       1000                   0    100 I
//MED 200은 보이지 않음//
*  33.33.33.33/32 1.1.1.1       1000                   0    100 ?
//MED 200은 보이지 않음//
```

*>	2.2.2.2	21		0	100	?
*> 44.44.44.0/24	2.2.2.2			0	100	i
* 44.44.44.44/32	1.1.1.1	1000		0	100	?
*>	2.2.2.2	11		0	100	?
*> 55.55.55.0/24	0.0.0.0	0		32768		i
*>i66.66.66.0/24	1.1.56.6	0	100	0		i

이제 그림 6-58에 보여주는 MED 값을 R1, R2, R3, R4에 적용한 후 어떠한 결과를 보여주는지 BGP 테이블을 확인해보자.

■ R2, R4 BGP 속성 MED 적용 설정 값(R1, R3는 위 MED 설정 값 유지)

```
R2(config)#route-map MED permit 10
R2(config-route-map)#set metric 2000
R2(config-route-map)#exit
R2(config)#router bgp 100
R2(config-router)#neighbor 5.5.5.5 route-map MED out
R2(config-router)#end
R2#clear ip bgp *   /BGP 테이블 업데이트를 위한 BGp 세션 reset/
```

```
R4(config)#route-map MED permit 10
R4(config-route-map)#set metric 500
R4(config-route-map)#exit
R4(config)#router bgp 100
R4(config-router)#neighbor 1.1.24.2 route-map MED out
R4(config)#end
R4#clear ip bgp *   /BGP 테이블 업데이트를 위한 BGp 세션 reset/
```

④ R1, R2, R3, R4에 MED 값을 그림 6-58과 같이 적용한 후의 BGP 테이블

```
R5#show ip bgp
Network          Next Hop     Metric  LocPrf  Weight  Path
r  1.1.1.0/24    2.2.2.2      2000            0       100 i
r>               1.1.1.1      1000            0       100 i
*  1.1.1.1/32    2.2.2.2      2000            0       100 ?
*>               1.1.1.1      1000            0       100 ?
//MED가 작은 값이 우선경로가 됨//
*  1.1.13.0/24   2.2.2.2      2000            0       100 ?
*>               1.1.1.1      1000            0       100 ?
//MED가 작은 값이 우선경로가 됨//
*  1.1.24.0/24   2.2.2.2      2000            0       100 ?
*>               1.1.1.1      1000            0       100 ?
*  1.1.34.0/24   2.2.2.2      2000            0       100 ?
*>               1.1.1.1      1000            0       100 ?
r  2.2.2.0/24    2.2.2.2      2000            0       100 i
r>               1.1.1.1      1000            0       100 i
*  2.2.2.2/32    2.2.2.2      2000            0       100 ?
*>               1.1.1.1      1000            0       100 ?
*> 3.3.3.0/24    1.1.1.1      1000            0       100 I
//MED 200은 보이지 않음//
*  3.3.3.3/32    2.2.2.2      2000            0       100 ?
*>               1.1.1.1      1000            0       100 ?
*> 4.4.4.0/24    2.2.2.2      2000            0       100 I
//MED 500은 보이지 않음//
*  4.4.4.4/32    2.2.2.2      2000            0       100 ?
//MED 500은 보이지 않음//
*>               1.1.1.1      1000            0       100 ?
*> 5.5.5.0/24    0.0.0.0      0               32768   i
*>i6.6.6.0/24    1.1.56.6     0       100     0       i
*  11.11.11.0/24 2.2.2.2      2000            0       100 i
*>               1.1.1.1      1000            0       100 I
//MED가 작은 값이 우선경로가 됨//
*  22.22.22.0/24 2.2.2.2      2000            0       100 i
*>               1.1.1.1      1000            0       100 i
```

```
*> 33.33.33.0/24      1.1.1.1       1000                0  100 I
//MED 200은 보이지 않음//
*   33.33.33.33/32    2.2.2.2       2000                0  100 ?
*>                    1.1.1.1       1000                0  100 ?
*> 44.44.44.0/24      2.2.2.2       2000                0  100 I
//MED 500은 보이지 않음//
*   44.44.44.44/32    2.2.2.2       2000                0  100 ?
*>                    1.1.1.1       1000                0  100 ?
//MED가 작은 값이 우선경로가 됨//
*> 55.55.55.0/24      0.0.0.0          0            32768 i
*>i66.66.66.0/24      1.1.56.6         0       100      0 i
```

위 최종 BGP 테이블에서 보이는 것과 같이 MED 값의 조정으로 MED가 작업값이 최적의 경로가 되는 것이 확인되며, 이 값은 임의로 조정이 가능함을 확인했다.

마) LP

LP^Local Preference는 앞서 알아본 MED와는 반대 개념이다. MED가 외부에서 들어오는 BGP 트래픽에 대해 우선 경로를 결정해주는 데 반해 LP의 경우에는 AS 외부로 가는 경로를 결정할 때 사용한다.

LP의 동작 특성은 다음과 같다.

① AS 외부로 전송되는 경로를 결정할 때 사용한다.
② eBGP 네이버 AS로 나가는 BGP 트래픽 경로를 조정할 때 사용한다(MED의 반대 기능).
③ iBGP 피어 간에만 전달되며, AS 외부로는 전달되지 않는다.
④ MED와 달리 LP는 값이 높은 것이 우선한다.
  • 값 범위: 1~4,294,967,295, (Default = 100)

앞서 MED 동작을 위해 연습한 네트워크 토폴로지를 이용한 LP의 동작의 특성을 살펴보자.

372

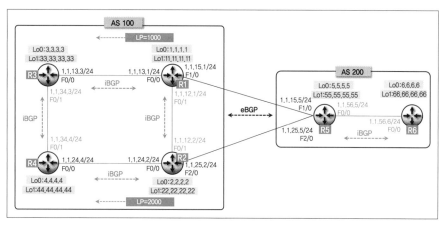

그림 6-59 BGP 속성 Local Preference

라우터 R1~R6까지 설정 값은 그대로 사용하며 그림 6-58에서 설정한 BGP MED 설정을 삭제한 후 BGP Local Preference를 설정한 전 · 후의 BGP 테이블 결과를 확인해보자.

① BGP LP 설정 전 R1, R2 BGP 테이블

```
R1#show ip bgp
Network          Next Hop       Metric LocPrf Weight  Path
*> 1.1.1.0/24    0.0.0.0             0          32768  i
r>i1.1.1.1/32    1.1.24.4           31    100       0  ?
*  i1.1.13.0/24  1.1.24.4           30    100       0  ?
*>               0.0.0.0             0          32768  ?
*  i1.1.24.0/24  1.1.12.2            0    100       0  ?
*>               1.1.13.3           30          32768  ?
*  i1.1.34.0/24  1.1.24.4           20    100       0  ?
*>               1.1.13.3           20          32768  ?
*>i2.2.2.0/24    1.1.12.2            0    100       0  i
*> 2.2.2.2/32    1.1.13.3           31          32768  ?
*>i3.3.3.0/24    1.1.13.3            0    100       0  i
*  i3.3.3.3/32   1.1.24.4           21    100       0  ?
*>               1.1.13.3           11          32768  ?
```

```
 * i4.4.4.4/32       1.1.24.4       11      100       0  ?
 *>                  1.1.13.3       21             32768  ?
 r i5.5.5.0/24       5.5.5.5         0      100       0  200 i
 r>                  5.5.5.5         0                0  200 i
//BGP 최적 경로//
 * i6.6.6.0/24       5.5.5.5         0      100       0  200 i
 *>                  5.5.5.5         0                0  200 i
//BGP 최적 경로//
 *> 11.11.11.0/24    0.0.0.0         0             32768  i
 *>i22.22.22.0/24    1.1.12.2        0      100       0  i
 *>i33.33.33.0/24    1.1.13.3        0      100       0  i
 * i33.33.33.33/32   1.1.24.4       21      100       0  ?
 *>                  1.1.13.3       11             32768  ?
 * i44.44.44.44/32   1.1.24.4       11      100       0  ?
 *>                  1.1.13.3       21             32768  ?
 * i55.55.55.0/24    5.5.5.5         0      100       0  200 i
 *>                  5.5.5.5         0                0  200 i
 * i66.66.66.0/24    5.5.5.5         0      100       0  200 i
 *>                  5.5.5.5         0                0  200 i

R2#show ip bgp
Network         Next Hop      Metric  LocPrf  Weight  Path
 *>i1.1.1.0/24     1.1.12.1        0      100       0  i
 *> 1.1.1.1/32      1.1.24.4       31             32768  ?
 *> 1.1.13.0/24     1.1.24.4       30             32768  ?
 * i               1.1.12.1        0      100       0  ?
 *> 1.1.24.0/24     0.0.0.0         0             32768  ?
 * i               1.1.13.3       30      100       0  ?
 *> 1.1.34.0/24     1.1.24.4       20             32768  ?
 * i               1.1.13.3       20      100       0  ?
 *> 2.2.2.0/24      0.0.0.0         0             32768  i
 r>i2.2.2.2/32      1.1.13.3       31      100       0  ?
 *> 3.3.3.3/32      1.1.24.4       21             32768  ?
 * i               1.1.13.3       11      100       0  ?
 *>i4.4.4.0/24      1.1.24.4        0      100       0  i
 *> 4.4.4.4/32      1.1.24.4       11             32768  ?
```

* i	1.1.13.3	21	100	0	?
r> 5.5.5.0/24	5.5.5.5	0		0	200 i
//BGP 최적 경로//					
r i	5.5.5.5	0	100	0	200 i
*> 6.6.6.0/24	5.5.5.5			0	200 I
//BGP 최적 경로//					
* i	5.5.5.5	0	100	0	200 i
*>i11.11.11.0/24	1.1.12.1	0	100	0	i
*> 22.22.22.0/24	0.0.0.0	0		32768	i
*> 33.33.33.33/32	1.1.24.4	21		32768	?
* i	1.1.13.3	11	100	0	?
*>i44.44.44.0/24	1.1.24.4	0	100	0	i
*> 44.44.44.44/32	1.1.24.4	11		32768	?
* i	1.1.13.3	21	100	0	?
*> 55.55.55.0/24	5.5.5.5	0		0	200 i
//BGP 최적 경로//					
* i	5.5.5.5	0	100	0	200 i
*> 66.66.66.0/24	5.5.5.5			0	200 i
//BGP 최적 경로//					
* i	5.5.5.5	0	100	0	200 i

■ R1, R2 BGP 속성 Local Preference 적용 설정 값

```
R1(config)#route-map BGP-LP permit 10
R1(config-route-map)#set local-preference 1000
R1(config-route-map)#exit
R1(config)#router bgp 100
R1(config-router)#neighbor 5.5.5.5 route-map BGP-LP in
```

```
R2(config)#route-map BGP-LP permit 20
R2(config-route-map)#set local-preference 2000
R2(config-route-map)#exit
R2(config)#router bgp 100
R2(config-router)#neighbor 5.5.5.5 route-map BGP-LP in
```

② BGP LP 설정 후 R1, R2 BGP 테이블

```
R1#show ip bgp
Network          Next Hop      Metric  LocPrf  Weight  Path
*> 1.1.1.0/24     0.0.0.0          0             32768  i
r>i1.1.1.1/32     1.1.24.4        31     100         0  ?
 * i1.1.13.0/24   1.1.24.4        30     100         0  ?
*>                0.0.0.0          0             32768  ?
 * i1.1.24.0/24   1.1.12.2         0     100         0  ?
*>                1.1.13.3        30             32768  ?
 * i1.1.34.0/24   1.1.24.4        20     100         0  ?
*>                1.1.13.3        20             32768  ?
*>i2.2.2.0/24     1.1.12.2         0     100         0  i
*> 2.2.2.2/32     1.1.13.3        31             32768  ?
*>i3.3.3.0/24     1.1.13.3         0     100         0  i
 * i3.3.3.3/32    1.1.24.4        21     100         0  ?
*>                1.1.13.3        11             32768  ?
 * i4.4.4.4/32    1.1.24.4        11     100         0  ?
*>                1.1.13.3        21             32768  ?
r>i5.5.5.0/24     5.5.5.5          0    2000         0  200 i
//Internal BGP가 최적 경로//
 r                5.5.5.5          0    1000         0  200 i
*>i6.6.6.0/24     5.5.5.5          0    2000         0  200 i
//Internal BGP가 최적 경로//
 *                5.5.5.5               1000         0  200 i
*> 11.11.11.0/24  0.0.0.0          0             32768  i
*>i22.22.22.0/24  1.1.12.2         0     100         0  i
*>i33.33.33.0/24  1.1.13.3         0     100         0  i
 * i33.33.33.33/32 1.1.24.4       21     100         0  ?
*>                1.1.13.3        11             32768  ?
 * i44.44.44.44/32 1.1.24.4       11     100         0  ?
*>                1.1.13.3        21             32768  ?
*>i55.55.55.0/24  5.5.5.5          0    2000         0  200 i
//Internal BGP가 최적 경로//
 *                5.5.5.5          0    1000         0  200 i
*>i66.66.66.0/24  5.5.5.5          0    2000         0  200 i
```

376

```
//Internal BGP가 최적 경로//
*              5.5.5.5                    1000      0  200 i
```

R2#show ip bgp

Network	Next Hop	Metric	LocPrf	Weight	Path
*>i1.1.1.0/24	1.1.12.1	0	100	0	i
*> 1.1.1.1/32	1.1.24.4	31		32768	?
*> 1.1.13.0/24	1.1.24.4	30		32768	?
* i	1.1.12.1	0	100	0	?
*> 1.1.24.0/24	0.0.0.0	0		32768	?
* i	1.1.13.3	30	100	0	?
*> 1.1.34.0/24	1.1.24.4	20		32768	?
* i	1.1.13.3	20	100	0	?
*> 2.2.2.0/24	0.0.0.0	0		32768	i
r>i2.2.2.2/32	1.1.13.3	31	100	0	?
*> 3.3.3.3/32	1.1.24.4	21		32768	?
* i	1.1.13.3	11	100	0	?
*>i4.4.4.0/24	1.1.24.4	0	100	0	i
*> 4.4.4.4/32	1.1.24.4	11		32768	?
* i	1.1.13.3	21	100	0	?
r> 5.5.5.0/24	5.5.5.5	0	2000	0	200 i

```
//Internal BGP 최적 경로//
```

| *> 6.6.6.0/24 | 5.5.5.5 | | 2000 | 0 | 200 i |

```
//Internal BGP 최적 경로//
```

*>i11.11.11.0/24	1.1.12.1	0	100	0	i
*> 22.22.22.0/24	0.0.0.0	0		32768	i
*> 33.33.33.33/32	1.1.24.4	21		32768	?
* i	1.1.13.3	11	100	0	?
*>i44.44.44.0/24	1.1.24.4	0	100	0	i
*> 44.44.44.44/32	1.1.24.4	11		32768	?
* i	1.1.13.3	21	100	0	?
*> 55.55.55.0/24	5.5.5.5	0	2000	0	200 i

```
//Internal BGP 최적 경로//
```

| *> 66.66.66.0/24 | 5.5.5.5 | | 2000 | 0 | 200 i |

```
//Internal BGP 최적 경로//
```

위 결과를 확인하고 BGP 테이블을 다시 받기 위해서는 네이버의 상태를 재설정할 필요가 있다. 재설정을 하기 위해서는 R1, R2에서 clear ip bgp * 명령어를 실행시켜주기 바란다.

결과에서 알 수 있듯이 R1에서 eBGP 네이버인 R5로부터 넘어오는 경로 정보 (5.5.5.0/24, 6.6.6.0/24, 10.10.5.0/24, 1010.6.0/24)는 R2의 iBGP로 넘어오는 경로 정보가 우선인 경로가 된다. 이렇듯 AS100에서 BGP MED와 동작은 반대이지만 LP$^{\text{Local Prefernce}}$를 조정하면 외부 목적지 네트워크로 나가는 트래픽을 조정할 수 있다.

바) 축약

IGP에서는 여러 개의 상세 네트워크 정보를 하나의 네트워크 정보로 축약^{Aggregation}해 전달함으로써 여러 개의 상세 네트워크 정보의 전달을 제공하지 않으므로, 라우팅 테이블 간소화 및 EIGRP SIA$^{\text{Stuck in Active}}$ 현상 방지 등 네트워크 안정성을 제공하고 있다.

BGP에서도 네트워크 축약을 통해 BGP 테이블에서 전달되는 네트워크 정보의 간소화로 네트워크의 안정성을 제공한다. BGP 축약이 IGP 축약과 다른 점은 축약된 정보만 전달하고 보여주는 IGP와 달리 설정 방법에 따라 상세 정보와 축약 정보를 함께 보여줄 수도 있다.

BGP로 전달된 축약된 정보에는 AS 정보를 보여주지 않는다. AS 정보를 보여주지 않는다는 점에서 IGP의 다른 형태로 전달되는 네트워크 정보를 축약해 네트워크 안정성을 제공하는 것이다.

BGP에서는 이렇게 축약 정보를 전달할 때 AS 정보를 숨겨 보내므로 BGP 테이블상 속성 정보인 AS-Path를 보여주지 않기 때문에 메트릭 계산의 간소화를 제공함으로써 네트워크의 안정성을 제공하게 된다.

다음 네트워크 토폴로지를 통해 상세 정보와 축약된 정보를 함께 보여줄 때와 축약된 정보를 보여주되 AS 번호가 숨겨져서 보일 때를 확인해보자.

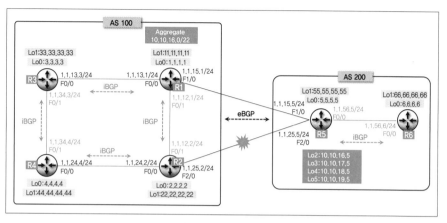

그림 6-60 BGP 속성 축약

축약^{Aggregation}된 네트워크 정보를 전달하기 위해 R5에서 축약해서 전달하기 위한 네트워크 정보 및 BGP 200을 통해서 네트워크 광고 설정을 한다.

[R5]
```
interface Loopback2
 ip address 10.10.16.5 255.255.255.0      //BGP 축약을 위한 네트워크 생성//
interface Loopback3
 ip address 10.10.17.5 255.255.255.0      //BGP 축약을 위한 네트워크 생성//
interface Loopback4
 ip address 10.10.18.5 255.255.255.0      //BGP 축약을 위한 네트워크 생성//
interface Loopback5
 ip address 10.10.19.5 255.255.255.0      //BGP 축약을 위한 네트워크 생성//

router bgp 200
 no synchronization
 network 5.5.5.0 mask 255.255.255.0
 network 10.10.16.0 mask 255.255.255.0    //BGP 200을 통해 네트워크 광고//
 network 10.10.17.0 mask 255.255.255.0    //BGP 200을 통해 네트워크 광고//
 network 10.10.18.0 mask 255.255.255.0    //BGP 200을 통해 네트워크 광고//
 network 10.10.19.0 mask 255.255.255.0    //BGP 200을 통해 네트워크 광고//
 network 55.55.55.0 mask 255.255.255.0
 neighbor 1.1.1.1 remote-as 100
```

```
neighbor 1.1.1.1 ebgp-multihop 5
neighbor 1.1.1.1 update-source Loopback0
neighbor 1.1.56.6 remote-as 200
neighbor 2.2.2.2 remote-as 100
neighbor 2.2.2.2 ebgp-multihop 3
neighbor 2.2.2.2 update-source Loopback0
```

BGP 축약된 정보 확인은 축약된 정보가 R1을 통해 R2로 전달되는 과정을 확인하기 위해 R2와 R5 사이의 eBGP 네이버 관계를 끊고 설정해보자.

```
R5(config-router)#router bgp 100
R5(config-router)#no neighbor 2.2.2.2 remote-as 100
```

① BGP 축약 설정 전 R5 네트워크(10.10.16.0/22) 추가 및 R1, R2 BGP 테이블

```
R5#show ip interface brief
Interface        IP-Address     OK? Method Status                 Protocol
FastEthernet0/0  1.1.56.5       YES manual up                     up
Serial0/0        unassigned     YES unset  administratively down  down
FastEthernet0/1  unassigned     YES unset  administratively down  down
Serial0/1        unassigned     YES unset  administratively down  down
FastEthernet1/0  1.1.15.5       YES manual up                     up
FastEthernet2/0  1.1.25.5       YES manual up                     up
Loopback0        5.5.5.5        YES manual up                     up
Loopback1        55.55.55.55    YES manual up                     up
Loopback2        10.10.16.5     YES manual up                     up
Loopback3        10.10.17.5     YES manual up                     up
Loopback4        10.10.18.5     YES manual up                     up
Loopback5        10.10.19.5     YES manual up                     up
```

■ BGP 네트워크 축약 전 R1, R2 BGP 테이블

```
R1#show ip bgp
Network            Next Hop       Metric  LocPrf  Weight  Path
*> 1.1.1.0/24      0.0.0.0           0             32768   i
r>i1.1.1.1/32      1.1.24.4         31     100        0    ?
* i1.1.13.0/24     1.1.24.4         30     100        0    ?
*>                 0.0.0.0           0             32768   ?
*> 1.1.24.0/24     1.1.13.3         30             32768   ?
* i                1.1.12.2          0     100        0    ?
* i1.1.34.0/24     1.1.24.4         20     100        0    ?
*>                 1.1.13.3         20             32768   ?
*>i2.2.2.0/24      1.1.12.2          0     100        0    i
*> 2.2.2.2/32      1.1.13.3         31             32768   ?
*>i3.3.3.0/24      1.1.13.3          0     100        0    i
* i3.3.3.3/32      1.1.24.4         21     100        0    ?
*>                 1.1.13.3         11             32768   ?
*> 4.4.4.4/32      1.1.13.3         21             32768   ?
* i                1.1.24.4         11     100        0    ?
r> 5.5.5.0/24      5.5.5.5           0                0    200 i
*> 6.6.6.0/24      5.5.5.5                            0    200 i
*> 10.10.16.0/24   5.5.5.5           0                0    200 I
//BGP 축약 대상 네트워크 광고//
*> 10.10.17.0/24   5.5.5.5           0                0    200 I
//BGP 축약 대상 네트워크 광고//
*> 10.10.18.0/24   5.5.5.5           0                0    200 I
//BGP 축약 대상 네트워크 광고//
*> 10.10.19.0/24   5.5.5.5           0                0    200 I
//BGP 축약 대상 네트워크 광고//
*> 11.11.11.0/24   0.0.0.0           0             32768   i
*>i22.22.22.0/24   1.1.12.2          0     100        0    i
*>i33.33.33.0/24   1.1.13.3          0     100        0    i
* i33.33.33.33/32  1.1.24.4         21     100        0    ?
*>                 1.1.13.3         11             32768   ?
*> 44.44.44.44/32  1.1.13.3         21             32768   ?
```

```
* i              1.1.24.4        11      100       0 ?
*> 55.55.55.0/24 5.5.5.5          0                0 200 i
*> 66.66.66.0/24 5.5.5.5                           0 200 i
```

R2#show ip bgp

Network	Next Hop	Metric	LocPrf	Weight	Path
*>i1.1.1.0/24	1.1.12.1	0	100	0	i
*> 1.1.1.1/32	1.1.24.4	31		32768	?
*> 1.1.13.0/24	1.1.24.4	30		32768	?
* i	1.1.12.1	0	100	0	?
* i1.1.24.0/24	1.1.13.3	30	100	0	?
*>	0.0.0.0	0		32768	?
*> 1.1.34.0/24	1.1.24.4	20		32768	?
* i	1.1.13.3	20	100	0	?
*> 2.2.2.0/24	0.0.0.0	0		32768	i
r>i2.2.2.2/32	1.1.13.3	31	100	0	?
*> 3.3.3.3/32	1.1.24.4	21		32768	?
* i	1.1.13.3	11	100	0	?
*>i4.4.4.0/24	1.1.24.4	0	100	0	i
* i4.4.4.4/32	1.1.13.3	21	100	0	?
*>	1.1.24.4	11		32768	?
r>i5.5.5.0/24	5.5.5.5	0	100	0	200 i
*>i6.6.6.0/24	5.5.5.5	0	100	0	200 i
*>i10.10.16.0/24	5.5.5.5	0	100	0	200 I
//BGP 축약 대상 네트워크 광고//					
*>i10.10.17.0/24	5.5.5.5	0	100	0	200 I
//BGP 축약 대상 네트워크 광고//					
*>i10.10.18.0/24	5.5.5.5	0	100	0	200 I
//BGP 축약 대상 네트워크 광고//					
*>i10.10.19.0/24	5.5.5.5	0	100	0	200 I
//BGP 축약 대상 네트워크 광고//					
*>i11.11.11.0/24	1.1.12.1	0	100	0	i
*> 22.22.22.0/24	0.0.0.0	0		32768	i
*> 33.33.33.33/32	1.1.24.4	21		32768	?
* i	1.1.13.3	11	100	0	?
*>i44.44.44.0/24	1.1.24.4	0	100	0	i

* i44.44.44.44/32	1.1.13.3	21	100	0	?
*>	1.1.24.4	11		32768	?
*>i55.55.55.0/24	5.5.5.5	0	100	0	200 i
*>i66.66.66.0/24	5.5.5.5	0	100	0	200 i

■ R1 BGP 속성 축약(Aggregation) 적용 설정 값(상세 정보&축약 정보 모두 보여줌)

```
R1(config)#router bgp 100
R1(config-router)#aggregate-address 10.10.16.0 255.255.252.0
```

② R1 BGP 축약 설정 후 R1, R2 BGP 테이블

```
R1#show ip bgp
```

Network	Next Hop	Metric	LocPrf	Weight	Path
*> 1.1.1.0/24	0.0.0.0	0		32768	i
r>i1.1.1.1/32	1.1.24.4	31	100	0	?
* i1.1.13.0/24	1.1.24.4	30	100	0	?
*>	0.0.0.0	0		32768	?
*> 1.1.24.0/24	1.1.13.3	30		32768	?
* i	1.1.12.2	0	100	0	?
* i1.1.34.0/24	1.1.24.4	20	100	0	?
*>	1.1.13.3	20		32768	?
*>i2.2.2.0/24	1.1.12.2	0	100	0	i
*> 2.2.2.2/32	1.1.13.3	31		32768	?
*>i3.3.3.0/24	1.1.13.3	0	100	0	i
* i3.3.3.3/32	1.1.24.4	21	100	0	?
*>	1.1.13.3	11		32768	?
*> 4.4.4.4/32	1.1.13.3	21		32768	?
* i	1.1.24.4	11	100	0	?
r> 5.5.5.0/24	5.5.5.5	0		0	200 i
*> 6.6.6.0/24	5.5.5.5			0	200 i
*> 10.10.16.0/24	5.5.5.5	0		0	200 i
*> 10.10.16.0/22	0.0.0.0			32768	i

//BGP 축약된 정보가 보임//

Network	Next Hop	Metric	LocPrf	Weight	Path
*> 10.10.17.0/24	5.5.5.5	0		0	200 i
*> 10.10.18.0/24	5.5.5.5	0		0	200 i
*> 10.10.19.0/24	5.5.5.5	0		0	200 i
*> 11.11.11.0/24	0.0.0.0	0		32768	i
*>i22.22.22.0/24	1.1.12.2	0	100	0	i
*>i33.33.33.0/24	1.1.13.3	0	100	0	i
* i33.33.33.33/32	1.1.24.4	21	100	0	?
*>	1.1.13.3	11		32768	?
*> 44.44.44.44/32	1.1.13.3	21		32768	?
* i	1.1.24.4	11	100	0	?
*> 55.55.55.0/24	5.5.5.5	0		0	200 i
*> 66.66.66.0/24	5.5.5.5			0	200 i

R2#show ip bgp

Network	Next Hop	Metric	LocPrf	Weight	Path
*>i1.1.1.0/24	1.1.12.1	0	100	0	i
*> 1.1.1.1/32	1.1.24.4	31		32768	?
*> 1.1.13.0/24	1.1.24.4	30		32768	?
* i	1.1.12.1	0	100	0	?
* i1.1.24.0/24	1.1.13.3	30	100	0	?
*>	0.0.0.0	0		32768	?
*> 1.1.34.0/24	1.1.24.4	20		32768	?
* i	1.1.13.3	20	100	0	?
*> 2.2.2.0/24	0.0.0.0	0		32768	i
r>i2.2.2.2/32	1.1.13.3	31	100	0	?
*> 3.3.3.3/32	1.1.24.4	21		32768	?
* i	1.1.13.3	11	100	0	?
*>i4.4.4.0/24	1.1.24.4	0	100	0	i
* i4.4.4.4/32	1.1.13.3	21	100	0	?
*>	1.1.24.4	11		32768	?
r>i5.5.5.0/24	5.5.5.5	0	100	0	200 i
*>i6.6.6.0/24	5.5.5.5	0	100	0	200 i
*>i10.10.16.0/24	5.5.5.5	0	100	0	200 i
*>i10.10.16.0/22	1.1.12.1	0	100	0	i

//BGP 축약된 정보가 R1에서 받음//

Network	Next Hop	Metric	LocPrf	Weight	Path
*>i10.10.17.0/24	5.5.5.5	0	100	0	200 i

*>i10.10.18.0/24	5.5.5.5	0	100	0	200 i
*>i10.10.19.0/24	5.5.5.5	0	100	0	200 i
*>i11.11.11.0/24	1.1.12.1	0	100	0	i
*> 22.22.22.0/24	0.0.0.0	0		32768	i
*> 33.33.33.33/32	1.1.24.4	21		32768	?
* i	1.1.13.3	11	100	0	?
*>i44.44.44.0/24	1.1.24.4	0	100	0	i
* i44.44.44.44/32	1.1.13.3	21	100	0	?
*>	1.1.24.4	11		32768	?
*>i55.55.55.0/24	5.5.5.5	0	100	0	200 i
*>i66.66.66.0/24	5.5.5.5	0	100	0	200 i

■ R1 BGP 속성 축약 및 축약 정보만 전달한 AS 번호 숨김(안정성 보장)

```
R1(config)#router bgp 100
R1(config-router)#aggregate-address 10.10.16.0 255.255.252.0 summary-
only
```

③ R1 BGP 축약 및 축약된 정보만 전달 확인 R1, R2 BGP 테이블

```
R1#show ip bgp
```

Network	Next Hop	Metric	LocPrf	Weight	Path
*> 1.1.1.0/24	0.0.0.0	0		32768	i
r>i1.1.1.1/32	1.1.24.4	31	100	0	?
* i1.1.13.0/24	1.1.24.4	30	100	0	?
*>	0.0.0.0	0		32768	?
*> 1.1.24.0/24	1.1.13.3	30		32768	?
* i	1.1.12.2	0	100	0	?
* i1.1.34.0/24	1.1.24.4	20	100	0	?
*>	1.1.13.3	20		32768	?
*>i2.2.2.0/24	1.1.12.2	0	100	0	i
*> 2.2.2.2/32	1.1.13.3	31		32768	?
*>i3.3.3.0/24	1.1.13.3	0	100	0	i

```
 *  i3.3.3.3/32        1.1.24.4         21      100        0 ?
 *>                    1.1.13.3         11             32768 ?
 *> 4.4.4.4/32         1.1.13.3         21             32768 ?
 *  i                  1.1.24.4         11      100        0 ?
 r> 5.5.5.0/24         5.5.5.5           0                 0 200 i
 *> 6.6.6.0/24         5.5.5.5                             0 200 i
 s> 10.10.16.0/24      5.5.5.5           0                 0 200 i
 *> 10.10.16.0/22      0.0.0.0                         32768 i
```
//BGP 축약된 정보가 보임//
```
 s> 10.10.17.0/24      5.5.5.5           0                 0 200 i
 s> 10.10.18.0/24      5.5.5.5           0                 0 200 i
 s> 10.10.19.0/24      5.5.5.5           0                 0 200 i
 *> 11.11.11.0/24      0.0.0.0           0             32768 i
 *>i22.22.22.0/24      1.1.12.2          0      100        0 i
 *>i33.33.33.0/24      1.1.13.3          0      100        0 i
 *  i33.33.33.33/32    1.1.24.4         21      100        0 ?
 *>                    1.1.13.3         11             32768 ?
 *> 44.44.44.44/32     1.1.13.3         21             32768 ?
 *  i                  1.1.24.4         11      100        0 ?
 *> 55.55.55.0/24      5.5.5.5           0                 0 200 i
 *> 66.66.66.0/24      5.5.5.5                             0 200 i
```

R2#show ip bgp
```
Network           Next Hop       Metric  LocPrf  Weight  Path
 *>i1.1.1.0/24      1.1.12.1          0      100        0 i
 *> 1.1.1.1/32       1.1.24.4         31             32768 ?
 *> 1.1.13.0/24      1.1.24.4         30             32768 ?
 *  i                1.1.12.1          0      100        0 ?
 *  i1.1.24.0/24     1.1.13.3         30      100        0 ?
 *>                  0.0.0.0           0             32768 ?
 *> 1.1.34.0/24      1.1.24.4         20             32768 ?
 *  i                1.1.13.3         20      100        0 ?
 *> 2.2.2.0/24       0.0.0.0           0             32768 i
 r>i2.2.2.2/32       1.1.13.3         31      100        0 ?
 *> 3.3.3.3/32       1.1.24.4         21             32768 ?
 *  i                1.1.13.3         11      100        0 ?
```

386

*>i4.4.4.0/24	1.1.24.4	0	100	0	i
* i4.4.4.4/32	1.1.13.3	21	100	0	?
*>	1.1.24.4	11		32768	?
r>i5.5.5.0/24	5.5.5.5	0	100	0	200 i
*>i6.6.6.0/24	5.5.5.5	0	100	0	200 i
*>i10.10.16.0/22	1.1.12.1	0	100	0	i
//BGP 축약된 정보가 AS Path 없이 보임//					
*>i11.11.11.0/24	1.1.12.1	0	100	0	i
*> 22.22.22.0/24	0.0.0.0	0		32768	i
*> 33.33.33.33/32	1.1.24.4	21		32768	?
* i	1.1.13.3	11	100	0	?
*>i44.44.44.0/24	1.1.24.4	0	100	0	i
* i44.44.44.44/32	1.1.13.3	21	100	0	?
*>	1.1.24.4	11		32768	?
*>i55.55.55.0/24	5.5.5.5	0	100	0	200 i
*>i66.66.66.0/24	5.5.5.5	0	100	0	200 i

위 R2 BGP 테이블을 확인했을 때 축약된 정보를 iBGP를 통해 R1에서 축약된 정보를 받았으며, 축약된 정보만 받으며 AS-Path 번호는 보여주지 않으므로 BGP 정보 전달에 있어 안정성을 보장할 수 있게 된다.

사) 커뮤니티

커뮤니티Community는 BGP 라우터에서 ACL을 이용한 특정 네트워크를 그룹으로 묶어 BGP 라우팅 정책을 쉽게 설정할 수 있다. 네트워크 관리자는 특정 네트워크를 그룹을 만들어 그 네트워크 그룹을 전달하는 목적지까지 범위를 결정할 수 있으며, 라우팅 경로를 조정할 수 있게 해준다.

커뮤니티는 4byte(32bit) 값으로 이뤄져 있으며, AS : XX 형식으로 사용한다.

- AS : XX
  - AS(AS 번호), XX(Community 번호)

- 커뮤니티의 종류(미리 정해진 Well-Known) Community

종류	내용
no-export	라우팅 정보를 수신한 AS이외의 다른 AS로 전송되지 않는다. (예: 하나의 AS(eBGP)에서 no-export로 1.1.1.0/24~ 1.1.3.0/24를 다른 AS로 전달하면 다른 AS에서는 동일한 AS(iBGP) 내 (R2→R3)에는 전달하지만, 또 다른 AS(eBGP)에는 전달하지 않는다.) · R1 → R2: 1.1.1.0, 1.1.2.0, 1.1.3.0, 1.1.4.0, 1.1.5.0, 1.1.6.0, 1.1.7.0/24 전달 · R1 → R3: 1.1.1.0, 1.1.2.0, 1.1.3.0, 1.1.6.0/24 전달(no-export)
no-advertise	전달된 라우팅 테이블은 라우팅 정보를 받은 라우터 이외의 인접한 다른 라우터로 eBGP(R2→R4), iBGP(R2→R3)를 통해 전달되지 않는다. 단, 컨페더레이션이 설정돼 있다면 내부의 사설 AS로는 전달된다. (예: 하나의 AS(eBGP)에서 no-advertise로 1.1.4.0/24, 1.1.5.0/24를 다른 AS로 전달하면 동일한 AS(iBGP)에서도 전달하지 않고, 다른 AS(eBGP)에게도 전달하지 않는다.) · R1 → R2: 1.1.1.0, 1.1.2.0, 1.1.3.0, 1.1.4.0, 1.1.5.0, 1.1.6.0, 1.1.7.0/24 전달 · R1 → R3: 1.1.4..0, 1.1.5.0/24 보이지 않음(no-advertise) · R1 → R4: 1.1.4..0, 1.1.5.0/24 보이지 않음(no-advertise)
local-AS	전달된 라우팅 테이블은 인접한 eBGP에 전달되지 않는다. 단, 컨페더레이션이 설정돼 있다면 내부 사설 AS로도 전달되지 않는다. (예: 하나의 AS(eBGP)에서 local-as로 1.1.6.0/24를 다른 AS로 전달하면 동일한 AS(iBGP) 내에서는 전달하고, 다른 AS(eBGP)에게는 전달하지 않는다.) · R1 → R2: 1.1.1.0, 1.1.2.0, 1.1.3.0, 1.1.4.0, 1.1.5.0, 1.1.6.0, 1.1.7.0/24 전달 · R1 → R3: 1.1.4..0, 1.1.5.0/24 보이지 않음(no-advertise) · R1 → R4: 1.1.4..0, 1.1.5.0/24 보이지 않음(no-advertise)
internet	기본 커뮤니티 상태로, 라우팅 테이블 전파에 어떠한 제약도 없다. · R1에서 전달하는 1.1.7.0/24는 R2, R3, R4에서 모두 보인다.

앞에서 설명한 커뮤니티^{Community}에 대한 동작을 간단하게 살펴보자.

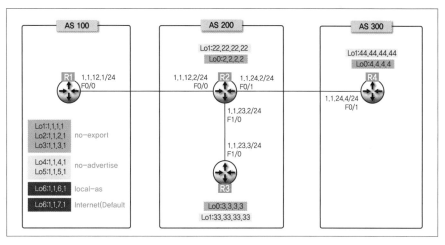

그림 6-61 BGP 커뮤니티

■ 각 라우터 설정 값

```
[R1]
interface Loopback1              //BGP Community 설정을 위한 네트워크 대역 생성//
 ip address 1.1.1.1 255.255.255.0
interface Loopback2              //BGP Community 설정을 위한 네트워크 대역 생성//
 ip address 1.1.2.1 255.255.255.0
interface Loopback3              //BGP Community 설정을 위한 네트워크 대역 생성//
 ip address 1.1.3.1 255.255.255.0
interface Loopback4              //BGP Community 설정을 위한 네트워크 대역 생성//
 ip address 1.1.4.1 255.255.255.0
interface Loopback5              //BGP Community 설정을 위한 네트워크 대역 생성//
 ip address 1.1.5.1 255.255.255.0
interface Loopback6              //BGP Community 설정을 위한 네트워크 대역 생성//
 ip address 1.1.6.1 255.255.255.0
interface Loopback7              //BGP Community 설정을 위한 네트워크 대역 생성//
 ip address 1.1.7.1 255.255.255.0
interface FastEthernet0/0
```

```
 ip address 1.1.12.1 255.255.255.0

router bgp 100                        //BGP 100 설정 및 네트워크 광고//
 no synchronization
 network 1.1.1.0 mask 255.255.255.0
 network 1.1.2.0 mask 255.255.255.0
 network 1.1.3.0 mask 255.255.255.0
 network 1.1.4.0 mask 255.255.255.0
 network 1.1.5.0 mask 255.255.255.0
 network 1.1.6.0 mask 255.255.255.0
 network 1.1.7.0 mask 255.255.255.0
 network 1.1.12.0 mask 255.255.255.0
 neighbor 1.1.12.2 remote-as 200       //eBGP 200 설정//
```

```
[R2]
interface Loopback0
 ip address 2.2.2.2 255.255.255.0
interface Loopback1
 ip address 22.22.22.22 255.255.255.0
interface FastEthernet0/0
 ip address 1.1.12.2 255.255.255.0
interface FastEthernet0/1
 ip address 1.1.24.2 255.255.255.0
interface FastEthernet1/0
 ip address 1.1.23.2 255.255.255.0

router bgp 200                        //BGP 200 설정 및 네트워크 광고//
 no synchronization
 network 1.1.12.0 mask 255.255.255.0
 network 2.2.2.0 mask 255.255.255.0
 network 22.22.22.0 mask 255.255.255.0
 neighbor 1.1.12.1 remote-as 100       //eBGP 100 설정//
 neighbor 1.1.23.3 remote-as 200       //iBGP 200 설정//
 neighbor 1.1.24.4 remote-as 300       //eBGP 300 설정//
```

```
[R3]
interface Loopback0
 ip address 3.3.3.3 255.255.255.0
interface Loopback1
 ip address 33.33.33.33 255.255.255.0
interface FastEthernet1/0
 ip address 1.1.23.3 255.255.255.0

router bgp 200                          //BGP 200 설정 및 네트워크 광고//
 no synchronization
 network 1.1.23.0 mask 255.255.255.0
 network 3.3.3.0 mask 255.255.255.0
 network 33.33.33.0 mask 255.255.255.0
 neighbor 1.1.23.2 remote-as 200        //iBGP 200 설정//
```

```
[R4]
interface Loopback0
 ip address 4.4.4.4 255.255.255.0
interface Loopback1
 ip address 44.44.44.44 255.255.255.0
interface FastEthernet0/1
 ip address 1.1.24.4 255.255.255.0

router bgp 300                          //BGP 300 설정 및 네트워크 광고//
 no synchronization
 network 1.1.24.0 mask 255.255.255.0
 network 4.4.4.0 mask 255.255.255.0
 network 44.44.44.0 mask 255.255.255.0
 neighbor 1.1.24.2 remote-as 200        //eBGP 200 설정//
```

■ 각 라우터(R1 ~ R4) BGP 테이블

```
R1#show ip bgp
   Network          Next Hop       Metric  LocPrf  Weight  Path
*> 1.1.1.0/24       0.0.0.0           0             32768   i
```

```
//BGP 광고 → 커뮤니티 적용 대상//
*> 1.1.2.0/24      0.0.0.0         0              32768  I
//BGP 광고 → 커뮤니티 적용 대상//
*> 1.1.3.0/24      0.0.0.0         0              32768  i
//BGP 광고 → 커뮤니티 적용 대상//
*> 1.1.4.0/24      0.0.0.0         0              32768  i
//BGP 광고 → 커뮤니티 적용 대상//
*> 1.1.5.0/24      0.0.0.0         0              32768  i
//BGP 광고 → 커뮤니티 적용 대상//
*> 1.1.6.0/24      0.0.0.0         0              32768  i
//BGP 광고 → 커뮤니티 적용 대상//
*> 1.1.7.0/24      0.0.0.0         0              32768  i
//BGP 광고 → 커뮤니티 적용 대상//
*  1.1.12.0/24     1.1.12.2        0                  0  200 i
*>                 0.0.0.0         0              32768  i
*> 1.1.23.0/24     1.1.12.2                           0  200 i
*> 1.1.24.0/24     1.1.12.2                           0  200 300 i
*> 2.2.2.0/24      1.1.12.2        0                  0  200 i
*> 3.3.3.0/24      1.1.12.2                           0  200 i
*> 4.4.4.0/24      1.1.12.2                           0  200 300 i
*> 22.22.22.0/24   1.1.12.2        0                  0  200 i
*> 33.33.33.0/24   1.1.12.2                           0  200 i
*> 44.44.44.0/24   1.1.12.2                           0  200 300 i
```

R2#show ip bgp

```
  Network         Next Hop     Metric  LocPrf  Weight  Path
*> 1.1.1.0/24      1.1.12.1        0                  0  100 i
//R1 BGP 라우팅 수신//
*> 1.1.2.0/24      1.1.12.1        0                  0  100 i
//R1 BGP 라우팅 수신//
*> 1.1.3.0/24      1.1.12.1        0                  0  100 i
//R1 BGP 라우팅 수신//
*> 1.1.4.0/24      1.1.12.1        0                  0  100 i
//R1 BGP 라우팅 수신//
*> 1.1.5.0/24      1.1.12.1        0                  0  100 i
//R1 BGP 라우팅 수신//
```

392

```
*> 1.1.6.0/24        1.1.12.1        0              0  100 i
//R1 BGP 라우팅 수신//
*> 1.1.7.0/24        1.1.12.1        0              0  100 i
//R1 BGP 라우팅 수신//
*  1.1.12.0/24       1.1.12.1        0              0  100 i
//R1 BGP 라우팅 수신//
*>                   0.0.0.0         0          32768  i
r>i1.1.23.0/24       1.1.23.3        0    100       0  i
r> 1.1.24.0/24       1.1.24.4        0              0  300 i
*> 2.2.2.0/24        0.0.0.0         0          32768  i
*>i3.3.3.0/24        1.1.23.3        0    100       0  i
*> 4.4.4.0/24        1.1.24.4        0              0  300 i
*> 22.22.22.0/24     0.0.0.0         0          32768  i
*>i33.33.33.0/24     1.1.23.3        0    100       0  i
*> 44.44.44.0/24     1.1.24.4        0              0  300 i
```

R3#show ip bgp

```
   Network          Next Hop     Metric  LocPrf  Weight  Path
*>i1.1.1.0/24       1.1.12.1        0     100       0  100 i
//R1 BGP 라우팅 수신//
*>i1.1.2.0/24       1.1.12.1        0     100       0  100 i
//R1 BGP 라우팅 수신//
*>i1.1.3.0/24       1.1.12.1        0     100       0  100 i
//R1 BGP 라우팅 수신//
*>i1.1.4.0/24       1.1.12.1        0     100       0  100 i
//R1 BGP 라우팅 수신//
*>i1.1.5.0/24       1.1.12.1        0     100       0  100 i
//R1 BGP 라우팅 수신//
*>i1.1.6.0/24       1.1.12.1        0     100       0  100 i
//R1 BGP 라우팅 수신//
*>i1.1.7.0/24       1.1.12.1        0     100       0  100 i
//R1 BGP 라우팅 수신//
*>i1.1.12.0/24      1.1.23.2        0     100       0  i
//R1 BGP 라우팅 수신//
*> 1.1.23.0/24      0.0.0.0         0          32768  i
*  i1.1.24.0/24     1.1.24.4        0     100       0  300 i
```

```
*>i2.2.2.0/24        1.1.23.2        0      100       0  i
*> 3.3.3.0/24        0.0.0.0         0             32768  i
*  i4.4.4.0/24       1.1.24.4        0      100       0  300 i
*>i22.22.22.0/24     1.1.23.2        0      100       0  i
*> 33.33.33.0/24     0.0.0.0         0             32768  i
*  i44.44.44.0/24    1.1.24.4        0      100       0  300 i
```

R4#show ip bgp

```
   Network          Next Hop       Metric  LocPrf  Weight  Path
*> 1.1.1.0/24        1.1.24.2                          0  200 100 i
//R1 BGP 라우팅 수신//
*> 1.1.2.0/24        1.1.24.2                          0  200 100 i
//R1 BGP 라우팅 수신//
*> 1.1.3.0/24        1.1.24.2                          0  200 100 i
//R1 BGP 라우팅 수신//
*> 1.1.4.0/24        1.1.24.2                          0  200 100 i
//R1 BGP 라우팅 수신//
*> 1.1.5.0/24        1.1.24.2                          0  200 100 i
//R1 BGP 라우팅 수신//
*> 1.1.6.0/24        1.1.24.2                          0  200 100 i
//R1 BGP 라우팅 수신//
*> 1.1.7.0/24        1.1.24.2                          0  200 100 i
//R1 BGP 라우팅 수신//
*> 1.1.12.0/24       1.1.24.2          0               0  200 i
//R1 BGP 라우팅 수신//
*> 1.1.23.0/24       1.1.24.2                          0  200 i
*> 1.1.24.0/24       0.0.0.0           0           32768  i
*> 2.2.2.0/24        1.1.24.2          0               0  200 i
*> 3.3.3.0/24        1.1.24.2                          0  200 i
*> 4.4.4.0/24        0.0.0.0           0           32768  i
*> 22.22.22.0/24     1.1.24.2          0               0  200 i
*> 33.33.33.0/24     1.1.24.2                          0  200 i
*> 44.44.44.0/24     0.0.0.0           0           32768  i
```

R1에 BGP Community no-export, no-advertise, local-AS 및 internet(기본)을 적용한 후 각 라우터에서 BGP 테이블을 확인해보자.

- R1에 BGP Community 설정

```
R1(config)#access-list 50 permit 1.1.1.0 0.0.0.255
//ACL 50에 1.1.1.0/24, 1.1.2.0/24, 1.1.3.0/24 할당//
R1(config)#access-list 50 permit 1.1.2.0 0.0.0.255
R1(config)#access-list 50 permit 1.1.3.0 0.0.0.255
R1(config)#access-list 60 permit 1.1.4.0 0.0.0.255
//ACL 60에 1.1.4.0/24, 1.1.5.0/24 할당//
R1(config)#access-list 60 permit 1.1.5.0 0.0.0.255
R1(config)#access-list 70 permit 1.1.6.0 0.0.0.255
//ACL 70에 1.1.6.0/24 할당//
R1(config)#access-list 80 permit 1.1.7.0 0.0.0.255
//ACL 80에 1.1.7.0/24 할당//

R1(config)#ip bgp-community new-format
//BGP Community 값을 AS:XX로 보이게 함//

R1(config)#route-map COMM_100 permit 10
//route-map으로 네트워크 그룹 할당, Community값 설정//
R1(config-route-map)# match ip address 50     //ACL 50에 할당된 IP 그룹//
R1(config-route-map)# set community 100:50 no-export
//ACL 50 IP 그룹을 no-export로 광고//
R1(config-route-map)#exit

R1(config)#route-map COMM_100 permit 20
//route-map으로 네트워크 그룹 할당, Community값 설정//
R1(config-route-map)# match ip address 60     //ACL 60에 할당된 IP 그룹//
R1(config-route-map)# set community 100:60 no-advertise
//ACL 60 IP 그룹을 no-advertise로 광고//
R1(config-route-map)#exit

R1(config)#route-map COMM_100 permit 30
//route-map으로 네트워크 그룹 할당, Community값 설정//
```

```
R1(config-route-map)# match ip address 70      //ACL 70에 할당된 IP 그룹//
R1(config-route-map)# set community 100:70 local-AS
//ACL 70 IP 그룹을 local-AS로 광고//
R1(config-route-map)#exit

R1(config)#route-map COMM_100 permit 40
//route-map으로 네트워크 그룹 할당, Community 값 설정//
R1(config-route-map)# match ip address 80      //ACL 80에 할당된 IP 그룹//
R1(config-route-map)# set community 100:80 internet
//ACL 80 IP 그룹을 internet(기본)로 광고//
R1(config-route-map)#exit

R1(config)#router bgp 100
R1(config-router)# neighbor 1.1.12.2 send-community
//neighbor R2(1.1.12.2)에 Community값을 전달//
R1(config-router)# neighbor 1.1.12.2 route-map COMM_100 out
//AS:XX로 네트워크 그룹별 분리 전송//
```

```
R2(config)#router bgp 200
R2(config-router)#neighbor 1.1.23.3 send-community
//neighbor R3(1.1.23.3)에 Community값을 전달//
R2(config-router)#neighbor 1.1.24.4 send-community
//neighbor R4(1.1.24.4)에 Community값을 전달//

R2(config)#ip bgp-community new-format
//BGP Community값을 AS:XX로 보이게 함//
```

```
R3(config)#ip bgp-community new-format
//BGP Community값을 AS:XX로 보이게 함//
```

```
R4(config)#ip bgp-community new-format
//BGP Community값을 AS:XX로 보이게 함//
```

- 각 라우터(R1 ~ R4)의 BGP 테이블 확인

```
R1#show ip bgp
   Network          Next Hop       Metric LocPrf  Weight  Path
*> 1.1.1.0/24       0.0.0.0            0            32768  i
//eBGP 네트워크 광고//
*> 1.1.2.0/24       0.0.0.0            0            32768  i
//eBGP 네트워크 광고//
*> 1.1.3.0/24       0.0.0.0            0            32768  i
//eBGP 네트워크 광고//
*> 1.1.4.0/24       0.0.0.0            0            32768  i
//eBGP 네트워크 광고//
*> 1.1.5.0/24       0.0.0.0            0            32768  i
//eBGP 네트워크 광고//
*> 1.1.6.0/24       0.0.0.0            0            32768  i
//eBGP 네트워크 광고//
*> 1.1.7.0/24       0.0.0.0            0            32768  i
//eBGP 네트워크 광고//
*  1.1.12.0/24      1.1.12.2           0                0  200 i
*>                  0.0.0.0            0            32768  i
*> 1.1.23.0/24      1.1.12.2                            0  200 i
*> 1.1.24.0/24      1.1.12.2                            0  200 300 i
*> 2.2.2.0/24       1.1.12.2           0                0  200 i
*> 3.3.3.0/24       1.1.12.2                            0  200 i
*> 4.4.4.0/24       1.1.12.2                            0  200 300 i
*> 22.22.22.0/24    1.1.12.2           0                0  200 i
*> 33.33.33.0/24    1.1.12.2                            0  200 i
*> 44.44.44.0/24    1.1.12.2                            0  200 300 i
```

```
R2#show ip bgp
   Network          Next Hop       Metric LocPrf  Weight  Path
*> 1.1.1.0/24       1.1.12.1           0                0  100 i
//eBGP 커뮤니티 네트워크 수신//
*> 1.1.2.0/24       1.1.12.1           0                0  100 i
//eBGP 커뮤니티 네트워크 수신//
*> 1.1.3.0/24       1.1.12.1           0                0  100 i
//eBGP 커뮤니티 네트워크 수신//
```

```
 *>  1.1.4.0/24      1.1.12.1          0               0  100 i
//eBGP 커뮤니티 네트워크 수신//
 *>  1.1.5.0/24      1.1.12.1          0               0  100 i
//eBGP 커뮤니티 네트워크 수신///
 *>  1.1.6.0/24      1.1.12.1          0               0  100 i
//eBGP 커뮤니티 네트워크 수신//
 *>  1.1.7.0/24      1.1.12.1          0               0  100 i
//eBGP 커뮤니티 네트워크 수신//
 *>  1.1.12.0/24     0.0.0.0           0           32768 i
 r>i1.1.23.0/24      1.1.23.3          0      100      0 i
 r>  1.1.24.0/24     1.1.24.4          0               0  300 i
 *>  2.2.2.0/24      0.0.0.0           0           32768 i
 *>i3.3.3.0/24       1.1.23.3          0      100      0 i
 *>  4.4.4.0/24      1.1.24.4          0               0  300 i
 *>  22.22.22.0/24   0.0.0.0           0           32768 i
 *>i33.33.33.0/24    1.1.23.3          0      100      0 i
 *>  44.44.44.0/24   1.1.24.4          0               0  300 i
```

R3#show ip bgp

```
   Network         Next Hop    Metric LocPrf Weight  Path
 *>i1.1.1.0/24      1.1.12.1          0      100      0  100 i
//no-advertise 네트워크 안보임//
 *>i1.1.2.0/24      1.1.12.1          0      100      0  100 i
//no-advertise 네트워크 안보임//
 *>i1.1.3.0/24      1.1.12.1          0      100      0  100 i
//no-advertise 네트워크 안보임//
 *>i1.1.6.0/24      1.1.12.1          0      100      0  100 i
//no-advertise 네트워크 안보임//
 *>i1.1.7.0/24      1.1.12.1          0      100      0  100 i
//no-advertise 네트워크 안보임//
 *>i1.1.12.0/24     1.1.23.2          0      100      0 i
 *>  1.1.23.0/24    0.0.0.0           0           32768 i
 *  i1.1.24.0/24    1.1.24.4          0      100      0  300 i
 *>i2.2.2.0/24      1.1.23.2          0      100      0 i
 *>  3.3.3.0/24     0.0.0.0           0           32768 i
 *  i4.4.4.0/24     1.1.24.4          0      100      0  300 i
```

*>i22.22.22.0/24	1.1.23.2	0	100	0	i
*> 33.33.33.0/24	0.0.0.0	0		32768	i
* i44.44.44.0/24	1.1.24.4	0	100	0	300 i

R4#show ip bgp

Network	Next Hop	Metric	LocPrf	Weight	Path
*> 1.1.7.0/24	1.1.24.2			0	200 100 I

//기본 네트워크만 보임//

*> 1.1.12.0/24	1.1.24.2	0		0	200 i
*> 1.1.23.0/24	1.1.24.2			0	200 i
*> 1.1.24.0/24	0.0.0.0	0		32768	i
*> 2.2.2.0/24	1.1.24.2	0		0	200 i
*> 3.3.3.0/24	1.1.24.2			0	200 i
*> 4.4.4.0/24	0.0.0.0	0		32768	i
*> 22.22.22.0/24	1.1.24.2	0		0	200 i
*> 33.33.33.0/24	1.1.24.2			0	200 i
*> 44.44.44.0/24	0.0.0.0	0		32768	i

■ BGP 커뮤니티 적용 확인

※ "ip bgp-community new-format"을 설정하는 이유는 BGP 커뮤니티를 AS:XX로 표현하고 쉽게 이해하기 위해서이다. 없을 경우는 10진수 65536XX로 표시된다.

R1#show route-map   //ip bgp-community new-format을 적용했을 경우//
route-map COMM_100, permit, sequence 10
  Match clauses:
    ip address (access-lists): 50
  Set clauses:
    community 100:50 no-export   //ip bgp-community new-format 미적용
시 6553650으로 표현됨//
  Policy routing matches: 0 packets, 0 bytes
route-map COMM_100, permit, sequence 20
  Match clauses:
    ip address (access-lists): 60
  Set clauses:

```
      community 100:60 no-advertise    //ip bgp-community new-format 미적용
시 6553660으로 표현됨//
  Policy routing matches: 0 packets, 0 bytes
route-map COMM_100, permit, sequence 30
  Match clauses:
    ip address (access-lists): 70
  Set clauses:
    community 100:70 local-AS     //ip bgp-community new-format 미적용 시
6553670으로 표현됨//
  Policy routing matches: 0 packets, 0 bytes
route-map COMM_100, permit, sequence 40
  Match clauses:
    ip address (access-lists): 80
  Set clauses:
    community 0:80 100:80          //ip bgp-community new-format 미적용 시
6553680으로 표현됨//
Policy routing matches: 0 packets, 0 bytes
```

[ip bgp-community new-format 명령어가 적용되지 않았을 경우 R1#show route-map]
R1#show route-map

```
route-map COMM_100, permit, sequence 10
  Match clauses:
    ip address (access-lists): 50
  Set clauses:
    community 6553650 no-export
  Policy routing matches: 0 packets, 0 bytes
route-map COMM_100, permit, sequence 20
  Match clauses:
    ip address (access-lists): 60
  Set clauses:
    community 6553660 no-advertise
  Policy routing matches: 0 packets, 0 bytes
route-map COMM_100, permit, sequence 30
  Match clauses:
    ip address (access-lists): 70
  Set clauses:
```

```
       community 6553660 no-advertise
    Policy routing matches: 0 packets, 0 bytes
 route-map COMM_100, permit, sequence 40
   Match clauses:
      ip address (access-lists): 80
   Set clauses:
      community 80 6553680
   Policy routing matches: 0 packets, 0 bytes
```

```
R2#show ip bgp community
   Network          Next Hop       Metric  LocPrf  Weight  Path
*> 1.1.1.0/24       1.1.12.1          0                0   100 i
*> 1.1.2.0/24       1.1.12.1          0                0   100 i
*> 1.1.3.0/24       1.1.12.1          0                0   100 i
*> 1.1.4.0/24       1.1.12.1          0                0   100 i
*> 1.1.5.0/24       1.1.12.1          0                0   100 i
*> 1.1.6.0/24       1.1.12.1          0                0   100 i
*> 1.1.7.0/24       1.1.12.1          0                0   100 i
```

```
R3#show ip bgp community
   Network          Next Hop       Metric  LocPrf  Weight  Path
*>i1.1.1.0/24       1.1.12.1          0      100      0   100 i
//BGP Community no-export//
*>i1.1.2.0/24       1.1.12.1          0      100      0   100 i
//BGP Community no-export//
*>i1.1.3.0/24       1.1.12.1          0      100      0   100 i
//BGP Community no-export//
*>i1.1.6.0/24       1.1.12.1          0      100      0   100 i
*>i1.1.7.0/24       1.1.12.1          0      100      0   100 i
```

```
R4#show ip bgp community
   Network          Next Hop       Metric  LocPrf  Weight  Path
*> 1.1.7.0/24       1.1.24.2                         0   200 100 i
//BGP Community internet//
```

위 BGP 테이블에서 알 수 있듯이 no-export, no-advetise, local-AS 및 internet

(기본)으로 커뮤니티가 설정된 BGP 정보 전달에 있어서 no-export의 경우에는 iBGP를 통해 로컬 AS 내에서는 전파가 되고 eBGP를 통해 다른 AS(AS 300)로는 전달되지 않는다는 것을 확인했다. 또한 커뮤니티가 no-advertise로 설정된 경우에는 BGP 정보 전달에 있어 로컬 AS뿐만 아니라 eBGP로 연결된 다른 AS(AS 300)로도 정보가 전달되지 않는다는 것을 R4 BGP 테이블에서 보여준다. internet(기본)으로 설정된 경우는 R4까지 BGP 정보가 전달되는 것을 확인했다.

BGP 속성 Community를 이용해 eBGP를 통해 네트워크 그룹별로 전달하는 목적지까지 범위를 결정할 수 있으며, 라우팅 경로를 조정할 수 있다.

아) 웨이트

BGP 속성 중 웨이트^{Weight}는 표준은 아니지만 시스코 라우터에서만 적용할 수 있으며 경로를 결정할 때 다른 BGP 속성과 함께 중요하게 사용되고 있다.

웨이트가 가지고 있는 특성을 간단하게 살펴보자.

- 웨이트는 웨이트 값을 가지고 있는 해당 라우터에서만 의미가 있고, 네이버에게 전송되지는 않는 값이다.
- 시스코 라우터에서는 BGP 경로를 선택할 때 웨이트 값이 높은 경로가 가장 우선 경로로 선택된다.
- LP$^{Local\ Preference}$와 같이 외부로 나가는 경로를 결정할 때 사용하며, BGP 네이버에게 직접적인 영향을 주지 않는다.
- 웨이트는 다른 라우터의 라우팅 결정에는 영향을 미치지 않으면서 자신의 외부 경로를 지정하기 위해 사용된다.
- 기본 값$^{Default\ Value}$의 웨이트는 32768이고, 다른 라우터에서 전송 받은 네트워크는 웨이트가 0, 자신에게 직접 접속된 네트워크라도 다른 라우터가 재분배시킨 것을 다시 받으면 웨이트가 0을 가진다.
- 다른 라우터에 접속돼 있는 네트워크를 IGP를 통해 광고 받은 후, 자신이 BGP

프로세서에 넣은 네트워크는 웨이트 값이 32768로 설정된다.

BGP 속성인 웨이트^{Weight} 값 적용은 그림 6-62 네트워크 토폴로지를 통해 웨이트 값을 적용 전·후 BGP 테이블이 어떻게 보이는지 확인해보자.

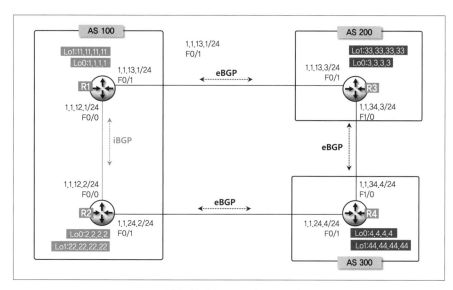

그림 6-62 BGP Weight(Cisco Only)

■ R1~R4까지 기본 BGP 설정 값

```
[R1]
interface Loopback0
 ip address 1.1.1.1 255.255.255.0
interface Loopback1
 ip address 11.11.11.11 255.255.255.0
interface FastEthernet0/0
 ip address 1.1.12.1 255.255.255.0
interface FastEthernet0/1
 ip address 1.1.13.1 255.255.255.0
router bgp 100
 no synchronization
```

```
   network 1.1.1.0 mask 255.255.255.0
   network 1.1.12.0 mask 255.255.255.0
   network 11.11.11.0 mask 255.255.255.0
   neighbor 1.1.12.2 remote-as 100
   neighbor 1.1.13.3 remote-as 200
   neighbor 1.1.13.3 next-hop-self
```

[R2]
```
interface Loopback0
 ip address 2.2.2.2 255.255.255.0
interface Loopback1
 ip address 22.22.22.22 255.255.255.0
interface FastEthernet0/0
 ip address 1.1.12.2 255.255.255.0
interface FastEthernet0/1
 ip address 1.1.24.2 255.255.255.0

router bgp 100
 no synchronization
 network 1.1.12.0 mask 255.255.255.0
 network 1.1.24.0 mask 255.255.255.0
 network 2.2.2.0 mask 255.255.255.0
 network 22.22.22.0 mask 255.255.255.0
 neighbor 1.1.12.1 remote-as 100
 neighbor 1.1.24.4 remote-as 300
 neighbor 1.1.24.4 next-hop-self
```

[R3]
```
interface Loopback0
 ip address 3.3.3.3 255.255.255.0
interface Loopback1
 ip address 33.33.33.33 255.255.255.0
interface FastEthernet0/1
 ip address 1.1.13.3 255.255.255.0
interface FastEthernet1/0
 ip address 1.1.34.3 255.255.255.0
```

```
router bgp 200
 no synchronization
 network 1.1.13.0 mask 255.255.255.0
 network 1.1.34.0 mask 255.255.255.0
 network 3.3.3.0 mask 255.255.255.0
 network 33.33.33.0 mask 255.255.255.0
 neighbor 1.1.13.1 remote-as 100
 neighbor 1.1.34.4 remote-as 300
```

```
[R4]
interface Loopback0
 ip address 4.4.4.4 255.255.255.0
interface Loopback1
 ip address 44.44.44.44 255.255.255.0
interface FastEthernet0/1
 ip address 1.1.24.4 255.255.255.0
interface FastEthernet1/0
 ip address 1.1.34.4 255.255.255.0
router bgp 300
 no synchronization
 network 1.1.24.0 mask 255.255.255.0
 network 1.1.34.0 mask 255.255.255.0
 network 4.4.4.0 mask 255.255.255.0
 network 44.44.44.0 mask 255.255.255.0
 neighbor 1.1.24.2 remote-as 100
 neighbor 1.1.34.3 remote-as 200
```

■ R1에서 BGP 테이블의 웨이트 값을 확인해보자.

```
R1#show ip bgp
   Network          Next Hop      Metric  LocPrf  Weight  Path
*> 1.1.1.0/24       0.0.0.0           0            32768  i
//자신의 BGP에서 광고하는 네트워크//
```

Network	Next Hop	Metric	LocPrf	Weight	Path
* i1.1.12.0/24	1.1.12.2	0	100	0	i
*>	0.0.0.0	0		32768	i

//자신의 BGP에서 광고하는 네트워크//

Network	Next Hop	Metric	LocPrf	Weight	Path
r> 1.1.13.0/24	1.1.13.3	0		0	200 i
*>i1.1.24.0/24	1.1.12.2	0	100	0	i
* i1.1.34.0/24	1.1.24.4	0	100	0	300 i
*>	1.1.13.3	0		0	200 i
*>i2.2.2.0/24	1.1.12.2	0	100	0	i
*> 3.3.3.0/24	1.1.13.3	0		0	200 i
* 4.4.4.0/24	1.1.13.3			0	200 300 i
*>i	1.1.24.4	0	100	0	300 i
*> 11.11.11.0/24	0.0.0.0	0		32768	i

//자신의 BGP에서 광고하는 네트워크//

Network	Next Hop	Metric	LocPrf	Weight	Path
*>i22.22.22.0/24	1.1.12.2	0	100	0	i
*> 33.33.33.0/24	1.1.13.3	0		0	200 i
*>i44.44.44.0/24	1.1.24.4	0	100	0	300 i
*	1.1.13.3			0	200 300 i

R1 BGP 테이블에서 자신의 네트워크에는 웨이트Weight 기본 값인 32768을 가지고 있으며, iBGP나 eBGP를 통해 받아온 네트워크에 대해서는 0의 값을 가지게 된다.

그럼 지금부터는 웨이트 값을 기본 값(0)보다 큰 값으로 설정해 eBGP를 통해 외부로 전달되는 최적의 경로를 임의로 변경시켜 보고 그 결과를 확인해보자.

BGP 웨이트 값을 설정하는 방법에는 두 가지가 있다.

① eBGP 네이버에 weight 값의 적용 방법 및 R1 BGP 테이블

```
R1(config)#router bgp 100
R1(config-router)#neighbor 1.1.13.3 weight 200       //neighbor 1.1.13.3
경로에 weight 300 적용//


[R1 BGP 테이블 확인]
R1#clear ip bgp *          //BGP 100 프로세스 Reset//
```

```
R1#show ip bgp
   Network          Next Hop         Metric  LocPrf   Weight  Path
*> 1.1.1.0/24       0.0.0.0              0             32768   i
*> 1.1.12.0/24      0.0.0.0              0             32768   i
*  i                1.1.12.2             0    100          0   i
r> 1.1.13.0/24      1.1.13.3             0                200  200 i
*> 1.1.24.0/24      1.1.13.3                              200  200 300 i
//BGP 최적 경로//
*  i                1.1.12.2             0    100          0   i
*> 1.1.34.0/24      1.1.13.3             0                200  200 i
//BGP 최적 경로//
*  i                1.1.24.4             0    100          0   300 i
*>i2.2.2.0/24       1.1.12.2             0    100          0   i
*> 3.3.3.0/24       1.1.13.3             0                200  200 i
//BGP 최적 경로//
*> 4.4.4.0/24       1.1.13.3                              200  200 300 i
//BGP 최적 경로//
*  i                1.1.24.4             0    100          0   300 i
*> 11.11.11.0/24    0.0.0.0              0             32768   i
*>i22.22.22.0/24    1.1.12.2             0    100          0   i
*> 33.33.33.0/24    1.1.13.3             0                200  200 i
//BGP 최적 경로//
*> 44.44.44.0/24    1.1.13.3                              200  200 300 i
//BGP 최적 경로//
*  i                1.1.24.4             0    100          0   300 i
```

② Route-map을 이용한 네트워크 대역별로 weight값 설정 방법 및 R1 BGP 테이블

R1(config)#access-list 10 permit 4.4.4.0 0.0.0.255
//BGP Weight 값을 설정할 네트워크//
R1(config)#access-list 10 permit 44.44.44.0 0.0.0.255
//BGP Weight 값을 설정할 네트워크//
R1(config)#route-map WEIGHT permit 10
R1(config-route-map)#match ip address 10
R1(config-route-map)#set weight 200

R1(config)#router bgp 100
R1(config-router)#neighbor 1.1.13.3 route-map WEIGHT in
//BGP Weight 값을 대상 네트워크에 적용//

[R1 BGP 테이블 확인]
R1#show ip bgp

	Network	Next Hop	Metric	LocPrf	Weight	Path
*>	1.1.1.0/24	0.0.0.0	0		32768	i
*>	1.1.12.0/24	0.0.0.0	0		32768	i
* i		1.1.12.2	0	100	0	i
r>i	1.1.13.0/24	1.1.24.4	0	100	0	300 200 i
*>i	1.1.24.0/24	1.1.12.2	0	100	0	i
*>i	1.1.34.0/24	1.1.24.4	0	100	0	300 i
*>i	2.2.2.0/24	1.1.12.2	0	100	0	i
*>i	3.3.3.0/24	1.1.24.4	0	100	0	300 200 i
*>	4.4.4.0/24	1.1.13.3			200	200 300 i
//BGP 최적 경로//						
* i		1.1.24.4	0	100	0	300 i
*>	11.11.11.0/24	0.0.0.0	0		32768	i
*>i	22.22.22.0/24	1.1.12.2	0	100	0	i
*>i	33.33.33.0/24	1.1.24.4	0	100	0	300 200 i
*>	44.44.44.0/24	1.1.13.3			200	200 300 i
//BGP 최적 경로//						
* i		1.1.24.4	0	100	0	300 i

---

9) IGP와 BGP 동기

BGP에서 Synchronization는 AS 내에서 iBGP로부터 전달 받은 정보를 iBGP로 전달할 때 AS-Path를 추가하지 않고 전달한다. iBGP를 통해 정보를 받는 라우터에서는 전달 받은 정보에서 자신의 AS가 존재한다는 것을 확인하는 순간, 루프Loop가 형성된 것으로 판단한다(Split Horizon 법칙). 즉, iBGP를 통해 전달 받은 정보에 대한 업데이트는 무시하며, 이러한 이유로 iBGP는 다른 iBGP 네이버로부터 받은 업데이트를 다른 iBGP 네이버에 업데이트하지 않는다.

iBGP로 라우팅 정보를 업데이트하지 않는다면 iBGP로만 연결된 AS 내부 라우터에서는 외부로부터 eBGP로 전달되는 BGP 네트워크 정보를 iBGP로 수신할 수 없게 된다. 이러한 현상 때문에 AS 내부 라우터에서는 AS 외부의 경로를 알지 못하게 되고, 데이터를 전달할 수도 없게 된다.

이러한 문제점은 iBGP와 IGP 사이에 동기로 인해 발생하는 현상이다. 이를 해결하는 데에는 여러 가지 방법이 있는데, 보여지는 현상과 해결 방법을 알아보자.

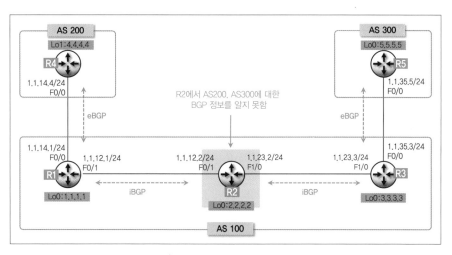

그림 6-63 BGP No Synchronization

▪ 각 라우터 설정 값

[R1]
interface Loopback0
 ip address 1.1.1.1 255.255.255.0
interface FastEthernet0/0
 ip address 1.1.14.1 255.255.255.0
interface FastEthernet0/1
 ip address 1.1.12.1 255.255.255.0

router bgp 100
 synchronization
 network 1.1.1.0 mask 255.255.255.0
 network 1.1.12.0 mask 255.255.255.0
 network 1.1.14.0 mask 255.255.255.0
 neighbor 1.1.12.2 remote-as 100
 neighbor 1.1.14.4 remote-as 200

[R2]
interface Loopback0
 ip address 2.2.2.2 255.255.255.0
interface FastEthernet0/1
 ip address 1.1.12.2 255.255.255.0
interface FastEthernet1/0
 ip address 1.1.23.2 255.255.255.0

router bgp 100
 synchronization
 network 1.1.12.0 mask 255.255.255.0
 network 1.1.23.0 mask 255.255.255.0
 network 2.2.2.0 mask 255.255.255.0
 neighbor 1.1.12.1 remote-as 100
 neighbor 1.1.23.3 remote-as 100

[R3]
interface Loopback0
 ip address 3.3.3.3 255.255.255.0

```
interface FastEthernet0/0
 ip address 1.1.35.3 255.255.255.0
interface FastEthernet1/0
 ip address 1.1.23.3 255.255.255.0

router bgp 100
 synchronization
 network 1.1.23.0 mask 255.255.255.0
 network 1.1.35.0 mask 255.255.255.0
 network 3.3.3.0 mask 255.255.255.0
 neighbor 1.1.23.2 remote-as 100
 neighbor 1.1.35.5 remote-as 300
```

[R4]
```
interface Loopback0
 ip address 4.4.4.4 255.255.255.0
interface FastEthernet0/0
 ip address 1.1.14.4 255.255.255.0

router bgp 200
 no synchronization
 network 1.1.14.0 mask 255.255.255.0
 network 4.4.4.0 mask 255.255.255.0
 neighbor 1.1.14.1 remote-as 100
```

[R5]
```
interface Loopback0
 ip address 5.5.5.5 255.255.255.0
interface FastEthernet0/0
 ip address 1.1.35.5 255.255.255.0

router bgp 300
 no synchronization
 network 1.1.35.0 mask 255.255.255.0
 network 5.5.5.0 mask 255.255.255.0
 neighbor 1.1.35.3 remote-as 100
```

■ 발생 현상

- R1 라우터의 라우팅 테이블에는 R4로부터 eBGP로 받은 정보만 존재하지만, R3 라우터로부터 iBGP를 통해 받은 정보는 존재하지 않는다.

```
R1#show ip route
     1.0.0.0/24 is subnetted, 3 subnets
C       1.1.1.0 is directly connected, Loopback0
C       1.1.12.0 is directly connected, FastEthernet0/1
C       1.1.14.0 is directly connected, FastEthernet0/0
     4.0.0.0/24 is subnetted, 1 subnets
B       4.4.4.0 [20/0] via 1.1.14.4, 00:02:39   //R4와 eBGP를 통한 정보 수신//
```

※ R3에서 iBGP로 전달되는 네트워크 정보가 없음

- R3 라우터도 R1 라우터와 마찬가지로 R5로부터 eBGP를 통해 알게 된 정보만 라우팅 테이블에 존재하고 R1을 통해 iBGP로 알게 된 정보는 존재하지 않는다.

```
R3#show ip route
     1.0.0.0/24 is subnetted, 2 subnets
C       1.1.23.0 is directly connected, FastEthernet1/0
C       1.1.35.0 is directly connected, FastEthernet0/0
     3.0.0.0/24 is subnetted, 1 subnets
C       3.3.3.0 is directly connected, Loopback0
     5.0.0.0/24 is subnetted, 1 subnets
B       5.5.5.0 [20/0] via 1.1.35.5, 02:30:42   //R5와 eBGP를 통한 정보 수신//
```

※ R1에서 iBGP로 전달되는 네트워크 정보가 없음

- R2에서는 eBGP 관계가 없고 AS100 내 iBGP로만 연결돼 있어 어떤 BGP 정보도 수신하지 않는다.

412

```
R2#show ip route
     1.0.0.0/24 is subnetted, 2 subnets
C       1.1.12.0 is directly connected, FastEthernet0/1
C       1.1.23.0 is directly connected, FastEthernet1/0
     2.0.0.0/24 is subnetted, 1 subnets
C       2.2.2.0 is directly connected, Loopback0

※ R1, R3, R4, R5에서 전달되는 BGP 정보는 없음
```

- R4와 R5 라우터에는 AS100으로부터 받은 eBGP 정보는 자신이 만든 BGP 정보와 네이버 관계에 있는 R1과 R3로부터 eBGP 정보만 받고 AS100 내 iBGP로 전달되는 정보는 전혀 보이지 않는다.

```
R4#show ip route
     1.0.0.0/24 is subnetted, 3 subnets
B       1.1.1.0 [20/0] via 1.1.14.1, 00:07:22    //R1의 eBGP 정보//
B       1.1.12.0 [20/0] via 1.1.14.1, 00:07:22   //R1의 eBGP 정보//
C       1.1.14.0 is directly connected, FastEthernet0/0
     4.0.0.0/24 is subnetted, 1 subnets
C       4.4.4.0 is directly connected, Loopback0

R5#show ip route
     1.0.0.0/24 is subnetted, 2 subnets
B       1.1.23.0 [20/0] via 1.1.35.3, 00:07:25   //R3의 eBGP 정보//
C       1.1.35.0 is directly connected, FastEthernet0/0
     3.0.0.0/24 is subnetted, 1 subnets
B       3.3.3.0 [20/0] via 1.1.35.3, 00:07:25    //R3의 eBGP 정보//
     5.0.0.0/24 is subnetted, 1 subnets
C       5.5.5.0 is directly connected, Loopback0
```

위 라우터 R1, R2, R3에서 BGP상에 동기가 활성화돼 있을 때는 iBGP와 IGP 사이에 동기가 이뤄져야 한다. 그러나 iBGP 특성상 루프 구조를 없애기 위해서는 동일 AS에서 전달되는 iBGP 정보를 무시하게 되므로, R2에서 iBGP를 통해 넘어오는 R1, R3

와 eBGP에서 넘어오는 R4, R5 정보를 받지 못한다. 그 결과 R2 라우터에서 BGP정보는 확인할 수 있으나 라우팅 테이블에 나타나지 않기 때문에 인접 라우터 R1, R3와 통신이 되지 않는다.

R2의 라우팅 정보와 BGP 정보를 확인하고 R1(Loopback0), R3(Loopback0)와 통신 상태를 확인해 보자.

```
R2#show ip route
        1.0.0.0/24 is subnetted, 2 subnets
C          1.1.12.0 is directly connected, FastEthernet0/1
C          1.1.23.0 is directly connected, FastEthernet1/0
        2.0.0.0/24 is subnetted, 1 subnets
C          2.2.2.0 is directly connected, Loopback0


R2#show ip bgp
Network            Next Hop        Metric  LocPrf  Weight  Path
* i1.1.1.0/24      1.1.12.1             0     100       0  i
*>  1.1.12.0/24    0.0.0.0              0           32768  i
* i                1.1.12.1             0     100       0  i
* i1.1.14.0/24     1.1.12.1             0     100       0  i
* i1.1.23.0/24     1.1.23.3             0     100       0  i
*>                 0.0.0.0              0           32768  i
* i1.1.35.0/24     1.1.23.3             0     100       0  i
*>  2.2.2.0/24     0.0.0.0              0           32768  i
* i3.3.3.0/24      1.1.23.3             0     100       0  i
* i4.4.4.0/24      1.1.14.4             0     100       0  200 i
* i5.5.5.0/24      1.1.35.5             0     100       0  300 i
```

※ R2 자신의 네트워크에 대해서만 BGP 최적 경로(>)가 보이며, 라우팅 테이블에는 다른 라우터에 대한 경로가 보이지 않음

```
R2#ping 1.1.1.1
.....
Success rate is 0 percent(0/5)
```

```
R2#ping 3.3.3.3
.....
Success rate is 0 percent(0/5)
```

※ R2 라우팅 테이블에 경로 정보가 없기 때문에 통신이 되지 않는다(BGP 동기 문제).

위 라우팅 테이블과 BGP 테이블에서 R2는 iBGP 네이버인 R1과 R3의 네트워크 정보도 받을 수 없다는 것을 알 수 있다.

위와 같은 문제의 해결 방법은 의외로 간단하다. iBGP를 통해 정보를 받지 않으면 된다. 방법은 다음과 같다.

① iBGP와 IGP간 동기를 하지 않는다(비활성화).

- no Synchronization(iBGP – IGP Synchronization)

  (현재 라우터에서는 no synchronization이 기본 값으로 제공되고 있다.)

② BGP 네이버 구조를 풀메시Full Mesh로 구성한다.

- 소규모 네트워크상에서는 풀메시 구조가 가능하지만, 대규모 구조에서는 내부에 불필요한 트래픽을 발생시키는 원인이 될 수 있다.

③ BGP를 IGP로 라우팅 재분배Redistribution해 정보를 전달한다.

- 현재 BGP를 이용하는 ISPInternet Service Privider 망에서 가장 많이 사용하고 있다.

④ BGP Confederation을 이용한 하나의 AS를 다시 Sub-AS로 분할해 iBGP 네이버 관계를 eBGP 네이버 관계로 변경해 iBGP Synchronization 원칙을 적용되지 않게 한다(적용 방법은 12)컨페더레이션(Confederation)에서 확인해 보기로 하자).

여기서는 ①의 방법으로 iBGP와 IGP간을 비동기화해 네이버 정보를 받아오는 것을 확인해보자.

[R1, R2, R3] router bgp 100 설정 값 변경

```
R1(config)#router bgp 100
R1(config-router)# no synchronization    //iBGP와 IGP간 비동기화 처리//

R2(config)#router bgp 100
R2(config-router)# no synchronization    //iBGP와 IGP간 비동기화 처리//

R3(config)#router bgp 100
R3(config-router)# no synchronization    //iBGP와 IGP간 비동기화 처리//
```

■ R2 라우터에서 보여주는 라우팅 테이블과 통신 상태 확인

```
R2#show ip bgp
   Network          Next Hop      Metric  LocPrf  Weight  Path
*>i1.1.1.0/24       1.1.12.1        0       100       0   i
*  i1.1.12.0/24     1.1.12.1        0       100       0   i
*>                  0.0.0.0         0               32768  i
*>i1.1.14.0/24      1.1.12.1        0       100       0   i
*  i1.1.23.0/24     1.1.23.3        0       100       0   i
*>                  0.0.0.0         0               32768  i
*>i1.1.35.0/24      1.1.23.3        0       100       0   i
*> 2.2.2.0/24       0.0.0.0         0               32768  i
*>i3.3.3.0/24       1.1.23.3        0       100       0   i
*>i4.4.4.0/24       1.1.14.4        0       100       0   200 i
*>i5.5.5.0/24       1.1.35.5        0       100       0   300 i
```

※ BGP 테이블에 다른 라우터의 네트워크에 대해 최적의 경로가 보임

```
R2#show ip route
     1.0.0.0/24 is subnetted, 5 subnets
B       1.1.1.0 [200/0] via 1.1.12.1, 02:08:45
C       1.1.12.0 is directly connected, FastEthernet0/1
B       1.1.14.0 [200/0] via 1.1.12.1, 02:08:45
C       1.1.23.0 is directly connected, FastEthernet1/0
B       1.1.35.0 [200/0] via 1.1.23.3, 02:07:46
```

```
        2.0.0.0/24 is subnetted, 1 subnets
C          2.2.2.0 is directly connected, Loopback0
        3.0.0.0/24 is subnetted, 1 subnets
B          3.3.3.0 [200/0] via 1.1.23.3, 02:07:46
        4.0.0.0/24 is subnetted, 1 subnets
B          4.4.4.0 [200/0] via 1.1.14.4, 02:07:44
        5.0.0.0/24 is subnetted, 1 subnets
B          5.5.5.0 [200/0] via 1.1.35.5, 02:07:35
```

※ R2 라우팅 테이블에 BGP로 다른 라우터의 네트워크 경로가 나타남

```
R2#ping 1.1.1.1
Sending 5, 100-byte ICMP Echos to 1.1.1.1, timeout is 2 seconds:
!!!!!
Success rate is 100 percent (5/5), round-trip min/avg/max = 20/28/36 ms


R2#ping 3.3.3.3
Sending 5, 100-byte ICMP Echos to 3.3.3.3, timeout is 2 seconds:
!!!!!
Success rate is 100 percent (5/5), round-trip min/avg/max = 28/28/32 ms


R2#ping 4.4.4.4
Sending 5, 100-byte ICMP Echos to 4.4.4.4, timeout is 2 seconds:
!!!!!
Success rate is 100 percent (5/5), round-trip min/avg/max = 32/36/44 ms


R2#ping 5.5.5.5
Sending 5, 100-byte ICMP Echos to 5.5.5.5, timeout is 2 seconds:
!!!!!
Success rate is 100 percent (5/5), round-trip min/avg/max = 52/61/68 ms
```

※ R2의 라우팅 테이블에 보여지는 네트워크로 통신이 가능함

10) BGP 넥스트홉

BGP도 IGP[5]와 마찬가지로 경유지의 특징은 다른 AS로 넘어갈 때 경계 라우터를 넥스트홉으로 결정한다는 것이다. 그러나 BGP는 IGP와 달리 네트워크로 연결된 인접 라우터 주소나 연결되지 않은 라우터 주소 모두 경유지 주소로 이용할 수 있다. 다시 말하면, BGP에서는 AS 내부(iBGP)에서 반드시 인접 라우터를 경유지로 설정해 거쳐갈 필요가 없다. BGP에서는 경유지와 관련된 넥스트홉 셀프next-hop-self라는 기능이 있는데, 이는 어떤 경우에 사용되는지 알아보자.

eBGP 세션 정보를 iBGP로 전송할 경우, 내부 iBGP만 연동하는 라우터에서 경유지 문제가 발생한다. BGP에서 넥스트홉 문제는 BGP 테이블에는 보이지만 최적의 경로는 아니며, 라우팅 테이블에는 보이지 않기 때문에 패킷이 전달되지 못하는 경우를 말한다.

eBGP로 R1이 1.1.1.0/24 정보를 R2로 넘겨주면 R2는 R3에게 해당 네트워크 정보(1.1.1.0)를 넘겨준다. 이때 R3에서는 넥스트홉 주소를 1.1.12.1로 설정해 전송하는데, R3에서는 해당 주소를 인식하지 못해 1.1.1.0에 연결되지 않는 문제가 발생한다.

BGP상에서 해결하기 위해 R2에서 eBGP로 받은 정보를 iBGP로 R3에 전달할 때 R3가 바라보는 넥스트홉을 R3와 인접한 R2로 설정하게 한다. 즉, R2 라우터에서 iBGP 네이버인 R3로 next-hop-self를 적용한다.

 BGP next-hop-self 적용 방법

```
R2(config)#router bgp 200
R2(config-router)# neighbor 1.1.23.3 remote-as 200
R2(config-router)# neighbor 1.1.23.3 next-hop-self
```

---

5 IGP(OSPF, EIGRP 등)의 경유지 주소는 목적지로 패킷 전달을 위한 통신이 가능하고 직접 연결된 인접 게이트웨이 (Gateway) 장비의 IP 주소다.

eBGP 세션 정보를 iBGP로 전달할 때 iBGP 네이버로부터 알게 된 라우팅 정보는 IGP를 통해 알게 되기 전까지 다른 BGP 네이버에 광고하지 않는다.

지금까지 BGP next-hop-self 특징과 기능에 대해 알아봤다. 이번에는 실제 동작을 확인해보자.

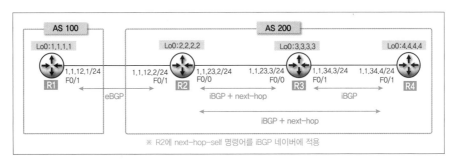

그림 6-64 BGP next-hop-self

■ 각 라우터 설정 값(Next Hop Self 설정)

```
[R1]
interface Loopback0
 ip address 1.1.1.1 255.255.255.0
interface FastEthernet0/1
 ip address 1.1.12.1 255.255.255.0

router bgp 100
 no synchronization              //iBGP와 IGP 동기 안 함//
 network 1.1.1.0 mask 255.255.255.0
 network 1.1.12.0 mask 255.255.255.0
 neighbor 1.1.12.2 remote-as 200
```

```
[R2]
interface Loopback0
 ip address 2.2.2.2 255.255.255.0
interface FastEthernet0/0
 ip address 1.1.23.2 255.255.255.0
```

```
interface FastEthernet0/1
 ip address 1.1.12.2 255.255.255.0
router ospf 200          //iBGP Full Mesh(R2 ↔ R4) 네이버 설정을 위해 IGP 동작//
 network 1.1.23.0 0.0.0.255 area 0
router bgp 200
 no synchronization                    //iBGP와 IGP 동기 안 함//

 network 2.2.2.0 mask 255.255.255.0
 neighbor 1.1.12.1 remote-as 100
 neighbor 1.1.23.3 remote-as 200
 neighbor 1.1.23.3 next-hop-self
 neighbor 1.1.34.4 remote-as 200
 neighbor 1.1.34.4 next-hop-self
```

[R3]
```
interface Loopback0
 ip address 3.3.3.3 255.255.255.0
interface FastEthernet0/0
 ip address 1.1.23.3 255.255.255.0
interface FastEthernet0/1
 ip address 1.1.34.3 255.255.255.0

router ospf 200          //iBGP Full Mesh(R2 ↔ R4) 네이버 설정을 위해 IGP 동작//
 network 1.1.23.0 0.0.0.255 area 0
 network 1.1.34.0 0.0.0.255 area 0

router bgp 200
 no synchronization                    //iBGP와 IGP 동기 안 함//
 network 1.1.23.0 mask 255.255.255.0
 network 1.1.34.0 mask 255.255.255.0
 network 3.3.3.0 mask 255.255.255.0
 neighbor 1.1.23.2 remote-as 200
 neighbor 1.1.34.4 remote-as 200
```

```
[R4]
interface Loopback0
 ip address 4.4.4.4 255.255.255.0
interface FastEthernet0/1
 ip address 1.1.34.4 255.255.255.0

router ospf 200              //iBGP Full Mesh(R2 ↔ R4) 네이버 설정을 위해 IGP 동작//
 network 1.1.34.0 0.0.0.255 area 0

router bgp 200
```

```
 no synchronization                        //iBGP와 IGP 동기 안 함//
 network 1.1.34.0 mask 255.255.255.0
 network 4.4.4.0 mask 255.255.255.0
 neighbor 1.1.23.2 remote-as 200
 neighbor 1.1.34.3 remote-as 200
```

AS200에서 iBGP 동작을 위해 동기화를 해제^{no synchronization}하고 R2에서 next-hop-self를 iBGP 네이버 R3(1.1.23.3), R4(1.1.34.4)에 설정하면 R3, R4에서 AS100에 위치한 R1(1.1.1.1)까지 정상적인 통신이 이뤄진다.

R2에서 네이버 R3(1.1.23.3), R4(1.1.34.4)에 next-hop-self 설정 전의 상태를 확인해보자.

R2에서 next-hop-self 설정이 없을 경우 R3, R4에서 BGP 테이블에는 보이지만 최적 경로 설정(◇)이 보이지 않으며, 라우팅 테이블에서도 라우터 R1의 1.1.1.0/24 네트워크가 보이지 않는다. 당연히 정상적인 통신이 이뤄지지 않는다.

- **R2에서 iBGP 네이버 R3, R4로 next-hop-self 설정이 없을 경우 R3, R4 동작 상태 확인**

[R2에서 네이버 R3(1.1.23.3)로 next-hop-self 없을 경우 R3 상태]

R3#show ip bgp

Network	Next Hop	Metric	LocPrf	Weight	Path
* i1.1.1.0/24	1.1.12.1	0	100	0	100 i //최적 경

로 선택이 안 됨//

Network	Next Hop	Metric	LocPrf	Weight	Path
* i1.1.12.0/24	1.1.12.1	0	100	0	100 i
*> 1.1.23.0/24	0.0.0.0	0		32768	i
* i1.1.34.0/24	1.1.34.4	0	100	0	i
*>	0.0.0.0	0		32768	i
*>i2.2.2.0/24	1.1.23.2	0	100	0	i
*> 3.3.3.0/24	0.0.0.0	0		32768	i
*>i4.4.4.0/24	1.1.34.4	0	100	0	i

R3#show ip route   //1.1.1.0/24에 대한 라우팅 경로 정보가 없음//

```
     1.0.0.0/24 is subnetted, 2 subnets
C       1.1.23.0 is directly connected, FastEthernet0/0
C       1.1.34.0 is directly connected, FastEthernet0/1
     2.0.0.0/24 is subnetted, 1 subnets
B       2.2.2.0 [200/0] via 1.1.23.2, 17:30:07
     3.0.0.0/24 is subnetted, 1 subnets
C       3.3.3.0 is directly connected, Loopback0
     4.0.0.0/24 is subnetted, 1 subnets
B       4.4.4.0 [200/0] via 1.1.34.4, 17:30:07
```

R3#ping 1.1.1.1

Sending 5, 100-byte ICMP Echos to 1.1.1.1, timeout is 2 seconds:

.....

Success rate is 0 percent (0/5)

[R2에서 네이버 R4(1.1.34.4)로 next-hop-self 없을 경우 R4 상태]

R4#show ip bgp

Network	Next Hop	Metric	LocPrf	Weight	Path
* i1.1.1.0/24	1.1.12.1	0	100	0	100 i //최적 경

로 선택이 안 됨//

```
* i1.1.12.0/24          1.1.12.1          0     100     0  100 i
r>i1.1.23.0/24          1.1.34.3          0     100     0      i
* i1.1.34.0/24          1.1.34.3          0     100     0      i
*>                      0.0.0.0           0         32768      i
*>i2.2.2.0/24           1.1.23.2          0     100     0      i
*>i3.3.3.0/24           1.1.34.3          0     100     0      i
*> 4.4.4.0/24           0.0.0.0           0         32768      i
```

R4#show ip route   //1.1.1.0/24에 대한 라우팅 경로 정보가 없음//

```
     1.0.0.0/24 is subnetted, 2 subnets
O       1.1.23.0 [110/20] via 1.1.34.3, 22:59:30, FastEthernet0/1
C       1.1.34.0 is directly connected, FastEthernet0/1
     2.0.0.0/24 is subnetted, 1 subnets
B       2.2.2.0 [200/0] via 1.1.23.2, 17:32:03
     3.0.0.0/24 is subnetted, 1 subnets
B       3.3.3.0 [200/0] via 1.1.34.3, 17:32:03
     4.0.0.0/24 is subnetted, 1 subnets
C       4.4.4.0 is directly connected, Loopback0
```

R4#ping 1.1.1.1
```
Sending 5, 100-byte ICMP Echos to 1.1.1.1, timeout is 2 seconds:
.....
Success rate is 0 percent (0/5)
```

iBGP 네이버에 대한 next-hop-self 적용은 R2, R3, R4 간 iBGP를 풀메시로 연결한 후 R2 → R3 네이버에 next-hop-self 적용을 하며, R2 → R4 네이버에 next-hop-self를 적용한다. 여기에 R2와 R4간 iBGP 네이버를 위해서 IGP(OSPF)를 동작시켜 네이버 간 통신이 가능하도록 한 후 iBGP 네이버를 맺을 수 있게 할 수 있다.

[R2에서 네이버 R3(1.1.23.3)로 next-hop-self 설정했을 경우 R3 상태]

R3#show ip bgp

Network	Next Hop	Metric	LocPrf	Weight	Path
*>i1.1.1.0/24	1.1.23.2	0	100	0	100 i //BGP 최적

경로(>) 표시됨//

*>i1.1.12.0/24	1.1.23.2	0	100	0	100 i
*> 1.1.23.0/24	0.0.0.0	0		32768	i
* i1.1.34.0/24	1.1.34.4	0	100	0	i
*>	0.0.0.0	0		32768	i
*>i2.2.2.0/24	1.1.23.2	0	100	0	i
*> 3.3.3.0/24	0.0.0.0	0		32768	i
*>i4.4.4.0/24	1.1.34.4	0	100	0	i

R3#show ip route

```
      1.0.0.0/24 is subnetted, 4 subnets
B        1.1.1.0 [200/0] via 1.1.23.2, 00:01:58 //라우팅 테이블에 경로 정보 나타
남//
B        1.1.12.0 [200/0] via 1.1.23.2, 00:01:58
C        1.1.23.0 is directly connected, FastEthernet0/0
C        1.1.34.0 is directly connected, FastEthernet0/1
      2.0.0.0/24 is subnetted, 1 subnets
B        2.2.2.0 [200/0] via 1.1.23.2, 1d21h
      3.0.0.0/24 is subnetted, 1 subnets
C        3.3.3.0 is directly connected, Loopback0
      4.0.0.0/24 is subnetted, 1 subnets
B        4.4.4.0 [200/0] via 1.1.34.4, 1d21h
```

R3#ping 1.1.1.1   //통신 상태 정상 확인//
Sending 5, 100-byte ICMP Echos to 1.1.1.1, timeout is 2 seconds:
!!!!!
Success rate is 100 percent (5/5), round-trip min/avg/max = 56/72/100 ms

[R2에서 네이버 R4(1.1.34.4)로 next-hop-self 설정했을 경우 R4 상태]

R4#show ip bgp

Network	Next Hop	Metric	LocPrf	Weight	Path
*>i1.1.1.0/24	1.1.23.2	0	100	0	100 i //BGP 최적

경로(>) 표시됨//

Network	Next Hop	Metric	LocPrf	Weight	Path
*>i1.1.12.0/24	1.1.23.2	0	100	0	100 i
r>i1.1.23.0/24	1.1.34.3	0	100	0	i
* i1.1.34.0/24	1.1.34.3	0	100	0	i
*>	0.0.0.0	0		32768	i
*>i2.2.2.0/24	1.1.23.2	0	100	0	i
*>i3.3.3.0/24	1.1.34.3		0	100	0 i
*> 4.4.4.0/24	0.0.0.0		0	32768	i

R4#show ip route

1.0.0.0/24 is subnetted, 4 subnets
```
B       1.1.1.0 [200/0] via 1.1.23.2, 00:02:28 //라우팅 테이블에 경로 정보 나타남//
B       1.1.12.0 [200/0] via 1.1.23.2, 00:02:28
O       1.1.23.0 [110/20] via 1.1.34.3, 2d03h, FastEthernet0/1
C       1.1.34.0 is directly connected, FastEthernet0/1
    2.0.0.0/24 is subnetted, 1 subnets
```

```
B       2.2.2.0 [200/0] via 1.1.23.2, 1d21h
    3.0.0.0/24 is subnetted, 1 subnets
B       3.3.3.0 [200/0] via 1.1.34.3, 1d21h
    4.0.0.0/24 is subnetted, 1 subnets
C       4.4.4.0 is directly connected, Loopback0
```

R4#ping 1.1.1.1   //통신 상태 정상 확인//
```
Sending 5, 100-byte ICMP Echos to 1.1.1.1, timeout is 2 seconds:
!!!!!
Success rate is 100 percent (5/5), round-trip min/avg/max = 64/86/96 ms
```

11) 루트 리플렉터

BGP에서 루트 리플렉터^{Route Reflector}는 ISP에서 내부 iBGP로 연동되는 라우터 간에 사용하는 기능으로 iBGP로 동작해야 하는 라우터의 수가 많은 경우에는 풀메시로 동작하도록 설정하는 것이 매우 번거롭고, 불필요한 BGP 네이버 관련 트래픽이 많이 흐른다.

이러한 문제를 해소하기 위해 루트 리플렉터라는 대표 라우터를 두고 루트 리플렉터가 네이버로 받은 BGP 정보를 다른 iBGP 네이버에게 전달하는 역할을 한다. 이때 루트 리플렉터를 제외한 내부 BGP 라우터는 서로 iBGP 네이버를 맺을 필요가 없다.

루트 리플렉터를 통한 iBGP 전파방식은 모든 라우터들을 루트 서버와 클라이언트로 구분하고, 각 서버 간은 풀메시로 연결되며, 하나의 서버와 클라이언트는 1:1로 구성된다. 여기서 서버는 루트 리플렉터가 된다.

표 6-12 루트 리플렉터 vs 풀메시

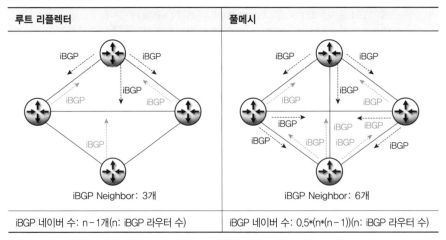

루트 리플렉터	풀메시
iBGP Neighbor: 3개	iBGP Neighbor: 6개
iBGP 네이버 수: n-1개(n: iBGP 라우터 수)	iBGP 네이버 수: 0.5*(n*(n-1))(n: iBGP 라우터 수)

iBGP 네이버 관계가 풀메시로 구성될 경우, 네이버 라우터가 많을수록 iBGP 네이버 관계가 0.5*n*(n-1)개만큼 생성된다. 또한 iBGP 네이버 설정 작업이 번거롭고, 증

가하는 BGP 네이버 패킷으로 인해 네트워크 성능이 저하될 수도 있다.

하나의 라우터를 루트 리플렉터로 지정한 후 루트 리플렉터와 그 밖의 라우터가 iBGP를 맺음으로써 ISP망에서 iBGP를 효율적으로 구성할 수 있으며, 루트 리플렉터 장애에 대비해 백업 루트 리플렉터도 구축할 수 있다.

BGP 루트 리플렉터 네트워크를 구축해보고 동작 상태를 확인해보자.

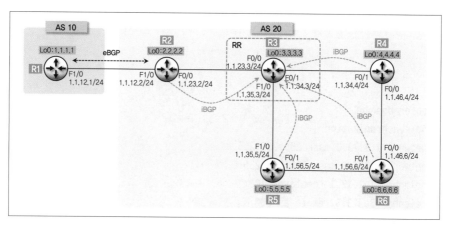

그림 6-65 BGP 루트 리플렉터

■ 각 라우터 설정 값

```
[R1]
interface Loopback0
 ip address 1.1.1.1 255.255.255.0
interface FastEthernet1/0
 ip address 1.1.12.1 255.255.255.0

router bgp 100
 no synchronization
 network 1.1.1.0 mask 255.255.255.0
 neighbor 1.1.12.2 remote-as 200
```

```
[R2]
interface Loopback0
 ip address 2.2.2.2 255.255.255.0
interface FastEthernet0/0
 ip address 1.1.23.2 255.255.255.0
interface FastEthernet1/0
 ip address 1.1.12.2 255.255.255.0

router eigrp 200              //AS200 내 iBGP Neighbor 연결 용도로 eigrp 사용//
 network 1.1.23.0 0.0.0.255
 network 2.2.2.0 0.0.0.255
 no auto-summary

router bgp 200
 no synchronization
 network 1.1.23.0 mask 255.255.255.0
 network 2.2.2.0 mask 255.255.255.0
 neighbor 1.1.12.1 remote-as 100
 neighbor 3.3.3.3 remote-as 200
 neighbor 3.3.3.3 update-source Loopback0
 neighbor 3.3.3.3 next-hop-self
```

```
[R3]      //Route Reflector 설정//
interface Loopback0
 ip address 3.3.3.3 255.255.255.0
interface FastEthernet0/0
 ip address 1.1.23.3 255.255.255.0
interface FastEthernet0/1
 ip address 1.1.34.3 255.255.255.0
interface FastEthernet1/0
 ip address 1.1.35.3 255.255.255.0

router eigrp 200              //AS200 내 iBGP Neighbor 연결 용도로 eigrp 사용//
 network 1.1.23.0 0.0.0.255
 network 1.1.34.0 0.0.0.255
 network 1.1.35.0 0.0.0.255
```

```
network 3.3.3.0 0.0.0.255
no auto-summary

router bgp 200
 no synchronization
 network 3.3.3.0 mask 255.255.255.0
 neighbor 2.2.2.2 remote-as 200
 neighbor 2.2.2.2 update-source Loopback0
 neighbor 2.2.2.2 route-reflector-client          //R2 route client 설정//
 neighbor 4.4.4.4 remote-as 200
 neighbor 4.4.4.4 update-source Loopback0
 neighbor 4.4.4.4 route-reflector-client          //R4 route client 설정//
 neighbor 5.5.5.5 remote-as 200
 neighbor 5.5.5.5 update-source Loopback0
 neighbor 5.5.5.5 route-reflector-client          //R5 route client 설정//
 neighbor 6.6.6.6 remote-as 200
 neighbor 6.6.6.6 update-source Loopback0
 neighbor 6.6.6.6 route-reflector-client          //R6 route client 설정//
```

[R4]
```
interface Loopback0
 ip address 4.4.4.4 255.255.255.0
interface FastEthernet0/0
 ip address 1.1.46.4 255.255.255.0
interface FastEthernet0/1
 ip address 1.1.34.4 255.255.255.0

router eigrp 200              //AS200 내 iBGP Neighbor 연결 용도로 eigrp 사용//
 network 1.1.34.0 0.0.0.255
 network 1.1.46.0 0.0.0.255
 network 4.4.4.0 0.0.0.255
 no auto-summary

router bgp 200
 no synchronization
 network 4.4.4.0 mask 255.255.255.0
```

```
  neighbor 3.3.3.3 remote-as 200
  neighbor 3.3.3.3 update-source Loopback0
```

[R5]
```
interface Loopback0
 ip address 5.5.5.5 255.255.255.0
interface FastEthernet0/1
 ip address 1.1.56.5 255.255.255.0
interface FastEthernet1/0
 ip address 1.1.35.5 255.255.255.0

router eigrp 200              //AS200 내 iBGP Neighbor 연결 용도로 eigrp 사용//
 network 1.1.35.0 0.0.0.255
 network 1.1.56.0 0.0.0.255
 network 5.5.5.0 0.0.0.255
 no auto-summary

router bgp 200
 no synchronization
 network 5.5.5.0 mask 255.255.255.0
 neighbor 3.3.3.3 remote-as 200
 neighbor 3.3.3.3 update-source Loopback0
```

[R6]
```
interface Loopback0
 ip address 6.6.6.6 255.255.255.0
interface FastEthernet0/0
 ip address 1.1.46.6 255.255.255.0
interface FastEthernet0/1
 ip address 1.1.56.6 255.255.255.0

router eigrp 200              //AS200 내 iBGP Neighbor 연결 용도로 eigrp 사용//
 network 1.1.46.0 0.0.0.255
 network 1.1.56.0 0.0.0.255
 network 6.6.6.0 0.0.0.255
 no auto-summary
```

```
router bgp 200
 no synchronization
 network 6.6.6.0 mask 255.255.255.0
 neighbor 3.3.3.3 remote-as 200
 neighbor 3.3.3.3 update-source Loopback0
```

■ BGP 네이버 및 루트 리플렉터(R3)를 통한 iBGP 네이버 확인

R1#show ip bgp summary

Neighbor	V	AS	MsgRcvd	MsgSent	TblVer	InQ	OutQ	Up/Down	State/PfxRcd
1.1.12.2	4	200	160	155	9	0	0	02:31:26	6

//eBGP Neighbor//

R2#show ip bgp summary

Neighbor	V	AS	MsgRcvd	MsgSent	TblVer	InQ	OutQ	Up/Down	State/PfxRcd
1.1.12.1	4	100	163	168	13	0	0	02:39:40	1

//eBGP Neighbor//

| 3.3.3.3 | 4 | 200 | 164 | 160 | 13 | 0 | 0 | 02:34:58 | 4 |

//iBGP Neighbor//

R3#show ip bgp summary   //Route Reflector//

Neighbor	V	AS	MsgRcvd	MsgSent	TblVer	InQ	OutQ	Up/Down	State/PfxRcd
2.2.2.2	4	200	178	182	14	0	0	02:52:37	3

//iBGP Neighbor//

| 4.4.4.4 | 4 | 200 | 175 | 180 | 14 | 0 | 0 | 02:50:18 | 1 |

//iBGP Neighbor//

| 5.5.5.5 | 4 | 200 | 174 | 179 | 14 | 0 | 0 | 02:49:03 | 1 |

//iBGP Neighbor//

| 6.6.6.6 | 4 | 200 | 172 | 177 | 14 | 0 | 0 | 02:47:46 | 1 |

//iBGP Neighbor//

R4#show ip bgp summary   //Route Reflector(R3)와만 iBGP Neighbor 맺음//

Neighbor	V	AS	MsgRcvd	MsgSent	TblVer	InQ	OutQ	Up/Down	State/PfxRcd
3.3.3.3	4	200	183	178	14	0	0	02:53:21	6

//iBGP Neighbor//

```
R5#show ip bgp summary      //Route Reflector(R3)와만 iBGP Neighbor 맺음//
Neighbor  V  AS  MsgRcvd  MsgSent TblVer  InQ  OutQ  Up/Down State/PfxRcd
3.3.3.3   4  200     184      179     14    0     0  02:54:21        6
//iBGP Neighbor//
```

```
R6#show ip bgp summary      //Route Reflector(R3)와만 iBGP Neighbor 맺음//
Neighbor  V  AS  MsgRcvd  MsgSent TblVer  InQ  OutQ  Up/Down State/PfxRcd
3.3.3.3   4  200     184      179     14    0     0  02:54:13        6
//iBGP Neighbor//
```

■ BGP 및 라우팅 테이블 확인(통신 상태 확인)

```
R1#show ip bgp
    Network        Next Hop      Metric  LocPrf  Weight  Path
*>  1.1.1.0/24     0.0.0.0            0           32768  i
*>  1.1.23.0/24    1.1.12.2           0               0  200 i
*>  2.2.2.0/24     1.1.12.2           0               0  200 i
*>  3.3.3.0/24     1.1.12.2                           0  200 i
*>  4.4.4.0/24     1.1.12.2                           0  200 i
*>  5.5.5.0/24     1.1.12.2                           0  200 i
*>  6.6.6.0/24     1.1.12.2                           0  200 i
```

```
R1#show ip route
     1.0.0.0/24 is subnetted, 3 subnets
C       1.1.1.0 is directly connected, Loopback0
C       1.1.12.0 is directly connected, FastEthernet1/0
B       1.1.23.0 [20/0] via 1.1.12.2, 03:03:36
     2.0.0.0/24 is subnetted, 1 subnets
B       2.2.2.0 [20/0] via 1.1.12.2, 03:04:35
     3.0.0.0/24 is subnetted, 1 subnets
B       3.3.3.0 [20/0] via 1.1.12.2, 02:59:53
     4.0.0.0/24 is subnetted, 1 subnets
B       4.4.4.0 [20/0] via 1.1.12.2, 02:58:10
     5.0.0.0/24 is subnetted, 1 subnets
B       5.5.5.0 [20/0] via 1.1.12.2, 02:56:57
```

```
        6.0.0.0/24 is subnetted, 1 subnets
B       6.6.6.0 [20/0] via 1.1.12.2, 02:55:41


R1#ping 2.2.2.2 source 1.1.1.1        //BGP 광고한 네트워크로 통신 상태 확인 source
ping//
Packet sent with a source address of 1.1.1.1
!!!!!
Success rate is 100 percent (5/5), round-trip min/avg/max = 16/42/64 ms
R1#ping 3.3.3.3 source 1.1.1.1
Packet sent with a source address of 1.1.1.1
!!!!!
Success rate is 100 percent (5/5), round-trip min/avg/max = 20/30/44 ms
R1#ping 4.4.4.4 source 1.1.1.1
Packet sent with a source address of 1.1.1.1
!!!!!
Success rate is 100 percent (5/5), round-trip min/avg/max = 60/92/156 ms
R1#ping 5.5.5.5 source 1.1.1.1
Packet sent with a source address of 1.1.1.1
!!!!!
Success rate is 100 percent (5/5), round-trip min/avg/max = 64/92/148 ms
R1#ping 6.6.6.6 source 1.1.1.1
Packet sent with a source address of 1.1.1.1
!!!!!
Success rate is 100 percent (5/5), round-trip min/avg/max = 60/89/116 ms
```

```
R2#show ip bgp
   Network          Next Hop      Metric  LocPrf  Weight  Path
*>  1.1.1.0/24      1.1.12.1         0               0   100 i
*>  1.1.23.0/24     0.0.0.0          0           32768   i
*>  2.2.2.0/24      0.0.0.0          0           32768   i
r>i3.3.3.0/24       3.3.3.3          0     100       0   i
r>i4.4.4.0/24       4.4.4.4          0     100       0   i
r>i5.5.5.0/24       5.5.5.5          0     100       0   i
r>i6.6.6.0/24       6.6.6.6          0     100       0   i
```

```
R2#show ip route
     1.0.0.0/24 is subnetted, 7 subnets
B        1.1.1.0 [20/0] via 1.1.12.1, 03:16:28
C        1.1.12.0 is directly connected, FastEthernet1/0
C        1.1.23.0 is directly connected, FastEthernet0/0
D        1.1.34.0 [90/307200] via 1.1.23.3, 03:12:20, FastEthernet0/0
D        1.1.35.0 [90/284160] via 1.1.23.3, 03:12:14, FastEthernet0/0
D        1.1.46.0 [90/332800] via 1.1.23.3, 03:10:08, FastEthernet0/0
D        1.1.56.0 [90/309760] via 1.1.23.3, 03:09:00, FastEthernet0/0
     2.0.0.0/24 is subnetted, 1 subnets
C        2.2.2.0 is directly connected, Loopback0
     3.0.0.0/24 is subnetted, 1 subnets
D        3.3.3.0 [90/409600] via 1.1.23.3, 03:12:23, FastEthernet0/0
     4.0.0.0/24 is subnetted, 1 subnets
D        4.4.4.0 [90/435200] via 1.1.23.3, 03:10:11, FastEthernet0/0
     5.0.0.0/24 is subnetted, 1 subnets
D        5.5.5.0 [90/412160] via 1.1.23.3, 03:09:03, FastEthernet0/0
     6.0.0.0/24 is subnetted, 1 subnets
D        6.6.6.0 [90/437760] via 1.1.23.3, 03:07:50, FastEthernet0/0

R2#ping 1.1.1.1 source 2.2.2.2        //BGP 광고한 네트워크로 통신 상태 확인
source ping//
Packet sent with a source address of 2.2.2.2
!!!!!
Success rate is 100 percent (5/5), round-trip min/avg/max = 28/42/100 ms
R2#ping 3.3.3.3 source 2.2.2.2
Packet sent with a source address of 2.2.2.2
!!!!!
Success rate is 100 percent (5/5), round-trip min/avg/max = 24/40/80 ms
R2#ping 4.4.4.4 source 2.2.2.2
Packet sent with a source address of 2.2.2.2
!!!!!
Success rate is 100 percent (5/5), round-trip min/avg/max = 44/56/68 ms
R2#ping 5.5.5.5 source 2.2.2.2
Packet sent with a source address of 2.2.2.2
```

```
!!!!!
Success rate is 100 percent (5/5), round-trip min/avg/max = 48/58/72 ms
R2#ping 6.6.6.6 source 2.2.2.2
Packet sent with a source address of 2.2.2.2
!!!!!
Success rate is 100 percent (5/5), round-trip min/avg/max = 76/89/104 ms
```

```
R3#show ip bgp
   Network          Next Hop       Metric  LocPrf  Weight  Path
*>i1.1.1.0/24       2.2.2.2            0     100       0    100 i
r>i1.1.23.0/24      2.2.2.2            0     100       0    i
r>i2.2.2.0/24       2.2.2.2            0     100       0    i
*> 3.3.3.0/24       0.0.0.0            0             32768  i
r>i4.4.4.0/24       4.4.4.4            0     100       0    i
r>i5.5.5.0/24       5.5.5.5            0     100       0    i
r>i6.6.6.0/24       6.6.6.6            0     100       0    i
```

```
R3#show ip route
     1.0.0.0/24 is subnetted, 6 subnets
B       1.1.1.0 [200/0] via 2.2.2.2, 03:18:40
C       1.1.23.0 is directly connected, FastEthernet0/0
C       1.1.34.0 is directly connected, FastEthernet0/1
C       1.1.35.0 is directly connected, FastEthernet1/0
D       1.1.46.0 [90/307200] via 1.1.34.4, 03:14:42, FastEthernet0/1
D       1.1.56.0 [90/284160] via 1.1.35.5, 03:14:45, FastEthernet1/0
     2.0.0.0/24 is subnetted, 1 subnets
D       2.2.2.0 [90/409600] via 1.1.23.2, 03:19:16, FastEthernet0/0
     3.0.0.0/24 is subnetted, 1 subnets
C       3.3.3.0 is directly connected, Loopback0
     4.0.0.0/24 is subnetted, 1 subnets
D       4.4.4.0 [90/409600] via 1.1.34.4, 03:17:05, FastEthernet0/1
     5.0.0.0/24 is subnetted, 1 subnets
D       5.5.5.0 [90/156160] via 1.1.35.5, 03:15:59, FastEthernet1/0
     6.0.0.0/24 is subnetted, 1 subnets
D       6.6.6.0 [90/412160] via 1.1.35.5, 03:14:45, FastEthernet1/0
```

```
R3#ping 1.1.1.1 source 3.3.3.3          //BGP 광고한 네트워크로 통신 상태 확인
source ping//
Packet sent with a source address of 3.3.3.3
!!!!!
Success rate is 100 percent (5/5), round-trip min/avg/max = 44/559/1768
ms
R3#ping 2.2.2.2 source 3.3.3.3
Packet sent with a source address of 3.3.3.3
!!!!!
Success rate is 100 percent (5/5), round-trip min/avg/max = 20/56/156 ms
R3#ping 4.4.4.4 source 3.3.3.3
Packet sent with a source address of 3.3.3.3
!!!!!
Success rate is 100 percent (5/5), round-trip min/avg/max = 12/31/48 ms
R3#ping 5.5.5.5 source 3.3.3.3
Packet sent with a source address of 3.3.3.3
!!!!!
Success rate is 100 percent (5/5), round-trip min/avg/max = 28/49/116 ms
R3#ping 6.6.6.6 source 3.3.3.3
Packet sent with a source address of 3.3.3.3
!!!!!
Success rate is 100 percent (5/5), round-trip min/avg/max = 60/68/96 ms
```

```
R4#show ip bgp
   Network        Next Hop      Metric  LocPrf  Weight  Path
*>i1.1.1.0/24     2.2.2.2          0      100       0   100 i
r>i1.1.23.0/24    2.2.2.2          0      100       0   i
r>i2.2.2.0/24     2.2.2.2          0      100       0   i
r>i3.3.3.0/24     3.3.3.3          0      100       0   i
*> 4.4.4.0/24     0.0.0.0          0              32768  i
r>i5.5.5.0/24     5.5.5.5          0      100       0   i
r>i6.6.6.0/24     6.6.6.6          0      100       0   i


R4#show ip route
     1.0.0.0/24 is subnetted, 6 subnets
B       1.1.1.0 [200/0] via 2.2.2.2, 03:18:41
```

```
D       1.1.23.0 [90/307200] via 1.1.34.3, 03:16:26, FastEthernet0/1
C       1.1.34.0 is directly connected, FastEthernet0/1
D       1.1.35.0 [90/284160] via 1.1.34.3, 03:16:26, FastEthernet0/1
C       1.1.46.0 is directly connected, FastEthernet0/0
D       1.1.56.0 [90/307200] via 1.1.46.6, 03:16:28, FastEthernet0/0
     2.0.0.0/24 is subnetted, 1 subnets
D       2.2.2.0 [90/435200] via 1.1.34.3, 03:16:26, FastEthernet0/1
     3.0.0.0/24 is subnetted, 1 subnets
D       3.3.3.0 [90/409600] via 1.1.34.3, 03:16:28, FastEthernet0/1
     4.0.0.0/24 is subnetted, 1 subnets
C       4.4.4.0 is directly connected, Loopback0
     5.0.0.0/24 is subnetted, 1 subnets
D       5.5.5.0 [90/412160] via 1.1.34.3, 03:16:28, FastEthernet0/1
     6.0.0.0/24 is subnetted, 1 subnets
D       6.6.6.0 [90/409600] via 1.1.46.6, 03:16:28, FastEthernet0/0
```

R4#ping 1.1.1.1 source 4.4.4.4   //BGP 광고한 네트워크로 통신 상태 확인
source ping//
Packet sent with a source address of 4.4.4.4
!!!!!
Success rate is 100 percent (5/5), round-trip min/avg/max = 68/168/324
ms
R4#ping 2.2.2.2 source 4.4.4.4
Packet sent with a source address of 4.4.4.4
!!!!!
Success rate is 100 percent (5/5), round-trip min/avg/max = 32/59/84 ms
R4#ping 3.3.3.3 source 4.4.4.4
Packet sent with a source address of 4.4.4.4
!!!!!
Success rate is 100 percent (5/5), round-trip min/avg/max = 16/68/216 ms
R4#ping 5.5.5.5 source 4.4.4.4
Packet sent with a source address of 4.4.4.4
!!!!!
Success rate is 100 percent (5/5), round-trip min/avg/max = 32/56/80 ms
R4#ping 6.6.6.6 source 4.4.4.4

Packet sent with a source address of 4.4.4.4

!!!!!

Success rate is 100 percent (5/5), round-trip min/avg/max = 16/65/212 ms

```
R5#show ip bgp
   Network          Next Hop     Metric  LocPrf  Weight  Path
*>i1.1.1.0/24       2.2.2.2          0     100        0  100 i
r>i1.1.23.0/24      2.2.2.2          0     100        0  i
r>i2.2.2.0/24       2.2.2.2          0     100        0  i
r>i3.3.3.0/24       3.3.3.3          0     100        0  i
r>i4.4.4.0/24       4.4.4.4          0     100        0  i
*> 5.5.5.0/24       0.0.0.0          0            32768  i
r>i6.6.6.0/24       6.6.6.6          0     100        0  i
R5#show ip route
     1.0.0.0/24 is subnetted, 6 subnets
B       1.1.1.0 [200/0] via 2.2.2.2, 04:02:04
D       1.1.23.0 [90/284160] via 1.1.35.3, 04:01:03, FastEthernet1/0
D       1.1.34.0 [90/284160] via 1.1.35.3, 04:01:03, FastEthernet1/0
C       1.1.35.0 is directly connected, FastEthernet1/0
D       1.1.46.0 [90/307200] via 1.1.56.6, 04:01:03, FastEthernet0/1
C       1.1.56.0 is directly connected, FastEthernet0/1
     2.0.0.0/24 is subnetted, 1 subnets
D       2.2.2.0 [90/412160] via 1.1.35.3, 04:01:03, FastEthernet1/0
     3.0.0.0/24 is subnetted, 1 subnets
D       3.3.3.0 [90/156160] via 1.1.35.3, 04:01:07, FastEthernet1/0
     4.0.0.0/24 is subnetted, 1 subnets
D       4.4.4.0 [90/412160] via 1.1.35.3, 04:01:07, FastEthernet1/0
     5.0.0.0/24 is subnetted, 1 subnets
C       5.5.5.0 is directly connected, Loopback0
     6.0.0.0/24 is subnetted, 1 subnets
D       6.6.6.0 [90/409600] via 1.1.56.6, 04:01:43, FastEthernet0/1

R5#ping 1.1.1.1 source 5.5.5.5        //BGP 광고한 네트워크로 통신 상태 확인
source ping//
Packet sent with a source address of 5.5.5.5
!!!!!
```

438

```
Success rate is 100 percent (5/5), round-trip min/avg/max = 96/128/172
ms
R5#ping 2.2.2.2 source 5.5.5.5
Packet sent with a source address of 5.5.5.5
!!!!!
Success rate is 100 percent (5/5), round-trip min/avg/max = 32/56/88 ms
R5#ping 3.3.3.3 source 5.5.5.5
Packet sent with a source address of 5.5.5.5
!!!!!
Success rate is 100 percent (5/5), round-trip min/avg/max = 16/31/44 ms
R5#ping 4.4.4.4 source 5.5.5.5
Packet sent with a source address of 5.5.5.5
!!!!!
Success rate is 100 percent (5/5), round-trip min/avg/max = 52/156/520
ms
R5#ping 6.6.6.6 source 5.5.5.5
Packet sent with a source address of 5.5.5.5
!!!!!
Success rate is 100 percent (5/5), round-trip min/avg/max = 20/25/32 ms
```

```
R6#show ip bgp
   Network          Next Hop     Metric  LocPrf  Weight  Path
*>i1.1.1.0/24       2.2.2.2          0     100        0  100 i
r>i1.1.23.0/24      2.2.2.2          0     100        0  i
r>i2.2.2.0/24       2.2.2.2          0     100        0  i
r>i3.3.3.0/24       3.3.3.3          0     100        0  i
r>i4.4.4.0/24       4.4.4.4          0     100        0  i
r>i5.5.5.0/24       5.5.5.5          0     100        0  i
*> 6.6.6.0/24       0.0.0.0          0             32768  i

R6#show ip route
    1.0.0.0/24 is subnetted, 6 subnets
B       1.1.1.0 [200/0] via 2.2.2.2, 04:02:48
D       1.1.23.0 [90/309760] via 1.1.56.5, 04:03:05, FastEthernet0/1
D       1.1.34.0 [90/307200] via 1.1.46.4, 04:03:05, FastEthernet0/0
D       1.1.35.0 [90/284160] via 1.1.56.5, 04:03:05, FastEthernet0/1
```

```
C        1.1.46.0 is directly connected, FastEthernet0/0
C        1.1.56.0 is directly connected, FastEthernet0/1
     2.0.0.0/24 is subnetted, 1 subnets
D        2.2.2.0 [90/437760] via 1.1.56.5, 04:03:05, FastEthernet0/1
     3.0.0.0/24 is subnetted, 1 subnets
D        3.3.3.0 [90/412160] via 1.1.56.5, 04:03:06, FastEthernet0/1
     4.0.0.0/24 is subnetted, 1 subnets
D        4.4.4.0 [90/409600] via 1.1.46.4, 04:03:06, FastEthernet0/0
     5.0.0.0/24 is subnetted, 1 subnets
D        5.5.5.0 [90/409600] via 1.1.56.5, 04:03:06, FastEthernet0/1
     6.0.0.0/24 is subnetted, 1 subnets
C        6.6.6.0 is directly connected, Loopback0


R6#ping 1.1.1.1 source 6.6.6.6        //BGP 광고한 네트워크로 통신 상태 확인
source ping//
Packet sent with a source address of 6.6.6.6
!!!!!
Success rate is 100 percent (5/5), round-trip min/avg/max = 76/218/564
ms
R6#ping 2.2.2.2 source 6.6.6.6
Packet sent with a source address of 6.6.6.6
!!!!!
Success rate is 100 percent (5/5), round-trip min/avg/max = 60/68/84 ms
R6#ping 3.3.3.3 source 6.6.6.6
Packet sent with a source address of 6.6.6.6
!!!!!
Success rate is 100 percent (5/5), round-trip min/avg/max = 48/59/68 ms
R6#ping 4.4.4.4 source 6.6.6.6
Packet sent with a source address of 6.6.6.6
!!!!!
Success rate is 100 percent (5/5), round-trip min/avg/max = 16/28/36 ms
R6#ping 5.5.5.5 source 6.6.6.6
Packet sent with a source address of 6.6.6.6
!!!!!
Success rate is 100 percent (5/5), round-trip min/avg/max = 16/31/60 ms
```

12) 컨페더레이션

컨페더레이션Confederation은 iBGP와 IGP 동기Synchronization 문제를 해결하는 하나의 방법이다. 가장 간단한 방법으로 no Synchronization(현재 라우터의 기본 값)이 적용돼 있기 때문에 iBGP와 IGP 동기 문제를 해결하는 방법으로 거의 사용은 되고 있지 않다.

컨페더레이션은 하나의 AS 내에서는 iBGP 네이버 관계를 형성하게 된다. 여기서 동기의 문제를 해결하기 위해서는 iBGP 네이버 관계를 eBGP 네이버 관계로 전환하는 것이다.

동일한 AS 내에서 eBGP 네이버 관계를 만들기 위해서 Sub-AS로 하나의 AS를 분할해 설정한다. 분할된 Sub-AS들 간에는 eBGP 네이버 관계를 맺게 된다.

동일한 AS 내에서 eBGP 네이버 관계를 형성하기 때문에 BGP Routing Attributes를 적용해 라우팅 정책을 다양하게 가져갈 수 있다. 컨페더레이션은 하나의 AS 내에서 적용하며, 외부 AS로는 전달하지 않기 때문에 외부 AS에서는 알 수 없다.

Sub-AS를 이용한 컨페더레이션에서 만들어진 eBGP는 서로 다른 AS간 네이버를 형성하는 eBGP와는 다른 점이 있다. 그 중 가장 큰 특징은 Sub-AS 간 네트워크 정보가 업데이트될 때 Sub-AS 번호가 추가되지만 외부 AS로 네트워크 정보를 광고할 때는 Sub-AS 번호는 제거되고 실제 AS 번호만 전달한다. 그리고, 그 외 다른점은 Sub-AS 내에서 BGP 속성 중 MED는 Sub-AS 간에서는 변경되지 않고, 컨페더레이션 외부에서 전달받은 Next-Hop은 전체 컨페더레이션에서 통화할 때까지 바뀌지 않는다. 또한 Sub-AS 내에서 설정된 LPLocal Preferance도 전체 컨페더레이션에서 동일한 값을 가진다.

컨페더레이션에서 적용되는 Sub-AS 번호는 라우팅 경로의 우선순위를 결정하는 것에는 사용되지 않으며, 루프 방지용으로만 사용한다.

BGP에서 최적의 경로 결정은 다른 속성Attribute이 동일하다면 라우팅의 우선순위를 eBGP → Confederation eBGP → iBGP 순으로 우선 경로를 결정한다.

컨페더레이션 동작 방식을 간단한 네트워크 토폴로지를 이용해 확인해보자.

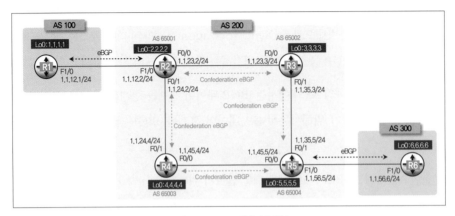

그림 6-66 BGP 컨페더레이션

■ 각 라우터 설정 값

[R1] AS 100 eBGP 라우터
```
interface Loopback0
 ip address 1.1.1.1 255.255.255.0
interface FastEthernet1/0
 ip address 1.1.12.1 255.255.255.0

router bgp 100
 no synchronization
 network 1.1.1.0 mask 255.255.255.0
 network 1.1.12.0 mask 255.255.255.0
 neighbor 1.1.12.2 remote-as 200
 no auto-summary
```

[R2] AS 65001 Confederation eBGP 라우터(BGP Indentifier AS 200)
```
interface Loopback0
 ip address 2.2.2.2 255.255.255.0
interface FastEthernet0/0
 ip address 1.1.23.2 255.255.255.0
interface FastEthernet0/1
```

```
 ip address 1.1.24.2 255.255.255.0
interface FastEthernet1/0
 ip address 1.1.12.2 255.255.255.0

router ospf 200
 network 1.1.23.0 0.0.0.255 area 0
 network 1.1.24.0 0.0.0.255 area 0
 network 2.2.2.0 0.0.0.255 area 0

router bgp 65001
 synchronization                          //iBGP와 IGP 동기화//
 bgp router-id 2.2.2.2
 bgp confederation identifier 200           //Confederation 적용//
 bgp confederation peers 65002 65003    //Confederation 적용//
 network 2.2.2.0 mask 255.255.255.0
 neighbor 1.1.12.1 remote-as 100
 neighbor 3.3.3.3 remote-as 65002
 neighbor 3.3.3.3 ebgp-multihop 3
 neighbor 3.3.3.3 update-source Loopback0
 neighbor 3.3.3.3 next-hop-self
 neighbor 4.4.4.4 remote-as 65003
 neighbor 4.4.4.4 ebgp-multihop 3
 neighbor 4.4.4.4 update-source Loopback0
 neighbor 4.4.4.4 next-hop-self
 no auto-summary
```

[R3] AS 65002 Confederation eBGP 라우터(BGP Indentifier AS 200)

```
interface Loopback0
 ip address 3.3.3.3 255.255.255.0
interface FastEthernet0/0
 ip address 1.1.23.3 255.255.255.0
interface FastEthernet0/1
 ip address 1.1.35.3 255.255.255.0

router ospf 200
 network 1.1.23.0 0.0.0.255 area 0
```

```
   network 1.1.35.0 0.0.0.255 area 0
   network 3.3.3.0 0.0.0.255 area 0

router bgp 65002
 synchronization                       //iBGP와 IGP 동기화//
 bgp router-id 3.3.3.3
 bgp confederation identifier 200        //Confederation 적용//
 bgp confederation peers 65001 65004    //Confederation 적용//
 network 3.3.3.0 mask 255.255.255.0
 neighbor 2.2.2.2 remote-as 65001
 neighbor 2.2.2.2 ebgp-multihop 3
 neighbor 2.2.2.2 update-source Loopback0
 neighbor 2.2.2.2 next-hop-self
 neighbor 5.5.5.5 remote-as 65004
 neighbor 5.5.5.5 ebgp-multihop 3
 neighbor 5.5.5.5 update-source Loopback0
 neighbor 5.5.5.5 next-hop-self
 no auto-summary
```

[R4] AS 65003 Confederation eBGP 라우터(BGP Indentifier AS 200)

```
interface Loopback0
 ip address 4.4.4.4 255.255.255.0
interface FastEthernet0/0
 ip address 1.1.45.4 255.255.255.0
interface FastEthernet0/1
 ip address 1.1.24.4 255.255.255.0

router ospf 200
 network 1.1.24.0 0.0.0.255 area 0
 network 1.1.45.0 0.0.0.255 area 0
 network 4.4.4.0 0.0.0.255 area 0

router bgp 65003
 synchronization                       //iBGP와 IGP 동기화//
 bgp router-id 4.4.4.4
 bgp confederation identifier 200           //Confederation 적용//
```

```
bgp confederation peers 65001 65004        //Confederation 적용//
network 4.4.4.0 mask 255.255.255.0
neighbor 2.2.2.2 remote-as 65001
neighbor 2.2.2.2 ebgp-multihop 3
neighbor 2.2.2.2 update-source Loopback0
neighbor 2.2.2.2 next-hop-self
neighbor 5.5.5.5 remote-as 65004
neighbor 5.5.5.5 ebgp-multihop 3
neighbor 5.5.5.5 update-source Loopback0
neighbor 5.5.5.5 next-hop-self
no auto-summary
```

[R5] AS 65004 Confederation eBGP 라우터(BGP Indentifier AS 200)

```
interface Loopback0
 ip address 5.5.5.5 255.255.255.0
interface FastEthernet0/0
 ip address 1.1.45.5 255.255.255.0
interface FastEthernet0/1
 ip address 1.1.35.5 255.255.255.0
interface FastEthernet1/0
 ip address 1.1.56.5 255.255.255.0


router ospf 200
 network 1.1.35.0 0.0.0.255 area 0
 network 1.1.45.0 0.0.0.255 area 0
 network 5.5.5.0 0.0.0.255 area 0


router bgp 65004
 synchronization                            //iBGP와 IGP 동기화//
 bgp router-id 5.5.5.5
 bgp confederation identifier 200             //Confederation 적용//
 bgp confederation peers 65002 65003          //Confederation 적용//
 network 5.5.5.0 mask 255.255.255.0
 neighbor 1.1.56.6 remote-as 300
 neighbor 3.3.3.3 remote-as 65002
 neighbor 3.3.3.3 ebgp-multihop 3
```

```
 neighbor 3.3.3.3 update-source Loopback0
 neighbor 3.3.3.3 next-hop-self
 neighbor 4.4.4.4 remote-as 65003
 neighbor 4.4.4.4 ebgp-multihop 3
 neighbor 4.4.4.4 update-source Loopback0
 neighbor 4.4.4.4 next-hop-self
 no auto-summary
```

[R6] AS 300 eBGP 라우터
```
interface Loopback0
 ip address 6.6.6.6 255.255.255.0
interface FastEthernet1/0
 ip address 1.1.56.6 255.255.255.0

router bgp 300
 no synchronization
 network 1.1.56.0 mask 255.255.255.0
 network 6.6.6.0 mask 255.255.255.0
 neighbor 1.1.56.5 remote-as 200
 no auto-summary
```

■ iBGP IGP 동기화 해소 결과값(BGP 및 라우팅 테이블)

[R1] BGP Neighbor, BGP Table 및 Routing Table
```
R1#show ip bgp summary
Neighbor        V    AS MsgRcvd MsgSent    TblVer  InQ OutQ Up/Down
State/PfxRcd
1.1.12.2        4   200    534      513        31    0    0 02:57:44
6

R1#show ip bgp
   Network          Next Hop          Metric LocPrf Weight Path
*> 1.1.1.0/24       0.0.0.0                0         32768 i
*> 1.1.12.0/24      0.0.0.0                0         32768 i
*> 1.1.56.0/24      1.1.12.2                            0 200 300 i
```

```
*> 2.2.2.0/24          1.1.12.2                    0              0 200 i
*> 3.3.3.0/24          1.1.12.2                                   0 200 i
*> 4.4.4.0/24          1.1.12.2                                   0 200 i
*> 5.5.5.0/24          1.1.12.2                                   0 200 i
*> 6.6.6.0/24          1.1.12.2                                   0 200 300 i
```

```
R1#show ip route
     1.0.0.0/24 is subnetted, 3 subnets
C        1.1.1.0 is directly connected, Loopback0
C        1.1.12.0 is directly connected, FastEthernet1/0
B        1.1.56.0 [20/0] via 1.1.12.2, 01:45:56
     2.0.0.0/24 is subnetted, 1 subnets
B        2.2.2.0 [20/0] via 1.1.12.2, 02:55:44
     3.0.0.0/24 is subnetted, 1 subnets
B        3.3.3.0 [20/0] via 1.1.12.2, 02:31:06
     4.0.0.0/24 is subnetted, 1 subnets
B        4.4.4.0 [20/0] via 1.1.12.2, 02:29:55
     5.0.0.0/24 is subnetted, 1 subnets
B        5.5.5.0 [20/0] via 1.1.12.2, 02:28:57
     6.0.0.0/24 is subnetted, 1 subnets
B        6.6.6.0 [20/0] via 1.1.12.2, 01:45:57
```

[R2] BGP Neighbor, BGP Table 및 Routing Table

```
R2#show ip bgp summary
Neighbor    V     AS MsgRcvd MsgSent TblVer  InQ OutQ Up/Down   State/PfxRcd
1.1.12.1    4    100     184     205     112    0    0 02:59:13           2
3.3.3.3     4  65002     174     181     112    0    0 02:32:24           4
4.4.4.4     4  65003     186     181     112    0    0 02:31:13           1
```

```
R2#show ip bgp
   Network          Next Hop        Metric LocPrf Weight Path
*> 1.1.1.0/24       1.1.12.1             0             0 100 i
r> 1.1.12.0/24      1.1.12.1             0             0 100 i
*> 1.1.56.0/24      3.3.3.3              0    100      0 (65002 65004) 300 i
*> 2.2.2.0/24       0.0.0.0              0         32768 i
*> 3.3.3.0/24       3.3.3.3              0    100      0 (65002) i
```

```
*> 4.4.4.0/24      4.4.4.4        0     100     0 (65003) i
*> 5.5.5.0/24      3.3.3.3        0     100     0 (65002 65004) i
*> 6.6.6.0/24      3.3.3.3        0     100     0 (65002 65004) 300 i


R2#show ip route
     1.0.0.0/24 is subnetted, 7 subnets
B       1.1.1.0 [20/0] via 1.1.12.1, 02:59:22
C       1.1.12.0 is directly connected, FastEthernet1/0
C       1.1.23.0 is directly connected, FastEthernet0/0
C       1.1.24.0 is directly connected, FastEthernet0/1
O       1.1.35.0 [110/20] via 1.1.23.3, 01:51:24, FastEthernet0/0
O       1.1.45.0 [110/20] via 1.1.24.4, 01:51:24, FastEthernet0/1
B       1.1.56.0 [200/0] via 3.3.3.3, 01:47:23
     2.0.0.0/24 is subnetted, 1 subnets
C       2.2.2.0 is directly connected, Loopback0
     3.0.0.0/8 is variably subnetted, 2 subnets, 2 masks
O       3.3.3.3/32 [110/11] via 1.1.23.3, 01:51:25, FastEthernet0/0
B       3.3.3.0/24 [200/0] via 3.3.3.3, 02:32:35
     4.0.0.0/8 is variably subnetted, 2 subnets, 2 masks
O       4.4.4.4/32 [110/11] via 1.1.24.4, 01:51:26, FastEthernet0/1
B       4.4.4.0/24 [200/0] via 4.4.4.4, 02:31:24
     5.0.0.0/8 is variably subnetted, 2 subnets, 2 masks
O       5.5.5.5/32 [110/21] via 1.1.24.4, 01:51:26, FastEthernet0/1
                   [110/21] via 1.1.23.3, 01:51:26, FastEthernet0/0
B       5.5.5.0/24 [200/0] via 3.3.3.3, 02:00:03
     6.0.0.0/24 is subnetted, 1 subnets
B       6.6.6.0 [200/0] via 3.3.3.3, 01:47:25
```

[R3] BGP Neighbor, BGP Table 및 Routing Table

```
R3#show ip bgp summary
Neighbor  V    AS MsgRcvd MsgSent TblVer  InQ OutQ Up/Down  State/PfxRcd
2.2.2.2   4 65001    181     174      36    0    0 02:32:55        4
5.5.5.5   4 65004    185     174      36    0    0 02:30:58        3


R3#show ip bgp
   Network          Next Hop      Metric LocPrf Weight Path
```

```
*> 1.1.1.0/24        2.2.2.2         0    100      0 (65001) 100 i
*> 1.1.12.0/24       2.2.2.2         0    100      0 (65001) 100 i
*> 1.1.56.0/24       5.5.5.5         0    100      0 (65004) 300 i
*> 2.2.2.0/24        2.2.2.2         0    100      0 (65001) i
*> 3.3.3.0/24        0.0.0.0         0          32768 i
*> 4.4.4.0/24        2.2.2.2         0    100      0 (65001 65003) i
*> 5.5.5.0/24        5.5.5.5         0    100      0 (65004) i
*> 6.6.6.0/24        5.5.5.5         0    100      0 (65004) 300 i
```

```
R3#show ip route
     1.0.0.0/24 is subnetted, 7 subnets
B       1.1.1.0 [200/0] via 2.2.2.2, 02:01:13
B       1.1.12.0 [200/0] via 2.2.2.2, 02:01:13
C       1.1.23.0 is directly connected, FastEthernet0/0
O       1.1.24.0 [110/20] via 1.1.23.2, 01:51:54, FastEthernet0/0
C       1.1.35.0 is directly connected, FastEthernet0/1
O       1.1.45.0 [110/20] via 1.1.35.5, 01:51:54, FastEthernet0/1
B       1.1.56.0 [200/0] via 5.5.5.5, 01:47:53
     2.0.0.0/8 is variably subnetted, 2 subnets, 2 masks
O       2.2.2.2/32 [110/11] via 1.1.23.2, 01:51:56, FastEthernet0/0
B       2.2.2.0/24 [200/0] via 2.2.2.2, 02:33:05
     3.0.0.0/24 is subnetted, 1 subnets
C       3.3.3.0 is directly connected, Loopback0
     4.0.0.0/8 is variably subnetted, 2 subnets, 2 masks
O       4.4.4.4/32 [110/21] via 1.1.35.5, 01:51:56, FastEthernet0/1
                   [110/21] via 1.1.23.2, 01:51:56, FastEthernet0/0
B       4.4.4.0/24 [200/0] via 2.2.2.2, 02:01:14
     5.0.0.0/8 is variably subnetted, 2 subnets, 2 masks
O       5.5.5.5/32 [110/11] via 1.1.35.5, 01:51:56, FastEthernet0/1
B       5.5.5.0/24 [200/0] via 5.5.5.5, 02:31:08
     6.0.0.0/24 is subnetted, 1 subnets
B       6.6.6.0 [200/0] via 5.5.5.5, 01:47:54
```

[R4] BGP Neighbor, BGP Table 및 Routing Table

```
R4#show ip bgp summary
Neighbor   V   AS MsgRcvd MsgSent TblVer  InQ OutQ Up/Down  State/PfxRcd
```

```
2.2.2.2   4 65001    182    187    54    0    0 02:32:16      7
5.5.5.5   4 65004    186    188    54    0    0 02:31:18      7

R4#show ip bgp
   Network       Next Hop  Metric LocPrf Weight Path
*  1.1.1.0/24    5.5.5.5       0    100      0 (65004 65002 65001) 100 i
*>               2.2.2.2       0    100      0 (65001) 100 i
*  1.1.12.0/24   5.5.5.5       0    100      0 (65004 65002 65001) 100 i
*>               2.2.2.2       0    100      0 (65001) 100 i
*> 1.1.56.0/24   2.2.2.2       0    100      0 (65001 65002 65004) 300 i
*>               2.2.2.2       0    100      0 (65001) 100 i
*  1.1.12.0/24   5.5.5.5       0    100      0 (65004 65002 65001) 100 i
*>               2.2.2.2       0    100      0 (65001) 100 i
*> 1.1.56.0/24   2.2.2.2       0    100      0 (65001 65002 65004) 300 i
*                5.5.5.5       0    100      0 (65004) 300 i
*  2.2.2.0/24    5.5.5.5       0    100      0 (65004 65002 65001) i
*>               2.2.2.2       0    100      0 (65001) i
*  3.3.3.0/24    5.5.5.5       0    100      0 (65004 65002) i
*>               2.2.2.2       0    100      0 (65001 65002) i
*> 4.4.4.0/24    0.0.0.0       0          32768 i
*  5.5.5.0/24    5.5.5.5       0    100      0 (65004) i
*>               2.2.2.2       0    100      0 (65001 65002 65004) i
*> 6.6.6.0/24    2.2.2.2       0    100      0 (65001 65002 65004) 300 i
*                5.5.5.5       0    100      0 (65004) 300 i

R4#show ip route
     1.0.0.0/24 is subnetted, 7 subnets
B       1.1.1.0 [200/0] via 2.2.2.2, 01:52:22
B       1.1.12.0 [200/0] via 2.2.2.2, 01:52:22
O       1.1.23.0 [110/20] via 1.1.24.2, 01:52:27, FastEthernet0/1
C       1.1.24.0 is directly connected, FastEthernet0/1
O       1.1.35.0 [110/20] via 1.1.45.5, 01:52:27, FastEthernet0/0
C       1.1.45.0 is directly connected, FastEthernet0/0
B       1.1.56.0 [200/0] via 2.2.2.2, 01:48:26
     2.0.0.0/8 is variably subnetted, 2 subnets, 2 masks
```

450

```
O        2.2.2.2/32 [110/11] via 1.1.24.2, 01:52:29, FastEthernet0/1
B        2.2.2.0/24 [200/0] via 2.2.2.2, 01:52:23
      3.0.0.0/8 is variably subnetted, 2 subnets, 2 masks
O        3.3.3.3/32 [110/21] via 1.1.45.5, 01:52:29, FastEthernet0/0
                    [110/21] via 1.1.24.2, 01:52:29, FastEthernet0/1
B        3.3.3.0/24 [200/0] via 2.2.2.2, 01:52:24
      4.0.0.0/24 is subnetted, 1 subnets
C        4.4.4.0 is directly connected, Loopback0
      5.0.0.0/8 is variably subnetted, 2 subnets, 2 masks
O        5.5.5.5/32 [110/11] via 1.1.45.5, 01:52:29, FastEthernet0/0
B        5.5.5.0/24 [200/0] via 2.2.2.2, 01:52:24
      6.0.0.0/24 is subnetted, 1 subnets
B        6.6.6.0 [200/0] via 2.2.2.2, 01:48:28
```

[R5] BGP Neighbor, BGP Table 및 Routing Table

```
R5#show ip bgp summary
```

Neighbor	V	AS	MsgRcvd	MsgSent	TblVer	InQ	OutQ	Up/Down	State/PfxRcd
1.1.56.6	4	300	173	198	89	0	0	02:48:32	2
3.3.3.3	4	65002	176	187	89	0	0	02:32:05	5
4.4.4.4	4	65003	188	186	89	0	0	02:31:53	5

```
R5#show ip bgp
```

	Network	Next Hop	Metric	LocPrf	Weight	Path
*	1.1.1.0/24	4.4.4.4	0	100	0	(65003 65001) 100 i
*>		3.3.3.3	0	100	0	(65002 65001) 100 i
*	1.1.12.0/24	4.4.4.4	0	100	0	(65003 65001) 100 i
*>		3.3.3.3	0	100	0	(65002 65001) 100 i
r>	1.1.56.0/24	1.1.56.6	0		0	300 i
*	2.2.2.0/24	4.4.4.4	0	100	0	(65003 65001) i
*>		3.3.3.3	0	100	0	(65002 65001) i
*	3.3.3.0/24	4.4.4.4	0	100	0	(65003 65001 65002) i
*>		3.3.3.3	0	100	0	(65002) i
*	4.4.4.0/24	4.4.4.4	0	100	0	(65003) i
*>		3.3.3.3	0	100	0	(65002 65001 65003) i
*>	5.5.5.0/24	0.0.0.0	0		32768	i
*>	6.6.6.0/24	1.1.56.6	0		0	300 i

```
R5#show ip route
     1.0.0.0/24 is subnetted, 7 subnets
B       1.1.1.0 [200/0] via 3.3.3.3, 02:01:12
B       1.1.12.0 [200/0] via 3.3.3.3, 02:01:12
O       1.1.23.0 [110/20] via 1.1.35.3, 01:53:06, FastEthernet0/1
O       1.1.24.0 [110/20] via 1.1.45.4, 01:53:06, FastEthernet0/0
C       1.1.35.0 is directly connected, FastEthernet0/1
C       1.1.45.0 is directly connected, FastEthernet0/0
C       1.1.56.0 is directly connected, FastEthernet1/0
     2.0.0.0/8 is variably subnetted, 2 subnets, 2 masks
O       2.2.2.2/32 [110/21] via 1.1.45.4, 01:53:07, FastEthernet0/0
                   [110/21] via 1.1.35.3, 01:53:07, FastEthernet0/1
B       2.2.2.0/24 [200/0] via 3.3.3.3, 02:01:13
     3.0.0.0/8 is variably subnetted, 2 subnets, 2 masks
O       3.3.3.3/32 [110/11] via 1.1.35.3, 01:53:07, FastEthernet0/1
B       3.3.3.0/24 [200/0] via 3.3.3.3, 02:01:55
     4.0.0.0/8 is variably subnetted, 2 subnets, 2 masks
O       4.4.4.4/32 [110/11] via 1.1.45.4, 01:53:07, FastEthernet0/0
B       4.4.4.0/24 [200/0] via 3.3.3.3, 02:01:13
     5.0.0.0/24 is subnetted, 1 subnets
C       5.5.5.0 is directly connected, Loopback0
     6.0.0.0/24 is subnetted, 1 subnets
B       6.6.6.0 [20/0] via 1.1.56.6, 02:47:40
```

[R6] BGP Neighbor, BGP Table 및 Routing Table

```
R6#show ip bgp summary
Neighbor   V    AS MsgRcvd MsgSent TblVer  InQ OutQ Up/Down  State/PfxRcd
1.1.56.5   4   200     537     512     27    0    0 02:49:07          6


R6#show ip bgp
   Network       Next Hop    Metric LocPrf Weight Path
*> 1.1.1.0/24    1.1.56.5                      0 200 100 i
*> 1.1.12.0/24   1.1.56.5                      0 200 100 i
*> 1.1.56.0/24   0.0.0.0          0        32768 i
*> 2.2.2.0/24    1.1.56.5                      0 200 i
```

```
*> 3.3.3.0/24    1.1.56.5                      0 200 i
*> 4.4.4.0/24    1.1.56.5                      0 200 i
*> 5.5.5.0/24    1.1.56.5         0            0 200 i
*> 6.6.6.0/24    0.0.0.0          0        32768 i

R6#show ip route
     1.0.0.0/24 is subnetted, 3 subnets
B       1.1.1.0 [20/0] via 1.1.56.5, 02:02:49
B       1.1.12.0 [20/0] via 1.1.56.5, 02:02:49
C       1.1.56.0 is directly connected, FastEthernet1/0
     2.0.0.0/24 is subnetted, 1 subnets
B       2.2.2.0 [20/0] via 1.1.56.5, 02:32:52
     3.0.0.0/24 is subnetted, 1 subnets
B       3.3.3.0 [20/0] via 1.1.56.5, 02:32:52
     4.0.0.0/24 is subnetted, 1 subnets
B       4.4.4.0 [20/0] via 1.1.56.5, 02:32:52
     5.0.0.0/24 is subnetted, 1 subnets
B       5.5.5.0 [20/0] via 1.1.56.5, 02:48:14
     6.0.0.0/24 is subnetted, 1 subnets
C       6.6.6.0 is directly connected, Loopback0
```

BGP 동기가 된 상태에서 BGP Confederation 적용으로 iBGP 네이버 관계를 eBGP 네이버 관계로 변경하면서 iBGP와 IGP 간의 동기화 문제를 해결할 수 있다.

실제 AS간 eBGP 라우터인 R1과 R6에서 본 BGP 테이블상에서는 컨페터레이션 eBGP의 AS 번호(65001, 65002, 65003, 65004)는 보이지 않음을 확인할 수 있다.

BGP Regular Expression(정규식)

BGP에서 Regular Expression(정규식)은 BGP AS-Path Filtering에서 주로 사용
된다. AS-Path 상에서 특정 AS 번호에서 넘어오는 BGP 정보를 차단하거나, 특정
AS 번호가 포함된 BGP 정보를 Peer 네이버로 전달하거나 할 때 사용된다.

① 사용되는 기호

.	임의의 Single 문자
*	0번 이상 반복
+	1번 이상 반복
?	1번 이하 반복
[ ]	한 문자의 범위를 지정
–	한 문자의 범위를 지정할 때 시작과 끝을 분리
^	문자열의 시작
$	문자열의 끝
_	쉼표, {, }, ( ), ^, $, 공백

② 사용 사례

^$	자신의 AS에서 발생한 것
^100$	AS 100에서 시작하고 100에서 끝나는 것(=100.)
^100	AS 100으로 시작하는 것들(100, 100 200, 100 200 300 …)
100$	AS 100으로 끝나는 것들(100, 200 100, 300 200 100, …)
100	AS 100이 포함된 것들(100, 100 200, 300 100 200, …)
_100_	^100, ^100$, 100$ 100 등을 모두 포함한 것들
1,2	AS 번호에 1, 2가 포함된 번호
1*	AS 번호에 공란, 1, 11, 111, 1111, …. 인 것들
(12)*	AS 번호에 공란, 12, 1212, 121212, … 인 것들
[1–3]4	AS 번호가 14, 24, 34 인 것

③ BGP Peer 네이버에 적용 사례

```
ip as-path access-list 10 permit ^$

router bgp 9526
 no synchronization
 network 103.244.108.0 mask 255.255.255.0
```

```
    network 103.244.109.0 mask 255.255.255.0
    neighbor 11.1.1.1 remote-as 4766
    neighbor 11.1.1.1 password koscom
    neighbor 11.1.1.1 route-map KOSCOM_OUT out
    neighbor 11.1.1.1 filter-list 10 out

    //자신의 AS 번호인 9526만 붙인 BGP 테이블을 외부 Peer 네이버에 네트워크 광고를 한다.//
    //ISP 사업자 간 Transit된 BGP 테이블은 통과시키지 않는다.//

    R8#show ip bgp
    BGP table version is 21, local router ID is 34.1.1.1
    Status codes: s suppressed, d damped, h history, * valid, > best, i -
    internal,
              r RIB-failure, S Stale
    Origin codes: i - IGP, e - EGP, ? - incomplete

       Network          Next Hop        Metric LocPrf Weight Path
    ... ...
    *> 103.244.108.0/24  11.1.1.2             0             0 9526 i
    *                    12.1.1.2             0             0 9526 i
    *> 103.244.109.0/24  11.1.1.2             0             0 9526 i
    *                    12.1.1.2             0             0 9526 i
```

6. 재분배

재분배Redistribution는 다양한 라우팅 프로토콜로 운영되는 네트워크상에서 서로 다른 라우팅 프로토콜 간에 라우팅 정보를 교환하고 메트릭을 조정하는 일 등에 활용하는 것을 말한다. 재분배는 원하는 목적지에 의도된 라우팅 경로로 데이터를 전달하는 수단으로 다양하게 적용된다.

재분배는 동적 라우팅뿐만 아니라 정적 라우팅에도 적용된다. 라우팅 정보는 받아온 후 다른 라우터로 전달해야 하지만 굳이 동적 라우팅 프로토콜을 사용하지 않고도 처리할 수 있다. 정적 라우팅으로 처리해 동적 라우팅으로 재분배하면 더 효과적인 라우터 자원을 이용할 수 있을 것이다.

여기서는 재분배가 적용되는 몇 가지 사례만 설명하고 연습하는 수준에서 학습하기로 한다. 앞서 BGP에서도 동기Synchronization 문제의 해결 방법으로 재분배를 언급했다. BGP 정보를 내부 IGP로 재분배해 외부의 경로를 내부 라우터들이 알게 하는 방법이 재분배를 통해 이뤄진다.

재분배를 할 때 임의로 메트릭을 주는 경우도 있다. 이는 최적의 경로를 설정하는 데 있어 재분배로 전달된 경로에 가중치를 설정함으로써 네트워크 토폴로지에 따라 최적의 경로를 결정하는 데 참여하도록 할 수 있다.

재분배는 Connected, Static 및 다이내믹 라우팅(EIGRP, OSPF, IS-IS, BGP 등) 등 다양하게 표현되는 네트워크 정보를 다른 라우팅 프로토콜로 전환해 전달을 가능하게 한다.

 네트워크 선언에 따른 라우팅 우선순위
① network → ② redistribute connected → ③ redistribute 외 다른 프로토콜

1) Static, Connected 라우팅 재분배

라우팅 정보를 재분배할 때 Static, Connected 재분배를 하는 것은 동적Dynamic 라우팅 프로토콜로 Network로 선언하는 것보다 우선순위에서는 떨어진다. 라우팅에 대한 우선순위가 데이터 전달에 큰 영향이 없다면, Network 선언보다 Connected로 재분배하는 것이 좀더 편할 수 있다. 적용에 있어서는 라우팅 우선순위를 충분히 고려해 적용할 필요가 있다.

다음으로 Static, Connected 정보가 재분배되면서 라우팅 테이블에 어떻게 등록이 되는지 확인해보자.

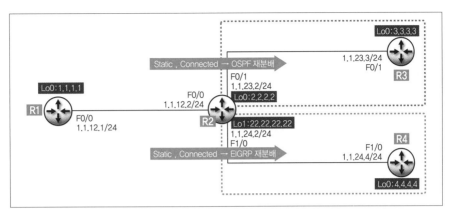

그림 6-67 Static, Connected 라우팅 재분배

[R1]
interface Loopback0
 ip address 1.1.1.1 255.255.255.0
interface FastEthernet0/0
 ip address 1.1.12.1 255.255.255.0

ip route 0.0.0.0 0.0.0.0 1.1.12.2

[R2]
interface Loopback0
 ip address 2.2.2.2 255.255.255.0
interface Loopback1
 ip address 22.22.22.22 255.255.255.0
interface FastEthernet0/0
 ip address 1.1.12.2 255.255.255.0
interface FastEthernet0/1
 ip address 1.1.23.2 255.255.255.0
interface FastEthernet1/0
 ip address 1.1.24.2 255.255.255.0

router eigrp 100
 redistribute connected   //Connected 재분배 설정//
 redistribute static   //Static 재분배 설정//

6장 라우팅 프로토콜 / 457

```
 network 1.1.24.0 0.0.0.255
 no auto-summary

router ospf 100
 router-id 2.2.2.2
 redistribute connected subnets      //Connected 재분배 설정//
 redistribute static subnets          //Static 재분배 설정//
 network 1.1.23.0 0.0.0.255 area 0

ip route 1.1.1.0 255.255.255.0 1.1.12.1   //재분배 대상 Static 라우팅//
```

```
[R3]
interface Loopback0
 ip address 3.3.3.3 255.255.255.0
interface FastEthernet0/0
 ip address 1.1.34.3 255.255.255.0
interface FastEthernet0/1
 ip address 1.1.23.3 255.255.255.0

router ospf 100
 router-id 3.3.3.3
 network 1.1.23.0 0.0.0.255 area 0      //OSPF 네이버 설정을 위한 네트워크//
 network 3.3.3.0 0.0.0.255 area 0
```

```
[R4]
interface Loopback0
 ip address 4.4.4.4 255.255.255.0
interface FastEthernet1/0
 ip address 1.1.24.4 255.255.255.0

router eigrp 100
 network 1.1.24.0 0.0.0.255         //EIGRP 네이버 설정을 위한 네트워크//
 network 4.4.4.0 0.0.0.255
 no auto-summary
```

■ Static, Connceted 네트워크 정보 재분배 결과 라우팅 테이블

R3#show ip route   //OSPF로 재분배된 라우팅 테이블//
```
      1.0.0.0/24 is subnetted, 5 subnets
O E2    1.1.1.0 [110/20] via 1.1.23.2, 00:01:26, FastEthernet0/1
//Static 재분배//
O E2    1.1.12.0 [110/20] via 1.1.23.2, 00:01:26, FastEthernet0/1
//Connected 재분배//
C       1.1.23.0 is directly connected, FastEthernet0/1
O E2    1.1.24.0 [110/20] via 1.1.23.2, 00:01:26, FastEthernet0/1
//Connected 재분배//
C       1.1.34.0 is directly connected, FastEthernet0/0
      2.0.0.0/24 is subnetted, 1 subnets
O E2    2.2.2.0 [110/20] via 1.1.23.2, 00:01:26, FastEthernet0/1
//Connected 재분배//
      3.0.0.0/24 is subnetted, 1 subnets
C       3.3.3.0 is directly connected, Loopback0
      22.0.0.0/24 is subnetted, 1 subnets
O E2    22.22.22.0 [110/20] via 1.1.23.2, 00:01:27, FastEthernet0/1
//Connected 재분배//
```

R4#show ip route   //EIGRP로 재분배된 라우팅 테이블//
```
      1.0.0.0/24 is subnetted, 4 subnets
D EX    1.1.1.0 [170/284160] via 1.1.24.2, 01:35:58, FastEthernet1/0
//Static 재분배//
D EX    1.1.12.0 [170/284160] via 1.1.24.2, 01:35:15, FastEthernet1/0
//Connected 재분배//
D EX    1.1.23.0 [170/284160] via 1.1.24.2, 01:35:15, FastEthernet1/0
//Connected 재분배//
C       1.1.24.0 is directly connected, FastEthernet1/0
      2.0.0.0/24 is subnetted, 1 subnets
D EX    2.2.2.0 [170/156160] via 1.1.24.2, 01:35:15, FastEthernet1/0
//Connected 재분배//
      4.0.0.0/24 is subnetted, 1 subnets
C       4.4.4.0 is directly connected, Loopback0
      22.0.0.0/24 is subnetted, 1 subnets
```

```
D EX    22.22.22.0 [170/156160] via 1.1.24.2, 01:34:18, FastEthernet1/0
//Connected 재분배//
```

2) 다이내믹(EIGRP, OSPF) 라우팅 재분배

동적Dynamic 라우팅 프로토콜 간에는 경로를 자유롭게 재분배 처리할 수 있다. 여기서 주의할 부분은 OSPF를 EIGRP로 재분배Redistribution할 경우 EIGRP MericBandwidth, Delay, Reliability, Load, MTU 정보를 입력해야만 재분배가 원활하게 이뤄지고 다음에 적용할 때 확인할 수 있다. 필요하다면 EIGRP Metric 값 없이 적용해보고 결과를 비교해 정확히 알 수 있다.

당연히 여기서도 Network 선언으로 할 때와 재분배로 처리할 때 우선순위는 차이가 있기 때문에 적용할 때는 라우팅의 우선순위를 고려해 적용하는 것이 필요하다.

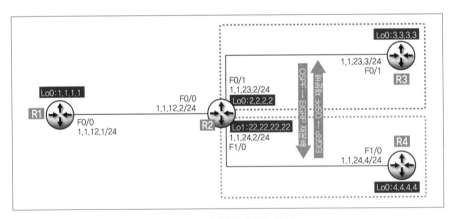

그림 6-68 다이내믹 라우팅 재분배

```
[R2]
interface Loopback0
 ip address 2.2.2.2 255.255.255.0
interface Loopback1
 ip address 22.22.22.22 255.255.255.0
interface FastEthernet0/0
 ip address 1.1.12.2 255.255.255.0
interface FastEthernet0/1
 ip address 1.1.23.2 255.255.255.0
interface FastEthernet1/0
 ip address 1.1.24.2 255.255.255.0

router eigrp 100
 redistribute static
 redistribute ospf 100 metric 100000 1 255 1 1500 //OSPF → EIGRP 재분배//
 network 1.1.24.0 0.0.0.255
 network 22.22.22.0 0.0.0.255
 no auto-summary

router ospf 100
 router-id 2.2.2.2
 redistribute static subnets
 redistribute eigrp 100 subnets
 network 1.1.23.0 0.0.0.255 area 0
 network 2.2.2.0 0.0.0.255 area 0

ip route 1.1.1.0 255.255.255.0 1.1.12.1
```

[주의] OSPF에서 EIGRP로 재분배 시에는 EIGRP Metric 값을 맞춰야 한다

– EIGRP Metric : Bandwidth, Delay, Reliavility, Load, MTU size

```
R2(config)#router eigrp 100
R2(config-router)#redistribute ospf 100 ?
R2(config-router)#redistribute ospf 100 metric ?
  <1-4294967295>  Bandwidth metric in Kbits per second

R2(config-router)#redistribute ospf 100 metric 100000 ?
  <0-4294967295>  EIGRP delay metric, in 10 microsecond units

R2(config-router)#redistribute ospf 100 metric 100000 1 ?
  <0-255>  EIGRP reliability metric where 255 is 100% reliable

R2(config-router)#redistribute ospf 100 metric 100000 1 255 ?
  <1-255>  EIGRP Effective bandwidth metric (Loading) where 255 is
100% loaded

R2(config-router)#redistribute ospf 100 metric 100000 1 255 1 ?
  <1-65535>  EIGRP MTU of the path

R2(config-router)#redistribute ospf 100 metric 100000 1 255 1 1500
```

■ Static, Connceted 네트워크 정보 재분배 결과 라우팅 테이블

```
R3#show ip route
     1.0.0.0/24 is subnetted, 4 subnets
O E2    1.1.1.0 [110/20] via 1.1.23.2, 15:29:42, FastEthernet0/1
//Static 재분배//
C       1.1.23.0 is directly connected, FastEthernet0/1
O E2    1.1.24.0 [110/20] via 1.1.23.2, 15:28:56, FastEthernet0/1
//EIGPR → OSPF 재분배//
C       1.1.34.0 is directly connected, FastEthernet0/0
     2.0.0.0/32 is subnetted, 1 subnets
O       2.2.2.2 [110/11] via 1.1.23.2, 15:29:42, FastEthernet0/1
     3.0.0.0/24 is subnetted, 1 subnets
```

```
C       3.3.3.0 is directly connected, Loopback0
     4.0.0.0/24 is subnetted, 1 subnets
O E2    4.4.4.0 [110/20] via 1.1.23.2, 15:29:43, FastEthernet0/1
//EIGPR → OSPF 재분배//
     22.0.0.0/24 is subnetted, 1 subnets
O E2    22.22.22.0 [110/20] via 1.1.23.2, 15:28:57, FastEthernet0/1
//EIGPR → OSPF 재분배//
```

R4#show ip route

```
     1.0.0.0/24 is subnetted, 3 subnets
D EX    1.1.1.0 [170/284160] via 1.1.24.2, 17:13:13, FastEthernet1/0
//Static 재분배//
D EX    1.1.23.0 [170/28416] via 1.1.24.2, 01:34:22, FastEthernet1/0
//OSPF → EIGRP 재분배//
C       1.1.24.0 is directly connected, FastEthernet1/0
     2.0.0.0/24 is subnetted, 1 subnets
D EX    2.2.2.0 [170/28416] via 1.1.24.2, 01:34:22, FastEthernet1/0
//OSPF → EIGRP 재분배//
     3.0.0.0/32 is subnetted, 1 subnets
D EX    3.3.3.3 [170/28416] via 1.1.24.2, 01:34:22, FastEthernet1/0
//OSPF → EIGRP 재분배//
     4.0.0.0/24 is subnetted, 1 subnets
C       4.4.4.0 is directly connected, Loopback0
     22.0.0.0/24 is subnetted, 1 subnets
D       22.22.22.0 [90/156160] via 1.1.24.2, 15:21:58, FastEthernet1/0
```

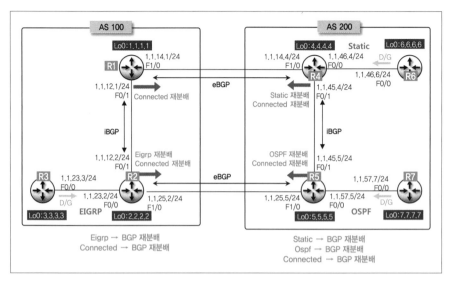

그림 6-69 BGP 전달 재분배 네트워크

각 라우터의 설정 값과 라우팅 프로토콜에 따른 재분배를 해보고 해당 경로에 대한
메트릭을 확인해보자.

재분배에서 중요한 부분은 재분배를 했을 때 어떻게 라우팅 테이블에 등록되는지 확
인해야 하며, 네트워크 토폴로지 설계 시 적절히 재분배를 사용하면 자원 대비 효율
적인 네트워크 설계를 할 수 있다.

■ 각 라우터별 기본 설정 및 재분배 설정 값

```
[R1]
interface Loopback0
 ip address 1.1.1.1 255.255.255.0
interface FastEthernet0/1
 ip address 1.1.12.1 255.255.255.0
interface FastEthernet1/0
 ip address 1.1.14.1 255.255.255.0

router bgp 100
```

464

```
 no synchronization
 redistribute connected      //R1 연결된 네트워크 재분배//
 neighbor 1.1.12.2 remote-as 100
 neighbor 1.1.12.2 next-hop-self
 neighbor 1.1.14.4 remote-as 200
```

[R2]
```
interface Loopback0
 ip address 2.2.2.2 255.255.255.0
interface FastEthernet0/0
 ip address 1.1.23.2 255.255.255.0
interface FastEthernet0/1
 ip address 1.1.12.2 255.255.255.0
interface FastEthernet1/0
 ip address 1.1.25.2 255.255.255.0

router eigrp 100
 network 1.1.23.0 0.0.0.255
 no auto-summary

router bgp 100
 no synchronization
 redistribute connected      //R2에 연결된 네트워크 재분배//
 redistribute eigrp 100        //EIGRP → BGP 재분배//
 neighbor 1.1.12.1 remote-as 100
 neighbor 1.1.12.1 next-hop-self
 neighbor 1.1.25.5 remote-as 200
```

[R3]
```
interface Loopback0
 ip address 3.3.3.3 255.255.255.0
interface FastEthernet0/0
 ip address 1.1.23.3 255.255.255.0

router eigrp 100
 network 1.1.23.0 0.0.0.255
 network 3.3.3.0 0.0.0.255
```

```
  no auto-summary

 ip route 0.0.0.0 0.0.0.0 1.1.23.2
```

```
[R4]
interface Loopback0
 ip address 4.4.4.4 255.255.255.0
interface FastEthernet0/0
 ip address 1.1.46.4 255.255.255.0
interface FastEthernet0/1
 ip address 1.1.45.4 255.255.255.0
interface FastEthernet1/0
 ip address 1.1.14.4 255.255.255.0

router bgp 200
 no synchronization
 redistribute connected      //R4 연결된 네트워크 재분배//
 redistribute static           //Static → BGP 재분배//
 neighbor 1.1.14.1 remote-as 100
 neighbor 1.1.45.5 remote-as 200
 neighbor 1.1.45.5 next-hop-self

 ip route 6.6.6.0 255.255.255.0 1.1.46.6
```

```
[R5]
interface Loopback0
 ip address 5.5.5.5 255.255.255.0
interface FastEthernet0/0
 ip address 1.1.57.5 255.255.255.0
interface FastEthernet0/1
 ip address 1.1.45.5 255.255.255.0
interface FastEthernet1/0
 ip address 1.1.25.5 255.255.255.0

router ospf 200
 network 1.1.57.0 0.0.0.255 area 0
```

```
router bgp 200
 no synchronization
 redistribute connected      //R5에 연결된 네트워크 재분배//
 redistribute ospf 200       //OSPF → BGP 재분배//
 neighbor 1.1.25.2 remote-as 100
 neighbor 1.1.45.4 remote-as 200
 neighbor 1.1.45.4 next-hop-self
```

```
[R6]
interface Loopback0
 ip address 6.6.6.6 255.255.255.0
interface FastEthernet0/0
 ip address 1.1.46.6 255.255.255.0

ip route 0.0.0.0 0.0.0.0 1.1.46.4
```

```
[R7]
interface Loopback0
 ip address 7.7.7.7 255.255.255.0
interface FastEthernet0/0
 ip address 1.1.57.7 255.255.255.0

router ospf 200
 network 1.1.57.0 0.0.0.255 area 0
 network 7.7.7.0 0.0.0.255 area 0

ip route 0.0.0.0 0.0.0.0 1.1.57.5
```

■ 각 라우터별 목적 경로에 대한 라우팅 테이블 확인

```
R1#sh ip route
     1.0.0.0/24 is subnetted, 8 subnets
C        1.1.1.0 is directly connected, Loopback0
C        1.1.12.0 is directly connected, FastEthernet0/1
C        1.1.14.0 is directly connected, FastEthernet1/0
```

```
B      1.1.23.0 [200/0] via 1.1.12.2, 15:41:29
B      1.1.25.0 [200/0] via 1.1.12.2, 15:41:29
B      1.1.45.0 [20/0] via 1.1.14.4, 15:39:16
B      1.1.46.0 [20/0] via 1.1.14.4, 15:39:16
B      1.1.57.0 [20/0] via 1.1.14.4, 15:39:16
       2.0.0.0/24 is subnetted, 1 subnets
B      2.2.2.0 [200/0] via 1.1.12.2, 15:41:30
       3.0.0.0/24 is subnetted, 1 subnets
B      3.3.3.0 [200/409600] via 1.1.12.2, 15:41:30
       4.0.0.0/24 is subnetted, 1 subnets
B      4.4.4.0 [20/0] via 1.1.14.4, 15:39:18
       5.0.0.0/24 is subnetted, 1 subnets
B      5.5.5.0 [20/0] via 1.1.14.4, 15:39:17
       6.0.0.0/24 is subnetted, 1 subnets
B      6.6.6.0 [20/0] via 1.1.14.4, 15:39:18
       7.0.0.0/32 is subnetted, 1 subnets
B      7.7.7.7 [20/0] via 1.1.14.4, 15:38:40
```

R2#show ip route
```
       1.0.0.0/24 is subnetted, 8 subnets
B      1.1.1.0 [200/0] via 1.1.12.1, 15:41:40
C      1.1.12.0 is directly connected, FastEthernet0/1
B      1.1.14.0 [200/0] via 1.1.12.1, 15:41:40
C      1.1.23.0 is directly connected, FastEthernet0/0
C      1.1.25.0 is directly connected, FastEthernet1/0
B      1.1.45.0 [20/0] via 1.1.25.5, 15:39:28
B      1.1.46.0 [20/0] via 1.1.25.5, 15:39:28
B      1.1.57.0 [20/0] via 1.1.25.5, 15:39:28
       2.0.0.0/24 is subnetted, 1 subnets
C      2.2.2.0 is directly connected, Loopback0
       3.0.0.0/24 is subnetted, 1 subnets
D      3.3.3.0 [90/409600] via 1.1.23.3, 15:41:48, FastEthernet0/0
       4.0.0.0/24 is subnetted, 1 subnets
B      4.4.4.0 [20/0] via 1.1.25.5, 15:39:29
       5.0.0.0/24 is subnetted, 1 subnets
B      5.5.5.0 [20/0] via 1.1.25.5, 15:39:29
```

```
          6.0.0.0/24 is subnetted, 1 subnets
B            6.6.6.0 [20/0] via 1.1.25.5, 15:39:29
          7.0.0.0/32 is subnetted, 1 subnets
B            7.7.7.7 [200/0] via 1.1.12.1, 15:38:52
```

R3#show ip route
```
          1.0.0.0/24 is subnetted, 1 subnets
C            1.1.23.0 is directly connected, FastEthernet0/0
          3.0.0.0/24 is subnetted, 1 subnets
C            3.3.3.0 is directly connected, Loopback0
S*   0.0.0.0/0 [1/0] via 1.1.23.2
```

R4#sh ip route
```
          1.0.0.0/24 is subnetted, 8 subnets
B            1.1.1.0 [20/0] via 1.1.14.1, 15:39:50
B            1.1.12.0 [20/0] via 1.1.14.1, 15:39:50
C            1.1.14.0 is directly connected, FastEthernet1/0
B            1.1.23.0 [20/0] via 1.1.14.1, 15:39:50
B            1.1.25.0 [200/0] via 1.1.45.5, 15:39:50
C            1.1.45.0 is directly connected, FastEthernet0/1
C            1.1.46.0 is directly connected, FastEthernet0/0
B            1.1.57.0 [200/0] via 1.1.45.5, 15:39:50
          2.0.0.0/24 is subnetted, 1 subnets
B            2.2.2.0 [20/0] via 1.1.14.1, 15:39:51
          3.0.0.0/24 is subnetted, 1 subnets
B            3.3.3.0 [20/0] via 1.1.14.1, 15:39:51
          4.0.0.0/24 is subnetted, 1 subnets
C            4.4.4.0 is directly connected, Loopback0
          5.0.0.0/24 is subnetted, 1 subnets
B            5.5.5.0 [200/0] via 1.1.45.5, 15:39:52
          6.0.0.0/24 is subnetted, 1 subnets
S            6.6.6.0 [1/0] via 1.1.46.6
          7.0.0.0/32 is subnetted, 1 subnets
B            7.7.7.7 [200/11] via 1.1.45.5, 15:39:14
```

```
R5#show ip route
      1.0.0.0/24 is subnetted, 8 subnets
B        1.1.1.0 [20/0] via 1.1.25.2, 15:39:58
B        1.1.12.0 [20/0] via 1.1.25.2, 15:39:58
B        1.1.14.0 [200/0] via 1.1.45.4, 15:39:58
B        1.1.23.0 [20/0] via 1.1.25.2, 15:39:58
C        1.1.25.0 is directly connected, FastEthernet1/0
C        1.1.45.0 is directly connected, FastEthernet0/1
B        1.1.46.0 [200/0] via 1.1.45.4, 15:39:58
C        1.1.57.0 is directly connected, FastEthernet0/0
      2.0.0.0/24 is subnetted, 1 subnets
B        2.2.2.0 [20/0] via 1.1.25.2, 15:39:59
      3.0.0.0/24 is subnetted, 1 subnets
B        3.3.3.0 [200/0] via 1.1.45.4, 15:39:59
      4.0.0.0/24 is subnetted, 1 subnets
B        4.4.4.0 [200/0] via 1.1.45.4, 15:39:59
      5.0.0.0/24 is subnetted, 1 subnets
C        5.5.5.0 is directly connected, Loopback0
      6.0.0.0/24 is subnetted, 1 subnets
B        6.6.6.0 [200/0] via 1.1.45.4, 15:39:59
      7.0.0.0/32 is subnetted, 1 subnets
O        7.7.7.7 [110/11] via 1.1.57.7, 15:39:22, FastEthernet0/0

R6#show ip route
      1.0.0.0/24 is subnetted, 1 subnets
C        1.1.46.0 is directly connected, FastEthernet0/0
      6.0.0.0/24 is subnetted, 1 subnets
C        6.6.6.0 is directly connected, Loopback0
S*    0.0.0.0/0 [1/0] via 1.1.46.4

R7#show ip route
      1.0.0.0/24 is subnetted, 1 subnets
C        1.1.57.0 is directly connected, FastEthernet0/0
      7.0.0.0/24 is subnetted, 1 subnets
C        7.7.7.0 is directly connected, Loopback0
S*    0.0.0.0/0 [1/0] via 1.1.57.5
```

위 각 라우터별 라우팅 테이블을 살펴보면 R1, R2가 속한 AS에서 Eigrp 라우팅은 BGP로 재분배돼 R3, R4가 속한 AS에서 BGP를 통해 재분배된다는 것을 확인할 수 있다. 이와 마찬가지로 R3, R4에서 Static과 OSPF로 동작하는 라우팅 정보가 BGP로 재분배돼 R1, R2 라우팅 테이블에서 BGP로 재분배됐음을 확인할 수 있다.

다양한 라우팅 프로토콜이 사용되는 네트워크망에서 재분배를 적절히 사용하면 네트워크 정보를 효과적으로 주고받을 수 있으며, 최적의 경로를 결정하는 데 활용할 수 있다.

3) 디폴트 라우팅 재분배

라우팅 재분배 처리에 있어서 디폴트 라우팅Default Routing 재분배 처리가 있다. 디폴트 라우팅 재분배는 동적Dynamic 라우팅 프로토콜을 이용해서 처리한다.

동적 라우팅 프로토콜로 디폴트 라우팅 재분배는 대부분 정적Static 라우팅으로 디폴트 라우팅을 설정하는 라우터나 L3 스위치에서 직접 설정하기 때문에 해당 라우터에 디폴트 라우팅이 설정돼 있는 인터페이스가 장애를 발생해야만 정적Static으로 설정된 디폴트 라우팅이 사라지며, 차선의 경로를 찾을 수 있다.

동적 라우팅 프로토콜로 디폴트 라우팅을 재분배로 받아올 경우 라우팅 프로토콜의 네이버Neighbor 관계만 끊어지더라도 바로 차선의 경로를 찾아서 라우팅을 우회할 수 있어, 장애전환에 있어 서비스의 중단을 최소화할 수 있는 장점이 있다.

동적 라우팅 프로토콜로 디폴트 라우팅 경로를 받아오는 구성을 실습을 통해 확인해보자.

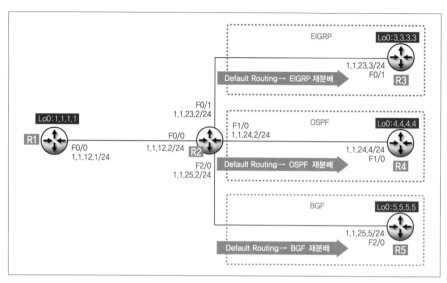

그림 6-70 디폴트 라우팅 재분배

데이터 통신을 위해서 정적 라우팅으로 처리해도 문제는 없으나 동적 라우팅 프로토콜로 디폴트 라우팅 정보를 받아오게 되면, 네트워크 토폴로지 변화에 따라 즉시 동작이 가능하기 때문에 인터넷 ISP 네트워크를 구축할 경우에 대부분 적용하고 있다.

디폴트 라우팅을 동적 라우팅으로 재분배해 적용할 때 라우팅 프로토콜별로 적용한 결과를 확인해보자.

■ 각 라우터 설정 값

[R1] Default 경로의 목적지(주로 인터넷 IPS 접속 장비가 됨)

```
interface Loopback0
 ip address 1.1.1.1 255.255.255.0
interface FastEthernet0/0
 ip address 1.1.12.1 255.255.255.0

ip route 0.0.0.0 0.0.0.0 1.1.12.2
```

[R2] 라우팅 프로토콜별 디폴트 라우팅 정보 전달

```
interface FastEthernet0/0
 ip address 1.1.12.2 255.255.255.0
interface FastEthernet0/1
 ip address 1.1.23.2 255.255.255.0
interface FastEthernet1/0
 ip address 1.1.24.2 255.255.255.0
interface FastEthernet2/0
 ip address 1.1.25.2 255.255.255.0


router eigrp 10
 network 1.1.23.0 0.0.0.255
 network 0.0.0.0                     //EIGRP 디폴트 라우팅 재분배 설정//
 no auto-summary


router ospf 10
 router-id 1.1.24.2
 network 1.1.24.0 0.0.0.255 area 0
 default-information originate always    //OSPF 디폴트 라우팅 재분배 설정//


router bgp 10
 no synchronization
 network 1.1.25.0 mask 255.255.255.0
 neighbor 1.1.25.5 remote-as 20
 neighbor 1.1.25.5 default-originate route-map Next_Hop    //BGP 디폴트 라우
팅 재분배 설정//
 neighbor 1.1.25.5 route-map default out        //BGP 디폴트 라우팅 옵션을 IGP로
설정//
 no auto-summary


ip route 0.0.0.0 0.0.0.0 FastEthernet0/0     //EIGRP 디폴트 라우팅 재분배 설정//


ip prefix-list Default seq 1 permit 0.0.0.0/0


route-map Next_Hop permit 10
 match ip address prefix-list Default
```

```
  set origin igp                              //BGP 디폴트 라우팅 옵션을 IGP로 설정//
                                               //적용하지 않아도 디폴트 라우팅 정보는 전달함//


route-map default permit 10
  match ip address prefix-list Default        //나머지 정보를 전달을 위해 설정//
                                               //적용하지 않아도 디폴트 라우팅 정보는 전달함//
```

[R3] EIGRP 라우팅 프로토콜로 디폴트 라우팅 정보 수신

```
interface Loopback0
  ip address 3.3.3.3 255.255.255.0
interface FastEthernet0/1
  ip address 1.1.23.3 255.255.255.0


router eigrp 10
  network 1.1.23.0 0.0.0.255
  network 3.3.3.0 0.0.0.255
  no auto-summary
```

[R4] OSPF 라우팅 프로토콜로 디폴트 라우팅 정보 수신

```
interface Loopback0
  ip address 4.4.4.4 255.255.255.0
interface FastEthernet1/0
  ip address 1.1.24.4 255.255.255.0


router ospf 10
  router-id 4.4.4.4
  network 4.4.4.0 0.0.0.255 area 0
  network 1.1.24.0 0.0.0.255 area 0
```

[R5] BGP로 라우팅 프로토콜로 디폴트 라우팅 정보 수신

```
interface Loopback0
  ip address 5.5.5.5 255.255.255.0
interface FastEthernet2/0
  ip address 1.1.25.5 255.255.255.0


router bgp 20
  no synchronization
```

```
network 1.1.25.0 mask 255.255.255.0
network 5.5.5.0 mask 255.255.255.0
neighbor 1.1.25.2 remote-as 10
no auto-summary
```

■ 동적 라우팅 프로토콜별 적용 결과 및 통신 상태 확인

[R2] 라우팅 테이블 및 통신 상태 확인

```
R2#show ip route
Gateway of last resort is 0.0.0.0 to network 0.0.0.0
      1.0.0.0/24 is subnetted, 4 subnets
C        1.1.12.0 is directly connected, FastEthernet0/0
C        1.1.23.0 is directly connected, FastEthernet0/1
C        1.1.24.0 is directly connected, FastEthernet1/0
C        1.1.25.0 is directly connected, FastEthernet2/0
      3.0.0.0/24 is subnetted, 1 subnets
D        3.3.3.0 [90/409600] via 1.1.23.3, 05:32:50, FastEthernet0/1
      5.0.0.0/24 is subnetted, 1 subnets
B        5.5.5.0 [20/0] via 1.1.25.5, 05:33:36
S*    0.0.0.0/0 is directly connected, FastEthernet0/0

R2#ping 3.3.3.3
Sending 5, 100-byte ICMP Echos to 3.3.3.3, timeout is 2 seconds:
!!!!!
Success rate is 100 percent (5/5), round-trip min/avg/max = 8/10/12 ms

R2#ping 4.4.4.4
Sending 5, 100-byte ICMP Echos to 4.4.4.4, timeout is 2 seconds:
!!!!!
Success rate is 100 percent (5/5), round-trip min/avg/max = 8/11/24 ms

R2#ping 5.5.5.5
Sending 5, 100-byte ICMP Echos to 5.5.5.5, timeout is 2 seconds:
!!!!!
Success rate is 100 percent (5/5), round-trip min/avg/max = 16/20/28 ms
```

[R3] 라우팅 테이블 및 통신 상태 확인

```
R3#show ip route
Gateway of last resort is 1.1.23.2 to network 0.0.0.0
      1.0.0.0/24 is subnetted, 4 subnets
D        1.1.12.0 [90/307200] via 1.1.23.2, 05:33:21, FastEthernet0/1
C        1.1.23.0 is directly connected, FastEthernet0/1
D        1.1.24.0 [90/284160] via 1.1.23.2, 05:33:21, FastEthernet0/1
D        1.1.25.0 [90/284160] via 1.1.23.2, 05:33:21, FastEthernet0/1
      3.0.0.0/24 is subnetted, 1 subnets
C        3.3.3.0 is directly connected, Loopback0
D*   0.0.0.0/0 [90/307200] via 1.1.23.2, 05:33:21, FastEthernet0/1
//EIGRP Default 라우팅 경로//


R3#ping 1.1.1.1
Sending 5, 100-byte ICMP Echos to 1.1.1.1, timeout is 2 seconds:
!!!!!
Success rate is 100 percent (5/5), round-trip min/avg/max = 24/40/80 ms
```

[R4] 라우팅 테이블 및 통신 상태 확인

```
R4#show ip route
Gateway of last resort is 1.1.24.2 to network 0.0.0.0
      1.0.0.0/24 is subnetted, 1 subnets
C        1.1.24.0 is directly connected, FastEthernet1/0
      4.0.0.0/24 is subnetted, 1 subnets
C        4.4.4.0 is directly connected, Loopback0
O*E2 0.0.0.0/0 [110/1] via 1.1.24.2, 00:01:18, FastEthernet1/0
//OSPF Default 라우팅 경로//


R4#ping 1.1.1.1
Sending 5, 100-byte ICMP Echos to 1.1.1.1, timeout is 2 seconds:
!!!!!
Success rate is 100 percent (5/5), round-trip min/avg/max = 16/19/20 ms
```

[R5] 라우팅 테이블 및 통신 상태 확인

```
R5#show ip route
Gateway of last resort is 1.1.25.2 to network 0.0.0.0
```

476

```
        1.0.0.0/24 is subnetted, 1 subnets
C          1.1.25.0 is directly connected, FastEthernet2/0
        5.0.0.0/24 is subnetted, 1 subnets
C          5.5.5.0 is directly connected, Loopback0
B*      0.0.0.0/0 [20/0] via 1.1.25.2, 06:03:50      //BGP Default 라우팅 경로//

R5#ping 1.1.1.1
Sending 5, 100-byte ICMP Echos to 1.1.1.1, timeout is 2 seconds:
!!!!!
Success rate is 100 percent (5/5), round-trip min/avg/max = 16/20/24 ms
```

다양한 동적 라우팅 프로토콜로 디폴트 라우팅 경로를 받아오는 것을 확인했다. 이 부분은 간단히 적용할 수 있으며, 실무에서 많이 적용되는 라우팅 기술이기 때문에 네트워크 운영자들은 알아두는 것이 필요하다.

7. 멀티캐스트 라우팅

멀티캐스트는 라우터와 라우터 사이에 멀티캐스트 정보를 교환하는 프로토콜을 말한다.

1) IP 멀티캐스트

인터넷의 대중화 및 활성화로 멀티캐스트를 이용하는 비디오, 보이스 등 멀티미디어 데이터가 기존 일반적인 애플리케이션 데이터에 비해 엄청난 트래픽을 발생시키고 있다.

TCP/IP 계층에서 데이터 전송에 사용되는 멀티캐스트는 유니캐스트Unicast처럼 개개의 목적지마다 동일한 데이터를 반복적으로 보내지 않고 데이터를 특정 그룹(Multicast Group IP)에 소속된 특정 다수 호스트에게 동일한 데이터를 한 번만 전송해 그룹에 속한 호스트들이 동시에 수신할 수 있도록 하며, 네트워크 대역을 효율적으로 활용할 수 있다는 장점이 있다.

2) IP 멀티캐스트 특징

- 하나의 멀티캐스트 그룹 IP 주소(D Class)에 속한 다수의 호스트 IP에 동시에 전송할 수 있다.
  - 서버가 패킷을 전송할 때 특정 멀티캐스트 그룹 주소를 목적지 주소로 사용한다.
  - 멀티캐스트 그룹 주소로 전송되는 데이터를 받기 원하는 여러 대의 클라이언트들이 이 멀티캐스트 그룹 주소에 등록(Join)돼 있으면, 동시에 여러 대의 클라이언트들이 패킷을 받을 수 있게 된다.
- Best Effort 전송으로 TCP와 달리 완전한 신뢰성 보장은 어렵다.
  - 멀티캐스트 패킷은 주로 UDP Over IP 형식으로 전송된다.
  - UDP 전송 특성은 TCP와 달리 Best Effort이고 신뢰성 있는 전송은 보장하지 못한다.

    ※ Best Effort Delivery: 네트워크의 데이터가 전송되거나 전송이 서비스 품질에 부합한다는 어떠한 보증도 제공하지 않는 네트워크 서비스를 말한다.

- 동적인 멤버십 지원
  - 멀티캐스트 환경에서 서버가 멀티캐스트 패킷을 전송하기 위해 사용하는 목적지 주소는 D 클래스의 특정한 주소 중 하나를 사용한다.
  - 클라이언트들은 서버가 보내는 D 클래스의 특정한 주소를 미리 IP 주소처럼 인터페이스에 지정하는 것이 아니다. 서버로부터 멀티캐스트 형태로 들어오는 패킷을 처리할 수 있는 응용 프로그램을 띄우는 순간 3계층 목적지 멀티캐스트 주소를 인터페이스용 2계층 멀티캐스트 MAC 주소로 만들어 자신과 라우터에게 등록한다.
  - 해당 응용 프로그램을 종료하면 자동으로 등록된 주소를 자신과 라우터에

서 해제한다.

- 다양한 수와 위치를 지원한다.
  - 데이터를 다양한 클라이언트에 동시에 전송할 수 있고, 그 클라이언트 호스트들은 다양한 네트워크에 존재할 수 있다. 단, 해당 네트워크들이 멀티캐스트를 지원해야 한다.
- 하나 이상의 그룹 멤버십^{Group Membership}을 지정할 수 있다.
  - 하나의 클라이언트 호스트가 여러 개의 멀티캐스트 응용 프로그램을 동시에 띄워놓고 여러 개의 서버로부터 다른 멀티캐스트 주소로 전송되는 데이터를 동시에 받을 수 있다는 의미다.
- 여러 개의 스트림 호스트^{Stream Host}를 지원할 수 있다.
  - 데이터를 하나의 서버 호스트가 여러 개의 다른 멀티캐스트 주소로 전송할 수 있다는 의미다.

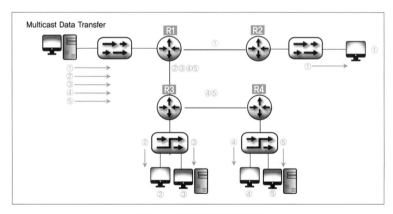

그림 6-71 유니캐스트 데이터 전송

데이터를 다수의 클라이언트 호스트에 유니캐스트로 전송할 경우 유니캐스트 전송 서버에서 각 호스트에 데이터를 각각 전송해야 한다.

그림 6-71에서 알 수 있듯이 하나의 서버에서 5대의 단말로 유니캐스트 데이터를 전송할 경우, 최초 전송 구간에서는 각 단말이 받은 데이터 사이즈의 5배가 될 것이다.

이를 통해 전송 구간의 효율적인 활용이 어렵고, 데이터를 수신하는 단말이 지금보다 더 많이 존재하는 경우, 전송 구간에 있어 데이터의 중복으로 인한 병목 구간이 발생할 것이고 데이터 전송 효율이 많이 떨어질 것이라는 사실을 알 수 있다.

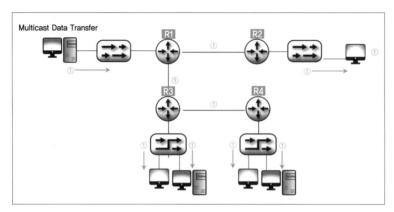

그림 6-72 멀티캐스트 데이터 전송

멀티캐스트 전송은 유니캐스트와 달리 데이터 전송 서버에서 단지 1개의 데이터만 전송하며, 데이터 수신 단말까지 전송되는 데이터 또한 구간에 관계없이 1개의 데이터만 전송한다.

전송 구간의 효율성은 유니캐스트에 비해 매우 뛰어나다.

단, 멀티캐스트 데이터를 수신하기 위해서는 반드시 데이터 전송 구간 및 수신단에서 멀티캐스트를 처리할 수 있는 장비(라우터 및 스위치)가 있어야 한다.

3) 멀티캐스트 주소 체계

표 6-13 멀티캐스트 주소 체계

범위	설명	용도
224.0.0.0~224.0.0.255	관리용으로 예약된 주소	관리용 주소 그룹 내역 • Eigrp: 224.0.0.10 • RIPv2: 224.0.0.9 • OSPF: 224.0.0.5, 224.0.0.6 • DVMRP: 224.0.0.4 • 멀티캐스트가 동작하는 호스트 장비 대상을 패킷 전송: 224.0.0.1 • 멀티캐스트가 동작하는 라우터 장비 대상으로 패킷 전송: 224.0.0.2 • PIMv2: 224.0.0.13 • VRRP: 224.0.0.18 • IGMPv3: 224.0.0.22
224.0.1.0~238.255.255.255	멀티캐스트를 수행하는 데 할당되는 주소	인터넷(Global Scoped Addresses) 공용 멀티캐스트 주소
232.0.0.0~232.255.255.255	SSM(Source Specific Multicast)	PIM(Protocol Independent Multicast)의 새로운 확장 기능인 SSM 기술을 위한 예약 주소
233.0.0.0~233.255.255.255	AS에 할당	1개의 AS 전체에 Multicast 데이터 전송 용도
239.0.0.0~239.255.255.255	사설 멀티캐스트 주소 (Only Local Domain)	공용 멀티캐스트 주소를 할당 받지 못한 곳의 내부에서 임시로 사용

4) 멀티캐스트 관련 프로토콜

■ IGMP

IGMP^{Internet Group Management Protocol}는 멀티캐스트를 지원하는 호스트와 라우터 간에 통신하는 프로토콜이자 멀티캐스트 호스트 그룹에 참여(Join)하거나 해제(Leave)하기 위한 프로토콜로, 호스트 IP 자신이 해당 멀티캐스트 그룹에 속한다는 것을 라우터에게 알리기 위해 사용된다.

■ CGMP

CGMP^{Cisco Group Management Protocol}는 시스코 사 전용 멀티캐스트 프로토콜로, 라우터와 스위치는 2계층 환경에서도 멀티캐스트 그룹에 등록된 호스트의 포트에만 데이터를 전달할 수 있는 기능을 제공한다.

■ IGMP Snooping

IGMP Snooping은 라우터와 멀티캐스트 데이터를 수신하는 호스트 사이에 있는 스위치에 적용되며, IGMP를 이용하여 라우터가 멀티캐스트 데이터를 수신을 위한 그룹 주소를 등록하는 것을 모니터링하며, 등록된 멀티캐스트 그룹 주소를 MAC 주소로 전환한 후 해당 멀티캐스트 그룹 주소에 조인된 호스트가 연결된 스위치 포트와 매칭시키는 역할을 한다.

■ DVMRP

DVMRP^{Distance Vector Multicast Routing Protocol}는 멀티캐스트 라우티드^{mrouted} 프로세스가 사용하는 라우팅 프로토콜로, 멀티캐스트 포워딩 알고리즘으로 리버스 패스 포워딩 방식을 사용해 멀티캐스트 그룹의 동적인 변화를 트리에 반영하기 위해 브로드캐스트와 푸룬^{Prune} 방식을 반복해 이용한다. 브로드캐스트와 푸룬은 송신자가 먼저 데이터그램을 브로드캐스트하고, 이를 수신한 라우터는 RPF^{Reverse Path Forwarding}를 체크한 후 자신이 관리하는 멀티캐스트 그룹 멤버의 유무를 확인하고 최단 경로 트리를 구성하는 역할을 한다.

■ MOSPF

MOSPF^{Multicast Open Shortest Path First}는 IGP 표준 라우팅 프로토콜로, IP 멀티캐스트를 지원하기 위해 OSPF 라우팅 프로토콜의 기능을 확장한 것으로(버전 3) Prunded Shortest Path Tree를 이용한 링크 상태 라우팅 프로토콜이다.

■ PIM

PIM^{Protocol Independent Multicast}은 랑데부 포인트^{Rendezvous Point}를 가지고 있고, 하나의 코어 라우터를 이용해 멀티캐스트 그룹상에서 불필요한 오버헤드를 줄여주며, 유니캐스트와는 독립적이고, Shortest Path Tree와 Optional Core Based Tree를 유지해 효율적인 멀티캐스트 라우팅을 지원한다.

 시스코 사 라우터에서 멀티캐스트를 활성화하는 명령어

- ip multicast-routing: 라우터상에서 멀티캐스트 라우팅 기능 활성화(기본 옵션 아님)
- ip pim dense-mode: 멀티캐스트를 주고받기 위해 인터페이스상에서 설정하거나 대역폭이 풍부한 LAN 환경에서 설정(전체가 멀티캐스트 데이터 수신)
- ip pim sparse-mode: 멀티캐스트 트리 정보를 유지할 RP(Rendezvous Point) 지정

5) 멀티캐스트 프로토콜별 동작 영역

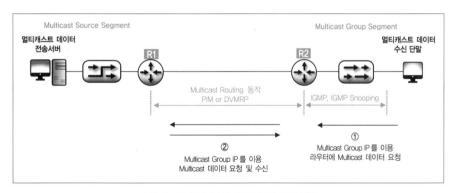

그림 6-73 멀티캐스트 프로토콜별 동작 영역

멀티캐스트 수신단말에서 멀티캐스트 그룹IP를 이용해 IGMP로 멀티캐스트 데이터를 요청한다. R1, R2 라우터 구간에서는 PIM이나 DVMRP 멀티캐스트 라우팅이 동

작해 멀티캐스트 데이터를 요청 및 수신하게 된다.

R2로부터 멀티캐스트 데이터를 수신한 스위치에서는 IGMP Snooping이라는 기능을 활성화해야 멀티캐스트 데이터를 그룹IP로 요청한 단말에게만 멀티캐스트 데이터가 전송된다.

스위치에 따라 IGMP Snooping 기능이 지원이 안된다면 해당 네트워크 대역에 브로드캐스트와 같이 R2에서 수신한 멀티캐스트 데이터를 플러딩^{Flooding}하게 된다.

6) 멀티캐스트 라우팅 동작

멀티캐스트 라우팅 프로토콜$^{ip\ multicast-routing}$은 유니캐스트 라우팅 프로토콜$^{ip\ Routing}$과 마찬가지로 최적의 경로를 선택해야 한다. 다만, 멀티캐스트의 경우는 멀티캐스트 트래픽을 보내는 소스와 수신하는 그룹IP라는 점에서 차이가 있다.

멀티캐스트 라우팅 프로토콜은 EIGRP와 유사한 Loop가 발생하지 않은 최적의 경로를 찾기 위해 RPF(Reverse Path Forwarding)를 사용하며, 최적의 경로 선택의 유니캐스트 라우팅 프로토콜에 의존한다. 즉, IP 라우팅이 정상적으로 동작한다는 전제하에 동작할 수 있다는 것이다.

멀티캐스트 라우팅은 멀티캐스트 데이터가 전달되기 위해 전송 경로 및 전송 상태 정보(Distribution Tree)를 멀티캐스트 라우팅 프로토콜이 생성하게 된다. 여기에 멀티캐스트가 동작하는 라우터들은 멀티캐스트 트래픽 전송 소스와 이것을 수신하는 리시버^{Receiver}들의 인터페이스를 관리한다.

멀티캐스트에 대해서 깊이있게 다루기보다는 멀티캐스트 라우팅 동작모드에 따라 동작 방식을 간단히 확인하기로 한다. 좀 더 깊이있는 내용이 필요하다면 멀티캐스트 프로토콜에 대한 전문 서적을 권고한다.

현재 일반적으로 가장 많이 사용되는 프로토콜은 PIM$^{Protocol\ Independence\ Protocol}$으로 전송 상태 관리방식에 따라 멀티캐스트 라우팅 동작 모드에는 Dense, Sparse 및

Sparse-Dense 모드 세 가지가 있으며, 각 모드마다 동작 상태를 확인해보기로 하자.

① PIM Sparse Mode

- 반드시 하나의 RP^{Rendezvous Point}가 존재한다.

> **RP의 역할**
>
> - 멀티캐스트 소스와 리시버들이 멀티캐스트 트래픽을 중계하는 역할을 한다.
> - Sparse Mode에서 동작한다.
> - Shared Tree 알고리즘을 사용한다.

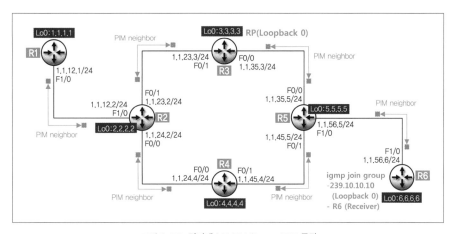

그림 6-74 멀티캐스트 PIM Sparse 모드 동작

■ 각 라우터 멀티캐스트 Sparse 모드 설정 값

[R1]
```
ip multicast-routing              //Multicast 라우팅 활성화//

interface Loopback0
 ip address 1.1.1.1 255.255.255.0
 ip pim sparse-mode               //Multicast Sparse 동작 모드 적용//
interface FastEthernet1/0
 ip address 1.1.12.1 255.255.255.0
```

```
 ip pim sparse-mode              //Multicast Sparse 동작 모드 적용//

router ospf 100
 router-id 1.1.1.1
 network 1.1.1.0 0.0.0.255 area 0
 network 1.1.12.0 0.0.0.255 area 0

ip pim rp-address 3.3.3.3         //Static RP 지정//
```

[R2]
```
ip multicast-routing            //Multicast 라우팅 활성화//

interface Loopback0
 ip address 2.2.2.2 255.255.255.0
 ip pim sparse-mode              //Multicast Sparse 동작 모드 적용//
interface FastEthernet0/0
 ip address 1.1.24.2 255.255.255.0
 ip pim sparse-mode              //Multicast Sparse 동작 모드 적용//
interface FastEthernet0/1
 ip address 1.1.23.2 255.255.255.0
 ip pim sparse-mode              //Multicast Sparse 동작 모드 적용//
interface FastEthernet1/0
 ip address 1.1.12.2 255.255.255.0
 ip pim sparse-mode              //Multicast Sparse 동작 모드 적용//

router ospf 100
 router-id 2.2.2.2
 network 1.1.12.0 0.0.0.255 area 0
 network 1.1.23.0 0.0.0.255 area 0
 network 1.1.24.0 0.0.0.255 area 0
 network 2.2.2.0 0.0.0.255 area 0

ip pim rp-address 3.3.3.3         //Static RP 지정//
```

[R3]
```
ip multicast-routing            //Multicast 라우팅 활성화//
```

```
interface Loopback0
 ip address 3.3.3.3 255.255.255.0
 ip pim sparse-mode              //Multicast Sparse 동작 모드 적용//
interface FastEthernet0/0
 ip address 1.1.35.3 255.255.255.0
 ip pim sparse-mode              //Multicast Sparse 동작 모드 적용//
interface FastEthernet0/1
 ip address 1.1.23.3 255.255.255.0
 ip pim sparse-mode              //Multicast Sparse 동작 모드 적용//

router ospf 100
 router-id 3.3.3.3
 network 1.1.23.0 0.0.0.255 area 0
 network 1.1.35.0 0.0.0.255 area 0
 network 3.3.3.0 0.0.0.255 area 0

ip pim rp-address 3.3.3.3          //Static RP 지정//
```

[R4]
```
ip multicast-routing              //Multicast 라우팅 활성화//

interface Loopback0
 ip address 4.4.4.4 255.255.255.0
 ip pim sparse-mode              //Multicast Sparse 동작 모드 적용//
interface FastEthernet0/0
 ip address 1.1.24.4 255.255.255.0
 ip pim sparse-mode              //Multicast Sparse 동작 모드 적용//
interface FastEthernet0/1
 ip address 1.1.45.4 255.255.255.0
 ip pim sparse-mode              //Multicast Sparse 동작 모드 적용//

router ospf 100
 router-id 4.4.4.4
 network 1.1.24.0 0.0.0.255 area 0
 network 1.1.45.0 0.0.0.255 area 0
 network 4.4.4.0 0.0.0.255 area 0
```

```
ip pim rp-address 3.3.3.3                //Static RP 지정//
```

[R5]
```
ip multicast-routing                     //Multicast 라우팅 활성화//

interface Loopback0
 ip address 5.5.5.5 255.255.255.0
 ip pim sparse-mode               //Multicast Sparse 동작 모드 적용//
interface FastEthernet0/0
 ip address 1.1.35.5 255.255.255.0
 ip pim sparse-mode               //Multicast Sparse 동작 모드 적용//
interface FastEthernet0/1
 ip address 1.1.45.5 255.255.255.0
 ip pim sparse-mode               //Multicast Sparse 동작 모드 적용//
interface FastEthernet1/0
 ip address 1.1.56.5 255.255.255.0
 ip pim sparse-mode               //Multicast Sparse 동작 모드 적용//

router ospf 100
 router-id 5.5.5.5
 network 1.1.35.0 0.0.0.255 area 0
 network 1.1.45.0 0.0.0.255 area 0
 network 1.1.56.0 0.0.0.255 area 0
 network 5.5.5.0 0.0.0.255 area 0

ip pim rp-address 3.3.3.3                //Static RP 지정//
```

[R6]
```
ip multicast-routing                     //Multicast 라우팅 활성화//

interface Loopback0
 ip address 6.6.6.6 255.255.255.0
 ip pim sparse-mode               //Multicast Sparse 동작 모드 적용//
 ip igmp join-group 239.10.10.10  //239.10.10.10 Join Group(Receiver)에
합류//
interface FastEthernet1/0
 ip address 1.1.56.6 255.255.255.0
```

```
 ip pim sparse-mode                //Multicast Sparse 동작 모드 적용//

router ospf 100
 router-id 6.6.6.6
 network 1.1.56.0 0.0.0.255 area 0
 network 6.6.6.0 0.0.0.255 area 0

ip pim rp-address 3.3.3.3          //Static RP 지정//
```

■ 각 라우터 Pim 네이버 및 멀티캐스트 라우팅 확인

- R1을 멀티캐스트 서버로 간주해 R6에서 멀티캐스트 그룹에 합류한 IP(239.10. 10.10) ping 응답을 확인한 후 멀티캐스트 라우팅 확인

```
R1#ping 239.10.10.10
Sending 1, 100-byte ICMP Echos to 239.10.10.10, timeout is 2 seconds:

Reply to request 0 from 1.1.56.6, 36 ms
Reply to request 0 from 1.1.56.6, 60 ms
Reply to request 0 from 1.1.56.6, 52 ms
```

```
R1#show ip pim neighbor
Neighbor     Interface         Uptime/Expires      Ver   DR
Address                                                  Prio/Mode
1.1.12.2     FastEthernet1/0   02:54:04/00:01:30   v2    1 / DR S
//R2 Pim 네이버//

R1#show ip mroute
(*, 239.10.10.10), 00:02:51/stopped, RP 3.3.3.3, flags: SPF
  Incoming interface: FastEthernet1/0, RPF nbr 1.1.12.2
  Outgoing interface list: Null

(1.1.1.1, 239.10.10.10), 00:02:51/00:02:28, flags: FT
```

```
  Incoming interface: Loopback0, RPF nbr 0.0.0.0, Registering
  Outgoing interface list:
    FastEthernet1/0, Forward/Sparse, 00:02:51/00:02:37  //Join Group IP
전달 가능한 I/F 표시//


(*, 224.0.1.40), 03:45:03/00:02:32, RP 3.3.3.3, flags: SJCL
  Incoming interface: FastEthernet1/0, RPF nbr 1.1.12.2
  Outgoing interface list:
    Loopback0, Forward/Sparse, 00:03:55/00:02:25
```

R2#show ip pim neighbor
```
Neighbor      Interface         Uptime/Expires    Ver  DR
Address                                                Prio/Mode
1.1.12.1      FastEthernet1/0   03:45:44/00:01:34  v2   1 / S
//R1 Pim 네이버//
1.1.23.3      FastEthernet0/1   00:05:43/00:01:26  v2   1 / DR S
//R3 Pim 네이버//
1.1.24.4      FastEthernet0/0   03:44:43/00:01:34  v2   1 / DR S
//R4 Pim 네이버//
```

R2#show ip mroute
```
(*, 239.10.10.10), 00:10:43/stopped, RP 3.3.3.3, flags: SPF
  Incoming interface: FastEthernet0/1, RPF nbr 1.1.23.3
  Outgoing interface list: Null


(1.1.1.1, 239.10.10.10), 00:04:28/00:03:27, flags: T
  Incoming interface: FastEthernet1/0, RPF nbr 1.1.12.1
  Outgoing interface list:
    FastEthernet0/0, Forward/Sparse, 00:04:28/00:02:59  //Join Group IP
전달 가능한 I/F 표시//


(*, 224.0.1.40), 03:46:06/00:02:49, RP 3.3.3.3, flags: SJCL
  Incoming interface: FastEthernet0/1, RPF nbr 1.1.23.3
  Outgoing interface list:
    FastEthernet1/0, Forward/Sparse, 03:46:06/00:03:08
```

```
R3#show ip pim neighbor
Neighbor        Interface            Uptime/Expires      Ver   DR
Address                                                        Prio/Mode
1.1.23.2        FastEthernet0/1      00:06:50/00:01:19   v2    1 / S
//R2 Pim 네이버//
1.1.35.5        FastEthernet0/0      02:46:52/00:01:24   v2    1 / DR S
//R5 Pim 네이버//

R3#show ip mroute
(*, 239.10.10.10), 02:26:03/00:03:05, RP 3.3.3.3, flags: S
  Incoming interface: Null, RPF nbr 0.0.0.0
  Outgoing interface list:
    FastEthernet0/0, Forward/Sparse, 02:26:03/00:03:05  //Join Group IP
전달 가능한 I/F 표시//

(1.1.1.1, 239.10.10.10), 00:05:38/00:01:22, flags: PT
  Incoming interface: FastEthernet0/1, RPF nbr 1.1.23.2
  Outgoing interface list: Null

(*, 224.0.1.40), 03:46:20/00:02:46, RP 3.3.3.3, flags: SJCL
  Incoming interface: Null, RPF nbr 0.0.0.0
  Outgoing interface list:
    FastEthernet0/0, Forward/Sparse, 02:28:55/00:03:09
    FastEthernet0/1, Forward/Sparse, 02:30:16/00:03:13
```

```
R4#show ip pim neighbor
Neighbor        Interface            Uptime/Expires      Ver   DR
Address                                                        Prio/Mode
1.1.24.2        FastEthernet0/0      03:45:53/00:01:23   v2    1 / S
//R2 Pim 네이버//
1.1.45.5        FastEthernet0/1      02:47:16/00:01:20   v2    1 / DR S
//R5 Pim 네이버//
```

```
R4#show ip mroute
(*, 239.10.10.10), 00:12:21/stopped, RP 3.3.3.3, flags: SPF
  Incoming interface: FastEthernet0/1, RPF nbr 1.1.45.5
```

```
    Outgoing interface list: Null

(1.1.1.1, 239.10.10.10), 00:06:08/00:01:44, flags: T
  Incoming interface: FastEthernet0/0, RPF nbr 1.1.24.2
  Outgoing interface list:
    FastEthernet0/1, Forward/Sparse, 00:06:08/00:03:14  //Join Group IP
전달 가능한 I/F 표시//

(*, 224.0.1.40), 03:46:28/00:02:50, RP 3.3.3.3, flags: SJCL
  Incoming interface: FastEthernet0/1, RPF nbr 1.1.45.5
  Outgoing interface list:
    FastEthernet0/0, Forward/Sparse, 03:46:28/00:02:50
```

R5#show ip pim neighbor
```
Neighbor       Interface         Uptime/Expires     Ver   DR
Address                                                   Prio/Mode
1.1.35.3       FastEthernet0/0   02:47:25/00:01:28  v2    1 / S
//R3 Pim 네이버//
1.1.45.4       FastEthernet0/1   02:47:46/00:01:21  v2    1 / S
//R4 Pim 네이버//
1.1.56.6       FastEthernet1/0   02:47:09/00:01:24  v2    1 / DR S
//R6 Pim 네이버//
```

R5#show ip mroute
```
(*, 239.10.10.10), 02:27:03/00:03:08, RP 3.3.3.3, flags: SF
  Incoming interface: FastEthernet0/0, RPF nbr 1.1.35.3
  Outgoing interface list:
    FastEthernet1/0, Forward/Sparse, 02:27:03/00:03:08  //Join Group IP
전달 가능한 I/F 표시//

(1.1.1.1, 239.10.10.10), 00:06:38/00:01:12, flags: T
  Incoming interface: FastEthernet0/1, RPF nbr 1.1.45.4
  Outgoing interface list:
    FastEthernet1/0, Forward/Sparse, 00:06:38/00:03:08  //Join Group IP
전달 가능한 I/F 표시//
```

```
(*, 224.0.1.40), 02:48:00/00:02:56, RP 3.3.3.3, flags: SJCL
  Incoming interface: FastEthernet0/0, RPF nbr 1.1.35.3
  Outgoing interface list:
    FastEthernet0/1, Forward/Sparse, 02:29:10/00:02:58
    FastEthernet1/0, Forward/Sparse, 02:29:42/00:02:35
```

```
R6#show ip pim neighbor
Neighbor      Interface            Uptime/Expires    Ver   DR
Address                                                    Prio/Mode
1.1.56.5      FastEthernet1/0      02:47:10/00:01:28  v2    1 / S
//R5 Pim 네이버//
```

```
R6#show ip mroute
(*, 239.10.10.10), 02:27:33/stopped, RP 3.3.3.3, flags: SJCL
  Incoming interface: FastEthernet1/0, RPF nbr 1.1.56.5
  Outgoing interface list:
    Loopback0, Forward/Sparse, 02:27:33/00:02:57  //Join Group IP 전달 가
능한 I/F 표시//

(1.1.1.1, 239.10.10.10), 00:07:08/00:00:16, flags: LJT
  Incoming interface: FastEthernet1/0, RPF nbr 1.1.56.5
  Outgoing interface list:
    Loopback0, Forward/Sparse, 00:07:08/00:02:57  //Join Group IP 전달 가
능한 I/F 표시//

(*, 224.0.1.40), 02:47:45/00:02:25, RP 3.3.3.3, flags: SJPCL
  Incoming interface: FastEthernet1/0, RPF nbr 1.1.56.5
  Outgoing interface list: Null
```

R6에서 IGMP Join 했음을 R5에서 인지하고 RP(R3)로 전달한다. R5는 RP로 가는
최적의 경로를 찾아서 RP와 가장 가까운 PIM 데이터에서 PIM Join 메시지를 전달
한다.

RP 라우터 R3는 PIM Join 메시지를 수신한 후 자신의 멀티캐스트 라우팅 테이블에
(*, G(Group IP)) 상태 정보를 등록한 후 R5로 도달 가능한 인터페이스를 Outgoing

인터페이스로 등록한다.

RPP R3 아래 라우터에도 (*, G(Group IP)) 상태 정보가 생성되며, R5 라우터로 도달 가능한 인터페이스가 Outgoing 인터페이스 리스트에 등록되면서 멀티캐스트 라우팅 테이블이 완성된다.

멀티캐스트 전송 상태 확인 = (S, G)

S: 멀티캐스트 트래픽 소스(Source)
G: 멀티캐스트 트래픽을 전송하는 데 사용하는 그룹(Group)
(S, G): 멀티캐스트 트래픽이 전송되는 정보를 확인
(*, G): 특정 그룹(Group)에 가입된 멀티캐스트 수신단(Receiver)이 있을 경우 생성

멀티캐스트 Sparse 모드 Flag 값(ex: flags SJCL)

Flag	설명
S	멀티캐스트 Sparse 모드
C	Direct Connected Host(Host가 직접 연결됨)
L	Local(로컬 라우터가 멀티캐스트 그룹의 구성원임을 나타냄)
P	Prune(멀티캐스트 그룹(Group)에 속하지 않음을 나타냄)
T	최소한의 멀티캐스트 트래픽이 전달됨. Forwarding 상태
J	특정 그룹(Group) IP가 합류돼 Receiver 상태를 나타냄
F	RP에서 멀티캐스트 소스 트래픽이 기록됨(Registration)

② PIM Dense Mode

Dense 모드는 작은 네트워크에서 소규모의 멀티캐스트 그룹으로 전송되며, 멀티캐스트 트래픽 전달에 있어 작은 규모로 집중적으로 이뤄져야 하는 네트워크에서 적당하다. 구성하기가 용이하며, 간단한 동작 원리를 가지고 있다.

작은 규모의 네트워크에서 멀티캐스트 트래픽이 흐리기 때문에 네트워크 전체에 멀

티캐스트 트래픽을 수신하는 것을 가정하고 동작한다. 그렇기 때문에 다소 멀티캐스트 그룹의 Flood/Prune 동작이 비효율적일 수 있다.

네트워크 내 라우터에서는 소스와 그룹별 트리 구성인 (S(Source), G(Group IP)) 상태 정보인 소스 트리^{Source Tree}를 가지고 있다.

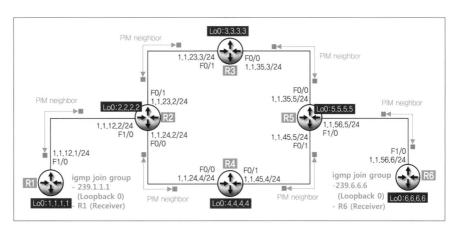

그림 6-75 멀티캐스트 PIM Dense 모드 동작

■ **각 라우터 멀티캐스트 Dense 모드 설정 값**

```
[R1]
ip multicast-routing          //Multicast 라우팅 활성화//

interface Loopback0
 ip address 1.1.1.1 255.255.255.0
 ip pim dense-mode            //Multicast Dense 동작 모드 적용//
 ip igmp join-group 239.1.1.1    //239.1.1.1 Join Group(Receiver)에 합류//
interface FastEthernet1/0
 ip address 1.1.12.1 255.255.255.0
 ip pim dense-mode

router ospf 100
```

```
 router-id 1.1.1.1
 network 1.1.1.0 0.0.0.255 area 0
 network 1.1.12.0 0.0.0.255 area 0
```

[R2]

```
ip multicast-routing          //Multicast 라우팅 활성화//

interface Loopback0
 ip address 2.2.2.2 255.255.255.0
 ip pim dense-mode             //Multicast Dense 동작 모드 적용//
interface FastEthernet0/0
 ip address 1.1.24.2 255.255.255.0
 ip pim dense-mode             //Multicast Dense 동작 모드 적용//
interface FastEthernet0/1
 ip address 1.1.23.2 255.255.255.0
 ip pim dense-mode             //Multicast Dense 동작 모드 적용//
interface FastEthernet1/0
 ip address 1.1.12.2 255.255.255.0
 ip pim dense-mode             //Multicast Dense 동작 모드 적용//

router ospf 100
 router-id 2.2.2.2
 network 1.1.12.0 0.0.0.255 area 0
 network 1.1.23.0 0.0.0.255 area 0
 network 1.1.24.0 0.0.0.255 area 0
 network 2.2.2.0 0.0.0.255 area 0
```

[R3]

```
ip multicast-routing          //Multicast 라우팅 활성화//

interface Loopback0
 ip address 3.3.3.3 255.255.255.0
 ip pim dense-mode             //Multicast Dense 동작 모드 적용//
interface FastEthernet0/0
 ip address 1.1.35.3 255.255.255.0
 ip pim dense-mode             //Multicast Dense 동작 모드 적용//
```

```
interface FastEthernet0/1
 ip address 1.1.23.3 255.255.255.0
 ip pim dense-mode                //Multicast Dense 동작 모드 적용//

router ospf 100
 router-id 3.3.3.3
 network 1.1.23.0 0.0.0.255 area 0
 network 1.1.35.0 0.0.0.255 area 0
 network 3.3.3.0 0.0.0.255 area 0
```

[R4]
```
ip multicast-routing        //Multicast 라우팅 활성화//

interface Loopback0
 ip address 4.4.4.4 255.255.255.0
 ip pim dense-mode                //Multicast Dense 동작 모드 적용//
interface FastEthernet0/0
 ip address 1.1.24.4 255.255.255.0
 ip pim dense-mode                //Multicast Dense 동작 모드 적용//
interface FastEthernet0/1
 ip address 1.1.45.4 255.255.255.0
 ip pim dense-mode                //Multicast Dense 동작 모드 적용//

router ospf 100
 router-id 4.4.4.4
 network 1.1.24.0 0.0.0.255 area 0
 network 1.1.45.0 0.0.0.255 area 0
 network 4.4.4.0 0.0.0.255 area 0
```

[R5]
```
ip multicast-routing        //Multicast 라우팅 활성화//

interface Loopback0
 ip address 5.5.5.5 255.255.255.0
 ip pim dense-mode                //Multicast Dense 동작 모드 적용//
interface FastEthernet0/0
```

```
  ip address 1.1.35.5 255.255.255.0
  ip pim dense-mode              //Multicast Dense 동작 모드 적용//
 interface FastEthernet0/1
  ip address 1.1.45.5 255.255.255.0
  ip pim dense-mode
 interface FastEthernet1/0
  ip address 1.1.56.5 255.255.255.0
  ip pim dense-mode              //Multicast Dense 동작 모드 적용//

 router ospf 100
  router-id 5.5.5.5
  network 1.1.35.0 0.0.0.255 area 0
  network 1.1.45.0 0.0.0.255 area 0
  network 1.1.56.0 0.0.0.255 area 0
  network 5.5.5.0 0.0.0.255 area 0
```

[R6]
```
ip multicast-routing          //Multicast 라우팅 활성화//

interface Loopback0
 ip address 6.6.6.6 255.255.255.0
 ip pim dense-mode             //Multicast Dense 동작 모드 적용//
 ip igmp join-group 239.6.6..6   //239.6.6.6 Join Group(Receiver)에 합류//
interface FastEthernet1/0
 ip address 1.1.56.6 255.255.255.0
 ip pim dense-mode             //Multicast Dense 동작 모드 적용//

router ospf 100
 router-id 6.6.6.6
 network 1.1.56.0 0.0.0.255 area 0
 network 6.6.6.0 0.0.0.255 area 0
```

■ 각 라우터 Pim 네이버 및 멀티캐스트 라우팅 확인

- R3를 멀티캐스트 서버로 간주하고 R1에서 멀티캐스트 그룹에 합류 IP(239. 1.1.1) 및 R6에서 멀티캐스트 그룹에 합류 IP(239.6.6.6)로 ping 응답을 확인한 후 멀티캐스트 라우팅 확인

```
R1#sh ip pim neighbor
Neighbor      Interface          Uptime/Expires  Ver   DR
Address                                                Prio/Mode
1.1.12.2      FastEthernet1/0    2d16h/00:01:21   v    1 / DR S
//R2 PIM 네이버//


R1#show ip mroute
(*, 239.1.1.1), 00:47:16/stopped, RP 0.0.0.0, flags: DCL     // (*, G)//
  Incoming interface: Null, RPF nbr 0.0.0.0
  Outgoing interface list:                          //멀티캐스트 Flooding I/F//
    FastEthernet1/0, Forward/Dense, 00:47:16/00:00:00
    Loopback0, Forward/Dense, 00:47:17/00:00:00

(3.3.3.3, 239.1.1.1), 00:00:13/00:02:50, flags: LT
  Incoming interface: FastEthernet1/0, RPF nbr 1.1.12.2
  Outgoing interface list:
    Loopback0, Forward/Dense, 00:00:15/00:00:00

(*, 239.6.6.6), 00:00:10/stopped, RP 0.0.0.0, flags: D       // (*, G)//
  Incoming interface: Null, RPF nbr 0.0.0.0
  Outgoing interface list:                          //멀티캐스트 Flooding I/F//
    FastEthernet1/0, Forward/Dense, 00:00:10/00:00:00

(3.3.3.3, 239.6.6.6), 00:00:10/00:02:49, flags: PT
  Incoming interface: FastEthernet1/0, RPF nbr 1.1.12.2
  Outgoing interface list: Null

(*, 224.0.1.40), 2d16h/00:02:59, RP 0.0.0.0, flags: DCL
  Incoming interface: Null, RPF nbr 0.0.0.0
```

```
    Outgoing interface list:
       FastEthernet1/0, Forward/Dense, 2d16h/00:00:00
       Loopback0, Forward/Dense, 2d16h/00:00:00
```

R2#show ip pim neighbor
```
Neighbor      Interface          Uptime/Expires   Ver   DR
Address                                                 Prio/Mode
1.1.23.3      FastEthernet0/1    2d16h/00:01:18   v2    1 / DR S
//R3 PIM 네이버//
1.1.24.4      FastEthernet0/0    2d16h/00:01:24   v2    1 / DR S
//R4 PIM 네이버//
1.1.12.1      FastEthernet1/0    2d16h/00:01:16   v2    1 / S
//R1 PIM 네이버//
```

R2#show ip mroute
```
(*, 239.1.1.1), 00:00:27/stopped, RP 0.0.0.0, flags: D       // (*, G)//
   Incoming interface: Null, RPF nbr 0.0.0.0
   Outgoing interface list:                        //멀티캐스트 Flooding I/F//
     FastEthernet1/0, Forward/Dense, 00:00:27/00:00:00
     FastEthernet0/0, Forward/Dense, 00:00:27/00:00:00
     FastEthernet0/1, Forward/Dense, 00:00:27/00:00:00

(3.3.3.3, 239.1.1.1), 00:00:27/00:02:33, flags: T
   Incoming interface: FastEthernet0/1, RPF nbr 1.1.23.3
   Outgoing interface list:
     FastEthernet0/0, Prune/Dense, 00:00:28/00:02:32, A
     FastEthernet1/0, Forward/Dense, 00:00:28/00:00:00

(*, 239.6.6.6), 00:00:23/stopped, RP 0.0.0.0, flags: D       // (*, G)//
   Incoming interface: Null, RPF nbr 0.0.0.0
   Outgoing interface list:                        //멀티캐스트 Flooding I/F//
     FastEthernet1/0, Forward/Dense, 00:00:23/00:00:00
     FastEthernet0/0, Forward/Dense, 00:00:23/00:00:00
     FastEthernet0/1, Forward/Dense, 00:00:23/00:00:00

(3.3.3.3, 239.6.6.6), 00:00:24/00:02:39, flags: PT
```

```
    Incoming interface: FastEthernet0/1, RPF nbr 1.1.23.3
    Outgoing interface list:
      FastEthernet0/0, Prune/Dense, 00:00:24/00:02:36, A
      FastEthernet1/0, Prune/Dense, 00:00:24/00:02:38

(*, 224.0.1.40), 2d16h/00:02:38, RP 0.0.0.0, flags: DCL
    Incoming interface: Null, RPF nbr 0.0.0.0
    Outgoing interface list:
      FastEthernet1/0, Forward/Dense, 2d16h/00:00:00
      Loopback0, Forward/Dense, 2d16h/00:00:00
      FastEthernet0/0, Forward/Dense, 2d16h/00:00:00
      FastEthernet0/1, Forward/Dense, 2d16h/00:00:00
```

R3#show ip pim neighbor
```
Neighbor      Interface           Uptime/Expires  Ver   DR
Address                                                 Prio/Mode
1.1.35.5      FastEthernet0/0     2d16h/00:01:18  v2    1 / DR S
//R5 PIM 네이버//
1.1.23.2      FastEthernet0/1     2d16h/00:01:28  v2    1 / S
//R2 PIM 네이버//
```

R3#show ip mroute
```
(*, 239.1.1.1), 00:00:44/stopped, RP 0.0.0.0, flags: D      // (*, G)//
    Incoming interface: Null, RPF nbr 0.0.0.0
    Outgoing interface list:                       //멀티캐스트 Flooding I/F//
      FastEthernet0/1, Forward/Dense, 00:00:44/00:00:00
      FastEthernet0/0, Forward/Dense, 00:00:44/00:00:00

(3.3.3.3, 239.1.1.1), 00:00:44/00:02:19, flags: T
    Incoming interface: Loopback0, RPF nbr 0.0.0.0
    Outgoing interface list:
      FastEthernet0/0, Prune/Dense, 00:00:44/00:02:15
      FastEthernet0/1, Forward/Dense, 00:00:46/00:00:00

(*, 239.6.6.6), 00:00:41/stopped, RP 0.0.0.0, flags: D      // (*, G)//
```

```
   Incoming interface: Null, RPF nbr 0.0.0.0
   Outgoing interface list:                        //멀티캐스트 Flooding I/F//
     FastEthernet0/1, Forward/Dense, 00:00:41/00:00:00
     FastEthernet0/0, Forward/Dense, 00:00:41/00:00:00


(3.3.3.3, 239.6.6.6), 00:00:43/00:02:19, flags: T
   Incoming interface: Loopback0, RPF nbr 0.0.0.0
   Outgoing interface list:
     FastEthernet0/0, Forward/Dense, 00:00:43/00:00:00
     FastEthernet0/1, Prune/Dense, 00:00:43/00:02:16


(*, 224.0.1.40), 2d16h/00:02:34, RP 0.0.0.0, flags: DCL
   Incoming interface: Null, RPF nbr 0.0.0.0
   Outgoing interface list:
     FastEthernet0/1, Forward/Dense, 2d16h/00:00:00
     FastEthernet0/0, Forward/Dense, 2d16h/00:00:00
```

R4#show ip pim neighbor
```
Neighbor     Interface           Uptime/Expires   Ver   DR
Address                                                 Prio/Mode
1.1.24.2     FastEthernet0/0     2d16h/00:01:35   v2    1 / S
//R2 PIM 네이버//
1.1.45.5     FastEthernet0/1     2d16h/00:01:36   v2    1 / DR S
//R5 PIM 네이버//
```

R4#show ip mroute
```
(*, 239.1.1.1), 00:01:01/stopped, RP 0.0.0.0, flags: D        // (*, G)//
   Incoming interface: Null, RPF nbr 0.0.0.0
   Outgoing interface list:                        //멀티캐스트 Flooding I/F//
     FastEthernet0/1, Forward/Dense, 00:01:01/00:00:00
     FastEthernet0/0, Forward/Dense, 00:01:01/00:00:00


(3.3.3.3, 239.1.1.1), 00:01:01/00:02:04, flags: PT
   Incoming interface: FastEthernet0/1, RPF nbr 1.1.45.5
   Outgoing interface list:
```

```
        FastEthernet0/0, Prune/Dense, 00:01:02/00:01:57

(*, 239.6.6.6), 00:00:57/stopped, RP 0.0.0.0, flags: D         // (*, G)//
  Incoming interface: Null, RPF nbr 0.0.0.0
  Outgoing interface list:                        //멀티캐스트 Flooding I/F//
    FastEthernet0/1, Forward/Dense, 00:00:57/00:00:00
    FastEthernet0/0, Forward/Dense, 00:00:57/00:00:00

(3.3.3.3, 239.6.6.6), 00:00:57/00:02:07, flags: PT
  Incoming interface: FastEthernet0/1, RPF nbr 1.1.45.5
  Outgoing interface list:
    FastEthernet0/0, Prune/Dense, 00:00:57/00:02:02

(*, 224.0.1.40), 2d16h/00:02:59, RP 0.0.0.0, flags: DCL
  Incoming interface: Null, RPF nbr 0.0.0.0
  Outgoing interface list:
    FastEthernet0/1, Forward/Dense, 2d16h/00:00:00
    FastEthernet0/0, Forward/Dense, 2d16h/00:00:00
```

R5#show ip pim neighbor
```
Neighbor      Interface         Uptime/Expires   Ver   DR
Address                                                Prio/Mode
1.1.35.3       FastEthernet0/0    2d16h/00:01:17   v2    1 / S
//R3 PIM 네이버//
1.1.45.4       FastEthernet0/1    2d16h/00:01:29   v2    1 / S
//R4 PIM 네이버//
1.1.56.6       FastEthernet1/0    2d16h/00:01:37   v2    1 / DR S
//R6 PIM 네이버//
```

R5#show ip mroute
```
(*, 239.1.1.1), 00:01:18/stopped, RP 0.0.0.0, flags: D        // (*, G)//
  Incoming interface: Null, RPF nbr 0.0.0.0
  Outgoing interface list:                        //멀티캐스트 Flooding I/F//
    FastEthernet1/0, Forward/Dense, 00:01:18/00:00:00
    FastEthernet0/1, Forward/Dense, 00:01:18/00:00:00
    FastEthernet0/0, Forward/Dense, 00:01:18/00:00:00
```

```
(3.3.3.3, 239.1.1.1), 00:01:18/00:01:45, flags: PT
  Incoming interface: FastEthernet0/0, RPF nbr 1.1.35.3
  Outgoing interface list:
    FastEthernet0/1, Prune/Dense, 00:01:20/00:01:39
    FastEthernet1/0, Prune/Dense, 00:01:20/00:01:48

(*, 239.6.6.6), 00:01:15/stopped, RP 0.0.0.0, flags: D        // (*, G)//
  Incoming interface: Null, RPF nbr 0.0.0.0
  Outgoing interface list:                               //멀티캐스트 Flooding I/F//
    FastEthernet1/0, Forward/Dense, 00:01:15/00:00:00
    FastEthernet0/1, Forward/Dense, 00:01:15/00:00:00
    FastEthernet0/0, Forward/Dense, 00:01:15/00:00:00

(3.3.3.3, 239.6.6.6), 00:01:15/00:01:48, flags: T
  Incoming interface: FastEthernet0/0, RPF nbr 1.1.35.3
  Outgoing interface list:
    FastEthernet0/1, Prune/Dense, 00:01:15/00:01:44
    FastEthernet1/0, Forward/Dense, 00:01:15/00:00:00

(*, 224.0.1.40), 2d16h/00:02:57, RP 0.0.0.0, flags: DCL
  Incoming interface: Null, RPF nbr 0.0.0.0
  Outgoing interface list:
    FastEthernet1/0, Forward/Dense, 2d16h/00:00:00
    FastEthernet0/1, Forward/Dense, 2d16h/00:00:00
    FastEthernet0/0, Forward/Dense, 2d16h/00:00:00
```

R6#show ip pim neighbor
```
Neighbor     Interface        Uptime/Expires   Ver   DR
Address                                              Prio/Mode
1.1.56.5     FastEthernet1/0  2d16h/00:01:16   v2    1 / S
//R5 PIM 네이버//
```

R6#show ip mroute
```
(*, 239.1.1.1), 00:01:36/stopped, RP 0.0.0.0, flags: D        // (*, G)//
  Incoming interface: Null, RPF nbr 0.0.0.0
```

```
   Outgoing interface list:                      //멀티캐스트 Flooding I/F//
     FastEthernet1/0, Forward/Dense, 00:01:36/00:00:00

 (3.3.3.3, 239.1.1.1), 00:01:36/00:01:23, flags: PT
   Incoming interface: FastEthernet1/0, RPF nbr 1.1.56.5
   Outgoing interface list: Null

 (*, 239.6.6.6), 00:48:20/stopped, RP 0.0.0.0, flags: DCL     // (*, G)//
   Incoming interface: Null, RPF nbr 0.0.0.0
   Outgoing interface list:                      //멀티캐스트 Flooding I/F//
     FastEthernet1/0, Forward/Dense, 00:48:21/00:00:00
     Loopback0, Forward/Dense, 00:48:21/00:00:00

 (3.3.3.3, 239.6.6.6), 00:01:33/00:01:34, flags: LT
   Incoming interface: FastEthernet1/0, RPF nbr 1.1.56.5
   Outgoing interface list:
     Loopback0, Forward/Dense, 00:01:33/00:00:00

 (*, 224.0.1.40), 2d16h/00:02:53, RP 0.0.0.0, flags: DCL
   Incoming interface: Null, RPF nbr 0.0.0.0
   Outgoing interface list:
     FastEthernet1/0, Forward/Dense, 2d16h/00:00:00
```

Dense 모드에서는 네트워크 내 모든 라우터들이 멀티캐스트 트래픽을 수신한다는 가정하에 구성되며, RP[Rendezvous Point]가 없다.

이러한 이유에서 Dense 모드는 네트워크 자원 활용에 있어 낭비적인 요소가 있기 때문에 소규모 네트워크에서 적당하며, 구현하기는 쉽다.

Dense 모드에서 동작은 멀티캐스트 트래픽을 전달함에 있어 전체 네트워크에 전달한다. 멀티캐스트 트래픽의 수신이 필요한 라우터는 IGMP Join 메시지를 보냄으로써 트래픽을 Flooding해 수신할 수 있고, 필요없는 라우터의 경우는 PIM Prune 메시지로 응답으로 수신을 차단하게 된다.

이러한 멀티캐스트 Flooding/Prune 동작은 기본 30분 주기로 동작을 반복한다.

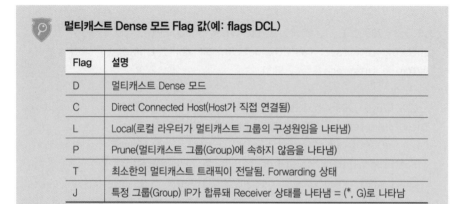

멀티캐스트 Dense 모드 Flag 값(예: flags DCL)

Flag	설명
D	멀티캐스트 Dense 모드
C	Direct Connected Host(Host가 직접 연결됨)
L	Local(로컬 라우터가 멀티캐스트 그룹의 구성원임을 나타냄)
P	Prune(멀티캐스트 그룹(Group)에 속하지 않음을 나타냄)
T	최소한의 멀티캐스트 트래픽이 전달됨. Forwarding 상태
J	특정 그룹(Group) IP가 합류돼 Receiver 상태를 나타냄 = (*, G)로 나타남

지금까지 멀티캐스트 특성 및 적용 모드별 특성과 확인 방법에 대해서 간단히 살펴봤다.

좀 더 깊이있는 내용이 필요하다면 IP 멀티캐스트 전문서적을 참고하길 바란다.

7) 유니캐스트 vs 브로드캐스트 vs 멀티캐스트

표 6-14 유니캐스트 vs 브로트캐스트 vs 멀티캐스트

유니캐스트	브로드캐스트	멀티캐스트
• 특별한 설정이 필요 없음 • 전송 서버 ↔ 단말 간 라우팅 정보만 존재하면 전송 가능	• 브로드캐스트 데이터의 경우 로컬 네트워크 대역을 넘어갈 수 없음 • 라우터상에 ip direct broad cast 기능이 지원해야 전송이 가능함 • 단말단은 브로드캐스트 영역으로, 네트워크 대역 전체에 데이터가 전송됨	• 멀티캐스트 기능이 활성화돼야 전송이 가능함(IGMP/ CGMP/Multicast Routing 등) • 스위치상 IGMP Snooping 기능을 지원하지 않으면 브로드캐스트와 동일하게 전체 스위치에 멀티캐스트 데이터가 흐름 • 멀티캐스트 기능 지원은 라우터나 스위치에 CPU 부하를 가중시킴

8. IPv6 라우팅

3장에서 IPv6의 필요성 및 주소 체계, 표기 방법 등을 알아봤다. 6장 라우팅에서는 실제로 IPv6 주소를 할당한 통신 상태를 알아보자. 또한 IGP를 이용해 라우팅 테이블도 함께 만들어 보자.

IPv6 주소 입력을 다루는 이유는 IPv4와 같이 동작이 가능하다는 것을 확인하고, 그 차이점을 직접 라우터에 적용하면서 확인하기 위해서다.

향후 IoT^{Internet Of Things} 기기에 식별자로 할당되면 IPv6 주소가 할당될 것이고 일일이 장비마다 주소를 설정하는 번거로움은 없을 것이다. 기본 IPv6 네트워크 대역만 할당한다면 자동으로 호스트 주소를 할당되는 구조이며, IPv6 DHCP 서버를 사용하면 네트워크 주소 또한 자동 할당하게 된다. 물론, IPv6 주소 자원을 활용하면 IP 주소가 중복되는 경우는 발생하지 않을 것이다.

그림 6-76 IPv6 네트워크 구성

IPv6 동적 라우팅은 OSPF로 확인할 수 있으며, 라우터 간 IPv6 OSPF 네이버 관계를 위해서는 라우터ID가 반드시 필요하며, 네이버ID로 사용된다. 라우터ID의 경우에는 IPv4 주소를 사용하며, 별도로 설정하거나 여러 인터페이스 중 하나만(주로 Loopback 인터페이스 사용) IPv4 주소를 할당하면 라우터ID로 자동으로 사용하게 된다.

그림 6-76에서 IPv6 호스트 IP 할당은 자동으로 할당되므로 라우터 설정 시 위 그림과 같은 동일한 주소의 할당은 안될 것이며 적용할 때마다 변경된다는 점을 알아야 한다.

■ 라우터 IPv6 설정 값(IPv6 주소 & 동적 라우팅 OSPF)

```
[R1]
ipv6 unicast-routing        //IPv6 라우팅 활성화//

ipv6 router ospf 100        //IPv6 OSPF 라우팅 프로토콜 활성화//
 router-id 1.1.1.1          //IPv6 OSPF 네이버 관계를 위해 반드시 필요함, IPv4 주소 사용//

interface Loopback0
 ipv6 address 2222:AAA:111:11::/64 eui-64
 ipv6 ospf 100 area 0                   //IPv6 OSPF 프로토콜 Loopback 0 적용//
interface FastEthernet0/0
 ipv6 address 1111:ABC:222:12::/64 eui-64
 ipv6 ospf 100 area 0               //IPv6 OSPF 프로토콜
FastEthernet0/0 적용//
interface FastEthernet0/1
 ipv6 address 1111:ABC:222:13::/64 eui-64
 ipv6 ospf 100 area 0           //IPv6 OSPF 프로토콜 FastEthernet0/1 적용//
```

```
[R2]
ipv6 unicast-routing        //IPv6 라우팅 활성화//

ipv6 router ospf 100        //IPv6 OSPF 라우팅 프로토콜 활성화//
 router-id 2.2.2.2          //IPv6 OSPF 네이버 관계를 위해 반드시 필요함, IPv4 주소 사용//

interface Loopback0
 ipv6 address 2222:AAA:111:22::/64 eui-64
 ipv6 ospf 100 area 0                   //IPv6 OSPF 프로토콜 Loopback 0 적용//
interface FastEthernet0/0
 ipv6 address 1111:ABC:222:12::/64 eui-64
 ipv6 ospf 100 area 0           //IPv6 OSPF 프로토콜 FastEthernet0/0 적용//
```

```
interface FastEthernet0/1
 ipv6 address 1111:ABC:222:24::/64 eui-64
 ipv6 ospf 100 area 0              //IPv6 OSPF 프로토콜 FastEthernet0/0 적용//
```

[R3]
```
ipv6 unicast-routing       //IPv6 라우팅 활성화//


ipv6 router ospf 100       //IPv6 OSPF 라우팅 프로토콜 활성화//
 router-id 3.3.3.3     //IPv6 OSPF 네이버 관계를 위해 반드시 필요함, IPv4 주소 사용//


interface loopback0
 ipv6 address 2222:AAA:111:33::/64 eui-64
 ipv6 ospf 100 area 0                 //IPv6 OSPF 프로토콜 Loopback 0 적용//
interface FastEthernet0/0
 ipv6 address 1111:ABC:222:34::/64 eui-64
 ipv6 ospf 100 area 0              //IPv6 OSPF 프로토콜 FastEthernet0/0 적용//
interface FastEthernet0/1
 ipv6 address 1111:ABC:222:13::/64 eui-64
 ipv6 ospf 100 area 0              //IPv6 OSPF 프로토콜 FastEthernet0/0 적용//
```

[R4]
```
ipv6 unicast-routing       //IPv6 라우팅 활성화//


ipv6 router ospf 100       //IPv6 OSPF 라우팅 프로토콜 활성화//
 router-id 4.4.4.4     //IPv6 OSPF 네이버 관계를 위해 반드시 필요함, IPv4 주소 사용//


interface loopback0
 ipv6 address 2222:AAA:111:44::/64 eui-64
 ipv6 ospf 100 area 0                 //IPv6 OSPF 프로토콜 Loopback 0 적용//
interface FastEthernet0/0
 ipv6 address 1111:ABC:222:34::/64 eui-64
 ipv6 ospf 100 area 0              //IPv6 OSPF 프로토콜 FastEthernet0/0 적용//
interface FastEthernet0/1
 ipv6 address 1111:ABC:222:24::/64 eui-64
 ipv6 ospf 100 area 0              //IPv6 OSPF 프로토콜 FastEthernet0/0 적용//
```

■ 라우터 IPv6 인터페이스, 라우팅 테이블 및 OSPF 네이버 상태 확인

```
R1#show ipv6 interface brief
FastEthernet0/0              [up/up]
    FE80::C001:49FF:FE04:0
    1111:ABC:222:12:C001:49FF:FE04:0
Serial0/0                    [administratively down/down]
FastEthernet0/1              [up/up]
    FE80::C001:49FF:FE04:1
    1111:ABC:222:13:C001:49FF:FE04:1
Serial0/1                    [administratively down/down]
FastEthernet1/0              [administratively down/down]
FastEthernet2/0              [administratively down/down]
Loopback0                    [up/up]
    FE80::C001:49FF:FE04:0
    2222:AAA:111:11:C001:49FF:FE04:0


R1#show ipv6 route
C   1111:ABC:222:12::/64 [0/0]
     via ::, FastEthernet0/0
L   1111:ABC:222:12:C001:49FF:FE04:0/128 [0/0]
     via ::, FastEthernet0/0
C   1111:ABC:222:13::/64 [0/0]
     via ::, FastEthernet0/1
L   1111:ABC:222:13:C001:49FF:FE04:1/128 [0/0]
     via ::, FastEthernet0/1
O   1111:ABC:222:24::/64 [110/20]
     via FE80::C002:5BFF:FEC8:0, FastEthernet0/0
O   1111:ABC:222:34::/64 [110/20]
     via FE80::C003:3FFF:FE14:1, FastEthernet0/1
C   2222:AAA:111:11::/64 [0/0]
     via ::, Loopback0
L   2222:AAA:111:11:C001:49FF:FE04:0/128 [0/0]
     via ::, Loopback0
O   2222:AAA:111:22:C002:5BFF:FEC8:0/128 [110/10]
     via FE80::C002:5BFF:FEC8:0, FastEthernet0/0
```

```
O    2222:AAA:111:33:C003:3FFF:FE14:0/128 [110/10]
        via FE80::C003:3FFF:FE14:1, FastEthernet0/1
O    2222:AAA:111:44:C004:59FF:FE60:0/128 [110/20]
        via FE80::C003:3FFF:FE14:1, FastEthernet0/1
        via FE80::C002:5BFF:FEC8:0, FastEthernet0/0
L    FE80::/10 [0/0]
        via ::, Null0
L    FF00::/8 [0/0]
        via ::, Null0
```

R1#show ipv6 ospf neighbor

```
Neighbor ID  Pri  State     Dead Time  Interface ID  Interface
3.3.3.3        1  FULL/BDR  00:00:36   5             FastEthernet0/1
2.2.2.2        1  FULL/BDR  00:00:34   4             FastEthernet0/0
```

R2#show ipv6 interface brief

```
FastEthernet0/0          [up/up]
    FE80::C002:5BFF:FEC8:0
    1111:ABC:222:12:C002:5BFF:FEC8:0
Serial0/0                [administratively down/down]
FastEthernet0/1          [up/up]
    FE80::C002:5BFF:FEC8:1
    1111:ABC:222:24:C002:5BFF:FEC8:1
Serial0/1                [administratively down/down]
FastEthernet1/0          [administratively down/down]
FastEthernet2/0          [administratively down/down]
Loopback0                [up/up]
    FE80::C002:5BFF:FEC8:0
    2222:AAA:111:22:C002:5BFF:FEC8:0
```

R2#show ipv6 route

```
C    1111:ABC:222:12::/64 [0/0]
        via ::, FastEthernet0/0
L    1111:ABC:222:12:C002:5BFF:FEC8:0/128 [0/0]
        via ::, FastEthernet0/0
O    1111:ABC:222:13::/64 [110/20]
```

```
            via FE80::C001:49FF:FE04:0, FastEthernet0/0
C    1111:ABC:222:24::/64 [0/0]
       via ::, FastEthernet0/1
L    1111:ABC:222:24:C002:5BFF:FEC8:1/128 [0/0]
       via ::, FastEthernet0/1
O    1111:ABC:222:34::/64 [110/20]
       via FE80::C004:59FF:FE60:1, FastEthernet0/1
O    2222:AAA:111:11:C001:49FF:FE04:0/128 [110/10]
       via FE80::C001:49FF:FE04:0, FastEthernet0/0
C    2222:AAA:111:22::/64 [0/0]
       via ::, Loopback0
L    2222:AAA:111:22:C002:5BFF:FEC8:0/128 [0/0]
       via ::, Loopback0
O    2222:AAA:111:33:C003:3FFF:FE14:0/128 [110/20]
       via FE80::C001:49FF:FE04:0, FastEthernet0/0
       via FE80::C004:59FF:FE60:1, FastEthernet0/1
O    2222:AAA:111:44:C004:59FF:FE60:0/128 [110/10]
       via FE80::C004:59FF:FE60:1, FastEthernet0/1
L    FE80::/10 [0/0]
       via ::, Null0
L    FF00::/8 [0/0]
       via ::, Null0
```

R2#show ipv6 ospf neighbor

Neighbor ID	Pri	State	Dead Time	Interface ID	Interface
4.4.4.4	1	FULL/BDR	00:00:33	5	FastEthernet0/1
1.1.1.1	1	FULL/DR	00:00:32	4	FastEthernet0/0

R3#show ipv6 interface brief

```
FastEthernet0/0            [up/up]
    FE80::C003:3FFF:FE14:0
    1111:ABC:222:34:C003:3FFF:FE14:0
Serial0/0                  [administratively down/down]
FastEthernet0/1            [up/up]
    FE80::C003:3FFF:FE14:1
    1111:ABC:222:13:C003:3FFF:FE14:1
```

```
Serial0/1                    [administratively down/down]
FastEthernet1/0              [administratively down/down]
FastEthernet2/0              [administratively down/down]
Loopback0                    [up/up]
    FE80::C003:3FFF:FE14:0
    2222:AAA:111:33:C003:3FFF:FE14:0
```

R3#show ipv6 route
```
O   1111:ABC:222:12::/64 [110/20]
       via FE80::C001:49FF:FE04:1, FastEthernet0/1
C   1111:ABC:222:13::/64 [0/0]
       via ::, FastEthernet0/1
L   1111:ABC:222:13:C003:3FFF:FE14:1/128 [0/0]
       via ::, FastEthernet0/1
O   1111:ABC:222:24::/64 [110/20]
       via FE80::C004:59FF:FE60:0, FastEthernet0/0
C   1111:ABC:222:34::/64 [0/0]
       via ::, FastEthernet0/0
L   1111:ABC:222:34:C003:3FFF:FE14:0/128 [0/0]
       via ::, FastEthernet0/0
O   2222:AAA:111:11:C001:49FF:FE04:0/128 [110/10]
       via FE80::C001:49FF:FE04:1, FastEthernet0/1
O   2222:AAA:111:22:C002:5BFF:FEC8:0/128 [110/20]
       via FE80::C001:49FF:FE04:1, FastEthernet0/1
       via FE80::C004:59FF:FE60:0, FastEthernet0/0
C   2222:AAA:111:33::/64 [0/0]
       via ::, Loopback0
L   2222:AAA:111:33:C003:3FFF:FE14:0/128 [0/0]
       via ::, Loopback0
O   2222:AAA:111:44:C004:59FF:FE60:0/128 [110/10]
       via FE80::C004:59FF:FE60:0, FastEthernet0/0
L   FE80::/10 [0/0]
       via ::, Null0
L   FF00::/8 [0/0]
       via ::, Null0
```

```
R3#show ipv6 ospf neighbor
Neighbor ID  Pri   State      Dead Time  Interface ID  Interface
1.1.1.1        1   FULL/DR    00:00:38   5             FastEthernet0/1
4.4.4.4        1   FULL/DR    00:00:33   4             FastEthernet0/0
```

R4#show ipv6 interface brief
```
FastEthernet0/0              [up/up]
    FE80::C004:59FF:FE60:0
    1111:ABC:222:34:C004:59FF:FE60:0
Serial0/0                    [administratively down/down]
FastEthernet0/1              [up/up]
    FE80::C004:59FF:FE60:1
    1111:ABC:222:24:C004:59FF:FE60:1
Serial0/1                    [administratively down/down]
FastEthernet1/0              [administratively down/down]
FastEthernet2/0              [administratively down/down]
Loopback0                    [up/up]
    FE80::C004:59FF:FE60:0
    2222:AAA:111:44:C004:59FF:FE60:0
```

R4#show ipv6 route
```
O   1111:ABC:222:12::/64 [110/20]
       via FE80::C002:5BFF:FEC8:1, FastEthernet0/1
O   1111:ABC:222:13::/64 [110/20]
       via FE80::C003:3FFF:FE14:0, FastEthernet0/0
C   1111:ABC:222:24::/64 [0/0]
       via ::, FastEthernet0/1
L   1111:ABC:222:24:C004:59FF:FE60:1/128 [0/0]
       via ::, FastEthernet0/1
C   1111:ABC:222:34::/64 [0/0]
       via ::, FastEthernet0/0
```

```
L   1111:ABC:222:34:C004:59FF:FE60:0/128 [0/0]
      via ::, FastEthernet0/0
O   2222:AAA:111:11:C001:49FF:FE04:0/128 [110/20]
      via FE80::C003:3FFF:FE14:0, FastEthernet0/0
      via FE80::C002:5BFF:FEC8:1, FastEthernet0/1
O   2222:AAA:111:22:C002:5BFF:FEC8:0/128 [110/10]
      via FE80::C002:5BFF:FEC8:1, FastEthernet0/1
O   2222:AAA:111:33:C003:3FFF:FE14:0/128 [110/10]
      via FE80::C003:3FFF:FE14:0, FastEthernet0/0
C   2222:AAA:111:44::/64 [0/0]
      via ::, Loopback0
L   2222:AAA:111:44:C004:59FF:FE60:0/128 [0/0]
      via ::, Loopback0
L   FE80::/10 [0/0]
      via ::, Null0
L   FF00::/8 [0/0]
      via ::, Null0


R4#show ipv6 ospf neighbor
Neighbor ID   Pri   State      Dead Time   Interface ID   Interface
2.2.2.2         1   FULL/DR    00:00:39    5              FastEthernet0/1
3.3.3.3         1   FULL/BDR   00:00:33    4              FastEthernet0/0
```

라우팅 프로토콜별 순위를 결정하는 메트릭

구분(Route Source)	기본 메트릭(Default Distance)
Direct Connect	0
Static Route to a Next Hop	1
EIGRP Summary Route	5
External BGP	20
Internal EIGRP	90
IGRP	100
OSPF	110
IS-IS	115
RIP v1, v2	120
External EIGRP	170
Internal BGP	200

```
R(config)# ip route x.x.x.x [mask] {address| interface} [distance]
[permanent]
```

- [distance]
  옵션이며 Administrative distance를 지정하는 것으로, 목적지로 가는 경로가 여러 개 존재할 경우 Administrative distance의 낮은 것이 우선 순위가 높다.
  정적 경로가 Administrative distance 값이 작기 때문에 일반적으로 우선순위가 높다. 그러나 정적 경로를 동적 경로의 백업으로 사용하고자 하는 환경에서 Distance 값을 동적 라우팅 프로토콜보다 높게 설정하면 동적 경로가 다운돼 라우팅 테이블에서 사라지면 차선의 경로인 Distance 값이 입력된 정적 경로가 동작하게 된다.

- [permanent]
  옵션이며 인터페이스가 다운돼 있을 경우에는 정적(Static) 경로가 라우팅 테이블에 포함돼 있지 않지만 permanent를 설정하면 인터페이스의 업/다운에 관계없이 항상 라우팅 테이블에 포함된다.

라우터 인터페이스 상태 정보

R2#show interface Fastethernet0/0
FastEthernet0/0 is up, line protocol is up
    Hardware is Gt96k FE, address is c202.1660.0000(bia c202.1660.0000)
    Internet address is 1.1.23.2/24
    MTU 1500bytes, BW 10000 Kbit/sec, DLY 1000 usec,
        reliability 255/255, txload 1/255, rxload 1/255
    Encapsulation ARPA, loopback not set
    Keepalive set(10 sec)
    Half-duplex, 10Mb/s, 100BaseTX/FX
    ARP type: ARPA, ARP Timeout 04:00:00
    Last input 00:00:02, output 00:00:02, output hang never
    Last clearing of "show interface" counters never
    Input queue: 0/75/0/0(size/max/drops/flushes); Total output drops: 0
    Queueing strategy: fifo
    Output queue: 0/40(size/max)
    5 minute input rate 0bits/sec, 0 packets/sec
    5 minute output rate 0bits/sec, 0 packets/sec
        42 packets input, 4811bytes
        Received 26 broadcasts, 0 runts, 0 giants, 0 throttles
        0 input errors, 0 CRC, 0 frame, 0 overrun, 0 ignored
        0 watchdog
        0 input packets with dribble condition detected
        51 packets output, 5179bytes, 0 underruns
        0 output errors, 0 collisions, 0 interface resets
        0 unknown protocol drops
        0 babbles, 0 late collision, 0 deferred
        0 lost carrier, 0 no carrier
        0 output buffer failures, 0 output buffers swapped out

Fastethernet0/0 is up, line protocol is up	현재 정상 동작 중 레이어 2까지의 상태 정상
Fastethernet0/0 is up, line protocol is down	주로 레이어 2의 문제가 대부분 Encapsulation type이 양쪽 인터페이스에서 다를 경우 Clock rate(Bandwidth) Setup이 안 된 경우 Keepalive message를 받지 못하는 경우

Fastethernet0/0 is down, line protocol is down	물리 계층 문제: 물리적 인터페이스 문제 연결 상태 불량 상대편 인터페이스가 Administratively down 인 경우
Fastethernet0/0 is Administratively down, line protocol is down	현재 인터페이스가 관리자에 의해 셧다운 (shutdown)된 상태

 네트워크 보안 16

원격접속 시 보안이 강화된 프로토콜 사용(SSH)

네트워크 관리자들은 장비 운영상 수시로 장비에 접속해 상태 등과 관련된 모니터링 업무를 수행한다. 이렇게 잦은 접속을 하는 경우 텔넷보다 보안이 강화된 프로토콜인 SSH를 이용해 접근을 권고하고 있다.

[주의] 중규모 이하의 네트워크 장비에서 SSH 접속을 구현할 경우, 장비의 성능 이슈로 적용이 어려운 경우가 많이 발생하므로, 앞의 취약점 중 패스워드, 접근 관리자 제한, 계정별 권한 제어를 이용해 최대한 보안을 강화해야 한다.

■ 적용 방법(시스코 라우터)

```
R1(config)#hostname Center
Center(config)#ip domain-name cisco.com
Center(config)#username admin password cisco
Center(config)#crypto key generate rsa
The name for the keys will be: Center.cisco.com
Choose the size of the key modulus in the range of 360 to 2048 for your
  General Purpose Keys. Choosing a key modulus greater than 512 may take
  a few minutes.
How manybits in the modulus [512]: 1024
% Generating 1024 bit RSA keys, keys will be non-exportable...[OK]
Center(config)#
*Mar  1 03:43:14.491: %SSH-5-ENABLED: SSH 1.99 has been enabled
Center(config)#ip ssh authentication-retries 5
Center(config)#line vty 0 4
Center(config-line)#login local
Center(config-line)#transport input ssh
```

액세스 리스트로 Spoofing 방지

출발지 주소로 브로드캐스트, 멀티캐스트 및 단말의 로컬 루프백 IP(127.0.0.0) 주소를
이용하는 경우는 거의 없으며, 간혹 DDoS 공격 유형으로 사용될 가능성이 있다. 이에 대
한 조치로는 액세스 리스트를 이용한 차단 정책을 들 수 있다.

```
R1(config)#ip access-list extended DENY        //특정 호스트에 대한 차단 ACL 설정//
R1(config-ext-nacl)#deny ip 127.0.0.0 0.255.255.255 any
R1(config-ext-nacl)#deny ip 224.0.0.0 31.255.255.255 any
R1(config-ext-nacl)#deny ip host 0.0.0.0 any
R1(config-ext-nacl)#permit ip any any
R1(config)#interface FastEthernet0/0            //Input 방향으로 인터페이스에 적용//
R1(config-if)#ip access-group DENY in
```

IP/MAC 주소 가로채기 차단(Proxy Arp 기능 제한)

ARP Proxy 기능을 이용하면 IP나 MAC 주소의 가로채기(Intercept)가 가능해진다.
ARP Proxy 기능은 IP와 MAC 주소의 캐시(Cache) 기능을 제공하기 때문에 악의적인
해커가 이 기능을 사용해 변조된 IP나 MAC 주소를 보내올 경우 ARP Proxy는 이러한 변
조된 정보를 보관하게 되므로 정상적인 데이터 전달을 방해하거나 가로챌 수 있다.

■ ARP Proxy 기능 비활성화 설정(시스코 사 장비)

```
R1#configure terminal
Enter configuration commands, one per line.  End with CNTL/Z.
R1(config)#interface FastEthernet0/0
R1(config-if)#no ip proxy-arp  //Arp Proxy 기능 비활성화//
```

7
스위칭

1. 스위칭 개념

스위칭은 일반적으로 랜^{LAN} 스위칭을 의미한다. 이는 이더넷 프레임을 이용한 패킷의 전달을 말하며, 초기에는 Coax 케이블과 같은 동축 케이블을 이용한 물리적인 버스 구조를 바탕으로 전기 신호를 실어서 패킷을 전달하는 수단으로 사용했다.

패킷을 전달하는 성능 이슈와 필요에 의해 개선된 10BASE-T 규격의 이더넷이 출현하게 됐다.

독자의 이해를 돕기 위해 스위칭 장비의 진화와 함께 발전해온 2계층(L2) 스위칭 및 3계층(L3) 스위칭에 대해 알아보자.

1) 버스(동축 케이블을 이용한 버스)

동축 케이블을 이용한 별도의 인터페이스와 터미네이터로 구성된 물리적인 버스 구조다.

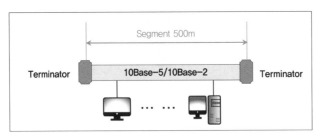

그림 7-1 동축 버스의 구조

2) 리피터

리피터Repeater는 1계층 장비로, 초기 랜LAN 환경에서 전기 신호를 전달할 때 거리의 한계를 극복하기 위해 전기적 신호를 증폭시켜 먼 거리까지 랜을 연장할 수 있도록 했다.

디지털 신호의 특성상 일정한 거리 이상 멀어지면 출력이 감소돼 패킷의 장거리 전송이 어려워진다. 따라서 장거리 전송을 위해 적당한 위치에서 출력 전압을 높여주는 역할을 하는 장치를 설치해야 하는데, 이러한 중계 장치가 바로 '리피터'다.

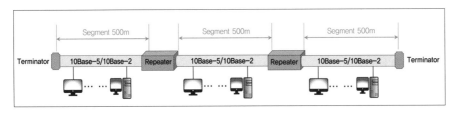

그림 7-2 리피터의 구성

3) 허브

허브^{Hub}는 전기적 신호를 증폭할 때 리피터와 동일한 역할을 하며, 여러 대의 터미널(단말 등)을 랜에 접속할 수 있도록 지원한다. 같은 허브에 연결된 터미널은 동일한 브로드캐스트 영역에 있으므로 모든 터미널이 서로 통신이 가능한 상태다.

허브의 특성상 단말 등과 같이 통신이 가능한 터미널이 허브로 연결된 경우에는 특정한 단말에서 송수신되는 데이터가 허브에 연결된 모든 단말이나 터미널로 브로드캐스트로 전달된다. 이러한 특성으로 인해 허브에 단말이 많이 연결되면 네트워크상에 흐르는 데이터가 증가하게 되고 패킷의 충돌이 발생해 네트워크 성능이 떨어지는 문제가 발생한다. 또한 인터페이스도 송신과 수신을 같은 대역에서 함께 사용하는 반이중$^{Half\ Duplex}$만 지원한다.

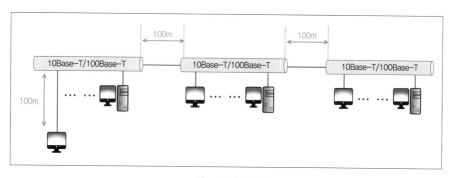

그림 7-3 허브 구성

4) 브릿지

브릿지^{Bridge}는 이더넷을 지원하는 단말의 물리적 연결, 전송 거리 연장 등 리피터 및 허브와 동일한 기능을 가지고 있고, 2계층의 장비로 수신한 프레임을 재생(복제)해 전송하는 기능도 가지고 있다.

또한 2계층 이더넷 MAC 주소^{MAC Address}를 참조해 프레임의 전송할 포트를 결정한 후 프레임을 전달하는 기능도 가지고 있다. 이 밖에도 MAC 주소 테이블(MAC 주소와 브릿지의 물리적인 포트 번호가 매핑된 테이블)을 가지고 있는데, 이는 2계층 스위칭에 이용된다.

브릿지는 스위치 장비의 전 단계로, 브릿지의 경우 지원하는 이더넷 포트가 4개 이하이며 저속이기 때문에 활용도 면에서 많이 떨어진다.

5) 스위치

스위치^{Switch}는 2계층 장비로, 브릿지와 같이 MAC 주소를 이용한 스위칭을 지원한다. CAM^{Contents-Addressable Memory}이라는 MAC 주소 테이블을 가지고 있는데, 이는 물리적인 MAC 주소와 스위치 포트 번호를 매핑시킨 테이블을 말한다.

프레임을 전송할 때 동일 스위치에 연결된 모든 단말이 해당 프레임을 수신하는 것이 아니라 목적지 MAC 주소를 가진 단말이 연결된 스위치 포트로만 프레임을 전송한다.

■ 동작 원리 및 절차

① 스위치 각 포트에 접속돼 있는 단말이나 장비의 MAC 주소를 CAM에 저장한다.
② 특정 포트에서 이더넷 프레임이 전송되면 목적지 MAC 주소와 CAM 테이블을 참조해 CAM 테이블에 등록된 해당 스위치 포트로 전송한다.
③ 목적지 MAC 주소가 CAM 테이블에 등록돼 있지 않으면 프레임을 송신한 포트를 제외한 링크가 업 상태인 모든 포트로 프레임을 플러딩^{Flooding}한다.
④ 스위치 전체로 플러딩한 후 목적지 MAC 주소를 가지고 있는 단말은 응답을 하게 되고 그 정보가 CAM 테이블에 등록되며, 프레임을 해당 목적지 MAC 주소를 가진 스위치 포트로 전송한다.

⑤ CAM 테이블에 등록된 MAC 주소와 해당 스위치 포트가 다운됐거나, 업 상태이
지만 이더넷 프레임이 수신되지 않으면 일정 시간(Aging Time: 5분) 후 CAM 테이
블에서 삭제된다.

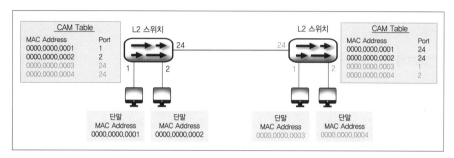

그림 7-4 L2 스위칭

6) 허브와 스위치의 차이점

■ 허브와 스위치의 특징 비교

표 7-1 허브와 스위치 특징 비교

구분	허브(HUB)	스위치(Switch)
특성	• 브로드캐스트 영역(Broadcast Domain) – 한 포트에서 전송된 프레임이 모든 포트로 전달 • 충돌 영역(Collision Domain) – 동시에 다른 포트로 프레임이 전달될 경우 충돌 발생 ※ 허브는 브로드캐스트와 충돌 영역이 같다. (Broadcast doamain = Collision damain)	• 브로드캐스트 영역 – MAC 참조 Table(CAM Table)[1]이 있어 한 포트에서 전송된 프레임은 목적지의 MAC 주소가 보이는 특정 포트로만 전송 – 동일 네트워크 대역에서만 브로드캐스트 영역이다. • 충돌 영역(Collision Domain) – 특정 인터페이스가 연결된 구간이다.

1 CAM(Contents Addressable Memory) Table은 MAC 주소를 저장하는 테이블로, 대부분의 이더넷 스위치는 전이중 통신 방식(full duplex)을 지원하기 때문에 송신과 수신이 동시에 일어나는 경우 훨씬 향상된 속도를 제공한다. 스위치를 이용하는 경우에도 대량의 브로드캐스트 전송으로 스위치의 처리 용량을 초과하는 데이터 흐름에 대해서는 취약할 수밖에 없으므로 대규모 네트워크의 경우에는 스위치에서 VLAN 기능이나 라우터를 이용해 네트워크를 분리해야 한다.

| | | – 송·수신 대역의 공유 상태인 Half Duplex 상태에서는 충돌이 발생할 수 있다.

※ 허브는 브로드캐스트와 충돌 영역이 다르다.
(Broadcast Domain ≠ Collision Domain) |

■ 허브와 스위치의 구성 비교

표 7-2 허브와 스위치 구성 비교

허브 구성	
• 프레임 전송 시 브로드캐스트 & 충돌 발생	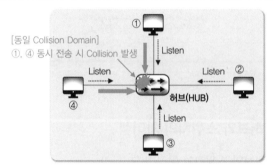 Collision Domain & Broadcast Domain
스위치 구성	
• 프레임 전송 시 같은 네트워크 대역으로 브로드캐스트 발생, 충돌은 스위치 포트 단위로 발생 가능성 있음 (단, 반이중/Half Duplex 경우에 발생)	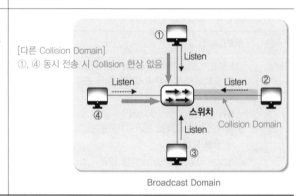 Broadcast Domain

2. ARP

네트워크 계층(3계층) 주소$^{\text{IP Address}}$를 물리 주소$^{\text{MAC Address}}$로 변환하기 위해 사용한다. 일반적으로 호스트 간 통신은 IP 주소를 기반으로 이뤄지며, 물리적 인터페이스로 전기 신호가 전달되기 전 단계인 데이터 링크 단계(2계층)에서 호스트 출발지 어댑터는 ARP$^{\text{Address Resolution Protocol}}$ 모듈을 가지고 있으며, 목적지 IP 주소에 대해 질의하면 ARP 모듈은 MAC 주소로 대답한다.

네트워크 어댑터는 ARP 캐시를 유지하며 IP 주소, MAC 주소, TTL$^{\text{Time To Live}}$로 구성된다. ARP는 적당한 주기가 되면 사라진다.

MAC 주소가 데이터 통신에서 어떻게 이용되는지 살펴보면 다음과 같다.

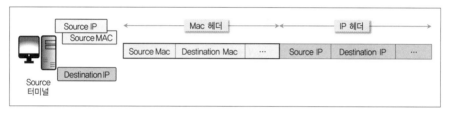

그림 7-5 ARP 통신 역할

MAC 주소의 경우 출발지 터미널 MAC 주소는 자신의 NIC$^{\text{Network Interface Card}}$에 고유 값으로 내장돼 있으며, 데이터를 전달하기 위해서는 목적지 터미널 MAC 주소를 알아야 한다. 그림 7-5에서 알 수 있듯이 출발지 터미널에서는 목적지 터미널 MAC 주소를 찾을 수 없다. 이때 ARP 기능을 이용한 목적지 터미널의 IP 주소를 이용하면 목적지 터미널 MAC 주소를 찾아낼 수 있다.

ARP를 이용하면 IP 주소로부터 MAC 주소를 얻을 수 있다. 예를 들어 단말A가 단말B의 MAC 주소를 확인하기 위해서는 ARP Request라는 패킷을 로컬 네트워크 대역으로 브로드캐스트로 플러딩^{Flooding}한다. 이때 ARP Request 패킷을 같은 네트워크의 모든 호스트가 수신하게 되고 관계없는 호스트는 패킷을 무시하며, 해당 단말B는

ARP Request 패킷을 통해 전달된 IP 주소가 자신의 IP 주소와 같다는 사실을 확인한 후 ARP Reply 패킷을 사용해 단말B 자신의 MAC 주소를 단말A에 응답하게 된다.[2]

■ ARP와 MAC 주소를 이용한 호스트 IP 위치 확인 방법

2계층 스위치에 연결된 여러 단말, 라우터 및 스위치(L2) 장비의 어떤 스위치 몇 번 포트에 연결돼 있는지 확인하는 방법이다.

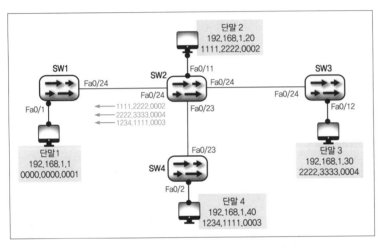

그림 7-6 ARP-MAC을 이용한 스위치 포트 위치 확인

그림 7-6에서 단말4의 연결 스위치 및 스위치 포트를 확인해보자. 여기서는 ARP와 MAC 주소를 적절히 활용해야 하며, 반드시 찾는 단말4는 링크가 업 상태이어야 하고, 정상이어야 한다.

다음은 시스코 사의 스위치를 기준으로 설명하고 있지만, ARP 동작이나 MAC 주소와 관련된 부분은 표준으로 동작하므로 기본 원리는 다른 제조사도 유사하다.

---

2 RARP(Reverse Address Resolution Protocol)는 ARP와는 반대로 MAC 주소를 이용해 IP 주소를 제공하는 역할을 한다.

528

단말 4(192.168.1.40) 연결 스위치 및 포트 확인 절차

① ARP Table 확인

SW1# ping 192.168.1.40   //단말의 링크 상태 이상 유무 확인, Ping 응답 확인//
SW1# show ip arp 192.168.1.40   //해당 IP 주소에 대한 MAC 주소 확인//
    192.168.1.40 → 1234.1111.0003

② MAC 주소 및 스위치 포트 확인

SW1# show MAC address-table 1234.1111.0003 //MAC 주소가 전달되는 스위치 포트
확인//
    192.168.1.40 – 1234.1111.0003 – Fa0/24

③ 해당 포트에서 전달되는 MAC 주소 확인

SW1# show MAC address-table | include Fa0/24
//해당 스위치 포트로부터 전달되는 전체 MAC 주소 확인//
//해당 스위치 포트에는 또다른 스위치가 연결돼 있을 수 있기 때문에 확인이 필요하다.//
    192.168.1.20 – 1111.2222.0002 – Fa0/24
    192.168.1.30 – 2222.3333.0004 – Fa0/24
    192.168.1.40 – 1234.1111.0003 – Fa0/24
    → 스위치 Fa0/24 포트에는 또 다른 스위치가 연결된다는 것을 확인

④ 스위치 SW1과 연결된 이웃 스위치(또는 라우터) 확인

SW1# show cdp neighbor detail //시스코 CDP로 연결된 스위치 정보 확인//
    SW1 Fa0/24 포트와 연결된 SW2 확인

⑤ 연결된 스위치 SW2로 텔넷 접속 후 MAC 주소를 통한 스위치 포트 확인

SW2# show MAC address-table 1234.1111.0003
    192.168.1.40-1234.1111.0003- Fa0/23
SW2# show cdp neighbor detail
    SW2 Fa0/23 포트와 연결된 SW4 확인
SW4# show MAC address-table 1234.1111.0003   //SW4 Fa0/2 포트에 연결된다는
것을 확인//
    192.168.1.40 – 1234.1111.0003 – Fa0/2

3. 이더넷 프레임 전달 시 MAC 주소 변환

1) 2계층에서 프레임 전달 시 IP 주소 & MAC 주소

동일한 네트워크 대역(2계층)에서 IP 주소와 MAC 주소의 전달은 브로드캐스트로 ARP 요청과 응답으로 확인할 수 있다. 라우터가 단말D를 찾고자 할 때 단말D가 연결된 스위치 CAM 테이블에 관련 MAC 주소와 스위치 포트 정보가 저장돼 있다면 바로 응답할 것이다.

만약, 없다면 ARP 요청이 전체 네트워크 대역으로 플러딩Flooding될 것이고, 단말D는 플러딩된 ARP 패킷을 확인한 후 ARP 응답을 하게 된다. 이와 같은 APR 요청과 응답에 대한 정보는 다시 스위치 CAM 테이블에 저장될 것이다. 앞서 2계층 스위치에서 ARP와 MAC을 이용해 특정 IP를 가진 단말이 위치한 포트를 찾는 것과 같은 원리다.

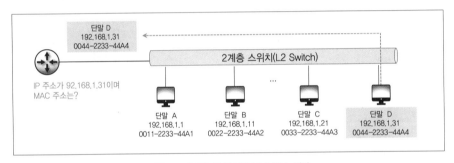

그림 7-7 2계층 IP 주소와 MAC 주소 전달

2) 3계층에서 프레임 전달 시 IP 주소 & MAC 주소

ARP를 이용한 MAC 주소와 IP 주소의 스위칭은 2계층에서만 유효하다. 다만, 3계층에서 MAC 주소와 IP 주소의 스위칭 과정은 중간에 하나의 네트워크에서 다른 네트워크로 전달되는 과정에서 MAC 주소 변환이 발생한다.

네트워크를 연결해주는 라우터에서 출발지에 자신의 MAC 주소를 목적지 MAC 주소로 대신 전달하고, 목적지에는 출발지 MAC 주소를 대신 전달하면 3계층 스위칭이 가능해진다.

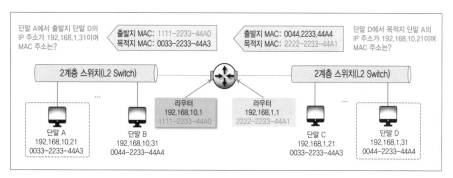

그림 7-8 3계층 IP 주소와 MAC 주소 전달

① 단말D에서 단말A로 MAC 주소를 전달하거나 단말D가 속한 네트워크 대역에서 전달할 때는 192.168.1.31(MAC 0044-2233-44A4)가 그대로 라우터 쪽으로 이동한다.

② 단말D에서 바라보는 목적지인 단말A의 MAC 주소는 단말 D에 속한 라우터의 인터페이스 MAC(2222-2233-44A1)으로 보인다.

③ 라우터에서는 단말D 정보를 받아 단말A로 전달하는 과정에서 MAC 주소는 라우터 자신의 인터페이스 중 단말A와 같은 네트워크 대역에 연결돼 있는 인터페이스의 MAC 주소를 출발지 MAC 주소(1111-2233-44A0)로 해서 단말 A로 전달한다. 이때 목적지인 단말A의 MAC 주소는 자신의 MAC 주소(0033-2233-44A3)로 보인다.

④ 단말A의 IP 주소와 MAC 주소를 단말D로 전달하는 과정에도 라우터는 단말D와 같은 네트워크에 연결돼 있는 라우터 자신의 인터페이스 MAC 주소를 단말D로 전달한다.

이렇게 2계층 MAC 스위칭과 3계층에서 동작하는 MAC 스위칭에 대해 알아봤다. 해당 장비의 고유 MAC 주소는 동일 네트워크 대역 안에서만 변화 없이 전달되며 3계층으로 라우팅될 때는 라우터 자신의 MAC 주소를 대신 목적지로 전달하게 된다는 것을 기억하기 바란다.

4. 라우터와 3계층 스위치

네트워크를 접하는 사람들은 라우팅과 스위칭의 개념을 혼란스러워 하는 경향이 있다. 여기서는 라우터가 라우팅을 하는 것과 L3 스위치가 스위칭을 하는 것을 비교해 보자.

스위칭은 앞서 설명한 것과 같이 2계층 스위칭과 3계층 스위칭이 있다. 좁은 의미로 본다면, 라우터가 행하는 라우팅과 유사한 것은 3계층 스위치(L3 Switch)에서의 스위칭일 것이다.

실제로 프레임이 전송되는 결과는 동일하다고 봐도 무방하며, 세세한 동작 원리를 살펴본다면 라우터에서 처리하는 라우팅은 라우터 CPU에서 처리하고, L3 스위치 같은 경우는 ASIC이라는 메모리 기반을 둔 모듈에서 처리한다. 즉, MAC 주소가 관련된 스위칭으로 봐야 할 것이다. 라우터에서 라우팅은 6장에 배운 것과 같이 라우팅 테이블을 참조한 인접 라우터를 경유해 프레임을 전달하기 위해 CPU 자원을 사용하는 것을 말한다.

표 7-3 라우터와 L3 스위치 비교

구분	특징
라우터 (Router)	• 3계층 헤더에 있는 IP 주소를 참조해 목적지와 연결된 인터페이스로 패킷 전송 • 다른 IP 주소를 가진 네트워크 간의 패킷 전송을 위해서는 반드시 라우터와 같은 3계층 장비를 이용해야 한다(3계층 스위치도 가능). • 하나의 라우터에서는 동일한 네트워크 대역의 인터페이스를 여러 개 가질 수 없다. • 라우터는 하나의 물리적 인터페이스에 논리적인 서브 인터페이스(sub−interface) 할당이 가능하므로 다수의 네트워크 대역을 할당할 수 있다(단, 이때는 라우터와 연결되는 스위치 포트를 트렁크 포트로 설정해야 한다). • 소프트웨어 라우팅(Software Routing): CPU에서 모든 라우팅 처리를 한다. Interface Serial 0/0 라우터 FastEthernet 0/1 FastEthernet 0/0 interface FastEthernet 0/0 interface FastEthernet 0/0.100 encapsulation dot1q 100 interface FastEthernet 0/0.2 encapsulation dot1q 200 interface FastEthernet 0/0.3 encapsulation dot1q 300 interface FastEthernet 0/0.4 encapsulation dot1q 400 FastEthernet 2/0 switchport mode trunk switchport trunk encapsulation dot1q VLAN100 → VLAN300 VLAN200 → VLAN400 L2 스위치
L3 스위치 (Switch)	• 3계층 헤더에 있는 IP 주소를 참조해 목적지와 연결된 포트로 패킷 전송 • 라우터와 달리 VLAN이 스위치의 인터페이스 역할을 하며, VLAN 간 서로 다른 네트워크 할당을 할 수 있다. • L3 스위치상에서 이더넷 프로토콜을 이용한 원거리 구성인 WAN 구성이 가능해짐으로써 이더넷 회선이 직접 L3 스위치에 연결돼 L3 스위칭을 할 수 있다. • 스위치는 VLAN을 인터페이스로 사용하므로 VLAN에 많은 포트를 할당할 수 있다. • 모든 VLAN을 포함하는 트렁크 기능이 있다. • ASIC를 통한 하드웨어 라우팅(Hardware Routing) 처리를 한다. interface vlan 100 interface range fa2/0 −7 switchport mode access switchport access vlan 1 interface vlan 200 interface range fa2/7 −13 switchport mode access switchport access vlan 2 ip routing enable (라우팅 활성화) VLAN100 / VLAN300 VLAN200 / VLAN400 L3 스위치 interface vlan 300 interface range fa2/14 −21 switchport mode access switchport access vlan 3 interface vlan 400 interface range fa2/XX −XX switchport mode access switchport access vlan #

5. VLAN

2계층 네트워크로 하나의 단일 네트워크는 하나의 브로드캐스트 영역이 된다. 이렇게 단일 네트워크 대역으로 하나의 브로드캐스트 영역을 가진 Area를 LAN이라고 하며, 이를 논리적인 가상 영역으로 만든 것을 VLAN^Virtual Local Area Network이라고 한다.

2계층 네트워크로 분리된 네트워크가 패킷을 다른 네트워크로 전달하기 위해서는 반드시 라우터라는 장비가 필요하다. 앞에서 알아본 L3 스위치 장비도 라우터와 동일한 역할을 한다.

라우터는 각 인터페이스별로 네트워크 대역이 나눠지며, L3 스위치에서 라우터의 인터페이스 역할을 하는 것은 바로 VLAN이다. 즉, VLAN 자체가 L3 스위치에서는 인터페이스인 것이다.

VLAN의 특징

- 브로드캐스트 영역을 나눈다(Separate Broadcast Domain).
- VLAN은 번호 1~4096까지 지원한다.
    - VLAN 1: 기본 VLAN(Default VLAN)
    - 이더넷에서 사용할 수 있는 VLAN 번호는 1~1001까지이다.
- 라우터의 인터페이스와 같은 역할을 한다.
- IP 주소를 부여할 수 있다.
- L3 스위치는 단말의 게이트웨이 주소로 사용할 수 있으며, 패킷 전송에 관여한다.

6. 트렁킹

트렁킹^Trunking은 해당 스위치가 가지고 있는 모든 VLAN을 통합된 하나의 링크로 전송할 수 있는 기능으로, 다수의 VLAN 프레임을 전송할 수 있는 링크를 의미한다.

스위치가 보유하고 있는 포트는 기본 액세스^Access 포트다. 액세스 포트는 일단 서버나 단말 접속이 가능한 포트로 하나의 VLAN에 속할 수 있는 포트를 의미한다.

■ **트렁크의 특징**

스위치가 가지고 있는 포트중 일반적으로 단말과 같은 터미널이 접속하는 액세스 Access 포트가 아닌 스위치가 가지고 있는 다수의 VLAN을 동시에 포함하는 포트로 동작하는 것을 말한다.

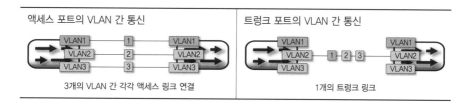

단순히 물리적인 링크 숫자가 줄어들어 좋은 점도 있지만, 액세스 링크별 네트워크 대역이 동일하고 트렁크 링크의 대역이 각 액세스 링크와 동일하다면 트렁크 구간에 데이터가 집중되는 병목 현상이 발생해 트래픽의 지연 요소가 될 수도 있다는 점을 고려해야 한다.

트렁크를 구성할 때에는 대역폭뿐만 아니라 링크 장애로 인한 데이터 전달의 중단을 막기 위해 최소한 이중화 링크로 구성해야 한다. 이는 이더채널Ether-Channel 또는 포트 채널Port-Channel로 다중의 링크를 하나의 링크로 묶어 구성하는 방법이다.

2개의 물리적인 링크를 가상으로 하나의 링크로 묶어 2배의 대역폭을 제공해 하나의 물리적인 링크 장애가 발생하더라도 중단 없는 서비스를 제공한다. 최대 8개까지 포트 채널을 구성할 수 있으며, 이를 Link Aggregation이라고도 한다.

그림 7-9 트렁크 이중화, Port-Channel 구성

1) 표준 트렁킹 프로토콜

- **IEEE 802.1Q: 이더넷 프레임에 4바이트 길이의 802.1Q Tag 추가
  (VLAN 정보와 기타 정보 표시)**

참고로 시스코 사가 자체 개발한 트렁킹 방식인 ISL^{Inter-Switch Link}이 있으나 802.1Q와
달리 확장 VLAN을 지원하지 못해 사용 빈도가 떨어지며, 시스코 사에서도 802.1Q
표준을 적용하고 있는 실정이다.

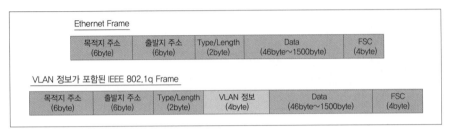

그림 7-10 프레임 비교 이더넷 vs 802.1q

7. DTP

DTP^{Dynamic Trunking Protocol}는 VLAN 정보를 서로 교환하기 위해 스위치 간 트렁크 설
정이 필요한 경우, 트렁크 관련 옵션 사항을 상호 협상할 때 이용하는 프로토콜이다.

- 액세스^{Access} 포트
  상대방 포트와 관계없이 일반 단말이나 단일 VLAN을 수용하는 모드

[적용방법]

Switch(config)#interface FastEthernet 0/1   //한 개 포트에 적용//

Switch(config-if)#switchport mode access

Switch(config)#interface range FastEthernet 0/1 -10 //여러 포트를 동시에 적용//

Switch(config-if-range)#switchport mode access

- 트렁크 포트

  스위치 포트를 액세스 포트에서 트렁크 포트로 설정, 여기서는 상대 포트를 트렁크 포트로 동작시키기 위해 DTP 패킷을 전송한다.

[트렁크 모드 설정 방법]

Switch(config)#interface FastEthernet 0/1

Switch(config-if)#switchport trunk encapsulation [dot1q/isl/negotiation]

Swtich(config-if)#switchport mode trunk

· 스위치 포트를 트렁크로 지정하려면 해당 인터페이스의 트렁크 인캡슐레이션 방식을 미리 지정해야 한다.

  ※ 트렁크 표준인 dot1q 방식만을 지원하는 장비가 있으므로 이때는 단순히 switchport mode trunk 옵션만 적용하면 트렁크로 동작하게 된다.

표 7-4는 스위치 포트 모드에 따른 포트 상태를 보여준다.

표 7-4 스위치 모드별 포트 상태

스위치 포트 모드(Switchport mode)		포트 상태
스위치 #1	스위치 #2	
Dynamic desirable	Trunk Dynamic desirable Dynamic auto	Trunk
	Access	Access
Dynamic auto	Trunk Dynamic desirable	Trunk
	Dynamic auto Access	Access

```
Switch(config)#interface FastEthernet 0/1
Switch(config-if)#switchport trunk encapsulation dot1q
Switch(config-if)#switchport mode trunk
Switch(config-if)# switchport nonegotiate[3]      //DTP 패킷 전송 차단//
```

일반적으로 트렁크 포트의 기본적인 상태에서는 스위치에 있는 모든 VLAN을 포함
하지만 임의로 특정 VLAN만을 할당할 수도 있다.

표 7-5 트렁크 VLAN 추가 제외 처리

명령어	설명
Switch(config)#interface FastEthernet 0/1 Switch(config-if)#switchport trunk allowed vlan add 20-25,30	트렁크에 사용되는 VLAN 추가
Switch(config)#interface FastEthernet 0/1 Switch(config-if)#switchport trunk allowed vlan all	트렁크에 모든 VLAN 사용 가능하게 함
Switch(config)#interface FastEthernet 0/1 Switch(config-if)#switchport trunk allowed vlan except 101-150	트렁크에 포함된 VLAN 중에서 선택한 VLAN 제외시킴
Switch(config)#interface FastEthernet 0/1 Switch(config-if)#switchport trunk allowed vlan none	모든 VLAN이 트렁크 포트를 사용할 수 없도록 설정
Switch(config)#interface FastEthernet 0/1 Switch(config-if)#switchport trunk allowed vlan remove 51-55	트렁크상에서 사용하는 VLAN 중 특정 VLAN 삭제

트렁크 설정과 동작은 스위치 동작에 있어서 매우 중요한 역할을 한다. 이번에는 스
위치에서 트렁크가 설정되면 어떻게 보여지는지, 그리고 트렁크 상태가 정상인지를
어떻게 확인할 수 있는지 살펴보자.

---

3 스위치 포트가 트렁크 모드일 때 상대에게 DTP(Dynamic Trunk Protocol) 패킷을 전송하지 않게 하는 옵션으로, 이 명령
  어는 다이내믹 모드에서 사용할 수 없음.

```
Switch#show interface status
Port      Name     Status       Vlan     Duplex     Speed     Type
Fa1/0              connected    trunk    a-full     a-100     unknown
Fa1/1              disabled     1        auto       auto      unknown

... ...
Fa1/8              disabled     1        auto       auto      unknown
Fa1/9              disabled     1        auto       auto      unknown
Fa1/10             connected    trunk    a-full     a-100     unknown
Fa1/11             disabled     1        auto       auto      unknown

... ...
Fa1/15             disabled     1        auto       auto      unknown
```

- 트렁크가 설정된 스위치 포트를 보여준다.
- 스위치 포트별 스피드 및 상태를 보여준다.

```
SW1#show interfaces trunk
Port      Mode     Encapsulation     Status         Native vlan
Fa1/0     on       802.1q            trunking       1
Fa1/10    on       802.1q            trunking       1

Port      Vlans allowed on trunk
Fa1/0     1-1005
Fa1/10    1-1005

Port      Vlans allowed and active in management domain
Fa1/0     1,10,20,30,40,50
Fa1/10    1,10,20,30,40,50

Port      Vlans in spanning tree forwarding state and not pruned
Fa1/0     1,10,20,30,40,50
Fa1/10    1,10,20,30,40,50
```

- 트렁크에서 허용된(allowed) VLAN 정보를 보여준다.

```
Switch#show interface Fa1/10 switchport
Name: Fa1/10
Switchport: Enabled
Administrative Mode: trunk
Administrative Trunking Encapsulation: dot1q
Operational Trunking Encapsulation: dot1q
Negotiation of Trunking: Disabled
```

```
Access Mode VLAN: 0((Inactive))
Trunking Native Mode VLAN: 1(default)
Trunking VLANs Enabled: ALL
Trunking VLANs Active: 1,10,20,30,40,50
Priority for untagged frames: 0
Override vlan tag priority: FALSE
Voice VLAN: none
Appliance trust: none
```

- 트렁크 상태 및 프로토콜 정보를 보여준다.
- 트렁크에 포함된 활성화된 VLAN 정보를 보여준다.

8. VTP

VTP^{VLAN Trunking Protocol}는 스위치들이 보유하고 있는 VLAN들이 트렁크로 연결된 다른 스위치와 VLAN 정보를 교환할 때 사용하는 프로토콜로, 스위치 상호간 트렁크로 연결 설정을 할 경우 VTP 모드에 따라 일일이 양쪽 스위치에 VLAN을 설정하는 번거로움을 해소해준다. 즉, 한쪽에 VLAN 정보를 별도의 설정 없이 그대로 받아와 자신의 스위치 VLAN 정보로 이용한다.

이 기능은 네트워크를 구축할 때 반복되는 설정 작업을 줄여주기 때문에 무척 편리하다. 백본 스위치와 같이 많은 VLAN 정보를 가진 복잡한 스위치를 새로 설치할 때 VLAN 설정 부분을 별도로 설정하는 작업 없이 편리하게 구축할 수 있도록 해준다.

VTP가 어떻게 동작하고, 어떠한 특성을 가지고 있는지 그리고 어떠한 점에 주의해야 하는지를 알아보자.

1) VTP 동작 원리

- 스위치 VLAN 정보의 변경(추가, 수정, 삭제)된 새로운 VLAN 정보를 다른 스위치에 자동 전송한다.
- VLAN 정보의 변경된 정보와 함께 VTP Configuration 버전을 1씩 증가시켜 다른 스위치에 함께 전송한다.
- VTP 정보를 수신한 스위치는 자신의 VTP Configuration 버전 번호와 비교한다.
  - 수신한 VTP 버전 번호가 높으면 자신의 VLAN 정보를 새로운 정보로 대체한다.
  - 수신한 VTP 버전 번호가 같으면 수신한 정보를 무시한다.
  - 수신한 VTP 버전 번호가 낮으면 자신의 VTP 정보를 전송한다.

 VTP 동작 조건
VTP Domain Name이 동일하고 트렁크 포트로 연결돼 있어야 동작한다.
※ VTP Domain 이름이 설정돼 있지 않으면 동작하지 않는다.

2) VTP 동작 모드

- Server 모드
  - 기본 모드Default Mode이며 VLAN 생성, 삭제, VLAN 이름 변경 및 VTP 정보를 다른 스위치에 전송한다.
  - 다른 스위치로부터 받은 정보와 자신의 정보를 일치시키고, 이를 다른 스위치에 중계한다.
- Client 모드
  - VLAN을 생성하거나 삭제할 수 없으며, 자신의 VTP 정보를 다른 스위치에 전송한다.

○ 다른 스위치로부터 받은 정보와 자신의 정보를 일치시키고, 이를 다른 스위치에 중계한다.

- Transparent 모드[4]

  ○ 자신의 VTP 정보를 다른 스위치에 전송하지 않으며, 다른 스위치에서 받은 정보와 일치시키지 않는다.

  ○ 받은 VTP 정보를 중계하며, 자신이 사용할 VLAN을 생성하거나 삭제할 수 있다.

■ **VTP 정보 확인 방법**

```
Switch#show vtp status
VTP Version                  : 2
Configuration Revision       : 1
Maximum VLANs supported locally : 256
Number of existing VLANs     : 10
VTP Operating Mode           : Server
VTP Domain Name              : VTP_Main
VTP Pruning Mode             : Disabled
VTP V2 Mode                  : Disabled
VTP Traps Generation         : Disabled
MD5 digest                   : 0x12 0x7C 0x6C 0xBE 0x6F 0x2F 0x05
0x50
Configuration last modified by 0.0.0.0 at 3-1-93 00:04:54
Local updater ID is 0.0.0.0(no valid interface found)
```

3) VTP 설정 시 주의사항

VTP 동작상 가장 큰 문제를 일으킬 수 있는 부분은 매우 중요하고, 네트워크 운영자들이 주의를 해야 하기 때문에 별도의 항목으로 분류했다. 이는 대규모 네트워크를

---

4 Transparent 모드에서는 확장 VLAN(1006~4094)을 설정할 수 있다.

운영하고 있는 NI^Network Integration 기업이나 데이터센터에서 가끔씩 발생하며, 심각한 문제를 야기한 사례도 있다.

■ 문제점

이중화로 운영되는 백본 스위치 중 1대에 장애가 발생해 새로운 스위치를 교체할 필요가 있을 때, 교체 과정에서 VTP 설정 값의 VTP 모드와 Domain Name 및 Revision 값을 간과하고 설치하면 기존 정상인 백본 스위치의 VLAN 정보가 순식간에 없어지는 현상이 발생할 수 있다. 즉, 새로 추가되는 스위치의 VTP 모드가 Server 모드이고 Revision 번호가 높을 경우 그리고 불행하게 기본 VLAN(VLAN1)만 가지고 있다면 VTP Domain Name을 입력하는 순간 기존 백본 스위치의 VLAN 정보가 순식간에 없어지고 VLAN1만 남게 되므로 대내외 서비스에 심각한 영향을 초래할 것이다.

신규 스위치를 기존 스위치에 트렁크로 연결할 때 주의사항
- 기존 스위치가 많은 VLAN 정보를 가지고 있는 경우
- VTP 상태 확인 필수
  - 신규 스위치가 기본 VTP Mode인 Server Mode이고, 기본 VLAN1만 가지고 있으며, Revision Number가 기존 스위치보다 높을 경우
  - 기존 스위치의 VTP Mode가 Server Mode인 경우

발생 이슈
- 기존 스위치가 가지고 있는 VLAN 정보가 신규 스위치의 VLAN 정보로 변경됨
- 기존 스위치의 VLAN 정보가 기본 VLAN1만 남게 돼 기존 데이터 통신에 문제가 발생함

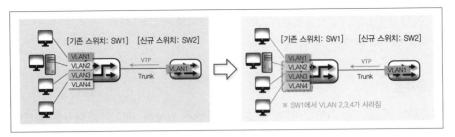

그림 7-11 VTP 동작에 따른 문제점

■ 문제가 된 VTP 모드 및 Revision 번호

SW1#show vtp status	SW2#show vtp status
VTP Version : 2	VTP Version : 2
Configuration Revision : 1	Configuration Revision : 2
Maximum VLANs supported locally : 256	Maximum VLANs supported locally : 256
Number of existing VLANs : 10	Number of existing VLANs : 1
VTP Operating Mode : Server	VTP Operating Mode : Server
VTP Domain Name : VTPDomain	VTP Domain Name : VTPDomain
VTP Pruning Mode : Disabled	VTP Pruning Mode : Disabled
VTP V2 Mode : Disabled	VTP V2 Mode : Disabled
VTP Traps Generation : Disabled	VTP Traps Generation : Disabled
... ...	... ...

9. STP

STP$^{Spanning Tree Protocol}$는 스위치나 브릿지 구조에서 단일 링크가 아닌 백업 경로 확보 차원에서 이중화 경로 구성 시 이더넷 루프를 방지하는 기능을 제공한다.

이더넷 루프가 발생하면 동일한 MAC 정보가 서로 다른 포트에 전달되고, 스위치상 MAC 주소 테이블이 불안정해지며, 스위칭 기능이 제대로 동작하지 못하게 된다. 이더넷 루프가 발생하면 이더넷 프레임 전달에 있어 무한 루프가 발생하고 해당 스위치에 과부하를 초래해 스위치 다운은 물론 행업과 같은 먹통 현상이 발생하는 경우가 종종 있다.

STP는 이러한 물리적인 루프 구조의 취약점을 개선하기 위해 루프 구간에 있는 특정 포트를 논리적으로 다운시킴으로써 루프 생성을 차단한다. 단순히 차단만 하는 것이 아니라 정상적인 경로에 장애가 발생할 경우 STP 동작에 의해 차단된 포트가 활성화돼 패킷 포워딩을 가능하게 해주는 장애 대비 백업 경로로도 많이 사용되고 있다.

과거의 경우에는 STP의 오동작으로 인해 전체적인 네트워크에 장애를 유발시키는 경우가 있었기 때문에 네트워크를 설계할 때 루프 구조를 만들지 않는 것이 최선이었다. 그러나 현재는 네트워크 장비의 고도화로 기능상 오류가 거의 나타나지 않아 데이터센터의 경우 3Tier 구조에서 2Tier 구조로 단순화함으로써 패킷 전송의 효율성을 높이고 있다.

STP 특징 및 기능 요약

- 목적지로 향하는 2개 이상의 경로가 존재하는 2계층 스위칭 구조에서 네트워크를 마비시킬 수 있는 루프를 방지하는 기술이다.

- IEEE802.1D 표준으로 2계층 브릿지와 스위치 사이에서 동작한다.

- 물리적 네트워크 구성이 루프 구조이며, 루프를 방지하기 위해 특정 포트를 차단 상태로 바꿔 루프를 방지하고, 동작 중인 스위치나 포트가 다운되면 차단 상태의 포트를 다시 전송 상태로 바꿔 패킷 전송 상태를 유지한다.

- 프레임 루프
  - IP 패킷은 루프가 발생하더라도 헤더의 TTL(Time To Live) 필드에 의해 무한 루프를 방지한다(TTL = 255).
  - 이더넷 프레임은 IP 패킷과 같이 TTL에 해당하는 부분이 없으므로 무한 루프가 발생할 수 있고, 인위적인 차단이 필요하다.

- 스위치상에서 루프 상태 확인
  - 루프 상태가 되면 짧은 시간에 스위치 자원을 소진하기 때문에 CPU 부하 상태를 반드시 확인해야 한다.

```
Switch#show processes cpu
CPU utilization for five seconds: 0%/0%; one minute: 0%; five
minutes: 0%

 PID Runtime(ms) Invoked  uSecs   5Sec   1Min  5Min TTY Process
   1          0        1      0  0.00%  0.00%  0.00%  0 Chunk Manager
   2        716     3774    189  0.00%  0.00%  0.00%  0 CEF Scanner
```

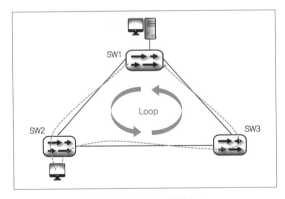

그림 7-12 STP 루프 발생 구조

그림 7-12와 같이 루프가 발생한 구조에서 스위치상의 CPU 상태 및 관련 정보를 확인해보자. 다음 내용은 임의로 STP기능을 비활성화한 후에 발생하는 무한루프 상태에서 확인한 결과다.

SW#1, SW#2, SW#3 스위치의 VLAN1 STP 기능을 비활성화함.

```
SW1(config)# no spanning-tree vlan 1
SW2(config)# no spanning-tree vlan 1
SW3(config)# no spanning-tree vlan 1
```

[정상 상태일 때 SW#1 CPU 상태]

```
SW1#show processes cpu
CPU utilization for five seconds: 0%/0%; one minute: 0%; five minutes: 0%
```

PID	Runtime(ms)	Invoked	uSecs	5Sec	1Min	5Min	TTY	Process
1	0	1	0	0.00%	0.00%	0.00%	0	Chunk Manager
2	0	21788	0	0.00%	0.00%	0.00%	0	Load Meter
3	716	3774	189	0.00%	0.00%	0.00%	0	CEF Scanner
4	120	2450	100	0.00%	… …			
5								

[루프 상태일 때 SW#1 CPU 상태]

```
SW1#show processes cpu
CPU utilization for five seconds: 99%/29%; one minute: 0%; five minutes:
0%
```

PID	Runtime(ms)	Invoked	uSecs	5Sec	1Min	5Min	TTY	Process
1	0	1	0	0.00%	0.00%	0.00%	0	Chunk Manager
2	0	21788	0	0.00%	0.00%	0.00%	0	Load Meter
3	716	3774	189	0.00%	0.00%	0.00%	0	CEF Scanner
4.	120	2450	100	0.00%	… …			
5								

```
SW1#ping 1.1.1.1
Type escape sequence to abort.
Sending 5, 100-byte ICMP Echos to 1.1.1.1, timeout is 2 seconds:
*Mar  2 06:24:47.136: IP ARP: creating incomplete entry for IP address:
1.1.1.1 interface Vlan1
*Mar  2 06:24:47.136: IP ARP: sent req src 1.1.1.2 cc01.1b20.0000,
                dst 1.1.1.1 0000.0000.0000 Vlan1
*Mar  2 06:24:47.164: IP ARP req filtered src 1.1.1.2 cc01.1b20.0000,
dst 1.1.1.1 0000.0000.0000 it's our address
*Mar  2 06:24:47.164: IP ARP req filtered src 1.1.1.2 cc01.1b20.0000,
dst 1.1.1.1 0000.0000.0000 it's our address
*Mar  2 06:24:47.164: IP ARP req filtered src 1.1.1.2 cc01.1b20.0000,
dst 1.1.1.1 0000.0000.0000 it's our address
```

1) BPDU

BPDU[Bridge Protocol Data Unit]는 STP 기능이 동작하는 과정에서 스위치 간 BPDU 패킷을 주고받음으로써 루프가 없는 링크를 구성한다. BPDU 패킷의 종류에는 Configuration BPDU와 TCN[Topology Change Notification] BPDU가 있다.

- **Configuration BPDU(35바이트)**
  - 스위치는 Configuration BPDU를 이용해 루트 스위치[Root Switch]를 선출하고 스위치 포트[Switch Port]의 역할을 지정한다.
  - Configuration BPDU는 항상 루트 스위치가 생성하며, 다른 스위치들은 이 패킷을 다음 스위치로 중계한다.

표 7-5 BPDU 패킷 구분

구분	크기(Size,byte)	내용
Protocol ID	2	항상 0 값을 가진다.
BPDU Version	1	STP(0), RSTP(2), MSTP(3)
BPDU Type	1	0x00(Configuration BPDU)
Flag	1	Topology 변화를 나타냄(0x01:TC, 0x80:TCA).
Root Brige ID	8	루트 스위치 ID
Path Cost	4	루트 스위치까지 경로 Cost
Bridge ID	8	루트 스위치로 가는 직전 스위치의 스위치 ID
Port ID	2	포트 ID
Message age	2	루트 스위치까지 가는 데 거치는 스위치 수
Max age	2	BPDU 정보 저장 시간
Hello Time	2	BPDU 전송 주기
Forwarding Delay	2	Listening과 Learning 상태 지속 시간

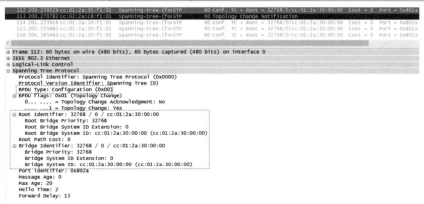

■ TCN BPDU

- 스위치의 상태 변화에 관련된 특정 링크가 다운되거나 업되는 것과 같이 네트
워크상 토폴로지의 변화가 생기면 이러한 정보를 루트 스위치에 알린다.

- Configuration BPDU와 동일 필드를 2개 가지고 있으며, 타입Type 필드만
TCNTopology Change Notification BPDU(4bytes)를 나타내는 0x80으로 표시된다.

구분	크기(Size, byte)	내용
Protocol ID	2	항상 0 값을 가진다.
BPDU 버전	1	STP(0), RSTP(2), MSTP(3)
BPDU 타입	1	0x80(TCN BPDU)

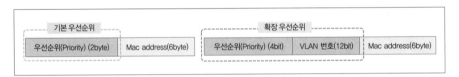

```
112 200.239529 cc:01:2a:30:f1:01  Spanning-tree-(for STP      60 Conf. TC + Root = 32768/0/cc:01:2a:30:00:00  Cost = 0  Port = 0x802a
113 200.270782 cc:02:2a:c8:f1:01  Spanning-tree-(for STP      60 Topology Change Notification
114 201.223916 cc:01:2a:30:f1:01  Spanning-tree-(for STP      60 Conf. TC + Root = 32768/0/cc:01:2a:30:00:00  Cost = 0  Port = 0x802a
115 202.255662 cc:01:2a:30:f1:01  Spanning-tree-(for STP      60 Conf. TC + Root = 32768/0/cc:01:2a:30:00:00  Cost = 0  Port = 0x802a
116 204.365463 cc:01:2a:30:f1:01  Spanning-tree-(for STP      60 Conf. TC + Root = 32768/0/cc:01:2a:30:00:00  Cost = 0  Port = 0x802a

⊞ Frame 113: 60 bytes on wire (480 bits), 60 bytes captured (480 bits) on interface 0
⊞ IEEE 802.3 Ethernet
⊞ Logical-Link Control
⊟ Spanning Tree Protocol
    Protocol Identifier: Spanning Tree Protocol (0x0000)
    Protocol Version Identifier: Spanning Tree (0)
    BPDU Type: Topology Change Notification (0x80)
```

2) 브릿지 ID

루트ID[Root ID], 경로값, 포트ID와 함께 Spanning-tree 프로토콜에서 스위치와 각 포트의 역할(포워딩: FWD, 블록킹: BLK)을 정의한다.

```
┌──────────────────────────────────────────────────────────────────────────────┐
│   ┌─ 기본 우선순위 ─┐                          ┌──────── 확장 우선순위 ────────┐      │
│  ┌──────────────────┬──────────────────┐   ┌──────────────┬──────────────┬──────────────────┐
│  │우선순위(Priority)(2byte)│ Mac address(6byte)│   │우선순위(Priority)(4bit)│VLAN 번호(12bit)│ Mac address(6byte)│
│  └──────────────────┴──────────────────┘   └──────────────┴──────────────┴──────────────────┘
└──────────────────────────────────────────────────────────────────────────────┘
```

그림 7-13 브릿지 ID

- 우선순위[Priority]: 0~65535(기본 값: 32768, 16진수 표시일 때: 8000)
- 확장 우선순위: 우선순위[Priority] + VLAN 번호
- MAC 주소: 스위치 CPU 모듈 또는 백플레인에 미리 할당된 것을 사용한다.

스위치에 VLAN MAC은 백플레인에 할당된 주소이므로 모든 VLAN이 동일한 값을 가지므로 기본 상태에서는 하나의 스위치에서는 동일한 브릿지ID값을 가진다.

그러나 스위치당 다수의 VLAN을 생성할 수 있으므로 다수의 MAC 주소가 필요하지만 동일한 MAC 주소이므로 우선순위[Priority]에 VLAN 번호를 더한 확장 우선순위를 사용한다.

- **확장 우선순위를 이용한 브릿지 ID**

  • 스위치 MAC 주소 000c.55cd.5812(VLAN1, VLAN10, VLAN100 동일 MAC address)

VLAN 번호	확장 우선순위		MAC 주소	브릿지 ID
	기분 우선순위	VLAN 번호		
1	32768	1	000c.55cd.5812	32769 + 000c.55cd.5812
	32769(32768 + 1)			
10	32768	10	000c.55cd.5812	32778 + 000c.55cd.5812
	32778(32768 + 10)			
100	32768	100	000c.55cd.5812	32868 + 000c.55cd.5812
	32868(32768 + 100)			

경로값

속도(Bandwidth)	경로값(Path Cost)
10 Mbps	100
100 Mbps	19
1 Gbps	4
10 Gbps	2

3) STP 동작 절차

① 전체 스위치 중 루트 스위치 선정

• 브릿지 ID가 가장 낮은 스위치가 루트 스위치로 선정된다.

② 루트 스위치 이외의 스위치에서 루트 포트 하나씩 선정

• 루트 스위치 ID, 경로값, 경로상 브릿지 ID, 포트 ID를 참조해 루트 스위치와 가까운 포트가 선정된다.

③ 스위치 세그먼트당 데지그네이트Designate 포트 하나씩 선정

(여기서 세그먼트는 스위치와 스위치 사이를 세그먼트라고 부른다.)

- 루트 스위치까지 경로값이 낮은 포트, 브릿지 ID가 작은 스위치 포트가 선정된다.

④ 얼터네이트^Alternate 포트가 차단(Block) 된다.

- 스위치당 루트 포트도 아니고 데지그네이트^Designate 포트도 아닌 포트는 얼터네이트 포트로 항상 차단(Block)된다.

  단, 얼터네이트 포트는 정상 경로의 장애로 인한 차선 경로가 활성화를 위한 차선의 루트 포트의 역할도 있다.

STP^Spanning Tree Protocol의 동작 방식에 대해 알아봤다. 이제는 위에 설명한 동작 방식대로 루프가 존재하는 스위치 구성에서 STP가 정상동작하면서 차단되는 포트 선정과정을 스위치 설정 값 및 동작 상태를 확인해 보자.

STP 포트 선정과정에서 중요한 요소인 브릿지 ID 및 경로값이 비교 사용되는 점을 확인하기 바란다.

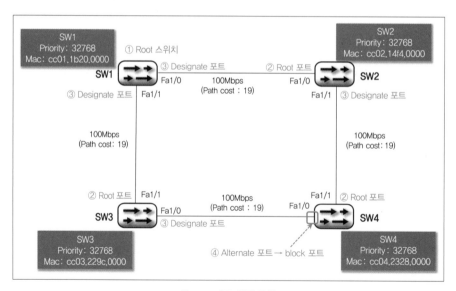

그림 7-14 STP 동작 구성도

① 전체 스위치중 루트 스위치 선정
- 브릿지 ID가 가장 낮은(cc01.1b20.0000) SW1이 루트 스위치로 선정된다.

② 루트 스위치 SW1외 스위치(SW2, SW3, SW4)에서 루트 포트 하나씩 선정
- 루트 스위치 ID, 경로값, 경로상 브릿지 ID, 포트 ID를 참조해 루트 스위치와 가까운 포트가 선정된다(SW2:Fa1/0, SW3:Fa1/1, SW4:Fa1/1).

③ 스위치 세그먼트당 데지그네이트^{Designate} 포트를 하나씩 선정
- 루트 스위치까지 경로값이 낮은 포트, 브릿지 ID가 작은 스위치 포트가 선정된다(SW1:Fa1/1, SW2:Fa1/1 SW3:Fa1/0).

④ 얼터네이트^{Alternate} 포트가 결정되고 차단(Block)된다.
- 스위치당 루트 포트도 아니고 데지그네이트^{Designate} 포트인 SW4:Fa1/0은 차단된다.

그림 7-14에서 STP^{Spannng Tree Protocol} 알고리즘 동작에 따른 루트 스위치 및 차단 포트가 선정돼 이더넷 루프를 방지할 수 있는 조치가 됐다. 각 스위치별 어떠한 상태가 되었는지, 그림 7-14에 나와 있는 대로 정상적으로 보여지는지 확인해보자.

■ 스위치별 STP 상태 확인

```
SW1#show spanning-tree brief
VLAN1
  Spanning tree enabled protocol ieee
  Root ID    Priority    32768
             Address     cc01.1b20.0000
             This bridge is the root
             Hello Time   2 sec  Max Age 20 sec  Forward Delay 15 sec
  Bridge ID  Priority    32768
             Address     cc01.1b20.0000
             Hello Time   2 sec  Max Age 20 sec  Forward Delay 15 sec
             Aging Time 0
  Interface                              Designated
```

Name	Port ID	Prio	Cost	Sts	Cost	Bridge ID	Port ID
FastEthernet1/0	128.41	128	19	FWD	0	32768 cc01.1b20.0000	128.41
FastEthernet1/1	128.42	128	19	FWD	0	32768 cc01.1b20.0000	128.42

SW2#show spanning-tree brief

VLAN1

  Spanning tree enabled protocol ieee

  Root ID   Priority   32768

             Address   cc01.1b20.0000

             Cost   19

             Port   41(FastEthernet1/0)

             Hello Time 2 sec Max Age 20 sec Forward Delay 15 sec

  Bridge ID Priority   32768

             Address   cc02.14f4.0000

             Hello Time 2 sec Max Age 20 sec Forward Delay 15 sec

             Aging Time 0

Interface   Designated

Name	Port ID	Prio	Cost	Sts	Cost	Bridge ID	Port ID
FastEthernet1/0	128.41	128	19	FWD	0	32768 cc01.1b20.0000	128.41
FastEthernet1/1	128.42	128	19	FWD	19	32768 cc02.14f4.0000	128.42

SW3#show spanning-tree brief

VLAN1

  Spanning tree enabled protocol ieee

  Root ID   Priority   32768

             Address   cc01.1b20.0000

             Cost   57

             Port   41(FastEthernet1/0)

             Hello Time 2 sec Max Age 20 sec Forward Delay 15 sec

  Bridge ID Priority   32768

             Address   cc03.229c.0000

             Hello Time 2 sec Max Age 20 sec Forward Delay 15 sec

             Aging Time 0

Interface   Designated

Name	Port ID	Prio	Cost	Sts	Cost	Bridge ID	Port ID
FastEthernet1/0	128.41	128	19	FWD	19	32768 cc03.229c.0000	128.41
FastEthernet1/1	128.42	128	19	FWD	0	32768 cc01.1b20.0000	128.42

```
SW4#show spanning-tree bref
VLAN1
  Spanning tree enabled protocol ieee
  Root ID    Priority    32768
             Address     cc01.1b20.0000
             Cost        38
             Port        42(FastEthernet1/1)
             Hello Time   2 sec  Max Age 20 sec  Forward Delay 15 sec
  Bridge ID  Priority    32768
             Address     cc04.2328.0000
             Hello Time   2 sec  Max Age 20 sec  Forward Delay 15 sec
             Aging Time 0
```

Interface Name	Port ID	Prio	Cost	Sts	Cost	Designated Bridge ID	Port ID
FastEthernet1/0	128.41	128	19	BLK	19	32768 cc03.229c.0000	128.41
FastEthernet1/1	128.42	128	19	FWD	19	32768 cc02.14f4.0000	128.42

■ STP 토폴로지 변화에 따른 STP 동작 과정

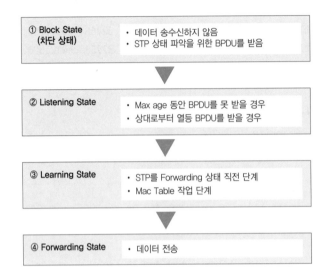

STP 동작 방식에 대한 이해도를 높이기 위해 실습 예제로 그림 7–15를 참고하기 바란다.

여기서 MAC 주소, 브릿지ID 및 경로값 정보를 이용한 STP 동작 절차에 따라 ① 루트스위치, ② 루트포트, ③ 데지그네이트포트, ④ 얼터네이트포트(차단포트)가 생성되는지 스스로 확인해보길 바란다. 그리고 GNS3를 이용한 STP 네트워크를 구성해 실제 동작을 제대로 확인해본다면 스위칭 분야의 STP에 대해서는 마스터했다고 볼 수 있을 것이다.

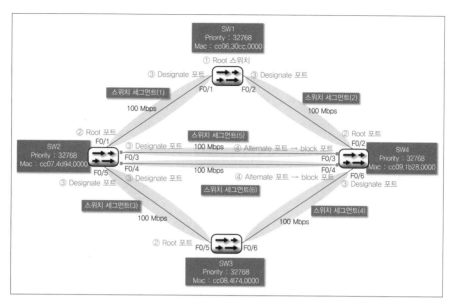

그림 7-15 STP 동작 실습

① Step 1: Root 스위치 선택

- SW1 MAC 주소(cc06.30cc.0000)가 가장 낮음으로 Root 스위치로 선택

② Step 2: Root 포트 지정(Root 스위치 이외 스위치에서 선택)

- 각 스위치에서 Root 스위치까지 최단 경로상 포트
- 각 스위치에서 Root 스위치까지 경로상 브릿지 ID가 작은 포트
- SW2: F0/1
- SW3: F0/5
- SW4: F0/2

③ Step 3: Designate 포트 지정(스위치 세그먼트당 하나의 포트 지정)

- 각 스위치에서 Root 스위치까지 최단 경로상 포트
- 각 스위치에서 Root 스위치까지 경로상 브릿지 ID가 작은 포트
- 스위치 세그먼트(1): SW1-F0/1
- 스위치 세그먼트(2): SW1-F0/2

- 스위치 세그먼트(3): SW2-F0/5

- 스위치 세그먼트(4): SW4-F0/6

- 스위치 세그먼트(5): SW2-F0/3

- 스위치 세그먼트(6): SW2-F0/4

④ Step 4: Root, Designate 포트가 아닌 포트는 Alternate 포트가 된다.

- Alternate 포트는 STP 동작 방식에서 항상 차단된다.

- SW3: F0/6

- SW4: F0/3, F0/4

  단, 토폴로지 변화 발생 시 차단(Block) → 전송(Forwarding) 전환됨

그림 7-15에서 Spanning-Tree Protocol 동작을 위 Step별로 동작한 결과를 확인
해보자.

실습을 위해서 그림 7-15와 같이 구성을 하되 IP 주소 등 별도로 설정할 필요는 없
으며 기본 VLAN1을 사용하고 스위치 간 연결된 인터페이스만 UP 상태를 유지하고
있다면 Spanning-Tree 프로토콜은 기본 동작이므로 다음과 같은 결과를 보여준다.

```
SW1#show spanning-tree brief
VLAN1
  Spanning tree enabled protocol ieee
  Root ID    Priority    32768
             Address     cc06.30cc.0000     //Root 스위치//
             This bridge is the root
             Hello Time   2 sec  Max Age 20 sec  Forward Delay 15 sec
  Bridge ID  Priority    32768
             Address     cc06.30cc.0000    //SW1 MAC 주소//
             Hello Time   2 sec  Max Age 20 sec  Forward Delay 15 sec
             Aging Time 300
Interface                    Designated
Name          Port ID Prio  Cost  Sts Cost  Bridge ID          Port ID
---------------- ------- ---- ----- --- ----- ------------------------
```

```
FastEthernet0/1  128.2    128    19   FWD    0   32768 cc06.30cc.0000 128.2
FastEthernet0/2  128.3    128    19   FWD    0   32768 cc06.30cc.0000 128.3
```

SW2#show spanning-tree brief

VLAN1

  Spanning tree enabled protocol ieee

  Root ID   Priority   32768

               Address   cc06.30cc.0000

               Cost   19

               Port   2 (FastEthernet0/1)

               Hello Time 2 sec Max Age 20 sec Forward Delay 15 sec

  Bridge ID Priority   32768

               Address   cc07.4d94.0000   //SW2 MAC 주소//

               Hello Time 2 sec Max Age 20 sec Forward Delay 15 sec

               Aging Time 300

```
Interface                        Designated
Name            Port ID Prio  Cost Sts Cost  Bridge ID              Port ID
---------------- ------- ---- ----- --- ----- ----------------------
FastEthernet0/1  128.2    128    19   FWD    0   32768 cc06.30cc.0000 128.2
FastEthernet0/3  128.4    128    19   FWD   19   32768 cc07.4d94.0000 128.4
FastEthernet0/4  128.5    128    19   FWD   19   32768 cc07.4d94.0000 128.5
FastEthernet0/5  128.6    128    19   FWD   19   32768 cc07.4d94.0000 128.6
```

SW3#show spanning-tree brief

VLAN1

  Spanning tree enabled protocol ieee

  Root ID   Priority   32768

               Address   cc06.30cc.0000

               Cost   38

               Port   6 (FastEthernet0/5)

               Hello Time 2 sec Max Age 20 sec Forward Delay 15 sec

  Bridge ID Priority   32768

               Address   cc08.4f74.0000   //SW3 MAC 주소//

               Hello Time 2 sec Max Age 20 sec Forward Delay 15 sec

               Aging Time 300

```
Interface                              Designated
Name           Port ID  Prio  Cost  Sts Cost  Bridge ID           Port ID
-------------- -------- ----- ----- --- ----- --------------------- -------
FastEthernet0/5  128.6   128    19   FWD   19  32768 cc07.4d94.0000 128.6
FastEthernet0/6  128.7   128    19   BLK   19  32768 cc09.1b28.0000 128.7

SW4#show spanning-tree brief
VLAN1
  Spanning tree enabled protocol ieee
  Root ID    Priority    32768
             Address     cc06.30cc.0000
             Cost        19
             Port        3 (FastEthernet0/2)
             Hello Time   2 sec  Max Age 20 sec  Forward Delay 15 sec
  Bridge ID  Priority    32768
             Address     cc09.1b28.0000   //SW4 MAC 주소//
             Hello Time   2 sec  Max Age 20 sec  Forward Delay 15 sec
             Aging Time 300
Interface                              Designated
Name           Port ID  Prio  Cost  Sts Cost  Bridge ID           Port ID
-------------- -------- ----- ----- --- ----- --------------------- -------
FastEthernet0/2  128.3   128    19   FWD    0  32768 cc06.30cc.0000 128.3
FastEthernet0/3  128.4   128    19   BLK   19  32768 cc07.4d94.0000 128.4

FastEthernet0/4  128.5   128    19   BLK   19  32768 cc07.4d94.0000 128.5
FastEthernet0/6  128.7   128    19   FWD   19  32768 cc09.1b28.0000 128.7
```

4) STP를 이용한 부하 분산

이더넷 루프를 차단하는 STP 특성을 이용한 부한 분산Load Balancing 방법이다. 데이터 전송을 위한 이중화 링크를 구축했으나 STP 특성상 루프를 방지하는 동작으로 백업 링크는 항상 차단 상태로 운영되는 것은 효율적인 데이터 전송에는 적합하지 않다.

STP로 인해 비효율적인 대역 활용을 STP의 동작 방식을 이용해 효율적인 대역활용 방법이 STP를 이용한 부하 분산이다. 다시 말하면 L2 VLAN 부하 분산이다.

STP를 이용한 구성 방법은 그림 7-16과 함께 순서대로 확인하기 바란다.

다음 순서는 트래픽 전달 방향을 강제로 제어하기 위해 특정 포트를 Block 포트로 지정하는 방법이다.

① 최소 2개 이상의 VLAN을 생성해 임의로 루트 스위치를 지정해 지정한다.

- 루트 스위치를 임의로 지정하기 위해서는 우선순위를 조정한다.

  Ex) spanning-tree vlan priority 0(or root primary)

② 세컨더리 루트 스위치 지정

- 세컨더리 루트 스위치를 임의로 지정하기 위해서는 우선순위를 조정한다.

  Ex) spanning-tree vlan xx priority 4096(or root secondary, or root
  secondary diameter 4)

※ diameter: maximum number of bridges between any two end nodes

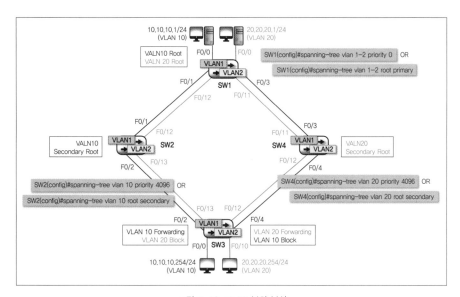

그림 7-16 VLAN 부하 분산

위와 같이 STP 동작 방식을 이용한 2계층 VLAN 부하 분산을 적용할 수 있다.

VLAN10의 메인 경로는 SW1 → SW2 → SW3가 되고 VLAN20의 메인 경로는 SW1 → SW4 → SW3가 된다. 그리고 중요한 것은 VLAN10, VLAN20이 메인 경로 장애 발생 시 서로의 메인 경로가 백업 경로가 된다는 것이다.

■ 각 스위치별 VLAN 및 Spanning-Tree 동작 확인

```
SW1#show vlan brief
VLAN Name                         Status    Ports
---- -------------------------- --------- ----------------------
1    default                      active
10   V10                          active    Fa0/0, Fa0/1, Fa0/2, Fa0/3
                                            Fa0/4, Fa0/5, Fa0/6, Fa0/7
                                            Fa0/8, Fa0/9
20   V20                          active    Fa0/10, Fa0/11, Fa0/12, Fa0/13
                                            Fa0/14, Fa0/15
```

```
SW1#show spanning-tree brief
VLAN10
  Spanning tree enabled protocol ieee
  Root ID    Priority    0
             Address     cc01.3b44.0001
             This bridge is the root
             Hello Time   2 sec  Max Age 20 sec  Forward Delay 15 sec
  Bridge ID  Priority    0
             Address     cc01.3b44.0001
             Hello Time   2 sec  Max Age 20 sec  Forward Delay 15 sec
             Aging Time 300
Interface                                   Designated
Name              Port ID Prio Cost  Sts Cost  Bridge ID          Port ID
---------------- ------- ---- ----- --- ----- ------------------ ---
FastEthernet0/0   128.1   128   19   FWD    0  0 cc01.3b44.0001 128.1
FastEthernet0/1   128.2   128   19   FWD    0  0 cc01.3b44.0001 128.2
```

```
FastEthernet0/3   128.4   128    19   FWD   0  0 cc01.3b44.0001 128.4
```

VLAN20
  Spanning tree enabled protocol ieee
  Root ID   Priority   0
              Address   cc01.3b44.0002
              This bridge is the root
              Hello Time   2 sec Max Age 20 sec Forward Delay 15 sec
  Bridge ID Priority   0
              Address   cc01.3b44.0002
              Hello Time   2 sec Max Age 20 sec Forward Delay 15 sec
              Aging Time 300

```
Interface                                      Designated
Name               Port ID Prio Cost Sts Cost  Bridge ID          Port ID
------------------- ------- ---- ----- --- ----- ------------------- -
FastEthernet0/10   128.11  128    19  FWD   0  0 cc01.3b44.0002 128.11
FastEthernet0/11   128.12  128    19  FWD   0  0 cc01.3b44.0002 128.12
FastEthernet0/12   128.13  128    19  FWD   0  0 cc01.3b44.0002 128.13
```

SW2#show vlan brief
```
VLAN Name                     Status    Ports
---- ------------------------ --------- -------------------------
1    default                  active
10   V10                      active    Fa0/0, Fa0/1, Fa0/2, Fa0/3
                                        Fa0/4, Fa0/5, Fa0/6, Fa0/7
                                        Fa0/8, Fa0/9
20   V20                      active    Fa0/10, Fa0/11, Fa0/12, Fa0/13
                                        Fa0/14, Fa0/15
```

SW2#show spanning-tree brief
VLAN10
  Spanning tree enabled protocol ieee
  Root ID   Priority   0
              Address   cc01.3b44.0001
              Cost   19
              Port   2 (FastEthernet0/1)

```
                Hello Time   2 sec  Max Age 20 sec  Forward Delay 15 sec
    Bridge ID  Priority    16384
               Address     cc02.3920.0001
               Hello Time   2 sec  Max Age 20 sec  Forward Delay 15 sec
               Aging Time 300
Interface                              Designated
Name              Port ID Prio Cost  Sts Cost  Bridge ID          Port ID
---------------- ------- ---- ----- --- ----- ------------------ ---
FastEthernet0/1  128.2    128   19  FWD   0   0 cc01.3b44.0001      128.2
FastEthernet0/2  128.3    128   19  FWD  19  16384 cc02.3920.0001 128.3


VLAN20
  Spanning tree enabled protocol ieee
  Root ID     Priority    0
              Address     cc01.3b44.0002
              Cost        19
              Port        13 (FastEthernet0/12)
              Hello Time   2 sec  Max Age 20 sec  Forward Delay 15 sec
    Bridge ID Priority    32768
              Address     cc02.3920.0002
              Hello Time   2 sec  Max Age 20 sec  Forward Delay 15 sec
              Aging Time 300
Interface                              Designated
Name              Port ID Prio Cost  Sts Cost Bridge ID          Port ID
---------------- ------- ---- ----- --- ----- ------------------ ---
FastEthernet0/12 128.13   128   19  FWD   0   0 cc01.3b44.0002     128.13
FastEthernet0/13 128.14   128   19  FWD  19  32768 cc02.3920.0002 128.14
```

SW3#show vlan brief

VLAN	Name	Status	Ports
1	default	active	
10	V10	active	Fa0/0, Fa0/1, Fa0/2, Fa0/3 Fa0/4, Fa0/5, Fa0/6, Fa0/7 Fa0/8, Fa0/9

```
20    V20                        active    Fa0/10, Fa0/11, Fa0/12, Fa0/13
                                           Fa0/14, Fa0/15
```

SW3#show spanning-tree brief
```
VLAN10
  Spanning tree enabled protocol ieee
  Root ID    Priority    0
             Address     cc01.3b44.0001
             Cost        38
             Port        3 (FastEthernet0/2)
             Hello Time   2 sec  Max Age 20 sec  Forward Delay 15 sec
  Bridge ID  Priority    32768
             Address     cc03.18ec.0001
             Hello Time   2 sec  Max Age 20 sec  Forward Delay 15 sec
             Aging Time 300

Interface                                Designated
Name             Port ID Prio Cost  Sts Cost  Bridge ID          Port ID
---------------- ------- ---- ----- --- ----- ------------------ ---

FastEthernet0/0  128.1   128   19   FWD   38  32768 cc03.18ec.0001 128.1
FastEthernet0/2  128.3   128   19   FWD   19  16384 cc02.3920.0001 128.3
FastEthernet0/4  128.5   128   19   BLK   19  32768 cc04.38f8.0001 128.5


VLAN20
  Spanning tree enabled protocol ieee
  Root ID    Priority    0
             Address     cc01.3b44.0002
             Cost        38
             Port        13 (FastEthernet0/12)
             Hello Time   2 sec  Max Age 20 sec  Forward Delay 15 sec
  Bridge ID  Priority    32768
             Address     cc03.18ec.0002
             Hello Time   2 sec  Max Age 20 sec  Forward Delay 15 sec
             Aging Time 300

Interface                                Designated
Name             Port ID Prio Cost  Sts Cost Bridge ID          Port ID
```

```
----------------- ------- ---- ----- --- ----- ------------------ ---
FastEthernet0/10  128.11  128   19   FWD   38 32768 cc03.18ec.0002 128.11
FastEthernet0/12  128.13  128   19   FWD   19 16384 cc04.38f8.0002 128.13
FastEthernet0/13  128.14  128   19   BLK   19 32768 cc02.3920.0002 128.14
```

SW4#show vlan brief

```
VLAN Name                     Status    Ports
---- ------------------------ --------- -------------------------
1    default                  active
10   V10                      active    Fa0/0, Fa0/1, Fa0/2, Fa0/3
                                        Fa0/4, Fa0/5, Fa0/6, Fa0/7
                                        Fa0/8, Fa0/9
20   V20                      active    Fa0/10, Fa0/11, Fa0/12, Fa0/13
                                        Fa0/14, Fa0/15
```

SW4#show spanning-tree brief

```
VLAN10
  Spanning tree enabled protocol ieee
  Root ID    Priority    0
             Address     cc01.3b44.0001
             Cost        19
             Port        4 (FastEthernet0/3)
             Hello Time  2 sec  Max Age 20 sec  Forward Delay 15 sec
  Bridge ID  Priority    32768
             Address     cc04.38f8.0001
             Hello Time  2 sec  Max Age 20 sec  Forward Delay 15 sec
             Aging Time 300
```

```
Interface                             Designated
Name            Port ID Prio Cost Sts Cost  Bridge ID           Port ID
----------------- ------- ---- ----- --- ----- ------------------ ---
FastEthernet0/3  128.4   128   19   FWD    0   0 cc01.3b44.0001    128.4
FastEthernet0/4  128.5   128   19   FWD   19 32768 cc04.38f8.0001 128.5
```

```
VLAN20
  Spanning tree enabled protocol ieee
  Root ID    Priority    0
```

```
              Address      cc01.3b44.0002
              Cost         19
              Port         12 (FastEthernet0/11)
              Hello Time    2 sec  Max Age 20 sec  Forward Delay 15 sec
   Bridge ID  Priority     16384
              Address      cc04.38f8.0002
              Hello Time    2 sec  Max Age 20 sec  Forward Delay 15 sec
              Aging Time 300
Interface                                       Designated
Name               Port ID Prio Cost  Sts Cost  Bridge ID          Port ID
---------------- ------- ---- ----- --- ----- ------------------ ---
FastEthernet0/11 128.12   128   19   FWD    0 0 cc01.3b44.0002      128.12
FastEthernet0/12  28.13   128   19   FWD   19 16384 cc04.38f8.0002 128.13
```

5) STP 컨버전스 타임

컨버전스 타임^{Convergence Time}은 토폴로지 변화가 일어났을 때 이를 반영해 네트워크 토폴로지가 전송^{Forwarding} 상태로 재구성할 때까지 소요되는 시간을 말한다.

- **기본 시간**^{Default Time}: **프레임의 정상 Forwarding에 소요되는 시간이 최대 60초**
  - Link Up ~ Listening: 30초
  - Listening ~ Forwarding: 30초

- **Spanning-tree portfast**
  - 루프가 발생할 가능성이 없는 단말 구간에 적용하며 적용하지 않았을 경우 스위치에 연결된 단말이 물리적인 링크가 업된 상태에서 정상적인 데이터 전송이 될 때까지는 최소 30초 이상 소요됨

- Link Up과 동시에 Forwarding(전송) 단계로 바로 진행됨

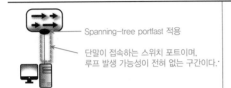
Spanning-tree portfast 적용

단말이 접속하는 스위치 포트이며,
루프 발생 가능성이 전혀 없는 구간이다.

```
SW(config)#interface fastethernet
fa0/1
SW1(config-if)#spanning-tree portfast
```

- 단말이 연결된 스위치 포트에 spanning-tree portfast 기능을 적용한 전·후 설정 및 동작 상태를 확인해 보자. 실제로 spanning-tree portfast 적용이 단말의 포트가 다운 후 업됐을 때 통신 상태의 속도 개선에 효과가 있는지 확인해보자.

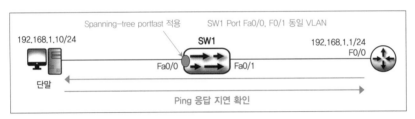

그림 7-17 STP Portfact 동작

[Spanning-tree portfast 적용 전 설정 값]

```
SW(conifg)#int fastethernet0/0
SW(config-if)#
```

//STP portfast는 기본 값이 비활성화이며, SW1의 Fa0/0 Down 후 UP과 동시에 Ping 응답 상태 확인//

```
SW1#configure terminal
SW1(config)#interface FastEthernet0/0
SW1(config-if)#shutdown
SW1(config-if)#no shutdown
```

```
R1#ping 192.168.1.10 repeat 100
Sending 100, 100-byte ICMP Echos to 192.168.1.10, timeout is 2 seconds:
................!!!!!!!!!!!!!!!!!!!!!!!!!!!!!!!!!!!!!!!!!!!!!!!!!!!!!!!!!!
!!!!!!!!!!!!!!!!!!!!!!!!!!!!!!!
Success rate is 85 percent(85/100), round-trip min/avg/max = 24/38/60 ms
```
통신 상태의 정상 유무를 확인하기 위한 Ping의 Loss가 100개중 15개 발생함으로 정상적인 STP 동작
단계인 Block → Listening → Learning → Forwarding을 수행함을 알 수 있다.

[Spanning-tree portfast 적용 설정 값]
```
SW1(config-if)#spanning-tree portfast
%Warning: portfast should only be enabled on ports connected to a
single host.
  Connecting hubs, concentrators, switches, bridges, etc.to this
interface when portfast is enabled, can cause temporary spanning tree
loops.
  Use with CAUTION
%Portfast has been configured on FastEthernet0/0 but will only have
effect when the interface is in a non-trunking mode.
```

```
SW1(config-if)#shutdown
SW1(config-if)#no shutdown
```

```
R1#ping 192.168.1.10 repeat 100
Sending 100, 100-byte ICMP Echos to 192.168.1.10, timeout is 2 seconds:
.!!!!!!!!!!!!!!!!!!!!!!!!!!!!!!!!!!!!!!!!!!!!!!!!!!!!!!!!!!!!!!!!!!!!!!!!!
!!!!!!!!!!!!!!!!!!!!!!!!!!!!!!
Success rate is 99 percent(99/100), round-trip min/avg/max = 1/33/68 ms
```
통신 상태의 정상 유무를 확인하기 위한 Ping의 Loss가 100개중 1개만 발생함으로 STP 동작 단계에
있어 Block→ Forwarding 동작으로 STP 전이 속도가 월등히 빨라짐을 알 수 있다.

위 spanning-tree portfast 기능의 동작을 확인한 결과 루프가 발생할 경우가 없는
단말이나 서버가 연결된 구간에 대해서는 spanning-tree portfast를 적용한 경우 효
과적인 단말 통신 상태를 확인했다. 나머지 stp uplinkfast 및 backbonefast를 다음
내용을 참고해 독자 스스로 구성해 결과를 확인하기 바란다.

■ Spanning-tree uplinkfast

- STP Uplinkfast 설정은 차단포트^{Block Port}를 빠르게 전송포트로 전환하기 위해서 설정되며, 차단포트를 가지고 있는 액세스 스위치에 설정한다. 여기서, 루트 스위치는 차단포트가 없기 때문에 설정할 필요가 없다.

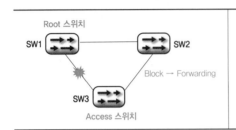	SW(config)# spanning-tree uplinkfast

액세스 스위치에서 STP Uplinkfast 미적용	액세스 스위치에서 STP Uplinkfast 적용
Block → Listening(Learning) → Forwarding 30초 소요	Block → Forwarding 3초 이내 진행

■ Spanning-tree backbonefast

- 루트 스위치를 포함한 전체 스위치에 적용한다.
- 차단 포트가 연결된 직접 접속돼 있지 않은 간접링크가 다운됐을 경우 포트 Max aging Time(20초)을 생략하고 바로 Listening 단계로 전환
- 컨버전스 타임^{Convergence time} 단축: 50초(20+30) → 30초

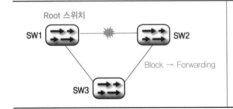	SW1(config)#spanning-tree backbonefast SW2(config)#spanning-tree backbonefast SW3(config)#spanning-tree backbonefast

STP Backbonefast의 경우는 Max Aging Time 20초를 생략하는 수준에서 동작하기 때문에 STP Portfast나 STP uplinkfast와 같이 순간적인(1~3초 내) 전송모드로 전환하는 것과는 차이가 있으므로 대부분 적용하지 않는다.

장애 발생 시에는 사용자가 거의 느끼지 못하는 순간에 전환돼야 실효성이 있기 때문에 50초에서 30초로 줄이는 것은 장애 발생 시 별로 효과는 미미하다고 할 수 있다.

6) RSTP

STP의 단점인 네트워크 토폴로지 변화에 따른 프레임 전송을 위한 STP 상태 변화 시간인 컨버전스 타임$^{Convergence\ Time}$을 단축하기 위해 사용한다.

- 기존 30~50초 → 수초 이내(약 1초 정도)

참고로 현재 생산되는 스위치 장비에 기본 STP 설정은 RSTP$^{Rapid\ Spanning-Tree\ Protocol}$로 돼 있다.

자신의 BPDU 정보가 우세하면 바로 자신이 데지그네이트^{Designate} 포트임을 알리는 제안 BPDU를 전송한다.

제안^{Proposal} BPDU를 수신한 포트는 자신이 루트 포트가 되겠다는 동의^{Agreement} BPDU를 보냄과 동시에 전송^{Forwarding} 상태가 된다.

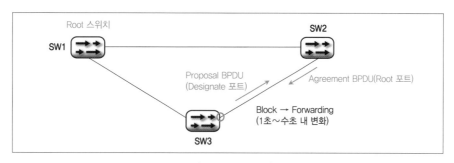

그림 7-18 RSTP 동작

```
Switch#configure terminal
Switch(config)#spanning-tree mode rapid-pvst
```

7) MSTP

STP는 원래 VLAN마다 동작한다. 즉 한 스위치 내에서 1000개의 VLAN이 있을 경우 각 VLAN마다 STP가 동작하게 되고 2초마다 1000개의 BPDU가 전송돼 스위치 상 데이터 전송과는 무관한 트래픽으로 많은 부하가 발생할 수 있다.

그래서 MSTP^Multiple Spanning-Tree Protocol는 여러 개의 VLAN을 묶어서 묶은 그룹별로 Spanning—Tree Instance 동작하게 하는 것이 MSTP이다.

참고로 MSTP는 VTP를 지원하지 않는다.

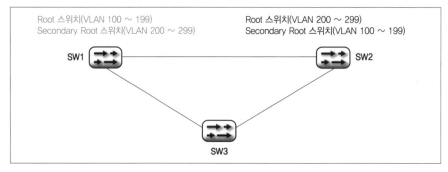

그림 7-19 MSTP 동작

MSTP의 경우는 각 스위치에서 설정이 어떻게 되는지 확인할 필요가 있다.

```
[SW1] 설정 내용
SW1(config)#spanning-tree mode mst
SW1(config)#spanning-tree mst configuration
SW1(config-mst)#name station1
SW1(config-mst)#revision 1
SW1(config-mst)#instance 0 vlan 100-199
SW1(config-mst)#instance 1 vlan 200-299
```

```
[SW2] 설정 내용
SW2(config)#spanning-tree mode mst
SW2(config)#spanning-tree mst configuration
SW2(config-mst)#name station2
SW2(config-mst)#revision 1
SW2(config-mst)#instance 0 vlan 200-299
SW2(config-mst)#instance 1 vlan 100-199
```

[SW1] MSTP 확인	[SW2] MSTP 확인
SW1#show spanning-tree mst configuration	SW2#show spanning-tree mst configuration
Name [station1]	Name [station2]
Revision 1	Revision 1
Instance Vlans mapped	Instance Vlans mapped
----------------------------------	----------------------------------
0 100-199	0 200-299
1 200-299	1 100-199

10. 그 외 스위칭 관련 기술

지금까지 네트워크 스위칭에서 가장 중요하다고 할 수 있는 스위칭 동작 원리와 기술
및 STP에 대한 내용을 살펴봤다. 앞에서 본 기술이 스위칭에 기본 개념 및 기술이라
고 하면 앞으로 볼 내용 역시 기본에 못지않게 중요한 실무에서 다양하게 사용되고
있고 없어서는 안 될 기술이라고 할 수 있다.

1) 이더채널(포트채널)

이더채널Etherchannel(PortChannel)은 스위치와 스위치가 연결할 때 단일 링크로 연결하는 것보다 장애나 효율적인 데이터 전달을 위해 복수 개의 링크를 묶어서 논리적으로 하나의 링크로 동작하게 하는 기술이다.

앞에서 배운 STP 동작 원리를 생각해보면 스위치와 스위치 연결에서 복수 개의 링크로 연결할 경우 STP 동작에 의해 반드시 하나의 포트가 차단될 것이다. 그러나 이더채널이라는 기술은 여러 개의 링크를 논리적으로 묶는다는 것은 스위치 간에 연결되는 복수 개의 링크를 하나의 논리 링크로 동작하게 하는 것이다. 그래서 STP가 동작하는 루프 구간은 없기 때문에 STP의 차단포트는 발생하지 않는다.

복수 개의 물리적인 링크를 하나의 링크로 묶을 때 최대 8개까지 논리적인 링크로 묶을 수 있다. 가령 하나의 링크가 100Mbps 대역폭을 가지고 있고 8개를 묶어 하나의 링크로 동작하게 한다면 논리적인 하나의 링크의 대역폭은 800Mbps가 될 것이다. 이것은 수치적으로 나타나는 것뿐만 아니라 데이터 전송에 있어서도 800Mbps를 사용하게 된다. 여기에는 당연히 8개의 물리적 링크에 부하 분산이 적용된다.

2계층, 3계층(Routed 포트) 동작을 할 수 있으며, 액세스Access 포트 및 트렁크Trunk 포트로 동작도 할 수 있다.

■ 이더채널 구성에 사용되는 프로토콜

- PAGPPort Aggregation Protocol: 시스코 사 스위치 전용 프로토콜
- LACPLink Aggregation Protocol: IEEE 802.3AD 표준(시스코 사 및 대부분 장비에서 사용)

위 설명과 같이 이더채널 구성에 있어 2계층 및 3계층에서 동작하는 구성 및 확인 방법에 대해 알아보자.

2계층 이더채널(EtherChannel)

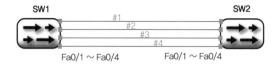

SW1   #1   #2   #3   #4   SW2
Fa0/1 ~ Fa0/4   Fa0/1 ~ Fa0/4

[SW1, SW2 설정 값]

SW1(config)#interface range Fa0/1 -4

SW1(config-if-range)#channel-group 1 mode ?

active	Enable LACP unconditionally
auto	Enable PAgP only if a PAgP device is detected
desirable	Enable PAgP unconditionally
on	Enable Etherchannel only
passive	Enable LACP only if a LACP device is detected

SW1(config-if-range)#channel-group 1 mode on

SW2(config)#interface range Fa0/1 -4

SW2(config-if-range)#channel-group 1 mode on

[SW1, SW2 이더채널 상태 확인]

SW1#show etherchannel summary

```
Flags:  D - down        P - in port-channel
        I - stand-alone s – suspended
        H – Hot-Standby(LACP Only)
        R - Layer3      S - Layer2
        U - in use

Group Port-channel  Protocol Ports
-----+----------+------------+---------------
1     Po1(SU)    PAgP    Fa1/3(P)  Fa1/4(P)
```

SW2#show etherchannel summary

```
Flags:  D - down        P - in port-channel
        I - stand-alone s – suspended
        H – Hot-Standby(LACP Only)
        R - Layer3      S - Layer2
        U - in use
```

```
Group Port-channel Protocol Ports
-----+-----------+----------+----------------
1    Po1(SU)  PAgP  Fa1/3(P)   Fa1/4(P)
```

3계층 이더채널(EtherChannel)

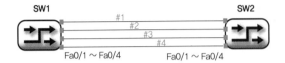

SW1   SW2

Fa0/1 ~ Fa0/4   Fa0/1 ~ Fa0/4

[SW1, SW2 설정 값]

SW1(config)#interface port-channel 1   //Port Channel Group 1 I/F 생성//
SW1(config-if)#no switchport   //L3 Routed 포트 설정//
SW1(config-if)#ip address 1.1.12.1 255.255.255.0
SW1(config-if)#int ran fa0/1 -4   //EtherChannel로 묶을 I/F 선택//
SW1(config-if-range)#no switchport   //L3 Routed 포트 설정//
SW1(config-if-range)#channel-group 1 mode active
//Port Channel Group 1 모드 LACP 정의//

SW2(config)#interface port-channel 1   //Port Channel Group 1 I/F 생성//
SW2(config-if)#no switchport   //L3 Routed 포트 설정//
SW2(config-if)#ip address 1.1.12.2 255.255.255.0
SW2(config-if)#int ran fa0/1 -4   //EtherChannel로 묶을 I/F 선택//
SW2(config-if-range)#no switchport   //L3 Routed 포트 설정//
SW2(config-if-range)#channel-group 1 mode active
//Port Channel Group 1 모드 LACP 정의//

[SW1, SW2 이더채널 상태 확인]

SW1#show etherchannel summary

Flags: D - down   P - in port-channel
        I - stand-alone s - suspended
        H - Hot-standby (LACP only)
        R - Layer3   S - Layer2
        U - in use   f - failed to allocate aggregator
        u - unsuitable for bundling
```
```

```
          w - waiting to be aggregated
          d - default port
Number of channel-groups in use: 1
Number of aggregators:           1
Group  Port-channel  Protocol   Ports
-----+-------------+-----------+------------------------------
1      Po1(RU)        LACP       Fa0/1(U)   Fa0/2(U)   Fa0/3(U)
                                 Fa0/4(U)
```

SW2#show etherchannel summary
```
Flags:  D - down        P - in port-channel
        I - stand-alone s - suspended
        H - Hot-standby (LACP only)
        R - Layer3      S - Layer2
        U - in use      f - failed to allocate aggregator
        u - unsuitable for bundling
        w - waiting to be aggregated
        d - default port
Number of channel-groups in use: 1
Number of aggregators:           1
Group  Port-channel  Protocol   Ports
-----+-------------+-----------+------------------------------
1      Po1(RU)        LACP       Fa0/1(U)   Fa0/2(U)   Fa0/3(U)
                                 Fa0/4(U)
```

2계층, 3계층에 대한 이더채널 구성 및 동작 상태를 확인했다.

다음으로 이더채널상 부하 분산 기능이 있다고 한다. 이더채널에서 구현되는 부하 분산 방식은 어떻게 동작하는지 간단히 확인해보고 실제 구성을 해서 동작을 확인해보자.

- **부하 분산 구성요소**

  - 출발지IP, 목적지IP, 출발지-목적지IP, 출발지MAC, 목적지MAC, 출발지-목적지MAC

- **부하 분산 동작 원리에 따른 물리적인 링크 선택**

  - 8개 물리적 링크를 이더채널로 사용, 부하 분산은 출발지-목적지IP를 이용할 경우

물리링크 번호	물리링크 이진수 $(2^3 = 8)$	출발지IP [xor] 목적지 IP (2진 출발지 IP, 목적지 IP 끝 3비트)
#1	000	1.1.1.1(x.x.x.00000001) ↔ 1.1.1.9(x.x.x.00001001)
#2	001	1.1.1.2(x.x.x.00000010) ↔ 1.1.1.11(x.x.x.00001011)
#3	010	1.1.1.3(x.x.x.00000011) ↔ 1.1.1.9(x.x.x.00001001)
#4	011	1.1.1.4(x.x.x.00000100) ↔ 1.1.1.7(x.x.x.00000111)
#5	100	1.1.1.5(x.x.x.00000101) ↔ 1.1.1.9(x.x.x.00001001)
#6	101	1.1.1.5(x.x.x.00000101) ↔ 1.1.1.8(x.x.x.00001000)
#7	110	1.1.1.6(x.x.x.00000110) ↔ 1.1.1.8(x.x.x.00001000)
#8	111	1.1.1.3(x.x.x.00000011) ↔ 1.1.1.12(x.x.x.00001100)

8개의 물리적인 링크를 통해서 출발지IP와 목적지IP 조합으로 알아본 논리적인 채널상에 물리적 링크할당 내역이다. 그림 7-20과 같이 스위치간 구성을 통해 확인해 보자.

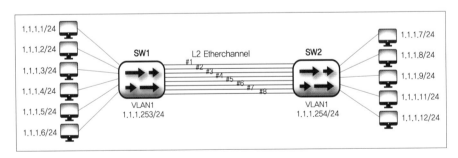

그림 7-20 L2 이더채널 구성도

스위치별 설정 값 및 부하 분산 적용은 다음과 같다.

[SW1]
SW1(config)#int range fa1/0 -7
SW1(config-if-range)#channel-group 1 mode on

interface FastEthernet1/0
channel-group 1 mode on
interface FastEthernet1/1
channel-group 1 mode on
interface FastEthernet1/2
channel-group 1 mode on
interface FastEthernet1/3
channel-group 1 mode on
interface FastEthernet1/4
channel-group 1 mode on
interface FastEthernet1/5
channel-group 1 mode on
interface FastEthernet1/6
channel-group 1 mode on
interface FastEthernet1/7
channel-group 1 mode on

SW1(config)#port-channel load-balance ?
  dst-ip   Dst IP Addr
  dst-MAC   Dst MAC Addr
  src-dst-ip   Src XOR Dst IP Addr
  src-dst-MAC Src XOR Dst MAC Addr
  src-ip   Src IP Addr
  src-MAC   Src MAC Addr
SW1(config)#port-channel load-balance src-dst-ip

[SW2]
SW2(config)#int range fa1/0 -7
SW2(config-if-range)#channel-group 1 mode on

```
interface FastEthernet1/0
channel-group 1 mode on
interface FastEthernet1/1
channel-group 1 mode on
interface FastEthernet1/2
 channel-group 1 mode on
interface FastEthernet1/3
channel-group 1 mode on
interface FastEthernet1/4
channel-group 1 mode on
interface FastEthernet1/5
channel-group 1 mode on
interface FastEthernet1/6
channel-group 1 mode on
interface FastEthernet1/7
channel-group 1 mode on


SW2(config)#port-channel load-balance ?
  dst-ip        Dst IP Addr
  dst-MAC       Dst MAC Addr
  src-dst-ip    Src XOR Dst IP Addr
  src-dst-MAC   Src XOR Dst MAC Addr
  src-ip        Src IP Addr
  src-MAC       Src MAC Addr
SW2(config)#port-channel load-balance src-dst-ip
```

2) UDLD

UDLD^{UniDirectional Link Detection}는 2계층 프로토콜로 GigaEthernet 링크상(Tx/Rx의 물리적 링크가 별도로 구성되는 경우) 스위치간 단방향 링크가 다운과 같은 장애가 발생했을 때 해당 스위치 포트 및 상대방 연결 스위치의 포트를 강제로 다운시키는 기능이다.

만약 SW2에서 SW1로 전달되는 광신호가 문제가 되더라도 SW2에서는 SW1로부터 광신호를 정상적으로 수신했기 때문에 SW 포트 상태는 업상태이지만 데이터 전송에는 실패하게 된다.

이런 경우에는 백업경로가 있더라도 링크가 정상적으로 다운되지 않는다면 백업경로로 라우팅이 전달되지 않으므로 데이터 전송에 있어 심각한 문제가 발생할 수 있다.

UDLD 기능은 기가이더넷 링크에서 Tx/Rx 광케이블 중 한쪽만 단절됐을 경우에도 자신은 물론 상대방 포트도 링크 다운을 감지할 수 있게 해 기가이더넷 링크가 연결된 양쪽 장비에서 포트다운을 감지해 백업 경로로 라우팅을 가능하게 한다.

그림 7-21 UDLD 동작 절차

 LLCF(Link Loss Career Forward)

기간통신 사업자 광전송장비에서 주로 사용하는 기능으로 위 UDLD 기능과 유사하다.

크게는 MSPP 장비에서 종단에 광신호를 이더넷 전기신호로 변환시켜주는 미디어 컨버터라는 장비까지 전 전송로에 설치되는 장비에 적용하는 기능이다.

다양한 매체(광, 전기 신호)를 통해 전달될 때 한쪽에서 장애로 인한 다운이 감지되면 연결된 전체 선로구간에 한 구간이 다운됐음을 알려줘 데이터를 백업 경로로 우회할 수 있게 하는 기능이다.

3) 디바운스 타임

UDLD나 LLCF와는 다소 차이가 있는 기능이지만 간단히 설명하면 시스코 사 6500 Series 스위치의 기가이더넷 링크다운 감지시간이 기본적으로 10msec로 설정돼 있다.

대용량 이더넷 프레임 데이터를 장거리 전송을 위해 광전송장비로 DWDM^{Dense Wavelength Division Multiplexing}을 사용한다. 그리고 DWDM 장비 안쪽에 시스코 6500 Series 장비와 기가이더넷 인터페이스로 연동하게 된다.

연동 시 DWDM 오토패스^{Auto Path}(광선로 장애 등 DWDM상에서 West → East로 자동 절체)가 일어날 경우 약 50msec 걸리게 돼 스위치상에서 링크 다운을 감지하게 된다.

50msec는 0.05초로 데이터 전송 시 DWDM에서 오토패스가 발생했을 경우 대부분의 경우 데이터 로스는 발생하지 않으며, 사용자도 거의 인지하기가 어렵다.

그래서 DWDM에서 오토패스가 발생했을 경우 스위치상에서 링크다운 현상을 감지하지 않게 하기 위해 디바운스 타임^{Debounce Time}을 주로 100msec로 설정한다.

스위치 장비에서 디바운스 타임의 기본 값인 10msec로 설정된 경우 스위치와 연결된 DWDM 장비에서 오토패스^{Auto Path}가 발생했을 경우 스위치에서는 링크다운·업과 같은 토폴로지 변화에 따른 STP 동작 등으로 인해 오히려 데이터 손실이 발생할 수 있다.

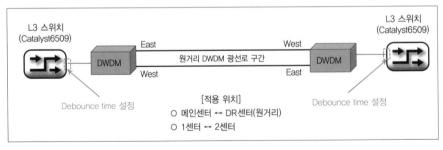

그림 7-22 L2 디바운스 타임 동작

4) VRRP

이중화 프로토콜중 하나로 로컬 네트워크상 게이트웨이 역할(라우터 혹인 L3스위치)을 하는 장비에서 가상IP 주소를 이용한 마스터 가상 라우터Master Virtual Router를 선정하는 표준 프로토콜이다.

여기서 마스터 가상 라우터라는 것은 백업과 항상 함께 연동하며 평상시 주된 역할을 하는 라우터를 말한다. 그리고 마스터 라우터가 장애가 발생했을 경우 백업으로 자동 전환돼 마스터 라우터 역할을 백업 가상 라우터가 수행하기 위해 서로 상태 체크를 하면서 이중화 작업을 수행한다.

이중화를 위한 VRRPVirtual Router Redundancy Protocol의 역할을 간단히 요약하면 다음과 같다.

- 게이트웨이 이중화 프로토콜(3계층)이다.
- 단일 게이트웨이로 운영될 경우 장애가 서비스 단절까지 유발시키는 것에 대한 장애 방지 및 패킷 전송의 연속성을 보장하는 역할을 한다.
- 게이트웨이의 Active/Standby 및 Active/Active 설정을 할 수 있다.
- Active 게이트웨이의 장애 발생에 따른 자동 전환Auto-Failover을 지원한다.

VRRP의 동작 원리와 단계적 패킷 처리에 대해 알아보자.

■ 마스터 가상 라우터 및 백업 가상 라우터 설정에 따른 기능

Master Router(R1)	Backup Router(R2)
Priority = 200	Priority = 100
• 큰 쪽이 Master 라우터가 된다.	• 기본 값(default 값) = 100
IP address = 10.10.10.1/24	IP address = 10.10.10.2/24
Virtual IP address = 10.10.10.3	Virtual IP address = 10.10.10.3
Preempt-mode true	Preempt-mode true
① R1이 정상이면 마스터로 기능이 원위치됨.	
② false일 경우 R2가 Master 상태 유지	
(R1이 정상 상태가 됐을 경우라도)	
Advertisement interval 2	Advertisement interval 2

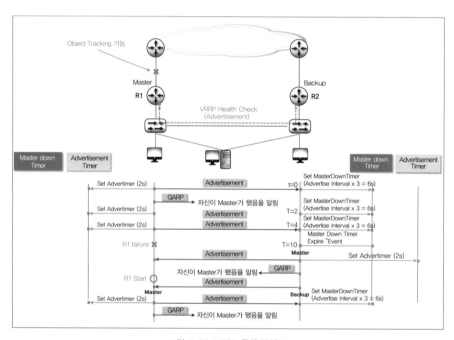

그림 7-23 VRRP 동작 구성도

584

- Master Down Interval

  백업 라우터에서 마스터 라우터가 다운됐다고 판단하는 시간이다.

  백업 라우터는 마스터 라우터 다운 인터벌 만료 시 자신이 마스터임을 주장하는 패킷을 보낸다.

  (기본 값: Advertisement Interval x 3 + Skew time)

- Skew Time

  마스터 선정할 때 백업 라우터들이 반응하는 시간의 변이값을 말하며, 백업 라우터들이 동시에 쏟아내는 VRRP 관련 패킷을 광고하지 않게 하기 위해 백업 라우터들 간에 반응 타이머에 인터벌을 두는데 이 시간을 Skew time이라고 한다. 이 값은 우선순위에 영향을 받으며, 우선순위 값이 클수록 빠르게 반응한다.

  - Skew time = 1(s) − (Priority/256)

- Object Tracking 기능(시스코 사의 경우 Tracking interface기능과 동일함)

  VRRP가 동작하지 않는 회선구간이 다운됐을 경우에도 VRRP가 동작하게 하는 기능이다.

  회선이 다운됐을 경우 Master Priority값을 Backup보다 낮게 자동 조정함으로써 Failover가 가능하게 한다.

5) HSRP

HSRP^{Hot Standby Router Protocol}는 VRRP와 거의 같은 기능을 가지고 있으며 시스코 사에서 개발한 게이트웨이 이중화 프로토콜이다.

이중화를 위한 HSRP의 역할을 간단히 요약하면 다음과 같다(VRRP 기능과 동일함).

- 게이트웨이 이중화 프로토콜(3계층)로 액티브^{Active} 라우터 장애 시 패킷 전송의 연속성을 보장하는 역할을 한다.

- 게이트웨이의 Active/Standby 및 Active/Active 설정을 할 수 있다.

- 액티브Active 게이트웨이의 장애 발생에 따른 자동 전환Auto-Failover을 지원한다.

HSRP의 동작 원리와 단계적 절차에 대해 알아보자.

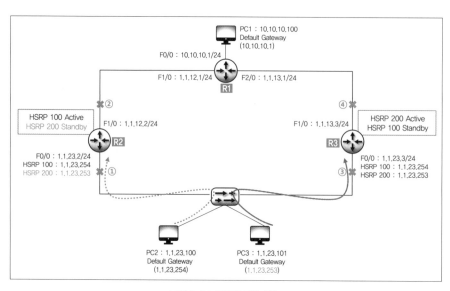

그림 7-24 HSRP 동작 실습

다음은 각 라우터(R1, R2, R3) 및 단말(1, 2, 3)의 설정 값이다.

```
[R1]
interface FastEthernet0/0
 ip address 10.10.10.1 255.255.255.0
interface FastEthernet1/0
 ip address 1.1.12.1 255.255.255.0
interface FastEthernet2/0
 ip address 1.1.13.1 255.255.255.0
router eigrp 10                    //라우터 구간 트래픽 전달을 위한 설정//
 redistribute connected
 network 1.1.12.0 0.0.0.255
 network 1.1.13.0 0.0.0.255
 no auto-summary
```

```
[R2]
interface FastEthernet0/0
 ip address 1.1.23.2 255.255.255.0
 standby 100 ip 1.1.23.254        //HSRP 100 VIP//
 standby 100 timers 1 3           //HSRP Hello, Hold time//
 standby 100 priority 200         //Active를 위한 Priority 설정(기본 값 100)//
 standby 100 preempt              //Standby → Active 자동 원복 기능//
 standby 100 track FastEthernet1/0 150   //이웃 인터페이스의 장애감지로 Active →
Standby 전환//
 standby 200 ip 1.1.23.253        //HSRP 200 VIP//
 standby 200 timers 1 3           //HSRP Hello, Hold time//
 standby 200 preempt              //Active에서 Track 설정에 따른 Failover 지원//
interface FastEthernet1/0
 ip address 1.1.12.2 255.255.255.0

router eigrp 10                   //라우터 구간 트래픽 전달을 위한 설정//
 redistribute connected
 network 1.1.12.0 0.0.0.255
 no auto-summary
```

```
[R3]
interface FastEthernet0/0
 ip address 1.1.23.3 255.255.255.0
 standby 100 ip 1.1.23.254        //HSRP 100 VIP//
 standby 100 timers 1 3           //HSRP Hello, Hold time//
 standby 100 preempt              //Active에서 Track 설정에 따른 Failover 지원//
 standby 200 ip 1.1.23.253        //HSRP 200 VIP//
 standby 200 timers 1 3           //HSRP Hello, Hold time//
 standby 200 priority 200         //Active를 위한 Priority 설정(기본 값 100)//
 standby 200 preempt              //Standby → Active 자동 원복 기능//
 standby 200 track FastEthernet1/0 150   //이웃 인터페이스의 장애감지로 Active →
Standby 전환//
interface FastEthernet1/0
 ip address 1.1.13.3 255.255.255.0

router eigrp 10                   //라우터 구간 트래픽 전달을 위한 설정//
```

```
redistribute connected
network 1.1.13.0 0.0.0.255
no auto-summary
```

```
PC1> ip 10.10.10.100/24 10.10.10.1
Checking for duplicate address...
PC1 : 10.10.10.100 255.255.255.0 gateway 10.10.10.1


PC1> show ip
NAME        : PC1[1]
IP/MASK     : 10.10.10.100/24
GATEWAY     : 10.10.10.1
DNS         :
MAC         : 00:50:79:66:68:01
LPORT       : 10026
RHOST:PORT  : 127.0.0.1:10027
MTU:        : 1500
```

```
PC2> ip 1.1.23.100/24 1.1.23.254
PC1 : 1.1.23.100 255.255.255.0 gateway 1.1.23.254


PC2> show ip
NAME        : PC2[1]
IP/MASK     : 1.1.23.100/24
GATEWAY     : 1.1.23.254           //HSRP 100 VIP 주소//
DNS         :
MAC         : 00:50:79:66:68:03
LPORT       : 10028
RHOST:PORT  : 127.0.0.1:10029
MTU:        : 1500
```

```
PC3> ip 1.1.23.101/24 1.1.23.253
PC1 : 1.1.23.101 255.255.255.0 gateway 1.1.23.253


PC3> show ip
NAME        : PC3[1]
IP/MASK     : 1.1.23.101/24
```

```
GATEWAY      : 1.1.23.253        //HSRP 200 VIP 주소//
DNS          :
MAC          : 00:50:79:66:68:02
LPORT        : 10032
RHOST:PORT   : 127.0.0.1:10033
MTU:         : 1500
```

위 각 라우터의 설정은 Multi-HSRP 적용으로 Active-Active 기능을 지원하는 설정이다.

Active-Standby 기능으로 설정하려면 HSRP그룹 200을 설정 값에서 삭제하면 된다.

네트워크 이중화 기능인 HSRP 기능으로 Active 및 Standby 라우터 설정에 따른 기능을 다음과 같이 간략히 정리해보자.

- HSRP 그룹(standby 100)
  - HSRP 그룹 번호는 0~255까지 할당이 가능하며, 싱글 HSRP일 경우는 그룹 번호는 명시하지 않아도 동작한다(그룹 번호를 할당하지 않을 경우 기본 값 0으로 할당된다).
  - 멀티 HSRP를 구현하기 위해서는 반드시 그룹 번호를 명시해야 하며, 서로 다른 번호를 할당해야 한다.
- Active / Standby 결정을 위해 인터페이스에 우선순위를 부여한다.
  - 기본 값(Default): 100
  - 액티브 상태로 만들기 위해서는 해당 인터페이스에 우선순위 값을 100보다 큰 값을 부여하면 액티브 라우터로 동작한다.
- HSRP 헬로Hello 패킷의 헬로 인터벌Hello Interval 및 홀드타임Hold Time은 기본 3초 10초이며 홀드타임 10초 동안 헬로 패킷을 받지 못하면 스탠바이 라우터가 액티브 라우터로 전환된다.
  이 값은 조정이 가능하며 민감하게 동작이 필요한 경우에는 standby 100 timer 1 3으로 조정하기도 한다(Hello interval: 1초, Hold time: 3초).

- HSRP가 동작하지 않는 외부구간(회선구간)이 다운됐을 경우 액티브 역할을 넘겨주기 위해서는 트랙Track 기능을 사용한다(VRRP의 Object Tracking 기능과 동일하다).
  - 라우터에서 HSRP가 적용이 안된 인터페이스(FastEthernet1/0)가 다운되면 트랙Track 기능을 통해 해당 라우터의 HSRP가 적용된 인터페이스의 우선순위가 150이 감소돼 50이 되면서 스탠바이 라우터 우선순위 100보다 작아지게 돼 액티브 라우터는 스탠바이 라우터(Active → Standby)로 전환된다. 우선순위가 100인 스탠바이 라우터가 액티브(Standby → Active)가 된다.
  - 여기서 주의할 점은 설정 값 'standby 100 track FastEthernet1/0 150'에서 '150' 값이 없으면 기본적으로 10만 감소된다. 그러면 200 − 10 = 190으로, 액티브 라우터가 스탠바이(Active → Standby)로 전환되지 않는다.
- Preempt
  - 액티브 라우터가 스탠바이(Active → Standby)로 전환된 후 정상 상태로 회복했을 때 원래 액티브 권한을 회복하는 기능(여기서는 R1이 액티브 라우터 역할을 수행)
  - 스탠바이 라우터에서 Preempt 역할은 액티브 라우터에서 Track을 설정할 경우 반드시 설정을 해야 HSRP가 Active → Standby로 전환할 수 있다.
- Delay
  - 라우터의 인터페이스가 살아났지만 패킷 전송을 위한 라우팅 테이블의 갱신convergence이 완료돼야 한다. 라우팅 테이블이 갱신될 때까지 HSRP Active/Standby 기능을 지연시키는 기능이다.
  - 적용 방법: standby 100 preempt delay minimum 60(초)

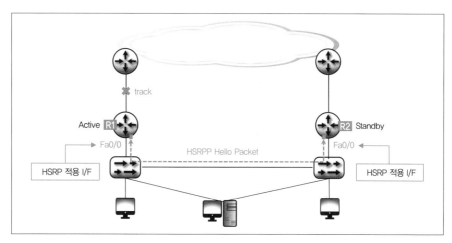

그림 7-25 HSRP 동작 구성도

HSRP의 상태 변화에 따른 동작에 대해 알아보자.

Initial State (초기 상태)	Learn State	Listen State	Speak State	Standby State	Active State
HSRP 시작 상태 인터페이스 업 설정 값 변경	VIP 미결정 상태 Active로부터 헬로 패킷 미수 신 상태(Waiting 상태)	VIP 결정 상태 Active/Standby 라우터 미결정 상태	헬로 패킷 전송 상태 Active/Standby 라우터 선출에 참여	Active 라우터 의 후보 주기적으로 헬 로 패킷 전송 HSRP 그룹 내 1개 Standby 라 우터 존재	HSRP 그룹 내 가상 MAC 주소 로 전송된 패킷 을 수신해 라우 팅 역할 수행 HSRP 그룹 내 1개의 Active 라 우터 존재

HSRP 패킷은 UDP 1985 포트를 사용해 전송하며 멀티캐스트 주소 224.0.0.2를 사용하고 TTL값은 1이다.

HSRP는 앞서 Active/Standby 및 Active/Active를 모두 지원한다고 했고 기본 설정 값도 HSRP 그룹ID를 두 개를 가지는 멀티 HSRP를 설정하는 것을 알아봤다.

멀티 HSRP를 사용하는 이유는 Active/Standby보다 효과적으로 회선 대역을 활용할 수 있으며, HSRP를 이용한 부하 분산이라고도 한다.

로컬상에 단말이 외부로 데이터 통신을 하기 위해서 바라볼 수 있는 게이트웨이는 두 개가 존재한다. 그러므로 일부 단말은 R1이 액티브로 동작하는 게이트웨이를 설정하고 나머지 단말은 R2가 액티브로 동작하는 게이트웨이로 설정한다면 외부로 나가는 상호 메인 경로, 백업경로를 모두 사용할 수 있다.

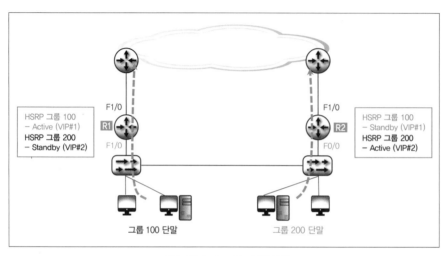

그림 7-26 Multi-HSRP 부하 분산

VRRP와 HSRP는 매우 유사한 이중화 프로토콜이다. 어떤 점이 동일하고 어떤 점이 다른지 표 7-5을 통해서 확인하자.

표 7-5 VRRP와 HSRP 비교

구분	VRRP	HSRP
가상 IP 주소 (Virtual IP address)	마스터, 백업 라우터가 공통으로 사용하는 IP 주소 Virtual IP = Real IP, Priority : 255	액티브, 스탠바이 라우터가 공통으로 사용하는 IP 주소 Virtual IP와 Real IP를 같게 할당할 수 없음
VRID/Group	같은 가상 IP를 사용하는 VRRP ID (1~255)	같은 가상 IP를 사용하는 HSRP 그룹 (1~255)
가상 MAC 주소 (Virtual MAC address)	00:00:5E:00:01:(VRID) • VRID : 1 • 가상 MAC 주소: 　00:00:5E:00:01:01	00:00:0C:07:AC:(Group) • Group : 20 • 가상 MAC 주소: 　00:00:0C:07:AC:14
Hello Packet	224.0.0.18	224.0.0.2
Hello Interval	1초	3초
Hold Time	3초	10초
우선순위 (Priority)	0~255 • 0: Master로 동작 안 함 • 255: VIP= Real IP	0~255(기본 값 : 100)

6) 스위칭 종류별 특징(3계층)

■ **프로세스 스위칭**Process Switching

- 라우터에서 라우팅을 처리하듯이 CPU에서 스위칭을 처리하는 전통적인 방식이다.
- L3 스위치가 라우터처럼 각 패킷을 전송할 때마다 라우팅 테이블을 참조해 패킷을 전송하는 방식

■ **패스트 스위칭**Fast Switching

- 프로세스 스위칭보다는 성능면에서 우수하다.
- 최초 전송되는 패킷은 라우터에서와 마찬가지로 CPU에서 처리하고, 처리한

내역을 L3 캐시Cache에 등록한다.

- 그 후 패킷 전송은 CPU가 아닌 하드웨어 칩셋인 ASIC에서 L3 캐시를 참조해 처리하게 된다.

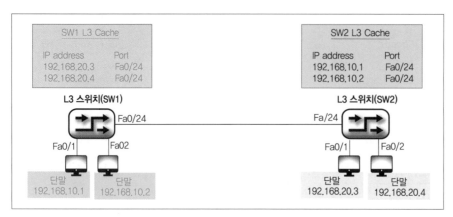

그림 7-27 L3 패스트 스위칭

■ CEF 스위칭

- CEFCisco Express Forwarding의 경우는 시스코 사 전용 L3 스위칭 방식이다.
- 라우팅 테이블을 FIBForwarding Information Base 테이블로 복사한다.
- 라우팅 테이블이 변경될 경우 마찬가지로 FIB 테이블에도 즉시 변경 정보가 복사된다.
- CPU가 라우팅 테이블을 참조해 패킷 전송하는 것보다 하드웨어 ASIC에서 FIB 테이블을 참조해 전송하므로 패킷의 고속 전송을 할 수 있다.

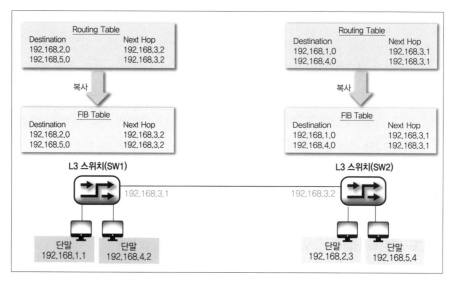

그림 7-28 CEF 스위칭

7) CEF 스위칭을 이용한 부하 분산(Load Sharing) 적용

여기에서는 Load Balancing 용어가 아닌 Load Sharing 용어를 사용한 이유는 정확히 5:5와 같은 Balancing의 개념보다는 부하를 나눠가진다는 의미가 강하기 때문에 Sharing으로 표현했다.

다른 IT 서적에서는 동일하게 Load Balancing으로 표현하기도 한다.

■ 기본적인 링크 부하 분산(Default Link Load Sharing) 방식

- 동일 메트릭 값을 가진 다중경로Equal Cost Multiple Path에 대한 출발지, 목적지 패킷 정보(IP 주소)를 이용한 해시Hash 조합이다.

■ Per-Destination 부하 분산(Load sharing)

- CEF가 활성화된 상태에서 기본적인 부하 분산 방식이다.
- 출발지 – 목적지 호스트 IP 주소 쌍Pair이 적용된다.

- 동일 메트릭값을 가진 다중경로가 존재해야 한다.
- 다중의 출발지 – 목적지 호스트 IP 주소 조합에서 데이터 스트림은 각각 서로 다른 경로를 통해 흐르는 경향이 있지만, 동일한 경로에 흐를 수도 있다.
- CEF 해시 알고리즘에 의한 경로 결정은 한번 결정된 경로는 다른 경로가 있더라도 동일 경로를 유지한다. 회선의 부하 정도와 관계없이 최초 결정된 경로가 다운되기 전까지는 유지하게 된다.
- 효과적인 부하 분산^{Load-Sharing} 구현을 위해서는 많은 출발지–목적지 IP 주소 쌍이 필요하다.

■ **CEF 활성화 상태에서 Per-Packet 부하 분산(Load Sharing)**

- 패킷 단위로 동일 메트릭 값을 가진 다중 경로에 대한 라운드로빈^{Round robin} 방식의 부하 분산^{Load-balancing}
- 패킷별로 다중 경로를 골고루 이용하는 관점에서는 최적의 부하 분산 기술이다. 그러나 네트워크 장비 제조사인 시스코 사에서는 다음과 같은 문제점으로 적용을 권고하지 않는다. 또한 대형 백본에서는 기능조차 지원하지 않고 있다.

문제점

① 패킷의 역전 현상 발생(Packet disordering(out of sequence)) 가능성 존재

② 출발지에서 목적지까지 분할(freqmentation)된 패킷이 전송될 때 다중 경로별 패킷 전달 속도가 다를 수 있기 때문에 해당 패킷에 대한 전송 속도(Latency)를 예측할 수 없는 가능성이 있다(Non Predictive Latency for source-destination session).

■ **4계층 포트 정보를 포함한 부하 분산(Load Sharing) 알고리즘**

- 전달되는 패킷별 출발지 4계층 포트 정보와 도착지 4계층 포트 정보를 부하 분산의 인자로 이용할 수 있다^{Include-ports algorithm}.

- 기본 부하 분산에서 출발지−목적지 쌍에 4계층 출발지와 목적지의 포트 정보를 다중 경로에서 부하 분산을 결정하는 요소로 사용

```
Router(config)#ip cef load-sharing algorithm include-ports source
destination
```

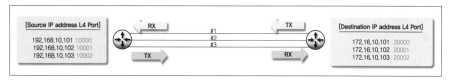

그림 7-29 CEF를 이용한 출발지, 목적지 및 포트 활용 부하 분산

CEF를 이용한 부하 분산에 대해 알아봤다. 부하 분산이 어떻게 구현되는지 실제로 라우터를 이용해 구축하고 동일 메트릭을 가지며 다중 경로상에서 어떤 경로로 어떠한 출발지−목적지 호스트 IP 조합이 전달되는지 확인해보자.

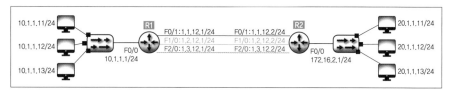

그림 7-30 CEF를 이용한 부하 분산

■ 각 라우터 설정 값

[R1]
```
ip cef load-sharing algorithm include-ports source destination

interface FastEthernet0/0
 ip address 10.1.1.1 255.255.255.0
interface FastEthernet0/1
 bandwidth 100000                    //Equal Cost 설정//
 ip address 1.1.12.1 255.255.255.0
 delay 100                           //Equal Cost 설정//
```

```
interface FastEthernet1/0
 bandwidth 100000                //Equal Cost 설정//
 ip address 1.2.12.1 255.255.255.0
 delay 100                       //Equal Cost 설정//
interface FastEthernet2/0
 bandwidth 100000                //Equal Cost 설정//
 ip address 1.3.12.1 255.255.255.0
 delay 100                       //Equal Cost 설정//


router eigrp 10
 network 1.1.12.0 0.0.0.255
 network 1.2.12.0 0.0.0.255
 network 1.3.12.0 0.0.0.255
 network 10.1.1.0 0.0.0.255
 no auto-summary
```

[R2]
```
ip cef load-sharing algorithm include-ports source destination

interface FastEthernet0/0
 ip address 20.1.1.1 255.255.255.0
interface FastEthernet0/1
 bandwidth 100000                //Equal Cost 설정//
 ip address 1.1.12.2 255.255.255.0
 delay 100                       //Equal Cost 설정//
interface FastEthernet1/0
 bandwidth 100000                //Equal Cost 설정//
 ip address 1.2.12.2 255.255.255.0
 delay 100                       //Equal Cost 설정//
interface FastEthernet2/0
 bandwidth 100000                //Equal Cost 설정//
 ip address 1.3.12.2 255.255.255.0
 delay 100                       //Equal Cost 설정//


router eigrp 10
 network 1.1.12.0 0.0.0.255
```

```
network 1.2.12.0 0.0.0.255
network 1.3.12.0 0.0.0.255
network 20.1.1.0 0.0.0.255
no auto-summary
```

■ 부하 분산(Load-Sharing)에 따른 패킷 전송 경로 확인

```
R1#show ip route 20.1.1.0          //라우팅 테이블상 Equal-Cost 부하 분산 경로 확인//
Routing entry for 20.1.1.0/24
  * 1.3.12.2, from 1.3.12.2, 00:03:21 ago, via FastEthernet2/0
      Route metric is 307200, traffic share count is 1
      Total delay is 2000 microseconds, minimum bandwidth is 10000 Kbit
//Equal Cost//
      Reliability 255/255, minimum MTU 1500 bytes
      Loading 1/255, Hops 1
    1.2.12.2, from 1.2.12.2, 00:03:21 ago, via FastEthernet1/0
      Route metric is 307200, traffic share count is 1
      Total delay is 2000 microseconds, minimum bandwidth is 10000 Kbit
//Equal Cost//
      Reliability 255/255, minimum MTU 1500 bytes
      Loading 1/255, Hops 1
    1.1.12.2, from 1.1.12.2, 00:03:21 ago, via FastEthernet0/1
      Route metric is 307200, traffic share count is 1
      Total delay is 2000 microseconds, minimum bandwidth is 10000 Kbit
//Equal Cost//
      Reliability 255/255, minimum MTU 1500 bytes
      Loading 1/255, Hops 1

R1#show ip cef exact-route 10.1.1.11 20.1.1.11
10.1.1.11 -> 20.1.1.11 : FastEthernet2/0 (next hop 1.3.12.2)  //3번 경로//
R1#show ip cef exact-route 10.1.1.11 20.1.1.12
10.1.1.11 -> 20.1.1.12 : FastEthernet2/0 (next hop 1.3.12.2)  //3번 경로//
R1#show ip cef exact-route 10.1.1.11 20.1.1.13
10.1.1.11 -> 20.1.1.13 : FastEthernet0/1 (next hop 1.1.12.2)  //1번 경로//
```

R1#show ip cef exact-route 10.1.1.12 20.1.1.11
10.1.1.12 -> 20.1.1.11 : FastEthernet0/1 (next hop 1.1.12.2) //1번 경로//
R1#show ip cef exact-route 10.1.1.12 20.1.1.12
10.1.1.12 -> 20.1.1.12 : FastEthernet2/0 (next hop 1.3.12.2) //3번 경로//
R1#show ip cef exact-route 10.1.1.12 20.1.1.13
10.1.1.12 -> 20.1.1.13 : FastEthernet1/0 (next hop 1.2.12.2) //2번 경로//
R1#show ip cef exact-route 10.1.1.13 20.1.1.11
10.1.1.13 -> 20.1.1.11 : FastEthernet0/1 (next hop 1.1.12.2) //1번 경로//
R1#show ip cef exact-route 10.1.1.13 20.1.1.12
10.1.1.13 -> 20.1.1.12 : FastEthernet2/0 (next hop 1.3.12.2) //3번 경로//
R1#show ip cef exact-route 10.1.1.13 20.1.1.13
10.1.1.13 -> 20.1.1.13 : FastEthernet1/0 (next hop 1.2.12.2) //2번 경로//

R2#show ip route 10.1.1.0   //라우팅 테이블상 **Equal-Cost** 부하 분산 경로 확인//
Routing entry for 10.1.1.0/24
  Known via "eigrp 10", distance 90, metric 307200, type internal
  Redistributing via eigrp 10
  Last update from 1.1.12.1 on FastEthernet0/1, 00:03:22 ago
  Routing Descriptor Blocks:
  * 1.3.12.1, from 1.3.12.1, 00:03:22 ago, via FastEthernet2/0
      Route metric is 307200, traffic share count is 1
      Total delay is 2000 microseconds, minimum bandwidth is 10000 Kbit
//Equal Cost//
      Reliability 255/255, minimum MTU 1500 bytes
      Loading 1/255, Hops 1
    1.2.12.1, from 1.2.12.1, 00:03:22 ago, via FastEthernet1/0
      Route metric is 307200, traffic share count is 1
      Total delay is 2000 microseconds, minimum bandwidth is 10000 Kbit
//Equal Cost//
      Reliability 255/255, minimum MTU 1500 bytes
      Loading 1/255, Hops 1
    1.1.12.1, from 1.1.12.1, 00:03:22 ago, via FastEthernet0/1
      Route metric is 307200, traffic share count is 1
      Total delay is 2000 microseconds, minimum bandwidth is 10000 Kbit
//Equal Cost//
      Reliability 255/255, minimum MTU 1500 bytes

```
    Loading 1/255, Hops 1

R2#show ip cef exact-route 20.1.1.11 10.1.1.11
20.1.1.11 -> 10.1.1.11 : FastEthernet1/0 (next hop 1.2.12.1)  //2번 경로//
R2#show ip cef exact-route 20.1.1.11 10.1.1.12
20.1.1.11 -> 10.1.1.12 : FastEthernet2/0 (next hop 1.3.12.1)  //3번 경로//
R2#show ip cef exact-route 20.1.1.11 10.1.1.13
20.1.1.11 -> 10.1.1.13 : FastEthernet0/1 (next hop 1.1.12.1)  //1번 경로//
R2#show ip cef exact-route 20.1.1.12 10.1.1.11
20.1.1.12 -> 10.1.1.11 : FastEthernet1/0 (next hop 1.2.12.1)  //2번 경로//
R2#show ip cef exact-route 20.1.1.12 10.1.1.12
20.1.1.12 -> 10.1.1.12 : FastEthernet2/0 (next hop 1.3.12.1)  //3번 경로//
R2#show ip cef exact-route 20.1.1.12 10.1.1.13
20.1.1.12 -> 10.1.1.13 : FastEthernet2/0 (next hop 1.3.12.1)  //3번 경로//
R2#show ip cef exact-route 20.1.1.13 10.1.1.11
20.1.1.13 -> 10.1.1.11 : FastEthernet1/0 (next hop 1.2.12.1)  //2번 경로//
R2#show ip cef exact-route 20.1.1.13 10.1.1.12
20.1.1.13 -> 10.1.1.12 : FastEthernet2/0 (next hop 1.3.12.1)  //3번 경로//
R2#show ip cef exact-route 20.1.1.13 10.1.1.13
20.1.1.13 -> 10.1.1.13 : FastEthernet2/0 (next hop 1.3.12.1)  //3번 경로//
```

CEF 부하 분산에서 Equal Cost에 대한 정의가 필요하다. 동일한 사양의 인터페이스를 이용한 회선이 연결되더라도 EIGRP의 경우는 대역폭Bandwidth 및 지연율Delay에 따라 Equal Cost가 결정되기 때문에 임의로 맞춰줄 필요가 있다(bandwidth 100000, Delay 100).

라우팅 CEF 테이블상 출발지 및 목적지 IP 값을 이용해서 해당 경로가 결정되는 것을 확인했다.

또한 송신 방향과 수신 방향의 부하 분산도 출발지와 목적지 IP에 따라 경로가 달라진다.

여기서 확인되는 부분은 정확히 부하가 분산되는 Load Balancing 개념보다는 Load Sharing의 개념이 더 정확하다는 것이 확인된다.

8) 포트 미러링

포트 미러링은 네트워크 스위치 포트나 VLAN에 흐르는 패킷을 캡처해서 스위치의 다른 포트로 복사해주는 기능이다.

포트 미러링 기능은 네트워크 트래픽 감시나 정보보호시스템에서 활용하는 등 다양하게 활용되고 있다. 다른 말로는 트래픽 미러링이라고도 한다.

네트워크 트래픽 분석기나 정보보호시스템 중 침입탐지시스템[IDS], 침입방지시스템[IPS]에서 스위치 포트를 통과해서 내부로 인입되는 패킷을 감시 또는 관찰하기 위해 활용된다.

네트워크 스위치의 미러링 기능을 이용하기 때문에 다른 시스템에 영향을 주지 않고 송수신 패킷을 가공없이 수집할 수 있다.

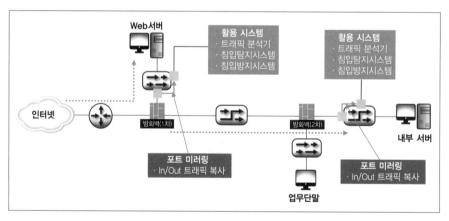

그림 7-31 스위치 포트 미러링

602

■ 포트 미러링 활용 분야

① 네트워크 분석 분야: 네트워크 패킷 분석

- 트래픽 계측기^{Wireahsrk}를 활용해 TCP 데이터를 전달할 때 3Way 핸드쉐이킹 과정을 거친다. 이 과정 중 패킷의 분실^{Loss}이나 TCP 특성상 재전송이 발생하는 호스트 시스템의 패킷 디버그를 통한 오류를 진단할 수 있다.
- 애플리케이션 시스템이 연결된 포트를 미러링함으로써 호스트 시스템의 성능 관리에 활용
- 스위치 포트에 연결된 터미널의 실사용자 모니터링에 활용
- 특정 IP 주소에서 비정상적인 과도한 트래픽 발생 탐지에 활용

② 정보 보호 분야: 침입탐지, 침입방지시스템 모니터링

- 내부로 인입되는 패킷을 모니터링해 침입탐지시스템의 유해행위에 대한 패턴을 검사해 침해성 패킷을 판별하고 경고 메시지를 전달하는 데 활용
- 침입방지시스템에서도 침입탐지시스템과 같이 유사한 행위에 활용되며, 침해성 패킷의 출발지를 확인해 경고 메시지 전달 및 차단할 수 있는 근거로 활용
- SPAN$^{Switch Port Analyzer}$이라는 스위치 기능은 포트 미러링을 활용한다. 일반적으로 스위치의 SPAN 기능은 침입탐지시스템이나 침입방지시스템을 설치할 때 주로 사용한다.

침입탐지시스템나 침입방지시스템에 전달하기 위한 미러링 포트의 위치는 방화벽을 통과한 인터페이스 포트를 미러링 소스 포트로 설정한다.

포트 미러링과 동일하게 구현하는 방법으로 하드웨어 텝^{TAP} 장비를 회선단에 설치할 수도 있다. 텝장비 자체에 In/Out 패킷을 다른 포트로 복사하는 기능이 내장돼 있으며, 텝장비를 설치하면 스위치상에서 포트 미러링 기능을 동작시킬 필요는 없다.

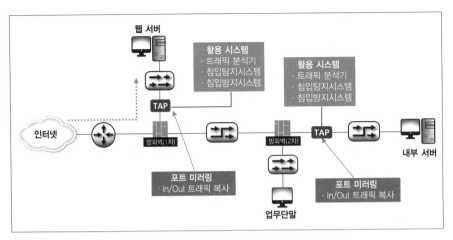

그림 7-32 스위치 포트 미러링

■ 포트 미러링 방법

[1:1 포트 미러링]

Switch(config)#monitor session 1 source interface FastEthernet 0/1 ?

```
,      Specify another range of interfaces
-      Specify a range of interfaces
both   Monitor received and transmitted traffic   //포트 In/Out 패킷 캡처//
rx     Monitor received traffic only              //포트 In 패킷 캡처//
tx     Monitor transmitted traffic only           //포트 Out 패킷 캡처//
<cr>
```

Switch(config)#monitor session 1 source interface FastEthernet 0/1 both

Switch(config)#monitor session 1 destination interface FastEthernet 0/24

[설정 결과 확인]

Switch#show monitor session 1

```
Session 1
---------
Type              : Local Session
Source Ports      :
    Both          : Fa0/1
Destination Ports : Fa0/24
```

```
          Encapsulation : Native
               Ingress : Disabled
```

[N:1 포트 미러링]
```
Switch(config)#monitor session 1 source interface FastEthernet 0/1 ?
  ,      Specify another range of interfaces
  -      Specify a range of interfaces
  both   Monitor received and transmitted traffic    //포트 In/Out 패킷 캡처//
  rx     Monitor received traffic only               //포트 In 패킷 캡처//
  tx     Monitor transmitted traffic only            //포트 Out 패킷 캡처//
  <cr>
Switch(config)#monitor session 1 source interface FastEthernet 0/1 both
Switch(config)#monitor session 1 source interface FastEthernet 0/2 both
Switch(config)#monitor session 1 source interface FastEthernet 0/3 both
Switch(config)#monitor session 1 source interface FastEthernet 0/4 both
Switch(config)#monitor session 1 source interface FastEthernet 0/5 both
Switch(config)#monitor session 1 destination interface FastEthernet 0/24
```

[설정결과 확인]
```
Switch#show monitor session 1
Session 1
---------
Type                : Local Session
Source Ports        :
    Both            : Fa0/1-5
Destination Ports : Fa0/24
    Encapsulation : Native
         Ingress : Disabled
```

N:1 포트 미러링할 때 주의사항이 있다. 침입탐지시스템 센서로 포트 미러링할 경우
N:1 포트 미러링을 주로 사용한다. 침입탐지시스템의 경우 성능이 된다면 여러 개의
포트를 하나의 IDS 센서가 연결된 포트로 미러링할 수 있다.

여기서 주의할 점은 미러링된 패킷은 브로드캐스트 데이터로, 동일 네트워크(VLAN)
에서 각각의 포트의 In/Out 패킷이 해당 네트워크(VLAN)에서 함께 보인다. 즉, 위

N:1 포트 미러링에서 FastEthernet 0/1 ~ 0/5 포트가 동일 VLAN에 위치하고 있다면 각 포트에서는 자기 포트에 흐르는 패킷뿐만 아니라 다른 포트의 패킷까지 보인다. 그렇게 된다면 미러링 목적지 포트에서는 실제 트래픽보다 5배 많은 패킷이 감지될 것이다.

그래서 N:1 포트 미러링에서는 미러링 소스 포트는 각각 VLAN을 달리해서 설정해야 한다.

```
Switch#show interface status
Port      Name        Status        Vlan      Duplex   Speed  Type
Fa0/1                 connected     1          a-half  a-100  10/100BaseTX
Fa0/2                 connected     2          auto    auto   10/100BaseTX
Fa0/3                 connected     3          auto    auto   10/100BaseTX
Fa0/4                 connected     4          auto    auto   10/100BaseTX
Fa0/5                 connected     5          auto    auto   10/100BaseTX
Fa0/6                 connected     1          auto    auto   10/100BaseTX
Fa0/7                 connected     1          auto    auto   10/100BaseTX
Fa0/8                 connected     1          auto    auto   10/100BaseTX

... ...
Gi0/1                 connected     1          auto    auto   1000BaseSX SFP
Gi0/2                 notconnect    1          auto    auto   1000BaseSX SFP
```

그림 7-33은 별도의 포트 미러전용 스위치를 사용할 경우의 포트 미러링 설정 구성이다.

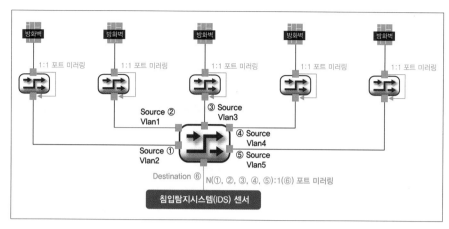

그림 7-33 N:1 스위치 포트 미러링

미러링 설정에서 소스 포트는 SVI 인터페이스인 VLAN 인터페이스를 이용할 수 있다.

[N:1 미러링] VL:AN 인터페이스 소스 설정

Switch(config)#monitor session 2 source vlan 1 both //VLAN 1 미러 소스 설정//
Switch(config)#monitor session 2 source vlan 2 both //VLAN 2 미러 소스 설정//
Switch(config)#monitor session 2 source vlan 3 both //VLAN 3 미러 소스 설정//
Switch(config)#monitor session 2 source vlan 4 both //VLAN 4 미러 소스 설정//
Switch(config)#monitor session 2 source vlan 5 both //VLAN 5 미러 소스 설정//
Switch(config)#monitor session 2 destination interface GigabitEthernet
0/1

[N:1 미러링 설정결과]

Switch#show monitor session 2
Session 2

Type   : Local Session
Source VLANs   :
    Both   : 1-5
Destination Ports : Gi0/1
    Encapsulation : Native
          Ingress : Disabled

N:1 미러링 설정 시 목적지 포트의 경우 출발지 포트 인터페이스 대역의 합의 용량을 가진 인터페이스를 설정하는 것이 최적이나, 실제 출발지 포트에 흐르는 패킷량을 고려해 적당한 용량을 가진 포트를 미러링 목적지로 설정하는 것이 좋다.

미러링 출발지 포트	미러링 목적지 포트	미러링 출발지 포트	미러링 목적지 포트
FastEthernet 0./1	GigaEthernet 0/1	GigaEthernet 0./1	TenGigaEthernet 0/24
FastEthernet 0/2		GigaEthernet 0./2	
FastEthernet 0/3		GigaEthernet 0./3	
FastEthernet 0/4		GigaEthernet 0./2	
FastEthernet 0/5		GigaEthernet 0./5	

9) QoS

QoS^{Quality of Service}는 네트워크상에서 트래픽이 전달되는 통신서비스 품질을 말한다. 데이터 전달의 기준 시간 이하의 지연이나 일정 수준의 손실률을 보장한다는 것이다.

서비스 제공 회선의 대역폭 및 여러 트래픽이 동일한 대역폭을 공유할 경우 특정 트래픽에 대해서 상대적인 우선순위를 정해 회선 서비스 품질을 보장하는 것을 말한다.

QoS에서 고려되는 매개변수는 전송률, 전송 지연 등 여러 가지가 있다.

QoS 매개변수	내 용
전송률	패킷이 전송되는 구간에서 초당 전송할 수 있는 바이트 수 In/Out 양방향 전송률은 다를 수 있으며, 별개로 고려해야 함
전송 지연	송신단에서 수산단까지 도달하는 데 걸리는 시간 전송률과 동일하게 양방향으로 고려돼야 함
전송 오류률	패킷이 전송되는 구간에서 전달된 총 패킷 수와 오류가 발생한 패킷의 비율을 나타냄
우선순위	동일 회선 대역에서 제공되는 여러 서비스 중 우선순위를 부가해 우선순위가 높은 서비스를 우선적으로 전송할 수 있게 제공한다.

QoS 매개변수	내 용
연결 설정 지연	연결 설정에서 요구와 연결맺음까지 경과한 시간을 나타내며, 경과한 시간이 짧을수록 고품질 서비스가 된다. 네트워크 혼잡도 등에 영향을 받음
연결 설정 실패 확률	최대 연결 설정 지연시간을 기준으로 그 시간을 초과해서 연결 설정이 안되는 경우의 확률이다.

QoS를 이용한 서비스로 VoIP^{Voice Over IP}와 같이 실시간 통신이 요구되는 트래픽의 경우 전송 지연을 최소화하기 위해 최우선적으로 전송할 수 있게 설정하는 것에 주로 이용해왔다. 특정 트래픽(VoIP 등)에 대해서 사용할 수 있는 대역폭을 보장하도록 적용했다.

QoS를 적용함에 있어서는 QoS 대상 트래픽을 분류, 표시, 혼잡관리(회피) 및 폴리싱이나 쉐이핑을 적용한다.

요즘에는 주로 이더넷 프로토콜을 사용한 고대역 회선 서비스를 제공하기 때문에 QoS를 복잡하게 적용하기보다는 대역폭을 제한하는 수단으로 많이 사용하고 있다.

■ 대역폭 제한 용도로 QoS 적용

Interface 제공 용량	QoS 대역 제한	Interface 제공 용량	QoS 대역 제한
100Mbps	30Mbps	1Gbps	400 Mbps

10bps 인터페이스 용량에 3Gbps 대역 제한도 마찬가지 경우이다.

대역 제한을 거는 방법에는 폴리싱^{Policing} 방법과 쉐이핑^{Shaping} 방법이 있다.

① 폴리싱

- 제공 인터페이스 용량 내에서 대역 제한을 폴리싱으로 할 경우 대역 제한을 한 기준 용량을 초과하는 트래픽에 대해서는 폐기 처리한다.
- 패킷 전송에 대한 지연은 발생하지 않지만, 폐기되는 패킷으로 인한 재전송이 빈번히 발생한다.

- 폴리싱의 기본 원칙이 폐기이지만, 초과하는 트래픽에 대해서 표시만 하고 전송하게 할 수도 있다.
- Inbound / Outbound 모두 적용 가능

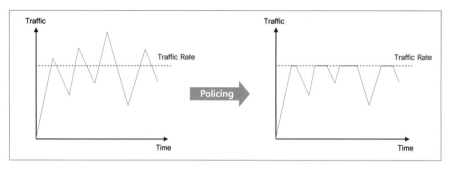

그림 7-34 QoS 트래픽 폴리싱

② 쉐이핑

- 제공 인터페이스 용량 내에서 대역 제한을 쉐이핑할 경우 대역 제한을 한 기준 용량을 초과하는 트래픽에 대해서는 트래픽을 버퍼에 저장해 약간의 지연 효과를 줘 기준 용량을 초과하는 트래픽에 대해서 폐기 처리하지 않고 전송 처리한다.
- 폴리싱에서 대역 제한을 초과한 패킷을 폐기 처리되는 패킷 손실의 문제는 해소할 수 있으며, 어느 정도 버스트 트래픽을 수용할 수 있다.
- 버퍼링으로 인한 추가적인 지연율이 증가할 수 있다.
- Outbound만 적용 가능

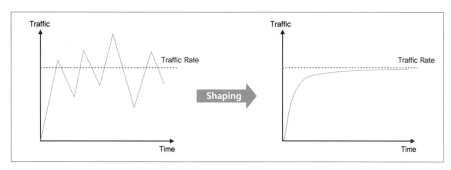

그림 7-35 QoS 트래픽 쉐이핑

QoS 설정에 대한 실습은 트래픽 분류, QoS 정책 설정 및 정책을 적용하는 순서로 QoS 기준을 분류된 트래픽에 대한 회선 대역을 제한하는 방법으로 폴리싱 방법과 쉐이핑 방법을 적용해보자.

■ QoS 설정 절차

위 QoS 설정 절차를 따라 트래픽을 분류하는 방법은 여러 가지가 있다.

[트래픽 분류] Class-map을 통한 Match 명령어를 이용, 다양한 분류 옵션을 적용
```
R1(config)#class-map QOS_Policing
R1(config-cmap)#?
QoS class-map configuration commands:
  description  Class-Map description
  exit         Exit from QoS class-map configuration mode
  match        classification criteria
  no           Negate or set default values of a command
  rename       Rename this class-map

R1(config-cmap)#match ?
  access-group          Access group      //액세스 리스트를 이용한 분류//
```
---

any	Any packets	//전체 패킷//
class-map	Class map	
cos	IEEE 802.1Q/ISL class of service/user priority	
values //트렁킹//		
destination-address	Destination address	//목적지 주소를 이용한 분류//
discard-class	Discard behavior identifier	
dscp	Match DSCP in IP(v4) and IPv6 packets	
//QoS 필드 값//		
fr-de	Match on Frame-relay DE bit	//프레임 릴레이 DE값//
fr-dlci	Match on fr-이챠	//프레임 릴레이 DLCI값//
input-interface	Select an input interface to match	
//Input 인터페이스//		
ip	IP specific values	//IP 주소//
mpls	Multi Protocol Label Switching specific values	
not	Negate this match result	
packet	Layer 3 Packet length	//L3 패킷 크기//
precedence	Match Precedence in IP(v4) and IPv6 packets	
//QoS필드 값//		
protocol	Protocol	//프로토콜//
qos-group	Qos-group	
source-address	Source address	//출발지 IP 주소//

실습을 통해 적용은 액세스 리스트를 이용해서 분류하도록 한다. 액세스 리스트를 적용하는 이유는 지금까지 가장 많이 사용하고 있으며, QoS 적용에 있어서 서비스의 구분은 주로 IP 주소를 이용하고 있기 때문이다.

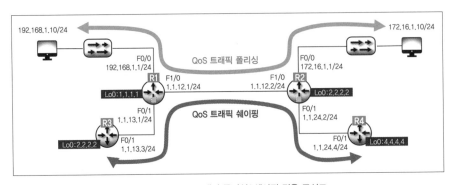

그림 7-36 QoS 트래픽 폴리싱&쉐이핑 적용 구성도

■ QoS 트래픽 폴리싱 설정

[R1 Interface FastEthernet 1/0 Input/Output으로 Policing 적용]
```
R1(config)#$ 100 permit ip 192.168.1.0 0.0.0.255 172.16.1.0 0.0.0.255
//액세스 리스트 이용 트래픽 분류//
R1(config)#class-map QoS_Policing              //① Class Map 트래픽 분류//
R1(config-cmap)#match access-group 100
R1(config-cmap)#exit
R1(config)#policy-map Policing                 //② Policu Map QoS 정책 설정//
R1(config-pmap)#class QoS_Policing
R1(config-pmap-c)#police ?
  <8000-2000000000>  Bits per second
  cir                Committed information rate
  rate               Specify police rate

R1(config-pmap-c)#police 10000000 ?            //10Mbps 트래픽 폴리싱 적용//
  <1000-512000000>  Burst bytes
  bc                Conform burst
  conform-action    action when rate is less than conform burst
  pir               Peak Information Rate
  <cr>
R1(config-pmap-c)#police 10000000
R1(config-pmap-c-police)#exit
R1(config-pmap-c)#exit
R1(config-pmap)#exit
R1(config)#interface FastEthernet 1/0

R1(config-if)#service-policy ?                 //③ Service Policy QoS 정책 적용//
  input   Assign policy-map to the input of an interface
  output  Assign policy-map to the output of an interface

R1(config-if)#service-policy input Policing
//Fa1/0 인터페이스 Input 패킷에 폴리싱 적용//
R1(config-if)#service-policy output Policing
//Fa1/0 인터페이스 Output 패킷에 폴리싱 적용//
```

간단히 QoS 트래픽 폴리싱을 적용해봤다. 트래픽 폴리싱이 실제로 QoS로 정의된 대역을 초과할 경우 초과한 패킷이 폐기되는지 ④ QoS 정책 적용 확인(Show Policy-map interface)을 통해 확인해 보자.

[QoS 트래픽 초과대역 10Mbps 미만 트래픽이 흐를 때]
```
R2#ping 192.168.1.1 source 172.16.1.1 repeat 300 size 1024
Sending 300, 1024-byte ICMP Echos to 192.168.1.1, timeout is 2 seconds:
Packet sent with a source address of 172.16.1.1
!!!!!!!!!!!!!!!!!!!!!!!!!!!!!!!!!!!!!!!!!!!!!!!!!!!!!!!!!!!!!!!!!!!!!!!!!!!
!!!!!!!!!!!!!!!!!!!!!!!!!!!!!!!!!!!!!!!!!!!!!!!!!!!!!!!!!!!!!!!!!!!!!!!!!
!!!!!!!!!!!!!!!!!!!!!!!!!!!!!!!!!!!!!!!!!!!!!!!!!!!!!!!!!!!!!!!!!!!!!!!!!!!
!!!!!!!!!!!!!!!!!!!!!!!!!!!!!!!!!!!!!!!!!!!!!!!!!!!!!!!!!!!!!!!!!!!!!!!!!
!!!!!!!!!!!!!!!!!!!!!
Success rate is 100 percent (300/300), round-trip min/avg/max = 4/9/24
ms
//Ping loss가 없음//


R1#show policy-map interface fastEthernet 1/0
 FastEthernet1/0

  Service-policy input: Policing
    Class-map: QOS_Policing (match-all)
      0 packets, 0 bytes
      5 minute offered rate 0 bps, drop rate 0 bps
      Match: access-group 100
      police:
          cir 10000000 bps, bc 312500 bytes
        conformed 0 packets, 0 bytes; actions:
          transmit
        exceeded 0 packets, 0 bytes; actions:
          drop                                    //폐기되는 패킷이 없음//
        conformed 0 bps, exceed 0 bps

    Class-map: class-default (match-any)
      6848 packets, 8615584 bytes
```

614

```
          5 minute offered rate 65000 bps, drop rate 0 bps
          Match: any


    Service-policy output: Policing
      Class-map: QOS_Policing (match-all)
        5280 packets, 7075896 bytes
        5 minute offered rate 0 bps, drop rate 0 bps
        Match: access-group 100
        police:
            cir 10000000 bps, bc 312500 bytes
          conformed 5280 packets, 7075896 bytes; actions:
            transmit
          exceeded 0 packets, 0 bytes; actions:
            drop                                    //폐기되는 패킷이 없음//
          conformed 0 bps, exceed 0 bps


      Class-map: class-default (match-any)
        1913 packets, 1616701 bytes
        5 minute offered rate 44000 bps, drop rate 0 bps
        Match: any
```

[QoS 트래픽 초과대역 10Mbps 이상 트래픽이 흐를 때]
```
R2#ping 192.168.1.1 source 172.16.1.1 repeat 300 size 15000
Sending 300, 15000-byte ICMP Echos to 192.168.1.1, timeout is 2 seconds:
Packet sent with a source address of 172.16.1.1
!.!.......!!.....!.....!.......!..!!..!!!..!!..!.!.!!...........!.....!!!
!!!.!.......!.!.!!.!!.!!!!!!!!!!.!.....!!.!!...!!...!.!...!!!!.!...
...
*Mar  1 04:38:31.766: %DUAL-5-NBRCHANGE: IP-EIGRP(0) 10: Neighbor
1.1.12.1 (FastEthernet1/0) is down: Interface Goodbye received...
*Mar  1 04:38:36.702: %DUAL-5-NBRCHANGE: IP-EIGRP(0) 10:
Neighbor 1.1.12.1 (FastEthernet1/0) is up: new adjacen
cy.....................................
*Mar  1 04:39:56.218: %DUAL-5-NBRCHANGE: IP-EIGRP(0) 10: Neighbor
1.1.12.1 (FastEthernet1/0) is down: retry limit exceeded.
```

```
*Mar  1 04:39:58.814: %DUAL-5-NBRCHANGE: IP-EIGRP(0) 10: Neighbor
1.1.12.1 (FastEthernet1/0) is up: new adjacency......................
//Ping Loss와 Eigrp neighbor가 끊어졌다 붙었다를 반복함//


R1#show policy-map interface fastEthernet 1/0
 FastEthernet1/0

  Service-policy input: Policing
    Class-map: QOS_Policing (match-all)
      0 packets, 0 bytes
      5 minute offered rate 0 bps, drop rate 0 bps
      Match: access-group 100
      police:
          cir 10000000 bps, bc 312500 bytes
        conformed 0 packets, 0 bytes; actions:
          transmit
        exceeded 0 packets, 0 bytes; actions:
          drop
        conformed 0 bps, exceed 0 bps


    Class-map: class-default (match-any)
      19097 packets, 21569186 bytes
      5 minute offered rate 35000 bps, drop rate 0 bps
      Match: any

  Service-policy output: Policing
    Class-map: QOS_Policing (match-all)
      6416 packets, 8554200 bytes
      5 minute offered rate 18000 bps, drop rate 0 bps
      Match: access-group 100
      police:
          cir 10000000 bps, bc 312500 bytes
        conformed 6416 packets, 8554200 bytes; actions:
          transmit
        exceeded 0 packets, 0 bytes; actions:
          drop                              //폐기되는 패킷이 발생함//
```

```
       conformed 18000 bps, exceed 0 bps

   Class-map: class-default (match-any)
     12652 packets, 12316441 bytes
     5 minute offered rate 0 bps, drop rate 0 bps
     Match: any
```

■ QoS 트래픽 쉐이핑 설정

[R1 Interface FastEthernet 1/0 Input/Output으로 Policing 적용]

```
R1(config)#access-list 101 permit ip host 3.3.3.3 host 4.4.4.4    //쉐이핑
적용 트래픽 분류//
R1(config)#access-list 101 permit ip host 3.3.3.3 host 2.2.2.2
R1(config)#access-list 101 permit ip host 1.1.1.1 host 2.2.2.2
R1(config)#access-list 101 permit ip host 1.1.1.1 host 4.4.4.4

R1(config)#class-map QoS_Shaping                 //① Class Map 트래픽 분류//
R1(config-cmap)#match access-group 101
R1(config-cmap)#exit
R1(config)#policy-map Shaping                    //② Policu Map QoS 정책 설정//
R1(config-pmap)#class QoS_Shaping
R1(config-pmap-c)#shape ?
  adaptive      Enable Traffic Shaping adaptation to BECN
  average       configure token bucket: CIR (bps) [Bc (bits) [Be
(bits)]],
                send out Bc only per interval
  fecn-adapt    Enable Traffic Shaping reflection of FECN as BECN
  fr-voice-adapt Enable rate adjustment depending on voice presence
  max-buffers   Set Maximum Buffer Limit
  peak          configure token bucket: CIR (bps) [Bc (bits) [Be
(bits)]],
                send out Bc+Be per interval

R1(config-pmap-c)#shape average ?
```

```
  <8000-154400000>  Target Bit Rate (bits per second), the value needs
to be
                    multiple of 8000
  percent           % of interface bandwidth for Committed information
rate
R1(config-pmap-c)#shape average 10000000      //10Mbps 트래픽 쉐이핑 적용//
R1(config-pmap-c)#exit
R1(config-pmap)#exit
R1(config)#interface fastEthernet 1/0
R1(config-if)#service-policy output Shaping
//③ Service Policy QoS Output에 정책 적용//

R1(config-if)#service-policy input Shaping
//Qos 트래픽 쉐이핑은 Output에만 적용됨//
 GTS : Can be enabled as an output feature only
//Input에 쉐이핑이 적용 안 됨//
```

간단히 QoS 트래픽 쉐이핑을 적용해봤다. 트래픽 쉐이핑이 실제로 QoS로 정의된 대역을 초과할 경우 초과한 패킷이 폐기 안되고 전송이 가능한지 ④ QoS 정책 적용 확인(Show Policy-map interface)을 통해 어떻게 보이는지 확인해 보자.

[QoS 트래픽 초과대역 10Mbps 미만 트래픽이 흐를 때]

```
R4#ping 3.3.3.3 source 4.4.4.4 re 300 size 1024
Sending 300, 1024-byte ICMP Echos to 3.3.3.3, timeout is 2 seconds:
Packet sent with a source address of 4.4.4.4
!!!!!!!!!!!!!!!!!!!!!!!!!!!!!!!!!!!!!!!!!!!!!!!!!!!!!!!!!!!!!!!!!!!!!!!!!
!!!!!!!!!!!!!!!!!!!!!!!!!!!!!!!!!!!!!!!!!!!!!!!!!!!!!!!!!!!!!!!!!!!!!!!!
!!!!!!!!!!!!!!!!!!!!!!!!!!!!!!!!!!!!!!!!!!!!!!!!!!!!!!!!!!!!!!!!!!!!!!!!!
!!!!!!!!!!!!!!!!!!!!!!!!!!!!!!!!!!!!!!!!!!!!!!!!!!!!!!!!!!!!!!!!!!!!!!!!
!!!!!!!!!!!!!!!!!!!!!!
Success rate is 100 percent (300/300), round-trip min/avg/max =
24/34/128 ms
```

```
R1#show policy-map interface fastEthernet 1/0
 FastEthernet1/0

  Service-policy output: Shaping
    Class-map: QoS_Shaping (match-all)
      3895 packets, 5219190 bytes
      5 minute offered rate 125000 bps, drop rate 0 bps
      Match: access-group 101
      Traffic Shaping
          Target/Average   Byte   Sustain   Excess    Interval
Increment
            Rate         Limit  bits/int  bits/int  (ms)     (bytes)
      10000000/10000000  62500  250000    250000    25       31250


        Adapt  Queue    Packets   Bytes     Packets   Bytes    Shaping
        Active Depth                        Delayed   Delayed  Active
        -      0        3895      5219190   0         0        no

    Class-map: class-default (match-any)
      63 packets, 5449 bytes
      5 minute offered rate 0 bps, drop rate 0 bps   //폐기되는 패킷은 없음//
      Match: any


[QoS 트래픽 초과대역 10Mbps 이상 트래픽이 흐를 때]
R4#ping 3.3.3.3 source 4.4.4.4 re 300 size 15000
Sending 300, 15000-byte ICMP Echos to 3.3.3.3, timeout is 2 seconds:
Packet sent with a source address of 4.4.4.4
!!!!!!!!!!!!!!!!!!!!!!!!!!!!!!!!!!!!!!!!!!!!!!!!!!!!!!!!!!!!!!!!!!!!!!!!!!
!!!!!!!!!!!!!!!!!!!!!!!!!!!!!!!!!!!!!!!!!!!!!!!!!!!!!!!!!!!!!!!!!!!!!!!!
!!!!!!!!!!!!!!!!!!!!!!!!!!!!!!!!!!!!!!!!!!!!!!!!!!!!!!!!!!!!!!!!!!!!!!!!!!
!!!!!!!!!!!!!!!!!!!!!!!!!!!!!!!!!!!!!!!!!!!!!!!!!!!!!!!!!!!!!!!!!!!!!!!!
!!!!!!!!!!!!!!!!!!!!!!
Success rate is 100 percent (300/300), round-trip min/avg/max =
224/232/560 ms
//Ping 응답이 느려지지만 Loss는 없음//
```

```
R1#show policy-map interface fastEthernet 1/0
 FastEthernet1/0

  Service-policy output: Shaping
    Class-map: QoS_Shaping (match-all)
      6004 packets, 8160456 bytes
      5 minute offered rate 180000 bps, drop rate 0 bps
      Match: access-group 101
      Traffic Shaping
           Target/Average   Byte   Sustain   Excess   Interval
Increment
              Rate          Limit  bits/int  bits/int (ms)     (bytes)
           10000000/10000000 62500  250000    250000   25       31250

          Adapt  Queue    Packets   Bytes    Packets  Bytes    Shaping
          Active Depth                       Delayed  Delayed  Active
            -      0       6004      8160456  0        0        no

    Class-map: class-default (match-any)
      86 packets, 7331 bytes
      5 minute offered rate 0 bps, drop rate 0 bps    //폐기되는 패킷은 없음//
      Match: any
```

QoS를 초과대역 기준으로 폴리싱 방식과 쉐이핑 방식을 적용해 봤다. 결과는 차이가 뚜렷이 보였다.

QoS를 폴리싱을 적용할 때와 쉐이핑을 적용할 때의 구분은 가능하다. 회선 서비스와 회선 서비스를 이용하는 이용자의 업무 성격에 따라 적용을 달리해야 한다.

인터넷 사업자인 IPS 사업자(KT, LGU+, SKB 등)에서는 인터넷 서비스를 위해 QoS 정책은 폴리싱을 적용하고 있다. 인터넷 사업자로써 IX[Internet Exchange] 서비스를 하기 위해서는 지연없이 전송하는 것이 중요하다. 가령, 서비스 대역이 초과하는 현상이 발생하고 패킷이 재전송이나 손실되는 현상이 발생한다면 인터넷 서비스를 이용하는 기업 등 사용자는 회선 서비스 대역을 증속해야 한다. 인터넷 사업자는 회선 속도에 따른 차등적인 요금체계로 회선 서비스를 제공하고 있기 때문에 회선 대역관리가 매우 중요하다.

그리고, QoS 쉐이핑을 적용해야 하는 구간은 서비스 중요도나 사용빈도 등을 고려해 패킷을 재전송이나 손실이 발생하면 안되는 민감한 FTP 전송이나 익일 서비스를 위해 배치성 데이터를 보내야 하는 데일리 작업 구간에서는 전송 속도에는 관계 없으며, 안전한 데이터 전달이 중요하다. 그러한 회선 구간에는 고비용의 고대역 회선 서비스보다는 저속으로 QoS 쉐이핑을 적용해 구성하는 것이 좋다.

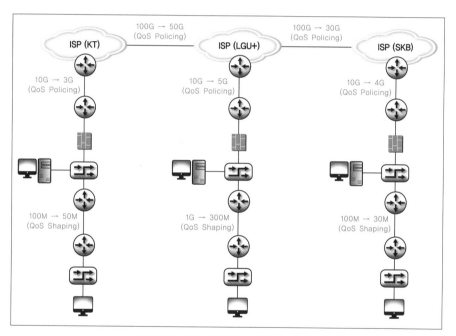

그림 7-37 QoS 트래픽 폴리싱&쉐이핑 적용 구간

10) VRF

VRF$^{Virtual\ Routing\ and\ Forwarding}$는 의미 그대로 해석하면 가상으로 라우팅과 포워딩을 한다는 의미이다. 네트워크 장비는 네트워크 지도라고 할 수 있는 라우팅 테이블을 가지고 있고 라우팅 테이블을 기반으로 패킷 포워딩을 한다.

하나의 통신장비인 라우터에서 일체의 라우팅 테이블이 아닌 독립적인 라우팅 테이블을 가져간다면 어떨까? 기존 라우팅 테이블로는 할 수 없을 것이고 앞서 배운 PBR$^{Policy\ Based\ Routing}$과 같은 라우팅 테이블을 참조하지 않고 라우팅 정책을 가지고 패킷 포워딩을 할 수 있을 것이다. VRF는 일체의 라우팅 테이블이 아닌 완전 분리된 독립적인 라우팅 테이블을 가져가야 할 경우에 유용하게 사용될 수 있다.

VLAN의 경우는 Layer2 가상화라고 할 수 있다. 여기서 VRF는 Layer3 프로토콜 가상화로 IP 기반의 네트워크 인프라에서 하나의 라우터에서 여러 개의 가상 라우팅 도메인(Instance)을 만들어 라우팅과 패킷 포워딩을 가능하게 하는 하나의 물리적 네트워크를 여러 개 프로토콜을 가진 논리적 네트워크로 구성하는 '네트워크 가상화'를 제공하는 기술이라고 할 수 있다.

VRF는 물리적인 라우터 가상화와는 다른 개념이다. 물리적인 라우터 가상화는 물리적인 한 대의 라우터에서 가상으로 여러 대의 라우터를 만들어서 독립적인 개개의 라우터로 이용하는 것이다. 그러나, VRF는 하나의 라우터에서 라우팅 테이블상의 데이터베이스를 가상으로 독립적으로 라우팅 테이블을 분리하고 포워딩한다는 개념이다.

VRF는 MPLS$^{Multiprotocol\ Label\ Switching}$ VPN을 구축할 때 주로 사용된다. 고객에 서비스하는 통신회선의 보안을 위해 MPLS VPN을 사용한다. MPLS를 제공하는 ISP 사업자의 네트워크 시스템에서 이미 설정된 경로에서만 고객들이 패킷을 전송하게 할 수 있으며, 사용자 트래픽을 분리할 수 있어 보안적으로도 강화된 네트워크 인프라를 제공할 수 있다. 여기서 사용자 트래픽을 분리하는 방법으로 VRF가 있다.

VRF를 사용함으로써 장점은 각 라우팅 인스턴스들이 독립적으로 존재하기 때문에 전송이 허용된 IP 주소를 대상으로 패킷을 전송할 수 있게 한다. 동일한 IP 주소들이 충돌하지 않고 사용될 수 있으며, 라우팅 경로가 라우터에 의해 별도의 가상 네트워크로 분리되므로 보안 관점에서 보면 기존 네트워크에서 보안이 강화된 네트워크 인프라라고 할 수 있다.

여기서는 MPLS는 다루지 않을 것이다. MPLS에 대한 자세히 공부를 하고자 하는 독자들은 별도로 시간을 투자해 공부하기 바란다. MPLS를 사용하지 않고 VRF를 단독으로 사용할 경우에는 VRF Lite라고 하며, 여기서는 VRF Lite에 대해서 자세히 다뤄보고자 한다.

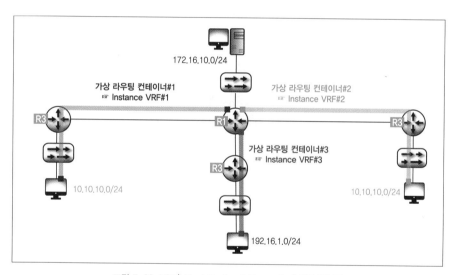

그림 7-38 VRF(Virtual Routing & Forwarding) 개념 구성도

VRF가 적용돼야 하는 구성은 하나의 센터 라우터에서 여러 개의 독립된 기관들이 연결돼 있고 연결된 기관들은 각각 사설 IP 대역을 사용하고 있다. 각 기관들 간은 서로 사용하는 사설 IP 대역은 공유하지 않는다. 사설 IP 대역은 한정적이기 때문에 동일한 대역의 사설 IP를 각 기관들이 사용할 가능성이 매우 높다. 이러한 경우 센터와 각 기관이 연결된 라우터 간에서는 VRF 기능을 사용해 완전히 분리된 독립적인 라

우팅 테이블을 만들 수 있고, 같은 대역의 사설 IP를 사용하더라고 IP 충돌없이 원활한 서비스를 할 수 있다.

VRF를 적용하면 하나의 센터 라우터에서 연결되는 사이트별로 별도의 가상 라우팅 테이블을 가지고 갈 수 있으며, 서로 독립적으로 동작하므로 IP 충돌의 이슈를 해결할 수 있다. 여러 사이트에서 동일한 IP를 사용하더라도 문제없이 동작하는 것을 확인할 수 있다.

VRF를 이용한 네트워크 가상화를 구성하고 가상 라우팅 그리고 포워딩의 동작을 실습을 통해서 확인해보자.

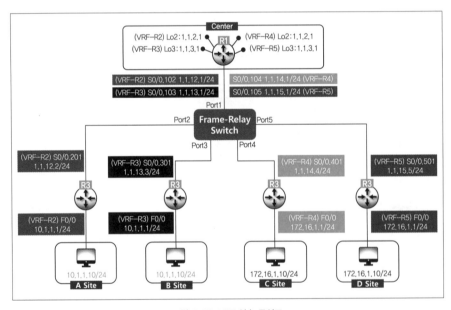

그림 7-39 VRF 실습 구성도

그림 7-39의 실습 구성에서 센터와 사이트 간 구성은 프레임 릴레이^{Frame-Relay}로 구성했다. 이더넷 인터페이스로 구성할 경우에 많은 사이트를 연결할 수 있는 인터페이스가 부족해서 프레임 릴레이를 이용한 시리얼^{Serial} 인터페이스를 이용해서 구성했으며, 각 라우터의 설정 값을 입력해 보자.

[Frame-Relay Switch] GNS3 Frame-Relay 스위치 설정

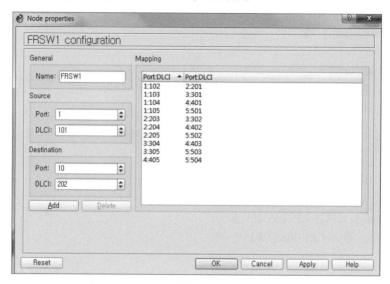

[R1] 센터 라우터 VRF 적용

```
ip vrf VRF-R2              //VRF 인스턴스 VRF-R2 선언//
 rd 1:2                    //Route Distinguisher, 경로 구분자//
ip vrf VRF-R3              //VRF 인스턴스 VRF-R3 선언//
 rd 1:3                    //Route Distinguisher, 경로 구분자//
ip vrf VRF-R4              //VRF 인스턴스 VRF-R4 선언//
 rd 1:4                    //Route Distinguisher, 경로 구분자//
ip vrf VRF-R5              //VRF 인스턴스 VRF-R5 선언//
 rd 1:5                    //Route Distinguisher, 경로 구분자//


interface Loopback2
 ip vrf forwarding VRF-R2      //Loopback0 인터페이스를 VRF-R2에서 동작 설정//
 ip address 1.1.2.1 255.255.255.0
interface Loopback3
 ip vrf forwarding VRF-R3      //Loopback0 인터페이스를 VRF-R3에서 동작 설정//
 ip address 1.1.3.1 255.255.255.0
interface Loopback4
 ip vrf forwarding VRF-R4      //Loopback0 인터페이스를 VRF-R4에서 동작 설정//
 ip address 1.1.4.1 255.255.255.0
```

```
interface Loopback5
 ip vrf forwarding VRF-R5      //Loopback0 인터페이스를 VRF-R5에서 동작 설정//
 ip address 1.1.5.1 255.255.255.0

interface Serial0/0
 encapsulation frame-relay      //Serial 인터페이스 Frame-Relay 프로토콜 적용//
interface Serial0/0.102 point-to-point
 ip vrf forwarding VRF-R2      //Serial0/0.102 인터페이스 VRF-R2에서 동작 설정//
 ip address 1.1.12.1 255.255.255.0
 frame-relay interface-dlci 102
interface Serial0/0.103 point-to-point
 ip vrf forwarding VRF-R3      //Serial0/0.103 인터페이스 VRF-R3에서 동작 설정//
 ip address 1.1.13.1 255.255.255.0
 frame-relay interface-dlci 103
interface Serial0/0.104 point-to-point
 ip vrf forwarding VRF-R4      //Serial0/0.104 인터페이스 VRF-R4에서 동작 설정//
 ip address 1.1.14.1 255.255.255.0
 frame-relay interface-dlci 104
interface Serial0/0.105 point-to-point
 ip vrf forwarding VRF-R5      //Serial0/0.105 인터페이스 VRF-R5에서 동작 설정//
 ip address 1.1.15.1 255.255.255.0
 frame-relay interface-dlci 105

router ospf 20 vrf VRF-R2              //VRF-R2 인스턴스에 OSPF 20 설정//
 network 1.1.2.0 0.0.0.255 area 0
 network 1.1.12.0 0.0.0.255 area 0
router ospf 30 vrf VRF-R3              //VRF-R3 인스턴스에 OSPF 30 설정//
 network 1.1.3.0 0.0.0.255 area 0
 network 1.1.13.0 0.0.0.255 area 0
router ospf 40 vrf VRF-R4              //VRF-R4·인스턴스에 OSPF 40 설정//
 network 1.1.4.0 0.0.0.255 area 0
 network 1.1.14.0 0.0.0.255 area 0
router ospf 50 vrf VRF-R5              //VRF-R5 인스턴스에 OSPF 50 설정//
 network 1.1.5.0 0.0.0.255 area 0
 network 1.1.15.0 0.0.0.255 area 0
```

```
ip route vrf VRF-R2 0.0.0.0 0.0.0.0 1.1.12.2   //VRF 인스턴스별 Default
Routing 설정//
ip route vrf VRF-R3 0.0.0.0 0.0.0.0 1.1.13.3   //VRF 인스턴스별 Default
Routing 설정//
ip route vrf VRF-R4 0.0.0.0 0.0.0.0 1.1.14.4   //VRF 인스턴스별 Default
Routing 설정//
ip route vrf VRF-R5 0.0.0.0 0.0.0.0 1.1.15.5   //VRF 인스턴스별 Default
Routing 설정//
```

[R2] A Site VRF 적용

```
ip vrf VRF-R2                        //VRF 인스턴스 VRF-R2 선언//
  rd 1:2                             //Route Distinguisher, 경로 구분자//


interface FastEthernet0/0
 ip vrf forwarding VRF-R2   //FastEthernet0/0 인터페이스를 VRF-R2에서 동작 설정//
 ip address 10.1.1.1 255.255.255.0


interface Serial0/0
 encapsulation frame-relay     //Serial 인터페이스 Frame-Relay 프로토콜 적용//
interface Serial0/0.201 point-to-point
 ip vrf forwarding VRF-R2     //Serial0/0.201 인터페이스를 VRF-R2에서 동작 설정//
 ip address 1.1.12.2 255.255.255.0
 frame-relay interface-dlci 201


router ospf 20 vrf VRF-R2            //VRF-R2 인스턴스에 OSPF 20 설정//
 network 1.1.12.0 0.0.0.255 area 0
 network 10.1.1.0 0.0.0.255 area 0


ip route vrf VRF-R2 0.0.0.0 0.0.0.0 1.1.12.1    //VRF-R2 인스턴스 Default
Routing 설정//
```

[R3] B Site VRF 적용

```
ip vrf VRF-R3                        //VRF 인스턴스 VRF-R3 선언//
  rd 1:3                             //Route Distinguisher, 경로 구분자//
```

```
interface FastEthernet0/0
 ip vrf forwarding VRF-R3   //FastEthernet0/0 인터페이스를 VRF-R3에서 동작 설정//
 ip address 10.1.1.1 255.255.255.0

interface Serial0/0
 encapsulation frame-relay    //Serial 인터페이스 Frame-Relay 프로토콜 적용//
interface Serial0/0.301 point-to-point
 ip vrf forwarding VRF-R3    //Serial0/0.301 인터페이스를 VRF-R3에서 동작 설정//
 ip address 1.1.13.3 255.255.255.0
 frame-relay interface-dlci 301

router ospf 30 vrf VRF-R3              //VRF-R3 인스턴스에 OSPF 30 설정//
 network 1.1.13.0 0.0.0.255 area 0
 network 10.1.1.0 0.0.0.255 area 0

ip route vrf VRF-R3 0.0.0.0 0.0.0.0 1.1.13.1   //VRF-R3 인스턴스 Default
Routing 설정//
```

[R4] C Site VRF 적용

```
ip vrf VRF-R4                       //VRF 인스턴스 VRF-R4 선언//
 rd 1:4                            //Route Distinguisher, 경로 구분자//

interface FastEthernet0/0
 ip vrf forwarding VRF-R4   //FastEthernet0/0 인터페이스를 VRF-R4에서 동작 설정//
 ip address 172.16.1.1 255.255.255.0

interface Serial0/0
 encapsulation frame-relay   //Serial 인터페이스 Frame-Relay 프로토콜 적용//
interface Serial0/0.401 point-to-point
 ip vrf forwarding VRF-R4    //Serial0/0.401 인터페이스를 VRF-R4에서 동작 설정//
 ip address 1.1.14.4 255.255.255.0
 frame-relay interface-dlci 401
router ospf 40 vrf VRF-R4             //VRF-R4 인스턴스에 OSPF 40 설정//
 network 1.1.14.0 0.0.0.255 area 0
 network 172.16.1.0 0.0.0.255 area 0
```

```
ip route vrf VRF-R4 0.0.0.0 0.0.0.0 1.1.14.1     //VRF-R4 인스턴스 Default
Routing 설정//
```

[R5] D Site VRF 적용
```
ip vrf VRF-R5                               //VRF 인스턴스 VRF-R5 선언//
 rd 1:5                                     //Route Distinguisher, 경로 구분자//

interface FastEthernet0/0
 ip vrf forwarding VRF-R5   //FastEthernet0/0 인터페이스를 VRF-R5에서 동작 설정//
 ip address 172.16.1.1 255.255.255.0

interface Serial0/0
 encapsulation frame-relay    //Serial 인터페이스를 Frame-Relay 프로토콜 적용//
interface Serial0/0.501 point-to-point
 ip vrf forwarding VRF-R5     //Serial0/0.501 인터페이스를 VRF-54에서 동작 설정//
 ip address 1.1.15.5 255.255.255.0
 frame-relay interface-dlci 501

router ospf 50 vrf VRF-R5                   //VRF-R5 인스턴스에 OSPF 50 설정//
 network 1.1.15.0 0.0.0.255 area 0
 network 172.16.1.0 0.0.0.255 area 0

ip route vrf VRF-R5 0.0.0.0 0.0.0.0 1.1.15.1    //VRF-R5 인스턴스 Default
Routing 설정//
```

위 설정대로 적용했고 지금까지 해왔던 라우팅과 어떤 차이가 있는지를 확인해보자.

■ 각 라우터의 라우팅, VRF 라우팅 테이블 및 통신 상태 확인

[R1] Global 라우팅 테이블 및 VRF 인스턴스 라우팅/포워딩 정보
○ Global Routing Information (Routing Table)
```
R1#show ip route
Gateway of last resort is not set           //라우팅 테이블상 경로 정보가 없음//
```

```
R1#show ip vrf
   Name                   Default RD            Interfaces
   VRF-R2                 1:2                    Lo2
                                                 Se0/0.102
   VRF-R3                 1:3                    Lo3
                                                 Se0/0.103
   VRF-R4                 1:4                    Lo4
                                                 Se0/0.104
   VRF-R5                 1:5                    Lo5


R1#show ip vrf interfaces
   Interface            IP-Address        VRF               Protocol
   Lo2                  1.1.2.1           VRF-R2            up
   Se0/0.102            1.1.12.1          VRF-R2            up
   Lo3                  1.1.3.1           VRF-R3            up
   Se0/0.103            1.1.13.1          VRF-R3            up
   Lo4                  1.1.4.1           VRF-R4            up
   Se0/0.104            1.1.14.1          VRF-R4            up
   Lo5                  1.1.5.1           VRF-R5            up
   Se0/0.105            1.1.15.1          VRF-R5            up


R1#show ip route vrf VRF-R2              //VRF-R2에 대한 라우팅 테이블//
Routing Table: VRF-R2
Gateway of last resort is not set
     1.0.0.0/24 is subnetted, 2 subnets
C       1.1.2.0 is directly connected, Loopback2
C       1.1.12.0 is directly connected, Serial0/0.102
     10.0.0.0/24 is subnetted, 1 subnets
O       10.1.1.0 [110/74] via 1.1.12.2, 02:34:53, Serial0/0.102
S*   0.0.0.0/0 [1/0] via 1.1.12.2


R1#show ip route vrf VRF-R3              //VRF-R3에 대한 라우팅 테이블//
Routing Table: VRF-R3
Gateway of last resort is not set
     1.0.0.0/24 is subnetted, 2 subnets
```

```
C        1.1.3.0 is directly connected, Loopback3
C        1.1.13.0 is directly connected, Serial0/0.103
        10.0.0.0/24 is subnetted, 1 subnets
O        10.1.1.0 [110/74] via 1.1.13.3, 02:32:25, Serial0/0.103
S*    0.0.0.0/0 [1/0] via 1.1.13.3


R1#show ip route vrf VRF-R4          //VRF-R4에 대한 라우팅 테이블//
Routing Table: VRF-R4
Gateway of last resort is not set
        1.0.0.0/24 is subnetted, 2 subnets
C        1.1.4.0 is directly connected, Loopback4
C        1.1.14.0 is directly connected, Serial0/0.104
        172.16.0.0/24 is subnetted, 1 subnets
O        172.16.1.0 [110/74] via 1.1.14.4, 02:31:14, Serial0/0.104
S*    0.0.0.0/0 [1/0] via 1.1.14.4


R1#show ip route vrf VRF-R5          //VRF-R5에 대한 라우팅 테이블//
Routing Table: VRF-R5
Gateway of last resort is not set
        1.0.0.0/24 is subnetted, 2 subnets
C        1.1.5.0 is directly connected, Loopback5
C        1.1.15.0 is directly connected, Serial0/0.105
        172.16.0.0/24 is subnetted, 1 subnets
O        172.16.1.0 [110/74] via 1.1.15.5, 02:29:56, Serial0/0.105
S*    0.0.0.0/0 [1/0] via 1.1.15.5


○ 각 라우터(R1 ~ R5) 통신 상태 확인(ping)
R1#ping vrf VRF-R2 10.1.1.10
Sending 5, 100-byte ICMP Echos to 10.1.1.10, timeout is 2 seconds:
!!!!!
Success rate is 100 percent (5/5), round-trip min/avg/max = 8/12/20 ms


R1#ping vrf VRF-R3 10.1.1.10
Sending 5, 100-byte ICMP Echos to 10.1.1.10, timeout is 2 seconds:
!!!!!
```

```
Success rate is 100 percent (5/5), round-trip min/avg/max = 1/10/20 ms

R1#ping vrf VRF-R4 172.16.1.10
Sending 5, 100-byte ICMP Echos to 172.16.1.10, timeout is 2 seconds:
!!!!!
Success rate is 100 percent (5/5), round-trip min/avg/max = 8/12/20 ms
R1#ping vrf VRF-R5 172.16.1.10
Sending 5, 100-byte ICMP Echos to 172.16.1.10, timeout is 2 seconds:
!!!!!
Success rate is 100 percent (5/5), round-trip min/avg/max = 8/12/20 ms
```

[R2] 라우팅 테이블 및 VRF 인스턴스 라우팅/포워딩 정보

○ Global Routing Information (Routing Table)

```
R2#show ip route
Gateway of last resort is not set          //라우팅 테이블상 경로 정보가 없음//
```

○ VRF Instance Routing & Forwarding Information

```
R2#show ip vrf
    Name                    Default RD          Interfaces
    VRF-R2                  1:2                  Fa0/0
                                                 Se0/0.201


R2#show ip route vrf VRF-R2          //VRF-R2에 대한 라우팅 테이블//
Routing Table: VRF-R2
Gateway of last resort is not set
     1.0.0.0/8 is variably subnetted, 2 subnets, 2 masks
O        1.1.2.1/32 [110/65] via 1.1.12.1, 04:02:52, Serial0/0.201
C        1.1.12.0/24 is directly connected, Serial0/0.201
     10.0.0.0/24 is subnetted, 1 subnets
C        10.1.1.0 is directly connected, FastEthernet0/0
S*   0.0.0.0/0 [1/0] via 1.1.12.1
```

[R3] 라우팅 테이블 및 VRF 인스턴스 라우팅/포워딩 정보

○ Global Routing Information (Routing Table)

```
R3#show ip route
Gateway of last resort is not set          //라우팅 테이블상 경로 정보가 없음//
```

○ VRF Instance Routing & Forwarding Information

```
R3#show ip vrf
  Name                          Default RD          Interfaces
  VRF-R3                        1:3                 Fa0/0


R3#show ip route vrf VRF-R3       //VRF-R3에 대한 라우팅 테이블//
Routing Table: VRF-R3
Gateway of last resort is not set
      1.0.0.0/8 is variably subnetted, 2 subnets, 2 masks
O        1.1.3.1/32 [110/65] via 1.1.13.1, 04:04:21, Serial0/0.301
C        1.1.13.0/24 is directly connected, Serial0/0.301
      10.0.0.0/24 is subnetted, 1 subnets
C        10.1.1.0 is directly connected, FastEthernet0/0
S*    0.0.0.0/0 [1/0] via 1.1.13.1
```

[R4] 라우팅 테이블 및 VRF 인스턴스 라우팅/포워딩 정보

○ Global Routing Information (Routing Table)

```
R4#show ip route
Gateway of last resort is not set        //라우팅 테이블상 경로 정보가 없음//
```

○ VRF Instance Routing & Forwarding Information

```
R4#show ip vrf
  Name                          Default RD          Interfaces
  VRF-R4                        1:4                 Fa0/0
                                                    Se0/0.401

R4#show ip route vrf VRF-R4       //VRF-R4에 대한 라우팅 테이블//
Routing Table: VRF-R4
Gateway of last resort is not set
      1.0.0.0/8 is variably subnetted, 2 subnets, 2 masks
O        1.1.4.1/32 [110/65] via 1.1.14.1, 04:06:12, Serial0/0.401
C        1.1.14.0/24 is directly connected, Serial0/0.401
      172.16.0.0/24 is subnetted, 1 subnets
C        172.16.1.0 is directly connected, FastEthernet0/0
S*    0.0.0.0/0 [1/0] via 1.1.14.1
```

[R5] 라우팅 테이블 및 VRF 인스턴스 라우팅/포워딩 정보

○ Global Routing Information (Routing Table)

```
R5#show ip route
Gateway of last resort is not set          //라우팅 테이블상 경로 정보가 없음//
```

○ VRF Instance Routing & Forwarding Information

```
R5#show ip vrf
  Name                    Default RD          Interfaces
  VRF-R5                   1:5                 Fa0/0
                                               Se0/0.501
R5#show ip route vrf VRF-R5             //VRF-R5에 대한 라우팅 테이블//
Routing Table: VRF-R5
Gateway of last resort is not set
     1.0.0.0/8 is variably subnetted, 2 subnets, 2 masks
O       1.1.5.1/32 [110/65] via 1.1.15.1, 04:06:02, Serial0/0.501
C       1.1.15.0/24 is directly connected, Serial0/0.501
     172.16.0.0/24 is subnetted, 1 subnets
C       172.16.1.0 is directly connected, FastEthernet0/0
S*   0.0.0.0/0 [1/0] via 1.1.15.1
```

■ 각 사이트(A ~ D)에서 센터 VRF별 Loopback 인테페이스까지 통신 상태 확인

[PC1 A Site 단말 10.1.1.10] B Site 단말과 동일한 IP 주소 → 정상적인 통신 상태 유지

```
PC1> ping 1.1.2.1
84 bytes from 1.1.2.1 icmp_seq=1 ttl=254 time=9.000 ms
84 bytes from 1.1.2.1 icmp_seq=2 ttl=254 time=9.001 ms
84 bytes from 1.1.2.1 icmp_seq=3 ttl=254 time=9.001 ms
84 bytes from 1.1.2.1 icmp_seq=4 ttl=254 time=9.000 ms
84 bytes from 1.1.2.1 icmp_seq=5 ttl=254 time=9.000 ms
```

[PC2 B Site 단말 10.1.1.10] A Site 단말과 동일한 IP 주소 → 정상적인 통신 상태 유지

```
PC2> ping 1.1.3.1
84 bytes from 1.1.3.1 icmp_seq=1 ttl=254 time=9.001 ms
84 bytes from 1.1.3.1 icmp_seq=2 ttl=254 time=9.001 ms
84 bytes from 1.1.3.1 icmp_seq=3 ttl=254 time=11.000 ms
```

```
84 bytes from 1.1.3.1 icmp_seq=4 ttl=254 time=19.001 ms
84 bytes from 1.1.3.1 icmp_seq=5 ttl=254 time=10.001 ms
```

[PC3 C Site 단말 172.16.1.10] D Site 단말과 동일한 IP 주소 → 정상적인 통신 상태 유지
```
PC3> ping 1.1.4.1
84 bytes from 1.1.4.1 icmp_seq=1 ttl=254 time=9.001 ms
84 bytes from 1.1.4.1 icmp_seq=2 ttl=254 time=10.001 ms
84 bytes from 1.1.4.1 icmp_seq=3 ttl=254 time=9.000 ms
84 bytes from 1.1.4.1 icmp_seq=4 ttl=254 time=9.000 ms
84 bytes from 1.1.4.1 icmp_seq=5 ttl=254 time=9.001 ms
```

[PC4 D Site 단말 172.16.1.10] C Site 단말과 동일한 IP 주소 → 정상적인 통신 상태 유지
```
PC4> ping 1.1.5.1
84 bytes from 1.1.5.1 icmp_seq=1 ttl=254 time=9.001 ms
84 bytes from 1.1.5.1 icmp_seq=2 ttl=254 time=9.001 ms
84 bytes from 1.1.5.1 icmp_seq=3 ttl=254 time=9.000 ms
84 bytes from 1.1.5.1 icmp_seq=4 ttl=254 time=9.000 ms
84 bytes from 1.1.5.1 icmp_seq=5 ttl=254 time=9.000 ms
```

VRF 테스트 실습을 통해 기본 동작원리를 확인했다. 하나의 라우터에서 VRF 기능을 이용한 가상 라우팅 처리로 여러 개의 독립적인 가상 라우팅 경로가 생성됨을 확인했다. 사이트별 IP 주소를 중복 사용하더라도 독립적인 가상 경로를 설정함으로써 정상적인 패킷의 사이트와 센터 간 전달이 가능함을 확인했다.

미사용 포트 차단(스위치의 경우 필수 적용)

스위치 포트의 경우 동일 VLAN에 터미널을 접속할 경우 같은 브로드캐스트 영역으로 브로드캐스트 통신이 가능하게 되고 이더넷 인터페이스가 자동적으로 업 상태가 된다.
네트워크 관리자는 허가되지 않은 터미널의 경우 접속 자체를 차단해야 한다.
이런 경우에는 미사용 스위치 포트의 경우 임의적으로 차단 설정을 해야 한다.

■ 스위치 포트 상태 확인

```
ESW1#show ip interface brief
Interface          IP-Address    OK? Method Status      Protocol
FastEthernet0/0    unassigned    YES unset  up          up
FastEthernet1/0    unassigned    YES unset  up          down
FastEthernet1/1    unassigned    YES unset  up          up        //사용 포트//
FastEthernet1/2    unassigned    YES unset  up          up        //사용 포트//
FastEthernet1/3    unassigned    YES unset  up          down
FastEthernet1/4    unassigned    YES unset  up          down      //미사용 포트//
FastEthernet1/5    unassigned    YES unset  up          down
... ...
Vlan1              unassigned    YES unset  up          up
```

■ 미사용 스위치 포트 강제 다운 적용

```
SW1(config)#interface range fa1/3 -15     //포트 Fa1/3부터 15번까지 범위로 선택//

SW1(config-if-range)#shutdown    //해당 포트 강제 다운 명령어 적용//

*Mar  1 04:22:00.018: %LINK-5-CHANGED: Interface FastEthernet1/3, changed
state to administratively down

*Mar  1 04:22:00.026: %LINK-5-CHANGED: Interface FastEthernet1/4, changed
state to administratively down

*Mar  1 04:22:00.034: %LINK-5-CHANGED: Interface FastEthernet1/5, changed
state to administratively down

*Mar  1 04:22:00.038: %LINK-5-CHANGED: Interface FastEthernet1/6, changed
state to administratively down

... ...
SW1#show ip interface brief
Interface          IP-Address    OK? Method Status       Protocol
FastEthernet0/0    unassigned    YES unset  up           up
```

```
FastEthernet1/0     unassigned     YES unset  up                          down
FastEthernet1/1     unassigned     YES unset  up                          up
FastEthernet1/2     unassigned     YES unset  up                          up
FastEthernet1/3     unassigned     YES unset  administratively down down
//미사용 포트 강제 다운 적용//

FastEthernet1/4     unassigned     YES unset  administratively down down
//미사용 포트 강제 다운 적용//

FastEthernet1/5     unassigned     YES unset  administratively down down
//미사용 포트 강제 다운 적용//

FastEthernet1/6     unassigned     YES unset  administratively down down
//미사용 포트 강제 다운 적용//

FastEthernet1/7     unassigned     YES unset  administratively down down
//미사용 포트 강제 다운 적용//

FastEthernet1/8     unassigned     YES unset  administratively down down
… …
Vlan1               unassigned     YES unset  up                          up
```

 네트워크 보안 20

비정상 종료 TCP 세션 정상 종료 가능하게 지원

TCP 세션이 맺어진 상태에서 단말의 전원 다운 및 리부팅으로 인한 비정상적인 종료가 됐을 경우 일정 시간이 경과돼야만 TCP 세션이 종료된다. 이러한 세션이 과다하게 발생할 경우 서버에서 세션에 대한 버퍼의 오버플로 현상이 발생할 수 있다.
네트워크 장비에서 이러한 비정상 세션을 정상적인 세션 종료로 지원하는 것이 가능하다.

■ 네트워크 장비 설정 값(시스코 장비)

```
R4#configure terminal
R4(config)#service tcp-keepalives-in   //비정상 세션 정상 종료 가능 설정//
```

Domain Lookup 기능 비활성화

IP Domain Lookup 기능은 네트워크 취약점이라고 하기에는 좀 약한 감이 있지만, 간단히 언급해보자.

라우터 상에서 실행을 위한 명령어 수행 시 기능에 없는 명령어가 오타 등으로 인해 입력될 경우 바로 실행을 멈추는 것이 아니라 자신의 라우터에서는 그러한 명령어가 없더라도 주위의 서버나 인접 라우터에 실행 명령어의 유·무를 요청하는 기능이다.

이러한 기능이 활성화돼 있다면 잘못된 명령어를 입력해 주위에 서버나 라우터에 요청하고 응답을 기다리는 시간으로 인해 장애발생 조치 시간을 지연시킬 수 있다.

■ **Domain Lookup 기능 비활성화**

• Domain Lookup 기능이 활성화됐을 경우 현상

```
R1#telner
Translating "telner"...domain server(255.255.255.255)
(255.255.255.255)
Translating "telner"...domain server(255.255.255.255)
% Unknown command or computer name, or unable to find computer address
```

• Domaon Lookup 기능 비활성화

```
R1#configure terminal
R1(config)#no ip domain-lookup    //Domain Lookup 기능 비활성화//
```

638

8

네트워크 보안

1. 액세스 리스트

패킷의 전송을 제어할 수 있는 패킷 필터링 즉, 액세스 리스트^{Access List}를 활용한 패킷 전송제어는 네트워크 보안의 처음 단계로, 앞에서 간단히 설명한 내용이다.

라우터 및 3계층 스위치를 지나는 패킷을 IP, 프로토콜 및 포트를 검사해 액세스 리스트를 적용 필터링(허용: Permit/거부: Deny)하는 것이다.

일반적으로 네트워크에서 액세스 리스트를 사용하는 초기 목적은 네트워크 보안을 위한 바이러스 포트로 이용되는 4계층(TCP/UDP) 포트 정보 및 기타 유해 트래픽을 발생시키는 IP 주소 정보에 대한 차단(Deny) 리스트를 적용하기 위해서다.

액세스 리스트와 같은 레이어 4까지 차단할 수 있는 네트워크 필터 기능으로 보안 장비가 아닌 네트워크 장비에서 1차적으로 네트워크 보안을 강화할 수 있다.

네트워크 장비에서 네트워크 보안을 강화하는 방법은 다양하다. 트래픽 식별, 필터링, 암호화, 분류 및 변환 작업 등 수행이 네트워크 장비에서 적용할 수 있다.

그러나 대부분 네트워크 장비는 패킷 전송을 위해서 만들어진 장비이며, 부가적으로 보안의 기능이 적용된 점을 간과해서는 안 된다.

네트워크 장비에서 많은 부분의 보안을 적용하게 될 경우 패킷 전송에 있어 패킷별 검사 등 보안 기능을 수행하는 과정에서 전송 성능이 저하돼 네트워크 장비의 본연의 기능이 약화될 수 있다. 그래서 적절히 보안 기능을 선택해 네트워크 계층에서 적용하는 것이 필요하다.

액세스 리스트는 어떻게 적용되는지 살펴보자.

- **트래픽 액세스 리스트**
  - 허용(Permit)과 차단(Deny)을 이용해 특정 IP나 TCP/UDP Port 등 송수신을 제어할 수 있다.
    - 액세스 리스트(Access-List)는 우선순위가 있어 패킷이 전송되면 상위부터 순차적으로 액세스 리스트와 매칭 여부를 확인한다.
    - 매칭이 되면 패킷을 처리(허용/거부)하고 다음 패킷을 처리한다.
    - 중요 데이터 처리는 우선적으로 처리할 순서를 정하기 위해 상위 액세스 리스트 정책을 기반으로 지연(Delay)을 최소화할 수 있게 적용하는 것이 필요하다.
    - 시스코 사의 제품의 경우 허용(Permit)하면 그 외에는 모든 패킷이 거부(Deny)됨으로 액세스 리스트에서 거부 리스트를 별도로 만들 필요가 없으나 필요한 부분은 반드시 허용 처리해야 한다.

- 정책 액세스 리스트
    - 네트워크에서 정책 액세스 리스트Policy-Based Access-List는 라우팅 테이블에 적용되며, 특정 네트워크 정보를 받아들이지 않거나, 보내지 않기 위해 적용되는 것이 대부분이다.
    - 불필요한 라우팅 테이블이 많이 존재하면 라우터의 메모리를 낭비할 수 있으며, 성능 이슈도 발생할 수 있고, 관리에도 불편할 수 있으므로 정책 액세스 리스트를 주로 사용한다.
    - EIGRP 라우팅 프로토콜에서는 가장 자유롭게 구성할 수 있지만, OSPF에서는 LSA 정보에 대해서는 적용되지 않으므로 이를 유의해서 구성해야 한다.
    - PBRPolicy-Based Routing이라는 정책 라우팅도 일종의 정책 액세스 리스트로 볼 수 있다. PBR의 적용의 한 예로는 기존 라우팅은 목적지에 대해 경유지를 결정하고 패킷을 전송하는 것이 일반적이지만 정책 라우팅 PBR은 특정 출발지 IP 주소나 네트워크 대역으로 특정 게이트웨이로 전달하는 경우가 대부분이다. 이것은 단순히 라우팅 테이블에서 해결할 수 없다.

다음으로 액세스 리스트가 라우터나 스위치에 어떻게 적용되는지 알아보자.

■ **액세스 리스트 적용 구조**

- 우선 액세스 리스트를 만든 후 특정 인터페이스에 적용 방향(inbound, outbound)을 결정해 적용한다.

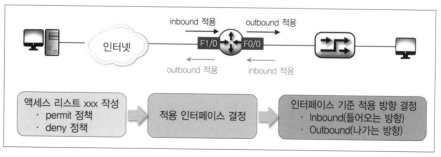

그림 8-1 액세스 리스트 적용

■ 액세스 리스트 타입

ACL Type		구분	내용
Numbered	Standard	1~99	출발지 IP 주소만 검사
	Extended	100~199	출발지/목적지 IP 주소, 포트 번호, 프로토콜 종류 등
			Router(config)#access-list 101 permit tcp any host 192.168.153.102 eq 14000 Router(config)#access-list 101 permit tcp any host 192,168.153.102 eq 15001 Router(config)#access-list 101 permit icmp any host 192.168.153.102 Router(config)#interface fa0/0 Router(config-if)#ip access group 101 **in**
Named	Standard	Standard	출발지 IP 주소만 검사
	Extended	Extended	출발지/목적지 IP 주소, 포트 번호, 프로토콜 종류 등
			Router(config)#ip access-list extended **EXT_ACL** Router(config-ext-nacl)#permit tcp any host 192.168.153.102 eq 14000 Router(config-ext-nacl)#permit tcp any host 192,168.153.102 eq 15001 Router(config-ext-nacl)#permit icmp any host 192.168.153.102 Router(config)#interface fa0/0 Router(config-if)#ip access group 101 in

액세스 리스트의 동작 원리와 어떻게 적용하는지는 앞에서 확인했다. 이제는 실제 IP 주소 및 프로토콜에 어떻게 적용되는지 실습을 통해 확인해보자.

1) 액세스 리스트 레이어3, 레이어4 적용

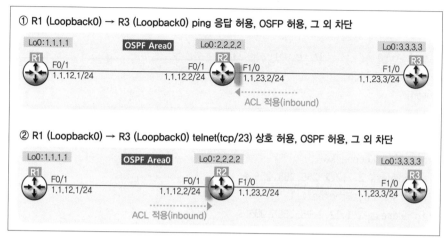

① R1 (Loopback0) → R3 (Loopback0) ping 응답 허용, OSFP 허용, 그 외 차단

| Lo0:1.1.1.1 | OSPF Area0 | Lo0:2.2.2.2 | | Lo0:3.3.3.3 |

R1 F0/1 1.1.12.1/24   F0/1 1.1.12.2/24   R2   F1/0 1.1.23.2/24   F1/0 1.1.23.3/24 R3

ACL 적용(inbound)

② R1 (Loopback0) → R3 (Loopback0) telnet(tcp/23) 상호 허용, OSPF 허용, 그 외 차단

| Lo0:1.1.1.1 | OSPF Area0 | Lo0:2.2.2.2 | | Lo0:3.3.3.3 |

R1 F0/1 1.1.12.1/24   F0/1 1.1.12.2/24   R2   F1/0 1.1.23.2/24   F1/0 1.1.23.3/24 R3

ACL 적용(inbound)

그림 8-2 액세스 리스트 적용(ICMP, Telnet)

R3 인터페이스(Fa0/1)의 IP 주소(1.1.23.3/24)에서 R1 인터페이스(Fa0/0) IP 주소 (1.1.12.1/24)로 ping 허용하기 위한 액세스 리스트를 적용해보자.

그림 8-2에서 일반적인 라우터 설정을 한 경우는 모든 데이터가 허용될 것이다. 그러 나 여기에서는 모두 거부(All Deny) 상태에서 액세스 리스트를 적용해보자.

다음 설정 값에 따라 적용한 후 동작 상태를 확인해보자.

■ 각 라우터 설정 값 및 액세스 리스트 적용

```
[R1]
enable password cisco      //Priviledge 모드 허용 패스워드//
interface Loopback0
 ip address 1.1.1.1 255.255.255.0
interface FastEthernet0/1
 ip address 1.1.12.1 255.255.255.0

router ospf 100
```

```
  router-id 1.1.1.1
  network 1.1.1.0 0.0.0.255 area 0
  network 1.1.12.0 0.0.0.255 area 0


line vty 0 4          //telnet(tcp/23) 접속 허용 설정//
  password cisco
  login
```

[R2]
```
enable password cisco      //Priviledge 모드 허용 패스워드//
interface Loopback0
  ip address 2.2.2.2 255.255.255.0
interface FastEthernet0/1
  ip address 1.1.12.2 255.255.255.0
interface FastEthernet1/0
  ip address 1.1.23.2 255.255.255.0

router ospf 100
  router-id 2.2.2.2
  log-adjacency-changes
  network 1.1.12.0 0.0.0.255 area 0
  network 1.1.23.0 0.0.0.255 area 0
  network 2.2.2.0 0.0.0.255 area 0


line vty 0 4          //telnet(tcp/23) 접속 허용 설정//
  password cisco
  login
```

[R3]
```
enable password cisco        //Priviledge 모드 허용 패스워드//
interface Loopback0
  ip address 3.3.3.3 255.255.255.0
interface FastEthernet1/0
  ip address 1.1.23.3 255.255.255.0

router ospf 100
  router-id 3.3.3.3
```

```
network 1.1.23.0 0.0.0.255 area 0
network 3.3.3.0 0.0.0.255 area 0

line vty 0 4          //telnet(tcp/23) 접속 허용 설정//
password cisco
login
```

① R1(Loopback0) → R3(Loopback0) Ping 응답만 허용, OSPF 허용, 그외 차단

[R1(Loopback0) ↔ R3(Loopback0) ping 허용], R2에 ACL 적용
```
[R2]
ip access-list extended ACL_ICMP
 permit icmp host 3.3.3.3 host 1.1.1.1 echo        //해당 호스트에서만
ICMP(ping) 허용//
 permit icmp host 3.3.3.3 host 1.1.1.1 echo-reply  //해당 호스트에서만
ICMP(ping) 허용//
 permit ospf any any                          //OSPF 프로토콜은 전체 허용//
 deny ip any any                    //허용 외 전체 차단, 기본 ACL로 처리됨, 보이지는 않음//

interface FastEthernet1/0
 ip address 1.1.23.2 255.255.255.0
 ip access-group ACL_ICMP in          //FastEthernet 1/0 인터페이스에 적용//
```

[적용결과 확인] R1(Loopback0) ↔ R3(Loopback0) ping 응답 확인
```
R3#ping 1.1.1.1
Sending 5, 100-byte ICMP Echos to 1.1.1.1, timeout is 2 seconds:
UUUUU                       //R3 → R1 ping 안 됨 확인, Destination
unrecherable//
Success rate is 0 percent (0/5)


R3#ping 1.1.1.1 source 3.3.3.3
Sending 5, 100-byte ICMP Echos to 1.1.1.1, timeout is 2 seconds:
Packet sent with a source address of 3.3.3.3
!!!!!                    //목적지 1.1.1.1로 Ping 응답 정상, 3.3.3.3 → 1.1.1.1//
```

```
Success rate is 100 percent (5/5), round-trip min/avg/max = 24/30/36 ms

R1#ping 3.3.3.3
Sending 5, 100-byte ICMP Echos to 3.3.3.3, timeout is 2 seconds:
.....                    //목적지 3.3.3.3으로 Ping 응답이 없음, 1.1.12.1 → 3.3.3.3//
Success rate is 0 percent (0/5)

R1#ping 3.3.3.3 source 1.1.1.1
Sending 5, 100-byte ICMP Echos to 3.3.3.3, timeout is 2 seconds:
Packet sent with a source address of 1.1.1.1
!!!!!                    //목적지 3.3.3.3으로 Ping 응답 정상, 1.1.1.1 → 3.3.3.3//
Success rate is 100 percent (5/5), round-trip min/avg/max = 16/35/40 ms

R2#show access-lists
Extended IP access list ACL_ICMP
    10 permit icmp host 3.3.3.3 host 1.1.1.1 echo
    20 permit icmp host 3.3.3.3 host 1.1.1.1 echo-reply (10 matches)
//ACL 결과 matches 확인//
    30 permit ospf any any (80 matches)
```

R3 인터페이스(Loopback0) 3.3.3.3/24에서 R1 인터페이스(Loopback0) 1.1.1.1/24
로 Ping을 허용한다.

- R2 인터페이스(FastEthernet 1/0) inbound로 ACL을 적용한다.
- OSPF 라우팅 프로토콜을 허용, OSPF 라우팅 테이블을 교환한다.
- ICMP 프로토콜 중 Ping에 관련 echo, echo-reply에 대해 해당 호스트만 허용한다.
- R1에서 R3로 전달되는 방향으로는 액세스 리스트 적용이 없기 때문에 R3의 Loopback0(3.3.3.3)이 출발지 IP로 설정되고, R1의 Loopback0(1.1.1.1)이 목적지 IP로 설정돼 액세스 리스트가 R2 FastEthernet 1/0 Inbound로 적용된다.

OSPF 프로토콜 허용을 위한 액세스 리스트(permit ospf any any)는 목적지 any, 출발지 any로 설정했다. 네트워크 보안을 고려한 정책을 결정한다면 출발지이든 목적지이든 불특정 다수가 접근할 수 있는 any 정책은 지양해야 한다.

액세스 리스트는 길어지지만 보안을 더 강화한다는 의미에서는 OSPF 액세스 리스트는 그림 8-3과 같이 수정할 수 있다.

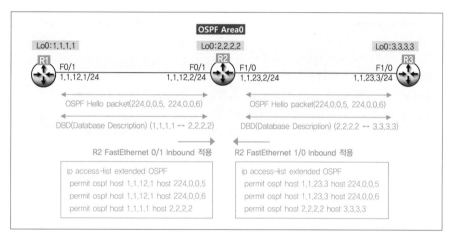

그림 8-3 OSPF 액세스 리스트

② R1(Loopback0) → R3(Loopback0) telnet(tcp/23)만 허용, OSPF 허용, 그외 차단

[R1(Loopback0) → R3(Loopback0) telnet 허용], R2에 ACL 적용
[R2]
ip access-list extended ACL_TELNET
 permit tcp host 1.1.1.1 host 3.3.3.3 eq telnet   //해당 호스트에서만
teletn(tcp/23) 허용//
 permit ospf any any   //OSPF 프로토콜은 전체 허용//
 deny ip any any   //허용 외 전체 차단, 기본 ACL로 처리됨, 보이지는 않음//

interface FastEthernet0/1
 ip address 1.1.12.2 255.255.255.0
 ip access-group ACL_TELNET in   //FastEthernet 0/1 인터페이스에 적용//

[적용결과 확인] R1(Loopback0) → R3(Loopback0) Telnet(tcp/23) 접속 확인

R1#telnet 3.3.3.3 /source-interface loopback 0 //R1(Lo0) → R3(Lo0)로
telent(tcp/23) 접속//
Trying 3.3.3.3 ... Open   //telnet(tcp/23) 정상 Open됨//
User Access Verification
Password:cisco   //telnet 접속을 위한 패스워드, 실제 보이지는 않음//
R3>en
Password:cisco   //Priviledge 모드 접속을 위한 패스워드, 실제 보이지는 않음//
R3#

R1#ping 3.3.3.3 source 1.1.1.1
Sending 5, 100-byte ICMP Echos to 3.3.3.3, timeout is 2 seconds:
Packet sent with a source address of 1.1.1.1
UUUUU   //R1 → R3 ping 안 됨 확인, Destination
unrecherable//
Success rate is 0 percent (0/5)

R2#show access-lists
Extended IP access list ACL_TELNET
    10 permit tcp host 1.1.1.1 host 3.3.3.3 eq telnet(39 matches)
//ACL 결과 matches 확인//
    20 permit ospf any any (154 matches)

R1 인터페이스(Loopback0) 1.1.1.1/24에서 R3 인터페이스(Loopback0) 3.3.3.3/24로 telnet(tcp/23)을 허용한다.

- telnet 시도 tcp/23(eq telnet)을 R2에서 허용한다.
- OSPF 라우팅 프로토콜을 허용, OSPF 라우팅 테이블을 교환한다.
- telnet 프로토콜 tcp/23(eq telnet)을 해당 호스트에만 허용한다.
- R1에서 R3로 전달되는 방향으로는 액세스 리스트 적용이 없기 때문에 R1의 Loopback0(1.1.1.1)이 출발지 IP로 적용되고, R3의 Loopback0(3.3.3.3)이 목적지 IP로 적용되고, 액세스 리스트가 R2 FastEthernet0/1 Inbound로 적용된다.

출발지 IP 주소	목적지 IP 주소	출발지 포트 번호	목적지 포트 번호
1.1.1.1	3.3.3.3	43645	23
3.3.3.3	1.1.1.1	23	43645

그림 8-4 액세스 리스트 Telnet(Port 23) 허용 적용

R1 Loopback0 인터페이스에서 R3 Loopback0 인터페이스로 양방향 telnet을 허용하려면 R2에서 적용돼야 할 액세스 리스트는 R2 라우터의 인터페이스 FastEthernet 0/1와 FastEthernt 1/0에 적용돼야 한다.

양방향 telnet 및 OSPF 패킷교환 액세스 리스트 정책은 다음과 같다.

```
[R2]
interface FastEthernet0/1
 ip address 1.1.12.2 255.255.255.0
 ip access-group ACL_TELNET in
interface FastEthernet1/0
 ip address 1.1.23.2 255.255.255.0
 ip access-group ACL_TELNET2 in

ip access-list extended ACL_TELNET        //R1 → R3 telnet, OSPF 정책 허용//
 permit tcp host 1.1.1.1 host 3.3.3.3 eq telnet
 permit tcp host 1.1.1.1 eq telnet host 3.3.3.3
 permit ospf host 1.1.12.1 host 224.0.0.5       //R1 ↔ R2간 OSPF 허용//
 permit ospf host 1.1.12.1 host 224.0.0.6       //R1 ↔ R2간 OSPF 허용//
 permit ospf host 1.1.1.1 host 2.2.2.2          // R1 ↔ R2간 OSPF 허용//

ip access-list extended ACL_TELNET2       //R3 → R1 telnet, OSPF 정책 허용//
 permit tcp host 3.3.3.3 host 1.1.1.1 eq telnet
 permit tcp host 3.3.3.3 eq telnet host 1.1.1.1
 permit ospf host 1.1.23.3 host 224.0.0.5       //R2 ↔ R3간 OSPF 허용//
 permit ospf host 1.1.23.3 host 224.0.0.6       //R2 ↔ R3간 OSPF 허용//
 permit ospf host 2.2.2.2 host 3.3.3.3          //R2 ↔ R3간 OSPF 허용//
```

액세스 리스트를 적용함에 있어 시간 범위Time Range를 정의해 해당 시간 동안에만 허용하고 나머지 시간 동안에는 차단하는 정책도 가져갈 수 있다.

③ R1에서 R3로 Telnet을 허용하되 기간Time Range을 정해서 허용한다.

- Time Range 옵션을 이용한 액세스 리스트 정책이다.
- 접속허용 기간: 2020년 1월 1일 08:00~2020년 12월 31일 18:00
- ACL 적용될 라우터에 시간 동기가 NTP 등에 정확히 동기가 돼 있어야 한다.

이러한 정책은 기업체에서 년 단위로 개발 업무를 위해 협력직원의 네트워크 접근을 허용할 때 접속의 권한 및 접속기간을 액세스 리스트로 설정하는 경우가 있다.

대표적인 네트워크 보안장비인 방화벽에서도 기간을 정의해서 정책을 적용하는 경우가 많다.

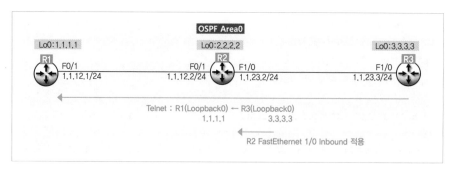

그림 8-5 액세스 리스트 적용(Time Range)

[R2]
```
time-range WorkHour
 absolute start 08:00 01 January 2020 end 18:00 31 December 2020
//접속 허용 기간 설정 Time range//

ip access-list extended ACL_TELNET2        //R3(3.3.3.3) → R1(1.1.1.1)
telnet, Ping, OSPF 허용//
 permit tcp host 3.3.3.3 host 1.1.1.1 eq telnet time-range WorkHour
//Telnet 접속가능 기간 적용//
```

```
 permit icmp host 3.3.3.3 host 1.1.1.1 echo           //ICMP(ping) 허용//
 permit icmp host 3.3.3.3 host 1.1.1.1 echo-reply     //ICMP(ping) 허용//
 permit ospf host 1.1.23.3 host 224.0.0.5             //OSPF 프로토콜 허용
hello packet//
 permit ospf host 1.1.23.3 host 224.0.0.6
//OSPF 프로토콜 허용 hello packet//
 permit ospf host 2.2.2.2 host 3.3.3.3               //OSPF 프로토콜 허용 DBD Packet//

interface FastEthernet1/0
 ip address 1.1.23.2 255.255.255.0
 ip access-group ACL_TELNET2 in        //R2 FastEthernet 1/0 인터페이스 적용//
```

 NTP 동기가 어려울 경우는 라우터 자체 시간을 맞춰서 진행한다.

```
R1#clock set 11:10:00 1 Mar 2020
R1#show clock
11:10:02.259 UTC Sun Mar 1 2020
```

2) 액세스 리스트를 이용한 SYN Flooding 공격 대응

10.1.1.0/24인 대역에 있는 서버로 알 수 없는 곳으로부터 TCP SYN Flooding 공격이 들어오고 있으며, R2에서 해당 트래픽을 모니터링해 15초 안에 세션이 연결되지 않으면 이러한 요청 세션을 리셋하도록 할 수 있다.

단, 여기서 특정 소스 IP에서 공격이 들어온다고 하더라고 R2에서는 any로 처리해야 한다. 왜냐하면 TCP SYN Flooding 공격과 같이 ip spoofing 공격은 IP 주소를 변경해 공격이 진행되기 때문에 액세스 리스트에서는 Any의 설정이 필요하다.

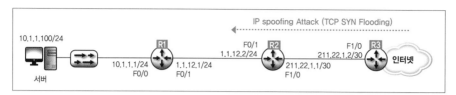

그림 8-6 TCP SYN Flooding 공격 대응

■ R2 설정 값

```
R2(config)#ip access-list extended ANTI_SYN_Flood
R2(config-ext-nacl)#permit tcp any 10.1.1.0 0.0.0.255    //불특정 다수에서 접
속 시도 허용//
R2(config-ext-nacl)#exit

R2(config)#ip tcp intercept list ANTI_SYN_Flood
command accepted, interfaces with mls configured might cause
inconsistent behavior
R2(config)#ip tcp intercept connection-timeout 15    //15초 동안 세션 연결이 안
되면 세션 리셋 처리//
command accepted, interfaces with mls configured might cause
inconsistent behavior
R2(config)#ip tcp intercept mode watch       //세션 연결 상태 감시//
command accepted, interfaces with mls configured might cause
inconsistent behavior

[R2 TCP Intercept 상태 확인] //R3에서 telnet 시도 후 상태 확인//
R2#show tcp intercept statistics
Watching new connections using access-list ANTI_SYN_Flood
3 incomplete, 0 established connections (total 3)
3 connection requests per minute               //1분 단위로 접속 요구 세기//
```

TCP SYN Flooding 공격은 출발지 IP를 다르게 해 공격자가 특정 서버로 많은 양의 TCP SYN 패킷을 전송한다. 서버는 공격자로부터 들어오는 SYN에 대한 Syn-Ack로 응답을 하게 되며 다시 공격자로부터 Syn-Ack의 응답이 없으면 많은 세션이 대

기 상태로 유지하게 돼 서버에서 세션 오버플로가 발생해 정상적인 서비스가 되지 않는다.

라우터(R2)에서 보안 기능으로 TCP Intercept 기능을 이용한 TCP SYN Flooding 공격을 대응할 수 있다.

 TCP Intercept 기능

- **Intercept 모드(ip tcp intercept mode intercept): 기본 동작 모드**

클라이언트로부터 서버에 세션을 맺기 위한 동작으로 3Way 핸드쉐이킹(Sync, Sync-Ack, Sync-Ack)을 시작하게 된다. 이러한 과정에서 중간 경유지에 위치한 라우터(R2)가 서버인 것처럼 클라이언트와 세션을 맺고, 정상적으로 수행되면 이번엔 라우터(R2)가 클라이언트인 것처럼 서버와 3Way 핸드쉐이킹을 통해 세션을 맺으면서 클라이언트와 서버가 세션을 맺고 동작하게 된다(Proxy 기능을 이용한 방화벽 기능).

- **Watch 모드(ip tcp intercept mode watch)**

클라이언트와 서버 간 3Way 핸드쉐이킹 과정을 지켜보기만 한다. 3Way 핸드쉐이킹 마지막 과정으로 클라이언트에서 Sync-Ack 응답이 발생하지 않으면 라우터(R2)에서 RST(세션 Reset)를 발생시켜 해당 세션을 끊는 동작을 수행한다.

3) 멀티캐스트 트래픽 제한

라우터(R1)으로부터 들어오는 두 개의 멀티캐스트 출발지 주소가 있으며, 각각 10.1.1.100과 10.1.1.101이다. 두 출발지에서는 멀티캐스트 그룹 IP 주소로 224. 30.20.101을 사용하고 있다.

두 출발지 주소에서 과다한 멀티캐스트 트래픽이 들어오고 있어 정상적인 데이터 전달에 영향을 주고 있는 상황이다.

단, 멀티캐스트 트래픽을 차단해서는 안되며 트래픽 용량을 2M로 제한해서 처리해
보자.

그림 8-7 멀티캐스트 트래픽 제한

■ 라우터(R3) 설정 값

```
R3(config)#ip access-list standard Two_Source        //멀티캐스트 발생 단말 지정//
R3(config-std-nacl)#permit 10.1.1.100
R3(config-std-nacl)#permit 10.1.1.101
R3(config-std-nacl)#exit
R3(config)#ip access-list standard Multi_Group       //멀티캐스트 그룹 IP 지정//
R3(config-std-nacl)#permit 224.30.20.101
R3(config-std-nacl)#exit
R3(config)#interface FastEthernet 1/0
R3(config-if)#ip multicast rate-limit in group-list Multi_Group source-
list Two_Source 2000
//두 개의 소스 단말에서 224.30.20.101로 멀티캐스트 데이터 전송을 2M로 제한//
```

액세스 리스트를 이용한 트래픽 제한으로 출발지 주소(10.1.1.100, 10.1.1.101)로부
터 멀티캐스트 그룹 주소(224.30.20.101)로 과도한 멀티캐스트 트래픽이 라우터(R3)
를 통해 서버단 주소(10.3.3.0/24)로 유입돼 정상적인 데이터 전송에 영향을 준다. 라
우터(R3)에서 액세스 리스트를 이용한 멀티캐스트 트래픽 대역 제한을 해 정상적인
데이터 흐름을 확보할 수 있다.

여기서 고려해야 할 부분은 멀티캐스트 트래픽이 지나가는 경로에서 트래픽을 제어를 할 구간을 적절히 선택해야 한다는 것이다. 위에서는 서버단 바로 앞 라우터(R3)에서 대역 제한을 했지만 필요하다면 발생시키는 출발지(소스)와 연결된 라우터(R1)에서 대역을 제한할 필요도 있을 것이다.

그렇게 함으로써 R1에서 R3까지 트래픽이 전달되는 구간에서 발생할 수 있는 과도한 멀티캐스트 트래픽을 제한해 멀티캐스트 외 다른 데이터가 원활하게 전달되는 것을 가능하게 할 수도 있다.

4) VLAN MAC 주소 차단

앞에서 액세스 리스트를 이용해서 차단한 대상은 IP 주소나 포트 정보에 대한 것이었다. 여기서는 VLAN상에서 액세스맵Access map을 이용한 MAC 주소에 대한 차단룰을 적용해보자.

3계층 스위치 장비에서 이상 로그가 발생할 경우 IP 주소 정보없이 MAC 주소만 보여지는 경우가 있을 것이다. 그 MAC 주소가 스위치에 과부하를 일으키는 경우도 있을 것이다.

스위치 로그상에서 IP 정보 확인이 불가능할 경우 2계층 MAC 주소를 차단해 유해 트래픽의 유입을 막을 수 있다.

3계층 스위치에서 액세스맵을 이용한 2계층 MAC 주소 차단을 적용해 보자.

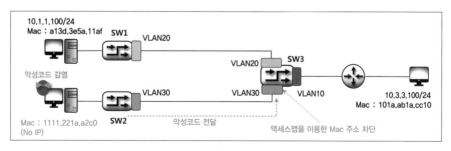

그림 8-8 액세스맵을 이용한 MAC 주소 차단

■ 스위치(SW3) 설정 값

```
SW3(config)#mac access-list extended MAC_ACL
SW3(config-ext-macl)#permit any host 1111.221a.a2c0   //차단할 MAC 주소 설정//
SW3(config-ext-macl)#exit

SW3(config)#vlan access-map Block_MAC 10
SW3(config-access-map)#match mac address MAC_ACL
SW3(config-access-map)#action drop                      //차단할 MAC 주소 Drop 처리//
SW3(config-access-map)#exit

SW3(config)#vlan access-map Block_MAC 20
SW3(config-access-map)#action forward                   //그 외 MAC 주소 전송//
SW3(config-access-map)#exit

SW3(config)#vlan filter Block_MAC vlan-list 30          //VLAN 30에 적용//
```

2. VPN

가상 사설망은 보안이나 네트워크 분야에서 일하는 독자라면 들어 봤을 것이다. 가상 사설망은 네트워크라는 매체를 통해서 터널이나 암호화 기술을 사용해 데이터가 전달되는 전송 구간의 보안성을 강화하는 기술이다.

네트워크 보안에 있어서 VPN^{Virtual Private Network}의 역할은 매우 중요하다. 여기서 자세히 다뤄 보도록 하자.

지금은 기업체뿐만 아니라 일반 가정에서도 인터넷 사용이 일상화돼 있다. 불특정 다수가 사용하는 인터넷과 같은 공중망^{Public Network}에서 터널이나 데이터 암호화 기술을 사용해 전용망^{Private Network}처럼 사용하는 것을 가능하게 해준다.

VPN을 이용한 보안 수단

① 통신 상대방 확인을 위한 인증(Authentication)
- 동일한 암호 사용(PSK: Preshared Key), 디지털 인증서

② 송수신하는 데이터의 기밀성(Confidentiality)을 유지하기 위한 암호화
- DES, 3DES, AES, RC4

③ 송수신 데이터의 해커로 인해 변조되는 것을 방지하는 무결성(Integrity) 확인
- MD5, SHA 알고리즘을 이용한 Hash Code

1) IPSec VPN

네트워크 계층(3계층 IP 레이어)에서 IP 패킷 단위로 인증 및 암호화해 전송을 가능하게 하며, 인터넷이라는 공중망을 이용하는 구간에서 터널링 기술을 이용해 논리적으로 가상 전용망 구성을 가능하게 하는 암호화 터널링 프로토콜이다.

네트워크 계층인 3계층에서 구현되기 때문에 상위 계층인 4계층 트랜스포트^{Transport} 이상 계층에 대해서는 별도의 변경이 필요 없다는 장점이 있다.

요즘에는 금융거래나 계좌정보 등 중요한 데이터 애플리케이션 암호화를 주로 적용하고 있다. VPN을 이용한 암호화는 애플리케이션 암호화와는 달리 통신구간 암호화로 생각하기를 바란다.

IPSec 프로토콜별 동작 특성

① IP 계층에서 안전하게 데이터를 보호하기 위해 복수의 프로토콜로 구성돼 있다.

② 인증 및 암호화를 위한 헤더

- 인증헤더(AH), Authentication Header로 무결성을 보장하면서, IP 패킷이 정당하다는 인증에 사용되는 헤더이다.
- 캡슐화된 보안 페이로드(ESP), Encapsulating Security Payload로 데이터의 기밀성을 보장해주며, IP 패킷 암호화를 목적으로 하는 헤더이다.

③ 키 관리 프로토콜

- ISAKMP(Internet Security Association and Key Management Protocol), 통신의 주체로 상호 인증을 통해 암호 키 교환을 위한 통신 규약이다. 상대방에서 어떤 인증, 암호화 방식, 키 교환을 사용할 것인지 등 알리는 메시지 방식으로 제공한다.
- IKE(Internet Key Exchange): 키 관리의 두 주체 사이에 인증된 보안채널을 생성해 키를 생성, 교환하는 프로토콜이다.

④ 인증/암호화 + 키 관리 = SA(Security Association), 보안통신을 위한 필요한 알고리즘 및 정책의 집합이다.

2) IPSec VPN 동작 절차

IPSec VPN의 주요 동작절차로는 IKE^Internet Key Exchange 페이즈1(Phase1), 페이즈2(Phase2) 절차가 있으며 어떻게 연계적으로 동작하는지에 대해 알아보자.

■ **IPSec VPN 설정 4단계(중요)**

Step 1
IKE Phase 1(ISAKMP) 정책 설정
① VPN 장비 간 인증(Authetication) 키 설정 • pre-shared: 미리 설정한 대칭 키 사용 • rsa-encr: RSA(Rivest, Shamir, Adleman) 방식으로 미리 만든 비대칭 키 사용 • rsa-sig: RSA 방식으로 만들 비대칭 키 사용 ② 암호화(encryption) 방식 지정 • 기밀성(Confidentiality) 보장 • AES(Advanced Encryption Standard) • 3DES(Triple DES) • DES(Data Encryption Standard) ③ 키 교환 방식 • Diffie-Hellman Group 1, 2, 5 ④ 무결성 확인 방식 설정 • md5(Message Digest 5) • sha(Secure Hash Standard) ⑤ 현재의 보안 정책 사용시간 • Lifetime 설정

Step 2
IKE Phase 2(IPSec) 정책 설정
① VPN으로 보호해야 할 트래픽 지정 • 보호대상 호스트 및 네트워크 대역 ② 테이터 전송에 사용할 보안 방식 결정 • Transform set • AH, ESP: 하나의 패킷 내에서 보호되는 데이터의 범위 및 방식 • DES, 3DES, AES: 데이터 암호화 방식 • 무결성(Integrity) 확인 데이터가 중간에 변조되지 않았음을 확인 (MD5, SHA 방식) ※ 위 세 가지 방식의 조합이 Transform set 이라 한다.

Step 4
Interface IPSec VPN 적용(활성화)
IPSec VPN을 적용할 인터페이스 결정 • 인터페이스 활성화 • crypto map IPSEC-VPN 적용

Step 3
Phase 1 + Phase 2 정책 조합
VPN 보안정책을 적용할 Crypto Map 작성 • peer IP 설정 • Phase1(PolicyXX) + Phase2(Phase2 - Policy) 조합

■ **보안연계(SA): Security Association**

- IPSec을 이용한 보안통신을 하기 위해서 사전 사용할 암호화 방식에 대한 보안협상 및 공유할 비밀 키를 서로 분배하는 과정

- SA 설정과정은 ISAKMP^{Internet Security Association and Key Management Protocol}에 규정
  돼 있음

지금까지 인터넷을 이용한 가상 사설망에 대한 동작 및 특성에 대해 알아봤으며, 설명으로 알아본 VPN의 동작을 실제 구현해 동작 상태를 확인해 보자.

VPN의 주요 기능은 가상 터널과 암호화 부분이기 때문에 라우터를 이용해 구성 및 동작 상태를 확인해보자.

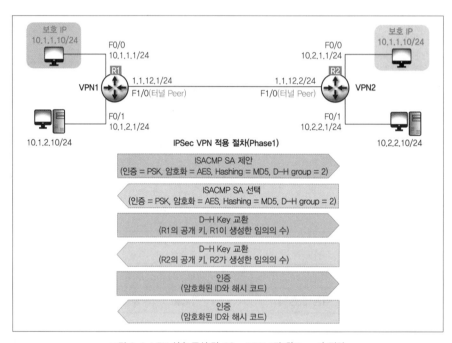

그림 8-9 VPN 실습 구성 및 IPSec VPN 1단계(Phase1) 절차

① 1단계 절차: IKE Phase1

- 상호인증^{PSK, Preshared Shared Key}(RSA 공개 암호키, kerberos, 인증서)을 통한 보안 협상을 완료하고 Diffie-Halman Master Key를 생성한다.
- ISAKMP^{Internet Security Association and Key Management Protocol} 접속 보안성이 없는 네트

워크를 통해 암호화된 데이터를 송수신하기 위한 준비 단계을 갖춘다.

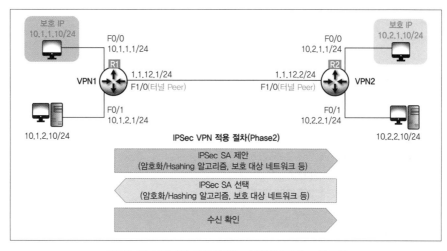

그림 8-10 VPN 실습 구성 및 IPSec VPN 2단계(Phase2) 절차

② 2단계 절차: IKE Phase2

- 데이터 전송에 사용할 보안방식 결정(Transform set)

③ 3 단계 절차: VPN 보안정책 적용(Phase1 + Phase2)

④ 4단계 절차: Interface 적용

IPSec VPN 구성에서 VPN을 처음 접하는 사람들은 이상한 점이 있을 것이다. 그림 상에 라우터가 VPN인 것처럼 나와 있는 것이다. 이 점이 네트워크 보안에서 VPN을 다루는 이유이다.

시스코 사에서 출시되는 라우터는 IOS(시스코 라우터 운영체제)에는 다양한 버전 (Enterprise, Security, IPBase 등)이 나와 있으며, VPN 기능도 지원한다. 실제로 많은 기업들이 전송구간 VPN으로 시스코 사 라우터를 사용하고 있으며 동작방식은 표준 을 따르기 때문에 VPN 전용 장비와 별반 차이가 없다. 시스코 사의 경우는 IOS별 보 안장비군으로 국제 CC 자격 인증을 취득한 경우가 대부분이다.

VPN 기능을 지원하는 IOS가 설치된 라우터에 VPN 설정 값을 적용해보자.

기존에 늘 해왔던 네트워크 관련 설정과는 생소한 부분이 있으니 그 점을 고려해 적용해보자.

```
[R1(VPN1)]
interface FastEthernet0/0
 ip address 10.1.1.1 255.255.255.0
interface FastEthernet0/1
 ip address 10.1.2.1 255.255.255.0
interface FastEthernet1/0
 ip address 1.1.12.1 255.255.255.0

router eigrp 100
 network 1.1.12.0 0.0.0.255
 network 10.1.1.0 0.0.0.255
 network 10.1.2.0 0.0.0.255
 no auto-summary

crypto isakmp policy 10       //IKE Phase 1 정책//
 encription 3des
 authentication pre-share
 group 2

crypto isakmp key 6 cisco address 1.1.12.2    //isakmp key 교환//

crypto ipsec transform-set Phase2-P esp-3des esp-sha-hMAC
//Traffic 보호용으로 사용할 보안정책//

ip access-list extended ACL             //보호대상 네트워크 지정//
 permit ip host 10.1.1.10 host 10.2.1.10


crypto map IPSEC-VPN 10 ipsec-isakmp       //Phase1(ISAKMP)와 Phase2(IPSec)
정책 연결//
 set peer 1.1.12.2
```

```
 set transform-set Phase2-P
 match address ACL

interface FastEthernet1/0                        //IPSec VPN 활성화(인터페이스에 적용)//
 crypto map IPSEC-VPN
```

[R2(VPN2)]
```
interface FastEthernet0/0
 ip address 10.2.1.1 255.255.255.0
interface FastEthernet0/1
 ip address 10.2.2.1 255.255.255.0
interface FastEthernet1/0
 ip address 1.1.12.2 255.255.255.0

router eigrp 100
 network 1.1.12.0 0.0.0.255
 network 10.2.1.0 0.0.0.255
 network 10.2.2.0 0.0.0.255
 no auto-summary

crypto isakmp policy 10        //IKE Phase1 정책//
 encription 3des
 authentication pre-share
 group 2

crypto isakmp key cisco address 1.1.12.1      //isakmp key 교환//

crypto ipsec transform-set Phase2-P esp-3des esp-sha-hMAC       //Traffic
보호용으로 사용할 보안정책//
ip access-list extended ACL        //보호할 Traffic 지정//
 permit ip host 10.2.1.10 host 10.1.1.10

crypto map IPSEC-VPN 10 ipsec-isakmp        //Phase1(ISAKMP)와
Phase2(IPSec) 정책 연결//
 set peer 1.1.12.1
 set transform-set Phase2-P
```

```
    match address ACL

interface FastEthernet1/0        //IPSec VPN 활성화(인터페이스에 적용//
    crypto map IPSEC-VPN
```

라우터에 VPN을 지원하는 IOS를 이용해 IPSec VPN 연결망을 구성했다. 설정에 대한 정상동작 유·무를 판단할 수 있는 확인 방법에 대해 알아보자.

```
[R1(VPN1)]
R1#show crypto isakmp policy
Global IKE policy
Protection suite of priority 10        //isakmp 보안정책 적용 내역//
        encryption algorithm:    Three key triple DES
        hash algorithm:          Secure Hash Standard
        authentication method:   Pre-Shared Key
        Diffie-Hellman group:    #2 (1024 bit)
        lifetime:                86400 seconds, no volume limit

R1#show crypto ipsec sa        //IPSec 보안 연계(SA) 테이블//
interface: FastEthernet1/0
    Crypto map tag: IPSEC-VPN, local addr 1.1.12.1
    protected vrf:(none)
    local  ident(addr/mask/prot/port):(10.1.1.10/255.255.255.255/0/0)
    remote ident(addr/mask/prot/port):(10.2.1.10/255.255.255.255/0/0)
    current_peer 1.1.12.2 port 500
      PERMIT, flags={origin_is_acl,}
     #pkts encaps: 2188, #pkts encrypt: 2188, #pkts digest: 2188
//암호화 패킷 통신 상태 확인//
     #pkts decaps: 2180, #pkts decrypt: 2180, #pkts verify: 2180
      inbound esp sas:
       spi: 0x75619213(1969328659)
         transform: esp-3des esp-sha-hMAC,
         in use settings ={Tunnel, }
         replay detection support: Y
```

```
            Status: ACTIVE
        outbound esp sas:
         spi: 0x4CA0B51B(1285600539)
            transform: esp-3des esp-sha-hMAC ,
            in use settings ={Tunnel, }
            replay detection support: Y
            Status: ACTIVE


R1#sh crypto isakmp sa        //터널 상태 확인 QM_IDLE 경우는 터널 맺음의 정상 상태//
dst          src          state        conn-id  slot  status
1.1.12.2     1.1.12.1     QM_IDLE          2      0    ACTIVE
1.1.12.1     1.1.12.2     QM_IDLE          1      0    ACTIVE
```

[R2(VPN2)]
R2#show crypto isakmp policy
Global IKE policy
Protection suite of priority 10   //isakmp 보안정책 적용 내역//
        encryption algorithm: Three key triple DES
        hash algorithm: Secure Hash Standard
        authentication method: Pre-Shared Key
        Diffie-Hellman group: #2(1024 bit)
        lifetime: 86400 seconds, no volume limit

R2#show crypto ipsec sa   //IPSec 보안연계(SA) 테이블//
interface: FastEthernet1/0
   Crypto map tag: IPSEC-VPN, local addr 1.1.12.2
   protected vrf:(none)
   local ident(addr/mask/prot/port):(10.2.1.10/255.255.255.255/0/0)
   remote ident(addr/mask/prot/port):(10.1.1.10/255.255.255.255/0/0)
   current_peer 1.1.12.1 port 500
     PERMIT, flags={origin_is_acl,}
    #pkts encaps: 2936, #pkts encrypt: 2936, #pkts digest: 2936
//암호화 패킷 통신 상태 확인//
    #pkts decaps: 2944, #pkts decrypt: 2944, #pkts verify: 2944

    inbound esp sas:

```
      spi: 0x4CA0B51B(1285600539)
        transform: esp-3des esp-sha-hMAC ,
        in use settings ={Tunnel, }
        replay detection support: Y
        Status: ACTIVE
    outbound esp sas:
     spi: 0x75619213(1969328659)
        transform: esp-3des esp-sha-hMAC ,
        in use settings ={Tunnel, }
        replay detection support: Y
        Status: ACTIVE


R2#show crypto isakmp sa    //터널 상태 확인 QM_IDLE 경우는 터널 맺음의 정상 상태//
dst          src          state        conn-id  slot  status
1.1.12.1     1.1.12.2     QM_IDLE          2     0    ACTIVE
1.1.12.2     1.1.12.1     QM_IDLE          1     0    ACTIVE
```

IPSec VPN의 터널과 암호화 패킷이 정상 동작하는 과정을 확인했다. 터널 상태가
QM_IDLE 상태가 되면 정상이라는 것도 확인했다.

네트워크 보안을 한다고 하면, 한 단계 더 들어가서 암호화 패킷은 어떻게 보일까?
이것을 보는 방법은 트래픽 계측기에서 확인할 수 있으며 프리웨어 소프트웨어인 와
이어샤크를 이용해 확인해보자.

그림 8-11 IPSec 암호화 대상 및 비대상 패킷 전달

비보호 대상 네트워크 패킷 통신 상태

- 보호 대상에 대한 프로토콜, IP 및 Data Payload가 확인된다.

- 출발지(10.1.2.10) ↔ 목적지(10.2.2.10)의 ICMP(Ping) 패킷이 확인된다.

보호 대상 네트워크 패킷 통신 상태(암호화)

- 보호대상에 대한 프로토콜, IP 및 Data Payload 정보를 확인할 수 없다.

- 출발지(10.1.1.10) ↔ 목적지(10.2.1.10)의 ICMP(ping) 패킷이 보이지 않는다.

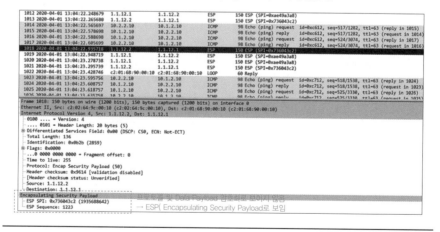

IPSec 터널 연결 상태에 따른 확인 및 디버그 방법

① IPSec 터널 상태 확인

```
R1#show crypto isakmp sa
dst              src              state          conn-id slot status
201.1.100.6      201.1.100.4      QM_IDLE              1     0 ACTIVE
```

② IPSec 터널 상태에 따른 상세 설명

ISAKMP/IKE 모드	상태(State)	내용(Description)
IKE Phase1 (Main Mode)	MM_NO_STATE	During IKE Phase1 main mode, the management SA was created on the router, But nothing has been negotiated with the remote peer.
	MM_SA_SETUP	During IKE Phase1 main mode, both IPSec peers successfully negotiated the IKE policy parameters
	MM_KEY_EXCH	During IKE Phase1 main mode, the DH exchange occurred, and a shared secret key was generated.
	MM_SA_AUTH	During IKE Phase1 main mode, the authentication of the identity of both peers was successful, and IKE Phase2 now can begin.
IKE Phase2 (Aggressive Mode)	AG_NO_STATE	During IKE Phase1 aggressive mode, the management SA was created on the router, but nothing has been negotiated with the remote peer.
	AG_INIT_EXCH	During IKE Phase1 aggressive mode, both IPSec peers successfully negotiated the IKE policy parameters, and the DH exchange occurred, with a shared secret key being generated.

	AG_AUTH	During IKE Phase1 aggressive mode, the authentication of the identity of both peers was successful, and IKE Phase2 can begin.
IKE Phase2 (Quick Mode)	QM_IDLE	This completes IKE Phase1 and the beginning, and possibly the ending of IKE Phase2.

③ IPSec 터널 상태 오류에 대한 디버그 명령어

- debug crypto engine: 라우터를 통한 암호화 · 복호화 상태 확인
- debug crypto isakmp: IKE Phase1 연결 상태 확인
- debug crypto key-exchange: Diffie Hellman을 포함한 암호화 키 교환 상태 확인
- debug crypto pki transactions: 등록(Enrollment)과 검증절차를 포함한 공개 키(PKI) 검증 확인
- debug crypto ipsec: IKE Phase2 연결 상태 확인

IPSec 터널 생성 시 IKE Phase1 협상 프로세스에서 가장 많이 발생하는 문제는 디버깅 명령어로 'debug crypto isakmp'를 사용할 때이다.

3) GRE 터널

GRE 터널Generic Routing Encapsulation Tunnel은 시스코 사가 개발한 터널 프로토콜이며, 3계층 터널 IP 주소를 이용한 터널 프로토콜로 임의의 계층 프로토콜의 캡슐화가 가능하며, 이것을 라우팅이 가능하게 한다.

GRE 특성상 PPTPPoint to point Tunnel Protocol 방식으로 가상 사설망에서 적용되며, 암호화Encryption와 인증Authentication 기능은 제공하지 않는다. 다만 추가적인 보안성 강화를 위해서는 IPSec 기능을 적용할 수 있다. 용량 단위의 128비트 캡슐화 방식으로 낮은 보안성을 가진다.

GRE 터널의 구성은 가상적으로 많은 네트워크 홉으로 구성된 망에서 복잡한 경로를 고려하지 않고 하나의 홉을 가진 점대점 연결을 구현해 데이터를 바로 전달하는 것을 가능하게 한다.

다음 구성에서도 확인할 수 있는 부분으로 경로상 몇 개의 네트워크 홉이 존재하지만 GRE 터널 인터페이스는 그 홉들을 고려하지 않고 홉이 없는 동일 네트워크로 연결할 수 있다.

IPSec VPN의 경우는 멀티캐스트나 브로드캐스트를 지원하지 않으므로 동적인 라우팅 업데이트가 불가능하다. 그러나 GRE 터널의 특징은 네트워크 가상 터널의 연결을 동일 네트워크 구간으로 연결함으로써 하나의 브로드캐스트 도메인이 되므로 멀티캐스트나 브로드캐스트 트래픽을 전달할 수 있다. GRE 터널을 통한 기존 물리적인 네트워크에 설정돼 있는 라우팅 프로토콜과 별개로 다른 라우팅 프로토콜을 설정할 수 있으며, 서로간의 네이버 관계도 네트워크 홉을 전혀 고려하지 않은 터널 인터페이스가 직접 네이버 관계에 참여할 수 있다.

네트워크 보안 관점에서 보면 터널 방식 중 보안성은 약하지만 GRE 터널에 별도의 라우팅 프로토콜을 설정함으로써 중요하거나 네트워크 분리가 필요한 데이터의 경우는 가상 터널을 통해서만 송·수신하게 할 수 있다.

GRE 터널에 대한 설명한 부분을 다음 구성도와 실습을 통해서 확인해보자.

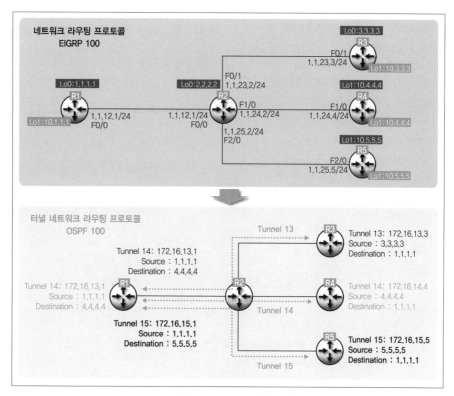

그림 8-12 VPN GRE 터널 구성

■ 각 라우터 설정 값

[R1]
interface Loopback0   //기본 네트워크 설정//
 ip address 1.1.1.1 255.255.255.0
interface Loopback1
 ip address 10.1.1.1 255.255.255.0
interface FastEthernet0/0
 ip address 1.1.12.1 255.255.255.0

router eigrp 100   //기본 라우팅 프로토콜 EIGRP 설정//
 network 1.1.1.0 0.0.0.255

```
 network 1.1.12.0 0.0.0.255
 no auto-summary
interface Tunnel13                        //GRE 터널 네트워크 설정//
 ip address 172.16.13.1 255.255.255.0
 tunnel source 1.1.1.1
 tunnel destination 3.3.3.3
interface Tunnel14
 ip address 172.16.14.1 255.255.255.0
 tunnel source 1.1.1.1
 tunnel destination 4.4.4.4
interface Tunnel15
 ip address 172.16.15.1 255.255.255.0
 tunnel source loopback 0
 tunnel destination 5.5.5.5

router ospf 100                           //GRE 터널 라우팅 프로토콜 OSPF 설정//
 network 10.1.1.0 0.0.0.255 area 0
 network 172.16.13.0 0.0.0.255 area 0
 network 172.16.14.0 0.0.0.255 area 0
 network 172.16.15.0 0.0.0.255 area 0
```

[R2] 기본 설정(GRE 터널 설정 없음)

```
interface Loopback0                  //기본 네트워크 설정//
 ip address 2.2.2.2 255.255.255.0
interface FastEthernet0/0
 ip address 1.1.12.2 255.255.255.0
interface FastEthernet0/1
 ip address 1.1.23.2 255.255.255.0
interface FastEthernet1/0
 ip address 1.1.24.2 255.255.255.0
interface FastEthernet2/0
 ip address 1.1.25.2 255.255.255.0

router eigrp 100                     //기본 라우팅 프로토콜 EIGRP 설정//
 network 1.1.12.0 0.0.0.255
 network 1.1.23.0 0.0.0.255
```

```
network 1.1.24.0 0.0.0.255
network 1.1.25.0 0.0.0.255
network 2.2.2.0 0.0.0.255
no auto-summary
```

[R3]

```
interface Loopback0                    //기본 네트워크 설정//
 ip address 3.3.3.3 255.255.255.0
interface Loopback1
 ip address 10.3.3.3 255.255.255.0
interface FastEthernet0/1
 ip address 1.1.23.3 255.255.255.0

router eigrp 100                       //기본 라우팅 프로토콜 EIGRP 설정//
 network 1.1.23.0 0.0.0.255
 network 3.3.3.0 0.0.0.255
 no auto-summary

interface Tunnel13                     //GRE 터널 네트워크 설정//
 ip address 172.16.13.3 255.255.255.0
 tunnel source loopback 0
 tunnel destination 1.1.1.1

router ospf 100                        //GRE 터널 라우팅 프로토콜 OSPF 설정//
 network 10.3.3.0 0.0.0.255 area 0
 network 172.16.13.0 0.0.0.255 area 0
```

[R4]

```
interface Loopback0                    //기본 네트워크 설정//
 ip address 4.4.4.4 255.255.255.0
interface Loopback1
 ip address 10.4.4.4 255.255.255.0
interface FastEthernet1/0
 ip address 1.1.24.4 255.255.255.0

router eigrp 100                       //기본 라우팅 프로토콜 EIGRP 설정//
```

```
   network 1.1.24.0 0.0.0.255
   network 4.4.4.0 0.0.0.255
   no auto-summary

  interface Tunnel14                    //GRE 터널 네트워크 설정//
   ip address 172.16.14.4 255.255.255.0
   tunnel source loopback 0
   tunnel destination 1.1.1.1

  router ospf 100                       //GRE 터널 라우팅 프로토콜 OSPF 설정//
   network 10.4.4.0 0.0.0.255 area 0
   network 172.16.14.0 0.0.0.255 area 0
```

[R5]
```
  interface Loopback0                   //기본 네트워크 설정//
   ip address 5.5.5.5 255.255.255.0
  interface Loopback1
   ip address 10.5.5.5 255.255.255.0
  interface FastEthernet2/0
   ip address 1.1.25.5 255.255.255.0

  router eigrp 100                      //기본 라우팅 프로토콜 EIGRP 설정//
   network 1.1.25.0 0.0.0.255
   network 5.5.5.0 0.0.0.255
   no auto-summary

  interface Tunnel15                    //GRE 터널 네트워크 설정//
   ip address 172.16.15.5 255.255.255.0
   tunnel source loopback 0
   tunnel destination 1.1.1.1

  router ospf 100                       //GRE 터널 라우팅 프로토콜 OSPF 설정//
   network 10.5.5.0 0.0.0.255 area 0
   network 172.16.15.0 0.0.0.255 area 0
```

■ GRE 터널 구성에 따른 각 라우터 라우팅 테이블 및 인터페이스 상태 확인

- GRE 터널 인터페이스의 연결이 어떻게 보이는지 확인해 볼 필요가 있으며, 앞서 GRE 터널의 장점을 확인할 수 있을 것이다. 즉, 물리적으로 여러 개의 홉이 거치는 구성에서 GRE 터널 구성의 경우 직접 접속^{directly connected}으로 나타남을 확인하기 바란다.

```
R1#show ip route
     1.0.0.0/24 is subnetted, 5 subnets
C       1.1.1.0 is directly connected, Loopback0
C       1.1.12.0 is directly connected, FastEthernet0/0
D       1.1.23.0 [90/307200] via 1.1.12.2, 01:51:34, FastEthernet0/0
D       1.1.24.0 [90/284160] via 1.1.12.2, 01:51:27, FastEthernet0/0
D       1.1.25.0 [90/284160] via 1.1.12.2, 01:51:20, FastEthernet0/0
     2.0.0.0/24 is subnetted, 1 subnets
D       2.2.2.0 [90/409600] via 1.1.12.2, 01:51:37, FastEthernet0/0
     3.0.0.0/24 is subnetted, 1 subnets
D       3.3.3.0 [90/435200] via 1.1.12.2, 01:50:22, FastEthernet0/0
     4.0.0.0/24 is subnetted, 1 subnets
D       4.4.4.0 [90/412160] via 1.1.12.2, 01:49:30, FastEthernet0/0
     5.0.0.0/24 is subnetted, 1 subnets
D       5.5.5.0 [90/412160] via 1.1.12.2, 01:48:42, FastEthernet0/0
     172.16.0.0/24 is subnetted, 3 subnets
C       172.16.13.0 is directly connected, Tunnel13   //직접 연결 인터페이스//
C       172.16.14.0 is directly connected, Tunnel14   //직접 연결 인터페이스//
C       172.16.15.0 is directly connected, Tunnel15   //직접 연결 인터페이스//
     10.0.0.0/8 is variably subnetted, 4 subnets, 2 masks
O       10.3.3.3/32 [110/11112] via 172.16.13.3, 00:33:51, Tunnel13
//터널구간 OSPF 라우팅//
C       10.1.1.0/24 is directly connected, Loopback1
O       10.4.4.4/32 [110/11112] via 172.16.14.4, 00:33:51, Tunnel14
//터널구간 OSPF 라우팅//
O       10.5.5.5/32 [110/11112] via 172.16.15.5, 00:33:51, Tunnel15
//터널구간 OSPF 라우팅//
```

```
R1#show ip interface brief
Interface    IP-Address    OK?  Method  Status    Protocol
Loopback0    1.1.1.1       YES  manual  up        up
Loopback1    10.1.1.1      YES  manual  up        up
Tunnel13     172.16.13.1   YES  manual  up        up   //GRE 터널 인터페이스//
Tunnel14     172.16.14.1   YES  manual  up        up   //GRE 터널 인터페이스//
Tunnel15     172.16.15.1   YES  manual  up        up   //GRE 터널 인터페이스//


R1#show ip eigrp neighbor
H   Address      Interface     Hold   Uptime     SRTT  RTO    Q    Seq
                               (sec)             (ms)         Cnt  Num
0   1.1.12.2     Fa0/0         14     01:56:45   106   5000   0    22


R1#show ip ospf neighbor
Neighbor ID     Pri  State      Dead Time   Address       Interface
10.5.5.5         0   FULL/  -   00:00:34    172.16.15.5   Tunnel15
//터널 OSPF Neighbor//
10.4.4.4         0   FULL/  -   00:00:35    172.16.14.4   Tunnel14
//터널 OSPF Neighbor//
10.2.2.2         0   FULL/  -   00:00:32    172.16.13.3   Tunnel13
//터널 OSPF Neighbor//
```

```
R3#show ip route
     1.0.0.0/24 is subnetted, 5 subnets
D       1.1.1.0 [90/435200] via 1.1.23.2, 02:39:06, FastEthernet0/1
D       1.1.12.0 [90/307200] via 1.1.23.2, 02:39:06, FastEthernet0/1
C       1.1.23.0 is directly connected, FastEthernet0/1
D       1.1.24.0 [90/284160] via 1.1.23.2, 02:39:06, FastEthernet0/1
D       1.1.25.0 [90/284160] via 1.1.23.2, 02:39:06, FastEthernet0/1
     2.0.0.0/24 is subnetted, 1 subnets
D       2.2.2.0 [90/409600] via 1.1.23.2, 02:39:06, FastEthernet0/1
     3.0.0.0/24 is subnetted, 1 subnets
C       3.3.3.0 is directly connected, Loopback0
     4.0.0.0/24 is subnetted, 1 subnets
D       4.4.4.0 [90/412160] via 1.1.23.2, 02:38:14, FastEthernet0/1
     5.0.0.0/24 is subnetted, 1 subnets
```

```
D       5.5.5.0 [90/412160] via 1.1.23.2, 02:37:26, FastEthernet0/1
        172.16.0.0/24 is subnetted, 3 subnets
C       172.16.13.0 is directly connected, Tunnel13 //직접 연결 인터페이스//
O       172.16.14.0 [110/22222] via 172.16.13.1, 01:22:29, Tunnel13
//터널구간 OSPF 라우팅//
O       172.16.15.0 [110/22222] via 172.16.13.1, 01:22:29, Tunnel13
//터널구간 OSPF 라우팅//
        10.0.0.0/8 is variably subnetted, 4 subnets, 2 masks
C       10.3.3.0/24 is directly connected, Loopback1
O       10.1.1.1/32 [110/11112] via 172.16.13.1, 01:22:29, Tunnel13
//터널구간 OSPF 라우팅//
O       10.4.4.4/32 [110/22223] via 172.16.13.1, 01:22:29, Tunnel13
//터널구간 OSPF 라우팅//
O       10.5.5.5/32 [110/22223] via 172.16.13.1, 01:22:29, Tunnel13
//터널구간 OSPF 라우팅//
```

R3#show ip interface brief

```
Interface          IP-Address      OK?  Method  Status   Protocol
FastEthernet0/1    1.1.23.3        YES  manual  up       up
Loopback0          3.3.3.3         YES  manual  up       up
Loopback1          10.3.3.3        YES  manual  up       up
Tunnel13           172.16.13.3     YES  manual  up       up    //GRE 터널
인터페이스//
```

R3#show ip eigrp neighbors

```
IP-EIGRP neighbors for process 100
H   Address     Interface     Hold  Uptime    SRTT   RTO   Q    Seq
                              (sec)           (ms)        Cnt  Num
0   1.1.23.2    Fa0/1         10    02:39:26  91     1228  0    23
```

R3#show ip ospf neighbor

```
Neighbor ID    Pri   State     Dead Time   Address      Interface
1.1.1.1          0   FULL/  -  00:00:31    172.16.13.1  Tunnel13
//터널 OSPF Neighbor//
```

```
R4#show ip route
     1.0.0.0/24 is subnetted, 5 subnets
D       1.1.1.0 [90/412160] via 1.1.24.2, 03:07:35, FastEthernet1/0
D       1.1.12.0 [90/284160] via 1.1.24.2, 03:07:35, FastEthernet1/0
D       1.1.23.0 [90/284160] via 1.1.24.2, 03:07:35, FastEthernet1/0
C       1.1.24.0 is directly connected, FastEthernet1/0
D       1.1.25.0 [90/30720] via 1.1.24.2, 03:07:35, FastEthernet1/0
     2.0.0.0/24 is subnetted, 1 subnets
D       2.2.2.0 [90/156160] via 1.1.24.2, 03:07:35, FastEthernet1/0
     3.0.0.0/24 is subnetted, 1 subnets
D       3.3.3.0 [90/412160] via 1.1.24.2, 03:07:36, FastEthernet1/0
     4.0.0.0/24 is subnetted, 1 subnets
C       4.4.4.0 is directly connected, Loopback0
     5.0.0.0/24 is subnetted, 1 subnets
D       5.5.5.0 [90/158720] via 1.1.24.2, 03:06:48, FastEthernet1/0
     172.16.0.0/24 is subnetted, 3 subnets
O       172.16.13.0 [110/22222] via 172.16.14.1, 01:52:11, Tunnel14
//터널구간 OSPF 라우팅//
C       172.16.14.0 is directly connected, Tunnel14   //직접 연결 인터페이스//
O       172.16.15.0 [110/22222] via 172.16.14.1, 01:52:11, Tunnel14
//터널구간 OSPF 라우팅//
     10.0.0.0/8 is variably subnetted, 4 subnets, 2 masks
O       10.3.3.3/32 [110/22223] via 172.16.14.1, 01:52:11, Tunnel14
//터널구간 OSPF 라우팅//
C       10.4.4.0/24 is directly connected, Loopback1
O       10.1.1.1/32 [110/11112] via 172.16.14.1, 01:52:11, Tunnel14
//터널구간 OSPF 라우팅//
O       10.5.5.5/32 [110/22223] via 172.16.14.1, 01:52:11, Tunnel14
//터널구간 OSPF 라우팅//


R4#show ip interface brief
Interface          IP-Address      OK?  Method  Status      Protocol
FastEthernet1/0    1.1.24.4        YES  manual  up          up
Loopback0          4.4.4.4         YES  manual  up          up
Loopback1          10.4.4.4        YES  manual  up          up
```

```
Tunnel14          172.16.14.4  YES  manual  up        up    //GRE 터널 인터
페이스//

R4#show ip eigrp neighbors
IP-EIGRP neighbors for process 100
H   Address         Interface       Hold Uptime   SRTT   RTO   Q    Seq
                                    (sec)         (ms)         Cnt  Num
0   1.1.24.2        Fa1/0           12 03:09:45   1278   5000  0    21

R4#show ip ospf neighbor
Neighbor ID   Pri  State     Dead Time  Address      Interface
1.1.1.1        0   FULL/  -  00:00:33   172.16.14.1  Tunnel14
//터널 OSPF Neighbor//
```

4) DMVPN

DMVPN^{Dynamic Multipoint VPN}에서는 MGRE^{Multipoint GRE} 터널과 *NHRP^{Next Hop Resolution} ^{Protocol}를 사용한다.

GRE 멀티포인트를 사용함으로써 네트워크 토폴로지의 구성은 Hub and Spoke 구조임을 직감할 수 있을 것이다.

네트워크의 일반적인 구조로 Hub and Spoke 구조는 많은 지사를 가진 기업체에서 비용면에서 전용선으로 연결하는 것이 어려운 경우 DMVPN을 이용해 본사와 지사 간 인터넷을 이용한 가상 사설망 구조로 연결 및 통신할 수 있다.

멀티포인트 GRE 터널을 구축하기 위해서는 본사 VPN 및 지사 VPN 장비가 NHRP를 이용해 터널 출발지 주소를 등록한다.

본사와 지사의 연결은 정적^{Static} 방식과 동적^{Dynamic} 방식이 있으며, 지사의 잦은 생김과 없어짐이 있을 경우는 본사의 경우는 GRE 터널을 멀티캐스트를 이용한 동적모드 (ip nhrp map multicast dynamic)로 설정한다. 새로 생겨나는 지사의 경우는 지사에서

만 작업을 하면 GRE 가상 사설망 접속을 할 수 있다.

* NHRP(Next Hop Resolution Protocol): IP 주소를 이용한 클라이언트 서버 방식으로 ATM 등 비동기 전송 모드에서 연결을 구현하는 기법

 DMVPN 구성상 장점

- 지사 장비는 다른 지사 장비와 일일이 GRE 터널 및 토폴로지 맵을 설정할 필요가 없다.
- 본사 장비는 지사 장비에 대한 상세 정보를 유지할 필요가 없다.
- 지사 장비를 추가해도 본사 장비에서 추가적인 설정이 필요 없다.
- 지사 장비는 자신의 외부 인터페이스 주소를 동적으로 할당받을 수 있다.
- NHRP를 통해 본사에 주소를 등록한다.
- 가상 사설망 전용 라우팅 프로토콜을 사용할 수 있으므로 각 지사가 어떤 네트워크가 존재하는지 알 수 있다.
- 번거로운 보호대상의 네트워크 대역 설정(액세스 리스트) 및 정적 라우팅 구성이 필요 없다.

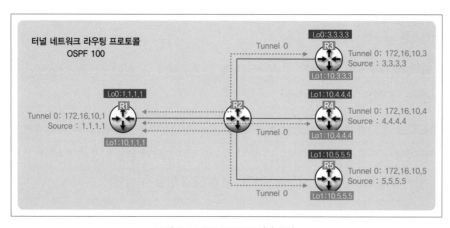

그림 8-13 DMVPN GRE 터널 구성

각 VPN(라우터)의 DVMRP 기본 설정을 해보자.

- GRE 터널을 설정하기 전 그림 8–13 네트워크의 기본 설정은 그림 8–12 설정을 그대로 유지한 후 DVMRP 설정을 하기로 한다.
- 터널 인터페이스 설정 시 주의해야 할 부분은 터널 인터페이스로 전달되는 라우팅 프로토콜로 OSPF를 사용했으며 OSPF 네트워크 토폴로지 특성상 DMVPM 연결 네트워크 구조는 NBMA^Non Broadcast Multiple Access 구조로 터널 인터페이스 타입을 ospf network point–to–multipoint로 설정해줘야 한다.

```
[R1] // GRE Multipoint 터널 설정 //
interface Tunnel0
 ip address 172.16.10.1 255.255.255.0
 ip nhrp map multicast dynamic        //DVMRP NHRP Map Dynamic 설정//
 ip nhrp network-id 100
 ip ospf network point-to-multipoint    //OSPF NBMA 네트워크 토폴로지//
 tunnel source 1.1.1.1
 tunnel mode gre multipoint           //Multipoint GRE 터널//
 tunnel key 100                       //GRE 터널 Key//

router ospf 100                        //터널 내 라우팅 프로토콜 OSPF//
 network 10.1.1.0 0.0.0.255 area 0
 network 172.16.10.0 0.0.0.255 area 0
```

```
[R2] 기본 설정(GRE 터널 설정 없음)
interface Loopback0                  //기본 네트워크 설정//
 ip address 2.2.2.2 255.255.255.0
interface FastEthernet0/0
 ip address 1.1.12.2 255.255.255.0
interface FastEthernet0/1
 ip address 1.1.23.2 255.255.255.0
interface FastEthernet1/0
 ip address 1.1.24.2 255.255.255.0
interface FastEthernet2/0
 ip address 1.1.25.2 255.255.255.0
```

```
router eigrp 100                    //기본 라우팅 프로토콜 EIGRP 설정//
 network 1.1.12.0 0.0.0.255
 network 1.1.23.0 0.0.0.255
 network 1.1.24.0 0.0.0.255
 network 1.1.25.0 0.0.0.255
 network 2.2.2.0 0.0.0.255
 no auto-summary
```

[R3] // GRE Multipoint 터널 설정 //

```
interface Tunnel0
 ip address 172.16.10.3 255.255.255.0
 ip nhrp map multicast 1.1.1.1       //NHRP Map NBMA 주소 설정, Multicast 통신//
 ip nhrp map 172.16.10.1 1.1.1.1          //목적지 주소 및 NBMA 주소//
 ip nhrp network-id 100
 ip nhrp nhs 172.16.10.1
 ip ospf network point-to-multipoint    //OSPF NBMA 네트워크 토폴로지//
 tunnel source 3.3.3.3
 tunnel mode gre multipoint             //Multipoint GRE 터널//
 tunnel key 100                         //GRE 터널 Key//

router ospf 100                         //터널 내 라우팅 프로토콜 OSPF//
 network 10.3.3.0 0.0.0.255 area 0
 network 172.16.10.0 0.0.0.255 area 0
```

[R4] // GRE Multipoint 터널 설정 //

```
interface Tunnel0
 ip address 172.16.10.4 255.255.255.0
 ip nhrp map multicast 1.1.1.1       //NHRP Map NBMA 주소 설정, Multicast 통신//
 ip nhrp map 172.16.10.1 1.1.1.1          //목적지 주소 및 NBMA 주소//
 ip nhrp network-id 100
 ip nhrp nhs 172.16.10.1
 ip ospf network point-to-multipoint    //OSPF NBMA 네트워크 토폴로지//
 tunnel source 4.4.4.4
 tunnel mode gre multipoint             //Multipoint GRE 터널//
 tunnel key 100                         //GRE 터널 Key//
```

```
router ospf 100                          //터널 내 라우팅 프로토콜 OSPF//
  network 10.4.4.0 0.0.0.255 area 0
  network 172.16.10.0 0.0.0.255 area 0
```

[R5] // GRE Multipoint 터널 설정 //
```
interface Tunnel0
  ip address 172.16.10.5 255.255.255.0
  ip nhrp map multicast 1.1.1.1      //NHRP Map NBMA 주소 설정, Multicast 통신//
  ip nhrp map 172.16.10.1 1.1.1.1          //목적지 주소 및 NBMA 주소//
  ip nhrp network-id 100
  ip nhrp nhs 172.16.10.1
  ip ospf network point-to-multipoint    //OSPF NBMA 네트워크 토폴로지//
  tunnel source 5.5.5.5
  tunnel mode gre multipoint             //Multipoint GRE 터널//
  tunnel key 100                         //GRE 터널 Key//

router ospf 100                          //터널 내 라우팅 프로토콜 OSPF//
  network 10.5.5.0 0.0.0.255 area 0
  network 172.16.10.0 0.0.0.255 area 0
```

DMVPN 설정에 따른 각 라우터의 GRE Multipoint 터널 동작 상태, 라우팅 테이블, 물리망의 라우팅 프로토콜(EIGRP)과 가상 터널망에서 동작하는 라우팅 프로토콜(OSPF)의 동작 상태를 확인하자.

```
R1#show ip route
     1.0.0.0/24 is subnetted, 5 subnets
C        1.1.1.0 is directly connected, Loopback0
C        1.1.12.0 is directly connected, FastEthernet0/0
D        1.1.23.0 [90/307200] via 1.1.12.2, 02:17:12, FastEthernet0/0
D        1.1.24.0 [90/284160] via 1.1.12.2, 02:17:12, FastEthernet0/0
D        1.1.25.0 [90/284160] via 1.1.12.2, 02:17:12, FastEthernet0/0
     2.0.0.0/24 is subnetted, 1 subnets
D        2.2.2.0 [90/409600] via 1.1.12.2, 02:17:12, FastEthernet0/0
```

```
        3.0.0.0/24 is subnetted, 1 subnets
D          3.3.3.0 [90/435200] via 1.1.12.2, 02:16:08, FastEthernet0/0
        4.0.0.0/24 is subnetted, 1 subnets
D          4.4.4.0 [90/412160] via 1.1.12.2, 02:15:22, FastEthernet0/0
        5.0.0.0/24 is subnetted, 1 subnets
D          5.5.5.0 [90/412160] via 1.1.12.2, 02:14:34, FastEthernet0/0
        172.16.0.0/16 is variably subnetted, 4 subnets, 2 masks
O          172.16.10.4/32 [110/11111] via 172.16.10.4, 00:36:46, Tunnel0
O          172.16.10.5/32 [110/11111] via 172.16.10.5, 00:36:46, Tunnel0
O          172.16.10.3/32 [110/11111] via 172.16.10.3, 00:36:46, Tunnel0
C          172.16.10.0/24 is directly connected, Tunnel0
        10.0.0.0/8 is variably subnetted, 4 subnets, 2 masks
O          10.3.3.3/32 [110/11112] via 172.16.10.3, 00:36:46, Tunnel0
C          10.1.1.0/24 is directly connected, Loopback1
O          10.4.4.4/32 [110/11112] via 172.16.10.4, 00:36:46, Tunnel0
O          10.5.5.5/32 [110/11112] via 172.16.10.5, 00:36:46, Tunnel0


R1#show ip ospf neighbor
Neighbor ID     Pri   State       Dead Time   Address        Interface
10.5.5.5          0   FULL/  -    00:01:43    172.16.10.5    Tunnel0
10.3.3.3          0   FULL/  -    00:01:41    172.16.10.3    Tunnel0
10.4.4.4          0   FULL/  -    00:01:38    172.16.10.4    Tunnel0


R1#show ip nhrp brief
   Target              Via            NBMA       Mode      Intfc   Claimed
 172.16.10.3/32    172.16.10.3      3.3.3.3     dynamic    Tu0     <   >
 172.16.10.4/32    172.16.10.4      4.4.4.4     dynamic    Tu0     <   >
 172.16.10.5/32    172.16.10.5      5.5.5.5     dynamic    Tu0     <   >


R1#show ip nhrp detail
172.16.10.3/32 via 172.16.10.3, Tunnel0 created 01:59:52, expire
01:20:26
  Type: dynamic, Flags: authoritative unique registered
  NBMA address: 3.3.3.3
172.16.10.4/32 via 172.16.10.4, Tunnel0 created 00:42:19, expire
01:58:31
```

Type: dynamic, Flags: authoritative unique registered
NBMA address: 4.4.4.4
172.16.10.5/32 via 172.16.10.5, Tunnel0 created 01:52:08, expire
01:28:30
Type: dynamic, Flags: authoritative unique registered
NBMA address: 5.5.5.5

R3#show ip route
```
     1.0.0.0/24 is subnetted, 5 subnets
D       1.1.1.0 [90/435200] via 1.1.23.2, 02:20:49, FastEthernet0/1
D       1.1.12.0 [90/307200] via 1.1.23.2, 02:20:49, FastEthernet0/1
C       1.1.23.0 is directly connected, FastEthernet0/1
D       1.1.24.0 [90/284160] via 1.1.23.2, 02:20:49, FastEthernet0/1
D       1.1.25.0 [90/284160] via 1.1.23.2, 02:20:49, FastEthernet0/1
     2.0.0.0/24 is subnetted, 1 subnets
D       2.2.2.0 [90/409600] via 1.1.23.2, 02:20:49, FastEthernet0/1
     3.0.0.0/24 is subnetted, 1 subnets
C       3.3.3.0 is directly connected, Loopback0
     4.0.0.0/24 is subnetted, 1 subnets
D       4.4.4.0 [90/412160] via 1.1.23.2, 02:20:05, FastEthernet0/1
     5.0.0.0/24 is subnetted, 1 subnets
D       5.5.5.0 [90/412160] via 1.1.23.2, 02:19:17, FastEthernet0/1
     172.16.0.0/16 is variably subnetted, 4 subnets, 2 masks
O       172.16.10.4/32 [110/22222] via 172.16.10.1, 00:41:37, Tunnel0
O       172.16.10.5/32 [110/22222] via 172.16.10.1, 00:41:37, Tunnel0
C       172.16.10.0/24 is directly connected, Tunnel0
O       172.16.10.1/32 [110/11111] via 172.16.10.1, 00:41:37, Tunnel0
     10.0.0.0/8 is variably subnetted, 4 subnets, 2 masks
C       10.3.3.0/24 is directly connected, Loopback1
O       10.1.1.1/32 [110/11112] via 172.16.10.1, 00:41:37, Tunnel0
O       10.4.4.4/32 [110/22223] via 172.16.10.1, 00:41:37, Tunnel0
O       10.5.5.5/32 [110/22223] via 172.16.10.1, 00:41:37, Tunnel0
```

R3#show ip ospf neighbor

Neighbor ID	Pri	State	Dead Time	Address	Interface
10.1.1.1	0	FULL/ -	00:01:58	172.16.10.1	Tunnel0

```
R3#show ip nhrp brief
   Target          Via           NBMA      Mode   Intfc  Claimed
172.16.10.1/32   172.16.10.1    1.1.1.1   static  Tu0   <   >

R3#show ip nhrp detail
172.16.10.1/32 via 172.16.10.1, Tunnel0 created 02:04:51, never expire
   Type: static, Flags: authoritative used
   NBMA address: 1.1.1.1

R4#show ip route
      1.0.0.0/24 is subnetted, 5 subnets
D        1.1.1.0 [90/412160] via 1.1.24.2, 02:23:45, FastEthernet1/0
D        1.1.12.0 [90/284160] via 1.1.24.2, 02:23:45, FastEthernet1/0
D        1.1.23.0 [90/284160] via 1.1.24.2, 02:23:45, FastEthernet1/0
C        1.1.24.0 is directly connected, FastEthernet1/0
D        1.1.25.0 [90/30720] via 1.1.24.2, 02:23:45, FastEthernet1/0
      2.0.0.0/24 is subnetted, 1 subnets
D        2.2.2.0 [90/156160] via 1.1.24.2, 02:23:45, FastEthernet1/0
      3.0.0.0/24 is subnetted, 1 subnets
D        3.3.3.0 [90/412160] via 1.1.24.2, 02:23:47, FastEthernet1/0
      4.0.0.0/24 is subnetted, 1 subnets
C        4.4.4.0 is directly connected, Loopback0
      5.0.0.0/24 is subnetted, 1 subnets
D        5.5.5.0 [90/158720] via 1.1.24.2, 02:23:00, FastEthernet1/0
      172.16.0.0/16 is variably subnetted, 4 subnets, 2 masks
O        172.16.10.5/32 [110/22222] via 172.16.10.1, 00:45:31, Tunnel0
O        172.16.10.3/32 [110/22222] via 172.16.10.1, 00:45:31, Tunnel0
C        172.16.10.0/24 is directly connected, Tunnel0
O        172.16.10.1/32 [110/11111] via 172.16.10.1, 00:45:31, Tunnel0
      10.0.0.0/8 is variably subnetted, 4 subnets, 2 masks
O        10.3.3.3/32 [110/22223] via 172.16.10.1, 00:45:31, Tunnel0
C        10.4.4.0/24 is directly connected, Loopback1
O        10.1.1.1/32 [110/11112] via 172.16.10.1, 00:45:31, Tunnel0
O        10.5.5.5/32 [110/22223] via 172.16.10.1, 00:45:31, Tunnel0
```

```
R4#show ip ospf neighbor
Neighbor ID     Pri   State       Dead Time   Address      Interface
10.1.1.1          0   FULL/  -    00:01:44    172.16.10.1  Tunnel0

R4#show ip nhrp brief
   Target              Via            NBMA       Mode    Intfc  Claimed
172.16.10.1/32      172.16.10.1      1.1.1.1    static   Tu0    <   >

R4#show ip nhrp detail
172.16.10.1/32 via 172.16.10.1, Tunnel0 created 00:50:32, never expire
   Type: static, Flags: authoritative used
   NBMA address: 1.1.1.1
```

```
R5#show ip route
     1.0.0.0/24 is subnetted, 5 subnets
D       1.1.1.0 [90/412160] via 1.1.25.2, 02:25:23, FastEthernet2/0
D       1.1.12.0 [90/284160] via 1.1.25.2, 02:25:23, FastEthernet2/0
D       1.1.23.0 [90/284160] via 1.1.25.2, 02:25:23, FastEthernet2/0
D       1.1.24.0 [90/30720] via 1.1.25.2, 02:25:23, FastEthernet2/0
C       1.1.25.0 is directly connected, FastEthernet2/0
     2.0.0.0/24 is subnetted, 1 subnets
D       2.2.2.0 [90/156160] via 1.1.25.2, 02:25:23, FastEthernet2/0
     3.0.0.0/24 is subnetted, 1 subnets
D       3.3.3.0 [90/412160] via 1.1.25.2, 02:25:25, FastEthernet2/0
     4.0.0.0/24 is subnetted, 1 subnets
D       4.4.4.0 [90/158720] via 1.1.25.2, 02:25:25, FastEthernet2/0
     5.0.0.0/24 is subnetted, 1 subnets
C       5.5.5.0 is directly connected, Loopback0
     172.16.0.0/16 is variably subnetted, 4 subnets, 2 masks
O       172.16.10.4/32 [110/22222] via 172.16.10.1, 00:48:28, Tunnel0
O       172.16.10.3/32 [110/22222] via 172.16.10.1, 00:48:28, Tunnel0
C       172.16.10.0/24 is directly connected, Tunnel0
O       172.16.10.1/32 [110/11111] via 172.16.10.1, 00:48:28, Tunnel0
     10.0.0.0/8 is variably subnetted, 4 subnets, 2 masks
O       10.3.3.3/32 [110/22223] via 172.16.10.1, 00:48:28, Tunnel0
C       10.5.5.0/24 is directly connected, Loopback1
```

```
O          10.1.1.1/32 [110/11112] via 172.16.10.1, 00:48:28, Tunnel0
O          10.4.4.4/32 [110/22223] via 172.16.10.1, 00:48:28, Tunnel0


R5#show ip ospf neighbor
Neighbor ID     Pri   State      Dead Time    Address         Interface
10.1.1.1          0   FULL/  -   00:01:48     172.16.10.1     Tunnel0


R5#show ip nhrp brief
  Target              Via            NBMA        Mode    Intfc   Claimed
172.16.10.1/32     172.16.10.1     1.1.1.1      static   Tu0    <   >


R5#show ip nhrp detail
172.16.10.1/32 via 172.16.10.1, Tunnel0 created 02:03:24, never expire
  Type: static, Flags: authoritative used
  NBMA address: 1.1.1.1
```

위 결과에서 확인했듯이 터널에서의 OSPF 네트워크 토폴로지는 NBMA라는 것이 확인됐고 DMVPN 터널을 확인하기 위한 nhrp^Next Hop Resolution Protocol brief에서 터널 연결 상태를 확인할 수 있다.

5) VPN 클라이언트 접속

VPN 클라이언트 접속은 VPN 장비 간에 접속이 아닌 단말에 설치된 VPN 클라이언트 소프트웨어 프로그램과 VPN 장비 간 IPSec 터널을 이용한 VPN 접속 방법이다.

대부분의 장비 제조사 AM^Account Manager이나 SE^System Engineer들이 본사 사이트 접속을 위해 VPN 클라이언트를 이용한 IPSec 암호화 접속을 주로 사용하고 있다.

기업의 중요한 내부 자료 접근에 대한 보안도 유지하면서 외근이 잦은 현장 직원들이 업무를 본사와 공유하면서 수행할 수 있는 중요한 수단이다. 또한 재택근무의 방법으로 일반화돼 있다.

평상시에는 접속돼 있지 않으며, 필요할 때마다 접속에 대한 패스워드 등 인증 및 내부 승인절차를 거친 후 접속이 가능하도록 구성하게 된다.

항상 인터넷에 노출돼 있는 접속 단말의 경우는 악성코드 및 다양한 악성 행위의 타겟이 되기 때문에 사용자들은 이러한 취약점이 노출되지 않도록 각별히 주의해야 한다.

 IPSec VPN 접속 동작 절차

1) 외부에서 접속을 시도하면 접속자와 IPSec VPN이 시작된다.

2) IPSec VPN 서버에서 사용자 인증

3) IPSec VPN 동작

① VPN 클라이언트에서 센터 VPN 서버 접속 → IPSec VPN 연결 성립
- IKE Phase1 정책 전송 → VPN 클라이언트에서 수신한 IKE Phase1 검색 및 접속 정보 생성

② IPSec VPN 사용자 인증 수행 → VPN 서버단에서 VPN 클라이언트가 수행할 정책 내용 전송
- 사용할 IP 주소 할당 등

③ VPN 서버에서 VPN 클라이언트로 패킷 응답이 가능하도록 RRI(Reverse Routing Injection) 기능을 이용해 클라이언트 네트워크에 대한 정적 경로 생성을 라우팅 테이블에 등록한다.

④ VPN 서버와 클라이언트간 IKE Phase 2단계를 수행하고 SA 정보를 교환한다.

⑤ VPN ESP 터널 모드에서 신규로 VPN 서버단 대역으로 할당된 IP 주소를 출발지 주소로 해서 VPN 서버단과 통신하게 된다.

단, VPN 서버단 이외의 통신을 할 때는 기존 자체 IP를 출발지 IP로 해서 통신하게 된다.

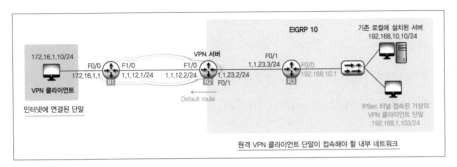

그림 8-14 IPSec VPN 클라이언트 접속

IPSec VPN 구성 시 AAA(Authentication(인증), Authorization(권한 부여) 및 Accounting (계정 관리))의 3가지 독립된 보안 기능을 구성 요소로 갖춘 프레임워크이다.

- Authentication(인증): 사용자가 네트워크를 구성하고 있는 장비에 접속을 결정하는 사용자 신원을 검증하는 과정
- Authorization(권한 부여): 사용자 신원이 검증됐다면, 어떤 장비에 접속하고 접속한 장비에 어떤 기능까지 실행하고, 실행을 못하도록 하는 권한을 부여하는 것
- Accounting(계정 관리): 인증 및 권한 부여가 완료된 후 사용자가 수행하는 행위의 기록 및 자원에 대한 사용 정보를 저장해 감사, 용량 증설, 리포팅 및 과금 등에 사용

AAA는 분산된 서버 & 클라이언트 구조이며 AAA 서버는 분산된 정보를 중앙에서 저장, 관리 및 허용 여부를 통지하는 역할을 한다. AAA 클라이언트는 원격 사용자의 인증용 정보를 중앙에 있는 AAA 서버에 전달한다. 그리고 여기에서는 VPN 클라이언트에서 원격 사용자가 네트워크 접근을 통한 시스템 접근관리에 활용한다.

그림 8-14에 보여준 구성에 맞게 VPN 클라이언트 접속 네트워크를 구축해보자.

■ 각 라우터 기본 설정

```
[R1]
interface FastEthernet0/0
 ip address 172.16.1.1 255.255.255.0
interface FastEthernet1/0
 ip address 1.1.12.1 255.255.255.0
```

```
[R2]
interface FastEthernet0/1
 ip address 1.1.23.2 255.255.255.0
interface FastEthernet1/0
 ip address 1.1.12.2 255.255.255.0

router eigrp 100
 redistribute static
 network 1.1.23.0 0.0.0.255
 no auto-summary

ip route 0.0.0.0 0.0.0.0 1.1.12.1
```

```
[R3]
interface FastEthernet0/0
 ip address 192.168.1.1 255.255.255.0
interface FastEthernet0/1
 ip address 1.1.23.3 255.255.255.0

router eigrp 100
 network 192.168.1.0 0.0.0.255
network 1.1.23.0 0.0.0.255
 no auto-summary
```

VPN 클라이언트 단말이 인터넷을 이용해서 내부 네트워크로 원격접속을 하기 위해서 VPN 서버 역할을 하는 VPN(R2)에서 다양한 VPN 설정을 해줘야 한다. 지금까지 해온 라우터 설정과는 다른 점이 많기 때문에 단계별로 요약해서 설정해보자.

■ R2 VPN 서버 설정 값 단계 절차

- 인증할 Username, Password 설정
  R2(config)#username manager password 123456

- AAA(Authentication, Authorization, Accounting: 인증, 권한, 계정) 기능 활성화
  R2(config)#aaa new-model

- 인증을 처리할 대상을 현재 라우터(Local)의 User name으로 한다.
  R2(config)#aaa authentication login default local none

- VPN Client가 할당 받을 접속 서버단 IP Address 대역 지정
  R2(config)#ip local pool VPNCLIENT 192.168.1.101 192.168.1.110

- 네트워크 서비스를 받을 수 있는 권한을 가진 그룹 지정
  R2(config)#aaa authorization network VPNAUTH local

- IKE Phase1 정책 설정
  R2(config)#crypto isakmp policy 10
  R2(config-isakmp)#authentication pre-share
  R2(config-isakmp)#encryption 3des
  R2(config-isakmp)#hash md5
  R2(config-isakmp)#group 2

- VPN이 사용할 네트워크 대역을 액세스 리스트로 지정
  R2(config)#access-list 100 permit ip 192.168.1.0 0.0.0.255 any

- 공개 키(Pre-shared Key)를 전달할 대상이 명확하게 지정돼 있지 않으므로 그룹 지정
  R2(config)#crypto isakmp client configuration group USERGROUP
  R2(config-isakmp-group)#key 123456   /Pre shared Key 지정/
  R2(config-isakmp-group)#pool VPNCLIENT   /Peer로 사용할 Client IP 범위 지정/
  R2(conifg-isakmp-group)#acl 100   /Access List에 명시된 네트워크에 VPN을 사용/

- IKE Phase2 정책 설정
  R2(config)#crypto ipsec transform-set Phase2 esp-3des esp-sha-hMAC

- Peer가 지정돼 있지 않기 때문에 Dynamic crypto map 설정
  R2(config)#crypto dynamic-map IPSEC-VPN 10
  R2(config-crypto-map)#set transform-set Phase2
  R2(config-crypto-map)#reverse-route /내부 사용자가 외부 클라이언트로 패킷 응답을 가능하게 함/

- 실제로 Crypto map을 생성하고 외부 클라이언트에 응답이 가능하게 활성화
  R2(config)#crypto map IPSEC-VPN client configuration address respond

- VPN 권한이 있는 리스트 지정
  R2(config)# crypto map IPSEC-VPN isakmp authorization list VPNAUTH

- 실제 crypto map에 적용될 dynamic crypto map 지정
  R2(config)# crypto map IPSEC-VPN 10 ipsec-isakmp dynamic IPSEC-VPN

- VPN 서버 라우터(R2) 인터페이스에 적용
  R2(config)#interface FastEthernet1/0
  R2(config-if)#crypto map IPSEC-VPN

- VPNAUTH Group 인증 활성화
  R2(config)#aaa authentication login VPNAUTH local

- VPNAUTH Group의 cyrpto map 인증 활성화
  R2(config-if)#crypto map IPSEC-VPN client authentication list VPNAUTH

■ 적용 내용 확인 R2#show running-config

```
aaa new-model
aaa authentication login VPNAUTH local
aaa authorization network VPNAUTH local

username manager password 0 123456

crypto isakmp policy 10
 encr 3des
 hash md5
 authentication pre-share
 group 2

crypto isakmp client configuration group USERGROUP
 key 123456
 pool VPNCLIENT
 acl 100

crypto ipsec transform-set Phase2 esp-3des esp-sha-hMAC

crypto dynamic-map IPSEC-VPN 10
 set transform-set Phase2
 reverse-route

crypto map IPSEC-VPN client authentication list VPNAUTH
crypto map IPSEC-VPN isakmp authorization list VPNAUTH
crypto map IPSEC-VPN client configuration address respond
crypto map IPSEC-VPN 10 ipsec-isakmp dynamic IPSEC-VPN
```

```
interface FastEthernet0/1
 ip address 1.1.23.2 255.255.255.0
interface FastEthernet1/0
 ip address 1.1.12.2 255.255.255.0

router eigrp 10
 redistribute static
 network 1.1.23.0 0.0.0.255
 no auto-summary

ip local pool VPNCLIENT 192.168.10.101 192.168.10.200

ip route 0.0.0.0 0.0.0.0 1.1.12.1

access-list 100 permit ip 192.168.1.0 0.0.0.255 any
```

VPN 클라이언트를 이용한 원격접속을 위한 설정 값을 입력했으면 어떠한 상태로 보이는지 확인해보자. 단말에서의 상태와 VPN 서버인 R2에서의 IPsec 터널 상태를 확인해보자.

■ **VPN(R2)에서 IPSec 터널 접속 상태 확인**

```
R2#show crypto isakmp sa
dst            src             state        conn-id slot status
1.1.12.2       172.16.1.10     QM_IDLE           1      0 ACTIVE
```

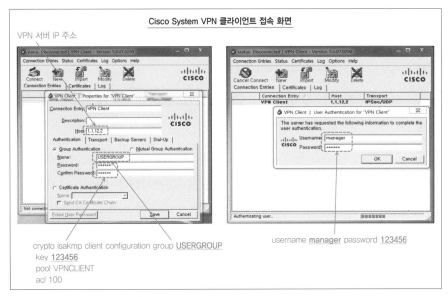

그림 8-15 VPN 클라이언트 접속 방법

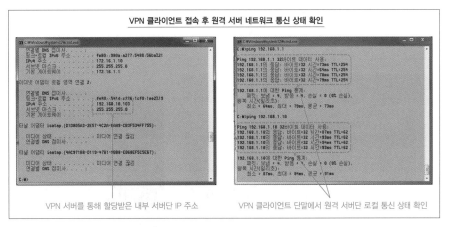

그림 8-16 VPN 클라이언트 단말 통신 상태 확인

IPSec VPN 클라이언트 접속을 위해서는 VPN 클라이언트가 설치될 단말이 필요하다. 물리적인 구성을 한다면 윈도우 OS가 깔린 별도 단말을 그림 8-14와 같이 라우터1(R1) FastEthernet 0/0에 직접 연결하고 테스트한다. 그러나 라우터 등 물리적인 환경을 구축하기는 쉽지 않을 것이다.

GNS3를 이용한 테스트를 할 수 있는 방법을 간단히 소개하고자 한다. GNS3에서 테스트를 하기 위해서는 Vmware나 버추얼 박스와 같은 가상VM을 GNS3가 설치된 단말에 설치한 후 GNS3에서 연결해야 한다.

Vmware나 버추얼 박스 설치 과정을 생략하고 Vmware를 이용해 윈도우 OS가 설치된 VM^{Virtual Machine}을 생성하는 과정과 인터페이스 연동 방법에 대해서 간략히 설명하고자 한다.

VMware-workstation v12.0을 이용해 가상단말을 생성했다. VMware 프로그램은 프리웨어 소프트웨어가 아니지만 30일 테스트로 사용할 수 있다. 프리웨어 소프트웨어로 사용하려면 버추얼 박스를 권고한다. 설치 방법은 약간 차이는 있지만 설치하기에 별 어려움은 없다.

일단, VMware 프로그램의 설치 과정은 생략한다.

① VMware에서 윈도우7 OS 탑재 VM 생성

- WMware 실행 후 VM^{Virtual Machine}을 생성하고 권고하는 대로 설치하면 된다.

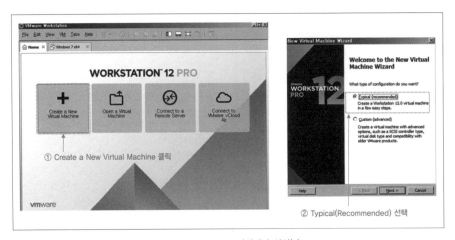

그림 8-17 VMware 가상단말 설정(1)

윈도우 OS가 저장돼 있는 디렉터리로 이동한 후 해당 OS(Win7_KO_image.iso)를 선택해 윈도우를 설치한다. 윈도우 설치는 일반 단말에 설치하는 과정과 동일하다.

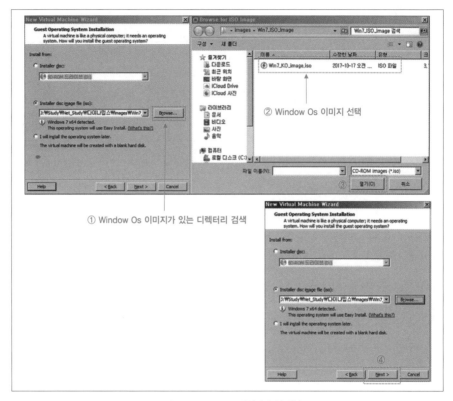

그림 8-18 VMware 가상단말 설정(2)

윈도우 OS를 불러온 후 설치과정은 Serial Key 입력과정과 동일하다. 패스워드 설정은 생략한다.

그림 8-18에 ③이 설치 완료된 화면이다.

참고로 윈도우 7의 경우 MS 사에서 보안 업데이트 등 OS 서비스가 종료된 OS를 사용하는 것에 의미를 둘 필요는 없다. OS 설치가 목적이 아니라 VPN 클라이언트 동작과정을 확인하기 위해서이다.

윈도우10 OS 이미지를 가지고 있다면 윈도우10을 가상단말로 설치해도 상관없다.

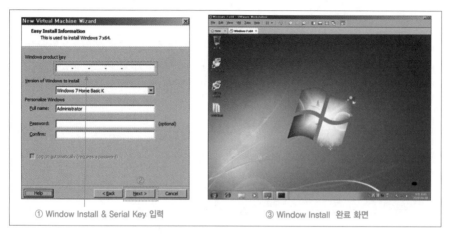

① Window Install & Serial Key 입력   ③ Window Install 완료 화면

그림 8-19 VMware 가상단말 설정(3)

가상단말에 윈도우 OS를 설치한 후 VMware에서 가상 인터페이스 설정을 해야 한다.

가상 인터페이스를 설정해야만 GNS3와 연결하고 VPN 클라이언트 테스트를 할 수 있다.

그림 8-20의 좌측 ①, ②, ③ 항목은 GNS3에 연동될 가상 인터페이스 설정 방법이며, 그대로 따라하길 바란다.

그림 8-20 우측 ①, ②, ③ 항목은 VMware에서 VMnet이라는 가상 인터페이스가 보이지 않을 경우 가상 인터페이스를 생성하는 방법이며, 참고하면 된다.

698

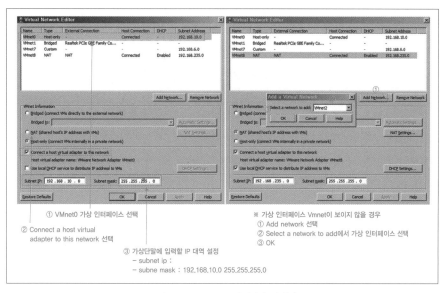

그림 8-20 VMware 가상단말 설정(4)

GNS3에서 사용할 가상 인터페이스는 VMnet0이며, 하나 더 가상 인터페이스를 생성한다. VMnet0과는 다르다. DHCP를 통해 IP를 자동으로 받아오게 설정한다.

용도는 VMWare 프로그램이 설치된 단말이 인터넷이 되는 단말이면, 인터넷과 연결해 VPN 클라이언트(vpnclient-winx64-msi-5.0.07.0290-k9.exe) 프로그램을 'Google'에서 검색한 후 다운로드하기 위해서다.

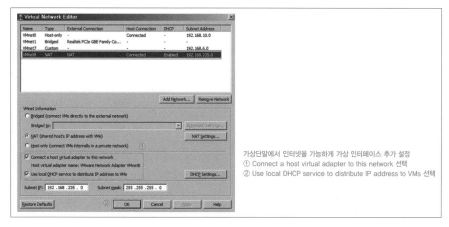

그림 8-21 VMware 가상단말 설정(5)

지금까지 VMware 설치와 가상단말의 설치는 완료됐다.

가상단말을 GNS3에 구성한 라우터와 연결하는 과정은 그림 8-22와 같다. 여기서 주의할 것은 GNS3의 라우터와 연결하기 전에 VMware 프로그램을 실행한 후 가상 단말의 부팅이 완료된 상태에서 연결해야 한다는 것이다.

가상단말의 IP 주소는 GNS3에 있는 라우터와 연결되는 네트워크 대역으로 호스트 IP를 입력하면 되고, 기본 게이트웨이 IP는 연결되는 라우터의 FastEthernet IP로 설정하면 된다.

그리고 가상단말과 GNS3 라우터와 연결된 FastEthernet과 통신 상태를 Ping으로 확인하면 된다.

Ping으로 통신 상태를 확인할 때 주의해야 할 점은 가상단말에 설치된 윈도우7이나 윈도우10에서는 OS 자체에 방화벽 기능이 있기 때문에 Ping에 대한 응답을 차단할 수 있다. 방화벽 기능을 비활성화한 후 ping 응답 테스트를 하기 바란다.

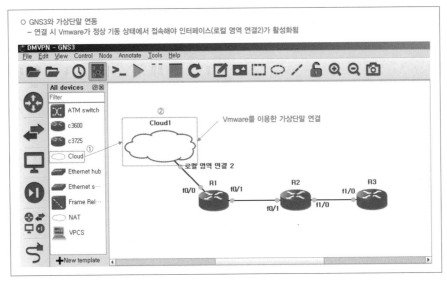

그림 8-22 VMware 가상단말 설정(6)

GNS3에서 VMware 가상단말을 연결하기 위해서 선택해야 하는 디바이스^{device}로 구름 모양의 Cloud를 선택해 드래그 앤 드롭^{Drag & Drop}하면 된다. 연결은 Cloud 로컬영역연결2 인터페이스와 라우터 FastEthernt 인터페이스와 연결한다.

그림 8-22에서는 VMware 로컬영역 연결2와 라우터1(R1) FastEthernet0/0와 연결했다.

가상단말에 설치할 VPN 클라이언트 프로그램은 'Google'에서 검색해서 다운받아 설치하면 되며, 설치한 후에는 그림 8-15에 보여준 VPN 클라이언트 설정을 따라하면 된다.

6) SSL VPN 클라이언트 접속

IT가 고도화됨에 따라 네트워크 접속이 가능한 어떤 장소^{Anywhere}에서 언제든지^{Anytime} 업무 환경 접근 및 업무의 연속성 요구가 증가함에 따라 VPN 클라이언트 접속과 함께 보안성을 강화하기 위한 또하나의 VPN을 이용한 원격접속 수단으로 SSL^{Secure Socket Layer} VPN 접속이 등장했다.

SSL VPN 접속은 VPN 클라이언트 접속보다는 다소 제한적이지만 보안적인 면에서는 좀 더 안전한 부분이 있으며, 인터넷 웹 기반의 서비스 및 사업의 증가로 SSL VPN 접속 솔루션의 이용이 활발해지고 있다.

SSL 버전 v3.x부터 공식적인 표준 TLS^{Transport Layer Security}을 따르고 있으며, SSL의 경우는 표준 웹 브라우저에서 내장된 SSL을 활용해 언제, 어디서나 손쉽게 인터넷을 통한 VPN을 구성하는 접속이 가능하다. 그리고, VPN 클라이언트가 없어도 접속할 수 있다.

SSL VPN 특징

- Clientless 모드
  - 클라이언트 접속 소프트웨어가 필요 없다.
  - 단말에서 기존 웹 브라우저를 사용한 원격접속(웹을 사용하는 애플리케이션은 대부분 지원)
- Thin Client 모드
  - 자바 애플릿을 사용해 포트 포워딩 기능 지원, 웹 외에도 POP3, SMTP, SSH 등을 지원한다.
- Tunnel 모드
  - Cisco Any connect VPN Client Software 사용 시 IPSec VPN과 유사하게 네트워크 계층 및 상위 계층을 모두 보호하며 거의 모든 애플리케이션을 사용할 수 있다.

앞서 IPSec VPN의 경우는 IPSec 클라이언트 소프트웨어가 필요하지만 요즘 원격접속 솔루션 중에는 IPSec VPN과 접속은 동일하며 클라이언트 소프트웨어가 없이 동작하는 솔루션도 많이 사용하고 있다.

 SSL VPN 동작 단계(절차)

① 서버 인증(Server Authentication): 사용자 웹 브라우저가 목적지의 웹 서버를 인증하는 단계
② 클라이언트 인증(Client Authentication): 웹 서버가 자신에게 요청한 클라이언트를 인증하는 단계
③ 암호화 접속 성립(Establish Encrypt Connection) 단계: 상대방에 대해 인증 단계 이후 정상적으로 종결되면 클라이언트와 서버 사이에 교환되는 모든 데이터는 보호하기 위해 암호화 처리된다.

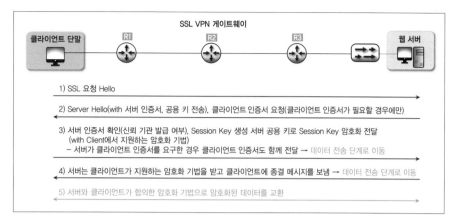

그림 8-23 SSL VPN 접속 절차

SSL VPN 접속 특징에 대해 알아봤으며 앞서 IPSec VPN 클라이언트 접속과는 접속 환경에 다소 차이가 있는 것으로 보인다.

먼저 간단히 어떠한 부분이 차이가 있는지 살펴본다면 IPSec VPN 클라이언트 접속의 경우는 접속하려는 대역에 IP 주소를 할당받아서 원격 단말이 마치 로컬 단말과 동일한 환경에서 접속이 가능한 반면, SSL VPN의 경우는 원격에서 로컬의 서버로 웹 브라우저를 통해 접속되는 점이다.

SSH(22) 접속이나 Telnet(23) 접속과는 다소 권한과 접속 기능에는 차이가 있으며 여기서는 이러한 접속이 어떻게 이뤄지는지 구성을 통해서 확인해보자.

GNS3를 이용해 실습할 경우 R2의 라우터 이미지는 "c7200-advsecurity9-mz.124-24.T1.bin"을 사용해야 한다. SSL VPN(WebVPN)을 지원하는 기능이 올라간 IOS다.

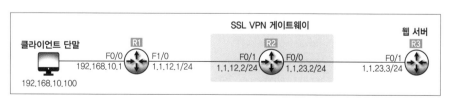

그림 8-24 SSL VPN 접속 구성

■ 각 라우터 및 SSL VPN 게이트웨이 설정 값

기본 설정 값

[R1]	[R2] : SSL VPN 게이트웨이	[R3]
interface FastEthernet0/0 ip address192.168.10.1 255.255.255.0 interface FastEthernet1/0 ip address 1.1.12.1 255.255.255.0 router ospf 100 network 192.168.10.0 0.0.0.255 area 0 network 1.1.12.0 0.0.0.255 area 0	interface FastEthernet0/0 ip address 1.1.23.2 255.255.255.0 interface FastEthernet1/0 ip address 1.1.12.2 255.255.255.0 router ospf 100 network 1.1.12.0 0.0.0.255 area 0 network 1.1.23.0 0.0.0.255 area 0	interface FastEthernet0/0 ip address 1.1.23.3 255.255.255.0 router ospf 100 network 1.1.23.0 0.0.0.255 area 0

SSL VPN 게이트웨이(R2) 설정 값

AAA(Authentication, Authorization, Accounting:인증, 권한, 계정) 기능 활성화

R2(config)#aaa new-model   //인증방식 aaa를 이용해서만 인증 가능//

R2(config)#aaa authentication login WEBVPN local

R2(config)#aaa authentication login default line none

R2(config)#username manager password cisco

Webvpn(SSL VPN) 게이트웨이 설정

R2(config)#webvpn gateway SSL-GW

R2(config-webvpn-gateway)#ip address 1.1.12.2 port 443

R2(config-webvpn-gateway)#inservice

Webvpn(SSL VPN) Context와 Group 정책 설정

R2(config)#webvpn context VPN1

R2(config-webvpn-context)#gateway SSL-GW

R2(config-webvpn-context)#aaa authentication list WEBVPN

```
R2(config-webvpn-context)#policy group GROUP1
R2(config-webvpn-groupt)#exit
R2(config-webvpn-context)#default-group-policy GROUP1
R2(config-webvpn-context)#inservice
```

위 SSL VPN 게이트웨이 설정에 따른 SSL VPN의 웹 접속 상태가 어떤지 확인해보자.

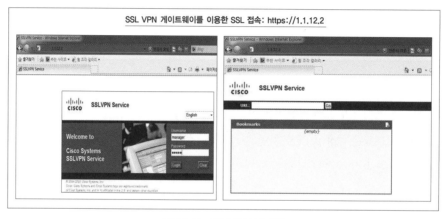

그림 8-25 SSL VPN 접속 화면

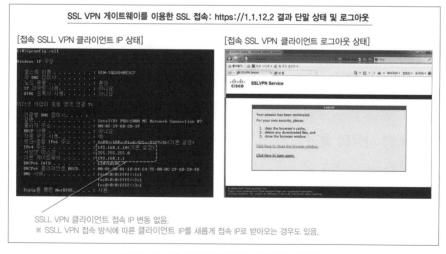

그림 8-26 SSL VPN 접속 결과에 따른 접속 단말 상태

3. 방화벽

방화벽Firewall은 DDoS 차단시스템 및 VPN 장비와 같이 대표적인 네트워크 보안 장비다.

방화벽에서 적용되는 보안정책은 기본은 허용(Permit)과 차단(Deny) 정책을 기반으로 한 Layer4 TCP/UDP 프로토콜까지 제어하는 것이다.

1) 방화벽 특징

방화벽을 설치 및 운영하기 위해 지켜야 하는 기능적인 기본 원칙이 있다.

① 모든 트래픽은 반드시 방화벽을 거쳐 통신이 이뤄져야 한다.
② 모든 트래픽은 허용(Permit)/차단(Deny) 보안정책에 기반해야 한다.
③ 방화벽은 직접 공격에 대한 자체 방어 능력이 있어야 한다.

방화벽 운영에 있어 가져가야 하는 운영원칙은 우선차단(Default Deny), 우선허용 (Default Allow) 정책이 있으나 대부분 방화벽을 운영하는 기업에서는 보안정책을 강화하는 우선차단(Default Deny)을 선호하고 있으며, 방화벽의 기본 정책은 우선차단이다.

① 우선차단 정책(Default Deny): 허용하지 않은 것 이외에는 모두 차단
② 우선허용 정책(Default Allow): 차단하지 않은 것 이외에는 모두 허용

2) 방화벽 사용의 효과

많은 공공기관 및 기업에서 내부 중요 시스템을 보호하기 위해서 방화벽을 구축 운영하고 있다.

단순히 중요 시스템 보호만을 위해서 방화벽을 운영하는 것은 아니며, 방화벽을 운영함으로서 보안적으로 유용한 요소들이 있다.

① 트래픽 송·수신 구간에서 잠재적인 취약점을 사전 차단하는 효과

② 보안관련 이벤트 발생 시 감사·증적 자료의 시점 제공

③ 보안 기능이 없는 애플리케이션의 사용에 있어 안전한 플랫폼을 제공

- SSL 및 IPsec 암호화 통신을 지원하는 플랫폼으로 동작이 가능

3) 방화벽의 한계점

네트워크 보안장비로 방화벽은 완벽한 보안을 수행하는 시스템이 아니다. 정보보호 시스템 특성한 100% 완벽히 보안을 수용하는 시스템은 없다. 대부분 알려진 사이버 위협에 대해 대응하는 체계가 현시점의 보안장비의 수준이다. 빅데이터 등 AI 기술을 활용한 사전 사이버 침해를 예상하고 대응하는 시스템의 개발이 한창 진행중에 있다.

대부분의 보안장비가 완벽하지 않기 때문에 방화벽도 그렇다. 그래서 네트워크 보안 장비로써의 방화벽의 한계점을 알아보자.

① 방화벽을 통과하지 않는 트래픽에 대해서는 대응이 불가하다.

② 외부로부터 취약점을 공격하는 해커를 악의적인 목적으로 내부자가 돕는 내부자 행위를 방어할 수 없다.

③ 모바일기기와 같은 휴대용 저장장치를 통해 내부망에 연결되는 행위는 방어할 수 없다.

④ 잘못된 정책 설정된 무선 기기와 내부망의 시스템과 통신은 대응이 불가하다.

4) 방화벽 종류

방화벽 동작 방식에 따른 분류는 크게 두 가지 방식이 있다. 첫 번째로 가장 일반적으로 사용되는 방화벽 동작 방식으로 패킷 필터링 방화벽과 게이트웨이 방화벽이 있다.

① 패킷 필터링 방화벽^{Packet Filtering Firewall}

현재 가장 많이 사용하는 방화벽이다. 네트워크 계층인 레이어 3을 지나 전달계층 레이어 4로 전달되는 패킷의 IP, Port 정보가 포함돼 있는 패킷 헤더를 검색해 서비스 허용/거부를 판단하는 방화벽이다.

■ 패킷 필터링 정책 리스트

Rule number	Direction	Source Address	Destination Address	Protocol	Destination Port	Action
100	In	0.0.0.0	192.168.1.10	TCP	80,8080,443	Permit
101	Out	192.168.1.10	0.0.0.0	TCP	>1023	Permit
102	In	21.1.1.100	50.6.2.10	TCP	25	Permit

패킷 필터링 방식의 방화벽을 가장 많이 사용하는 이유는 구현이 매우 쉽고 간단하며, 처리 속도가 빠른 장점이 있기 때문이다. 그러나, 상위 계층(레이어 5 이상)의 데이터를 검증하는 기능이 없어 애플리케이션 계층 공격은 대응할 수 없다. 또한, 정책에서 허용된다면 접근이 가능하며 접근 통제와 같은 사용자 인증을 지원하지 못한다.

현재 방화벽을 구축하는 추세는 네트워크 보안장비로써 구현 및 성능 이슈를 고려해 레이어 4계층까지만 수행하는 것을 선호한다. 상위 계층의 방어는 웹 방화벽 등 애플리케이션 공격 대응을 할 수 있는 차별화된 정보보호시스템을 구축해 운영하고 있다.

② 게이트웨이 방화벽

게이트웨이^{Gateway} 방식 방화벽은 방화벽을 통과하는 패킷의 헤더 및 데이터 부분인 페이로드까지 체크하는 레이어 7 애플리케이션 계층까지 동작한다. 텔넷^{Telnet}(tcp/23), 웹 접속(tcp/80,8080) 및 Server-Client 접속 서비스별로 프록시^{Proxy} 방식의 통신 패킷을 중계할 수 있는 프로세스를 동작시킨다. 각 서비스별 요청을 방화벽에서 대신 연결해 응답하는 역할을 수용하는 게이트웨이 역할을 하는 방식을 채택한 애플리케이션 게이트웨이 방식의 방화벽이다.

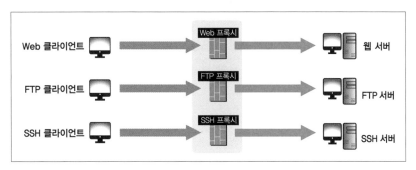

그림 8-27 애플리케이션 게이트웨이 방화벽 방식

애플리케이션 프록시Proxy 방식의 방화벽은 패킷 필터링 방식의 방화벽에 비해 보안성은 우수하다.

외부 접속자 네트워크가 접속을 요청하는 목적지를 애플리케이션 프록시 서버에서 대신 응답함으로써 외부 접속자의 연결은 프록시 서버까지만 이뤄진다. 즉, 직접 목적지 서버로 연결이 허용되지 않기 때문에 내부 네트워크에 대한 정보를 노출시킬 우려는 적다.

각 TCP 세션에 대한 정보를 방화벽에서 관리 통제하기 때문에 접속에 대한 감사 증적의 기능을 수행하는 것도 가능하다.

다만, 모든 접속을 방화벽에서 관리함으로써 방화벽에 부하를 줄 수 있으며, 애플리케이션까지 관장하기 때문에 처리 성능도 떨어질 수 있다. 서비스별로 별도의 프로세스를 기동하기 때문에 다양한 서비스를 지원하는 것에는 한계가 있을 수 있다.

사전에 정의된 애플리케이션에 대해서만 수용이 가능하지만 인터넷 환경에서 다양하게 발생하는 애플리케이션에 대응하는 것은 한계가 있다.

애플리케이션 게이트웨이 방식을 개선한 방식으로 서킷 게이트웨이Circuit Gateway 방식이 있다. 이 방식은 애플리케이션 게이트웨이 방식의 각 서비스별로 프록시 프로세스가 기동하는 것이 아니고 대부분의 서비스가 이용할 수 있는 수준의 일반적인 대표 프록시를 이용하는 것이다.

접속자 단말에서 대표 프록시와 통신하기 위해 별도 클라이언트 프로그램은 필요할 수 있으며, 클라이언트 접속 프로그램은 모든 접속 요구에 대해서 방화벽의 프록시와 연결한 후 별도의 보안이 강화된 서킷 채널을 구성한 후 내부 시스템과 통신한다.

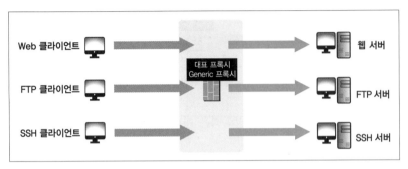

그림 8-28 서킷 게이트웨이 방화벽 방식

서킷 게이트웨이 방화벽 방식은 애플리케이션 게이트웨이 방화벽 방식에 비해 시스템 부하는 덜할 수 있으며, 처리 성능에도 개선점이 있다.

그러나, 별도의 대표 프록시로 접속하기 위한 클라이언트 프로그램의 수정이 필요하며, 사용자들은 접속을 위해 응용프로그램을 수정해야 하는 단점이 있다.

③ 하이브리드 방식 방화벽

하이브리드Hybrid 방식 방화벽은 패킷 필터링 방식과 게이트웨이 프록시 방식의 장점을 혼합한 방식이다. 레이어 3, 4 패킷 필터링 방식의 접근 제어와 애플리케이션 방식의 단점인 서비스별 프록시 수용을 패킷 필터링 방식으로 제공함으로써 시스템 부하나 처리 성능 이슈를 어느 정도 해소할 수 있다.

보안정책에 있어서 패킷 필터링 방식과 애플리케이션 프록시 방식을 선택해 적용할 수 있다. 그리고, 인터넷상에서 생산되는 다양한 서비스에 유동적인 적용으로 대처가 가능한 장점이 있다.

두 가지 방식의 장점으로 개선한 부분이 있으나, 패킷 필터링과 게이트웨이 방식이

혼재하기 때문에 관리적인 비효율성이 있다.

④ 상태 추적 방화벽

상태 추적Stateful Inspection 방화벽 방식은 레이어 3의 패킷을 처리하면서 프로토콜별 세션 등 상태 정보 테이블을 유지 추적하는 기능을 가지고 있으며, 프로토콜의 변화에 따라 동적으로 대응할 수 있다.

상태 추적 기능은 기존 방화벽에서 채택하기보다는 애플리케이션 방화벽이나 DDoS 차단시스템과 같이 세션을 추적하면서 세션의 맺고 끊어짐 등 순서를 추적해 기존의 세션 순서에 위배되는 패킷의 내부로 인입을 차단한다.

방화벽 패킷 필터링 정책Access List에서 허용된 패킷은 일정시간 동안 상태 테이블에 저장되고 패킷이 인입할 때마다 방화벽에서 상태 테이블에서 허용된 세션을 참조해 인입 패킷을 처리하는 방식이다.

인입 패킷에 대해서 방화벽 패킷 필터링 정책과 상태 테이블을 참조하기 때문에 애플리케이션 방화벽의 성능 이슈는 해소할 수 있으며, 통신 세션에 대해서 추적이 가능함으로써 패킷 필터링 방식보다 보안 기능도 우수하다.

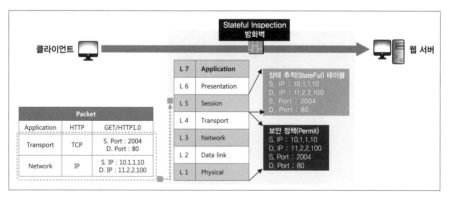

그림 8-29 상태 추적 방화벽 방식

- ■ 상태 추적 정책 리스트

Source Address	Source Port	Destination Address	Destination Port	Protocol	Connection State	Action
10.1.10.100	1002	192.168.1.10	999	TCP	Established	Permit
172.16.30.100	1033	192.168.10.10	443	TCP	Established	Permit
192.168.0.100	1035	192.168.10.20	21	TCP	Established	Permit

5) 방화벽 정책 적용

방화벽 정책은 허용Permit되 정책에 대해서만 출발지, 목적지 IP 및 목적지 포트 정보를 참고로 패킷을 통과시킨다. 네트워크 보안장비로 허용 정책의 경우 보안 취약점이 드러나지 않는 범위에서 최소한으로 적용해야 한다.

방화벽 정책 중 가장 위험도가 높은 경우가 불특정 다수의 IP에서 접근을 허용하는 출발지 Any 정책이다. 웹 서버나 메일 서버가 위치한 네트워크 영역인 DMZDemilitarized Zone에 접근하게 하는 Any 출발지 정책이다. 그림 8-30 방화벽 정책 적용에서 보여주듯이 Any 출발지를 허용하더라도 레이어 4(TCP/UDP) 단계에서 TCP/80, 8080, 443과 같이 웹 서버에 접속하기 위해 오픈한 최소한의 포트를 허용하는 정책을 적용해야 한다.

내부 서버의 경우에는 대부분 접근하는 IP가 명확하기 때문에 접근이 필요한 출발지 호스트 IP와 TCP 포트만 허용하는 정책을 적용해야 한다.

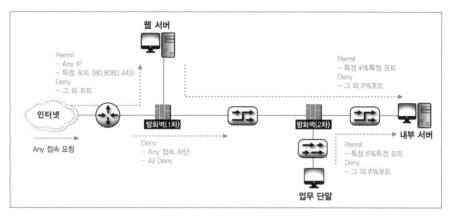

그림 8-30 방화벽 정책 적용

6) 방화벽 설치 위치

그림 8-30과 같이 외부 인터넷과 연결되고 불특정 다수 IP(Any)로부터 접근이 필요한 웹 서버를 운영하는 경우에는 방화벽도 1차(외부 접속)와 2차(내부 접속)로 분리해내부시스템을 보호할 수 있는 영역을 별도로 구축해야 한다.

1차 방화벽은 Any 정책이 허용돼 있어 다양한 취약점에 노출될 수 있다. 즉, Any 정책이 허용돼 있기 때문에 정책에 맞게 접근하는 경우에는 일반 사용자나 해커가 접근하든 누구나 오픈된 포트를 통해 웹 서버에 접근할 수 있다는 것이다. 그래서 1차 방화벽에 DMZ 영역을 만들어 웹 서버나 메일 서버를 위치시킨다.

2차 방화벽은 절대 Any 정책은 적용해서는 안 된다. 내부 서버에 접근하는 사용자는 내부 IP이므로 접근할 수 있는 출발지 IP를 분명히 알 수 있다. 출발지 IP, 목적지 IP 및 포트 정보가 필요한 부분만 접근 허용하는 정책을 적용하고 그외는 전체 거부(All Deny) 정책을 적용해야 한다.

방화벽이 1차, 2차로 분리해서 보안을 강화한다고 해서 완벽한 보안이 될 수는 없다. 대부분의 네트워크를 설계할 때 방화벽은 기본 위치가 명확히 정의되며, 그 외 보안을 위해서 웹 방화벽(웹 애플리케이션 방화벽 WAF)이 웹 서버 앞단에 설치되며 내부 시스템에 접근할 때는 접근통제시스템으로 서버접근 통제(SAC), 데이터베이스 접근 통제(DAC) 및 추가인증 시스템을 갖추고 내부 중요 시스템에 대한 접근을 제한해 보안을 강화하고 있다.

7) 방화벽 이중화 구성

과거 방화벽의 경우는 지금처럼 어플라이언스 형태의 전용 방화벽으로 제품이 생산되지 않았으며, 서버에 방화벽 애플리케이션을 탑재하는 형태로 출시됐다. 당시에는 방화벽간 정책이나 세션의 동기화가 이뤄지지 않아 Layer4 스위치가 반드시 설치되면서 이중화 구성을 했다. 여기서 L4 스위치의 역할은 Main 방화벽과 Backup 방화벽간 FLB^{Firewall Load Balancing} 및 세션 동기화를 위해서 반드시 설치해야 했었다.

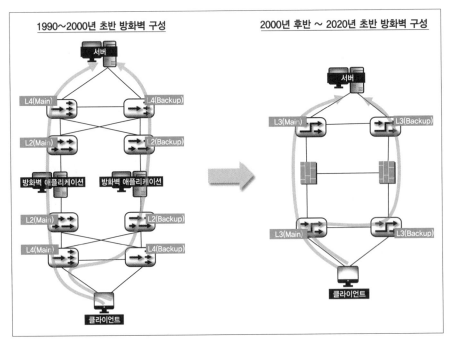

그림 8-31 방화벽 구성 변화

방화벽 구성에 있어 변화의 시점은 2000년대 후반부터 이뤄졌다. 1990년대에서 2000년 초반까지는 서버에 방화벽 애플리케이션을 올려서 방화벽 허용/거부(Permit/Deny) 정책을 적용했다. 그 당시에는 방화벽을 통과하는 세션에 대한 동기를 방화벽에서 할 수 있는 기능이 없었으며, 대신에 L4 스위치에서 그 기능을 대신했다.

그림 8-31에서 보듯이 방화벽 이중화 구성 또한 세션동기 및 방화벽 부하 분산을 위해서 L4 스위치가 필요했으며, 방화벽은 단순 정책에 의해 통과하는 패킷의 허용과 거부 정책을 적용했다. L4 스위치가 필요하기 때문에 당연히 구성도 복잡했다.

2000년대 후반부터는 어플라이언스 형태의 방화벽과 방화벽 자체에서 세션 동기화 기능이 탑재돼 방화벽 본연의 기능에서 세션 동기화를 할 수 있었으며, 그만큼 구성도 간단하게 구축할 수 있었다.

현재 많이 적용되는 방화벽 이중화 구성은 어떻게 하고 장애 발생 시 전환 구조는 어떻게 되는지 간단한 구성으로 테스트해보자.

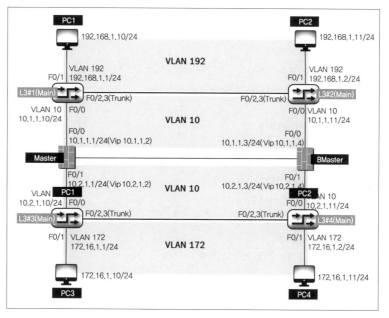

그림 8-32 방화벽 구성 변화

방화벽 이중화 구성을 GNS3에서 구현하기는 어렵기 때문에 방화벽 대신 라우터 HSRP 기능을 이용해 이중화 구성을 해보자. 그리고 메인 구간에 장애가 발생했을 경우 장애전환[Failover]이 어떻게 동작하는지를 확인해보자.

- **상단 L3 스위치(#1, #2), 방화벽(Master/Bmaster) 및 하단 L3 스위치(#3, #4) 설정 값**

  - 방화벽 설정은 라우터로 대신함

[상단 L3#(R1) 스위치]
– GNS3를 이용한 스위치 설정 값으로 라우터에 16포트 스위치 모듈을 이용
 (실제 물리 L3 스위치와는 설정 방법이 다름)

```
R1#vlan database                        //GNS3에서 스위치 VLAN 설정 방법//
R1(vlan)#vlan 10
R1(vlan)#vlan 192
R1(vlan)#vlan 10 name FW_10
R1(vlan)#vlan 192 name PC_192
R1(vlan)#exit

R1(config)#int ran fa0/2 -3                         //R4 ↔ R5간 트렁크 설정//
R1(config-if-range)#switchport trunk encapsulation dot1q
R1(config-if-range)#switchport mode trunk

interface FastEthernet0/0
 switchport access vlan 10
 spanning-tree portfast              //방화벽 접속 인터페이스 STP Portfact 적용//
interface FastEthernet0/1
 switchport access vlan 192

interface Vlan10
 ip address 10.1.1.10 255.255.255.0
interface Vlan192
 ip address 192.168.1.1 255.255.255.0
```

```
ip route 0.0.0.0 0.0.0.0 10.1.1.2
//부하 분산을 위한 Default Gateway 2개 설정//
ip route 0.0.0.0 0.0.0.0 10.1.1.4
```

[상단 L3#2(R2) 스위치]

– GNS3를 이용한 스위치 설정 값으로 라우터에 16포트 스위치 모듈을 이용
 (실제 물리 L3 스위치와는 설정 방법이 다름)

```
R2#vlan database                         //GNS3에서 스위치 VLAN 설정 방법//
R2(vlan)#vlan 10
R2(vlan)#vlan 192
R2(vlan)#vlan 10 name FW_10
R2(vlan)#vlan 192 name PC_192
R2(vlan)#exit

R2(config)#interface range fastEthernet 0/2 -3      //R4 ↔ R5간 트렁크 설정//
R2(config-if-range)#switchport trunk encapsulation dot1q
R2(config-if-range)#switchport mode trunk

interface FastEthernet0/0
 switchport access vlan 10
 spanning-tree portfast              //방화벽 접속 인터페이스 STP Portfact 적용//
interface FastEthernet0/1
 switchport access vlan 192

interface Vlan10
 ip address 10.1.1.11 255.255.255.0
interface Vlan192
 ip address 192.168.1.2 255.255.255.0

ip route 0.0.0.0 0.0.0.0 10.1.1.2      //부하 분산을 위한 Default Gateway 2개
설정//
ip route 0.0.0.0 0.0.0.0 10.1.1.4
```

[방화벽 Master(R3)]

```
interface FastEthernet0/0          //방화벽 인터페이스 이중화 프로토콜(HSRP) 적용//
 ip address 10.1.1.1 255.255.255.0
 standby 10 ip 10.1.1.2
 standby 10 priority 110
 standby 10 preempt
 standby 10 track FastEthernet0/1 30
 standby 20 ip 10.1.1.4
 standby 20 preempt

interface FastEthernet0/1          //방화벽 인터페이스 이중화 프로토콜(HSRP) 적용//
 ip address 10.2.1.1 255.255.255.0
 standby 30 ip 10.2.1.2
 standby 30 priority 110
 standby 30 preempt
 standby 30 track FastEthernet0/0 30
 standby 40 ip 10.2.1.4
 standby 40 preempt

ip route 172.16.1.0 255.255.255.0 10.2.1.10
ip route 192.168.1.0 255.255.255.0 10.1.1.10
```

[방화벽 BMaster(R4)]

```
interface FastEthernet0/0          //방화벽 인터페이스 이중화 프로토콜(HSRP) 적용//
 ip address 10.1.1.3 255.255.255.0
 standby 10 ip 10.1.1.2
 standby 10 preempt
 standby 20 ip 10.1.1.4
 standby 20 priority 110
 standby 20 preempt
 standby 20 track FastEthernet0/1 30

interface FastEthernet0/1          //방화벽 인터페이스 이중화 프로토콜(HSRP) 적용//
 ip address 10.2.1.3 255.255.255.0
 standby 30 ip 10.2.1.2
 standby 30 preempt
```

```
standby 40 ip 10.2.1.4
standby 40 priority 110
standby 40 preempt
standby 40 track FastEthernet0/0 30


ip route 172.16.1.0 255.255.255.0 10.2.1.11
ip route 192.168.1.0 255.255.255.0 10.1.1.11
```

[하단 L3#3(R5) 스위치]

- GNS3를 이용한 스위치 설정 값으로 라우터에 16포트 스위치 모듈을 이용
  (실제 물리 L3 스위치와는 설정 방법이 다름)

```
R5#vlan database                          //GNS3에서 스위치 VLAN 설정 방법//
R5(vlan)#vlan 10
R5(vlan)#vlan 172
R5(vlan)#vlan 10 name FW_10
R5(vlan)#vlan 172 name PC_172
R5(vlan)#exit

R5(config)#interface range fastEthernet 0/2 -3      //R4 ↔ R5간 트렁크 설정//
R5(config-if-range)#switchport trunk encapsulation dot1q
R5(config-if-range)#switchport mode trunk
```

```
interface FastEthernet0/0
 switchport access vlan 10
 spanning-tree portfast                           //방화벽 접속 인터페이스 STP
Portfact 적용//
interface FastEthernet0/1
 switchport access vlan 172

interface Vlan10
 ip address 10.2.1.10 255.255.255.0
interface Vlan172
 ip address 172.16.1.1 255.255.255.0

ip route 0.0.0.0 0.0.0.0 10.2.1.2
```

```
//부하 분산을 위한 Default Gateway 2개 설정//
ip route 0.0.0.0 0.0.0.0 10.2.1.4
```

[하단 L3#4(R6) 스위치]

– GNS3를 이용한 스위치 설정 값으로 라우터에 16포트 스위치 모듈을 이용
  (실제 물리 L3 스위치와는 설정 방법이 다름)

```
R6#vlan database                      //GNS3에서 스위치 VLAN 설정 방법//
R6(vlan)#vlan 10
R6(vlan)#vlan 172
R6(vlan)#vlan 10 name FW_10
R6(vlan)#vlan 172 name PC_172
R6(vlan)#exit

R6(config)#interface range fastEthernet 0/2 -3      //R4 ↔ R5간 트렁크 설정//
R6(config-if-range)#switchport trunk encapsulation dot1q
R6(config-if-range)#switchport mode trunk

interface FastEthernet0/0
 switchport access vlan 10
  spanning-tree portfast               //방화벽 접속 인터페이스 STP Portfact 적용//
interface FastEthernet0/1
 switchport access vlan 172

interface Vlan10
 ip address 10.2.1.11 255.255.255.0
interface Vlan172
 ip address 172.16.1.2 255.255.255.0

ip route 0.0.0.0 0.0.0.0 10.2.1.2
//부하 분산을 위한 Default Gateway 2개 설정//
ip route 0.0.0.0 0.0.0.0 10.2.1.4
```

방화벽 장애전환^{Failover} 테스트를 간단히 한 가지 사례만 이용해 보자.

Master 방화벽(R3)의 FastEthernet0/0을 임의로 장애^{Interface Shutdown}를 발생시켜 패킷(Ping)이 정상적으로 전환되는지 확인해보자.

방화벽이나 방화벽과 연결된 L3 스위치에서 장애가 발생할 경우 정상적으로 장애전환이 된다면 Ping 손실이 최대 3~4개 정도가 발생함을 알 수 있다. 최대 3~4개 정도 Ping 손실이 발생한다고 하더라도 서비스를 위한 TCP 세션은 이상이 없다. 앞에서 확인했듯이 TCP 세션을 유지하는 시간이 3~4초보다는 훨씬 길기 때문이다. 다만, 재전송이 몇 차례 발생할 수는 있다.

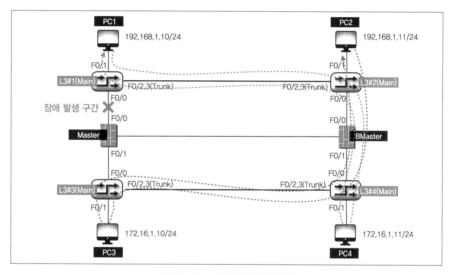

그림 8-33 방화벽 장애전환 테스트

Master 방화벽(R3) 인터페이스 FastEthernet0/0 장애 시 이중화 프로토콜(HSRP)이 어떻게 변하는지 장애 발생 전·후를 확인해보고 Ping 손실이 얼마나 발생하는지 확인해보자.

[Master 방화벽(R3)] 이중화 프로토콜 동작(장애 발생 전)

```
R3#show standby brief
                     P indicates configured to preempt.
Interface   Grp  Prio P State    Active       Standby      Virtual IP
Fa0/0       10   110  P Active    local        10.1.1.3     10.1.1.2
Fa0/0       20   100  P Standby   10.1.1.3     local        10.1.1.4
Fa0/1       30   110  P Active    local        10.2.1.3     10.2.1.2
Fa0/1       40   100  P Standby   10.2.1.3     local        10.2.1.4
```

[BMaster 방화벽(R4)] 이중화 프로토콜 동작(장애 발생 전)

```
R4#show standby brief
                     P indicates configured to preempt.
                       |
Interface   Grp  Prio P State    Active       Standby      Virtual IP
Fa0/0       10   100  P Standby   10.1.1.1     local        10.1.1.2
Fa0/0       20   110  P Active    local        10.1.1.1     10.1.1.4
Fa0/1       30   100  P Standby   10.2.1.1     local        10.2.1.2
Fa0/1       40   110  P Active    local        10.2.1.1     10.2.1.4
```

[Master 방화벽(R3)] 이중화 프로토콜 동작(장애 발생 후)

```
R3#show standby brief
                     P indicates configured to preempt.
Interface   Grp  Prio P State    Active       Standby      Virtual IP
Fa0/0       10   110  P Init     unknown      unknown      10.1.1.2
Fa0/0       20   100  P Init     unknown      unknown      10.1.1.4
Fa0/1       30   80   P Standby  10.2.1.3     local        10.2.1.2
Fa0/1       40   100  P Standby  10.2.1.3     local        10.2.1.4
```

[BMaster 방화벽(R4)] 이중화 프로토콜 동작(장애 발생 후)

```
R4#show standby brief
                     P indicates configured to preempt.
Interface   Grp  Prio P State    Active       Standby      Virtual IP
Fa0/0       10   100  P Active   local        unknown      10.1.1.2
Fa0/0       20   110  P Active   local        unknown      10.1.1.4
Fa0/1       30   100  P Active   local        10.2.1.1     10.2.1.2
Fa0/1       40   110  P Active   local        10.2.1.1     10.2.1.4
```

722

[PC1 Ping Loss 상태]
PC1> ping 172.16.1.10 –t   //방화벽 인터페이스 장애 발생 시//
84 bytes from 172.16.1.10 icmp_seq=1 ttl=61 time=50.003 ms
84 bytes from 172.16.1.10 icmp_seq=2 ttl=61 time=31.002 ms
84 bytes from 172.16.1.10 icmp_seq=3 ttl=61 time=39.002 ms
84 bytes from 172.16.1.10 icmp_seq=4 ttl=61 time=39.003 ms
84 bytes from 172.16.1.10 icmp_seq=5 ttl=61 time=40.002 ms
84 bytes from 172.16.1.10 icmp_seq=6 ttl=61 time=39.002 ms
84 bytes from 172.16.1.10 icmp_seq=7 ttl=61 time=39.002 ms
84 bytes from 172.16.1.10 icmp_seq=8 ttl=61 time=39.003 ms
84 bytes from 172.16.1.10 icmp_seq=9 ttl=61 time=39.002 ms
84 bytes from 172.16.1.10 icmp_seq=10 ttl=61 time=39.003 ms
172.16.1.10 icmp_seq=11 timeout   //Ping Loss 발생//
84 bytes from 172.16.1.10 icmp_seq=12 ttl=61 time=40.003 ms
84 bytes from 172.16.1.10 icmp_seq=13 ttl=61 time=39.002 ms
84 bytes from 172.16.1.10 icmp_seq=14 ttl=61 time=39.003 ms
84 bytes from 172.16.1.10 icmp_seq=15 ttl=61 time=39.002 ms
84 bytes from 172.16.1.10 icmp_seq=16 ttl=61 time=39.003 ms
84 bytes from 172.16.1.10 icmp_seq=17 ttl=61 time=29.002 ms

PC1> ping 172.16.1.10 –t   //방화벽 인터페이스 장애 복구 시//
84 bytes from 172.16.1.10 icmp_seq=1 ttl=61 time=31.002 ms
84 bytes from 172.16.1.10 icmp_seq=2 ttl=61 time=39.002 ms
84 bytes from 172.16.1.10 icmp_seq=3 ttl=61 time=39.003 ms
84 bytes from 172.16.1.10 icmp_seq=4 ttl=61 time=39.002 ms
84 bytes from 172.16.1.10 icmp_seq=5 ttl=61 time=39.003 ms
84 bytes from 172.16.1.10 icmp_seq=6 ttl=61 time=39.002 ms
84 bytes from 172.16.1.10 icmp_seq=7 ttl=61 time=39.003 ms
84 bytes from 172.16.1.10 icmp_seq=8 ttl=61 time=39.002 ms
172.16.1.10 icmp_seq=9 timeout   //Ping Loss 발생//
84 bytes from 172.16.1.10 icmp_seq=10 ttl=61 time=39.002 ms
84 bytes from 172.16.1.10 icmp_seq=11 ttl=61 time=40.003 ms
84 bytes from 172.16.1.10 icmp_seq=12 ttl=61 time=39.002 ms
84 bytes from 172.16.1.10 icmp_seq=13 ttl=61 time=39.003 ms
84 bytes from 172.16.1.10 icmp_seq=14 ttl=61 time=39.002 ms
84 bytes from 172.16.1.10 icmp_seq=15 ttl=61 time=39.003 ms

[PC2 Ping Loss 상태]

PC2> ping 172.16.1.11 -t   //방하벽 인터페이스 장애 발생 시//
84 bytes from 172.16.1.11 icmp_seq=1 ttl=61 time=35.002 ms
84 bytes from 172.16.1.11 icmp_seq=2 ttl=61 time=40.002 ms
84 bytes from 172.16.1.11 icmp_seq=3 ttl=61 time=39.002 ms
84 bytes from 172.16.1.11 icmp_seq=4 ttl=61 time=39.002 ms
84 bytes from 172.16.1.11 icmp_seq=5 ttl=61 time=40.002 ms
84 bytes from 172.16.1.11 icmp_seq=6 ttl=61 time=39.002 ms
84 bytes from 172.16.1.11 icmp_seq=7 ttl=61 time=39.002 ms
84 bytes from 172.16.1.11 icmp_seq=8 ttl=61 time=39.002 ms
84 bytes from 172.16.1.11 icmp_seq=9 ttl=61 time=39.002 ms
84 bytes from 172.16.1.11 icmp_seq=10 ttl=61 time=39.002 ms
84 bytes from 172.16.1.11 icmp_seq=11 ttl=61 time=39.002 ms
84 bytes from 172.16.1.11 icmp_seq=12 ttl=61 time=40.002 ms
84 bytes from 172.16.1.11 icmp_seq=13 ttl=61 time=39.002 ms
84 bytes from 172.16.1.11 icmp_seq=14 ttl=61 time=39.002 ms
84 bytes from 172.16.1.11 icmp_seq=15 ttl=61 time=39.002 ms
84 bytes from 172.16.1.11 icmp_seq=16 ttl=61 time=39.002 ms
84 bytes from 172.16.1.11 icmp_seq=17 ttl=61 time=39.002 ms
84 bytes from 172.16.1.11 icmp_seq=18 ttl=61 time=39.002 ms

PC2> ping 172.16.1.11 -t   //방화벽 인터페이스 장애 복구 시//
84 bytes from 172.16.1.11 icmp_seq=1 ttl=61 time=38.002 ms
84 bytes from 172.16.1.11 icmp_seq=2 ttl=61 time=39.002 ms
84 bytes from 172.16.1.11 icmp_seq=3 ttl=61 time=39.002 ms
84 bytes from 172.16.1.11 icmp_seq=4 ttl=61 time=39.002 ms
84 bytes from 172.16.1.11 icmp_seq=5 ttl=61 time=39.002 ms
84 bytes from 172.16.1.11 icmp_seq=6 ttl=61 time=39.002 ms
84 bytes from 172.16.1.11 icmp_seq=7 ttl=61 time=39.002 ms
84 bytes from 172.16.1.11 icmp_seq=8 ttl=61 time=39.002 ms
84 bytes from 172.16.1.11 icmp_seq=9 ttl=61 time=39.002 ms
84 bytes from 172.16.1.11 icmp_seq=10 ttl=61 time=39.002 ms
84 bytes from 172.16.1.11 icmp_seq=11 ttl=61 time=39.002 ms
84 bytes from 172.16.1.11 icmp_seq=12 ttl=61 time=39.002 ms
84 bytes from 172.16.1.11 icmp_seq=13 ttl=61 time=39.002 ms
84 bytes from 172.16.1.11 icmp_seq=14 ttl=61 time=39.003 ms
84 bytes from 172.16.1.11 icmp_seq=15 ttl=61 time=39.002 ms

Master 방화벽(R1) 장애 발생 시 Ping 손실이 PC1은 1개 정도 발생했으며 PC2는 발생하지 않았다. PC2가 Ping 손실이 발생하지 않은 이유는 최초의 Ping 전송 경로가 BMaster 방화벽을 지나고 있었기 때문에 Master 방화벽의 장애와 무관하게 영향을 받지 않았다. 그러므로 정상적인 장애전환이 이뤄짐을 확인했다. 그리고, 장애가 발생하고 복구할 때도 Ping 손실의 이슈가 있다. 왜냐하면, 장애로 인해 경로의 전환이 발생했기 때문이며, 정상 경로가 복구되면 바로 정상 경로로 환원되기 때문이다. PC1의 경우는 정상 경로로 환원되기 때문에 마찬가지로 Ping 손실이 1개 발생함을 확인할 수 있다.

이렇게 방화벽 장애전환을 GNS3에서 라우터 이중화 프로토콜 HSRP로 테스트했으며, 실제로 방화벽으로 할 경우도 마찬가지 결과임을 현업에서 확인할 수 있다. 매번 방화벽을 구축할 경우에는 정상적인 장애전환이 되는 것을 반드시 확인해야 한다. 좀 더 꼼꼼히 네트워크 인프라를 운영하는 금융권 기업들은 주기적으로 네트워크 장비뿐만 아니라 방화벽 장비로 장애전환 훈련을 실시하고 있다. 증권가에 코스콤이 대표적이다.

4. 침입탐지

1) 침입탐지시스템

침입탐지시스템IDS, Intrusion Detection System은 기존의 방화벽의 허용/거부 정책에 의해서 탐지할 수 없는 악의적인 네트워크 공격이나 애플리케이션에서 수행하는 데이터 처리에 영향을 주는 공격 등을 탐지하기 위해서 구축된다.

방화벽에서 정책에 허용된 네트워크 패킷은 해당 목적지에 어떠한 제한도 없이 접근할 것이다.

방화벽은 레이어 3 , 레이어 4 기반의 정책이 적용되므로 해킹 공격에 대해서 방어는 너무 제한적이다.

C&C 서버나 유해 사이트로 판단된 경우에는 블랙리스트 차단정책이나 ACL 차단으로 100% 차단이 가능하지만 그외의 해킹 공격에 대해서는 무방비 상태라고 해도 과언은 아니다. 목적지에 접근한 후에는 방화벽 정책에서 허용된 세션으로 이뤄지는 어떠한 행위도 방화벽에서는 할 수 없다.

침입탐지시스템을 구축하는 주 목적은 방화벽을 통과한 허용된 패킷을 전수 검사해 침입탐지시스템IDS이 가지고 있는 이상행위 이벤트를 모니터링하고 탐지되는 패킷에 대해서 이벤트를 발생시킨다. 발생된 이벤트에는 행위에 대한 패턴을 볼 수 있으며, 출발지 IP 주소를 확인할 수 있다. 출발지 IP를 알 수 있다면 방화벽에서 즉시 거부 정책으로 차단할 수 있다.

2) 침입탐지시스템 구성

침입탐지시스템은 네트워크 기반 탐지시스템인 NIDS와 호스트 기반 탐지시스템인 HIDS로 구분할 수 있다. 호스트 기반 IDS의 경우는 호스트 시스템에 부가적으로 에이전트가 설치돼 운영돼야 한다.

호스트 기반 침입탐지시스템의 경우에는 탐지가 필요한 호스트 시스템 전체에 에이전트를 설치해야 하며, 호스트와 IDS 관리 서버 간 상시 통신이 이뤄져야 한다. 그렇기 때문에 호스트 성능에도 영향을 미칠 수 있고 관리나 유지보수에 어려운 점도 있다.

호스트 기반 침입탐지시스템은 콘솔 작업자나 내부 운영자의 행위에서 오사용(Misuse)이나 이상행위(Anormaly use)를 탐지하기 위해서 설치된다.

여기서는 물리적인 침입탐지시스템인 NIDS의 구성에 대해서 알아보자.

침입탐지시스템은 그림 8-34와 같이 센서와 관리 서버로 구성된다. 센서의 경우는 보호해야 할 시스템 앞단에 설치돼 보호해야 할 시스템으로 인입되는 전체 패킷을 검사 및 이벤트 탐지하고 그 결과를 침입탐지 관리 서버로 전송하게 된다. 관리 서버에서는 탐지 이벤트를 운영자에게 경고성 메시지로 띄우고 추가적인 조치를 권고한다.

추가적인 조치는 IDS에서 자체적으로 할 수 있는 기능은 없다. 말그대로 IDS는 침입탐지시스템으로 사이버 침입에 대한 유해행위를 탐지하고 이벤트로 알려주는 역할만 수행한다.

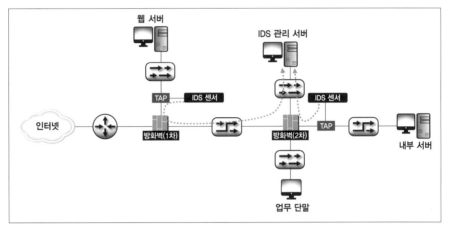

그림 8-34 침입탐지시스템 설치 및 패킷 흐름

침입탐지시스템의 시스템의 구조는 그림 8-35와 같다. 탐지대상시스템을 목적지로 인입되는 패킷으로부터 탐지 이벤트를 발생시키는 구조이며, 탐지 패턴의 경우 항상 최신 상태를 유지해야 한다.

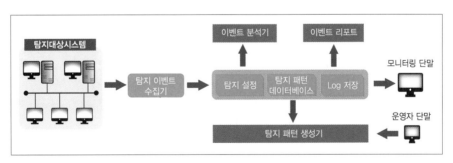

그림 8-35 침입탐지시스템 구조

침입탐지시스템에 차단기능을 추가한 IPS^{Intrusion Prevention System}로 침입방지시스템을 별도로 운영하는 기업도 많다. 여기에는 별도의 차단기능도 포함돼 운영되고 있으나 공격 이벤트 탐지에 있어서 100% 확실한 공격의 경우는 업무에 영향을 미치지 않는다. 하지만 유해 행위라고 탐지하고 차단했지만 실제 정상적인 행위가 차단되는 오탐의 우려도 침입방지시스템은 가지고 있어 일부 기업에서는 IPS를 IDS로만 사용하는 경우도 있다.

3) 침입탐지시스템 기능

침입탐지시스템에서 수집되는 데이터는 방화벽에서 허용한 전체 패킷이기 때문에 대량의 데이터가 유입되는 경우가 대부분이다. 침입탐지 센서에서 효과적인 대응을 하기 위해서는 인입되는 데이터에 대해서 필터링이나 축약 등 선별하는 기능이 포함돼야 한다.

침입탐지시스템의 기법으로는 오용탐지^{Misuse Detection}와 이상탐지^{Anormaly Detection} 두 가지가 있다.

① 오용탐지 기법

- Signature Base, Knowledge BASE
- 이미 유해성 패턴으로 확인된 공격 패턴을 탐지할 수 있게 미리 입력을 해놓는 경우
- 오판율이 낮고 효과적
- 알려진 유해행위 외 탐지가 불가능

② 이상탐지^{Anormaly Detection} 기법

- Behavior Detection, Statistical Detection
- 통계 자료를 활용한 정상적인 범주에 포함되는지 여부로 이상행위 판단
- 오용탐지 기법에 비해 오탐율이 높음

4) 침입탐지시스템 활용

침입탐지시스템에서 유해행위를 탐지하기 위해서 활용하는 트래픽은 상당히 많다. 이러한 대량의 데이터는 분석에 활용할 수 있으며, 분석의 범주는 빅데이터 분석으로 분류할 수 있으며, 침입탐지 관리 서버에서 데이터를 볼 수 있는 한계를 극복할 수 있다.

침입탐지 센서에서 발생하는 이벤트의 추이를 일간, 월간, 년간 패턴으로 분석도 할 수 있고 탐지 유형별 비율이나 공격지 IP의 빈도 수를 파악해 보안정책을 신속히 적용할 수 있는 근거로 활용할 수 있다.

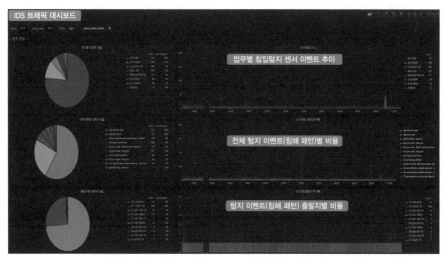

그림 8-36 침입탐지 트래픽 분석 대시보드

5. DDoS 차단(Anti-DDoS)

1) DDoS 공격

DoS$^{\text{Denial of Service}}$ 공격은 특정 시스템이 정상적인 서비스를 할 수 없도록 방해하는 공격으로 특정 서버 시스템으로 대량의 트래픽을 발생시켜 정상적인 서비스를 마비시키는 공격이다. 대부분의 공격 대상이 인터넷에서 접근이 자유로운 홈페이지 서버가 된다.

금융권에서 홈페이지는 중요한 역할을 한다. 가령, 증권사 홈페이지는 웹트레이딩WTS이나 홈트레이딩HTS 서비스를 제공한다. 홈페이지가 문제가 된다면 고객들의 증권거래가 안되는 사태가 발생하고 곧바로 해당 증권사의 손해로 이어질 수 있다.

금융보안원에서도 금융권 회원사의 홈페이지 이상 유무를 상시 모니터링을 하고 있으며, 접속이 안되는 상황이 발생하면 곧바로 고객에게 통지하는 서비스를 하고 있다.

DDoSDistributed Denial of Service는 DoS 공격의 일종으로 분산서비스거부 공격으로 불특정 다수의 컴퓨터를 대상으로 악성코드에 감염시켜 좀비Zoombie 단말을 만든 후 특정 서버로 분산된 DoS 공격을 발생시켜 목표 시스템이 처리할 수 없을 만큼의 대량의 접속 트래픽을 한꺼번에 발생시켜 서비스를 마비시킨다. DoS 공격에 비해 DDoS 공격이 한층 더 파괴적인 공격이라고 할 수 있다.

악성코드 감염에 의해 중요 정보의 유출과 같은 사이버상의 공격과 DDoS 공격은 차이점이 있다.

구 분	DDoS 공격	악성코드(봇)
목 적	서비스 중단 및 단순 파괴적인 공격	중요 정보 삭제 및 탈취
공격 형태	다수의 좀비단말을 이용해 동시 다발적으로 공격	KeyLogger, Spyware, 피싱, 파밍, 스피어 피싱 등 해킹 기법 사용
대응 방법	DDoS 차단시스템 운영 침입차단(방화벽)시스템 운영 침입탐지(IDS)시스템 운영 DDoS 대비소(우회 서비스) 운영 웹 애플리케이션 방화벽 운영	악성코드 탐지/차단시스템 운영 침입차단(방화벽)시스템 운영 침입탐지(IDS)시스템 운영 DLP(데이터 유출탐지)시스템 운영 접근 통제(NAC, DAC, SAC, 이중인증)시스템 운영 Anti-Virus 시스템 운영 웹 애플리케이션 방화벽 운영
추가 수단	빅데이터 침해대응 시스템 운영 (탐지 이벤트외 시스템 로그 전수 상관분석 체계 구축 등)	빅데이터 침해대응 시스템 운영 (탐지 이벤트외 시스템 로그 전수 상관분석 체계 구축 등)

해킹 수단 및 용어 요약

① 피싱(Phishing)
- E-mail, 메신저 등을 이용, 신뢰할 수 있는 사람 또는 기업이 보낸 메시지인 것처럼 가장해 중요 정보(비밀번호, 금융정보 등)를 부정하게 얻는 해킹 행위

② 파밍(Pharming)
- 정상적으로 소유하고 있던 사용자의 도메인을 탈취하거나 도메인 네임시스템(DNS) 또는 프록시 서버의 주소를 변조해 사용자들로 하여금 진짜 사이트로 오인해 접속하도록 유도, 개인 정보 등 중요 정보를 탈취하는 해킹 행위
- 피싱의 한 유형으로 피싱보다 한 단계 진화된 해킹 행위

③ 스피어 피싱(Spear Phishing)
- 작살낚시에 비유한 표현이며, 불특정 다수가 해킹 대상이 아닌 특정기관이나 기업의 내부 직원을 표적으로 집중적으로 공격하는 해킹 행위

④ 키로거(KeyLogger)
- 소프트웨어 프로그램이나 하드웨어 장치를 통해 컴퓨터의 모든 키보드 활동을 캡처하도록 설계된 프로그램

⑤ 스파이웨어(Spyware)
- 사용자의 동의 없이 설치돼 컴퓨터의 정보를 수집하고, 전송하는 악성 소프트웨어

⑥ NAC(Network Access Control): 네트워크 접근 제어

⑦ DAC(Database Access Control): 데이터베이스 접근 제어

⑧ SAC(System (or Server)Access Control): 시스템(서버) 접근 제어

DDoS 공격 형태가 특정 서비스를 마비시키는 애플리케이션 소진 공격에서 회선 대역폭을 가득차게 하는 대역폭 공격으로 전환되는 추세이다.

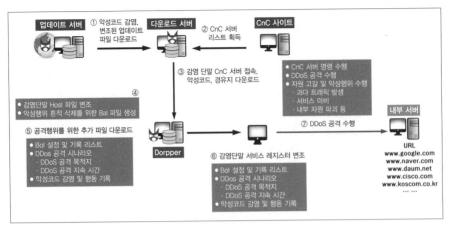

그림 8-37 DDoS 공격 시나리오

2) DDoS 공격 유형

DDoS 공격 기법은 전 세계 주요기관 및 국내 사이트의 접속 장애를 유발시킨다. DDoS 공격을 주도하는 해커의 명령을 받아 수행하는 마스터 및 대량의 악성코드에 감염된 좀비 단말로부터 목표시스템을 대상으로 특정 명령어를 지속적으로 수행해 시스템의 자원 고갈이나 과도한 네트워크 트래픽을 발생시켜 네트워크 자원 고갈을 유발시키는 공격 형태이다. 분산 서비스 거부 공격으로 목표시스템에 악성코드를 감염시켜 직접적으로 침입 및 관리자 권한을 획득해 중요 정보를 빼내는 것과는 다르다.

■ DDoS 공격 유형

공격 구분	공격 유형	설 명
네트워크 대역 폭 공격	Syn Flooding	대량의 TCP Half Open 연결을 시도, 목표시스템의 Listen Queue 자원을 고갈시킴
	UDP Flooding	UDP 프로토콜 이용 패킷에 가비지 데이터를 붙여서 대량의 전송을 하게 함
	ICMP Flooding (Smurf Attack)	ICMP 프로토콜 이용 다수의 호스트가 존재하는 네트워크에 ICMP echo 패킷을 브로드캐스트로 전송

	GRE Flooding	GRE 프로토콜 이용 특정 사이즈의 패킷을 지속적으로 발생시켜 목표시스템 자원을 고갈시킴
	VSE Query Flooding	TSource Engine Query를 많은 요청으로 처리, 목표시스템이 사용 가능한 리소스를 소진하게 하는 UDP 증폭 공격
	Tsunamit Syn Flooding	Syn Flooding 공격에 비해 패킷당 1000bytes의 트래픽을 유발(Syn Flooding 패킷: 40~60바이트)
	SSDP Amplification DDoS	증폭된 양의 트래픽을 목표시스템에 보내고 범용 프러그 앤 플레이(UPnP) 네트워킹 프로토콜을 악용, 반영하는 반사 기반의 공격, 목표시스템이나 인프라를 오프라인 상태로 만듦
애플리케이션 공격	GET Flooding	정상적인 TCP 연결과정 이후 대량의 접속 요청을 보내서 정상적인 접속 요청을 방해하는 공격
	Slowloris	웹 서버에 다수의 세션을 연결 후 비정상 HTTP 헤더를 전송해 웹 서버의 연결 자원을 고갈시킴
	SlowRead	HTTP 공격으로 버퍼의 크기, TCP window 크기를 조작해 응답을 천천히 읽어 TCP 연결을 지연시킴
	Wordpress PingBack	웹 사이트 제작 툴 Wordpress 취약점을 이용한 공격
	DB Query Flooding	대량의 DB Query 패킷을 전송해 데이터베이스 자원을 고갈시키는 공격

DDoS 공격을 hping으로 간단히 구현할 수 있다.

Syn Flooding	hping3 -S -a [Source IP] -p 21 -I uX [X microsecond 단위로 패킷 전송]
	#hping3 -S -a 10.10.1.254 10.10.2.254 -p 21 -I u1000
UDP Flooding	#hping3 -2 -rand-source 10.10.1.254 -p 53 -I u10000 -d 2000
ICMP Flooding	#ping 10.10.1.255
ICMP Smurfing	#hping3 -1 -a 10.10.1.100 10.10.1.255 -I u10000
Ping of Death	#hping3 -1 -rand-source 10.10.1.254 -I u10000 -d 65000

지금까지 DoS, DDoS 공격이 무엇인지 공격 유형과 영향도에 대해서 간단히 알아봤다. 더 자세한 지식이 필요한 경우에는 DDoS 관련 정보 보호 전문서적을 참고하길 바란다.

현재 DDoS 공격 유형이 대량의 네트워크 트래픽을 발생시켜 원천적으로 전체 인터넷 등 전체 서비스를 마비시키는 공격으로 점점 진화하고 있다. 그래서, ISP 사업자나 금융보안원에서는 별도로 DDoS 대응센터를 운영하고 있다.

3) DDoS 차단시스템

DDoS 차단시스템^{Anti-DDoS}은 전체적인 DoS나 DDoS 대응을 위한 시스템은 아니다. DDoS 공격 유형에 따른 대응 단계는 1차에서 4차까지 단계적으로 대응이 필요하다. 여기에서 DDoS 차단시스템의 단계는 2단계에 속한다.

DDoS 대응 단계	대응 내용
1단계 방어	대용량 DDoS 차단(DDoS 대피소, 우회서비스, 백본 필터링) • 1G ~ 10G 이상의 DDoS 공격방어 및 회피
2단계 방어	DDoS 차단시스템 • 1G급 DDoS 공격 대응 전문장비로 차단 • DDoS 공격 유형별 인입 트래픽 학습을 통한 임계값 정의로 대응 필터 작동 및 임계값 이하 시 필터 해제 • 보호 IP 영역 정의 및 공격패턴 발생 시 즉시 적용
3단계 방어	애플리케이션 대응 정보 보호 솔루션으로 대응 • 웹방화벽 등
4단계 방어	서버 보안 솔루션으로 대응 • 서버 취약점 패치 • 서버보안 솔루션(SecureOS 등) 운영 • Anti-Virus 시스템 운영

DDoS 차단시스템에서 인터넷 트래픽은 인입구간의 방화벽 전단에 설치한다. 정책 적용에 앞서 인터넷 트래픽을 모니터링하는 기간을 1주~4주 정도 가진다.

트래픽 모니터링이 필요한 이유는 인터넷으로부터 인입되는 트래픽에서 DoS 및 DDoS 공격 유형의 패턴 학습과 인입되는 패킷 수를 학습하게 된다. 학습한 후 DDoS 차단시스템에서 적정한 임계값을 산정해 적용하게 된다.

임계값은 DDoS 공격 패킷의 초당 패킷 수이다. 인터넷 회선 대역폭 및 목적지 서버의 성능 등을 고려해 적절히 적용해야 한다. 임계값 설정의 의미는 한계 패킷 수를 초과해야지만 차단필터가 동작해 인입되는 패킷을 차단하고, 한계 패킷 수 미만으로 패킷이 인입되면 차단필터가 해제되는 원리이다.

이러한 차단필터가 동작하는 이유는 DoS나 DDoS 공격패턴은 초기에는 정상적인 세션으로 목적지까지 패킷이 인입되기 때문이다. 초기부터 차단필터가 적용된다면 정상적인 서비스가 차단되는 경우도 발생할 수 있다. DoS나 DDoS 공격이 100% 확실한 경우에는 바로 차단필터를 동작하게도 할 수 있다.

■ DDoS 차단필터 적용 예(A사 적용 사례)

분류	공격 유형	사용	처리 방법	임계값	대역점유율
DDoS	DDoS_TCP_Ack_Only	○	DDoS 필터 적용	800,000	75%
	DDoS_IGMP	X	DDoS 필터 적용	10,000	0%
	DDoS_IP_ETC	○	DDoS 필터 적용	20,000	0%
	DDoS_IP_Fragments	○	DDoS 필터 적용	20,000	0%
	DDoS_TCP_Push_Ack_Only	○	DDoS 필터 적용	100,000	93%
	DDoS_TCP_Syn_Ack_Only	○	DDoS 필터 적용	15,000	93%
	DDoS_ICMP	○	DDoS 필터 적용	8,000	83%
	DDoS_TCP_Syn_Only	○	DDoS 필터 적용	7,000	86%
	DDoS_TCP_Ack_All	○	DDoS 필터 적용	800,000	75%
	DDoS_TCP_Fin_All	○	DDoS 필터 적용	15,000	33%
	DDoS_TCP_Rst_All	○	DDoS 필터 적용	7,800	−28%
	DDoS_TCP_Urg_All	○	DDoS 필터 적용	2,000	0%
	DDoS_UDP	○	DDoS 필터 적용	25,000	95%
DoS	DoS_HTTP_CC_Max_Age_0	X	차단	50	0%
	DoS_HTTP_CC_Must_Revalidate	X	차단	50	0%
	DoS_HTTP_CC_No_Cache	X	차단	50	0%
	DoS_HTTP_CC_No_Store	X	차단	50	0%
	DoS_HTTP_CC_Proxy_Revalidate	X	차단	50	0%
	DoS_TCP_Ack_Only	○	차단	80,000	93%

DoS	DoS_HTTP_GET	X	차단	200	0%
	DoS_IGMP	X	차단	1,000	0%
	DoS_IGMP_Fragments	X	차단	100	0%
	DoS_IP_ETC	○	차단	200	0%
	DoS_IP_ETC_Fragments	○	차단	50	0%
	DoS_TCP_Push_Ack_Only	○	차단	7,000	77%
	DoS_TCP_Syn_Ack_Only	○	차단	8,000	96%
	DoS_UDP_DHCP	X	차단	1,000	0%
	DoS_UDP_DNS	X	차단	100	0%
	DoS_ICMP	○	차단	500	−100%
	DoS_ICMP_Fragments	○	차단	200	50%
	DoS_TCP_Syn_Only	○	차단	4,000	93%
	DoS_TCP_Ack_All	○	허용	90,000	78%
	DoS_TCP_Fin_All	○	차단	7,000	97%
	DoS_TCP_Fragments	○	차단	100	−100%
	DoS_TCP_Rst_All	○	차단	1,500	73%
	DoS_TCP_Urg_All	○	차단	1,000	0
	DoS_UDP	○	차단	4,000	93%
	DoS_UDP_Fragments	○	차단	100	0

4) DDoS 대응센터

DDoS 공격의 인터넷을 이용하는 개인 및 기업은 누구나 공격 대상이다. DDoS 공격 유형은 보유하고 있는 IT 관련 장비 서버 리소스, 회선 대역 등 IT 자원에 과부하를 발생하는 리소스를 소진하고 서비스를 장애나 마비시키는 공격이 대부분이다.

특히 각 기관에서 사용하고 있는 인터넷 회선 대역에 많은 트래픽을 흘려 인터넷 업무 자체를 마비시키는 공격의 경우는 각 기관이 보유하고 있는 DDoS 차단시스템만으로 방어가 어려운 실정이다.

인터넷 사업자^{ISP, Internet Service Provider}로 KT, LGU+ 및 SKB와 같은 기업은 이러한 트래픽 과부하를 포함한 다양안 DDoS 공격을 우회시켜 정상적인 트래픽만 각 기관으로 재전송해 인터넷 서비스를 정상적으로 수행할 수 있게 하는 DDoS 우회 서비스가 있다.

또한 2015년 4월에 설립된 금융기관의 보안을 한곳으로 모아 보안컨설팅 및 취약점 점검 등 금융권 보안 관련 업무를 총괄 책임지고 있는 금융보안원에서도 이와 같은 서비스를 제공하고 있다.

이러한 DDoS 우회서비스 및 대응센터는 어떤 구조로 운영되고 있는지 간단히 알아보고 간단한 유형을 예로 대응센터를 구성해보고, DDoS 공격성 트래픽의 흐름과 정상적인 트래픽의 흐름을 확인해보자.

5) DDoS 대응 우회서비스

인터넷 사업자^{ISP}에서 제공하고 있는 DDoS 우회서비스는 각 사업자별로 구축 운영되고 있다.

인터넷 사업자로서 인터넷 이용 고객으로 전달되는 DDoS 공격 패킷을 우회시키는 서비스를 제공하고 있지만 고객의 동의나 연락이 없이는 임의로 적용이 어려운 실정이다. 상호 DDoS 관제 모니터링을 통해 긴밀한 협조가 이뤄져야 DDoS 공격으로 인한 서비스 중단 시간을 최소화할 수 있다.

인터넷 사업자에서 제공하는 DDoS 우회 서비스의 특징은 인터넷을 이용하는 고객 입장에서는 구성에 있어서 별다른 설정이 필요 없고, 고객이 가지고 있는 공인 IP 주소 대역은 인터넷 사업자의 DDoS 우회 서비스 시스템에 등록만으로 서비스 이용을 할 수 있다.

단, DDoS 탐지시스템은 인터넷을 이용하는 고객측에서 구축돼야 하며, 탐지 즉시 인터넷 사업자와 상호 연계를 통해 신속히 DDoS 공격을 차단해야 트래픽 소진과 같은 인터넷 업무의 마비를 가져올 수 있는 공격으로 인터넷 서비스 중단을 최소화할 수 있다.

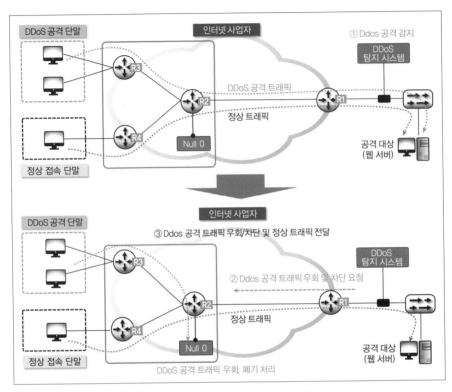

그림 8-38 인터넷 사업자(ISP) DDoS 우회서비스

 인터넷 사업자 DDoS 우회서비스 제공 절차

① 인터넷 이용 고객측으로 인터넷 트래픽 유입에 따른 DDoS 공격 탐지

② 고객측 IT 운영담당자 → 인터넷 사업자 DDoS 공격 트래픽 우회 및 차단 요청

③ 인터넷 사업자 DDoS 우회서비스 담당자는 고객측 IP를 목적지로 하는 DDoS 공격 트래픽 우회/차단 및 정상트래픽 정상 전송 처리

6) DDoS 비상대응센터 서비스

금융이나 민간 특정기관들을 대상으로 DDoS 공격 대응센터 서비스를 지원하고 있는 공적인 기관인 인터넷진흥원^{KISA}과 금융보안원이 있으며, 각 기관에서 제공하는 DDoS 대응센터 서비스는 인터넷 사업자에서 제공하는 서비스와는 차별화가 돼 있다.

각 개별 기관이 대응하기 어려운 대규모 DDoS 공격 발생 시 각 기관을 대신해 DDoS 공격을 차단한 후 정상 트래픽을 전송하는 구조는 동일하다.

그러나, 보호 대상에 대해서는 특정 중요한 업무(특정 IP 주소 대역 또는 URL 등)에 국한돼 DDoS 대응센터를 운영하고 있다. 이렇게 다소 제한적으로 중요한 서비스 위주로 대응센터를 제공하는 것은 특화된 기관으로써 해당 업무를 집중적으로 보호하는 차원이기도 하고, 인터넷 사업자에서 제공하는 DDoS 대피존과 동일한 규모의 인프라 용량을 가진 대응센터의 구축이 어려운 점도 있을 것이다.

인터넷 사업자에서 제공하는 우회 서비스와 다른 점은 고객이 구축 운영하고 있는 인터넷 백본에 설정 작업이 함께 이뤄져야 한다는 것이다. 가령 고객과 DDoS 대응센터 간 DDoS 공격 우회를 위한 정보를 주고받은 가상 채널을 구성해야 한다.

DDoS 대응센터와 고객 간 구성된 가상채널은 평상시에는 서비스 트래픽이 흐르지 않으며, DDoS 공격이 발생했을 경우 고객으로 들어가는 전체 트래픽을 DDoS 대응센터로 우회시켜 대규모의 DDoS 공격을 차단한 후 정상 트래픽만 고객쪽으로 다시 전달되게 하는 구조로 서비스를 하게 된다.

단, DDoS 대응센터에서 대응하는 DDoS 공격 유형은 고객 자체 DDoS 대응 시스템으로 방어가 어려운 트래픽 소진과 같은 대규모 공격 유형에 대한 대응을 지원하고 있다.

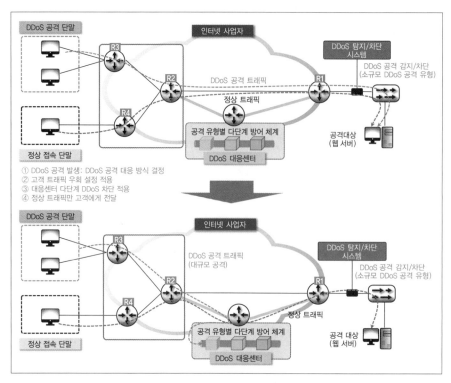

그림 8-39 특수기관 DDoS 대응센터 서비스

DDoS 대응센터에서 방어 시스템은 인터넷 사업자에서 제공하는 우회 서비스와는 차별화된 1차에서 4차까지 다단계 DDoS 공격대응을 제공하고 있다. 그 중 1단계 차단을 인터넷 사업자에서 수행하는 단순 공격 트래픽(ICMP, UDP 등)을 차단 및 우회 서비스로 보면 될 것이다.

대응센터에서 수행하는 다단계 DDoS 대응 역할을 알아보자.

■ 비상대응 센터 다단계 DDoS 공격 대응

구 분		상세 내용
인터넷 사업자(단순 차단)		• DDoS 단순 공격 유형 차단(ICMP, UDP 등을 이용한 공격 유형)
비상대응센터	1단계 대응	• DDoS성 비정상 트래픽 블랙리스트 기반 차단
	2단계 대응	• DDoS성 패턴별 임계 값 기반 차단
	3단계 대응	• 인증을 통한 정상 사용자 선별
	4단계 대응	• 응용 계층을 대상으로 한 공격 패턴 차단
DDoS 모니터링 및 관제		• 24 x 365 실시간 모니터링, DDoS 공격 트래픽 관제

7) DDoS 대응센터 구성

인터넷 사업자(KT, LGU+, SKB 등)에서 제공하는 DDoS 대응 우회 서비스 및 특화된 기관에서 운영하는 DDoS 대응센터 서비스에 대해 구조 및 대응유형과 차이점에 대해 간단히 알아봤다.

네트워크 기본 이론과 네트워크 보안에서 배운 내용을 바탕으로 DDoS 대응을 위한 구성을 간단한 구조로 만들어 보기로 하자. 상세한 단계별 DDoS 대응센터를 구축한다는 것은 다소 무리가 있지만, 인터넷 사업자에서 제공하는 우회 서비스에 대해서는 앞서 배운 액세스 리스트 및 정책라우팅 등을 사용해 구성해보자.

다음으로 보여주는 DDoS 대응 구조는 인터넷 사업자에서 DDoS 공격 패턴을 감지해 해당 패턴을 가진 패킷을 우회시켜 폐기 처리하는 서비스 구조를 구축하는 것이다. 제한적으로 ICMP나 UDP 유형을 가진 DDoS 공격이라고 가정하고 DDoS 공격 패킷을 우회처리해 폐기 처리하고 정상 트래픽은 목적지까지 무사히 도달하는 구성이 된다.

DDoS 공격대응 우회 서비스 구간별 패킷이 지나가는 유형을 살펴보기로 하자.

패킷의 유형을 선별하는 방법으로는 앞서 학습한 DDoS 공격단말을 소스 IP 주소로 정의해 차단할 것이고, 다음으로 ICMP 패턴이나 UDP 패턴으로 인입되는 패킷을 차단해 폐기 처리하는 것을 적용하되 액세스 리스트와 정책 라우팅인 라우트맵Route-map 을 이용해서 적용해보기로 한다.

참고로 인터넷 환경을 고려해 간단히 BGP도 함께 적용해 네트워크 토폴로지를 구축해보기로 하겠다.

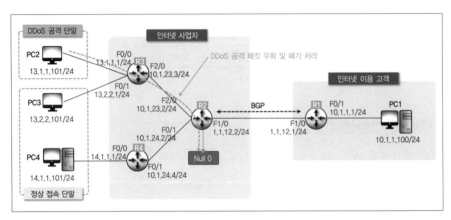

그림 8-40 DDoS 우회 서비스 네트워크 구성

■ 각 라우터 설정 값

```
[R1]
interface FastEthernet0/0
 ip address 10.1.1.1 255.255.255.0
interface FastEthernet1/0
 ip address 1.1.12.1 255.255.255.0

router bgp 10
 no synchronization
 network 10.1.1.0 mask 255.255.255.0
 neighbor 1.1.12.2 remote-as 20

 ip route 0.0.0.0 0.0.0.0 1.1.13.2
```

```
[R2]
interface FastEthernet0/1
 ip address 10.1.24.2 255.255.255.0
interface FastEthernet1/0
 ip address 1.1.12.2 255.255.255.0
interface FastEthernet2/0
 ip address 10.1.23.2 255.255.255.0
 ip policy route-map DDOS_B      //공격 IP 차단 적용//

interface FastEthernet2/0            //공격 IP에서 ICMP(echo) 트래픽 우회//
 ip address 10.1.23.2 255.255.255.0
 ip policy route-map DDOS_B_ICMP

router eigrp 20
 network 10.1.23.0 0.0.0.255
 network 10.1.24.0 0.0.0.255
 no auto-summary

router bgp 20
 no synchronization
 network 10.1.23.0 mask 255.255.255.0
 network 10.1.24.0 mask 255.255.255.0
 network 13.1.1.0 mask 255.255.255.0
 network 13.2.2.0 mask 255.255.255.0
 network 14.1.1.0 mask 255.255.255.0
 neighbor 1.1.12.1 remote-as 10
 neighbor 10.1.23.3 remote-as 20
 neighbor 10.1.23.3 next-hop-self
 neighbor 10.1.24.4 remote-as 20
 neighbor 10.1.24.4 next-hop-self

ip access-list standard IP_ADD
 permit 13.1.1.0 0.0.0.255

ip access-list extended DDOS_ICMP //공격 IP로부터 ICMP echo 선별 액세스 리스트//
 permit icmp 13.1.1.0 0.0.0.255 any echo
```

```
route-map DDOS_B permit 10          //공격 IP Null 인터페이스 처리(우회 및 폐기)//
 match ip address IP_ADD
 set interface Null0

route-map DDOS_B_ICMP permit 10     //공격 IP ICMP 공격 Null 인터페이스 처리(우회
및 폐기)//
 match ip address DDOS_ICMP
 set interface Null0
```

[R3]
```
interface FastEthernet0/0
 ip address 13.1.1.1 255.255.255.0
interface FastEthernet0/1
 ip address 13.2.2.1 255.255.255.0
interface FastEthernet2/0
 ip address 10.1.23.3 255.255.255.0

router eigrp 20
 network 10.1.23.0 0.0.0.255
 network 13.1.1.0 0.0.0.255
 network 13.2.2.0 0.0.0.255
 no auto-summary

router bgp 20
 no synchronization
 neighbor 10.1.23.2 remote-as 20
```

[R4]
```
interface FastEthernet0/0
 ip address 14.1.1.1 255.255.255.0
interface FastEthernet0/1
 ip address 10.1.24.4 255.255.255.0

router eigrp 20
 network 10.1.24.0 0.0.0.255
```

```
network 14.1.1.0 0.0.0.255
no auto-summary

router bgp 20
 no synchronization
 neighbor 10.1.24.2 remote-as 20
```

■ 결과값(ping loss 현상 확인, PC2, PC3,PC4)

```
[PC1]
84bytes from 10.1.1.100 icmp_seq=4446 ttl=61 time=41.002 ms
84bytes from 10.1.1.100 icmp_seq=4447 ttl=61 time=40.002 ms
84bytes from 10.1.1.100 icmp_seq=4448 ttl=61 time=40.003 ms
84bytes from 10.1.1.100 icmp_seq=4449 ttl=61 time=31.002 ms
84bytes from 10.1.1.100 icmp_seq=4450 ttl=61 time=39.002 ms
84bytes from 10.1.1.100 icmp_seq=4451 ttl=61 time=49.003 ms


//DDoS ICMP 공격 차단룰 적용 후 공격 IP에서 ICMP-echo가 차단되는 현상//
10.1.1.100 icmp_seq=4453 timeout
10.1.1.100 icmp_seq=4454 timeout
10.1.1.100 icmp_seq=4455 timeout
10.1.1.100 icmp_seq=4456 timeout
10.1.1.100 icmp_seq=4457 timeout
10.1.1.100 icmp_seq=4458 timeout
```

[PC2] //ping loss 없이 정상적으로 ICMP 패킷이 전달되는 것을 확인//
```
84bytes from 10.1.1.100 icmp_seq=7258 ttl=61 time=39.002 ms
84bytes from 10.1.1.100 icmp_seq=7259 ttl=61 time=39.002 ms
84bytes from 10.1.1.100 icmp_seq=7260 ttl=61 time=39.002 ms
84bytes from 10.1.1.100 icmp_seq=7261 ttl=61 time=39.002 ms
84bytes from 10.1.1.100 icmp_seq=7262 ttl=61 time=39.002 ms
84bytes from 10.1.1.100 icmp_seq=7263 ttl=61 time=39.002 ms
84bytes from 10.1.1.100 icmp_seq=7264 ttl=61 time=39.002 ms
84bytes from 10.1.1.100 icmp_seq=7265 ttl=61 time=39.003 ms
84bytes from 10.1.1.100 icmp_seq=7266 ttl=61 time=50.003 ms
```

```
84bytes from 10.1.1.100 icmp_seq=7267 ttl=61 time=49.003 ms
84bytes from 10.1.1.100 icmp_seq=7268 ttl=61 time=49.003 ms
84bytes from 10.1.1.100 icmp_seq=7269 ttl=61 time=39.002 ms
```

[PC3] //ping loss 없이 정상적으로 ICMP 패킷이 전달되는 것을 확인//
```
84bytes from 10.1.1.100 icmp_seq=8240 ttl=61 time=39.002 ms
84bytes from 10.1.1.100 icmp_seq=8241 ttl=61 time=39.003 ms
84bytes from 10.1.1.100 icmp_seq=8242 ttl=61 time=40.002 ms
84bytes from 10.1.1.100 icmp_seq=8243 ttl=61 time=39.003 ms
84bytes from 10.1.1.100 icmp_seq=8244 ttl=61 time=39.002 ms
84bytes from 10.1.1.100 icmp_seq=8245 ttl=61 time=40.003 ms
84bytes from 10.1.1.100 icmp_seq=8246 ttl=61 time=39.002 ms
84bytes from 10.1.1.100 icmp_seq=8247 ttl=61 time=39.003 ms
84bytes from 10.1.1.100 icmp_seq=8248 ttl=61 time=39.002 ms
84bytes from 10.1.1.100 icmp_seq=8249 ttl=61 time=39.003 ms
84bytes from 10.1.1.100 icmp_seq=8250 ttl=61 time=39.002 ms
84bytes from 10.1.1.100 icmp_seq=8251 ttl=61 time=39.004 ms
```

DDoS 공격 유형에 따른 인터넷 사업자에서 우회 및 폐기 처리하는 과정을 간단히 구성해봤다.

네트워크 보안적인 측면에서 구성한 결과이며, 다양한 DDoS 공격 패턴이 있으므로 별도의 DDoS 탐지 및 차단 시스템을 구축하는 것이 기업에서 IT 자산의 보호를 위해 중요하다.

기업에서는 자체 DDoS 차단 시스템을 구축하고 대규모의 DDoS 공격을 대비해서 인터넷 사업자로부터 DDoS 우회 서비스나 특화된 기관을 통해 DDoS 대응센터를 함께 운영하는 것이 DDoS 공격을 대비하는 최선의 방법일 것이다.

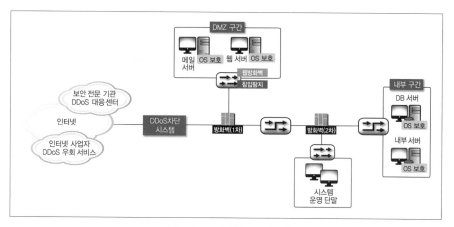

그림 8-41 DDoS 대응 인프라 구성도

6. 기타 네트워크 보안

네트워크 보안으로 액세스 리스트를 이용해서 IP 및 패킷 차단 및 트래픽 제한하는 방법, VPN을 이용해 가상 사설망을 구축하고 트래픽을 암호화해서 전송하는 방법, 방화벽의 특성, 종류 및 기능에 대해 학습했다. 그리고, 인터넷과 같은 공중^{Public}망에서 웹 서비스의 지연이나 마비를 유발시키는 DDoS 공격과 대응 방법에 대해서 알아봤다.

다음으로 방화벽, DDoS 차단시스템 및 침입탐지/차단시스템과 같은 정보보호시스템이 아닌 네트워크 장비를 활용해 인터넷이라는 사이버 공간에서 유해 IP나 패킷 및 행위를 제한하고 차단하는 방법에 대해 알아보자.

1) DHCP 보안

DHCP 서버는 임의로 정한 IP 대역 내에서 내부 단말 및 서버에 자동으로 IP 주소를 배정하는 역할을 한다. 가정에서 사용되는 인터넷 접속 장비인 AP$^{Access\ Point}$는 DHCP

기능이 탑재돼 나오고 있고 유 · 무선 연결로 인터넷이 가능하게 한다.

DHCP 서버에서 네트워크 보안을 구현하는 방법으로 신뢰할 수 있는 MAC 주소만 ARP 요청에 대해 응답하게 하고 해당 MAC 주소를 가진 터미널에만 IP 주소를 배정할 수 있다.

이러한 DHCP Secured 기능은 네트워크 장비인 라우터에서 구현할 수 있으며 적용해 보도록 하자. 신뢰할 수 있는 MAC 주소에 IP뿐만 아니라 허용기간 등 다양한 옵션을 적용할 수 있다.

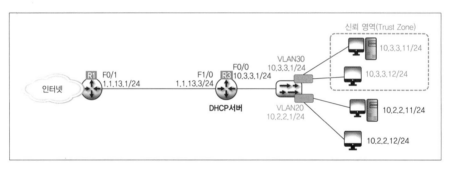

그림 8-42 DHCP Secure Zone 보안

■ DHCP 서버(R3) 보안 조건

- Domain name : dhcp.co.kr
- DNS IP : 10.3.3.254, 10.3.3.253
- 할당할 네트워크 대역: 10.3.3.0/24
- 허용 기간: 10일
- 신뢰할 수 있는 MAC 주소에서만 전달되는 ARP 요청에 응답

■ DHCP 서버(R3) 보안 설정 값

```
R3(config)#ip dhcp excluded-address 10.3.3.253 10.33.254
  //부여해서는 안되는 Ip 주소 할당(DHCP 서버 주소, DNS 서버 주소 등 이미 사용중 Ip 주소//
R3(config)#ip dhcp pool DHCP
R3(dhcp-config)#network 10.3.3.0 /24
//DHCP 서버에서 할당하는 네트워크 대역 지정//
R3(dhcp-config)#domain-name dhcp.co.kr
R3(dhcp-config)#dns-server 10.3.3.253, 10.3.3.254
R3(dhcp-config)#lease 10    //DHCP 서버에서 IP 부여 후 지속되는 시간 할당//
R3(dhcp-config)#default-router 1.1.13.1
R3(dhcp-config)#update arp
R3(dhcp-config)#interface FastEthernet0/0
R3(config-if)#arp authorized
//오직 신뢰할 수 있는 MAC 주소로부터 들어오는 ARP 요청에만 응답, 상대방에서 강제로 입력한 IP인
경우 DHCP 서버쪽에서 상대방의 MAC을 등록시키진 않는다.//
```

2) Storm 트래픽 제한

외부나 내부 다른 네트워크 대역으로 Storm성 대용량 트래픽이 업무상 중요한 내부 네트워크 대역으로 유입될 경우 내부까지 유입되기 전 네트워크단에서 사전에 트래픽량을 조절한다고 가정해보자. 해당 트래픽이 내부로 인입됐을 경우 침입차단시스템(방화벽)이나 침입탐지시스템에서 해당 트래픽에 대한 유해성 여부를 탐지하기 위해 리소스를 과다 소모하지 않고 별다른 성능 이슈 없이 탐지 및 차단과 같은 정보 보호 본연의 기능을 효과적으로 유지할 수 있다.

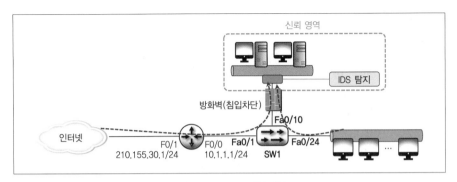

그림 8-43 Storm 트래픽 제한

■ **Strom 트래픽 제한 요건**

- 인터넷 구간에서 스위치(SW1)로 유입되는 트래픽 50% 이상을 유니캐스트 트래픽 차단

- 내부 단말 구간에서 스위치(SW1)로 유입되는 트래픽 45% 이상을 브로드캐스트 트래픽 차단

■ **스위치(SW1) 설정 값**

```
SW1(config)#interface FastEthernet0/1
SW1(config-if)# storm-control unicast level 50     //인터넷 구간 유니캐스트 트래픽 제한//
SW1(config)#interface FastEthernet0/24
SW1(config-if)# storm-control broadcast level 45   //내부 구간 브로드캐스트 트래픽 제한//
```

3) 스위치에서 불필요한 멀티캐스트 및 유니캐스트 차단

내부 신뢰할 수 있는 영역Trust Zone으로 접속 특정한 트래픽만 전달할 필요가 있을 경우 알려지지 않은 멀티캐스트 및 유니캐스트 트래픽을 차단하는 것이 효율적인 데이

터 전달과 내부 보안 강화를 위해서 적당한 조치이다.

외부에서 유입되는 접속들이 내부 신뢰존^{Trust Zone}으로 접속해야 하는 트래픽이 없는 경우 보안강화를 위해 내부로 들어오는 유니캐스트 트래픽을 차단하는 것이 좋다. 내부에서 발생되는 멀티캐스트는 특별한 경우에만 사용되므로 단말단에서 내부 신뢰존인 서버존으로 전달이 필요 없을 경우 보안 강화를 위해 멀티캐스트 트래픽도 함께 차단해야 한다.

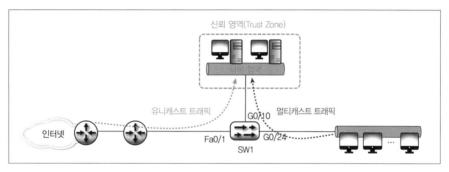

그림 8-44 불필요한 멀티캐스트, 유니캐스트 트래픽 차단

■ **트래픽 차단 조건**

- 외부에서 들어오는 유니캐스트 데이터 차단
- 내부에서 발생되는 멀티캐스트 데이터 차단

■ **스위치(SW1) 설정 값**

```
SW1(config)#interface FastEthernet0/1
SW1(config-if)#switchport block unicast
SW1(config)#interface FastEthernet0/24
SW1(config-if)#switchport block multicast
```

4) PBR을 이용한 트래픽 제한

외부로부터 대량의 악의적인 트래픽으로 IP 헤더를 포함한 사이즈가 92바이트이며, ICMP 프로토콜의 패킷이 인입될 때 그 패킷으로 인한 네트워크 장비의 CPU 자원의 부하와 입력큐의 자원을 소진하게 해 정상적인 트래픽의 전달을 방해하는 공격이 진행될 경우 어떻게 대응해야 하는지 알아보자.

여기서는 정책 라우팅PBR, Policy Base Routing을 이용해 ICMP 프로토콜과 패킷 사이즈가 92바이트인 모든 패킷을 라우터의 Null 인터페이스로 보내 폐기 처리하는 방법을 알아보자. DDoS 대응센터에서 DDoS 공격대응 동작방식과 유사하다.

위와 같은 공격은 DDoS 공격과 유사한 패턴의 공격으로 네트워크 장비의 부하와 서버 시스템의 자원 고갈로 서비스 중단이 예상되므로 신속한 조치가 필요하다. DDoS 차단시스템을 갖추고 있는 경우에는 공격 패턴으로 감지 및 차단을 할 수 있다.

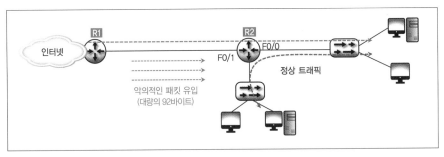

그림 8-45 PBR 이용 악의적인 트래픽 제한

■ **트래픽 제한 방법**

- ICMP 프로토콜 패킷을 액세스 리스트로 선별한다.
- 정책 라우팅 PBR^{Policy Base Routing}의 이용 사이즈가 92바이트인 패킷을 선별한다.
- 선별된 악의적인 패킷을 Null 인터페이스로 폐기 처리한다.

- 라우터(R2)에서 인입 패킷 확인을 위해 캐시 플로를 모니터링한다.

```
R2#show ip cache flow
SrcIf      SrcIPaddress   DstIf     DstIPaddress   Pr   SrcP   DstP   Pkts
Fa0/1      211.1.34.4     Fa0/0     10.1.1.10      01   0000   0800   5
Fa0/1      211.1.34.5     Fa0/0     10.1.1.10      01   0000   0800   5
Fa0/1      211.1.35.6     Fa0/0     10.1.1.10      01   0000   0800   5
Fa0/1      211.1.35.7     Fa0/0     10.1.1.10      01   0000   0800   5
                                                        //icmp//      //echo//
```

- 라우터(R2) 설정 값

```
R2(config)#access-list 150 permit icmp any any echo
R2(config)#route-map PBR
R2(config-route-map)#match address 150
R2(config-route-map)#match length 92 92   //최소 사이즈 92, 최대 사이즈 92//
R2(config-route-map)#set interface null0
R2(config-route-map)#exit
R2(config)#interface FastEthernet0/1
R2(config-if)#ip policy route-map PBR
R2(config-if)#ip route-cache flow
R2(config-if)#exit
R2(config)#interface null0
R2(config-if)#no ip unreachables
```

- 라우터(R2) 설정 후 결과 값

```
R3#show ip cache flow
IP packet size distribution(578 total packets):
   1-32   64    96   128   160   192   224   256   288   320   352   384   416
448   480
   .000  .027  .086  .690  .195  .000  .000  .000  .000  .000  .000  .000  .000
.000  .000
```

```
   512  544  576 1024 1536 2048 2560 3072 3584 4096 4608
  .000 .000 .000 .000 .000 .000 .000 .000 .000 .000 .000

IP Flow Switching Cache, 278544bytes
  3 active, 4093 inactive, 14 added
  1038 ager polls, 0 flow alloc failures
  Active flows timeout in 30 minutes
  Inactive flows timeout in 15 seconds

IP Sub Flow Cache, 17032bytes
  0 active, 1024 inactive, 0 added, 0 added to flow
  0 alloc failures, 0 force free
  1 chunk, 1 chunk added
  last clearing of statistics never

Protocol   Total  Flows  Packets bytes  Packets  Active(Sec)  Idle(Sec)
--------   Flows  /Sec   /Flow   /Pkt   /Sec     /Flow        /Flow
TCP-BGP       10   0.0        1     50    0.0        2.1        15.4
ICMP           1   0.0      293    100    0.0      235.7        15.3
Total:        11   0.0       28     97    0.0       23.4        15.4


SrcIf     SrcIPaddress   DstIf      DstIPaddress    Pr SrcP DstP  Pkts
Fa0/1     201.1.34.4     Se1/0.35   211.1.34.5      06 00B3 453D     1
Fa0/1     201.1.34.4     Fa0/0      211.1.34.6      32 F274 B932   114
Fa0/1     201.1.34.4     Fa0/0      211.1.34.4      01 0000 0800   157
```

위 캐시 플로 상에서 사이즈가 92바이트인 패킷이 보이지 않음을 확인할 수 있으며 ICMP 토탈 플로에서도 1개만 보이고 있음을 알 수 있다.

5) DDoS 공격 차단(cmd.exe 명령어 차단)

외부에서 DDoS 공격이 발생하는 중 특정 Http 요청에서 "cmd.exe" 명령어에 삽입 돼 들어올 경우 네트워크 장비에서 인입패킷을 검사한 후 "cmd.exe" 명령어가 포함된 경우 패킷을 폐기시킬 수 있다. 일반적으로 네트워크 장비에서 자주 사용되지는 않고 침입방지시스템(IPS)과 같은 보안전용 장비에서 주로 사용하는 기능이다. 그러나, 이러한 방법을 알아두면 네트워크 보안적인 측면에서 IPS와 같은 보안전용 장비가 설치되지 않은 경우 비상시 네트워크 보안 측면에서 신속한 조치가 가능하고, 서비스 중단 시간을 최소화할 수 있다.

그림 8-46 CMD.exe를 포함한 DDoS 공격 차단

■ DDoS 공격 차단 방법

- 액세스 리스트를 이용해 입력되는 패킷 중 80이나 8080포트를 사용하는 패킷을 선별
- 클래스맵을 이용한 http url에서 실행 명령어 "cmd.exe"를 검사
- DSCP 우선순위를 설정해 인입되는 과정에서 차단 액세스 리스트를 설정

DSCP

DSCP(Differentiated Serviced Code Point)는 데이터 트래픽의 서비스와 등급을 정의해 보장 및 우선순위를 결정하는 QoS의 일종이다. 패킷이 받는 서비스 종류나 등급을 나타내는 코드로 서비스상 우선순위의 결정에 영향을 준다.

■ 우선순위 Level(0~7)
- 0: UDP 전송과 같은 Best Effort로 신뢰성을 보장하지 않음
- 1~4: Class로 등급 구분
- 5: Express Forwarding 등급
- 6: IP Routing Protocol 등급
- 7: 2계층, Routing Protocol Keepalive 등급

```
R2(config)#access-list 150 permit tcp any any eq 80
R2(config)#access-list 150 permit tcp any any eq 8080

R2(config)#class-map match-all CLASS-HTTP-CMD
R2(config-cmap)#match access-group 150
R2(config-cmap)#match protocol http url "cmd.exe"
R2(config-cmap)#exit
R2(config)#policy-map POLICY-HTTP-CMD
R2(config-pmap)#class CLASS-HTTP-CMD
R2(config-pmap-c)#set dscp 1
R2(config-pmap-c)#exit
R2(config-pmap)#exit
R2(config)#interface FastEthernet0/1
R2(config-if)#service-policy input POLICY-HTTP-CMD

R2(config)#access-list 160 deny tcp any any dscp 1
R2(config)#access-list 160 permit ip any any
R2(config)#interface FastEthernet0/0
R2(config-if)#ip access-group 160 out  //Fa0/0으로 출력되는 패킷중 dscp 값이 1이
면 모두 폐기//
```

6) COPP

네트워크 보안관점에서 네트워크 디바이스를 보안하는 기능으로 COPP^{Control Plane} ^{Policing}가 있다. 대부분 DoS나 DDoS 공격의 경우에는 특정 호스트를 대상으로 공격이 진행된다. COPP 기능은 특정 호스트에 대한 DoS나 DDoS 공격을 대응하는 기능이 아닌 네트워크 장비를 대상으로 수행되는 DoS나 DDoS 공격을 대응하는 기능으로 Cisco 사의 네트워크 제품 중 Nexus 계열에서 적용된 기능이다.

네트워크 디바이스를 대상으로 DoS나 DDoS 공격이 진행되면 네트워크 본연의 기능인 라우팅이나 기타 패킷 포워딩과 관련된 기능들의 수행에 영향을 받게 되고 정상적인 서비스가 안될 수 있다. 네트워크 디바이스에서는 라우팅 기능은 Control Plane에서 처리된다. 외부의 공격으로 인해 Conrol Plane에 부하가 집중될 경우가 그러하다. Control Plane 부분에 부하가 집중된다는 것은 바로 네트워크 디바이스를 제어하고 통제하는 Management Plane도 당연히 영향을 받을 수 있다.

COPP 기능의 동작 원리는 Data Plane에서 Control Plane으로 패킷이 이동하는 경로를 가상의 인터페이스로 지정해 QoS를 적용시키는 것이다. QoS 적용은 패킷 유형에 따라 임계 대역 BC$^{Burst\ Count}$ 대역을 초과하면 버리는 Policing이 적용된다.

■ COPP 분류 패킷

- Receive Packets
- Multicast Packets
- Exception Packets(Cisco Nexus 장비에서 기분으로 정의한 제외 패킷)
- Redirect Packets(IP Redirect 처리로 인한 패킷)
- Broadcast MAC + non-IP Packets(IP가 없는 L2 브로드캐스트 패킷)
- Broadcast MAC + IP Packets(IP가 있는 L2 브로드캐스트 패킷)
- Mcast MAC + IP Packets(IP가 있는 멀티캐스티 패킷)
- Router MAC + non-IP Packets(IP가 없는 L2 라우터 패킷)
- ARP Packets(ARP 브로드캐스트 패킷)

간단히 COPP가 어떤 기능을 하는가를 알아봤다. COPP의 기능에 대해 이해를 돕기 위해서 COPP 동작으로 인해 패킷 전송에 어떤 영향을 줬는지 확인해보자. 실제 DDoS 공격을 발생시켰을 때 동작을 확인하는 것이 좋을 듯하지만 DDoS 공격이 발생했을 경우에 네트워크 디바이스에서 확인할 수 있는 부분은 COPP 옵션 중 Exception된 부분에 Drop Count만 증가함을 볼 수 있을 뿐이다.

그래서, 여기서 확인하는 부분은 COPP 기능으로 정상적인 패킷의 Drop이 발생하고 원활한 서비스가 안된 사례가 있어 간단히 확인해 보자.

네트워크 디바이스에서 IP Redirect 동작이 활성화된 상태에서 COPP 기능이 동작할 경우로 COPP 분류 패킷의 범주에 들어가는 Redirect로 인한 서비스 순단 현상을 설명하겠다.

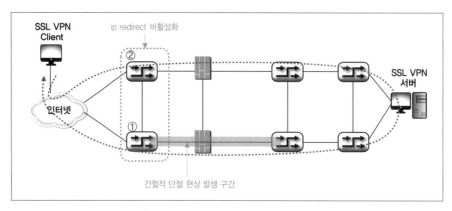

그림 8-47 IP Redirect 활성화로 인한 COPP 동작

■ ①번 네트워크 디바이스 COPP 모니터링 상태 확인

```
class-map copp-class-exception-company (match-only)
match exception ip option
match exception ip icmp unreachable
match exception ipv6 option
match exception ipv6 icmp unreachable
set cos 1
 police cir 150 kbps , bc 32000 bytes       //Burst count 32Kbytes 발생 시
Drop 발생//
 module 1 :
transmitted 1899398426 bytes
drop 964118993 byte                //ip redirect 기능 활성화로 인한 Drop 발생//
```

758

인터넷과 연결된 ①, ② 스위치에서 ip redirect 옵션이 활성화돼 네트워크 스위치에서 패킷 포워딩 기능인 라우팅 처리가 Data Plane이 아닌 Control Plane(CPU)에서 처리하게 함으로써 COPP Exception 옵션에 적용을 받게 됐다. ip redirect로 인해 그림 8-47 VPN SSL 접속이 BC값을 초과함으로써 간헐적으로 끊어지는 현상이 발생했다.

이 부분을 해결하려면 COPP 기능이 적용받지 않은 Data Plane으로 패킷 포워딩을 시키는 방법과 IP redirect 기능을 비활성화하는 방법으로 COPP Exception BC값을 상향 조정해 해결할 수 있다.

7. 망분리

망분리는 금융권 기업뿐만 아니라 많은 대기업 및 중소기업 등에서 내부 중요 자산을 보호하기 위해 사용하는 중요한 정보 보호 조치 중 하나이다. 악의적인 사이버 공격은 금전적인 손해나 전산 시스템의 파괴로 이어질 수 있으며, 금융권에서는 금융위원회와 같은 감독기관에서 사이버 공격을 물리적으로 차단하기 위해 의무적으로 인터넷과 내부 업무망은 분리해야 한다는 내용의 "금융전산 망분리 가이드라인"이 배포됐다.

 (금융전산 망분리 가이드라인) 2013년 9월 16일 배포

1. 추진배경 및 방향

○ 지난 3.20일 일부 금융회사에서 발생한 금융전산 사고는
- 인터넷을 통해 내부시스템에 접근이 가능한 운영단말기 등이 악성코드에 감염돼 정보유출 및 자료파괴를 초래하는 해킹 공격의 경로로 이용된 것임
- 이에 금융위는 "금융전산 보안강화 종합대책(7.11일)"을 마련해,
- 전산센터에 대해서는 '14년도말까지 내부 업무망과 외부 인터넷망을 원천적으로 차단하는 물리적 망분리를 의무화하고 본점·영업점은 단계적·선택적으로 추진키로 함

※ (물리적 망분리) 통신망을 물리적으로 업무용과 인터넷용으로 분리하고 별도 PC 사용

(논리적 망분리) 통신망을 S/W적으로 업무용과 인터넷용으로 분리하고 논리적으로 분리된 PC 사용

○ 금융회사가 망분리 추진 시 업무용 PC의 인터넷 차단 등 준수해야 할 사항을 가이드라인으로 마련·배포해 전자금융기반시설의 보안 강화에 도움을 주고자 함

• 참고로, 본 가이드라인에서 제시하지 않은 새로운 기술도 망분리의 기본 원칙에 벗어나지 않으면 적용이 가능

2. 망분리 가이드라인 주요 내용

○ (PC 보안) 업무용PC는 원칙적으로 인터넷망 접근과 외부메일 차단

• 인터넷PC는 업무망 접근을 원천적으로 차단하고, 인터넷 및 외부메일은 이용가능하지만 문서편집은 불가능하고 읽기만 가능*

  * 인터넷PC에서 문서편집 허용 시 중요 정보가 유출될 우려가 있어 관리자의 승인하에 제한적으로 일부 허용은 가능

• 망분리에 따른 불편 해소를 위해 망간(인터넷망 ↔ 업무망) 중계서버 등을 이용해 파일 송수신은 가능

○ (이메일 보안) 업무망에서는 금융회사 내부(자체) 메일만 사용 가능하고, 외부메일은 인터넷PC에서만 이용 가능

○ (패치관리시스템* 보안) 종전에 백신업체 등과 인터넷으로 연결해 운영된 패치관리시스템*은 인터넷과 분리해 오프라인 방식으로 운영하고,

• 비인가된 기기(PC, 노트북 등)가 접속할 수 없도록 통제

  * 패치관리시스템(PMS: Patch Management System): 시스템의 보안 취약점을 보완하기 위해 배포되는 보안 업데이트 파일을 설치·관리해 주는 시스템

금융권에서 망분리 지침은 2016년 말까지 완료해야 한다. 관련법규 전자금융거래법 제51조에 따라 증권사, 보험사, 카드사, 캐피탈사, 저축은행, 신협 및 농협 등 은행외 금융사들은 2016년 말까지 전산망분리가 의무사항으로 연내 마무리되지 못하면 별도의 불이익 조치가 있다고 한다.

여기서 망분리가 무엇이고 꼭 해야 하는가? 그리고 해야 한다면 어떻게 하면 최적인지에 대해 알아보자.

망분리란 내부 중요한 자산 및 시스템을 보호하기 위해서 인터넷과 같은 불특정 다수가 접근할 수 있는 망과 내부 업무망과 분리하는 것이다.

최근 인터넷 포털 사이트에서도 망분리 이슈로 인해 사이버 침해를 당하는 사례 등 다양한 분야에서 사이버 침해가 인터넷과 업무망과의 명확한 분리가 이뤄지지 않아서 발생한 경우가 많다.

망분리만 제대로 하더라도 인터넷을 경유한 내부망으로 사이버 침해는 미연에 막을 수 있는 보안적인 인프라 기반을 마련할 수 있다. 많은 기업들이 인터넷망을 통해서 내부망으로 접근할 수 있는 경로를 사전에 차단하기 위해 망분리를 의무적으로 하고 있다.

1) 망 미분리 취약점

망분리 유형을 살펴보기 앞서 망분리 이슈가 나타나기 전 인터넷과 업무망의 구성을 살펴보자.

네트워크 구성으로 파악해보면 기업의 직원들이 사용하는 단말에서 대부분 인터넷을 기본 경로로 설정하고 내부 업무 접속을 위해 특정 업무 서버로 정적 경로를 설정해 접속했다.

그 당시는 망분리라는 개념이 지금처럼 심각한 수준으로 고려되지 않았기 때문에 내부 그룹웨어로 접속뿐만 아니라 기업체의 자산과 밀접한 관계를 가진 중요 서버로도 별도의 방화벽만 경유한 접속으로 정적 경로를 설정해 접속했다.

이러한 인프라 구성의 취약점은 망분리를 하지 않음으로써 그대로 나타난다. 인터넷을 이용하는 업무 단말이 악성코드에 감염돼 외부로부터 악의적인 해커가 업무 단말의 관리자 권한을 취득하게 된다면 기업 내부의 중요한 자산은 쉽게 접근이 가능하게 되고 외부로 유출되는 심각한 사태가 벌어질 수 있다.

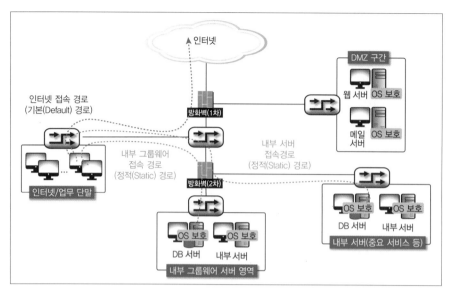

그림 8-48 망분리 이전 인프라 구성도

그림 8-48의 구성은 기업내부 전산 시스템을 포함한 본사 인프라 구성이다. 본사에 접속하는 브랜치(지사, 지점)가 있을 경우 브랜치의 망분리 이전의 구성은 그림 8-49 와 같을 것이고 취약점은 본사 구성과 유사하게 존재한다.

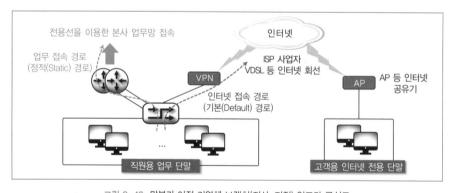

그림 8-49 망분리 이전 기업체 브랜치(지사, 지점) 인프라 구성도

브랜치의 구성은 위와 별도로 다양한 구성이 있다. 전용선으로 본사까지 접속해 업무 와 인터넷 트래픽을 함께 공유하는 경우도 있다. 망분리 이전의 이러한 구성은 브랜

762

치의 수 및 회선 대역폭 등을 고려한 구축으로 위 구성이 본·지사의 구성 중 전용선 구성에 비해 가장 저렴한 구성이며, 본사와 지사가 별도의 독립된 인터넷 회선을 이용한다는 점이 장점이 될 수도 있다.

2) 망분리 유형

망분리 방식으로는 물리적 망분리, 서버 기반 논리적 망분리 및 단말 기반 논리적 망분리 세 가지 유형이 있다. 유형별 장단점이 있으므로 자세히 알아보도록 하자.

■ 물리적 망분리

물리적 망분리는 인터넷과 업무망을 완전히 물리적으로 분리하는 것이며 개인이 사용하는 단말도 인터넷 단말과 업무 단말을 분리하는 것을 말한다.

인터넷 단말의 경우는 문서편집이나 저장 및 USB와 같은 저장매체의 접근을 완전히 차단해 보안을 강화할 수 있다. 이동매체 USB의 경우는 보안 USB 사용을 권고하고 있다.

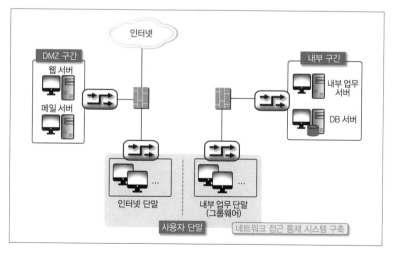

그림 8-50 물리적 망분리

▪ 물리적 망분리에 따른 보안상 고려사항

- 단말 사용자의 악의적인 의도로 내부 업무 단말을 인터넷 단말에 연결해 사용하는 경우가 있을 수 있으며, 인터넷 및 업무망에 접속하는 물리적인 네트워크를 구분할 수 있는 네트워크 접근 통제가 필요하다.

- 외부로부터 악성코드를 유입할 수 있는 연결매체을 차단해야 하며, 자료전달 수단으로는 악성코드 유무를 체크할 수 있는 보안 USB나 망간자료전송시스템을 이용해야 한다.

- 내부 중요 정보 유출 방지를 위해 업무망 단말에서는 보조기억장치 및 비인가된 저장매체의 접근 통제가 필요하다.

- 인터넷 단말은 내부정보 유출을 방지하기 위해서 업무와 관련된 정보를 생성 및 저장할 수 없어야 하며 문서 편집 기능을 특별한 경우를 제외하고는 차단해야 한다.

- 웹 서버나 이메일 서버의 접근은 인터넷 단말에서만 접근이 가능해야 한다.

▪ 논리적 망분리(서버 기반)

논리적 망분리 방법으로 서버에 기반을 둔 방법이다. 가상화 서버를 이용한 업무망 분리와 인터넷 분리를 의미한다. 물리적 망분리에서 인터넷 단말이 자유롭게 인터넷을 접속하는 것과 비교하면, 가상화 서버에서 인터넷 접근에 대한 통제가 가능하기 때문에 사용자의 인터넷 접속 제한이 쉬워질 수 있으며, 사용자로서는 다소 불편할 수도 있다.

서버 기반 가상화 방법은 업무망을 가상화, 인터넷을 가상화 및 업무망과 인터넷을 모두 가상화하는 방법이 있을 수 있다.

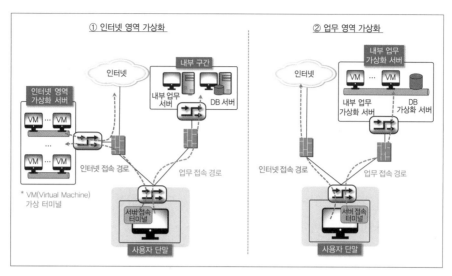

그림 8-51 논리적 망분리(서버 기반)

여기서 주의해야 할 부분은 ② 업무 영역 가상화 부분이다. 물리적인 인터넷 단말에서 인터넷을 접속하면서 업무망은 가상화 서버로 접근하는 방법으로 취약한 부분이 있다.

인터넷 단말이 물리단말로 인터넷으로부터 악성코드에 감염돼 인터넷 단말의 관리자 권한이 악의적인 해커에게 탈취당하게 된다면 외부로부터 내부업무 영역까지 접속 가능한 상태로 되기 쉽다.

반면 ① 인터넷 영역 가상화 부분은 인터넷으로부터 악성코드에 노출됐다고 하더라도 인터넷 영역의 가상화 서버에 국한될 것이다. 인터넷 가상 터미널을 통해서 내부 업무망으로 침입한다는 것은 물리적으로 분리된 것이나 마찬가지므로 쉽지는 않을 것이다. ② 경우보다는 보안적으로 더 안정적으로 볼 수 있다.

■ 서버 기반 논리적 망분리에 따른 보안상 고려사항

- 사용자 단말에 설치돼 있는 서버 접근 터미널은 해당 가상화 서버팜에만 접속할 수 있게 해야 한다.

- 물리적인 사용자 단말에서는 가상 서버팜으로 접근이 허용돼서는 안되므로 별도 접근에 대한 통제가 기술적으로 수립돼야 한다.
- 물리적 망분리와 마찬가지로 악성코드 유입 차단을 위한 연결매체의 차단이 필요하며, 자료전달 수단으로는 악성코드 유무를 체크할 수 있는 보안 USB나 망간자료전송시스템을 이용해야 한다.
- 내부 중요 정보 유출 방지를 위해 업무망 단말에서는 보조기억장치 및 비인가된 저장매체의 접근 통제가 필요하다.
- 논리적 망분리에서는 가상화 서버팜이 존재하므로 가상화 서버로 접근에 대한 통제가 이뤄져야 한다.
- 사용자 단말에서 가상화 서버로 접속하는 터미널과의 통신은 암호화된 통신 채널을 구성해야 한다.
- 인터넷 단말은 내부정보 유출을 방지하기 위해서 업무와 관련된 정보를 생성 및 저장할 수 없어야 하며 문서 편집 기능을 특별한 경우를 제외하고는 차단해야 한다.

■ 논리적 망분리(단말 기반)

단말 기반 논리적 망분리는 사용자 단말에 제한적으로 적용되고 있다. 기업 내 전체적인 망분리와는 다른 사용자 단말에서 업무망 접속과 인터넷 접속을 분리하는 방안이다.

사용자 단말에 가상터미널 전용프로그램이 설치돼야 하며, 가상터미널에 별도의 운영체제가 가동될 수 있도록 구현돼야 한다.

사용자 단말에 별도의 가상터미널을 이용하면 인터넷 접속이 가능하게 할 수 있으며 인터넷 접속은 VPN과 같은 가상 사설망을 이용한 접속을 권고하고 있다.

사용 예로는 재택근무나 외근이 잦은 직원의 경우는 이러한 사용자 단말 기반의 망분리를 적용해 보안을 적용하고 있다. 단, 여기에는 사용자 단말에 가상터미널을 이용해야만 인터넷을 이용할 수 있는 별도의 보안적인 조치가 선행돼야 하며 인터넷은 VPN으로 본사의 인터넷을 이용하게 하고 있다. 이렇게 함으로써 본사에서 사용자 인터넷을 통제하고 보안을 강화할 수 있게 된다.

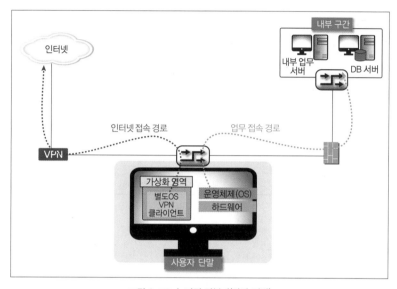

그림 8-52 논리적 망분리(단말 기반)

■ **단말 기반 논리적 망분리에 따른 보안상 고려사항**

- 악성코드 유입 차단을 위한 연결매체의 차단이 필요하며, 자료전달 수단으로는 악성코드 유무를 체크할 수 있는 보안 USB나 망간자료전송시스템을 이용해야 한다.

- 내부 중요 정보 유출 방지를 위해 업무망 단말에서는 보조기억장치 및 비인가된 저장매체의 접근 통제가 필요하다.

- 사용자 단말에서 인터넷 접속을 위한 가상화 영역 접근 시 별도 사용자 인증 수단이 필요하다.

- 가상화 영역에도 바이러스 백신 등 물리 영역과 동일한 수준의 보안 조치가 돼 있어야 한다.

- 가상화 영역에서 인터넷 접속을 위한 VPN 사설망 접속은 암호화 통신 채널을 구성해야 한다.

■ 망분리 방식별 비교

구 분	물리적 망분리	논리적 망분리(서버)	논리적 망분리(단말)
보안성	• 물리적 분리로 높은 보안성 • 자료 전송 시 추가 보안 조치가 필요	• 사용자 단말에서 논리적인 분리로 물리적 분리보다는 보안성이 약함 • 가상화 서버에 대한 추가 보안 조치가 필요 ※ 인터넷 단말의 업무망 접근 가상화는 취약점이 있음.	• 사용자 단말단에 제한적인 적용으로 전체적인 보안성은 약함 • 가상화 영역에 대한 별도의 보안 조치가 필요
성능	• 하드웨어 성능 그대로 반영됨	• 가상화 서버 영역의 자원에 따라 성능 이슈가 발생	• 단말의 성능에 의존

3) 망분리 보안취약 사례

망분리로 인한 보안취약 사례는 원인부터 결과까지 전체적인 내용을 다루는 것이 아니라 네트워크 구성 관점에서 취약한 부분이 있고, 네트워크 보안 관점에서 더 안정적인 구성을 제시한다. 독자들은 자세한 침해에 대한 기술이나 방법이 필요하다면 이 책 외 관련 침해사고 사례를 전문적으로 다룬 서적을 참고하길 바란다.

사이버 침해의 원인이 되는 요소는 인프라적인 것과 애플리케이션적인 것들의 복합체이며, 망구조가 취약하다고 전적으로 침해가 발생한다고는 볼 수 없다. 침입차단, 침입탐지, 접근 통제, 바이러스 백신, 문서암호화 등 다양한 보안 솔루션이 사이버 침해를 사전에 방지하기 위해 구성된다.

■ 논리적 망분리 취약점을 이용한 침해 사례

서버 가상화 기반의 논리적 망분리에서 서버 가상화를 업무 영역에만 적용하면 사용자 단말의 물리적인 접속은 인터넷이 될 것이다. 인터넷 단말은 이메일 및 다양한 웹 사이트로 접속할 수 있다. 그리고 사용자 단말에서 업무 영역인 가상화 서버에 접속하기 위해서는 서버접속 터미널 프로그램이 설치돼야 한다.

이러한 구성은 인터넷 단말을 서버 가상화 영역에서 설정했을 때와 어떤 점이 다른지확인해 보자. 그림 8-53에서 물리적인 사용자 단말이 악성코드에 감염돼 관리자 권한이 악의적인 해커에게 넘어가면 어떠한 일이 일어날까?

사용자 단말에서 업무 서버 접속 터미널을 통한 업무 영역으로의 접속은 어떠한 제한도 없이 접근이 가능하고, 내부 중요 자료는 인터넷을 이용해서 쉽게 가져갈 수 있다.

이렇게 구조적인 취약점을 내포한 구성이라고 해서 반드시 해커로 인해 정보를 탈취당한다고는 볼 수 없으나 구조적으로 취약한 부분이 있다면 그만큼 침해의 우려가 높다는 것을 염두에 둬야 한다.

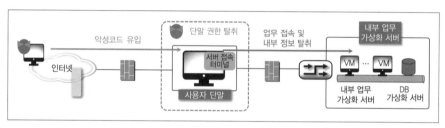

그림 8-53 망분리 취약점을 이용한 정보 탈취

■ 업무 서버를 통한 망공유로 인한 침해 사례

요즘 대부분의 기업에서는 인터넷 단말과 업무 단말의 물리적 또는 논리적으로 망분리된 상태에서 업무를 하고 있다.

이렇게 사용자 단말단에서 망분리가 돼 있다고 완벽히 망분리가 됐다고 볼 수 있는것은 아니다. 인프라 운영자들이 간과할 수 있는 부분은 바이러스 백신 배포 서버와같은 시스템은 사용자 단말이 있는 영역에는 접근할 수 있어야 한다. 그렇다면 이러한 서버도 사용자 단말과 같이 망분리돼야 할 것이다.

그러나 일부 기업에서는 하나의 서버에서 인터페이스를 분리해 운영하는 경우가 있다. 인터넷 접속용 인터페이스, 업무망 접속 인터페이스가 하나의 서버에서 연결돼 있어 해당 서버를 이용한 망공유가 될 것이다.

서버를 통한 망공유는 물리적이든 논리적이든 망분리의 의미가 없어지는 것이다. 해당 서버가 침해를 당하게 되면 업무 영역의 중요 서버들의 정보는 당연히 탈취를 당할 것이다.

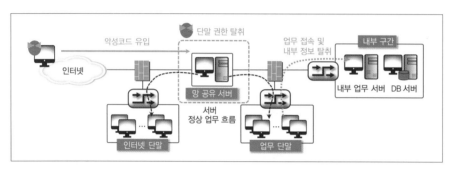

그림 8-54 서버를 통한 인터넷, 업무망 공유

이러한 경우는 업무망별 관련 서버를 별도로 구축해서 서비스해야 한다. 비용을 고려한다면 가상화를 이용한 별도의 논리적인 가상 서버로 구축하는 방법도 하나의 대안이 될 수 있다.

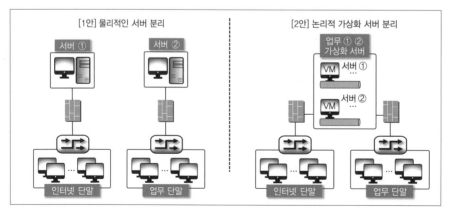

그림 8-55 서버를 통한 망공유 취약점 개선안

위와 같은 사례는 전산 업무 담당자들의 비용절감 및 업무 편의를 위해 구축하는 경우가 많다. 이러한 실무 담당자들이 간과할 수 있는 구성이 해커들에게는 좋은 먹이감이 될 수 있다.

■ 원격접속 취약점을 통한 침해 사례

인프라를 운영하는 실무자들이 간과할 수 있는 보안 이슈이며, 업무의 편의를 위해 원격에서 내부 시스템으로 접속해 업무를 처리하는 경우가 있다. 과거에는 모뎀을 이용해 원격접속을 해 업무 처리를 한 경우는 있지만 요즘에는 거의 인터넷을 통한 접속이 이뤄지고 있다.

원격접속을 한다고 해서 보안에 취약하다고 할 수는 없지만 업무 편의상 적절한 보안대책 없이 업무 담당자가 업무 편의를 위해 한다면 상당히 위험할 수 있고 해커들의 주요 목표물이 될 것이다.

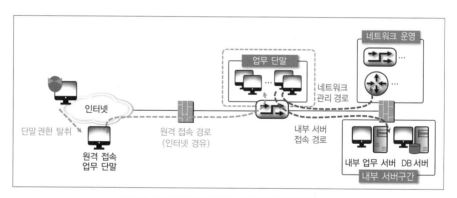

그림 8-56 원격접속 네트워크 접근 및 사이버 침해 경로

원격접속을 할 때 가장 보안이 필요한 부분은 인터넷을 통해 접속하는 원격단말에 대한 보안대책과 접속 시스템에 대한 최대한의 보안 조치가 필요할 것이다.

원격단말에 대한 중요한 보안대책으로는 인터넷 단말과 사용자 인증 부분으로 나눌 수 있다.

원격접속용 인터넷 단말은 인터넷상에 노출된 단말로 악성코드 및 피싱과 같은 사이버 공격에 대한 대비가 돼 있어야 한다. 바이러스 백신은 기본이며, 사용자로써는 악성코드에 감염성이 있는 C&C^Commend & Commit 사이트 접속을 해서는 안되며 이메일 열람도 의심되는 첨부 파일은 열어봐서는 안될 것이다.

사용자 인증 부분은 시스템적으로 인증할 수 있는 수단이나 인증서를 이용한 접속자 인증이 반드시 필요하며, OTP 등을 이용한 추가인증 수단을 이용해 접속될 수 있도록 해야 한다. 그리고, 보안을 더 강화하기 위해서는 접속 단말의 MAC 인증을 이용한 인가된 사람의 인가된 단말로 접속돼야 한다.

원격접속시스템에 대한 보안대책이 2015년 9월 금융권에서 업무연속성을 위해 비상시 제한적으로 외부망에서 내부망으로 원격접속을 허용한다는 금융감독원 전자금융감독규정 시행세칙 개정이 있었으며, 그에 따른 보안 대책은 다음과 같이 나온 바 있다.

 〔원격접속 통제 수립〕 망분리 대체 정보 보호 통제(2015.9.21 신설)
- 원격접속 기준 및 절차가 포함된 보안 정책 수립
- 불법 원격접속을 방지하기 위한 사용자 인증, 암호화 등의 보안 대책을 수립
- 원격접속은 책임자의 승인을 받은 사전 등록자에 한해 허용하며, 원격접속 관리 기록부를 기록 및 보관
- 원격에서 접속하는 외부 단말기와 내부 업무용 시스템 구간의 암호화 통신
- 원격접속 사용자는 아이디 및 비밀번호 이외의 추가 인증 수단을 적용
- 원격에서 접속하는 외부 단말기의 악성코드 감염 예방 대책 수립 적용
- 원격으로 접속 가능한 내부 업무용 시스템의 접근 통제 수립 적용
- 원격으로 접속해 수행한 모든 작업 내용은 기록하고 매일 이상 여부 점검 실시 및 책임자가 확인

위 보안 조치를 모두 갖춘다고 하더라도 외부에서 기업 내부 중요한 시스템이 접근하는 것을 허용하는 것은 신중히 결정해야 한다. 업무상 반드시 필요한 부분을 정확

히 선별해 결정해야 하며 내부시스템에 미치는 영향도를 충분히 검토해 결정해야 한다. 외부에 노출돼 내부 정보가 유출되더라도 기업에 피해가 최소화될 수 있게 구성돼야 할 것이다.

4) 망분리에 따른 원격접속 구축 사례

원격접속에 대한 적절한 보안대책을 수립하면서 원격접속 네트워크 구축은 어떻게 해야 하는지 금융권 기업에서 구축한 사례를 보고 보안사항을 어떻게 준수했는지 확인해 보자.

■ 원격접속 구성도

여기서는 구성에 대한 개략적인 부분만 기술할 것이며, 다양한 원격접속 솔루션은 많은 정보 보호 관련 업체에서 제공하고 있다.

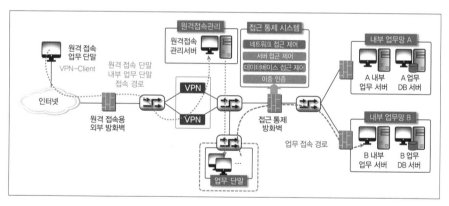

그림 8-57 원격접속 네트워크 구성도

▪ 원격접속 보안 조치 사항

구분	세부 보안 조치 사항
연결 보안	• VPN을 이용한 가상 사설망 구축 및 통신 구간 암호화 적용 (인터넷을 통한 원격접속)
단말 보안	• 접근 제어 시스템을 통한 접근 통제 (네트워크 접근 통제, 시스템 접근 통제, 데이터베이스 접근 통제) • 원격 단말은 내부 접속 시 내부에 적용되고 있는 모든 보안 솔루션 적용 받음 (네트워크 접근 통제, 악성코드 차단, 문서 보안 등)
인증 보안	• 방화벽 접근 시 1차 인증(MAC, 이중 인증 및 IP 등 허용) • VPN 접속 계정 정보(아이디, 패스워드)를 통한 2차 인증 • 네트워크 접근 통제를 통한 단말기 접근 허가 권한 부여 • 내부 접근통제시스템 적용(네트워크, 시스템, 데이터베이스)
접속 보안 허용 기준	• 장애 등 비상시 업무 연속성을 위한 접속 시스템 접속요청 시 인가된 사용자 확인 및 승인 후 방화벽 정책 허용 • 접근 통제가 이행된 내부 시스템에만 접근 허용 • 업무 단말 대역에서만 접속이 가능하게 원격접속 단말에 IP 부여 • 접속시간 제한(예: 초대 1시간 이내 등)
승인 절차	① 원격접속 요청 접수(사유 등 접속 정보 전달) → ② 허가된 사용자 여부 확인 → ③ 사용자 승인 및 보안 시스템 정책 허용 → ④ 접속 종료 후 후속 조치(접속 이력 내부 보고 등)
감사 증적	• 접근통제시스템을 통한 감사증적 확인 및 보관 • 정보보호시스템 접근 기록에 대한 로그 확인

네트워크 장비 접근 시 보안 경고 문구 설정(Banner)

네트워크 장비로 로긴해 접속할 때 접속 상태를 User Access Verification과 같이 메시지를 보여준다. 이러한 메시지보다는 경로 문구를 표시하는 것이다.

비인가자의 접속을 시도할 경우 법적인 책임을 표시하는 경고 문구를 보여주는 것도 비인가자 접근에 대한 경각심을 줄 수 있다.

■ 경고 문구 설정

```
R1#configure terminal
Enter configuration commands, one per line.  End with CNTL/Z.
R1(config)#banner motd #
Enter TEXT message.  End with the character '#'.
This system have to access authorized user olny for officially.
During using equipment, priavcy of individuals is not quaranteed.
All access and usage is monitored and can be provided evidence as court
or related organization.
Use of this system costitues consent to monitoring for these purpose.#
```

■ 원격접속 시 경고 문구 확인

```
R2#telnet 1.1.1.2
Trying 1.1.1.2 ... Open

This system have to access authorized user olny for officially.
During using equipment, priavcy of individuals is not quaranteed.
All access and usage is monitored and recored and can be provided
evidence as court or related organization.
Use of this system costitues consent to monitoring for these purpose.

User Access Verification

Password:
```

TCP/UDP Small 서비스 차단(시스코)

Echo, Discard, daytime 및 chargen과 같은 DDoS 공격 대상이 될 수 있는 서비스가
시스코 제품에는 기본적으로 제공되고 있으므로, 취약한 부분이 존재한다.
위와 같은 서비스 기능은 일반적으로 사용되지 않기 때문에 서비스를 비활성화해 취약점
을 제거하는 것이 가능하다.

```
R1#configure terminal
R4(config)#no service tcp-small-servers      //tcp small 서비스 비활성화//
R4(config)#no service udp-small-servers      //udp small 서비스 비활성화//
```

현재 생산되는 시스코 장비의 경우, 비활성화돼 제공되고 있다.

 네트워크 보안 24

ICMP Redirect 및 Unreachable 차단

Ping 프로토콜인 ICMP 응답 메시지로는 Unreachable과 Redirect 메시지가 있다. 이중
Unreachable 메시지에는 특정 목적지로 ICMP 패킷을 보냈을 경우 전달될 수 없는 원인
을 보여주는 코드들을 보여주기 때문에 패킷 스캔 등으로 해당 정보가 악의적인 해커에게
유출될 우려가 있다.
ICMP Redirect는 라우터가 송신자측 호스트에 적합하지 않는 경로로 설정돼 있으면 해
당 호스트에 대한 최적 경로를 다시 지정해주는 용도로 사용되므로 꼭 필요하지 않는 곳에
설정돼 있다면, 특정 목적지로 도달하기 위해 임의적으로 변경해 패킷을 가로채는 방법으
로 악용될 수 있으므로 해당 서비스는 비활성화하는 것이 네트워크 보안 관점에서 바람직
하다.

■ ICMP Redirect 및 Unreachable 기능 비활성화

```
R1#configure terminal
R1(config)#interface FastEthernet 0/0
R1(config-if)#no ip redirects     //ICMP redirect 기능 비활성화//
R1(config-if)#no ip unreachables  //ICMP unreachable 기능 비활성화//
```

인프라 보안

1. 인프라 보안 개념

나날이 진화하고 지능화되고 있는 사이버 공격 기법에 대응하기 위해 기업 및 보안 업체에서는 많은 투자를 하고 있다. 투자를 통한 보안 시스템의 강화도 중요하지만 그보다 임직원 및 사용자 개개인의 보안의식 고취와 보안 수준을 향상시키는 것이 우선 돼야 한다.

인프라 보안을 논함에 있어 네트워크 보안, 시스템 보안, 정보유출 방지 보안, 인증 · 암호, 보안 관리 분야로 나눠 생각해 볼 수 있다.

■ 네트워크 보안

기업의 내부 자산을 보호하기 위한 시스템에 있어 외부 구간과 접하고 있는 최전방에 위치한 인프라적 보안 수단을 의미한다.

■ 시스템 보안

접근제어 등과 보안 솔루션 등, 각종 중요시스템을 보호하기 위한 수단을 의미한다.

■ 정보유출 방지 보안

기업의 중요 자료나 개인 정보의 유출 방지를 위한 탐지 및 차단을 위한 보안을 의미한다.

■ 인증 · 암호

중요시스템의 접근은 인가된 운영자만 접근 허용돼야 하고, 관리자 승인이 있어야 한다. 또한, 보안 인증을 거친 접근 및 암호화를 의미한다.

■ 보안관리

전반적인 보안에 관련된 모든 행위나 이벤트, 감사 · 증적 등 일련의 종합적인 보안 관리를 의미한다.

2. 인프라 분야별 보안시스템

인프라에 있어서 다양한 부분이 있으며, 부분별 운영되고 있는 정보보호시스템으로는 침입차단시스템(방화벽), 침입탐지시스템, 서버/단말 보안시스템, 인증시스템, 접근통제시스템, 로그관리시스템 등이 큰 범주가 될 것이다.

■ 침입차단시스템

방화벽(가상방화벽), DDoS 차단시스템, 웹 방화벽(가상웹방화벽), IPS 등

■ 서버/단말 보안 시스템

정보유출차단시스템, 문서암호화, 단말방화벽, 단말보안점검, 단말프로세서 제어시스템, SPAM 메일차단시스템, 보안 USB, 바이러스백신, 시스템 OS 보호시스템 등

■ 인증 시스템

SSO^{Single Sign On}, 2Factor 인증, ID/PW 관리시스템, VPN(IPSec, SSL 등) 등

■ 침입탐지시스템

IDS, TMS, 허니팟, 웹쉘탐지 등

■ 접근통제시스템

서버접근제어, DB 접근제어, 네트워크 접근제어, 무선차단시스템, 모바일차단시스템, 망간자료전송시스템 등

■ 로그관리

통합로그관리시스템, 트래픽 분석기, 테이프백업 등

그외 기타 정보보호시스템으로는 악성코드의 행위분석을 통해 침해를 사전에 탐지하는 시스템과 많은 정보 보호업체에서 트래픽 및 다양한 정보보호시스템에서 발생되는 이벤트 로그를 포함한 시스템 로그와 같은 빅데이터를 이용한 침해대응시스템을 개발 및 출시하고 있다. 빅데이터는 사이버 침해 징후를 사전 예측으로 선제적으로 침해대응하기 위해 활용한다.

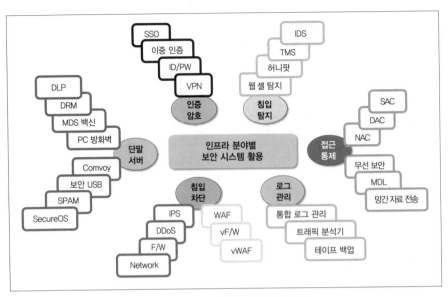

그림 9-1 인프라 분야별 보안 시스템 활용

3. 인프라 보안의 진화

인터넷이 대중화가 되기 전에는 인프라 보안의 개념은 미미했으나 현재와 같이 IoT^Internet of Things의 발전 등 인터넷이 거의 실생활화된 시대에 와서 고도화된 사이버 침해를 대응하기 위해서 다양한 분야에 고도화된 보안시스템을 활용하고 있다.

다음은 과거 침입차단시스템이라는 용어가 거의 없었던 시절부터 현재까지 정보보호 시스템의 발전에 대한 부분을 간단히 그림으로 표현했다.

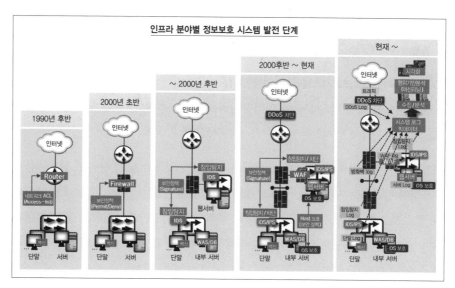

그림 9-2 인프라 분야별 보안시스템 발전 단계

정보 보호 인프라시스템은 1990년대 후반부터 현재까지 구분지어 생각해 볼 수 있다.

1990년대 후반 정보보호시스템은 보안장비가 없이 알려진 바이러스Virus 포트 정보 등에 대해 단순히 액세스 리스트ACL를 이용한 차단 정책만 수행했다.

인프라 보안에 대한 기업의 관심이 약한 것이 일반적이었으며, 인터넷을 사용하고 인터넷 연결점에는 방화벽을 설치하는 것이 원칙이나 중요도는 현재와 같이 많은 관심이 집중되지 않았다. 최소한의 보안을 위해 바이러스가 통신할 때 사용되는 포트를 차단하는 수준의 액세스 리스트를 적용할 수 있는 라우터를 이용해 방화벽 역할을 수행하게 했다.

2000년대 초반 정보보호시스템은 출발지, 목적지, 포트에 대해서만 차단 대응하는 등 인터넷과 같은 외부와 접속 부분에 1차 침입차단시스템을 구성했다.

많은 기업들이 인터넷 접점에 방화벽을 구축했으며, 중요한 구간에 내부 시스템을 보호하는 수단으로도 사용했다. 당시 방화벽은 서버에 방화벽 애플리케이션을 올려서 구현하는 소프트웨어 방식의 방화벽을 사용했으며, 이중화 구축을 위해 L4 스위치(세션 동기화 용도)를 별도로 설치했다.

2000년대 후반 정보보호시스템은 인터넷과 같은 공중망^{Public} 접속단에 1차 침입차단시스템을 구성하고, 서버 앞부분에 침입탐지시스템을 구성했다. 단말 영역에서는 악성코드와 바이러스를 탐지하는 Anti-Virus를 설치했다.

해커로부터 사이버 공격이 날로 증가하는 추세이며 인프라 보안 분야로 침해대응의 중요성이 강조되는 시점이다. 방화벽뿐만 아니라 외부로부터 사이버 침해를 탐지하는 정보 보호솔루션인 침입탐지시스템이 구축됐다. 침입탐지시스템은 공격 유형에 대한 탐지패턴을 최신으로 유지하며, 유해행위가 탐지될 경우 경고 및 대응을 즉시할 수 있는 체계가 마련됐다.

2000년대 후반 ~ 현재 정보보호시스템은 인터넷과 같은 공중망 연결단에 1차 침입차단시스템을 구성하고, 내부망 업무 영역에 2차 침입차단시스템을 구성, 서버앞단 침입탐지시스템 구성, 서버보안 솔루션 구성, 단말 영역에서는 악성코드와 바이러스를 탐지 솔루션을 구축했다.

7.7 DDoS 대란 및 농협사태 등을 겪으면서 다양한 사이버 공격에 대한 침해대응 수단도 발전했다. 네트워크 보안 위주에서 엔드포인트 서버나 단말단까지 보안을 강화하는 추세로 발전했다.

애플리케이션 방화벽을 구축해 웹 서버의 레이어 7까지 사이버 침해를 대응할 수 있는 다양한 정보 보호솔루션 설치가 됐다. 그러나 IT 발달과 함께 사이버 공격 수단도 고도화 및 지능화돼 기업들이 많은 어려움을 겪고 있다.

현재 이후 정보보호시스템은 2000년대 후반에서 현재까지 구축된 정보보호시스템뿐만 아니라 트래픽을 비롯한 다양한 정보보호시스템 및 서버시스템의 전수 로그를 이용해 빅데이터 분석을 통한 사이버 침해에 대한 선제적인 대응을 하기 위한 시스템을 구축하고 있다.

4차 산업혁명 시대에 빅데이터, 인공지능 분야에서 발전을 거듭하고 있으며 사이버 침해대응 분야에서 빅데이터, 인공지능을 적용하는 시점으로 발전했다. 다양한 정보 보호시스템에서 알려진 패턴을 탐지하는 이벤트 데이터뿐만 아니라 트래픽 및 시스템 자체에서 발생하는 전수 로그를 수집 분석해 사이버 침해 초기 단계부터 행위 패턴 위주의 탐지체계를 구축해 사이버 침해에 대한 선제적인 대응을 하고자 빅데이터를 활용한 침해대응시스템 개발에 박차를 가하고 있다.

4. 보안성 검토

안전한 IT 환경을 구축하기 위해서는 프로젝트 수행 단계부터 보안성 검토를 병행해야만 한다.

설계 단계에서 진행되는 인프라 보안성 검토와 개발 단계에서부터 진행되는 개발 보안성 검토가 주축이 돼 보안성 검토가 진행된다.

보안성 검토의 진행 흐름은 다음과 같다.

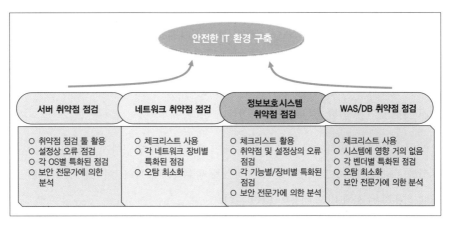

그림 9-3 보안성 검토 항목별 내용 요약

1단계 (정보시스템 현황 파악)	• 시스템 구성 현황 및 운영 파악 • 네트워크 구성 현황 파악 • 응용시스템 현황 파악
2단계 (점검 대상 선정)	• 중요도가 높거나 위협 가능성이 큰 정보시스템에 우선순위 부여 • 유사한 플랫폼은 그룹화해 대표 시스템 선정
3단계 (정보시스템 취약성 진단)	• 진단 도구를 이용한 취약성 진단 네트워크 취약성 진단 도구 • 서버 취약성 진단 도구 • 보안 장비 운영 진단 • 점검 스크립트를 이용한 수동 취약성 점검
4단계 (진단 결과 분석)	• 진단 도구에서 제시된 보고서 분석 • 수동 점검에 의한 결과 분석
5단계 (보고서 및 보안 대책 제시)	• 개선 대책 제시 진단 도구에 발견된 취약성 제거 방안 제시 • 수동 점검에 의해 발견된 취약성 제거 방안 제시

5. 개발 보안성 검토

1) 프로그램 소스코드 취약점 진단

서비스 기획 단계에서 분석, 설계, 구현, 테스트 단계에 걸쳐 보안 요구사항에 대해 고려해야 한다. 신규로 서비스를 개발할 때 애플리케이션 보안을 위해 소프트웨어 라이프 사이클의 초기 단계에서부터 보안성을 검토해야 하며, 구축(도입) 전 단계부터 조직 정보 보호를 위한 요구사항을 반영해야 한다.

만약 구축 및 설계 단계에서 정보 보호에 대한 요구사항을 반영하지 않으면 취약점을 분석해 문제를 제기하고, 운영 및 프로세스를 재순환해야 한다. 이러한 경우 개발 초기에 적용하는 것에 비해 비용이 많이 든다.

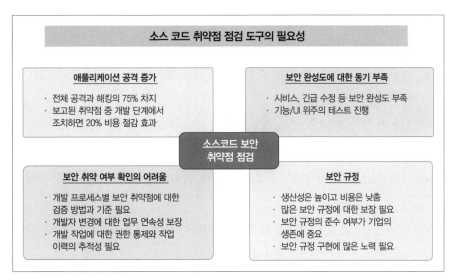

그림 9-4 개발 보안성 검토(소스 코드 보안 취약점 진단)

2) 모의해킹

모의해킹은 침투테스트Penetration Test라고도 한다. 웹 서버, 이메일 서버 및 대내·외 서비스 오픈에 앞서 각 서버로 접근하는 경로에 있는 네트워크 장비를 비롯한 서버까지 개발자들이 인식하지 못한 취약점을 찾아내고 개선하기 위해서 테스트하는 사람이 해커가 돼 침투테스트를 진행하는 것을 말한다.

여기서 대상이 되는 애플리케이션 및 시스템은 IIS나 아파치와 같은 웹 애플리케이션 및 웹, 데이터베이스 서버, 방화벽, 라우터, 스위치 등의 장비가 대상이다.

모의 해킹을 하는 목적은 취약점을 찾아서 개선하는 것뿐만 아니라 보호해야 할 내부 시스템을 목표로 어디까지 침투할 수 있고, 어떤 정보가 노출될 수 있는지, 시스템의 권한은 어디까지 불법적으로 취득이 가능한지를 확인하는 마지막 수단이다. 그리고 각 구간별 진단을 통해 발견된 취약점들이 어떠한 방식으로 해킹에 이용되는지 등을 확인한다.

■ **모의해킹시 점검해야 하는 주항목**

- 사용자 인증: 인가된 사용자 여부 식별에 대한 취약점 점검

- 사용자 세션 관리: 유/무선 환경의 네트워크 세션(Session) 쿠키 등에 대한 취약점 점검

- 암호화 및 전송 보안: 중요 정보 암호화 전송에 대한 취약점 점검

- 접근제어 및 권한: 비정상적인 권한을 이용해 접근할 수 있는 취약점 점검

- 데이터 유효성: 입력변수 유효성 점검 및 악의적인 데이터 대응 관련 취약점 점검

- 웹 취약점: 웹 보안 영역의 전반적인 문제점으로 인해 발생하는 취약점 점검

- 사용자 개인 정보 보호: 인가된 사용자 여부 식별에 대한 취약점 점검

- 정보 노출: 배너정보, 포트 정보, 임시/백업 파일 등의 정보 획득

- 권한 획득: 취약한 계정/비밀번호, 취약한 버전의 서비스 등을 이용한 권한 획득

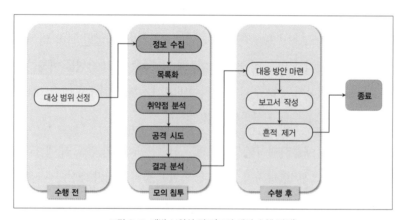

그림 9-5 개발 보안성 검토(모의 해킹 수행 절차)

6. 인프라 보안성 검토

앞서 개발보안성 검토 부분은 개략적인 부분을 다뤘으나 인프라 보안성 검토는 네트워크 보안과 밀접한 관계가 있어 좀더 깊게 다뤄보자.

우선 정보 보호 관점에서 인프라 구성에 대한 부분을 살펴보기 위해 표준 구성도를 참고해서 분야별 인프라 보안에 대해 논의해보자.

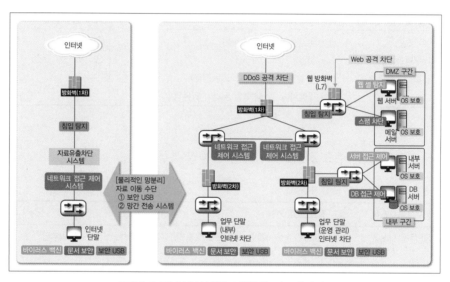

그림 9-6 정보보호시스템을 포함한 인프라 구성 가이드

1) 정보보호시스템 적용 구분

가) 업무 네트워크별 구축될 정보보호시스템

■ 내부망과 인터넷망과의 분리가 원칙(물리적 혹은 논리적 분리)

표 9-1 업무망별 구축될 정보보호시스템

구 분	정보보호시스템	비 고
내부망 (인터넷 연동 안 됨)	• 침입차단시스템(방화벽) • 바이러스 백신	내부 업무 서버 내부 업무 단말
인터넷망 (내부망과 분리)	• 침입차단시스템(방화벽) • 침입탐지시스템(IDS) • 웹 방화벽(웹 서버가 있는 경우) • 스팸차단시스템(메일 서버가 있는경우)	DMZ 구간 인터넷 단말 구간

나) 인프라 보안 주요 정보보호시스템 기능별 분류

표 9-2 정보보호시스템 기능별 분류

정보보호시스템	정보 보호 기능	비고
침입차단시스템	정책(IP 주소, 4계층 포트, 프로토콜 등) 기반 허용/차단 적용	내·외부망
침입탐지시스템	전송되는 데이터 패킷에 대한 사이버 침해 유형별 패턴 탐지 및 경고 알람 발생	내·외부망
웹 방화벽	웹 애플리케이션 방화벽(7계층) 웹 서버 애플리케이션 취약점 공격 방어	외부망
바이러스 방역	악성코드 및 바이러스 탐지 및 치료	내·외부망
DDoS 차단시스템	트래픽 공격, 서버 부하 공격 등 서비스 거부 공격 탐지 및 차단	외부망
네트워크 접근 제어	비인가자 네트워크 접근 탐지 및 차단	내·외부망
서버 접근 제어	비인가자 서버 접근 탐지 및 차단	내부망
DB 접근 제어	비인가자 데이터베이스 서버 접근 탐지 및 차단	내부망
자료 유출 차단 시스템	개인 정보 및 중요 정보 외부 유출 탐지 및 차단	내·외부망
서버 보안	서버 OS 보안, 서버 중요 파일 시스템 보호 및 접근 통제	내·외부망
무선 랜 차단	비인가 무선 통신을 이용한 자료 유출 등 탐지 및 차단	회사 전체

다) 정보보호시스템 유형별 도입 요건

• 국가 정보 통신 기반 시설을 보유하고 있는 기관의 경우에는 "국가 정보 보안 기본 지침"에 따른 CC(EAL2 이상) 인증[1] 자격을 득한 시스템을 도입해야 한다.

2) 인프라 보안성 검토

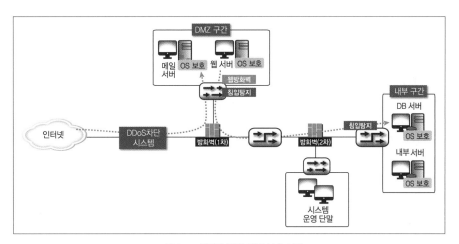

그림 9-7 인터넷 구간 정보 보호 구성

가) 인터넷과 연동되는 업무 구성

인터넷 구간 및 DMZ^{Demilitarized Zone} 구성이 필요하며 인터넷 업무 구간은 기본적으로 외부 침입탐지 및 차단시스템을 갖춰야 한다.

DDoS 차단시스템은 인터넷 접속단에 위치해야 하며, 웹 서버가 있는 경우는 웹 방화벽과 웹쉘 탐지 솔루션 구축을 권고한다.

---

1 컴퓨터 보안을 위한 국제 표준이며 ISO/IEC 15408, IT 관련 시스템 및 정보시스템에 대해 정보 보안평가 인증을 위한 평가 기준이다.
   단계별로 PP(Protection Profile) 평가, ST(Security Target) 평가, TOE(Target Of Evaluation) 평가 단계로 돼 있으며 각 단계의 기준을 통해 평가 받는 시스템은 EAL(Evaluation Assurance Level)로 보안 수준을 평가 받게 된다.
   EAL는 평가시스템이 통과한 인증 단계를 의미하며, EAL0(부적절한 보증), EAL1(기능시험), EAL3(구조시험), EAL4(방법론적 설계, 시험, 검토) 단계로 돼 있으며, EAL7까지 있다.

공개 홈페이지의 경우는 일반인들이 접근하기 때문에 웹 서버가 인터넷을 공개되는 부분과 정보가 전달되는 부분은 별도로 구간을 분리해 구성할 필요가 있다.

정보통신 기반 시설의 경우 웹 서버의 경우는 년 2회 모의해킹을 통한 웹 서버 취약점에 대해 수시로 점검이 필요하며 최대한의 보안을 강화해야 한다.

웹 서버의 경우는 DMZ에 구축되기 때문에 중요한 정보를 보관 또는 관리하지 않아야 한다.

나) 내부 연동 업무 구성

웹 서버와 웹 애플리케이션 서버는 분리해 구축하는 것이 보안성 강화에 필요하다.

웹 서버에서는 웹 애플리케이션 서버 또는 중계 서버 등을 통해 데이터베이스 서버와 통신하는 것을 권고한다.

웹 서버에서 직접 데이터베이스 서버로 접근하는 것은 충분히 취약점으로 고려될 수도 있다.

기업 내 데이터베이스 서버의 경우는 기업의 중요 정보는 물론 개인 정보도 포함하고 있을 것이다. 이러한 정보가 웹 서버와 직접 연동된다는 것은 웹 서버만 악의적으로 관리자 권한이 탈취를 당하게 되면 기업 내 모든 중요 정보가 유출된다고 봐도 될 것이다.

다) 데이터베이스 서버 및 가동 서버에 대한 비인가자 접근 제어

인가된 사용자만 접근이 가능하도록 서버보안 솔루션을 통해 통제하고 관리돼야 한다.

접속 서버나 웹 애플리케이션 서버의 경우는 필요한 정보에 한해서만 조회가 되도록 구성돼야 한다.

기업 내 중요 데이터베이스의 경우는 암호화 부분도 함께 검토가 필요하다.

라) 내부 업무망 단말과 인터넷 전용 단말의 분리

■ 업무용 단말

개인 업무용 단말의 경우는 가동시스템에 직접 접속은 안 되며 그룹웨어와 같은 사내 업무와 같이 애플리케이션을 통해 이용할 수 있다.

■ 개발용 단말

프로젝트 수행이나 테스트를 위한 단말로 접근시스템은 가동시스템이 아닌 별도 네트워크로 구성된 테스트나 개발시스템으로 접속돼야 한다.

■ 시스템 운영 단말

가동시스템의 운영 단말의 경우는 외부와 접속되는 경로가 완전 차단된 상황실이나 모니터링 센터에 설치된 상시 모니터링 단말로 운영돼야 한다.

■ 인터넷 단말

인터넷 검색이나 각종 웹 서핑을 통한 자료검색이나 외부 고객응대 용도로 인터넷을 사용해야 하는 단말로 내부망과는 물리적으로 분리되는 것이 최선이며, 요즘에는 논리적인 분리를 적용하는 경우도 있다. 인터넷 단말 내에는 개인 기밀자료나 업무적으로 중요한 자료를 보관하지 말아야 하며 문서 편집권한 자체를 차단하고 보기 기능만 제공하기도 한다.

인터넷과 연동되는 부분으로 내부 자료가 유출되는 경우가 가끔 발생해 사회적인 이슈가 되는 경우도 있으므로 자료유출방지 솔루션을 운영하는 것도 보안강화에 필요한 부분이다.

마) 무선통신망 보안

데이터센터 등 내부 전산센터 내에서는 기본적으로 무선통신망 설치는 불허하고 있다.

무선통신망의 특성상 한 기업체에서 무선통신망을 사용하지 않는다고 해서 무선망이 차단되는 것이 아니다. 무선통신망의 범위는 건물을 넘어서는 경우가 대부분이므로 별도의 무선차단시스템의 설치를 권고하고 있다.

무선통신망을 통한 업무는 최소한으로 제한되고 있으며, 사전에 정보 보호최고책임자의 승인을 득해야 사용이 가능한 부분이다.

 무선망 보안 수립 대책(국가 정보 보안 기본 지침)

- SSID(무선 AP 접속 네트워크명, Service Set Identifier) 브로드캐스트 비활성화
- SSID 이름 추측이 어려운 이름 사용
- WPA2(256비트) 이상 암호체계를 사용해 송 · 수신 데이터 암호화
- MAC 주소 및 IP 주소 필터링 설정으로 인가된 단말만 사용 가능하게 설정
- DHCP 서버 사용 비활성화(금지)
- 무선단말기, 중계기(AP:Access Point) 등 무선랜 구성요소별 분실, 탈취, 회선 및 오용 등에 대비한 물리적 관리적 보안대책 수립

바) 데이터베이스 암호화

■ 암호화 대상

- 고유식별정보: 주민등록번호, 여권번호, 운전면허번호, 외국인등록번호 등
- 비밀번호
- 생체(바이오) 정보

■ **암호화 방식**

- 공공기간: 국가 표준 블록 알고리즘[ARIA2] 적용, 기술적 적용이 안되는 경우에는 국제표준 SEED 적용도 고려
- 민간기업: 국제표준 SEED 적용

3) 인프라 보안성 검토 사례

1. 사업명: XXX 서비스 구축 사업

2. 사업 배경
- 기술 진보가 빠른 신규 시장으로 진입을 위해 빠른 속도와 다양한 콘텐츠를 기반으로 시장 선점을 하고자 함.

3. 추진 방향
- 신규 서비스의 상품 경쟁력 확보를 위해 영업 활성화를 통해 사업 기반을 강화하고자 함.
- 기술 내재화로 자체 기술력 향상 및 원가 절감 실현해 사업 기반 안정화하고자 함.

4. 사업 범위
- 금융 관련 모바일 앱 개발 및 서비스 제공

5. 시스템 구성

구분	모델 및 사양	수량	비고
서버	CPU: Intel Xeon 2.4GHz 8Core×1P 이상 - Memory: 32GB 이상 - HDD: 600GB 10K×2EA 이상 - NIC: 2port 10Gbe×2EA 이상 - DVD: x8 이상 - Power Supply: 이중화	X	
서비스팩	WSU(3년, 24*7)	X	
O/S	Red Hat Enterprise Linux Server, Premium(1-2 sockets)(Up to 1 guest) 1yr	X	
DBMS	MySQL(서비스팩), 설치비 포함	X	

---

2 국가표준 블록 암호 알고리즘으로 Academy(학계), Research Institute(연구소), Agency(정부 기관)도 함께 개발됐음을 나타낸다. 경량환경 및 하드웨어 구현을 위해 최적화된 별도의 복호화기를 사용하지 않고도 복호화를 할 수 있는 Involutional SPN 구조를 갖는 범용 블록 암호 알고리즘이다.

6. 네트워크 및 보안 구성도

(생략, 기업 내부 자료)

7. 주요 보안 대책

1) 관리적 보안

구분	적용 보안 대책
정보 보호 교육 훈련 방안	• 외부 구축업체 관리자는 보안에 대해 명확한 인식을 가지고 외부 구축 인원들을 점검, 교육
	• 중요한 절차 및 방법 등의 변경이 있거나 신규로 직원을 채용할 때에는 지체 없이 필요한 교육·훈련을 실시함.

외주 용역에 대한 보안	• 외부 개발자 통제 방안
	  – 개발 책임자가 판단하는 주요 문서 출력 사용 후 파쇄 확인
	  – 외주 개발 업체의 상주 인원들은 회사에서 제공한 전산 자원만 사용
	  – 외부 전산 자원의 내부 반입 필요 시, 반·출입 리스트 작성 및 유지 관리
	  – 출·퇴근 시 불시 점검을 통해 인쇄물 반출 확인

	• 외부자의 보안 서약서 징구
	  – 시스템 보안 담당자가 보안 서약서 징구 및 관리
	  – 외부 개발자에 대한 세부 보안 대책은 외주 용역 보안성 검토 요청서 참조

2) 물리적 보안

구분	적용 보안 대책
설치 장소	• 물리적 시설 보안이 구비돼 있고, 통제 구역 내에 시스템을 설치해 외부로부터의 불법 침입을 방지할 수 있도록 함
물리적 보호 대책	• 기계실 내 모든 출입문은 R/F 출입 카드를 통해 출입을 통제하며, 출입문에 대한 출입 행위와 불법 침입에 대해서는 CCTV 카메라를 통해 감시 및 녹화를 실시해 물리적 접근을 통제함
출입 통제 대책	• 임시 출입자 지정은 "보호구역 임시 출입증 발급 신청서"를 작성해 전산실 담당 팀장, 출입 통제 담당 팀장의 허가를 득한 자. • 전산실 출입자는 "전산실 출입 대장"에 기록한 후 출입함 • 출입구 보안 담당 직원 물리적 통제, 출입 기록 유지 및 사고 시 추적이 가능하도록 일정 기간 동안 보관

3) 정보보호시스템 보안

구분	적용 보안 대책
침입 차단 시스템	• 내·외부로부터 모든 서비스를 차단하고, 최소한의 필요한 서비스 포트와 기능만을 허가함

	• 룰의 추가·변경·삭제는 관련 절차에 따라 엄격히 적용되며, 임의 적용을 금지함
	• 외부에서 내부망으로 원격 관리를 위한 Port(ssh, telnet 등)는 원칙적으로 금지(원격 관리 금지)
서버 보안	• 중요 시스템 파일의 위·변조 방지 정책을 통해 파일 무결성 유지, 서버 접근 사용자 권한은 Secure OS 정책을 통해 설정
	• 기본적으로 제공되는 서비스 중 최소한의 필요한 서비스만 사용하도록 하며, 불필요한 서비스는 제거
	• 서버 접근 사용자 권한은 Secure OS 정책을 통해 설정
	• 해당 로그는 최소 1년 이상 보관함

4) 네트워크 보안

구분	적용 보안 대책
네트워크 장비 보호	• 패킷 필터링 기능을 지원하는 스위치 사용
	• 네트워크 장비 관련 로그 관리
	• 원격 로그 서버 사용, NTP 연동 등
	• 네트워크 장비는 인가 받은 자에 한해 접근할 수 있도록 접근 제한(Access-list) 설정
	• SNMP Community String 복잡성 및 ACL 설정
	• SNMP Community 권한 설정
	• VTY 접근 시 ACL 설정 및 안전한 프로토콜 사용
	• 로그온 시 경고 메시지 설정
	• 불필요한 보조 입·출력 포트(장치) 사용 금지
	• 사용하지 않는 인터페이스 Shutdown
	• 정기적 환경 파일 백업

5) 시스템 보안

구분	적용 보안 대책
시스템 설치	• 최신 취약점이 개선된 OS 설치 및 수시 취약점 패치가 가능해야 함
계정운영	• 시스템 관리자를 제외한 관리자 계정 사용 금지
	• 접근 통제된 상황실에서 허락된 관리자만 사용하도록 통제
	• 전체 운용 시스템의 중요 디렉터리는 관리자 외 쓰기 권한 미부여
	• 모니터 계정은 rsh(restrict shell)로 작성해 권한을 제한
	• 각 전체 운용 시스템에 있어 업무 분장별 계정을 부여하고 최소 권한만을 부여함

패스워드 관리	• 모든 사용자는 패스워드 인증을 통해서만 시스템을 사용할 수 있도록 함 • 패스워드는 문자/숫자를 조합해 9자리 이상으로 설정함 • 패스워드 히스토리를 관리해 동일 패스워드 사용을 금함 • 모든 사용자의 패스워드 입력 제한은 5회 이하, 실패 시 자동으로 연결 해제(disconnected)시키고, 사용자 계정은 사용 중지시키며, 확인한 후 다시 사용할 수 있도록 함 • 1개월마다 패스워드를 변경하고, 관리자 계정은 본인 이외에는 사용하지 못하게 하며, 타인에게 알려지지 않도록 별도 관리
서비스 보안 설정	• 시스템 관리자는 해당 시스템의 불필요한 서비스 및 패키지를 확인한 후 제거(예: TFTP, fingerd, rexecd...) • 각 서비스별 보안 패치를 하며, 해당 서비스의 취약점 발표 시 즉각 보안 패치를 설치함

로깅/감사 및 모니터링	• 기본적으로 로그인해야 할 내용
	  – 가장 최근에 로그인한 사용자 정보
	  – 사용자별 로그인 시간 정보
	  – 사용자별 로그인/로그 아웃 정보
	  – 사용자별 접근 서비스 내용
	  – 허가되지 않은 자산에 접근 시 사용자 및 접근 내역
	  – 허가되지 않은 사용자 침입 시 침입자 정보, 일시 등

애플리케이션 보안	• 애플리케이션 사용자 처리
	  – 시스템 계정이 아닌 애플리케이션 계정 사용 로그인 처리, 계정 해킹 시 시스템은 보호 가능
	• 접근 권한에 의한 관리
	  – 관리자 계정은 IP 등으로 접근 권한 관리, 그룹별/사용자 권한별 관리(접근 권한 제한), 데이터 보안 조치
	• 보안 프로토콜 사용(고객 특성별 적용 사항)
	  – HTTPS 등 보안 프로토콜을 사용해 송신 간 데이터 암호화
	  – 인증서를 통한 인증 사용자 접속 및 암/복호화
	• IP Filter 사용 허가된 IP만 접근 처리
	  – 허용 IP만 승인 절차를 통해 접근
	• 개인 정보가 포함된 DB 및 파일 암호화

DB 보안	• DBMS 접속 가능한 단말기는 상황실 단말기로 제한(운영 시) • DBMS 설치 후 불필요한 기본 계정은 삭제하고 비밀번호는 변경 • 비밀번호는 다음 각 호의 사항을 반영해 숫자와 문자, 특수 문자 등으로 9자리 이상으로 정하고 분기별 1회 이상 변경 • 사용자 계정(ID)과 동일하지 않은 것 • 개인 신상 및 부서 명칭 등과 관계가 없는 것

DB 보안	• 일반 사전에 등록된 단어는 사용을 피할 것
	• 동일 단어 또는 숫자를 반복해 사용하지 말 것
	• 이미 사용된 패스워드는 재사용하지 말 것
	• 동일 패스워드를 여러 사람이 공유해 사용하지 말 것
	• 애플리케이션 등을 이용한 자동 패스워드 입력 기능 사용 금지
	• DBMS에 접속할 수 있는 단말기는 IP 주소로 제한
	• DBA 권한은 반드시 필요한 계정에 한해 최소한으로 부여
	• DBMS 접속한 세션의 Idle Timeout 시간을 적절하게 설정(10분 이내 권장)
	• 보안 패치는 주기적(예: 정기 점검 시)으로 시행

8. 검토 결과

XXX 서비스 구축 사업의 주요 구축 내용은 기존의 정보보호시스템이 보호하고 있는 보안 구성의 틀 안에서 구축이 이뤄지므로 전자 금융 감독 규정 및 보안 관리 규정에서 요구하고 있는 보안 수준을 충족하고 있다고 판단됨.

단, 외주 용역을 통해 개발하는 건이므로 개발 보안 프로세스에 의해 관리돼야 하고, 주요 정보 유출 및 악성코드 감염 등 보안 사고 발생되지 않도록 용역 업체에 대한 보안 관리가 필요함.

• 개발자는 개발 초기 단계에서부터 코드 내 보안 취약점이 존재하지 않도록 보안성을 고려해 개발을 진행해야 함.

• DB는 WEB 등 서비스 영역과 분리 운영돼야 하며, 서비스 시 불필요한 서비스는 제거해 보안 취약점을 최소화해야 함.

SNMP 정보 전파 차단(중요)

SNMP 정보는 대부분의 네트워크 장비는 SNMP를 지원하고 활성화돼 있으며 SNMP NIB값 정보에는 트래픽 정보 및 인터페이스 설정 값 등 다양한 네트워크 값을 가지고 있으므로 SNMP String 정보만 알고 있다면 그 네트워크 장비에 설정된 대부분의 값을 알 수 있게 된다.

SNMP Community 이름을 네트워크 회선이 연결된 외부 장비에서 알고 공유하게 된다면 해당 네트워크 장비의 다양한 정보가 외부로 유출될 것이다. 이러한 네트워크 관련 정보는 회선을 제공하는 기간통신사업자인 경우는 고객 서비스를 위한 자산의 유출과 동일한 피해를 볼 수 있을 것이다.

■ SNMP 정보 전달을 위한 보안 설정 시 고려사항

- SNMP String의 경우는 이름도 반드시 기본적으로 설정된 Public에서 예측이 어려운 복잡한 이름으로 변경해야 한다.
- SNMP 정보를 받는 서버는 네트워크 관리 서버인 NMS만 받을 수 있도록 액세스 리스트(ACL)를 함께 설정해야만 한다.
- SNMP 액세스 리스트를 설정해 접근 가능한 IP를 제한한다.
- SNMP 커뮤니티 이름 예측이 어려운 이름으로 변경
- SNMP 커뮤니티 모드 RO(Read Only) 모드 설정

■ SNMP를 임의로 수정하는 것을 방지해야 한다(Read Only).

- SNMP 값이 변경되면 장비 설정에도 영향을 줄 수 있다.

■ 네트워크 SNMP 보안 설정

- SNMP Community 정보 복잡하게 설정
- 특정 호스트로만 전달 가능하게 설정
- SNMP Community 이름 변경 불가하게 설정(Read Only)

```
R1(config)#access-list 10 permit 10.1.1.254
R1(config)#snmp-server community qwe!de13 ro 10
 //snmp community 이름 : qwe!de13//
 //ro: read-only, 수정이 불가능하게 읽기 전용으로만 설정//
 //ACL 10 호스트에만 적용//
```

10

트러블 슈팅

네트워크 시스템이나 정보보호시스템을 운영하는 운영자들은 장애에 대해 매우 민감하다. 모든 애플리케이션을 동작하게 위해서는 네트워크 기반이 잘 갖춰져야 안정적으로 동작하고 관련 서비스를 이용하는 고객들도 만족하고 이용할 것이다.

고객 서비스를 안정적으로 제공하기 위해서는 네트워크, 정보 보호 및 서버 등 하드웨어적인 장애가 발생하더라도 정상적인 서비스가 가능하게 이중화 구성은 필수적이다.

이중화 구성은 서버 이중화, 네트워크 시스템 이중화, 통신회선 이중화, 방화벽 이중화 등 인프라 구성별로 통신회선 구간과 다양한 시스템을 이중화를 고려해 구성해야 한다.

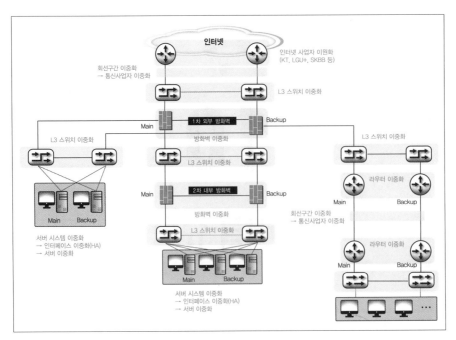

그림 10-1 인프라 이중화 구성

통신회선의 이중화는 특히 주의를 기울여야 한다. 통신회선의 이중화라 함은 통신사업자를 이중화시켜야 한다. 단순히 통신회선만 Main / Backup으로 구성해서는 안된다. 통신사업사 시설에서 동일한 시스템에 Main / Backup 회선을 수용할 수도 있다. 통신 사업자들의 수익구조는 통신회선을 고객들에게 제공하고 비용을 받는 구조이다. 그렇기 때문에 통신회선을 구성하는 단국(통신 광단국) 장비를 각 센터 및 고객사 사이트에 설치해야 한다. 고객사 각 사이트마다 이중화 구성은 사실 수익에 비해 투자가 과할 수도 있기 때문에 소규모의 고객 사이트의 경우는 광단국 장비를 1대만 설치하고 회선 서비스를 한다. 이때 설치되는 통신 광단국 장비는 소규모의 장비이다. 그래서, 고객사 입장에서는 서비스가 중요하다고 한다면 통신사업자를 이원화해 통신회선을 구성해야 한다. 통신사업자 국사는 자연스럽게 이원화가 되고 고객 사이트에 설치되는 장비도 당연히 이원화돼 설치된다.

이렇게 통신회선의 이원화는 통신사업자의 이원화로 추진해야 회선구간의 안정성을 강화할 수 있다.

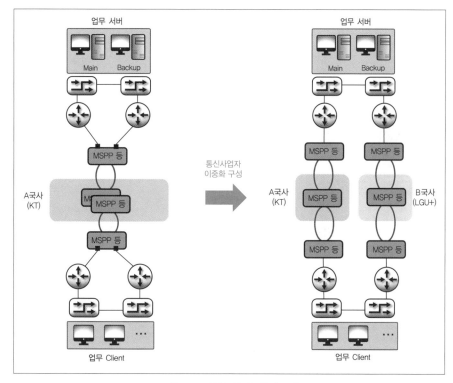

그림 10-2 통신사업자 이중화 구성

1. 네트워크 인프라 구성상 장애 포인트

네트워크 인프라를 구성할 때 이중화 구성은 물론 구간별 장애 발생 가능성이 높은 부분은 다년간 네트워크 실무 경험이 있는 운영자의 경우는 대충 짐작할 수 있을 것이다.

다만 장애가 발생할 경우 어떻게 하면 서비스 중단을 최소화하고 신속하게 장애 조치 및 대응함으로써 운영자는 본인의 책임을 다하는 것이다.

여기서 개략적인 네트워크 인프라의 구성에 따라 어떤 구간에 어떤 장애가 발생할 수 있고, 장애가 발생할 경우 대처해야 하는 기본 방향에 대해서 알아보자.

다음 네트워크 구성은 다소 복잡할 수 있지만 구간별로 나눠서 발생할 수 있는 장애를 나열해보고 그것에 대한 대처는 어떻게 해야 하는가를 간단히 설명하도록 하겠다.

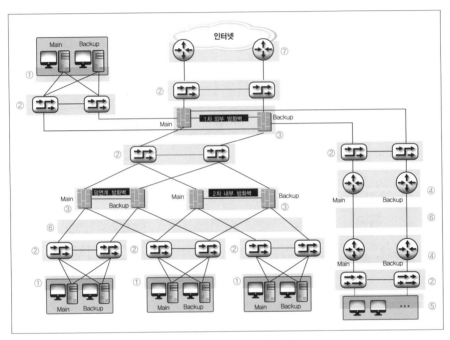

그림 10-3 네트워크 구간별 점검 포인트

그림 10-3은 개략적인 방화벽이 포함된 네트워크 인프라 구성도이다. 구성도에서 네트워크 장비와 방화벽 장비가 적절한 구성으로 하나의 서비스 인프라가 구성돼 있다고 볼 수 있다.

① ~ ⑦까지 장비를 포함한 네트워크 구간에서 장애가 발생할 수 있는 유형과 조치에 대해서 살펴보자.

① 서버 시스템 연결구간 점검 포인트

구 분	점검 포인트
서버 구성	• 물리적 시스템 이중화 구성 여부(Main/Backup) • 시스템 인터페이스 HA 구성 여부(Active/Standby)
네트워크 연결 구성	• 시스템 Active 인터페이스 → Main 스위치 인터페이스 • 시스템 Standby 인터페이스 → Backup 스위치 인터페이스
서버 시스템 Link 상태	• 시스템 인터페이스 링크 Up/Down 상태 • 시스템 인터페이스 에러 발생 여부(CRC, Collision 등) • 서버 인터페이스 옵션(Speed/Duplex)
네트워크 링크 상태	• 스위치 인터페이스 링크 Up/Down • 스위치 인터페이스 에러 발생 여부(CRC, Collision 등) • 스위치 인터페이스 옵션(Speed/Duplex) R3#show interface status //Up/Down 상태 확인// Port Name Status Vlan Duplex Speed Type Fa0/0 connected 10 full 100 10/100BaseTX Fa0/1 connected 10 full 100 10/100BaseTX

```
Fa0/2          notconnect   1      full       100 10/100BaseTX
… …

R3#show interface FastEthernet0/0
FastEthernet0/0 is up, line protocol is up
  Hardware is FastEthernet, address is cc03.4c40.f000 (bia
cc03.4c40.f000)
  MTU 1500 bytes, BW 100000 Kbit, DLY 100 usec,
     reliability 255/255, txload 1/255, rxload 1/255
  Encapsulation ARPA, loopback not set
  Keepalive set (10 sec)
  Full-duplex, 100Mb/s
  ARP type: ARPA, ARP Timeout 04:00:00
  Last input 00:00:42, output never, output hang never
  Last clearing of "show interface" counters never
   Input queue:0/75/0/0 (size/max/drops/flushes); Total output
drops: 0
  Queueing strategy: fifo
  Output queue: 0/40 (size/max)
  5 minute input rate 0 bits/sec, 0 packets/sec
  5 minute output rate 0 bits/sec, 0 packets/sec
     0 packets input, 0 bytes, 0 no buffer
     Received 0 broadcasts, 0 runts, 0 giants, 0 throttles
     0 input errors, 0 CRC, 0 frame, 0 overrun, 0 ignored
     0 input packets with dribble condition detected
     0 packets output, 0 bytes, 0 underruns
     0 output errors, 0 collisions, 2 interface resets
     0 babbles, 0 late collision, 0 deferred
     0 lost carrier, 0 no carrier
     0 output buffer failures, 0 output buffers swapped out
```

② 네트워크 시스템 점검 포인트

구 분	점검 포인트
스위치 설 정 값	• 스위치 포트 설정 상태(Routed Port or SVI Interface(Access Port)) 　※ SVI: Switched Virtual Interface • 스위치 포트 Speed / Duplex R3#show interface status Port　Name　Status　　　Vlan　Duplex　Speed　Type

```
Fa0/0        connected    10      full    100   10/100BaseTX
Fa0/1        connected    10      full    100   10/100BaseTX
Fa0/2        notconnect   1       full    100   10/100BaseTX
Fa0/3        notconnect   1       full    100   10/100BaseTX
Fa0/4        notconnect   1       auto    auto  10/100BaseTX
Fa0/5        notconnect   routed  auto    auto  10/100BaseTX
Fa0/6        notconnect   1       auto    auto  10/100BaseTX
... ...
```

• Spanning-Tree 동작 상태

```
R3#show spanning-tree brief    //Block, Forwarding 등 Loop 구간 점검//
VLAN10
 Spanning tree enabled protocol ieee
 Root ID  Priority   32768
          Address    cc03.4c40.0000
          This bridge is the root
          Hello Time  2 sec  Max Age 20 sec  Forward Delay 15 sec
 Bridge ID  Priority  32768
            Address   cc03.4c40.0000
            Hello Time 2 sec  Max Age 20 sec Forward Delay 15 sec
            Aging Time 300
Interface                               Designated
Name            Port ID Prio Cost Sts  Cost  Bridge ID
Port ID
--------------- ------- ---- ----- --- ----- ------------------
FastEthernet0/0  128.1   128  19   FWD    0   32768
cc03.4c40.0000 128.1
FastEthernet0/1  128.2   128  19   FWD    0   32768
cc03.4c40.0000 128.2
```

• Main, Backup 스위치간 트렁크 설정 옵션

```
interface Port-channel1
 switchport mode trunk
interface FastEthernet0/11
 switchport mode trunk      //Trunk 포트로 설정//
 duplex full
 speed 100
 channel-group 1 mode on   //Etherchannel로 2개 인터페이스 묶음//
interface FastEthernet0/12
 switchport mode trunk      //Trunk 포트로 설정//
```

```
duplex full
speed 100
channel-group 1 mode on     //Etherchannel로 2개 인터페이스 묶음//

R3#show etherchannel summary
Flags:  D - down      P - in port-channel
        I - stand-alone s - suspended
        R - Layer3      S - Layer2
        U - in use
Group Port-channel  Ports
-----+------------+-----------------------------------------------
1    Po1(SU)     Fa0/11(P)  Fa0/12(P)
```

| 네트워크 연결
구성 | • Main 스위치 ↔ 서버 Active(HA Port)
• Backup 스위치 ↔ 서버 Standby(HA Port)
• Main, Backup 스위치간 이중화 트렁크 구성 |

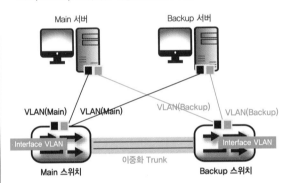

• Routing Table: FLB(Firewall Load Balancing)를 위한 이중화 라우팅 설정
 – Destination(or Default) → Gateway : Master 방화벽 VIP
 – Destination(or Default) → Gateway : BMaster 방화벽 VIP

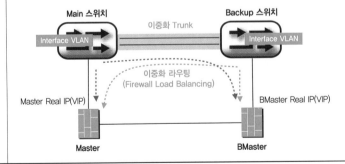

네트워크 링크 상태	• 스위치 인터페이스 링크 Up/Down
	• 스위치 인터페이스 에러 발생 여부(CRC, Collision 등)

R3#show interface status   //Up/Down 상태 확인//

Port	Name	Status	Vlan	Duplex	Speed	Type
Fa0/0		connected	10	full	100	10/100BaseTX
Fa0/1		connected	10	full	100	10/100BaseTX
Fa0/2		notconnect	1	full	100	10/100BaseTX

… …

R3#show interface FastEthernet0/0
FastEthernet0/0 is up, line protocol is up
  Hardware is FastEthernet, address is cc03.4c40.f000 (bia
cc03.4c40.f000)
  MTU 1500 bytes, BW 100000 Kbit, DLY 100 usec,
     reliability 255/255, txload 1/255, rxload 1/255
  Encapsulation ARPA, loopback not set
  Keepalive set (10 sec)
  Full-duplex, 100Mb/s
  ARP type: ARPA, ARP Timeout 04:00:00
  Last input 00:00:42, output never, output hang never
  Last clearing of "show interface" counters never
   Input queue:0/75/0/0 (size/max/drops/flushes); Total output
drops: 0
  Queueing strategy: fifo
  Output queue: 0/40 (size/max)
  5 minute input rate 0 bits/sec, 0 packets/sec
  5 minute output rate 0 bits/sec, 0 packets/sec
     0 packets input, 0 bytes, 0 no buffer
     Received 0 broadcasts, 0 runts, 0 giants, 0 throttles
     0 input errors, 0 CRC, 0 frame, 0 overrun, 0 ignored
     0 input packets with dribble condition detected
     0 packets output, 0 bytes, 0 underruns
     0 output errors, 0 collisions, 2 interface resets
     0 babbles, 0 late collision, 0 deferred
     0 lost carrier, 0 no carrier
     0 output buffer failures, 0 output buffers swapped out

③ 방화벽 구간 점검 포인트

구 분	점검 포인트
방화벽 VIP 설정	• 방화벽 장애전환(Failover)을 위한 VIP 설정 • Active - Active 설정: 방화벽 Interface Dual VIP 설정 • Active - Standby 설정: 방화벽 Interface Single VIP 설정
방화벽 HA 설정	• Master, BMaster 방화벽 세션 등 동기를 위한 HA Link 구성

방화벽 연결	• 방화벽 상단, 하단 이중화 스위치 연결
	• 방화벽 상단, 하단: 각각 동일한 네트워크(VLAN) 설정
	• 방화벽 라우팅 설정
	   - Master 방화벽: Destination → 연결 Main 스위치 VLAN IP(SVI IP)
	   - BMaster 방화벽: Destination → 연결 Backup 스위치 VLAN IP(SVI IP)
	   ※ SVI: Switched Virtual Interface

방화벽 링크 상태	• 방화벽 인터페이스 링크 Up/Down 상태 • 방화벽 인터페이스 CRC 에러, Collision Count 증가 여부 • 방화벽 인터페이스 Speed / Duplex 상태 • Master, BMsater 방화벽간 HA 링크 상태

④ 라우터 구간 점검 포인트

구 분	점검 포인트
라우터 설정 값	• 라우터 인터페이스(Routed Port) IP 주소/마스크 설정 값 확인 • 라우터 인터페이스 Speed/Duplex 확인 • 라우팅 상태 확인(Static, Dynamic Routing)
라우터 링크 상태	• 라우터 인터페이스 Up/Down 확인 • 라우터 인터페이스 CRC 에러, Collision Count 확인 • Main, Backup 라우터간 통신 상태 확인

방화벽 연결	• Main or Backup 라우터 장애 시 장애전환 상태 확인
	　– HSRP, VRRP 등 기능 확인
	
	[Router Main]
	`R1#show standby brief`
	`Interface   Grp Prio P State    Active    Standby   Virtual IP`
	`Fa0/0        10  110  P Active   local     1.1.12.2  1.1.12.254`
	
	[Router Backup]
	`R2#show standby brief`
	`Interface   Grp Prio P State     Active    Standby   Virtual IP`
	`Fa0/0        10  100  P Standby  1.1.12.1  local     1.1.12.254`

⑤ 단말구간 점검 포인트

구 분	점검 포인트
단말 링크 상태	• 단말의 스위치 연결상태 점검 　– 단말 인터페이스가 이중화(HA)가 가능할 경우 Main/Backup 스위치로 이중화 연결 • 스위치 연결 단말 인터페이스 Up/Down 확인

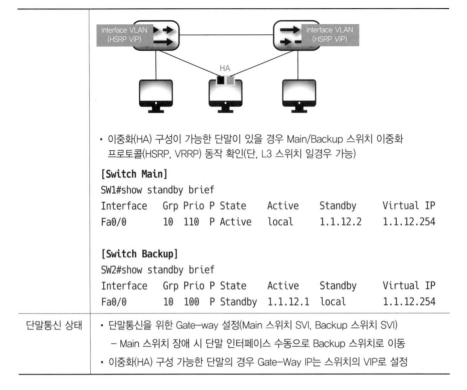

- 이중화(HA) 구성이 가능한 단말이 있을 경우 Main/Backup 스위치 이중화 프로토콜(HSRP, VRRP) 동작 확인(단, L3 스위치 일경우 가능)

[Switch Main]
```
SW1#show standby brief
Interface   Grp Prio P State     Active     Standby     Virtual IP
Fa0/0        10  110 P Active    local      1.1.12.2    1.1.12.254
```

[Switch Backup]
```
SW2#show standby brief
Interface   Grp Prio P State     Active     Standby     Virtual IP
Fa0/0        10  100 P Standby   1.1.12.1   local       1.1.12.254
```

구분	점검 포인트
단말통신 상태	• 단말통신을 위한 Gate-way 설정(Main 스위치 SVI, Backup 스위치 SVI) – Main 스위치 장애 시 단말 인터페이스 수동으로 Backup 스위치로 이동 • 이중화(HA) 구성 가능한 단말의 경우 Gate-Way IP는 스위치의 VIP로 설정

⑥ 이중화 회선 구성

구 분	점검 포인트
회선 이중화	• 회선 이중화 구성(Active-Active, Active-Standby) 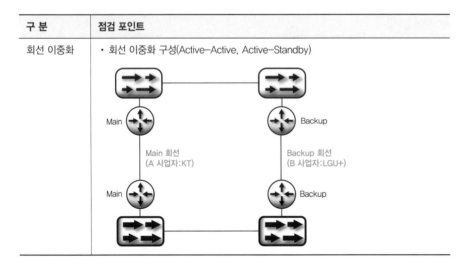

810

회선사업자 이중화 상태	• 회선사업자 이중화
	– 동일 회선사업자를 이용할 경우 회선이원화는 동일 통신국사를 통해 통신회선이 구성됨
	– 이원화된 회선사업자를 이용할 경우 통신회선이 구성되는 경로 자체가 이원화돼 안정성이 더 강화됨

⑦ 인터넷 ISP 접속 라우터 이중화

구 분	점검 포인트
라우터 이중화	• 인터넷 ISP 접속은 인터넷 사업자(ISP) 구간 이중화 필요 – ISP 접속 회선 및 인터넷 사업자 이원화 필요

IPS 이중화	• 인터넷 사업자 ISP 이중화(eBGP 연동 이중화)
	
	  – 공인 IP 주소 대역 인터넷으로 전달 구간 eBGP 이중화
	• ISP 접속구간 정책 이중화 설정
	
	  – eBGP 광고를 통한 동일 조건의 회선 사용 Active-Active 구성

네트워크 링크 점검	• 인터넷 사업자 ISP 연결 인터페이스 Up/Down 점검 • 인터넷 사업자 ISP 접속 인터페이스 CRC 에러, Collision Count 확인 • 인터넷 사업자 ISP 이중화 접속을 위한 BGP 속성값 정의

2. 멀티캐스트 UDP 데이터 중복 전송

금융권에서는 주식이나 파생거래를 위해 시세 데이터를 수신한다. 시세 데이터를 근
거로 해서 주식이나 파생상품 거래를 하고 있다. 특히 증권사의 경우는 시세 데이터
를 실시간으로 수신하고 있으며 실시간으로 전송되는 수신를 이용해 거래를 주식이

나 파생상품 매매를 한다.

실시간으로 거래되기 때문에 안정성이 필수 조건이다. 그러기 위해서는 네트워크 장비와 회선구간 등 이중화 구성을 하는 것이 필수적이다.

시세 데이터를 수신함에 있어 1 Copy만 수신해야 하나 네트워크 장비의 설정 오류나 장애 발생 시 이중으로 수신하는 경우가 있다. 이러한 경우에는 시세 수신의 지연이나 시세 데이터의 중복이 발생한다면 거래 당사자는 잘못된 시세정보로 주식이나 파생상품 거래를 하게 되고 그로 인해 금전적인 손해와 바로 연결될 수 있다. 금전적인 손해가 발생한다면 관련 인프라를 제공하는 IT 회사로 손해배상을 청구하는 것은 당연하다. 고객들은 손해를 간과하지 않고 잠재적인 손해까지 배상을 요구할 수 있다. 그렇기 때문에 장애가 나더라도 서비스에는 영향이 없도록 인프라를 구축하는 것이 당연하다.

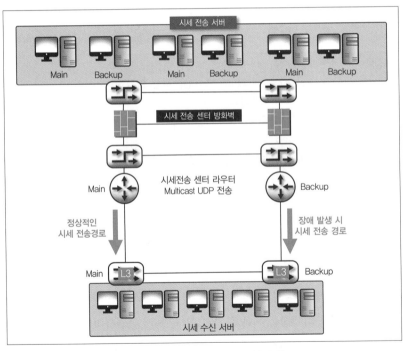

그림 10-4 UDP 멀티캐스트 중복 전송 구성도

■ 장애 원인

- UDP 멀티캐스트 수신사 백업스위치(L3) 멀티캐스트 설정 오류
- 멀티캐스트 프로토콜 PIM Neighbor Access List 설정 오류

UDP 시세 수신을 위해 처음 개통될 당시 백업 L3 스위치만 설치해 UDP 시세 수신 테스트를 진행했으며, 메인 L3 스위치를 추가하면서 설정의 오류가 발생했다.

메인 L3 스위치와 백업 L3 스위치를 연결하는 과정에서 멀티캐스트 프로토콜 PIM Neighbor Access list의 설정을 하지 않음으로써 VLAN 1 네트워크에서 백업 스위치에만 멀티캐스트 리시버가 존재하게 됐기 때문에 UDP 멀티캐스트 데이터가 중복으로 전송된다.

■ 조치사항

- UDP 멀티캐스트 시세 수신의 메인 및 백업 L3 스위치에 Pim neighbor access list 설정 작업

[메인 L3 스위치]	[백업 L3 스위치]

interface Vlan1
    ip pim neighbor-filter 10
    access-list 10 permit
192.168.X.3
    access-list 10 permit
192.172.X.13
	interface Vlan1
	    ip pim neighbor-filter 10
	    access-list 10 permit
	192.168.X.2
	    access-list 10 permit
	192.172.X.13

위와 같은 장애 상황이 발생하지 않게 하기 위해서는 작업 전·후 테스트를 철저히 해야 한다. 사전에 동일한 구성을 한 후 테스트를 진행하고 장애전환(Failover) 테스트도 하는 것이 향후 장애 발생을 미연에 예방하기 위해서는 네트워크 운영자로써 필수적이다.

3. 데이터 전송 러시 테스트 시 Output Drop 발생

UDP 데이터를 전송하기 위해서는 데이터 누락 등 여러 가지 테스트를 거친 후 정상적인 서비스로 런칭한다.

그중에서도 가장 중요하다고 할 수 있는 것은 현재 UDP 데이터를 전송하는 구간 중 병목구간으로 간주되는 회선구간에 대한 테스트와 정상적인 전송이 됨을 확인해야 한다. 회선 대역폭이 고정으로 정의된 구간에서 최대로 전송이 가능한 데이터 용량을 판단하기 위해서 데이터 러시Rush 테스트를 진행한다.

러시 테스트에서 다양한 문제점이 발생한다. 가장 큰 문제점이라고 할 수 있는 부분은 데이터의 누락이다. 러시 테스트를 함으로써 데이터 누락을 확인하고 어떻게 하면 누락을 개선할 수 있는 다양한 방법을 모색해야 한다.

가장 좋은 해결점은 시세전송 서버에서 러시 데이터보다 작게 전송한다면 쉽게 해결될 수 있지만 꼭 필요한 데이터이며, 네트워크에서 해결해야 할 경우도 발생한다.

여기서는 UDP 멀티캐스트 러시 데이터 전송 시 네트워크 장비에서 해결한 부분을 확인해보자.

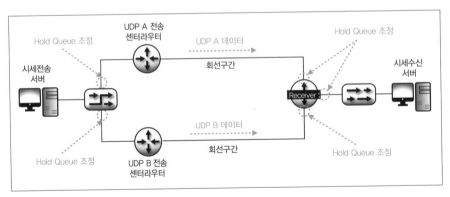

그림 10-5 UDP 멀티캐스트 러시 테스트 구성도

■ 발생 현상

- UDP 데이터 러시 전송 테스트 시 수신단에 구성된 라우터 인터페이스에서 Output Drop 패킷이 발생

■ 발생 원인

- 데이터 러시 전송 테스트 시에는 순간적으로 많은 데이터가 전송되기 때문에 네트워크 장비인 라우터 인터페이스에서 처리할 수 있는 Queue 용량을 넘어서는 경우가 발생한다.

■ 조치사항

- UDP 멀티캐스트 데이터 전송 서버가 연결된 센터 L3 스위치에서 Queue 값 조정
- UDP 멀티캐스트 데이터가 전송되는 수신단에 있는 라우터 인터페이스에서 Hold Queue 값 조정

[센터 L3 스위치에서 Queue 값 조정]

```
mls qos queue-set output 2 threshold 1 3200 3200 100 3200
mls qos queue-set output 2 threshold 2 3200 3200 100 3200
mls qos queue-set output 2 threshold 3 3200 3200 100 3200
mls qos queue-set output 2 threshold 4 3200 3200 100 3200

interface fa0/21   //UDP A 센터 라우터와 연결된 L3 인터페이스//
 queue-set 2
interface fa0/22   //UDP B 센터 라우터와 연결된 L3 인터페이스//
 queue-set 2
```

[수신단 라우터 인터페이스에서 Hold Queue 값 조정]

- UDP A상품 수신 라우터 Serial I/F : hold-queue 200 in
- UDP B상품 수신 라우터 Serial I/F : hold-queue 400 in
- 수신 라우터 FastEthernet I/F : hold-queue 600 out

UDP 멀티캐스트 데이터가 통과하는 네트워크 장비 인터페이스에 Queue 값을 조정함으로써 전송 데이터 손실을 없앨 수 있다.

정상 서비스 가동 전 이렇게 테스트를 함으로써 다양한 트러블슈팅을 경험해 안정적인 네트워크 서비스를 제공할 수 있다.

4. 네트워크 라우팅 오류로 인한 Flapping 현상 발생

네트워크 장비에서 데이터 전송의 핵심은 라우팅 처리에 있다. 라우팅 처리는 Static, Dynamic 및 재분배를 통해 다양하게 처리할 수 있다.

이번 트러블 슈팅의 부분은 Static 처리와 Dynamic 라우팅 재분배 처리 오류로 인한 라우팅 Flapping 현상이 발생했고 그 부분을 해결해 보자.

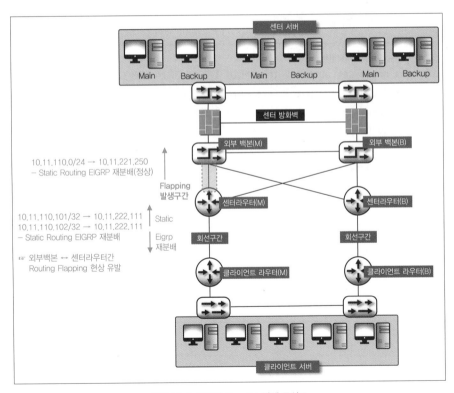

그림 10-6 라우팅 Flapping 발생 구성도

■ **발생 현상**

- 센터 서버 접속 IP에 대한 라우팅 Flapping 현상 발생

■ **발생 원인**

- 센터 라우터에서 센터 서버로 호스트 Static 라우팅 처리를 이중으로 생성
- Static 라우팅의 EIGRP 재분배 처리상 센터라우터에서 호스트 Static 라우팅에 대한 외부 백본의 목적지 경로에 대한 재응답으로 라우팅 Flapping 현상 발생
- 외부 백본에서 동일한 목적지로 Static 라우팅 경로 존재

■ **조치사항**

- 센터라우터에서 Static 라우팅 경로 제거 후 정상 확인

```
센터라우터M(config)#no ip route 10.11.110.101 255.255.255.255
10.11.222.111
센터라우터M(config)#no ip route 10.11.110.102 255.255.255.255
10.11.222.111
```

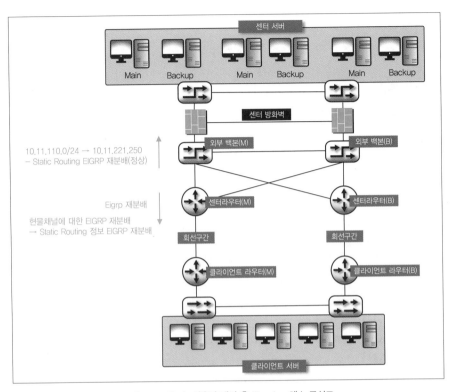

그림 10-7 Static 라우팅 제거 후 Flapping 해소 구성도

위 현상과 같이 라우팅 정책을 세울 때는 다양한 현상을 확인할 필요가 있으며, 특히 가동시스템에 적용할 때는 충분한 테스트를 거친 후 적용하는 것이 바람직하다.

이러한 장애를 계기로 중요한 업무가 실리는 시스템의 경우에는 로컬 테스트 시스템을 구축한 후 검증과정을 반드시 거쳐야 한다.

5. 클라이언트 단말에서 간헐적인 패킷 누락 및 Ping 응답 지연 현상

센터 데이터 전송 서버에서 클라이언트 단말까지 데이터 전송 시 간헐적인 패킷 누락이 발생하고 있으며, 통신구간 점검을 위해 Ping 응답이 지연 혹은 Loss가 발생하고 있다.

센터와 클라이언트까지는 방화벽, L3 스위치 및 라우터로 구성돼 있으며, 전용회선 구간이 있다. 여기서 다소 취약하다고 볼 수 있는 전용회선 구간은 Ping 응답 테스트 시 별다른 문제점이 보이지 않았다. 이러한 경우는 구간별로 나눠서 점검이 필요한 사항이고 필요하다면 트래픽 계측기를 설치해 패킷 분석까지 진행해야 한다.

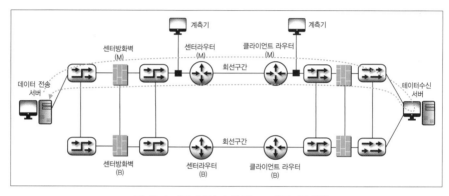

그림 10-8 데이터 전송 누락 및 Ping 응답지연 발생

■ **발생 현상**

- 데이터 수신 클라이언트 단말에서 데이터 누락이 발생하며, Ping 패킷 응답의 지연 혹은 손실되는 현상이 발생
- 계측기 측정 구간에서 패킷 콜리전Collision으로 인한 재전송 발생 확인

■ **발생 원인**

- 전송구간 '패킷 콜리전' 현상 발생으로 인한 패킷 손실 발생
- 간헐적으로 패킷이 튀는 현상을 보여주는 트래픽

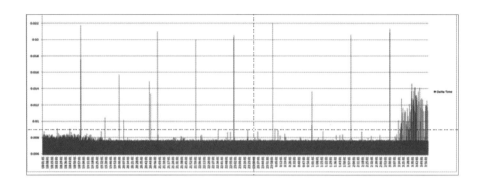

■ **조치사항**

- 데이터 패킷이 지나가는 전 구간 통신 상태 점검
- 데이터 전송 서버와 연결된 L3 스위치 각각 인터페이스 상태 확인
- 클라이언트 단말과 연결된 L2 스위치 각각 인터페이스 상태 확인
- 클라이언트 단말과 연결된 L2 스위치 각각 인터페이스 설정 상태 확인 결과 Auto negotiation으로 설정됨을 확인
- 클라이언트 단말과 연결된 L2 스위치 포트 Auto Negotiation 상태에서 연결된 Speed와 Dulpex 상태가 100Mbps, Half Duplex로 확인됨

```
SW3#show interface FastEthernet0/0
FastEthernet0/0 is up, line protocol is up
  Hardware is Gt96k FE, address is c203.3748.0000 (bia c203.3748.0000)
  Internet address is 1.1.34.3/24
  MTU 1500 bytes, BW 10000 Kbit/sec, DLY 1000 usec,
     reliability 255/255, txload 1/255, rxload 1/255
  Encapsulation ARPA, loopback not set
  Keepalive set (10 sec)
  Half-duplex, 100Mb/s, 100BaseTX/FX  //100Mbps Speed, Half Duplex 확인//
  ARP type: ARPA, ARP Timeout 04:00:00
  Last input 00:00:02, output 00:00:00, output hang never
  Last clearing of "show interface" counters never
  Input queue: 0/75/0/0 (size/max/drops/flushes); Total output drops: 0
```

```
Queueing strategy: fifo
Output queue: 0/40 (size/max)
5 minute input rate 1000 bits/sec, 1 packets/sec
5 minute output rate 1000 bits/sec, 1 packets/sec
    295477 packets input, 27322602 bytes
    Received 68025 broadcasts, 0 runts, 0 giants, 0 throttles
    0 input errors, 0 CRC, 0 frame, 0 overrun, 0 ignored
    0 watchdog
    0 input packets with dribble condition detected
    306412 packets output, 27967645 bytes, 0 underruns
    0 output errors, 0 collisions, 1 interface resets
    0 unknown protocol drops
    0 babbles, 0 late collision, 0 deferred
    0 lost carrier, 0 no carrier
    0 output buffer failures, 0 output buffers swapped out
```

네트워크 인터페이스 상태가 Half Duplex로 보인다는 것은 송신·수신 데이터를 네트워크 회선에서 공유한다는 것이다. 그렇다면 패킷이 해당 통신 구간을 통과하면서 많은 송·수신 트래픽이 발생한다면 충돌Collisions 현상이 발생할 가능성이 상당히 높다.

그래서, 대부분의 이기종의 장비를 연결하는 다른 제조사의 네트워크 스위치나 네트워크 스위치와 단말이나 서버가 연결이 된다면 해당 인터페이스가 자동협상Auto Negotiation 기능을 비활성화시키는 고정대역과 Full Duplex 설정을 권고한다. 100Mbps, Full Duplex or 1Gbps, Full Duplex로 설정한다.

그러나, 양쪽 접속 인터페이스가 고정 스피드와 고정 Duplex로 설정했을 때 링크 상태가 Down되는 경우도 종종 경험할 것이다. 이럴 경우에는 자동협상Auto Negotiation 으로 설정해 Down/Up 상태를 확인하고 링크가 Up으로 유지되는 설정으로 유지해야 한다.

6. 방화벽 Failover 반복 발생으로 VIP 흔들림 현상

네트워크 인프라 구조에서 방화벽의 역할은 대단히 중요하다. 정보 보호 입장에서 방화벽은 가장 기본이 되는 네트워크 보안장비로 네트워크와 네트워크를 연결을 해주되 반드시 필요한 서비스에 대해서만 허용(Permit) 정책을 적용하고 그외는 모두 거부(Deny) 정책을 적용한다.

방화벽 구성에 있어 중요한 서비스에 적용되는 경우에는 장애전환(Failover)을 대비해서 이중화 구성을 해야 한다. 방화벽 이중화 구성은 네트워크 이중화 구성과 유사한 면이 있다. 가상 IP 주소(VIP: Virtual IP)를 이용한 장애전환을 하게 된다.

방화벽이 이중화 구성됐을 경우에는 Master 방화벽, BMaster 방화벽으로 구분되며, Active-Active 이중화 구성일 경우 네트워크와 연결된 방화벽 인터페이스는 Master와 BMaster 방화벽에 각각의 VIP를 가지게 되고, Active-Standby 구성을 할 경우에는 Master 방화벽만 VIP를 가지게 되고 BMaster 방화벽은 그것을 공유한다.

여기서 중요한 부분은 Master, BMaster 방화벽은 항상 서로의 상태를 체크하는 프로세스를 가지고 있으며, Health Check라고 하는데 짧은 주기를 가지고 항상 서로의 상태를 체크해서 어느 한쪽이 문제가 발생했을 경우 장애전환을 서비스가 영향이 없는 범위 내에서 수행한다.

방화벽 Health Check가 문제가 된다면 Master와 BMaster 방화벽이 서로가 Master라고 동작을 수행할 수 있다. 방화벽이 서로 Master라고 각각 동작하는 현상이 방화벽의 VIP 흔들림 현상이라고 한다. 이런 현상이 발생하는 원인은 Master와 BMaster 방화벽이 서로의 Health Check 패킷을 받지 못했을 경우에 발생한다.

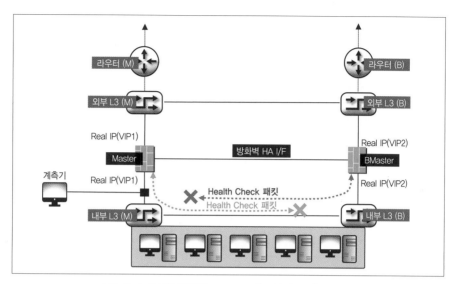

그림 10-9 방화벽 이중화(Active-Active) 구성 시 VIP 흔들림 현상

■ **발생 현상**

- 이중화된 Master 방화벽과 BMaster 방화벽의 VIP가 흔들리는 현상이 발생하면서 각각의 방화벽이 Master로 동작하는 현상 발생

- Master 방화벽과 BMaster 방화벽의 VIP가 흔들린다는 것는 각각의 방화벽이 상대 방화벽의 VIP를 순간 소유했다가, 소유를 하지 않았다가 하는 현상이 발생

- 송·수신 데이터가 하나의 방화벽만 통과하는 경우는 정상 동작을 하지만 송·수신 데이터가 서로 다른 방화벽을 통과한다면 패킷의 손실이 발생

- 이중화된 방화벽이 서로가 Master로 동작할 경우 방화벽을 통과하는 TCP 세션의 동기화가 안되는 현상이 발생하므로 패킷의 손실이 발생하고 TCP 세션이 끊어지는 현상이 발생한다.

■ **발생 원인**

- Master 방화벽과 BMaster 방화벽이 상호 체크를 위해 전달하는 Health

Check 패킷을 수신하지 못해서 발생한 방화벽 VIP 흔들림 현상

- 패킷 계측기를 설치해 방화벽 Health Check 패킷이 누락됨을 확인함

■ 조치사항

- 내부 L3 스위치에서 Master 방화벽과 BMaster 방화벽이 Health Check 패킷을 주고 받을 수 있는 별도의 네트워크 경로(VLAN)로 분리해 구성
- 방화벽과 연결되는 내부 L3 스위치 네트워크와 내부 단말이나 서버가 연결된 네트워크를 VLAN으로 논리적으로 분리해 구성해 방화벽 간 Health Check를 위한 경로를 별도로 만들어 줌. 내부 L3 스위치에서 트렁크를 통해 전달되는 대량의 데이터로 인해 Health Check 패킷을 손실을 방지

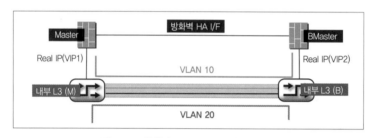

그림 10-10 방화벽 Health Check 네트워크 분리

일반적인 구성은 위와 같이 방화벽 구간과 내부 구간을 별도의 VLAN으로 네트워크를 분리한다. 그러나, 속도적인 면을 고려해 네트워크 홉을 없애고 방화벽과 내부 구간을 동일한 네트워크로 구성하는 경우가 있다. 그렇게 구성을 한다고 해서 방화벽 Health Check 패킷을 송·수신을 못한다는 것은 네트워크 설계가 잘못 됐다고 할 수 있다. 내부 L3 스위치 간 트렁크 구간으로 많은 데이터가 흐르게 설계돼 있을 수 있고, 스위치 간 트렁크 용량이 부족할 수도 있다.

방화벽 구간과 내부 구간을 함께 사용한다면 최적의 구성은 첫 번째로 내부 L3 스위치 간 트렁크로 데이터 통신을 최소화하게 설계해야 하고, 트렁크 용량을 Etherchannel 구성으로 충분한 용량을 확보해야 한다.

7. UDP 멀티캐스트 데이터 수신 장애

UDP 멀티캐스트 Sparse Mode에서 데이터 전송에 있어서 RP^Rendezvous point가 중요하다. 멀티캐스트 전송을 위한 RP와 반드시 통신이 이뤄져야 멀티캐스트 트리가 형성된 후 데이터가 흐를 수 있는 환경이 마련된다.

이번 구성은 방화벽을 통해 분리된 네트워크로 TCP 서비스 업무와 UDP 멀티캐스트 데이터 전송을 동시에 처리하기 위한 구성이다. 동일한 목적지로 UDP 멀티캐스트 시세 경로는 단방향 전송이기 때문에 L3 스위치 간 직접 연결해 수신하고, TCP 서비스 경로는 보안상 방화벽을 통해 분리한 네트워크로 구성돼 있다.

L3 스위치 #1, #2와 #3, #4번 간 다이내믹 라우팅 프로토콜인 EIGRP를 이용해 멀티캐스트 RP와 통신하기 위해 서로 라우팅 정보를 교환하고 있다.

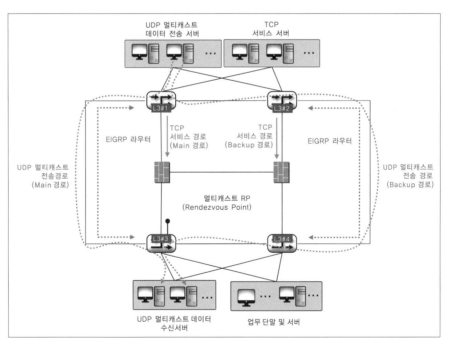

그림 10-11 UDP 멀티캐스트 데이터 수신 장애

- **발생 현상**

  - UDP 멀티캐스트 데이터 수신 서버가 UDP 멀티캐스트 데이터 전송 서버로부터 데이터를 수신하지 못하는 현상 발생
  - 멀티캐스트 데이터 통신을 위한 트리가 생성되지 않음
  - 방화벽을 통한 TCP 서비스 데이터는 정상 송·수신하고 있음

- **발생 원인**

  - 네트워크 작업 중 발생한 이슈로 멀티캐스트 시세수신 서버와 시세송신 서버 간 연동 작업중 라우팅 프로토콜 EIGRP 라우팅 재분배 설정 시 Access List를 사용했다. Access List를 사용한 이유는 UDP 통신과 TCP 통신의 출발지와 목적지가 같고 TCP 통신만 방화벽을 통과하는 구간으로 전송해야 하기 때문이다. ACL상에서 멀티캐스트 Tree를 생성하는 RP 주소가 누락됐으며, 데이터 전송을 위한 멀티캐스트 TREE가 생성되지 않았기 때문에 UDP 멀티캐스트 통신이 제대로 되지 않았다.

- **조치사항**

  - EIGRP 네트워크 라우팅에 대한 Access List를 제거(L3#3, L3#4에 설정된 EIGRP Distribute-list out)해 해결

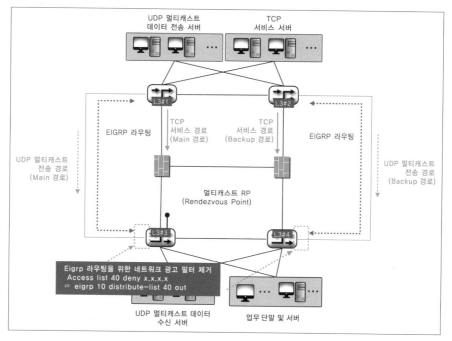

그림 10-12 UDP 멀티캐스트 데이터 수신 장애 해소

이번 장애는 꼼꼼하게 일처리를 못하는 네트워크 관리자의 책임이 크다. 어떻게 보면 네트워크 작업중에 빈번히 일어날 수 있는 작업자의 오류로 볼 수 있다.

Access list 설정을 한다면 반드시 로컬 구성을 하고 충분한 테스트를 거친 후 가동 망에 적용하는 것이 좋다.

8. 과도한 데이터 전달로 인한 TCP 세션 단절

기업에서 운영하고 있는 네트워크 인프라는 원활한 데이터를 주고받기 위해 백업을 고려한 이중화 구성을 하고 있다. 본사와 지점 간 전용회선이 연결되는 경우는 전달되는 데이터를 고려해 비용을 고려한 적당한 회선 대역을 선택해 통신사업자의 시설을 임차해 사용한다.

데이터를 기반으로 본사와 기점 간 혹은 고객에게 회선을 제공하고 데이터를 전달하는 경우에 예측하지 못한 데이터의 발생으로 원활한 전송이 안되고, TCP 전송의 경우 TCP 세션이 끊어지는 현상이 발생하는 경우가 있다.

KT, LGU+ 및 SKBB 같은 통신사업자에서 제공하는 통신회선의 경우는 대역을 기준으로 개통해 판매하고 있다. 대역의 기준이라고 하면 1초당 얼마나 데이터를 전송하는 기준으로 통신회선을 제공한다. 가령 10Mbps(bps : bit per second)이면, 1초당 10Mbit 데이터를 전송하라고 표시한다.

100Mbps이며, 1초당 100Mbit 데이터 전송, 1Gbps는 1초당 1Gbit 데이터 전달을 의미한다.

1초당 회선용량의 기준을 무색하게 하는 곳이 있다. 금융권, 특히 주식이나 파생시장에서 데이터 전송은 위와 같은 일반적인 상식을 넘어서는 경우가 있다. 1msec (1/1000 초) 동안 데이터 전송, 100msec(0.1초) 동안 데이터 전송의 폭주로 인해 지연이 발생하고 TCP 세션이 끊어지는 현상이 간혹 발생한다. 이러한 경우는 정확히 회선의 문제라고도 할 수 없다. 회선의 대역 기준은 1초라는 단위에서 제공하며, 1msec나 100msec에서 지연 발생은 했으나 1초 동안 전송 데이터 용량을 보면 1초 동안 전송할 수 있는 대역은 초과하지 않는 경우가 대부분이다.

그렇다면 이러한 현상은 접근 방법을 달리 해야 한다. 데이터 전달에 있어 지연을 최소화하기 위해서는 실제로 전달되는 데이터 용량을 먼저 산정하고, 산정된 용량을 근거로 해 회선 대역을 결정하는 것이 정상적인 경우이다. 그렇다고 하더라도 데이터의 산정 기준이 1초를 기준으로 산정하는 것이 일반적이다. 그렇기 때문에 이러한 현상이 발생할 수 있다. 그래서 주식이나 파생시장에서 거래되는 금융 데이터의 특성을 고려해 기준을 재설정해 차등적으로 데이터 산정을 해야 한다. 즉, 1msec, 10msec, 100msec, 1초 단위로 발생되는 데이터의 최대 용량을 근거로 하고 발생횟수가 얼마나 되는가에 대한 자세한 분석을 기준으로 회선 대역을 결정하는 것이 최적일 것이다. 사실, 이렇게까지 해서 데이터 용량 산정은 쉽지는 않지만 서비스의 영향도를 고려한다면 충분히 검토할 필요가 있다.

여기서 문제가 된 부분은 0.1초 동안 대량의 데이터 발생으로 인한 데이터의 지연 및 재전송으로 인한 세션의 끊어지는 현상을 확인했으며, 이것에 대한 해결점을 확인해 보자.

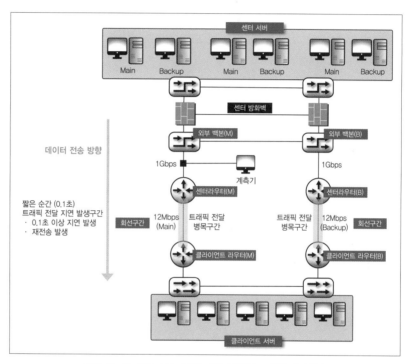

그림 10-13 짧은 순간 대용량 데이터 발생으로 인한 지연 현상

■ **발생 현상**

- 전송 데이터 지연 및 TCP 세션 끊어지는 현상 발생
- TCP 세션이 끊어짐과 연결됨이 반복 발생(5초 단위 TCP 세션 단절현상 발생)
- 방화벽 로그상에 TCP 세션이 종료Close되는 현상 확인
- 방화벽 로그상에서는 정상적인 종료 신호(Reset, Fin)를 수신한 후 TCP 세션 종료 확인

시작 시간	종료 시간	출발지 주소	목적지 주소	목적지 포트	프로토콜	송신 패킷 수	수신 패킷 수	송신 바이트 수	수신 바이트 수	TCP 플래그	
2020-07-16 9:05:05	2020-07-16 9:05:22			TCP_41201-41208(41207)	TCP	79	130	7749	165891	3Way OK	RST [SAFR:SA]
2020-07-16 9:05:05	2020-07-16 9:05:21			TCP_41201-41208(41202)	TCP	75	123	7509	163347	3Way OK	RST [SAFR:SA]
2020-07-16 9:04:47	2020-07-16 9:05:04			TCP_41201-41208(41206)	TCP	74	122	7449	161793	3Way OK	RST [SAFR:SA]
2020-07-16 9:04:58	2020-07-16 9:05:15			TCP_41201-41208(41208)	TCP	75	123	7509	163347	3Way OK	RST [SAFR:SA]
2020-07-16 9:04:42	2020-07-16 9:04:59			TCP_41201-41208(41203)	TCP	76	126	7569	164193	3Way OK	RST [SAFR:SA]
2020-07-16 9:04:42	2020-07-16 9:04:59			TCP_41201-41208(41207)	TCP	79	127	9207	165547	3Way OK	RST [SAFR:SA]
2020-07-16 9:04:53	2020-07-16 9:05:10			TCP_41201-41208(41207)	TCP	77	125	9083	164121	3Way OK	RST [SAFR:SA]
2020-07-16 9:04:42	2020-07-16 9:04:58			TCP_41201-41208(41202)	TCP	77	124	9083	165805	3Way OK	RST [SAFR:SA]
2020-07-16 9:04:53	2020-07-16 9:05:10			TCP_41201-41208(41202)	TCP	75	124	7509	164901	3Way OK	RST [SAFR:SA]
2020-07-16 9:04:53	2020-07-16 9:05:10			TCP_41201-41208(41203)	TCP	75	124	7509	162669	3Way OK	RST [SAFR:SA]
2020-07-16 9:04:47	2020-07-16 9:05:03			TCP_41201-41208(41208)	TCP	76	125	7569	166375	3Way OK	RST [SAFR:SA]
2020-07-16 9:04:35	2020-07-16 9:04:52			TCP_41201-41208(41208)	TCP	75	122	7509	162391	3Way OK	RST [SAFR:SA]
2020-07-16 6:30:10	2020-07-16 9:04:47			TCP_41201-41208(41203)	TCP	35199	36683	2229985	17529475	3Way OK	FIN2 [SAF:SAF]
2020-07-16 6:30:10	2020-07-16 9:04:47			TCP_41201-41208(41208)	TCP	35235	36699	2232065	17541561	3Way OK	FIN2 [SAF:SAF]
2020-07-16 9:04:35	2020-07-16 9:04:52			TCP_41201-41208(41206)	TCP	77	125	9083	164121	3Way OK	RST [SAFR:SA]
2020-07-16 6:30:10	2020-07-18 9:04:47			TCP_41201-41208(41207)	TCP	35229	36738	2231785	17560921	3Way OK	FIN2 [SAF:SAF]
2020-07-16 6:30:10	2020-07-16 9:04:40			TCP_41201-41208(41206)	TCP	35039	36536	2220305	17458153	3Way OK	FIN2 [SAF:SAF]
2020-07-16 6:30:10	2020-07-16 9:04:40			TCP_41201-41208(41208)	TCP	35358	36822	2239445	17598713	3Way OK	FIN2 [SAF:SAF]

TCP 세션 단절 로그

■ **발생 원인**

- 짧은 시간(0.1초)에 대량의 데이터 발생(약 500 Bytes 데이터 400건 이상 발생)
- 12Mbps 대역기준 0.1초에 처리할 수 있는 데이터 용량은 산술적으로 1.2Mbps
  ○ 약 500Bytes 300건까지 0.1초 동안 지연없이 전송 가능
  ○ 500Bytes = 4,000bit = 4Kbits → 1.2Mbps 용량 내 처리 가능한 건 수 = 300개(1Byte = 8Bits 기준으로 산정)
  ○ 500Bytes 크기의 데이터를 12Mbps에서 1초 동안 지연없이 3,000건 전송 가능
- 지연으로 인한 재전송 발생
  ○ 최초 재전송 발생 시간 0.2초(5회 발생 5초 이상 지연 발생)
- 5초 이상 지연이 발생할 경우 TCP 세션 종료 현상 발생
  ○ 데이터 송·수신 애플리케이션에서 5초 지연이 발생 시 자동 TCP 세션 종료 후 재접속 처리

830

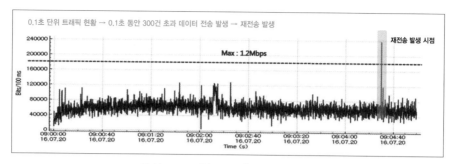

그림 10-14 0.1초(100msec) 단위 트래픽 그래프

위 그래프는 트래픽 계측기(WireShark)로 수집한 패킷을 이용해 0.1초를 단위로 흐른 데이터를 그래프로 그렸다. 0.1초를 기준으로 한 최대 500Bytes 패킷이 300개 이상 흐른 시점이 그래프상에서 확인되며, 당시 패킷 전송에 대한 재전송화 세션 단절이 일어남을 확인할 수 있다.

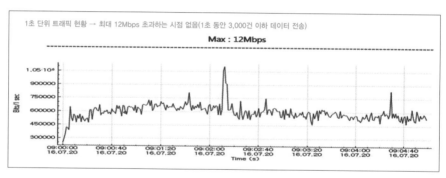

그림 10-15 1초(1000msec) 단위 트래픽 그래프

그런데 1초를 기준으로 흐른 패킷을 이용해 트래픽 그래프를 그려보면 최대 대역인 12Mbps를 초과하는 패킷은 보이지 않는다.

1초를 기준으로 그 시간 동안 흐른 데이터는 12Mbits가 되지 않는다는 의미이다. 회선 대역의 기준은 초^{Second}이므로 1초 동안 12Mbps가 흐르지 않았고, 그것보다 짧은 시간을 기준으로 했을 때는 0.1초 단위의 최대값인 1.2Mbit는 초과하는 시점이 있다는 것을 확인할 수 있다. 0.1초 단위에서 0.1초 이상의 지연이 발생했고, 재전송은 최초 0.2초에 발생했고 0.4초, 0.8초, 1.6초, 3.2초 발생한 후 TCP 세션이 종료되고 재접속되는 현상이 발생했다.

- **조치사항**

  - 조치사항으로 가장 간단한 방법으로는 물리적인 회선 대역을 증속하는 것이다.

  - 네트워크 장비에서 트래픽을 조절할 수 있는 QoS로 앞서 배운바 있는 QoS Shaping을 적용하는 것도 또다른 방법이 될 수 있다.

  - 회선 대역을 증속하는 것은 신속한 대응은 될 수 있으나, 데이터 전송에 대한 근본적인 해결책은 될 수 없다. 그리고, QoS Shaping 적용은 전송되는 데이터의 지연을 유발시킬 수 있다. 빠른 데이터 수신이 필요한 분야라고 하면 좋은 방법이 될 수는 없다.

  - 이러한 현상이 발생하는 것은 데이터 발생의 문제이다. 그러므로 근본적인 해결 방법은 데이터 발생과 짧은 시간에 전송이 되지 않도록 제어를 하는 것이다.

  - 1초 기준으로 제공된 회선용량에 맞게 전송량을 체크해 전송을 제어하는 것이 가장 좋은 대안이 된다. 1초 기준이 너무 길다고 생각돼 0.5초 기준으로 산정한다면 그에 맞게 회선 대역을 상향하고 0.5초를 기준으로 산정된 회선 대역에 맞게 데이터 전송을 제어한다면 가장 최선의 대안이 된다.

9. UDP 브로드캐스트 데이터 수신 누락 발생

UDP 데이터를 서버에서 클라이언트로 전송하는 방법에는 유니캐스트Unicast, 브로드캐스트Broadcast 및 멀티캐스트Multicast로 전송할 수 있다.

여기서는 UDP 데이터를 브로드캐스트로 전송했을 때 클라이언트에서 정상적인 수신이 안된 이슈가 있었다. UDP 데이터를 라우팅 구간을 거쳐서 브로드캐스트로 전송할 때는 브로드캐스트를 수신하는 네트워크 대역에서 취해야 하는 옵션이 있다. 이 옵션은 해당 네트워크를 가지고 있는 라우터나 L3 스위치에서 반드시 적용해야 하는 옵션이다.

브로드캐스트 패킷을 수신해야 하는 목적지 네트워크 대역으로 전달하는 것은 라우팅으로 전달할 수 있다. 그러나, 목적지 네트워크까지 패킷을 가져간 후 목적지 네트워크 전체를 대상으로 패킷을 전달하기 위해서는 필요한 옵션을 네트워크 장비에서 활성화시켜야 한다.

해당 목적지로 브로드캐스트 데이터를 전송하면, 하나의 네트워크 대역에 연결된 전체 터미널에서 수신이 가능하다.

여기서는 네트워크 운영자가 네트워크 브로드캐스트 패킷을 전달함에 있어 해당 기능을 누락해 정작 필요한 UDP 데이터를 수신을 못한 경우이며, 해결 방법은 해당 기능을 활성화하는 것이다.

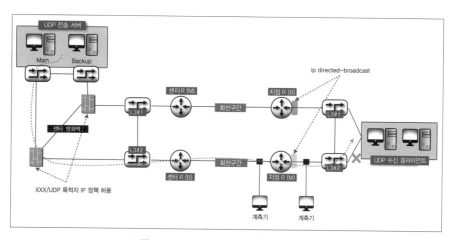

그림 10-16 UDP 브로드캐스트 데이터 전달 오류

- **발생 현상**

  - 서버에서 UDP 데이터를 브로드캐스트로 원격지 클라이언트로 전송했으나 클라이언트에서 수신을 못함
  - 회선구간으로는 브로드캐스트 데이터가 전달되는 것이 보이지만, 지점라우터를 통과해서는 브로드캐스트 데이터가 보이지 않음

- **발생 원인**

  - 브로드캐스트 패킷 전달을 위한 네트워크 장비 옵션 미적용에 따른 데이터 포워딩 안됨
  - 브로드캐스트 패킷을 수신하기 위한 브로드캐스트 수신 네트워크를 가지고 있는 라우터 혹은 L3 스위치 설정 옵션 누락(ip directed-broadcast)

    ※ ip directed-broadcast 옵션 적용에 따른 브로드캐스트 패킷 수신 확인

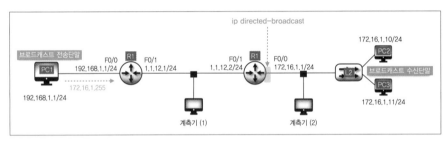

그림 10-17 브로드캐스트 데이터 전송 구성

[R1] 설정 값
```
interface FastEthernet0/0
 ip address 192.168.1.1 255.255.255.0
interface FastEthernet1/0
 ip address 1.1.12.1 255.255.255.0

router eigrp 10
 network 1.1.12.0 0.0.0.255
 network 192.168.1.0
 no auto-summary
```

[R2] 설정 값

```
interface FastEthernet0/0
 ip address 172.16.1.1 255.255.255.0
 ip accounting output-packets //172.16.1.0/24 네트워크로 브로드캐스트 패킷 확인//
 ip directed-broadcast        //172.16.1.0/24 네트워크로 브로드캐스트 전송 옵션//
interface FastEthernet1/0
 ip address 1.1.12.2 255.255.255.0

router eigrp 10
 network 1.1.12.0 0.0.0.255
 network 172.16.1.0 0.0.0.255
 no auto-summary
```

[PC1]	[PC2]	[PC3]
NAME : PC1[1]	NAME : PC2[1]	NAME : PC3[1]
IP/MASK :	IP/MASK :	IP/MASK :
192.168.1.10/24	172.16.1.10/24	172.16.1.10/24
GATEWAY : 192.168.1.1	GATEWAY : 172.16.1.1	GATEWAY : 172.16.1.1

브로드캐스트 패킷 전송 확인

1) R2 Fastethernet 0/0에 ip directed-broadcast 옵션 적용 전 확인

PC1에서 ping 172.16.1.255 -t로 R2 FastEthernet 네트워크 대역으로 브로드캐스트 전송

① R2 FastEthernet 0/0 ip account 확인

```
R2#show ip accounting
   Source          Destination           Packets           Bytes
Accounting data age is 1
```

- Source(출발지)에서 Destination(목적지)으로 전달되는 패킷이 없는 것이 확인됨

② 계측기(1), 계측기(2)에서 확인

[계측기(1)] 브로드캐스트 패킷 확인 → 회선구간에 브로드캐스트 패킷 확인됨

```
23 2020-07-27 14:23:27.710073  192.168.1.10    172.16.1.255    ICMP  98 Echo (ping) request  id=0xcf64, seq=151/38656, ttl=63 (no response found!)
24 2020-07-27 14:23:27.719074  1.1.12.2        192.168.1.10    ICMP  98 Echo (ping) reply    id=0xcf64, seq=151/38656, ttl=255
25 2020-07-27 14:23:27.970088  c2:01:17:68:00:10 c2:01:17:68:00:10 LOOP  60 Reply
26 2020-07-27 14:23:29.710187  192.168.1.10    172.16.1.255    ICMP  98 Echo (ping) request  id=0xd164, seq=152/38912, ttl=63 (no response found!)
27 2020-07-27 14:23:29.719188  1.1.12.2        192.168.1.10    ICMP  98 Echo (ping) reply    id=0xd164, seq=152/38912, ttl=255
28 2020-07-27 14:23:31.710302  192.168.1.10    172.16.1.255    ICMP  98 Echo (ping) request  id=0xd364, seq=153/39168, ttl=63 (no response found!)
29 2020-07-27 14:23:31.719302  1.1.12.2        192.168.1.10    ICMP  98 Echo (ping) reply    id=0xd364, seq=153/39168, ttl=255
```

[계측기(2)] 브로드캐스트 패킷 확인 → R2 FastEthernet 0/0에 브로드캐스트 패킷 확인 안 됨

```
 5 2020-07-27 14:25:37.479495  c2:02:37:60:00:00 c2:02:37:60:00:00 LOOP  60 Reply
 6 2020-07-27 14:25:38.989582  172.16.1.1      224.0.0.10      EIGRP  74 Hello
 7 2020-07-27 14:25:43.459837  172.16.1.1      224.0.0.10      EIGRP  74 Hello
 8 2020-07-27 14:25:47.510069  c2:02:37:60:00:00 c2:02:37:60:00:00 LOOP  60 Reply
 9 2020-07-27 14:25:47.980096  172.16.1.1      224.0.0.10      EIGRP  74 Hello
10 2020-07-27 14:25:52.300343  172.16.1.1      224.0.0.10      EIGRP  74 Hello
11 2020-07-27 14:25:56.690594  172.16.1.1      224.0.0.10      EIGRP  74 Hello
12 2020-07-27 14:25:57.462638  c2:02:37:60:00:00 c2:02:37:60:00:00 LOOP  60 Reply
13 2020-07-27 14:26:00.992840  172.16.1.1      224.0.0.10      EIGRP  74 Hello
```

→ 브로드캐스트 패킷(172.16.1.255) 확인 안 됨

---

2) R2 Fastethernet 0/0에 ip directed-broadcast 옵션 적용 후 확인

① R2 FastEthernet 0/0 ip account 확인

```
R2#show ip accounting
    Source              Destination          Packets        Bytes
  192.168.1.10        255.255.255.255           4            336   //source ip
및 패킷 수 증가 확인됨//
Accounting data age is 02:34


R2#show ip accounting
    Source              Destination          Packets        Bytes
  192.168.1.10        255.255.255.255           6            504   //source ip
및 패킷 수 증가 확인됨//
Accounting data age is 02:35
```

---

② 계측기(1), 계측기(2)에서 확인

[계측기(1)] 브로드캐스트 패킷 확인 → 회선구간에 브로드캐스트 패킷 확인됨

```
 4 2020-07-27 14:23:17.703501  192.168.1.10      172.16.1.255     ICMP  98 Echo (ping) request  id=0xc564, seq=146/37376, ttl=63 (no response found!)
 5 2020-07-27 14:23:17.708501  1.1.12.2          192.168.1.10     ICMP  98 Echo (ping) reply    id=0xc564, seq=146/37376, ttl=255
 6 2020-07-27 14:23:17.963516  c2:01:17:68:00:10 c2:01:17:68:00:10 LOOP  60 Reply
 7 2020-07-27 14:23:18.798563  1.1.12.2          224.0.0.10       EIGRP 74 Hello
 8 2020-07-27 14:23:19.043577  1.1.12.1          224.0.0.10       EIGRP 74 Hello
 9 2020-07-27 14:23:19.700615  192.168.1.10      172.16.1.255     ICMP  98 Echo (ping) request  id=0xc764, seq=147/37632, ttl=63 (no response found!)
10 2020-07-27 14:23:19.715616  1.1.12.2          192.168.1.10     ICMP  98 Echo (ping) reply    id=0xc764, seq=147/37632, ttl=255
11 2020-07-27 14:23:21.705730  192.168.1.10      172.16.1.255     ICMP  98 Echo (ping) request  id=0xc964, seq=148/37888, ttl=63 (no response found!)
12 2020-07-27 14:23:21.715730  1.1.12.2          192.168.1.10     ICMP  98 Echo (ping) reply    id=0xc964, seq=148/37888, ttl=255
```

[계측기(2)] 브로드캐스트 패킷 확인 → R2 FastEthernet 0/0에 브로드캐스트 패킷 확인 안 됨

```
1 2020-07-27 17:18:54.331161  192.168.1.10      255.255.255.255  ICMP  98 Echo (ping) request  id=0xee8d, seq=5414/9749, ttl=62 (broadcast)
2 2020-07-27 17:18:56.331276  192.168.1.10      255.255.255.255  ICMP  98 Echo (ping) request  id=0xf08d, seq=5415/10005, ttl=62 (broadcast)
3 2020-07-27 17:18:58.004371  c2:02:37:60:00:00 c2:02:37:60:00:00 LOOP  60 Reply
4 2020-07-27 17:18:58.324390  192.168.1.10      255.255.255.255  ICMP  98 Echo (ping) request  id=0xf28d, seq=5416/10261, ttl=62 (broadcast)
5 2020-07-27 17:18:58.464398  172.16.1.1        224.0.0.10       EIGRP 74 Hello
6 2020-07-27 17:19:00.328504  192.168.1.10      255.255.255.255  ICMP  98 Echo (ping) request  id=0xf48d, seq=5417/10517, ttl=62 (broadcast)
7 2020-07-27 17:19:02.328619  192.168.1.10      255.255.255.255  ICMP  98 Echo (ping) request  id=0xf68d, seq=5418/10773, ttl=62 (broadcast)
8 2020-07-27 17:19:02.798646  172.16.1.1        224.0.0.10       EIGRP 74 Hello
9 2020-07-27 17:19:04.328733  192.168.1.10      255.255.255.255  ICMP  98 Echo (ping) request  id=0xf88d, seq=5419/11029, ttl=62 (broadcast)
```

위 테스트 결과를 보면 R2의 FastEthernet0/0에서 ip directed-broadcast 기능을 활성화시킨 후에는 정상적으로 라우팅 정보를 받은 후 브로드캐스트 데이터를 수신하는 것을 확인할 수 있다.

■ 조치사항

- R2의 FastEthernet0/0에 ip directed-broadcast 기능을 활성화시킴
- ip directed-broadcast 기능을 활성화한 후 브로드캐스트 데이터가 전달되는 것을 확인할 수 있다.

테스트 네트워크를 구축한 결과 브로드캐스트 데이터를 전달하기 위해서는 브로드캐스트를 수신해야 하는 네트워크 대역을 가지고 있는 네트워크 장비 라우터나 L3 스위치에서는 ip directed-broadcast 기능을 활성화해야 하는 것을 네트워크 운영자는 알고 있어야 한다. 이러한 데이터 전달에 있어 라우팅 처리만으로 처리가 안되는 점을 인지하고 있어야 한다.

10. 회선구간 장애전환 처리 오류

네트워크 장비인 라우터는 주로 전용회선이 연결된다. 전용회선이 연결되고 이중화 회선 및 라우터 이중화를 구성한다면 OSPF나 EIGRP와 같은 다이내믹 라우팅 프로토콜을 동작시킬 필요가 있다. HSRP나 VRRP와 같은 이중화 프로토콜을 활성화 시켜야 회선이나 장비의 장애가 발생할 경우 서비스의 중단없이 효과적인 장애전환을 할 수 있다.

여기서는 회선구간의 장애가 발생했을 때 이중화 프로토콜인 HSRP 기능의 동작 처리가 제대로 되지 않아 서비스가 끊어지는 현상이 발생했고, 어떠한 부분의 오류가 원인이 됐는가를 확인해보자.

▪ VRRP

VRRP(Virtual Router Redundancy Protocol)는 이중화 프로토콜 중 하나로 로컬 네트워크상 게이트웨이 역할(라우터 혹인 L3 스위치)을 하는 장비에서 가상 IP 주소를 이용한 마스터 가상 라우터(Master Virtual Router)를 선정하는 표준 프로토콜이다.

▪ HSRP

HSRP(Hot Standby Redundancy Protocol)는 VRRP와 거의 같은 기능을 가지고 있으며 시스코 사에서 개발한 게이트웨이 이중화 프로토콜이다.

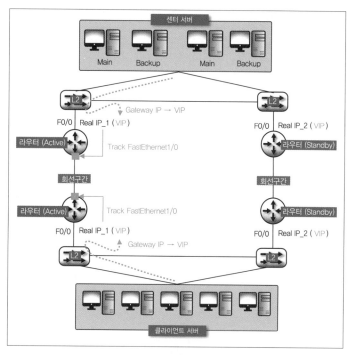

그림 10-18 HSRP 장애전환 처리 오류

■ **발생 현상**

- 이중화 프로토콜 HSRP를 적용하고 운영 중 회선에서 장애가 발생했으나, 장애전환이 안되는 현상 발생
- 이중화된 회선중 메인회선이 장애가 발생해 백업회선으로 정상절체가 되지 않음
- 센터 서버와 클라이언트 단말지 서비스 업무 중단 현상 발생

■ **발생 원인**

- 이중화 프로토콜 HSRP에서 회선구간을 체크하는 기능 비활성화
- Active 라우터에서 이중화 프로토콜 HSRP 기능 중 HSRP가 적용된 인터페이스외 회선이 연결된 인터페이스의 Up/Down을 점검할 수 있는 Track 기능이 비활성화돼 자동 장애전환이 동작하지 않음

HSRP Track 기능 활성화 전·후 장애전환 동작 확인

HSRP Track 기능의 적용 전·후 자동전환 동작을 확인해 보자.

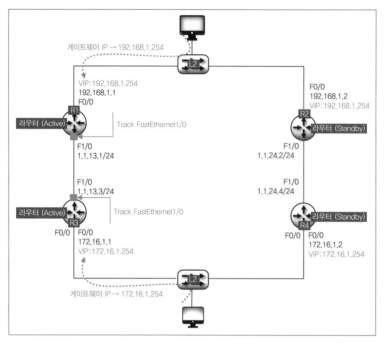

그림 10-19 HSRP 장애전환 Track 기능 적용 전·후

[R1] HSRP Active
```
interface FastEthernet0/0
 ip address 192.168.1.1 255.255.255.0
 standby 10 ip 192.168.1.254
 standby 10 priority 110
 standby 10 preempt
 standby 10 track FastEthernet1/0 30    //FastEthernet1/0 장애 시 priority
값 30 감소//

interface FastEthernet1/0
 ip address 1.1.13.1 255.255.255.0
```

```
ip route 172.16.1.0 255.255.255.0 1.1.13.3

※ 동적(Dynamic) 라우팅 처리 시 → 정적(Static) 라우팅 삭제
router eigrp 10
 network 1.1.13.0 0.0.0.255
 network 192.168.1.0
 no auto-summary
```

[R2] HSRP Standby
```
interface FastEthernet0/0
 ip address 192.168.1.2 255.255.255.0
 standby 10 ip 192.168.1.254
 standby 10 preempt

interface FastEthernet1/0
 ip address 1.1.24.2 255.255.255.0

ip route 172.16.1.0 255.255.255.0 1.1.24.4

※ 동적 라우팅 처리 시 → 정적 라우팅 삭제
router eigrp 10
 network 1.1.24.0 0.0.0.255
 network 192.168.1.0
 no auto-summary
```

[R3] HSRP Active
```
interface FastEthernet0/0
 ip address 172.16.1.1 255.255.255.0
 standby 10 ip 172.16.1.254
 standby 10 priority 110
 standby 10 preempt
 standby 10 track FastEthernet1/0 30     //FastEthernet1/0 장애 시 priority
값 30 감소//

interface FastEthernet1/0
 ip address 1.1.13.3 255.255.255.0
```

```
ip route 192.168.1.0 255.255.255.0 1.1.13.1

※ 동적 라우팅 처리 시 → 정적 라우팅 삭제
router eigrp 10
 network 1.1.13.0 0.0.0.255
 network 172.16.1.0 0.0.0.255
 no auto-summary
```

[R4] HSRP Standby
```
interface FastEthernet0/0
 ip address 172.16.1.2 255.255.255.0
 standby 10 ip 172.16.1.254
 standby 10 preempt

interface FastEthernet1/0
 ip address 1.1.24.4 255.255.255.0

ip route 192.168.1.0 255.255.255.0 1.1.24.2

※ 동적 라우팅 처리 시 → 정적 라우팅 삭제
router eigrp 10
 network 1.1.24.0 0.0.0.255
 network 172.16.1.0 0.0.0.255
 no auto-summary
```

[PC1]		[PC2]	
NAME	: PC1[1]	NAME	: PC2[1]
IP/MASK	: 192.168.1.10/24	IP/MASK	: 172.16.1.10/24
GATEWAY	: 192.168.1.254	GATEWAY	: 172.16.1.254

위 설정 값을 보면 동적Dynamic 라우팅 처리를 하지 않고 고정Static 라우팅 처리를 했다. 이때가 "standby 10 track FastEthernet1/0 30" 기능이 필요하다. 회선구간의 장애로 인해 라우터(R1, R3) FastEthernet0/0에서 HSRP 장애전환이 이뤄진다. FastEthernet1/0 인터페이스를 체크하고 있다가 장애가 발생할 경우 Priority 값을

기본 값 100에서 30을 감소시켜 Active → Standby로 전환이 이뤄진다.

동적 라우팅을 적용할 경우 별도의 정적^{Static} 라우팅은 필요 없으며, FastEthernet0/0의 "standby 10 track FastEthernet1/0 30" 기능이 없어도 자동전환이 된다.

회선구간에서 동적 라우팅의 네이버^{Neighbor} 관계가 끊어지면서 라우팅 정보를 Standby 라우터(R2, R4)로부터 받아오기 때문에 정상적으로 장애전환이 된다.

이때 R1의 FastEthernet0/0에 적용된 HSRP는 Active에서 Standby로 전환이 되지 않는다. Track 기능을 활성화하지 않았고 FastEthernet1/0이 Down된다고 하더라도 Priority 값이 그대로 110을 유지하기 때문에 VIP를 그대로 가지고 있다. 패킷의 전달은 동적 라우팅에 의해 라우터 R1의 FastEthernet0/0를 거쳐 라우터 R2의 FastEthernet0/0으로 전달된 후 라우터 R2의 회선구간으로 패킷이 전달된다.

이런 경우에 장애전환은 정상적으로 동작하지만, 불필요한 홉을 거쳐 패킷이 포워딩되는 경우로 볼 수 있기 때문에 FastEthernet0/0에 "standby 10 track FastEthernet1/0 30"을 넣어주는 것이 더 효과적이다.

라우터에서 HSRP 적용은 로컬 네트워크에 연결된 서버나 단말에서 게이트웨이 IP를 HSRP VIP로 설정해야 라우터 R1의 장비 장애나 FastEthernet0/0 Down 시 자동전환이 돼 서비스가 정상적으로 제공될 수 있다.

■ 각 라우터 적용에 따른 장애전환 테스트 결과(Track 기능 비활성화)

- R1, R3 라우터 FastEthernet1/0 Down

[R1] Active 상태 유지 → 장애전환 안 됨

```
R1#show standby brief   //HSRP Active 유지 → 장애전환 안 됨//

Interface  Grp  Prio  P State   Active  Standby       Virtual IP
Fa0/0       10   110  P Active   local   192.168.1.2   192.168.1.254
```

[R2] Standby 상태 유지 → 장애전환 안 됨

```
R2#show standby brief      //HSRP Standby 유지 → 장애전환 안 됨//
```

Interface	Grp	Prio	P	State	Active	Standby	Virtual IP
Fa0/0	10	100	P	Standby	192.168.1.1	local	192.168.1.254

[R3] Active 상태 유지 → 장애전환 안 됨

R3#show standby brief   //HSRP Active 유지 → 장애전환 안 됨//

Interface	Grp	Prio	P	State	Active	Standby	Virtual IP
Fa0/0	10	110	P	Active	local	172.16.1.2	172.16.1.254

[R4] Standby 상태 유지 → 장애전환 안 됨

R4#show standby brief   //HSRP Standby 유지 → 장애전환 안 됨//

Interface	Grp	Prio	P	State	Active	Standby	Virtual IP
Fa0/0	10	100	P	Standby	172.16.1.1	local	172.16.1.254

[PC1] 장애전환 시 Ping Loss 상태

→ Ping loss가 R1 FastEthernet1/0이 Up 상태가 될 때까지 지속됨(서비스 중단)

[PC2] 장애전환 시 Ping Loss 상태 확인

→ Ping loss가 R3 FastEthernet1/0이 Up 상태가 될 때까지 지속됨(서비스 중단)

■ 각 라우터 적용에 따른 장애전환 테스트 결과(Track 기능 활성화)

- R1, R3 라우터 FastEthernet1/0 Down

[R1] Active → Standby 장애전환 정상 동작

R1#show standby brief   //HSRP Active → Standby 장애전환//

Interface	Grp	Prio	P	State	Active	Standby	Virtual IP
Fa0/0	10	80	P	Standby	192.168.1.2	local	192.168.1.254

[R2] Standby → Active 장애전환 정상 동작

R2#show standby brief   //HSRP Standby → Active 장애전환//

Interface	Grp	Prio	P	State	Active	Standby	Virtual IP
Fa0/0	10	100	P	Active	local	192.168.1.1	192.168.1.254

[R3] Active → Standby 장애전환 정상 동작

R3#show standby brief   //HSRP Active → Standby 장애전환//

Interface	Grp	Prio	P	State	Active	Standby	Virtual IP
Fa0/0	10	80	P	Standby	172.16.1.2	local	172.16.1.254

[R4] Standby → Active 장애전환 정상 동작

```
R4#show standby brief        //HSRP Standby → Active 장애전환//
Interface    Grp Prio P State    Active       Standby      Virtual IP
Fa0/0        10  100  P Active   local        172.16.1.1   172.16.1.254
```

[PC1] 장애전환 시 Ping Loss 상태(2개 발생) → 정상 장애전환

```
PC1> ping 172.16.1.10 -t
84 bytes from 172.16.1.10 icmp_seq=1 ttl=62 time=22.001 ms
84 bytes from 172.16.1.10 icmp_seq=2 ttl=62 time=29.001 ms
84 bytes from 172.16.1.10 icmp_seq=3 ttl=62 time=29.001 ms
*192.168.1.1 icmp_seq=4 ttl=255 time=9.001 ms (ICMP type:3, code:1,
Destination host unreachable)
172.16.1.10 icmp_seq=5 timeout
84 bytes from 172.16.1.10 icmp_seq=6 ttl=61 time=27.001 ms
84 bytes from 172.16.1.10 icmp_seq=7 ttl=62 time=29.002 ms
84 bytes from 172.16.1.10 icmp_seq=8 ttl=62 time=39.003 ms
```

[PC2] 장애전환 시 Ping Loss 상태(1개 발생) → 정상 장애전환

```
PC2> ping 192.168.1.10 -t
84 bytes from 192.168.1.10 icmp_seq=1 ttl=62 time=27.001 ms
84 bytes from 192.168.1.10 icmp_seq=2 ttl=62 time=29.001 ms
84 bytes from 192.168.1.10 icmp_seq=3 ttl=62 time=29.002 ms
84 bytes from 192.168.1.10 icmp_seq=4 ttl=62 time=29.002 ms
84 bytes from 192.168.1.10 icmp_seq=5 ttl=62 time=29.002 ms
192.168.1.10 icmp_seq=6 timeout
84 bytes from 192.168.1.10 icmp_seq=7 ttl=62 time=33.001 ms
84 bytes from 192.168.1.10 icmp_seq=8 ttl=62 time=29.001 ms
84 bytes from 192.168.1.10 icmp_seq=9 ttl=62 time=29.001 ms
```

■ 조치사항

- 라우터 R1과 R2에 HSRP 기능 적용에 따른 회선구간 장애 발생을 감지할 수 있는 Track 인터페이스 기능 활성화

- 회선구간 장애 발생 시 HSRP Active → Standby 전환 정상 동작 확인

- Track 적용 시 HSRP Priority 값 조정으로 R1 라우터의 Active 권한을

Standby 라우터 R2로 전달함을 확인

- o R1: HSRP Active → Standby: VIP를 R2가 가져감
- o R2: HSRP Standby → Active: VIP를 R2가 소유함
- o R3: HSRP Active → Standby: VIP를 R2가 가져감
- o R4: HSRP Standby → Active: VIP를 R2가 소유함

네트워크 운영자들은 네트워크 장비나 회선구간이 이중화로 구성됐을 경우에 최종 서비스 가동에 앞서 장애가 발생할 수 있는 포인트별로 장애전환 테스트를 반드시 수행해야 한다.

※ 장애전환 테스트 포인트

장애 발생 포인트	장애전환 내용
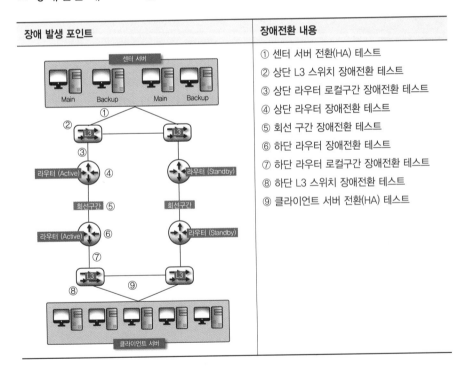	① 센터 서버 전환(HA) 테스트 ② 상단 L3 스위치 장애전환 테스트 ③ 상단 라우터 로컬구간 장애전환 테스트 ④ 상단 라우터 장애전환 테스트 ⑤ 회선 구간 장애전환 테스트 ⑥ 하단 라우터 장애전환 테스트 ⑦ 하단 라우터 로컬구간 장애전환 테스트 ⑧ 하단 L3 스위치 장애전환 테스트 ⑨ 클라이언트 서버 전환(HA) 테스트

장애전환 테스트 시 메인장비 위주로 테스트를 진행하되 백업장비 및 회선에 대해서도 장애전환 테스트를 진행하는 것이 좋다. 백업쪽 장애로 인해 메인쪽에 영향을 주는 경우가 있고, 메인쪽에 영향이 발생한다면 원인을 찾고 조치가 필요하다.

11. 라우터 HSRP 구간 I/F 에러로 인한 HSRP 오동작

이중화된 라우터 구성에서 자동 장애전환을 위해 VIP를 이용한 HSRP나 VRRP 구성이 필수적이다. 이번에도 라우터 FastEthernet 인터페이스 Input Queue Error 발생으로 인한 HSRP Active → Standby, Standby → Active 전환 현상이 반복적으로 발생함에 따라 서비스의 영향을 준 경우이다.

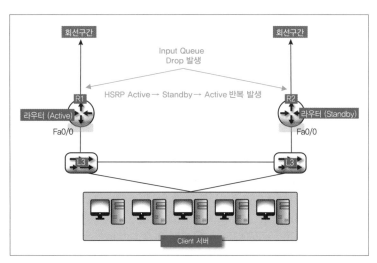

그림 10-20 라우터 Ethernet Input Queue Drop 발생

■ **발생 현상**

- 라우터 R1, R2 간 이중화 프로토콜 HSRP 동작 전환(Active ↔ Standby)이 반복적으로 발생

- 라우터를 통한 서비스 지연 및 중단 현상 발생
- HSRP 동작 전환에 대한 로그 발생

[R1] HSRP 관련 발생 로그

```
*Mar  1 02:10:03.727: %LINEPROTO-5-UPDOWN: Line protocol on Interface
FastEthernet1/0, changed state to down
*Mar  1 02:10:49.267: %HSRP-5-STATECHANGE: FastEthernet0/0 Grp 10 state
Active -> Speak
*Mar  1 02:10:59.267: %HSRP-5-STATECHANGE: FastEthernet0/0 Grp 10 state
Speak -> Standby
*Mar  1 04:38:36.166: %TRACKING-5-STATE: 1 interface Fa1/0 line-protocol
Down->Up
*Mar  1 04:38:37.426: %HSRP-5-STATECHANGE: FastEthernet0/0 Grp 10 state
Standby -> Active
*Mar  1 04:38:38.158: %LINK-3-UPDOWN: Interface FastEthernet1/0, changed
state to up
*Mar  1 04:38:39.158: %LINEPROTO-5-UPDOWN: Line protocol on Interface
FastEthernet1/0, changed state to up
*Mar  1 04:38:46.898: %TRACKING-5-STATE: 1 interface Fa1/0 line-protocol
Up->Down
*Mar  1 04:38:49.474: %HSRP-5-STATECHANGE: FastEthernet0/0 Grp 10 state
Active -> Speak
*Mar  1 04:38:49.894: %LINEPROTO-5-UPDOWN: Line protocol on Interface
FastEthernet1/0, changed state to down
*Mar  1 04:38:59.474: %HSRP-5-STATECHANGE: FastEthernet0/0 Grp 10 state
Speak -> Standby
*Mar  1 04:39:07.010: %TRACKING-5-STATE: 1 interface Fa1/0 line-protocol
Down->Up
*Mar  1 04:39:07.450: %HSRP-5-STATECHANGE: FastEthernet0/0 Grp 10 state
Standby -> Active
*Mar  1 04:39:09.006: %LINK-3-UPDOWN: Interface FastEthernet1/0, changed
state to up
*Mar  1 04:39:10.006: %LINEPROTO-5-UPDOWN: Line protocol on Interface
FastEthernet1/0, changed state to up
*Mar  1 04:39:10.006: %LINEPROTO-5-UPDOWN: Line protocol on Interface
FastEthernet1/0, changed state to up
```

```
*Mar  1 04:39:39.750: %TRACKING-5-STATE: 1 interface Fa1/0 line-protocol
Up->Down
*Mar  1 04:39:40.514: %HSRP-5-STATECHANGE: FastEthernet0/0 Grp 10 state
Active -> Speak
*Mar  1 04:39:42.746: %LINEPROTO-5-UPDOWN: Line protocol on Interface
FastEthernet1/0, changed state to down
*Mar  1 04:39:50.514: %HSRP-5-STATECHANGE: FastEthernet0/0 Grp 10 state
Speak -> Standby
*Mar  1 04:39:54.854: %TRACKING-5-STATE: 1 interface Fa1/0 line-protocol
Down->Up
*Mar  1 04:39:55.490: %HSRP-5-STATECHANGE: FastEthernet0/0 Grp 10 state
Standby -> Active
*Mar  1 04:39:56.850: %LINK-3-UPDOWN: Interface FastEthernet1/0, changed
state to up
*Mar  1 04:39:57.850: %LINEPROTO-5-UPDOWN: Line protocol on Interface
FastEthernet1/0, changed state to up
```

※ 반복적인 HSRP Active ↔ Standby 전환 현상이 protocol down, Link Down과 함께 발생함

[R2] HSRP 관련 발생 로그
```
*Mar  1 01:17:24.631: %HSRP-5-STATECHANGE: FastEthernet0/0 Grp 10 state
Standby -> Active
*Mar  1 01:18:09.711: %HSRP-5-STATECHANGE: FastEthernet0/0 Grp 10 state
Active -> Speak
*Mar  1 01:18:19.711: %HSRP-5-STATECHANGE: FastEthernet0/0 Grp 10 state
Speak -> Standby
*Mar  1 01:18:49.671: %HSRP-5-STATECHANGE: FastEthernet0/0 Grp 10 state
Standby -> Active
*Mar  1 03:48:24.923: %HSRP-5-STATECHANGE: FastEthernet0/0 Grp 10 state
Active -> Speak
*Mar  1 03:48:34.923: %HSRP-5-STATECHANGE: FastEthernet0/0 Grp 10 state
Speak -> Standby
*Mar  1 03:48:36.911: %HSRP-5-STATECHANGE: FastEthernet0/0 Grp 10 state
Standby -> Active
*Mar  1 03:48:54.959: %HSRP-5-STATECHANGE: FastEthernet0/0 Grp 10 state
Active -> Speak
```

```
*Mar  1 03:49:04.959: %HSRP-5-STATECHANGE: FastEthernet0/0 Grp 10 state
Speak -> Standby
*Mar  1 03:49:27.959: %HSRP-5-STATECHANGE: FastEthernet0/0 Grp 10 state
Standby -> Active
*Mar  1 03:49:42.995: %HSRP-5-STATECHANGE: FastEthernet0/0 Grp 10 state
Active -> Speak
*Mar  1 03:49:52.995: %HSRP-5-STATECHANGE: FastEthernet0/0 Grp 10 state
Speak -> Standby
```

※ 메인 라우터 R1에서 Active ↔ Standby 전환 현상으로 인한 HSRP 전환 반복 발생

■ 발생 원인

- 라우터 R1, R2간 HSRP 동작구간에서 HSRP Hello 패킷의 누락 현상으로 인한 발생
- 라우터 R1에서 Input queue Drop으로 인한 HSRP Hello 패킷 누락됨을 확인
  - Input queue의 Drops = 6541800으로 증가됨을 확인
  - Received에서 6541800 throttles 증가 확인

```
R1#show interfaces fastEthernet 0/0
FastEthernet0/0 is up, line protocol is up
  Hardware is Gt96k FE, address is c201.3320.0000 (bia c201.3320.0000)
  Internet address is 1.1.12.1/24
  MTU 1500 bytes, BW 10000 Kbit/sec, DLY 1000 usec,
     reliability 255/255, txload 1/255, rxload 1/255
  Encapsulation ARPA, loopback not set
  Keepalive set (10 sec)
  Hull-duplex, 100Mb/s, 100BaseTX/FX
  ARP type: ARPA, ARP Timeout 04:00:00
  Last input 00:00:01, output 00:00:02, output hang never
  Last clearing of "show interface" counters never
  Input queue: 0/75/6541800/0 (size/max/drops/flushes); Total output
drops: 0
```

```
Queueing strategy: fifo
Output queue: 0/40 (size/max)
5 minute input rate 0 bits/sec, 0 packets/sec
5 minute output rate 0 bits/sec, 0 packets/sec
   403316 packets input, 507182985 bytes
   Received 359846360 broadcasts, 0 runts, 0 giants, 6541800 throttles
   0 input errors, 0 CRC, 0 frame, 0 overrun, 0 ignored
   0 watchdog
   0 input packets with dribble condition detected
   411651 packets output, 506380677 bytes, 0 underruns
   0 output errors, 0 collisions, 3 interface resets
   0 unknown protocol drops
   0 babbles, 0 late collision, 0 deferred
   0 lost carrier, 0 no carrier
   0 output buffer failures, 0 output buffers swapped out
```

- Input queue의 메모리인 버퍼Buffer 사이즈가 작아서 처리를 못하고 패킷이 유실되는 현상

■ **조치사항**

- Input Queue 메모리 버퍼Buffer 사이즈를 늘려서 Input Queue에서 처리를 가능하게 함

```
R1#configure terminal
R1(config)#interface fastEthernet 0/0
R1(config-if)#hold-queue ?
  <0-4096>  Queue length
R1(config-if)#hold-queue 4096 ?
  in    Input queue
  out   Output queue
R1(config-if)#hold-queue 4096 in          //FastEthernet0/0 input
Queue 최대 크기 4096으로 설정//
```

■ **결과 확인**

- Input Queue 최대 크기로 설정 확인

- Input queue size = 4096, drop = 0 및 Received throttles = 0 확인

R1#clear counters   //인터페이스에 누적된 숫자 초기화시킴//

R1#show interfaces fastEthernet 0/0
FastEthernet0/0 is up, line protocol is up
  Hardware is Gt96k FE, address is c201.3320.0000 (bia c201.3320.0000)
  Internet address is 1.1.12.1/24
  MTU 1500 bytes, BW 10000 Kbit/sec, DLY 1000 usec,
      reliability 255/255, txload 1/255, rxload 1/255
  Encapsulation ARPA, loopback not set
  Keepalive set (10 sec)
  Half-duplex, 10Mb/s, 100BaseTX/FX
  ARP type: ARPA, ARP Timeout 04:00:00
  Last input 00:00:00, output 00:00:00, output hang never
  Last clearing of "show interface" counters 00:00:08
  Input queue: 0/**4096**/0/0 (size/max/**drops**/flushes); Total output drops: 0
  Queueing strategy: fifo
  Output queue: 0/40 (size/max)
  5 minute input rate 0 bits/sec, 0 packets/sec
  5 minute output rate 0 bits/sec, 0 packets/sec
     6 packets input, 394 bytes
     Received 6 broadcasts, 0 runts, 0 giants, **0 throttles**
     0 input errors, 0 CRC, 0 frame, 0 overrun, 0 ignored
     0 watchdog
     0 input packets with dribble condition detected
     6 packets output, 394 bytes, 0 underruns
     0 output errors, 0 collisions, 0 interface resets
     0 unknown protocol drops
     0 babbles, 0 late collision, 0 deferred
     0 lost carrier, 0 no carrier
     0 output buffer failures, 0 output buffers swapped out

네트워크 트래픽에 대한 장애나 비정상 동작이 발생했을 경우 네트워크 장비상에서 발생하는 로그의 원인 분석이 매우 중요하다. 로그의 분석이 빠르면 빠를수록 관련 대응을 신속하게 취할 수 있다. 그렇게 때문에 네트워크 운영자들은 다양한 로그를 접할 필요도 있으며, 네트워크 장비 제조사를 통한 네트워크 장비에서 발생하는 로그에 대한 조치 가이드를 받아서 숙지를 하는 것이 필요하다.

12. 특정단말의 트래픽 과부하로 인한 지연현상 발생

인터넷 접속이 가능한 네트워크 대역에서 특정 단말의 고화질 동영상 시청 및 과도한 FTP 다운로드 등으로 트래픽 지연현상의 발생으로 정작 필요한 인터넷 업무 마비가 발생했다.

사용자가 업무시간중 인터넷 동영상을 시청한 것이 원인이 될 수 있지만, 특정 단말이 악성코드에 감염돼 DDoS 공격을 일으키는 좀비 단말로 되는 경우도 발생한다.

이러한 경우에 해당 단말을 신속히 찾아서 네트워크를 차단함으로써 원인을 제거해야 한다.

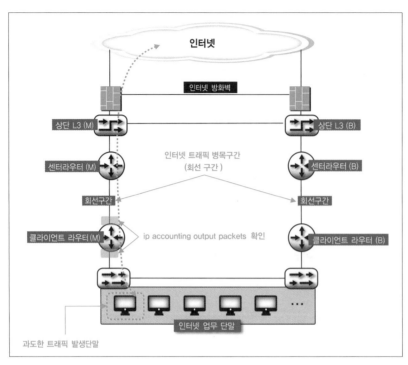

그림 10-21 특정단말의 과도한 인터넷 트래픽 발생

■ 발생 현상

- 인터넷 업무 단말에서 지연 현상이 발생
- 인터넷 웹 페이지 접속이 지연되거나 끊어지는 현상 발생
- 외부 DNS로 Ping 응답 지연 또는 손실 발생

■ 발생 원인

- 인터넷 업무 단말중 특정 단말이 과도한 인터넷 트래픽 발생시킴
- 특정 단말에서 발생시키는 트래픽이 외부 특정 웹 페이지 접속과 과도한 트래픽의 송·수신 현상 발생
- 외부 접속 사이트의 성격에 따라 동영상을 다운로드할 수도 있고 외부로부터 악성코드에 감염, DDoS 공격을 발생시키는 좀비 단말로 동작할 수도 있다.

854

■ 라우터의 특정 IP에서 대량의 패킷 발생 확인

- 라우터의 인터페이스에 적용하는 "ip accounting output packets" 기능을 이
  용하면 라우터 인터페이스를 통해 나가는 패킷을 확인할 수 있다.

그림 10-22 라우터 ip accounting output packets 동작 방향

PC1에서 라우터 R1을 지나갈 때는 라우터 R1 Serial0/0에서 output 패킷이 확인되
며 PC2에서 PC1로 주는 패킷은 라우터 R1 FastEthernet0/0에서 output 패킷으로
확인된다.

다음에서 간단한 환경을 만들어 라우터에 "ip accounting output packets" 기능을
활성화시킨 후 실제 트래픽을 많이 발생시키는 IP를 찾아보자.

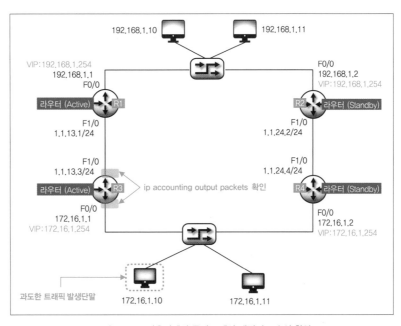

그림 10-23 라우터에서 특정 IP에서 패킷 송·수신 확인

■ IP accounting output packets 확인을 위한 장비 설정 값

[R1] 설정 값
interface FastEthernet0/0
 ip address 192.168.1.1 255.255.255.0
 ip accounting output-packets   //FastEthernet0/0 output 패킷
account 정보 보여줌//
  standby 10 ip 192.168.1.254
  standby 10 priority 110
  standby 10 preempt
  standby 10 track FastEthernet1/0 30

 interface FastEthernet1/0
  ip address 1.1.13.1 255.255.255.0
 ip accounting output-packets   //FastEthernet1/0 output 패킷
account 정보 보여줌//

 router eigrp 10
  network 1.1.13.0 0.0.0.255
  network 192.168.1.0
  no auto-summary

[R2] 설정 값
 interface FastEthernet0/0
  ip address 192.168.1.2 255.255.255.0
  standby 10 ip 192.168.1.254
  standby 10 preempt

 interface FastEthernet1/0
  ip address 1.1.24.2 255.255.255.0

 router eigrp 10
  network 1.1.24.0 0.0.0.255
  network 192.168.1.0
  no auto-summary

856

[R3] 설정 값

```
interface FastEthernet0/0
 ip address 172.16.1.1 255.255.255.0
 ip accounting output-packets          //FastEthernet0/0 output 패킷
account 정보 보여줌//
 standby 10 ip 172.16.1.254
 standby 10 priority 110
 standby 10 preempt
 standby 10 track FastEthernet1/0 30

interface FastEthernet1/0
 ip address 1.1.13.3 255.255.255.0
 ip accounting output-packets          //FastEthernet1/0 output 패킷 account
정보 보여줌//

router eigrp 10
 network 1.1.13.0 0.0.0.255
 network 172.16.1.0 0.0.0.255
 no auto-summary
```

[R4] 설정 값

```
interface FastEthernet0/0
 ip address 172.16.1.2 255.255.255.0
 standby 10 ip 172.16.1.254
 standby 10 preempt

interface FastEthernet1/0
 ip address 1.1.24.4 255.255.255.0

router eigrp 10
 network 1.1.24.0 0.0.0.255
 network 172.16.1.0 0.0.0.255
 no auto-summary
```

[PC1] 설정 값		[PC2] 설정 값	
NAME	: PC1[1]	NAME	: PC2[1]
IP/MASK	: 192.168.1.10/24	IP/MASK	: 192.168.1.11/24
GATEWAY	: 192.168.1.254	GATEWAY	: 192.168.1.254
[PC3] 설정 값		[PC4] 설정 값	
NAME	: PC3[1]	NAME	: PC4[1]
IP/MASK	: 172.16.1.10/24	IP/MASK	: 172.16.1.11/24
GATEWAY	: 172.16.1.254	GATEWAY	: 172.16.1.254

■ **라우터 R1, R3를 통해 확인된 IP Account 정보**

[R1] FastEthernet 0/0, FastEthernet 1/0을 통과하는 output 패킷 확인

R1#show ip accounting

Source	Destination	Packets	Bytes	
192.168.1.10	172.16.1.10	13860	1386000	//과도한 트래픽 발생 확인//
172.16.1.10	192.168.1.10	13861	1386100	//과도한 트래픽 발생 확인//
192.168.1.11	172.16.1.11	193	16212	
172.16.1.11	192.168.1.11	205	17220	

[R3] FastEthernet 0/0, FastEthernet 1/0을 통과하는 output 패킷 확인

R3#show ip accounting

Source	Destination	Packets	Bytes	
192.168.1.11	172.16.1.11	9026	758184	
172.16.1.11	192.168.1.11	9026	758184	
192.168.1.10	172.16.1.10	125539	12553900	//과도한 트래픽 발생 확인//
172.16.1.10	192.168.1.10	125541	12554100	//과도한 트래픽 발생 확인//

"ip accounting output packets" 기능은 라우터에서 동작하는 기능이다. 회선구간이나 통신경로상 병목이 있는 구간에 라우터로 연결돼 있다면 유용하게 쓰일 수 있다.

이렇게 간단히 라우터에서 트래픽에 영향을 줄 수 있는 IP 주소를 확인할 수 있기 때문에 신속한 트래픽 이슈에 대한 대처를 할 수 있다. 정밀한 패킷의 분석이 필요하다면 계측기나 패킷 분석 장비를 이용해 트래픽을 수집, 분석 등을 해야 한다.

- **조치사항**
  - 해당 IP에 대한 네트워크 장비상에서 차단 조치는 Access-list를 이용한 차단 조치
  - 과다 트래픽 발생단말에서 근본적으로 어떤 트래픽을 유발시키고 있는지 확인 후 차단 조치
  - 업무상 필요한 데이터의 경우에는 그외 서비스에 영향을 최소화할 수 있는 시간대에서 실행이 필요함
  - 악성코드 감염으로 인한 경우는 즉시 네트워크 차단 및 단말 악성코드에 대한 포렌식 분석을 진행해야 하며, 해당 단말은 분석을 위한 디스크를 백업받은 후에는 초기화시켜야 한다.

네트워크 기능 중 아주 간단한 기능이라 할지라도 네트워크 이슈에 대한 신속한 대응에 요긴하게 쓰이는 경우가 종종 있다. 이러한 간단한 기능일지라도 네트워크 운영자들은 숙지해야 할 필요가 있다.

Ip accounting output packets의 기능은 라우터에서 패킷을 수신해 목적지까지 제대로 라우터를 통과하는지를 확인하는 것에도 사용된다. 클라이언트 단말에서 목적지로 가기 위한 게이트웨이 정보를 잘못 설정했다면 라우터로 패킷이 접근할 수도 없을 것이다. 이러한 문제는 실제 테스트상에서 클라이언트 단말 운영자와 네트워크 운영자가 협조해 적절히 대처할 필요가 있다.

13. 스위치 포트 Error Disable로 인한 포트다운

네트워크 장비중 스위치 장비의 경우에 Error Disable 기능이 있다. 이 기능은 스위치 포트가 Up/Down을 반복하게 될 경우 스위치 루핑 등 동작에 영향을 줄 수 있기 때문에 포트를 Error Diable 포트로 간주해 강제로 셧다운^{Shutdown} 시키는 기능이 있다. 이러한 기능은 어느 하나 특정 포트의 장애로 인해서 스위치 전체 서비스에 영향

을 주는 것을 미연에 방지하기 위한 기능이다.

 Error Disable

This feature was first implemented to handle special collision situations in which the switch detected excessive or late collisions on a port. Excessive collisions occur when a frame is dropped because the switch encounters 16 collisions in a row. Late collisions occur after every device on the wire should have recognized that the wire was in use

이 기능은 스위치가 포트에서 과도한 충돌 또는 지연된 충돌을 감지한 특이한 충돌 상황을 처리하기 위해 처음 구현됐다. 스위치에서 16번의 충돌이 발생해 프레임 손실이 발생할 경우 과도한 충돌이 발생한다. 연결이 사용중이라고 인지했을 때 모든 장비는 늦은 지연 충돌이 일어난다.

▪ 복구 방법

- 수동복구: 스위치 포트를 강제로 Shutdown 후 no Shutdown 처리해 복구
- 자동복구: 자동 Recovery 기능을 사용해 일정 시간이 지난 후 자동 복구
  단, 근본적인 원인이 해소가 되기 전까지는 반복해서 발생할 수 있다.

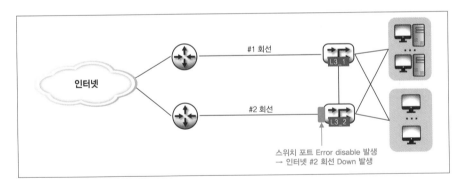

그림 10-24 스위치 포트 Error Disable로 인한 다운

▪ 발생 현상

- 이중화된 인터넷 회선 자동전환으로 #1회선으로 트래픽 집중현상 발생

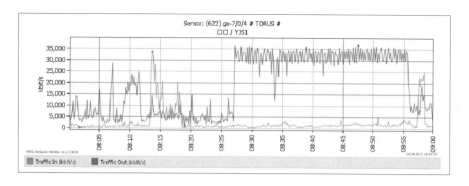

- 인터넷 회선 대역 초과로 인한 트래픽 지연현상 발생
- 인터넷 #2회선 Down 발생

■ 발생 원인

- 인터넷 서비스용 L3 2번 스위치 포트 Error Disable 현상 발생으로 포트다운
- 인터넷 #2번 회선 다운 발생
- Error Disable 현상 발생 원인은 네트워크 스위치 포트 불량으로 인한 발생

Error Disable 발생 원인

① 네트워크 케이블 불량: 전송구간이 100m 이상 or 잘못된 타입의 케이블 사용
② 네트워크 카드 불량: 하드웨어 불량, Duplex 설정 불량 등
③ 포트 채널 Misconfiguration
④ BPDU guard violation
⑤ UDLD(UniDirectional Link Detection) condition 상태 오류
⑥ Late-Collison Detection
⑦ Link-Flap detection
⑧ Security Violation
⑨ PAgP(Port Aggretation Protocol) Flap
⑩ L2TP(Layer 2 Tunneling Protocol) guard
⑪ DHCP snoping rate-limit

- **조치사항**
  - 수동 조치로 스위치 포트 Shutdown 후 no Shutdown 처리

    단, 수동조치로 문제가 해결되는 경우가 많지만 근본적인 원인을 제거하지 못하면 재발생할 수 있다.

자동조치 방법은 "errdisable recovery interval ##"로 자동으로 복구시킬 수도 있다.

일시적인 문제로 인해 발생이 됐고, 원인이 자동으로 해결됐다면 자동조치도 권고할 만하다. 수동조치와 마찬가지로 근본적인 원인을 해결해야지만 재발을 방지할 수 있다.

그리고, auto recovery 기능은 네트워크 관리자 입장에서 사용하는 것을 권고하지 않는다.

14. 도메인 사용일 만료로 인한 DNS Query 불가

인터넷을 기반으로 한 DNS^{Domain Name Server}는 다양한 도메인 서비스를 제공하고 있다. www.naver.com과 같은 URL 주소로 인터넷 사용자는 웹 사이트를 접속하고 증권사 홈페이지를 접속해 WTS^{Web Trading System}를 통해 주식거래를 하기도 한다. 이렇게 일반 사용자들이 URL로 접속을 가능하게 해주는 시스템이 DNS 시스템이다.

DNS 서비스를 제공하는 업체는 다양하다. 한 기업에서 웹 페이지에 대한 도메인을 등록하고 사용하기 위해서는 사용하려는 도메인 이름을 지금 사용하지 않는 이름으로 결정하고 등록하고 사용해야 한다. DNS 등록은 기간별로 일정한 비용을 지불해야 해당 도메인을 유효하게 사용할 수 있다.

https://후이즈검색.한국/kor/whois/whois.jsp에서 국내 모든 도메인을 조회할 수 있다.

그림 10-25 koscom.co.kr DNS 등록 현황

여기서 중요한 부분은 도메인 네임에 대한 사용 종료일이다. 사용 기간이 제한적이기 때문에 반드시 사용 종료일 전에 사용에 대한 연장을 해야 한다. 연장을 하지 않은 경우 DNS 서비스를 제공하지 않기 때문에 일반 사용자들은 도메인 네임으로 웹 사이트 접속을 시도했을 때 접속할 수 없는 상태가 된다.

이번 사례는 DNS 사용 종료로 인해 서비스 중단에 대한 내용이다.

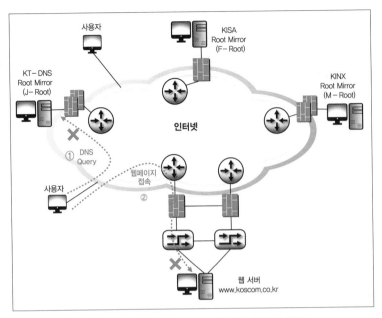

그림 10-26 DNS Query 중단으로 인한 웹 서버 접속 장애

■ 발생 현상

- 웹 서버 www.koscom.co.kr 접속 안 됨

- URL을 찾을 수 없다고 웹 페이지에 표시됨

- www.koscom.co.kr의 공인 IP 211.255.204.206으로 접속했을 경우 접속이
  됨. (https://211.255.204.206) → 웹 서버의 동작 상태는 이상 없음 확인

■ 발생 원인

- koscom.co.kr에 대한 사용 종료일 초과로 인한 DNS 서비스 중단됨

- KT DNS에서 해당 DNS 쿼리에 대한 응답 중단

■ 조치사항

- 긴급으로 사용기한 연장 조치해 서비스 재개

- 도메인 사용에 대한 비용 지불 처리 후 정상적인 서비스 확인

위 부분에 대한 장애는 기술적인 문제라기보다는 관리의 문제이다. 그리고, 기업에 서는 도메인 네임에 대한 관리를 강화해야 한다. 홈페이지의 경우는 그 기업의 얼굴에 해당되기 때문에 잘 관리해야 한다.

또한, 해커들의 악의적인 공격의 대상이 되기 때문에 그만큼 보안적인 요소도 강화해서 관리해야 한다.

DNS

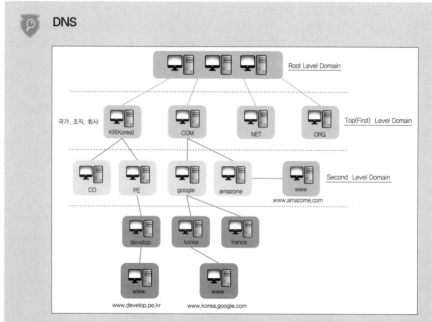

그림 10-27 DNS 계층구조

■ **Root DNS**

최상위 DNS(Domain Name Server)로 글로벌하게 단지 13대의 대형 서버로 구축 돼 있으며 미국(10대), 일본(1대), 네덜란드(1대), 노르웨이(1대)로 구축돼 있다.
한국의 경우는 Root DNS 미러 서버로 국내에서 운영하고 있다(2003년 8월).
미러 DNS 서버는 글로벌에 구축돼 있는 오리지널 Root 서버를 복사한 것으로 거의 동일한 기능을 한다. 전 세계에 67개의 미러 서버가 있으며 미국(24대), 한국(3대), 영국(3대), 네덜란드(3대), 중국(3대)을 보유하고 있다.

국내에 구축된 미러 서버는 F-Root, J-Root, M-Root 미러 서버며, KISA(한국인터넷진흥원), KT 및 KINX(한국인터넷연동센터)에서 운영되고 있다.

DNS 미러 서버는 설치된 위치가 다를뿐이며, 인터넷 상에서는 설치된 위치가 크게 영향이 없다.

미러 서버의 관리는 미국, 일본, 유럽의 글로벌 오리지널 루트 서버 관리자가 원격 통제 및 관리한다.

미러 서버를 구축하게 된 계기는 2002년 Root DNS 서버 13대중 9대가 DDoS 공격으로 영향을 받았고 글로벌하게 DNS를 이용한 인터넷 서비스가 몇 시간 동안 마비가된 사건 이후 재차 DDoS 공격에 대한 피해를 최소화하기 위해 전 세계에 67개의 Root DNS 미러 서버를 구축했다.

Top(First) Level DNS 서버인 .COM과 .NET은 국내 KT 분당 인터넷 데이터센터에서 운영중에 있다. RooT DNS 미러 서버와 .COM 및 .NET 서버를 국내에 구축함으로써 외국의 DNS에 의존하던 DNS 쿼리를 국내에서 처리했고, 그로 인해 국제 트래픽의 발생을 줄여줌으로써 국제 회선비용의 절감을 가져왔고 국내에서 DNS 쿼리를 처리함으로써 응답 시간의 단축을 가져왔다. 또한 동남아, 동아시아 지역까지 DNS 쿼리 처리가 가능해졌다.

■ Root DNS 서버

Host Name	IP Address	Operator
a.root-server.net	198.41.0.4 2001:503:ba3e::2:30	Verisign, Inc.
b.root-server.net	199.9.14.201 2001:500:200::b	University of Southern California, Information Sciences Institute
c.root-server.net	192.33.4.12 2001:500:2::c	Cogent Communications
d.root-server.net	199.7.91.13 2001:500:2d::d	University of Maryland
e.root-server.net	192.203.230.10 2001:500:a8::e	NASA (Ames Research Center)
f.root-server.net	192.5.5.241 2001:500:2f::f	Internet Systems Consortium, Inc.

g.root-server.net	192.112.36.4 2001:500:12::d0d	US Department of Defense (NIC)
h.root-server.net	198.97.190.53 2001:500:1::53	US Army (Research Lab)
i.root-server.net	192.36.148.17 2001:7fe::53	Netnod
j.root-server.net	192.58.128.30 2001:503:c27::2:30	Verisign, Inc.
k.root-server.net	193.0.14.129 2001:7fd::1	RIPE NCC
l.root-server.net	199.7.83.42 2001:500:9f::42	ICANN
m.root-server.net	202.12.27.33 2001:dc3::35	WIDE Project

▪ Top (First) Level 도메인 이름 구조

- .com: 영리목적의 기관(Commercial Organization)
- .net: 네트워크 사업자 혹은 네트워크 기관(kinx 등)
- .org: 비영리 기관(isc2.org 등)
- .gov: 정부기관
- .mil: 군사기관
- .edu: 교육기관
- .kr: 국가이름

출처: IANA(Internet Assigned Numbers Authority)

15. LLCF 설정 누락으로 데이터 손실

LLCF^{Link Loss Career Forward}는 링크 상태를 감지해서 회선이 연결된 양쪽 끝단에 링크를 UP 또는 Down 시키는 역할을 한다. LLCF가 설정된 장비를 기준으로 상하위 링크 중 어느 하나가 Down되면 나머지 하나도 Down이 되게 해서 이중화 링크일 경우 자동전환이 가능하게 하는 기능이다.

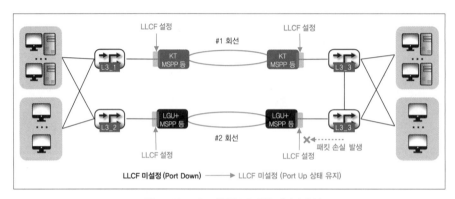

그림 10-28 LLCF 미설정으로 인한 데이터 손실

■ **발생 현상**

- 데이터 전달을 위한 회선 #2번 회선이 Down 발생 시 전달 데이터 손실 발생
- #2번 회선 장애로 인한 장애전환이 안됨
- L3 2번 스위치 회선연결 포트 Down 발생했으나, L3 3번 스위치 회선 연결포트 Up 상태 유지

■ **발생 원인**

- LLCF 기능 미설정으로 인한 End 스위치 포트 Down에 따른 상대방 스위치 포트 Up 상태를 유지함으로 회선 전환 및 스위치 장애전환 기능 동작하지 않음

■ **조치사항**

- 통신사업자(KT, LGU+) 단국장비(MSPP) 인터페이스에 LLCF 기능 설정

- 통신사업자 MSPP 장비의 LLCF 기능 활성화로 End-to-End 포인트 Down/Up 감지에 따른 상대방 접속 포인트도 동일하게 Down/Up 시킴으로써 이중화 회선 및 이중화 네트워크 장비의 장애전환을 원활하게 수행하게 함

여기서도 한번 더 언급돼야 할 부분은 네트워크 장비 및 회선의 이중화를 구축 시에는 반드시 장애전환 테스트가 서비스 가동 전에 우선돼야 한다. 장애전환(Failover) 테스트를 함으로써 이러한 이중화 동작에서 오류를 미연에 방지할 수 있기 때문에 네트워크 운영자들인 네트워크 백본 구축이든 회선 구축이든 구간별도 이중화 구성돼야 하는 부분은 설계에서부터 구축 후 장애전환 테스트까지 수행해야 안정적인 서비스를 제공할 수 있다.

11

네트워크 및 정보 보호
인프라 구축 사례

1. 내부망 구축

기업에서는 내부 전산시스템을 이용하기 위해서는 서버 및 네트워크 시스템을 구축해야 한다. 네트워크 구간에 이중화 및 경로에 대한 설계가 우선 돼야 하며, 업무에 따라 데이터의 흐름을 통제 관리할 수 있는 적절한 보안 수단도 함께 고려해야만 안정적인 IT 인프라를 구축하고 내부 업무가 원활하게 진행될 수 있다.

내부망의 구축에 있어 네트워크 설계를 할 때 우선 고려해야 할 사항을 나열해보자.

1) 네트워크 구조를 어떻게 가져가야 할지 정의가 필요하다

- 3-Tier 계층 구조
- 2-Tier Spine – Leaf 구조

2) 라우팅 프로토콜의 사용 여부

- 동적Dynmic 라우팅
- 정적Static 라우팅

3) 이중화 구성

- 네트워크 장비 및 서버 시스템의 이중화(Active-Standby) 구성
- 연결 회선 부분의 이중화
- 시스템 관점에서 인터페이스 이중화(HA) 구성
- 이중화 구성 시 장애전환(Failover) 주기 등 고려

4) 기타 네트워크 설계상 고려사항

- 네트워크 Loop가 발생할 요소가 있는지 여부
- Spanning Tree Protocol이 필요없은 구간에는 기능 제거
- 이중화 트렁크 구조의 필요성
  - 링크 장애에 따른 LLCF 기능 동작 설정 부분
- 데이터 전달에 따른 구간별 병목구간 발생 및 해소 검토

5) 보안 부분

- 망대망 접속 시 방화벽 구성 여부
- 관리자 및 일반 사용자의 접근을 구분할 수 있는 접근통제시스템 구축
  - 사용자별 계정 관리
- 시스템 보안 및 기타 취약점을 보완할 수 있는 보안솔루션의 구축
- 공공망(Internet 등)과 업무망의 분리

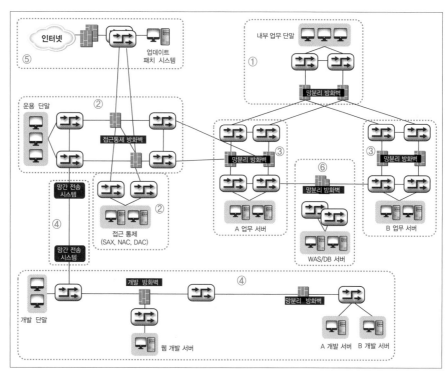

그림 11-1 내부망 구축 사례

내부망 구축에 있어 가장 염두해야 할 사항은 망대망이 접속할 때 업무의 성격이 보안을 통해서 접속해야 할 필요가 있는가를 신중히 판단하고 결정해야 한다.

내부 업무 단말에서 접속할 수 있는 시스템이 어디까지이고 단말이 접속하는 시스템 자체가 내부 WAS 서버나 데이터베이스 서버에 접근할 때 보안 정책을 어떻게 가져가야 하는 것을 결정해야 한다. 기본적으로 사용자가 접속하는 시스템과 시스템 간 접속 부분은 분리해야 한다. 최적의 분리 방법은 방화벽을 통한 물리적 분리를 하는 것이 좋다.

그림 11-1의 내부망 구성에 대한 요소별로 어떤 네트워크 기술이 적용돼 있는지 확인해보자.

내부망을 구축할 경우 망분리의 경우는 대부분 방화벽을 통해서 분리되기 때문에 라우팅 처리는 동적 라우팅보다는 정적 라우팅 처리를 한다. 다만, 네트워크 장비만으로 이중화 구성이 되는 구간이 있다면 당연히 동적 라우팅 처리를 해야 더 효과적이다.

그림 11-1에서는 네트워크 장비만 메인/백업 구성이 아닌 서로 연결된 박스구성이나 이중화 구성이 돼 있는 부분은 없다. 그렇기 때문에 정적 라우팅 처리로 네트워크 경로를 확보할 수 있다.

① 내부 업무 단말의 접근 구성

이중화 스위치 구성에서는 이중화 프로토콜인 HSRP(or VRRP)를 적용해야 한다. 이중화 프로토콜 설정 시 Multi or Single 구성에 대해서도 결정해야 한다.

단말이 목적지 통신을 위해서 기본 게이트웨이 IP는 HSRP(or VRRP)의 가상 IP로 설정해야 한다.

Multi HSRP를 적용할 경우 단말에서 목적지로 향하는 데이터는 양쪽 스위치에 분산돼 트래픽 전달 처리할 수 있다. Single-HSRP를 적용했을 경우에는 Active 스위치 한쪽으로만 데이터 전달 트래픽을 처리하게 된다.

스위치와 망분리 방화벽 간 라우팅 처리는 스위치에서 기본 게이트웨이 IP를 방화벽 VIP로 설정해야 한다. 방화벽이 장애전환할 경우 VIP만 Master 방화벽에서 BMaster 방화벽으로 전환되기 때문이다.

방화벽도 스위치의 Multi-HSRP와 동일한 Active-Active로 사용하기 위해서 Multi VIP를 사용한다. 그럼 스위치에서도 기본 게이트웨이 IP를 각각 VIP로 이중으로 설정해야 방화벽으로 전달되는 데이터의 트래픽이 부하 분산이 된다.

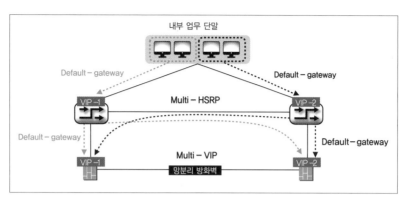

그림 11-2 ① 내부 업무 단말 접속 구성

② 시스템 운영단말 네트워크 구성

시스템 운영단말의 경우 운영시스템에 접근해서 서비스 관련 업무 프로세스를 운영 및 관리하게 된다. 운영단말이 시스템에 접근하기 위해서는 시스템 접근에 대한 접근통제시스템인 SAC$^{System\ Access\ Control}$, DAC$^{Database\ Access\ Control}$ 및 NAC$^{Network\ Access}$ ^{Control}를 거친 후 관리자 권한 승인이 이뤄지고 접근할 수 있는 시스템으로 접근해야 한다.

접근 통제와 관련된 네트워크 장비도 이중화를 고려해 구축해야 한다. 운영단말이 접근통제시스템에 접근하고 실가동 운영시스템으로 접근할 때는 네트워크 보안 장비인 방화벽을 거친 후 접근돼야 한다. 방화벽 또한 이중화 구성이 필요하다.

운영단말의 게이트웨이 IP 구성은 ①에 업무 단말 구성과 동일하게 가져가면 된다. 방화벽 및 네트워크 이중화 구성은 방화벽 이중화 구성을 따라가면 되고 네트워크 스위치에서는 방화벽 양쪽 데이터가 지나가는 인터페이스에 할당된 VIP로 목적지에 대한 게이트웨이 IP를 이중으로 설정하면 방화벽을 이중화로 사용할 수 있는 경로가 열린다.

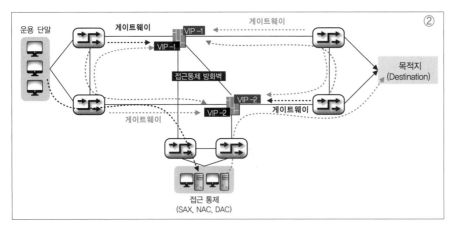

그림 11-3 ② 시스템 운영단말 접속 구성

③ 업무 서버(시스템) 연결 구성

업무 서버(시스템) 연결 구성은 중요한 업무를 처리하는 시스템의 경우에는 반드시 이중화 HA 구성을 해야 한다. 네트워크 스위치가 이중화로 구성된 경우에는 시스템 또한 인터페이스의 HA 구성을 하거나 물리적인 시스템을 이중화로 구성하고 한 대의 서버 및 하나의 인터페이스 장애가 발생했을 때 정상적인 업무 서비스를 제공하기 위해서는 이중화 구성이 필수 요건이다.

방화벽과 네트워크 이중화 구성은 ② 운영단말 네트워크 구성에서 보여준대로 구성하면 된다.

시스템의 이중화 구성은 물리적인 하드웨어 이중화로 메인 서버는 메인 네트워크 스위치에, 백업 서버는 백업 네트워크 스위치에 연결해야 한다. 물리적인 이중화 서버마다 인터페이스 이중화 구성이 요즘 시스템 접속 구성에서는 일반적이다.

시스템의 이중화 구성은 제조사 시스템별로 약간의 차이가 있으나 네트워크 장비나 방화벽과 같이 실제로 서버 인터페이스에 할당되는 IP와 그 위에 가상 IP(VIP)를 올려서 처리하는 것이 일반적이다.

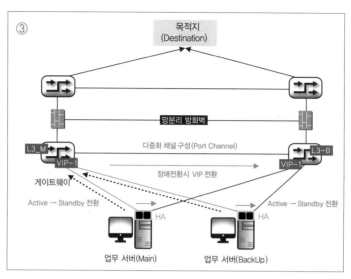

그림 11-4 ③ 업무 서버(시스템) 접속 구성

④ 개발 및 테스트망 접속 구성

서비스 애플리케이션 개발 및 테스트를 위한 별도 네트워크망을 운영해야 한다. 전
자금융감독규정에서도 가동망과 개발 · 테스트망은 물리적으로 분리해야 한다라고
정의하고 있다.

개발 및 테스트망에서 서비스 개발을 진행하고 충분한 테스트 및 QA 과정을 거친
후 가동 서비스에 적용한다. 가동망과 테스트망을 구분없이 사용한다면 예기치 못
한 미완성된 서비스 애플리케이션이 개발자의 실수로 인해 가동 서비스로 적용될 우
려가 있다. 이렇게 문제가 될 여지가 있다면 개발 · 테스트망은 가동망과 분리해 구
축해야 한다.

개발망에서 테스트를 마무리하고 가동망 적용은 별도의 품질관리 과정을 거친 후 망
간전송시스템을 통해서 서비스 소스를 전달하고 가동망에서 서비스를 적용하는 과
정을 거쳐야 한다.

개발망의 구성은 가동망과는 달리 단일화 구성으로 구축하는 것이 일반적이다. 개발

망도 가동망과 동일하게 중요하다고 고려된다면 당연히 이중화 구성을 권고한다. 이 부분은 인프라 구축에 있어 투자비용이 과다한 점도 있지만 개발·테스트망에서 장애가 있다고 해서 서비스와 직결되는 경우가 희박하기 때문에 대부분 단일화 구성으로 구축한다.

단일화 구축으로 네트워크 구성이나 라우팅 구성은 단순하며, 경로 설정을 위한 라우팅 처리는 정적 라우팅으로 처리하면 된다.

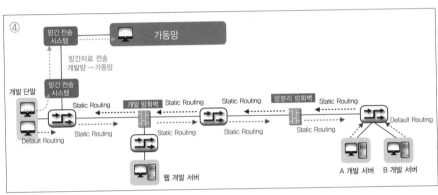

그림 11-5 ④ 개발·테스트망 접속 구성

⑤ 취약점 및 애플리케이션 패치 관련 접속 구성

많은 시스템을 운영하고 있는 기업에서는 다양한 시스템과 OS 및 보안장비를 구축 운영하고 있다. 보안적인 측면에서 볼 때 애플리케이션, OS, 네트워크 시스템 및 보안장비들의 기능 개선이나 취약점들이 늘 발견되고 있다. 이러한 부분을 해결하기 위해서는 정기적인 점검과 패치를 수행해야 한다. 네트워크 장비나 보안장비의 OS 기능 개선이나 취약점 패치는 오프라인으로 진행하지만 내부 단말의 OS 업데이트나 보안장비의 침입탐지 패턴과 같은 경우는 온라인으로 주로 수행하고 있다.

패치 업데이트 및 관리 시스템(PMS)은 외부에서 전용선이나 인터넷을 통해서 패치 데이터를 수신해 내부 시스템에 업데이트를 수행한다. 외부의 원격시스템에서 데이터를 받아오기 때문에 보안에 취약점은 존재한다. 이러한 취약점에 대응하기 위해서는 내부 전달시스템에서 보안을 잘 갖춰야 한다.

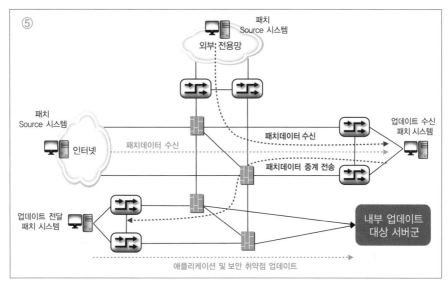

그림 11-6 ⑤ 패치관리시스템 접속 구성

패치관리시스템의 연결은 반드시 내부에 패치 데이터를 받아서 전달할 수 있는 전달시스템을 갖추는 것이 보안을 강화하는 데 필요하다. 특히 인터넷과 같은 공중망을 통해서 전달되는 패치의 경우에는 더욱더 주의해야 한다. 몇몇 기업에서는 패치관리시스템을 통해서 침해행위가 이뤄진 것이 드러난 사례도 있다.

구성상 그림 11-6과 같이 구성한다고 가정해보자. 이중화된 방화벽 구조나 패치관리시스템 앞에 침입탐지시스템을 갖춘다면 그나마 이중으로 사이버 침해대응을 위한 시스템을 갖춘 것으로 볼 수 있다.

⑥ 내부 중요 서버(DB, WAS) 접속 구성

기업에 구축돼 있는 시스템은 업무 단말이 접속하는 시스템과 내부 시스템간 접속하는 구간이 엄격히 구분돼 있다.

내부 직원들이 업무를 위해 접속하는 부분에서는 특정 업무에 필요한 시스템만 접속을 해야 한다. 그러나, 내부 직원들이 접속하는 시스템 자체가 애플리케이션 구동이나 데이터베이스 조회와 같은 업무를 수행할 필요가 있다. 이런 경우에는 접근이 필요한 시스템만이 접근할 수 있는 보안정책을 세워야 하며, 일반 사용자가 접근하는 경로는 철저히 차단해야 한다. 데이터베이스의 경우는 데이터베이스를 필요로 하는 애플리케이션이 올라간 시스템만 접근을 허용해야 한다.

기업의 데이터베이스의 경우는 개인 정보 및 기업에 중요한 자산정보를 담고 있다. 그렇기 때문에 인가된 시스템이나 소수의 관리자만 접근을 허용하는 것이 타당하다.

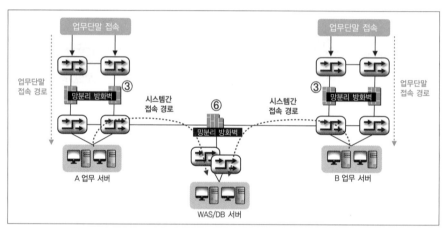

그림 11-7 ⑥ 내부 시스템간 접속 구성

내부 시스템간 접속 구성에서 방화벽의 역할이 크다. 특정 IP와 포트에 대해서만 허용하는 화이트리스트 정책을 수립해야 한다. 일반 단말에서는 절대 접속 권한을 부여해서는 안 된다.

관리자의 경우는 접근통제시스템(SAC, DAC, NAC)을 통해 인가받은 사용자와 접근할 수 있는 수준까지만 접근할 수 있도록 보안조치를 해야 한다.

대부분 내부에 중요한 시스템의 경우에는 1차 방화벽을 거친 후 2차 방화벽까지 거친 구성으로 보안을 강화하고 있다. 이렇게 구성을 하더라도 보안적인 측면에서는 완벽하지 않다. 그래도 필요한 최소한의 보안조치를 한 후 구축하는 것이 정답이다.

방화벽이 모든 보안을 해결해줄 수는 없다. 그외 보안조치도 필요하다. 대표적인 예로는 중요한 시스템 앞단에 침입탐지시스템(IDS)을 구축하는 것이 좋다. 단순히 탐지만 하지 차단하는 기능이 없다고 하더라도 네트워크 운영자나 정보 보호 운영자들은 침입탐지를 인지하고 인지한만큼 대응 조치가 가능하기 때문에 반드시 필요한 부분이다.

그외 시스템보안 솔루션을 모든 가동시스템에 설치하는 것도 보안을 한층더 강화하는 조치로 필요하다. 단말의 경우는 Anti-Virus 에이전트를 모든 단말에 설치해 운영하는 것과 같이 리눅스나 유닉스 시스템에는 시큐오에스와 같은 서버보안 솔루션을 설치하고 중앙집중관리를 수행한다.

시큐오에스와 같은 시스템 보안 솔루션의 경우는 Anti-Virus와 비교하기에는 그렇지만 훨씬 더 보안적으로 강화할 부분이 많다. 가령, 시스템에 대한 접근 권한도 제어할 수 있고 접근하는 사용자의 감사정적 기능도 수행할 수 있다. 그리고 명령어 제어 기능도 갖추고 있으며, 악성코드가 설치되는 것을 사전에 방지할 수 있는 기능도 탑재돼 있기 때문에 설치하는 것을 권장한다.

2. 외부망 구축(인터넷)

요즘 잘나간다는 IP 기업에서는 기업의 매출과 이윤을 높이기 위해 여러 가지 서비스를 온라인에 올린다. 온라인이라고 함은 고객과 커뮤니케이션을 하는 수단으로 인터넷을 이용하고 인터넷에 접근이 가능한 사람들이 잠재적인 고객이 될 수 있다.

학교나 기업에서는 인터넷과 같은 공공망을 보유하고 있다. 요즘 시대에 인터넷이 없이는 대·내외 서비스를 할 수 없을 정도로 중요한 망이 됐다. 홈쇼핑이나 포털 서비스와 같은 불특정 다수의 외부 고객에게 제공하는 서비스가 넘쳐나고 있다.

인터넷과 연결되는 네트워크망을 구축할 때는 주의해야 할 부분이 많다. 누구나 인터넷을 이용하면 접근이 가능하기 때문에 필요한 구간에 보안시스템을 적절하게 구축해야 한다.

외부에서 접근할 수 있는 웹 서버나 접속 서버의 구축 위치나 방법 및 데이터베이스 같은 내부 중요한 서버의 경우에는 어느 위치에 구축하고 적절한 보안 구성은 어떻게 가져가는지가 중요하다.

물론, 여러 가지 장애요소에 대응할 수 있는 이중화 구성을 갖추는 것은 당연하다. 인터넷 회선, 네트워크 장비 및 방화벽 등 구성요소별 장애발생의 요건에 따라 서비스의 연속성을 유지할 수 있게 네트워크망을 구축해야 한다.

외부 인터넷망 구축에 있어 네트워크 설계를 할 때 우선 고려해야 할 사항을 나열해 보자.

1) 네트워크 구조를 어떻게 가져가야 할지 정의가 필요하다

- 3-Tier 계층 구조
- 2-Tier Spine – Leaf 구조

2) 라우팅 프로토콜의 사용 여부

- 동적 라우팅: EGP(BGP) 및 IGP(OSPF, EIGRP 등)
  ※ 인터넷 연동망을 구축할 경우에는 BGP Routing Protocol을 사용해야 한다.

- 정적 라우팅
- ISP 사업자(KT, LGU+, SKBB 등) Internet Exchange 구성 시 정책 고려

3) 이중화 구성

- 네트워크 장비 및 서버 시스템의 이중화(Active-Standby) 구성
- ISP 사업자 다원화 연동(2개 사업자 이상 접속)
- 인터넷 서비스 회선 이중화 구성
- 시스템 관점에서 인터페이스 이중화(HA) 구성
- 이중화 구성 시 장애전환 주기 등 고려

4) 기타 네트워크 설계상 고려사항

- 네트워크 Loop가 발생할 요소가 있는지 여부
- 이중화 트렁크 구조의 필요성 및 충분한 용량 확보(채널 구성 등)
- 링크 장애에 따른 LLCF 기능 동작 설정 부분
- 데이터 전달에 따른 구간별 병목구간 발생 및 해소 검토

5) 보안 부분

- 인터넷 접속에 따른 DMZ 구성 및 내부 연결 시 2차 방화벽 구성
- 관리자 및 일반 사용자의 접근을 구분할 수 있는 접근통제시스템 구축
- 사용자별 계정 관리
- 시스템 보안 및 기타 취약점을 보완할 수 있는 보안 솔루션 구축

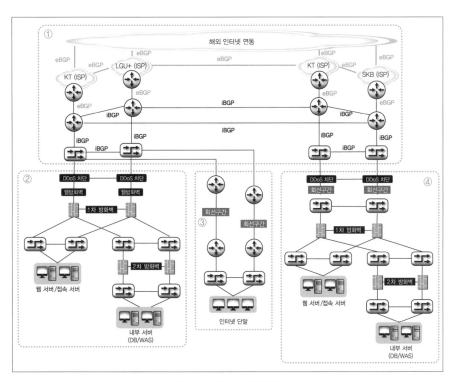

그림 11-8 외부망 구축(인터넷)

① 인터넷 ISP 접속 구성

인터넷 ISP 사업자(KT, LGU+, SKBB) 접속 구성은 BGP 연동이기 때문에 하나의 ISP 사업자와 연동해서는 안된다. AS 번호를 기반으로 BGP 연동은 최소 두 개 이상의 ISP 사업자와 연결 구성이 돼야 하고 BGP 라우팅 정보를 서로 주고 받을 수 있게 구축해야 한다.

하나의 사업자가 장애가 발생할 경우 다른 사업자로부터 BGP 라우팅 테이블을 서로 주고받는 테스트를 반드시 수행해야 한다. 가끔은 ISP 사업자에서 내부 정책으로 BGP 연동에 따른 데이터 전달을 위한 공인 IP 정보를 누락하는 경우가 있을 수 있다. BGP 라우팅에 대한 정책은 한곳에서 End-to-End 처리가 안되고 각 기관(AS를 소유하고 있는 기관)에서 BGP에 대한 정책을 가져간다. 그렇기 때문에 최초 BGP 라우팅 정책을 수립할 때 양사가 충분한 협의를 거져야 한다.

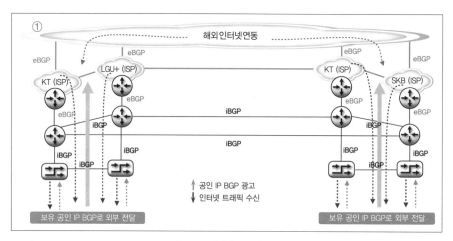

그림 11-9 인터넷 ISP 접속 구성

인터넷 ISP와 BGP 라우팅 처리에 있어서 장애전환이 발생할 경우 인터넷 서비스 연속성을 유지하기 위해서 사업자 이원화가 반드시 필요하다. 사업자 이원화를 했다고 하더라도 각 ISP 사업자에서 BGP 라우팅 처리에 따라 정상적인 장애전환이 이뤄지지 않을 수 있기 때무에 구축할 때는 반드시 인터넷 ISP 회선에 대한 장애전환 테스트를 해야 한다.

② 인터넷을 통한 웹 서비스 접속 구성

인터넷을 통한 웹 서비스를 제공하는 경우에는 외부 인터넷과 연결구간에 DDoS 차단시스템, 웹 방화벽 및 방화벽 구성을 한다.

방화벽의 Untrust Zone이라는 DMZ 영역에 웹 서버를 구축한다. DMZ 영역은 불특정 다수의 이용부터 방화벽 정책에서 허용된 TCP 포트(ex 80, 8080, 443)로 접속한다.

웹 서비스 시스템 접속 구성에는 방화벽, 네트워크 장비의 이중화 구성을 한다. 이중화 구성에서 고려할 부분은 Active—Active(방화벽에서 Dual VIP 사용) 혹은 Active—Standby(방화벽에서 Single VIP 사용)를 결정해 구축하면 된다. 효율적인 장비나 연결 회선을 사용하기 위해서는 Active—Active 구성을 권고한다.

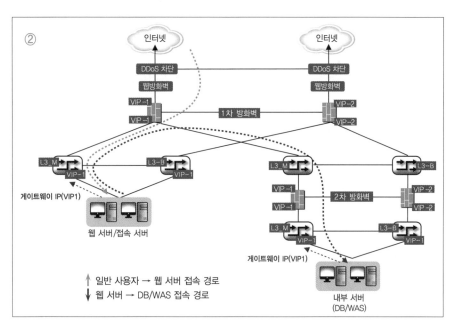

그림 11-10 인터넷 웹 서비스 접속 구성

웹 서비스 접속구성에 있어 일반 사용자는 DMZ 영역에 있는 웹 서버에 접속하게 되고 웹 서버가 2차 방화벽을 경유해 WAS^{Wab Application System}나 DB 서버에 접속하는 구조가 바람직하다. 웹 서버와 WAS/DB는 방화벽과 같은 네트워크 보안장비로 분리된 네트워크에 구성하는 것이 보안적으로 타당하다. 그리고, 서비스 연속성을 위해서는 웹 서버, WAS 서버, DB 서버의 경우 물리적인 서버 이중화 및 각 서버의 인터페이스 이중화(HA) 구성을 하는 것이 좋다.

③ 인터넷 단말 서비스 접속 구성

인터넷 서비스중 단말이 인터넷을 사용할 수 있게 인터넷 회선을 제공하는 서비스가 있다. 단순히 가정에서 인터넷 서비스와 비슷할 수 있지만 인터넷 공유기(AP)와 구성은 차이가 있으며 요즘 아파트 단지에 집단전화국처럼 제공되는 광랜이 유사할 수 있다고 볼 수 있다.

인터넷 단말 서비스의 경우는 단말이 직접 인터넷에 노출되기 때문에 보안에 취약한 구성이다. 그러나, 단순히 인터넷 웹 서핑이나 기업의 내부로 원격으로 접속해 업무를 하지 않는다면 단말의 Anti-Virus나 OS 방화벽으로 바이러스나 악성코드에 대응은 어느 정도 가능하다. 다만 단말기 사용자가 웹 서핑이나 E-mail 수신에서 유해사이트 접속이나 악성코드로 의심되는 E-mail은 열람하지 말아야 한다.

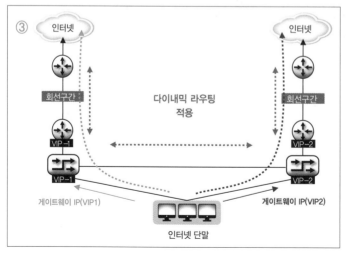

그림 11-11 인터넷 단말 서비스 접속 구성

인터넷 단말 서비스 구성은 인터넷을 전용회선으로 제공하는 구성이다. 전용회선으로 구성할 때 일정대역은 보장이 되지만, 인터넷 전용회선을 Active-Standby로 구성할 경우 Standby 회선은 인터넷 트래픽이 평상시에는 흐르지 않게 되는 비효율적인 회선 사용을 초래할 수 있다. 가능하다면 이중화 회선을 모두 사용할 수 있는 Multi-HSRP(or VRRP) 구성을 해 인터넷에 접근하는 단말의 기본 게이트웨이를 분산해 설정하는 것이 회선 사용에 있어 효과적이다.

인터넷 회선을 제공하기 위해서 라우터를 제공하게 되고 회선 구간을 포함한 라우터 구간에 동적 라우팅 프로토콜을 동작시키는 것이 장애전환 시 인터넷 서비스 중단을 최소화할 수 있다. 인터넷 회선구간과 라우터 로컬 구간을 함께 적용하는 것이 좋고, 라우터 로컬구간에는 이중화 프로토콜인 HSRP(or VRRP)를 적용하는 것이 더 효과적이다.

③ 인터넷 전용회선 연결 웹 서비스 접속 구성

인터넷 전용회선을 제공하고, 인터넷 전용회선을 제공받는 회사에서 웹 서버 및 관련 서비스를 일반 고객들에게 제공하는 구성이다.

② 인터넷을 통한 웹 서비스 접속 구성과 동일한 구성이며 다만 전용회선 구간이 있다는 것이다. 전용회선의 경우는 이중화로 효율적으로 사용할 수 있게 구성하는 것이 좋다. 보안 구성으로는 동일하겠지만 DDoS 차단시스템을 구축해 날로 증가하는 DoS, DDoS 공격에 대응하는 것이 적절한 구성으로 본다. 여기서는 웹 서버 전단에 웹 방화벽을 별도 구축한 점은 위 구성과 차이는 있지만 침해대응 효과면으로 보면 동일하다. 다만, 웹 서버 전단에 웹 방화벽을 구축함으로써 고사양의 웹 방화벽을 구축할 필요는 없다. 웹 서버의 구성에 맞게 적당한 사양의 웹 방화벽을 구축하면 된다. 경로 구성에 있어서는 구간별 부하 분산을 고려해 방화벽 및 네트워크 장비를 Active-Active로 구축하는 것이 투자비용 대비 효과적이다.

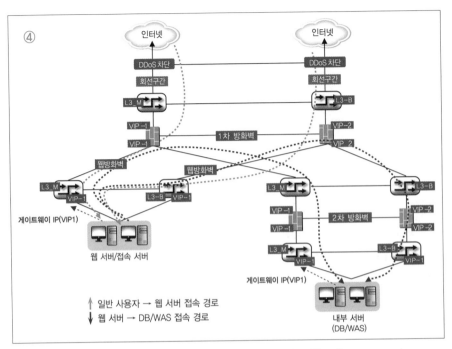

④

인터넷

DDoS 차단

회선구간

L3_M

VIP-1

VIP-1   1차 방화벽

웹방화벽

웹방화벽

L3_M

VIP-1

L3-B VIP-1

게이트웨이 IP(VIP1)

웹 서버/접속 서버

인터넷

DDoS 차단

회선구간

L3-B

VIP-2

VIP_2

L3_M   L3-B

VIP-1   VIP-2

VIP-1   2차 방화벽   VIP-2

L3_M   L3-B

VIP-1   VIP-1

게이트웨이 IP(VIP1)

내부 서버
(DB/WAS)

↑ 일반 사용자 → 웹 서버 접속 경로
↓ 웹 서버 → DB/WAS 접속 경로

그림 11-12 인터넷 전용회선을 이용한 웹 서비스 접속 구성

3. 외부망 구축(전용구간)

현재 인터넷을 사용하지 않는 기업들은 없을 것이다. 그리고, 전용선을 사용하지 않는 기업 또한 없을 것이다. 사실 인터넷 회선 자체도 ISP 사업자와 인터넷 회선 개통을 요청한 기업까지 구간은 전용회선 구간이다. 다만, 인터넷 ISP 사업자를 경유해 개통된 인터넷 전용선으로 불특정 다수의 사용자가 접근이 가능하는 것에 차이가 있다.

전용회선을 이용한 구성일 경우는 회선비용은 인터넷에 비해 고가이지만 통신대역이 보장됨으로써 일정한 회선 속도를 제공한다는 점과 보안적으로 인터넷 회선과 비교했을 때 좀 더 안전하다는 것이다.

전용회선을 가장 많이 사용하는 분야는 아마 금융권이라 할 수 있을 것이다. 대부분 서비스가 금융과 관계된 서비스이기 때문이다. 증권사의 경우에는 주식매매, 은행이체 등 금융거래가 주 서비스 업무이다. 이러한 금융거래에 포함되는 정보는 주민번호와 같은 개인 정보는 물론이고 개인의 계좌정보나 신용정보 등 민감한 정보가 포함된다. 이러한 데이터를 주고 받는 경우에는 인터넷과 같은 노출된 회선을 사용하는 것은 보안상 위험이 따른다.

그래서, 대부분 증권사에서는 본·지점간의 연결구성은 전용회선을 사용한다. 전자금융감독규정에서는 VPN을 이용해 암호화 및 가상채널망을 이용한다면 전용회선과 동일한 수준의 보안을 갖춘 것으로 인정해주고 있다.

본·지점간 이중화 회선을 구성할 때 메인·백업을 전용회선을 사용하는 증권사가 많지만, 메인은 전용회선 백업은 VPN을 이용한 인터넷 회선을 사용하는 경우도 있다. 그럼에도 불구하고 금융위원회 망분리 규정에 있는 업무망과 인터넷망과의 망분리는 엄격히 지켜야 한다.

본·지점간 전용회선을 구성할 때도 네트워크 장비와 전용회선은 이중화로 구성해야 한다. 회선장애나 네트워크 장비 장애가 발생하더라도 금융 관련 서비스 업무의 중단없이 장애전환이 이뤄져야 한다.

여기서 한 가지 관심을 가져야 하는 부분은 전용회선은 국내 통신사업자는 KT, LGU+, SKBB 등 여러 사업자에서 제공하고 있다. 전용회선을 이중화로 구성할 때 통신사업자의 이원화를 꼭 염두에 둬야 한다. 통신사업자 이원화는 전용회선에서 장애가 발생하더라도 안정적인 회선 서비스를 제공할 수 있는 기반이 된다. 하나의 통신사업자로 전용회선을 메인, 백업회선 이중화 회선을 개통할 경우 통신사업자의 통신국사에서 전원이나 집단 광단국 장비가 장애가 날 경우 메인, 백업 회선으로 이중화한 회선이 동시에 장애가 발생할 수 있는 경우가 있다. 이러한 장애는 간혹 발생한다. 2019년 KT 아현국사 화재가 그러한 사례이다.

전용선과 연결구성이 된 외부망 구축에 있어 네트워크 설계를 할 때 우선 고려해야
할 사항을 나열해보자.

1) 네트워크 구조를 어떻게 가져가야 할지 정의해야 한다

- 3-Tier 계층 구조
- 2-Tier Spine – Leaf 구조

2) 라우팅 프로토콜의 사용 여부

- 동적 라우팅: IGP(OSPF, EIGRP, 재분배 등)
- 정적 라우팅

3) 이중화 구성

- 네트워크 장비 및 서버 시스템의 이중화(Active-Standby) 구성
- 이중화 프로토콜(HSRP, VRRP) 사용
- 시스템 관점에서 인터페이스 이중화(HA) 구성
- 이중화 구성 시 장애전환 주기 등 고려
- 단말 접속 게이트웨이 IP 이중 설정으로 회선 부하 분산 적용

4) 기타 네트워크 설계상 고려사항

- 네트워크 Loop가 발생할 요소가 있는지 여부
- 이중화 트렁크 구조의 필요성 및 충분한 용량 확보(채널 구성 등)
- 회선구간 병목으로 인한 서비스 지연발생 트래픽 모니터링

5) 보안 부분

- 외부 접속 서비스에 따른 네트워크 분리 및 1차, 2차 방화벽 구성
- 외부 네트워크 원격관리를 위한 ACL 정책 및 접근권한 강화
- 시스템 보안 및 기타 취약점을 보완할 수 있는 보안솔루션의 구축

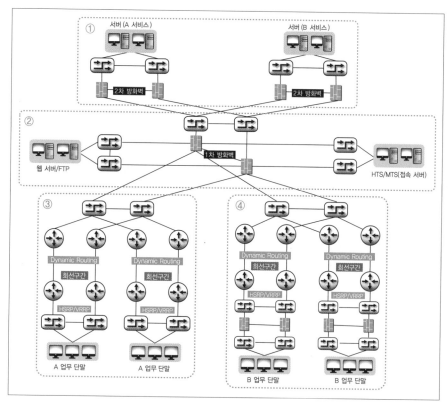

그림 11-13 외부망 구축(전용회선)

① 내부 업무 서비스 접속 구성

내부 업무 접속을 위한 구성에서 서비스 업무별 네트워크를 분리해야 한다. 네트워크 분리는 업무의 연관성을 확인해야 하며, 업무간 트래픽이 있는 경우는 방화벽을 통해서 접속할 수 있게 구성해야 한다. 업무의 연관성이 없다면 완전 분리해 구축하는 것이 타당하다.

서로 다른 업무망을 하나의 네트워크 대역으로 구성한다면 업무 서버는 호스트 IP 주소로 구분해 구축하면 업무나 서비스에는 문제가 없으나, 하나의 업무부서가 사이버 침해를 당했다면 다른 업무쪽 서버도 당연히 어떠한 재제없이 사이버 해킹의 대상이 된다. 그렇기 때문에 업무의 성격과 연관성이 적다면 네트워크망을 분리해 접근을 제한할 수 있는 수단을 가지고 있어야 한다.

업무별 네트워크를 분리함으로써 A 서비스 업무와 B 서비스 업무의 경로를 분리해 구성하면 트래픽에 대한 제어나 관리가 되기 때문에 하나의 업무 트래픽으로 다른 업무의 영향을 최소화할 수 있다.

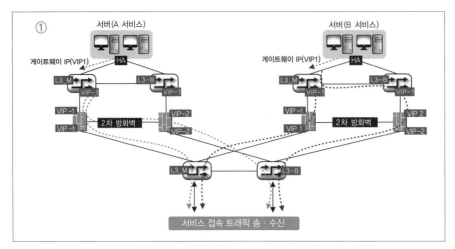

그림 11-14 내부 업무 서비스 접속 구성

업무 서비스의 구성은 반드시 이중화 구성을 해야 한다. 이중화 구성 시 경로에 대한 부하 분산을 고려해 구성하면 더 효과적으로 업무 트래픽을 전달할 수 있다.

경로에 대한 부하 분산은 방화벽을 Active-Active(Multi-VIP 구성) 구성을 함으로써 가능하다. 방화벽 상 · 하단 L3 스위치에서는 게이트웨이 IP를 방화벽의 Multi-VIP 로 각각 설정해주면 경로상 동일 코스트(Equal-Cost)로 경로의 이원화를 할 수 있다.

업무 서버의 이중화도 고려해야 한다. 서버 시스템을 메인 · 백업으로 이중화 구축 및 서버 인터페이스 이중화(HA) 구성으로 안정적인 서비스를 제공할 수 있다.

② 전용선을 통한 대외 접속 서비스 접속 구성

전용선을 이용해 최초 접속하는 대외 접속 서버인 웹 서버 및 금융권에서는 HTS^{Home}

TradingSystem 접속, MTS^Mobile Trading System 접속 서버에 1차적으로 접속하게 된다. 이러한 접속은 사용자가 직접 접속하는 DMS 영역이라고 할 수 있다. 다만, 인터넷을 통하지 않고 어느 정도 접속하는 사용자를 제한할 수 있는 전용선을 이용한 접속이다.

전용선 접속이라고 하더라도 대외 접속 영역과 내부 접속 영역은 구분돼야 한다. 구분할 수 있는 수단으로는 방화벽이 제일 적합하다.

외부 접속 경로의 이중화 및 내부 업무 서버로의 경로 이중화는 방화벽을 Active-Active(Multi-VIP)를 사용해 경로의 이중화로 트래픽을 효율적으로 전달할 수 있다. 웹 서버나 접속 서버의 경우에는 시스템 자체적으로 메인·백업 구성이나 시스템 인터페이스 이중화(HA)를 구성한다면 안정적인 서비스를 제공할 수 있다.

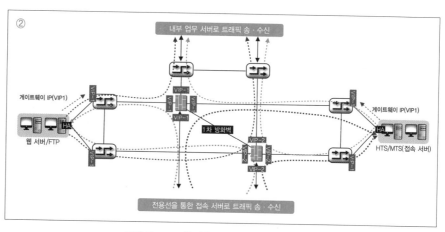

그림 11-15 전용선을 통한 접속 서비스 접속 구성

③ 동일회사의 지점 전용선 접속 구성

전용회선 구성은 본·지점을 연결하기 위해 주로 사용한다. 한 개의 본사에 여러 지점들이 본사로 접속해야 하는 경우에는 본·지점 연결구간에는 주로 라우팅 처리로 연결한다.

이럴 경우에 본사와 접속하는 경로를 통해서 지점으로 통신이 가능한 상황이 발생할 수 있으며, 필요한 경우에 데이터 통신이 가능하게 라우팅 정보를 지점간 교환을 처리하게 하나, 굳이 필요가 없는 경우는 별로의 라우팅으로 데이터 트래픽을 제어할 수 있다.

동일한 회사의 본·지점의 연결이기 때문에 지점간 망분리를 위해 별도의 방화벽을 구축하지는 않는다. 최소한의 보안을 위해서라면 네트워크단에서 Access List(ACL)를 처리해 트래픽이 전달되지 않게 구성할 수도 있다.

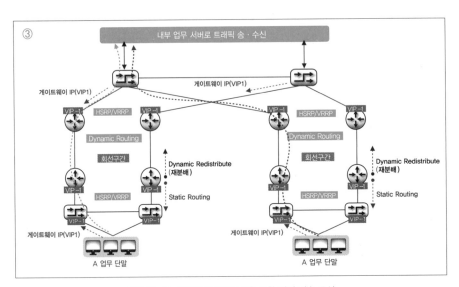

그림 11-16 동일회사의 전용선을 통한 지점 접속 구성

전용회선으로 본·지점이 연결돼 있기 때문에 라우터에서 동적Dynamic 라우팅을 처리할 것을 권고한다. 지점 내부에 네트워크가 분리돼 있을 경우 라우터에서 별도의 정적Static 라우팅 처리 후 동적Dynamic 라우팅으로 재분배 처리한다.

네트워크 장비 및 회선의 이중화 구성에 따른 동적 라우팅 처리로 장애전환 처리를 해야 한다. 그리고 추가적으로 센터 및 지점 라우터 로컬 네트워크단에 이중화 프로토콜 HSRP(or VRRP)를 적용해 효과적인 장애전환을 할 수 있게 구성한다.

본·지점 이중화망을 구축할 때에는 가동에 앞서 반드시 장애전환 테스트를 시행해 이상없이 장애전환이 되는지를 확인해야 한다.

③ 다른 회사의 전용선 접속 구성

특정 기업체에서 여러 회사를 대상으로 서비스를 제공하는 경우에 여러 개의 회사는 특정 기업의 동일한 서비스를 제공받기 위해 전용회선 개통이 필요하다.

여러 회사가 동일한 목적지에 접속을 해야 하는 경우가 발생하고 서비스를 제공받는 회사로써는 자체적으로 안전한 서비스 제공을 받기 위해 네트워크 및 회선에 대한 이중화 구축을 할 뿐만 아니라 회사 자체의 보안을 위해 방화벽 등 보안장비를 구축해야 한다.

전용회선의 접점이 서비스를 제공하는 기업체에 있으며, 네트워크 경로를 볼 때 서비스를 이용하는 서로 다른 회사가 서로 통신이 가능한 구조가 되기 때문에 각 서비스를 이용하는 회사로써는 방화벽 등 보안장비로 내부 시스템을 보호해야 하는 의무가 있다.

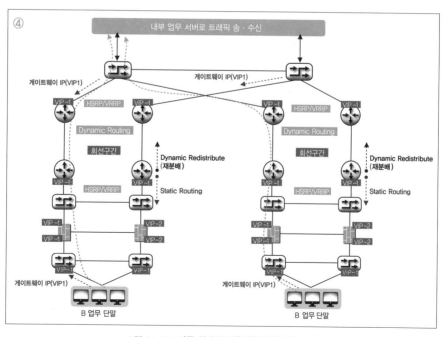

그림 11-17 다른 회사의 전용선을 통한 접속 구성

서로 다른 회사가 전용선을 이용해 서비스 제공 기업체와 연결돼 있기 때문에 자체적인 보안 부분이 필요하며, 라우터에서 동적 라우팅 처리하는 것을 권고한다. 각 회사 내부에 네트워크가 방화벽을 통해 분리돼 있기 때무에 라우터에서 별도의 정적 라우팅 처리 후 동적 라우팅으로 서비스를 접속하기 위해 재분배 처리한다.

네트워크 장비 및 회선의 이중화 구성에 따른 동적 라우팅 처리로 장애전환을 처리해야 한다. 그리고 추가적으로 센터 및 지점 라우터 로컬 네트워크 단에 이중화 프로토콜 HSRP(or VRRP)를 적용해 효과적인 장애전환을 할 수 있게 구성한다.

방화벽 구성은 Active-Active(Multi-VIP) 구성을 해 데이터 트래픽의 전달을 효과적으로 처리하는 것이 좋다.

각 회사가 전용회선으로 이중화망을 구축할 때에는 가동에 앞서 반드시 방화벽 및 네트워크 장비, 전용회선 등 장애전환 테스트를 시행해 이상없이 장애전환이 되는지 확인해야 한다.

[실제 구축사례] 인터넷 백본 구축

앞서 내부망, 인터넷망 및 전용선망을 구축하는 사례를 살펴봤다. 이번에는 실제 인터넷망을 구축사례와 상세 설정에 대해서 알아보자.

인터넷망을 구축함에 있어 EGP(BGP)와 IGP(OSPF)를 함께 적용하고 IPS 사업자(KT. SKB) 이중화 구성을 비롯한 ISP 사업자간 BGP 연동에 대해서 적용했다. 그리고 구축의 주체가 되는 K사에서 외부로 인터넷 서비스 구간까지 포함된 구성이다.

구성에 대한 설정 값을 통해서 적용된 결과를 확인해보자.

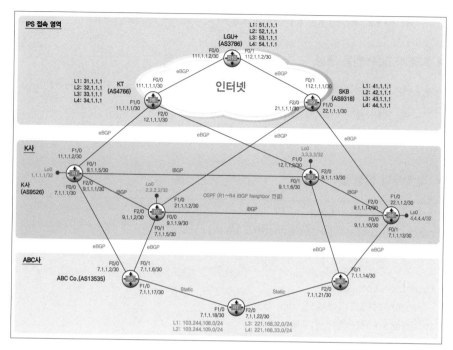

그림 11-18 K사 인터넷 백본 구축 사례

■ ISP 사업자(KT, SKB, LGU+) 연동 구성(ISP 접속 영역)

- eBGP 연결구성: R1(K사) ↔ R8(KT), R2(K사) ↔ R9(SKB), R3(K사) ↔ R8(KT),
  R4(K사) ↔ R9(SKB), R8(KT) ↔ R10(LGU+), R9(SKB) ↔ R10(LGU+)
- Default Routing 전달 구성

■ K사 BGP 연동 구성

- eBGP 연동: R1(K사) ↔ R8(KT), R2(K사) ↔ R9(SKB), R3(K사) ↔ R8(KT), R4(K
  사) ↔ R9(SKB)

  R1(K사) ↔ R5(ABC사), R2(K사) ↔ R5(ABC사), R3(K사) ↔ R6(ABC사), R4(K사)
  ↔ R6(ABC사)

- iBGP 연동: K사 내부 IGP(OSPF)를 통한 iBGP 네이버 Full Mesh 연결

$R1 \leftrightarrow R2$, $R1 \leftrightarrow R3$, $R1 \leftrightarrow R4$, $R2 \leftrightarrow R3$, $R2 \leftrightarrow R4$, $R3 \leftrightarrow R4$

- **ABC사 BGP 연동 구성**
  - eBGP 연동: R1(K사) $\leftrightarrow$ R5(ABC사), R2(K사) $\leftrightarrow$ R5(ABC사), R3(K사) $\leftrightarrow$ R6(ABC사), R4(K사) $\leftrightarrow$ R6(ABC사)
  - Static 구성: R7 → R5, R7 → R6

- **각 라우터 설정 값**

```
[R1] K사 인터넷 백본#1 라우터
track 1 interface FastEthernet0/0 line-protocol
 delay up 100

interface Loopback0
 ip address 1.1.1.1 255.255.255.255
interface FastEthernet0/0
 ip address 7.1.1.1 255.255.255.252
interface FastEthernet0/1
 ip address 9.1.1.5 255.255.255.252
 ip ospf cost 100
 ip ospf hello-interval 1
interface FastEthernet1/0
 ip address 11.1.1.2 255.255.255.252
interface FastEthernet2/0
 ip address 9.1.1.1 255.255.255.252
 ip ospf hello-interval 1

router ospf 10
 router-id 1.1.1.1
 redistribute static subnets
 network 1.1.1.1 0.0.0.0 area 0
 network 9.1.1.0 0.0.0.3 area 0
 network 9.1.1.4 0.0.0.3 area 0
```

```
router bgp 9526
 no synchronization
 network 103.244.108.0 mask 255.255.255.0
 network 103.244.109.0 mask 255.255.255.0
 network 221.168.32.0
 network 221.168.33.0
 neighbor 2.2.2.2 remote-as 9526
 neighbor 2.2.2.2 update-source Loopback0
 neighbor 2.2.2.2 timers 1 4
 neighbor 3.3.3.3 remote-as 9526
 neighbor 3.3.3.3 update-source Loopback0
 neighbor 3.3.3.3 timers 1 4
 neighbor 4.4.4.4 remote-as 9526
 neighbor 4.4.4.4 update-source Loopback0
 neighbor 4.4.4.4 timers 1 4
 neighbor 7.1.1.2 remote-as 13535
 neighbor 7.1.1.2 password guest123
 neighbor 7.1.1.2 timers 1 4
 neighbor 7.1.1.2 default-originate route-map NEXT_HOP
 neighbor 7.1.1.2 route-map default out
 neighbor 11.1.1.1 remote-as 4766
 neighbor 11.1.1.1 password koscom
 neighbor 11.1.1.1 route-map KOSCOM_OUT out
 neighbor 11.1.1.1 filter-list 10 out
 no auto-summary

 ip route 103.244.108.0 255.255.255.0 7.1.1.2 track 1
 ip route 103.244.109.0 255.255.255.0 7.1.1.2 track 1
 ip route 221.168.32.0 255.255.255.0 7.1.1.2 track 1
 ip route 221.168.33.0 255.255.255.0 7.1.1.2 track 1
 ip route 0.0.0.0 0.0.0.0 FastEthernet1/0 11.1.1.1
 ip route 0.0.0.0 0.0.0.0 Null0

 ip as-path access-list 10 permit ^$
```

```
ip prefix-list DJ seq 1 permit 221.168.32.0/24
ip prefix-list DJ seq 2 permit 221.168.33.0/24
ip prefix-list YE seq 1 permit 103.244.108.0/24
ip prefix-list YE seq 2 permit 103.244.109.0/24

ip prefix-list default seq 1 permit 0.0.0.0/0

route-map KOSCOM_OUT permit 10
 match ip address prefix-list YE
route-map KOSCOM_OUT permit 20
 match ip address prefix-list DJ
route-map NEXT_HOP permit 10
 match ip address prefix-list default
 set origin incomplete
route-map default permit 10
 match ip address prefix-list default
```

[R2] K사 인터넷 백본#2 라우터
```
track 1 interface FastEthernet0/1 line-protocol
 delay up 100

interface Loopback0
 ip address 2.2.2.2 255.255.255.255
interface FastEthernet0/0
 ip address 9.1.1.9 255.255.255.252
 ip ospf cost 100
 ip ospf hello-interval 1
interface FastEthernet0/1
 ip address 7.1.1.5 255.255.255.252
interface FastEthernet1/0
 ip address 21.1.1.2 255.255.255.252
interface FastEthernet2/0
 ip address 9.1.1.2 255.255.255.252
 ip ospf hello-interval 1

router ospf 10
```

```
router-id 2.2.2.2
redistribute static subnets
network 2.2.2.2 0.0.0.0 area 0
network 9.1.1.0 0.0.0.3 area 0
network 9.1.1.8 0.0.0.3 area 0

router bgp 9526
 no synchronization
 network 103.244.108.0 mask 255.255.255.0
 network 103.244.109.0 mask 255.255.255.0
 network 221.168.32.0
 network 221.168.33.0
 neighbor 1.1.1.1 remote-as 9526
 neighbor 1.1.1.1 update-source Loopback0
 neighbor 1.1.1.1 timers 1 4
 neighbor 3.3.3.3 remote-as 9526
 neighbor 3.3.3.3 update-source Loopback0
 neighbor 3.3.3.3 timers 1 4
 neighbor 4.4.4.4 remote-as 9526
 neighbor 4.4.4.4 update-source Loopback0
 neighbor 4.4.4.4 timers 1 4
 neighbor 7.1.1.6 remote-as 13535
 neighbor 7.1.1.6 password guest123
 neighbor 7.1.1.6 timers 1 4
 neighbor 7.1.1.6 default-originate route-map NEXT_HOP
 neighbor 7.1.1.6 route-map default out
 neighbor 21.1.1.1 remote-as 9318
 neighbor 21.1.1.1 password koscom
 neighbor 21.1.1.1 filter-list 10 out
 no auto-summary

ip route 103.244.108.0 255.255.255.0 7.1.1.6 track 1
ip route 103.244.109.0 255.255.255.0 7.1.1.6 track 1
ip route 221.168.32.0 255.255.255.0 7.1.1.6 track 1
ip route 221.168.33.0 255.255.255.0 7.1.1.6 track 1
```

```
ip route 0.0.0.0 0.0.0.0 FastEthernet1/0 21.1.1.1
ip route 0.0.0.0 0.0.0.0 Null0

ip as-path access-list 10 permit ^$

ip prefix-list DJ seq 1 permit 221.168.32.0/24
ip prefix-list DJ seq 2 permit 221.168.33.0/24
ip prefix-list YE seq 1 permit 103.244.108.0/24
ip prefix-list YE seq 2 permit 103.244.109.0/24
ip prefix-list default seq 1 permit 0.0.0.0/0

route-map KOSCOM_OUT permit 10
 match ip address prefix-list YE
route-map KOSCOM_OUT permit 20
 match ip address prefix-list DJ
route-map NEXT_HOP permit 10
 match ip address prefix-list default
 set origin incomplete
route-map default permit 10
 match ip address prefix-list default
```

[R3] K사 인터넷 백본#3 라우터
```
track 1 interface FastEthernet0/0 line-protocol
 delay up 100

interface Loopback0
 ip address 3.3.3.3 255.255.255.255
interface FastEthernet0/0
 ip address 7.1.1.9 255.255.255.252
interface FastEthernet0/1
 ip address 9.1.1.6 255.255.255.252
 ip ospf cost 100
 ip ospf hello-interval 1
interface FastEthernet1/0
 ip address 12.1.1.2 255.255.255.252
interface FastEthernet2/0
```

```
 ip address 9.1.1.13 255.255.255.252
 ip ospf hello-interval 1
router ospf 10
 router-id 3.3.3.3
 redistribute static subnets
 network 3.3.3.3 0.0.0.0 area 0
 network 9.1.1.4 0.0.0.3 area 0
 network 9.1.1.12 0.0.0.3 area 0

router bgp 9526
 no synchronization
 network 103.244.108.0 mask 255.255.255.0
 network 103.244.109.0 mask 255.255.255.0
 network 221.168.32.0
 network 221.168.33.0
 neighbor 1.1.1.1 remote-as 9526
 neighbor 1.1.1.1 update-source Loopback0
 neighbor 1.1.1.1 timers 1 4
 neighbor 2.2.2.2 remote-as 9526
 neighbor 2.2.2.2 update-source Loopback0
 neighbor 2.2.2.2 timers 1 4
 neighbor 4.4.4.4 remote-as 9526
 neighbor 4.4.4.4 update-source Loopback0
 neighbor 4.4.4.4 timers 1 4
 neighbor 7.1.1.10 remote-as 13535
 neighbor 7.1.1.10 password guest123
 neighbor 7.1.1.10 timers 1 4
 neighbor 7.1.1.10 default-originate route-map NEXT_HOP
 neighbor 7.1.1.10 route-map default out
 neighbor 12.1.1.1 remote-as 4766
 neighbor 12.1.1.1 password guest123
 neighbor 12.1.1.1 filter-list 10 out
 no auto-summary

ip route 103.244.108.0 255.255.255.0 7.1.1.10 track 1
```

```
ip route 103.244.109.0 255.255.255.0 7.1.1.10 track 1
ip route 221.168.32.0 255.255.255.0 7.1.1.10 track 1
ip route 221.168.33.0 255.255.255.0 7.1.1.10 track 1
ip route 0.0.0.0 0.0.0.0 FastEthernet1/0 12.1.1.1
ip route 0.0.0.0 0.0.0.0 Null0

ip as-path access-list 10 permit ^$

ip prefix-list DJ seq 1 permit 221.168.32.0/24
ip prefix-list DJ seq 2 permit 221.168.33.0/24
ip prefix-list YE seq 1 permit 103.244.108.0/24
ip prefix-list YE seq 2 permit 103.244.109.0/24
ip prefix-list default seq 1 permit 0.0.0.0/0

route-map KOSCOM_OUT permit 10
 match ip address prefix-list DJ
route-map KOSCOM_OUT permit 20
 match ip address prefix-list YE
route-map NEXT_HOP permit 10
 match ip address prefix-list default
 set origin incomplete
route-map default permit 10
 match ip address prefix-list default
```

[R4] K사 인터넷 백본#1 라우터

```
track 1 interface FastEthernet0/1 line-protocol
 delay up 100

interface Loopback0
 ip address 4.4.4.4 255.255.255.255
interface FastEthernet0/0
 ip address 9.1.1.10 255.255.255.252
 ip ospf cost 100
 ip ospf hello-interval 1
interface FastEthernet0/1
 ip address 7.1.1.13 255.255.255.252
```

```
interface FastEthernet1/0
 ip address 22.1.1.2 255.255.255.252
interface FastEthernet2/0
 ip address 9.1.1.14 255.255.255.252
 ip ospf hello-interval 1

router ospf 10
 router-id 4.4.4.4
 redistribute static subnets
 network 4.4.4.4 0.0.0.0 area 0
 network 9.1.1.8 0.0.0.3 area 0
 network 9.1.1.12 0.0.0.3 area 0
router bgp 9526
 no synchronization
 network 103.244.108.0 mask 255.255.255.0
 network 103.244.109.0 mask 255.255.255.0
 network 221.168.32.0
 network 221.168.33.0
 neighbor 1.1.1.1 remote-as 9526
 neighbor 1.1.1.1 update-source Loopback0
 neighbor 1.1.1.1 timers 1 4
 neighbor 2.2.2.2 remote-as 9526
 neighbor 2.2.2.2 update-source Loopback0
 neighbor 2.2.2.2 timers 1 4
 neighbor 3.3.3.3 remote-as 9526
 neighbor 3.3.3.3 update-source Loopback0
 neighbor 3.3.3.3 timers 1 4
 neighbor 7.1.1.14 remote-as 13535
 neighbor 7.1.1.14 password guest123
 neighbor 7.1.1.14 timers 1 4
 neighbor 7.1.1.14 default-originate route-map NEXT_HOP
 neighbor 7.1.1.14 route-map default out
 neighbor 22.1.1.1 remote-as 9318
 neighbor 22.1.1.1 password koscom
```

```
 neighbor 22.1.1.1 filter-list 10 out
 no auto-summary

ip route 103.244.108.0 255.255.255.0 7.1.1.14 track 1
ip route 103.244.109.0 255.255.255.0 7.1.1.14 track 1
ip route 221.168.32.0 255.255.255.0 7.1.1.14 track 1
ip route 221.168.33.0 255.255.255.0 7.1.1.14 track 1
ip route 0.0.0.0 0.0.0.0 FastEthernet1/0 22.1.1.1
ip route 0.0.0.0 0.0.0.0 Null0

ip as-path access-list 10 permit ^$

ip prefix-list DJ seq 1 permit 221.168.32.0/24
ip prefix-list DJ seq 2 permit 221.168.33.0/24
ip prefix-list YE seq 1 permit 103.244.108.0/24
ip prefix-list YE seq 2 permit 103.244.109.0/24

ip prefix-list default seq 1 permit 0.0.0.0/0

route-map KOSCOM_OUT permit 10
 match ip address prefix-list DJ
route-map KOSCOM_OUT permit 20
 match ip address prefix-list YE
route-map NEXT_HOP permit 10
 match ip address prefix-list default
 set origin incomplete
route-map default permit 10
 match ip address prefix-list default
```

[R5] ISP(KT) 인터넷 연동 백본 라우터
```
interface FastEthernet0/0
 ip address 7.1.1.2 255.255.255.252
interface FastEthernet0/1
 ip address 7.1.1.6 255.255.255.252
interface FastEthernet1/0
 ip address 7.1.1.17 255.255.255.252
```

```
router bgp 13535
 no synchronization
 neighbor 7.1.1.1 remote-as 9526
 neighbor 7.1.1.1 password guest123
 neighbor 7.1.1.1 timers 1 4
 neighbor 7.1.1.5 remote-as 9526
 neighbor 7.1.1.5 password koscom
 neighbor 7.1.1.5 timers 1 4
 no auto-summary

ip route 103.244.108.0 255.255.255.0 7.1.1.18
ip route 103.244.109.0 255.255.255.0 7.1.1.18
ip route 221.168.32.0 255.255.255.0 7.1.1.18
ip route 221.168.33.0 255.255.255.0 7.1.1.18
```

[R6] ISP(SKB) 인터넷 연동 백본 라우터
```
interface FastEthernet0/0
 ip address 7.1.1.10 255.255.255.252
interface FastEthernet0/1
 ip address 7.1.1.14 255.255.255.252
interface FastEthernet2/0
 ip address 7.1.1.21 255.255.255.252

router bgp 13535
 no synchronization
 neighbor 7.1.1.9 remote-as 9526
 neighbor 7.1.1.9 password guest123
 neighbor 7.1.1.9 timers 1 4
 neighbor 7.1.1.13 remote-as 9526
 neighbor 7.1.1.13 password guest123
 neighbor 7.1.1.13 timers 1 4
 no auto-summary

ip route 103.244.108.0 255.255.255.0 7.1.1.22
ip route 103.244.109.0 255.255.255.0 7.1.1.22
```

```
ip route 221.168.32.0 255.255.255.0 7.1.1.22
ip route 221.168.33.0 255.255.255.0 7.1.1.22
```

[R7] ISP(LGU+) 인터넷 연동 백본 라우터
```
interface Loopback1
 ip address 103.244.108.1 255.255.255.0
interface Loopback2
 ip address 103.244.109.1 255.255.255.0
interface Loopback3
 ip address 221.168.32.1 255.255.255.0
interface Loopback4
 ip address 221.168.33.1 255.255.255.0

interface FastEthernet1/0
 ip address 7.1.1.18 255.255.255.252
interface FastEthernet2/0
 ip address 7.1.1.22 255.255.255.252

ip route 0.0.0.0 0.0.0.0 7.1.1.17
ip route 0.0.0.0 0.0.0.0 7.1.1.21
```

[R8] ABC사 인터넷 연동 라우터
```
interface Loopback1
 ip address 31.1.1.1 255.255.255.0
interface Loopback2
 ip address 32.1.1.1 255.255.255.0
interface Loopback3
 ip address 33.1.1.1 255.255.255.0
interface Loopback4
 ip address 34.1.1.1 255.255.255.0

interface FastEthernet0/0
 ip address 111.1.1.1 255.255.255.252
interface FastEthernet1/0
 ip address 11.1.1.1 255.255.255.252
interface FastEthernet2/0
```

```
 ip address 12.1.1.1 255.255.255.252

router bgp 4766
 no synchronization
 network 31.1.1.0 mask 255.255.255.0
 network 32.1.1.0 mask 255.255.255.0
 network 33.1.1.0 mask 255.255.255.0
 network 34.1.1.0 mask 255.255.255.0
 neighbor 11.1.1.2 remote-as 9526
 neighbor 11.1.1.2 password guset123
 neighbor 11.1.1.2 soft-reconfiguration inbound
 neighbor 12.1.1.2 remote-as 9526
 neighbor 12.1.1.2 password guest123
 neighbor 12.1.1.2 soft-reconfiguration inbound
 neighbor 111.1.1.2 remote-as 3786
 no auto-summary
```

[R9] ABC사 인터넷 연동 라우터

```
interface Loopback1
 ip address 41.1.1.1 255.255.255.0
interface Loopback2
 ip address 42.1.1.1 255.255.255.0
interface Loopback3
 ip address 43.1.1.1 255.255.255.0
interface Loopback4
 ip address 44.1.1.1 255.255.255.0

interface FastEthernet0/1
 ip address 112.1.1.1 255.255.255.252
interface FastEthernet1/0
 ip address 22.1.1.1 255.255.255.252
interface FastEthernet2/0
 ip address 21.1.1.1 255.255.255.252

router bgp 9318
 no synchronization
```

```
network 41.1.1.0 mask 255.255.255.0
network 42.1.1.0 mask 255.255.255.0
network 43.1.1.0 mask 255.255.255.0
network 44.1.1.0 mask 255.255.255.0
neighbor 21.1.1.2 remote-as 9526
neighbor 21.1.1.2 password guest123
neighbor 21.1.1.2 soft-reconfiguration inbound
neighbor 22.1.1.2 remote-as 9526
neighbor 22.1.1.2 password guest123
neighbor 22.1.1.2 soft-reconfiguration inbound
neighbor 112.1.1.2 remote-as 3786
neighbor 112.1.1.2 soft-reconfiguration inbound
no auto-summary
```

[R10] ABC사 내부 연동 라우터
```
interface Loopback1
 ip address 51.1.1.1 255.255.255.0
interface Loopback2
 ip address 52.1.1.1 255.255.255.0
interface Loopback3
 ip address 53.1.1.1 255.255.255.0
interface Loopback4
 ip address 54.1.1.1 255.255.255.0

interface FastEthernet0/0
 ip address 111.1.1.2 255.255.255.252
interface FastEthernet0/1
 ip address 112.1.1.2 255.255.255.252

router bgp 3786
 no synchronization
 network 51.1.1.0 mask 255.255.255.0
 network 52.1.1.0 mask 255.255.255.0
 network 53.1.1.0 mask 255.255.255.0
 network 54.1.1.0 mask 255.255.255.0
 neighbor 111.1.1.1 remote-as 4766
```

```
neighbor 111.1.1.1 soft-reconfiguration inbound
neighbor 112.1.1.1 remote-as 9318
neighbor 112.1.1.1 soft-reconfiguration inbound
no auto-summary
```

■ 각 라우터 BGP 테이블 및 라우팅 테이블

[R1] BGP Neighbor, BGP Table 및 Routing Table

```
R1#show ip bgp summary
```

Neighbor	V	AS	MsgRcvd	MsgSent	TblVer	InQ	OutQ	Up/Down	State/PfxRcd
2.2.2.2	4	9526	177137	177138	41	0	0	13:30:53	12
3.3.3.3	4	9526	177049	177051	41	0	0	13:11:17	12
4.4.4.4	4	9526	176962	176964	41	0	0	13:30:53	12
7.1.1.2	4	13535	176889	176891	41	0	0	13:25:40	0
11.1.1.1	4	4766	2671	2678	41	0	0	13:30:53	12

```
R1#show ip bgp
```

Network	Next Hop	Metric	LocPrf	Weight	Path
* i31.1.1.0/24	12.1.1.1	0	100	0	4766 i
*>	11.1.1.1	0		0	4766 i
* i32.1.1.0/24	12.1.1.1	0	100	0	4766 i
*>	11.1.1.1	0		0	4766 i
* i33.1.1.0/24	12.1.1.1	0	100	0	4766 i
*>	11.1.1.1	0		0	4766 i
* i34.1.1.0/24	12.1.1.1	0	100	0	4766 i
*>	11.1.1.1	0		0	4766 i
* 41.1.1.0/24	11.1.1.1			0	4766 3786 9318 i
* i	22.1.1.1	0	100	0	9318 i
*>i	21.1.1.1	0	100	0	9318 i
* 42.1.1.0/24	11.1.1.1			0	4766 3786 9318 i
* i	22.1.1.1	0	100	0	9318 i
*>i	21.1.1.1	0	100	0	9318 i
* 43.1.1.0/24	11.1.1.1			0	4766 3786 9318 i
* i	22.1.1.1	0	100	0	9318 i

	Network	Next Hop	Metric	LocPrf	Weight	Path
*>i		21.1.1.1	0	100	0	9318 i
*	44.1.1.0/24	11.1.1.1			0	4766 3786 9318 i
* i		22.1.1.1	0	100	0	9318 i
*>i		21.1.1.1	0	100	0	9318 i
* i	51.1.1.0/24	12.1.1.1	0	100	0	4766 3786 i
* i		22.1.1.1	0	100	0	9318 3786 i
* i		21.1.1.1	0	100	0	9318 3786 i
*>		11.1.1.1			0	4766 3786 i
* i	52.1.1.0/24	12.1.1.1	0	100	0	4766 3786 i
* i		22.1.1.1	0	100	0	9318 3786 i
* i		21.1.1.1	0	100	0	9318 3786 i
*>		11.1.1.1			0	4766 3786 i
* i	53.1.1.0/24	12.1.1.1	0	100	0	4766 3786 i
* i		22.1.1.1	0	100	0	9318 3786 i
* i		21.1.1.1	0	100	0	9318 3786 i
*>		11.1.1.1			0	4766 3786 i
* i	54.1.1.0/24	12.1.1.1	0	100	0	4766 3786 i
* i		22.1.1.1	0	100	0	9318 3786 i
* i		21.1.1.1	0	100	0	9318 3786 i
*>		11.1.1.1			0	4766 3786 i
* i	103.244.108.0/24	7.1.1.10	0	100	0	i
*>		7.1.1.2	0		32768	i
* i		7.1.1.6	0	100	0	i
* i		7.1.1.14	0	100	0	i
* i	103.244.109.0/24	7.1.1.10	0	100	0	i
*>		7.1.1.2	0		32768	i
* i		7.1.1.6	0	100	0	i
* i		7.1.1.14	0	100	0	i
* i	221.168.32.0	7.1.1.10	0	100	0	i
*>		7.1.1.2	0		32768	i
* i		7.1.1.6	0	100	0	i
* i		7.1.1.14	0	100	0	i
* i	221.168.33.0	7.1.1.10	0	100	0	i
*>		7.1.1.2	0		32768	i
* i		7.1.1.6	0	100	0	i
* i		7.1.1.14	0	100	0	I

```
R1#show ip route
Gateway of last resort is 11.1.1.1 to network 0.0.0.0
     34.0.0.0/24 is subnetted, 1 subnets
B       34.1.1.0 [20/0] via 11.1.1.1, 13:29:22
     51.0.0.0/24 is subnetted, 1 subnets
B       51.1.1.0 [20/0] via 11.1.1.1, 13:29:22
     1.0.0.0/32 is subnetted, 1 subnets
C       1.1.1.1 is directly connected, Loopback0
     103.0.0.0/24 is subnetted, 2 subnets
S       103.244.109.0 [1/0] via 7.1.1.2
S       103.244.108.0 [1/0] via 7.1.1.2
     32.0.0.0/24 is subnetted, 1 subnets
B       32.1.1.0 [20/0] via 11.1.1.1, 13:29:22
     2.0.0.0/32 is subnetted, 1 subnets
O       2.2.2.2 [110/2] via 9.1.1.2, 2d01h, FastEthernet2/0
S    221.168.32.0/24 [1/0] via 7.1.1.2
     33.0.0.0/24 is subnetted, 1 subnets
B       33.1.1.0 [20/0] via 11.1.1.1, 13:29:23
     3.0.0.0/32 is subnetted, 1 subnets
O       3.3.3.3 [110/101] via 9.1.1.6, 2d01h, FastEthernet0/1
S    221.168.33.0/24 [1/0] via 7.1.1.2
     4.0.0.0/32 is subnetted, 1 subnets
O       4.4.4.4 [110/102] via 9.1.1.6, 2d01h, FastEthernet0/1
                [110/102] via 9.1.1.2, 2d01h, FastEthernet2/0
     54.0.0.0/24 is subnetted, 1 subnets
B       54.1.1.0 [20/0] via 11.1.1.1, 13:29:23
     53.0.0.0/24 is subnetted, 1 subnets
B       53.1.1.0 [20/0] via 11.1.1.1, 13:29:23
     52.0.0.0/24 is subnetted, 1 subnets
B       52.1.1.0 [20/0] via 11.1.1.1, 13:29:23
     7.0.0.0/30 is subnetted, 1 subnets
C       7.1.1.0 is directly connected, FastEthernet0/0
     42.0.0.0/24 is subnetted, 1 subnets
B       42.1.1.0 [200/0] via 21.1.1.1, 13:23:00
```

```
      9.0.0.0/30 is subnetted, 4 subnets
O        9.1.1.8 [110/101] via 9.1.1.2, 2d01h, FastEthernet2/0
O        9.1.1.12 [110/101] via 9.1.1.6, 2d01h, FastEthernet0/1
C        9.1.1.0 is directly connected, FastEthernet2/0
C        9.1.1.4 is directly connected, FastEthernet0/1
      43.0.0.0/24 is subnetted, 1 subnets
B        43.1.1.0 [200/0] via 21.1.1.1, 13:23:00
      41.0.0.0/24 is subnetted, 1 subnets
B        41.1.1.0 [200/0] via 21.1.1.1, 13:23:00
      11.0.0.0/30 is subnetted, 1 subnets
C        11.1.1.0 is directly connected, FastEthernet1/0
      44.0.0.0/24 is subnetted, 1 subnets
B        44.1.1.0 [200/0] via 21.1.1.1, 13:23:00
      31.0.0.0/24 is subnetted, 1 subnets
B        31.1.1.0 [20/0] via 11.1.1.1, 13:29:25
S*    0.0.0.0/0 [1/0] via 11.1.1.1, FastEthernet1/0
                is directly connected, Null0
```

[R2] BGP Neighbor, BGP Table 및 Routing Table

```
R2#show ip bgp summary
Neighbor   V    AS MsgRcvd MsgSent  TblVer  InQ OutQ Up/Down State/PfxRcd
1.1.1.1    4  9526  177581  177581      50    0    0 13:38:16        12
3.3.3.3    4  9526  177488  177487      50    0    0 13:18:40        12
4.4.4.4    4  9526  177400  177400      50    0    0 2d01h           12
7.1.1.6    4 13535  177339  177337      50    0    0 13:33:03         0
21.1.1.1   4  9318    2671    2667      50    0    0 13:30:22        12


R2#show ip bgp
  Network          Next Hop     Metric  LocPrf  Weight  Path
* i31.1.1.0/24     12.1.1.1        0     100       0    4766 i
*                  21.1.1.1                        0    9318 3786 4766 i
*>i                11.1.1.1        0     100       0    4766 i
* i32.1.1.0/24     12.1.1.1        0     100       0    4766 i
*                  21.1.1.1                        0    9318 3786 4766 i
*>i                11.1.1.1        0     100       0    4766 i
* i33.1.1.0/24     12.1.1.1        0     100       0    4766 i
```

	Network	Next Hop	Metric	LocPrf	Weight	Path
*		21.1.1.1			0	9318 3786 4766 i
*>i		11.1.1.1	0	100	0	4766 i
* i	34.1.1.0/24	12.1.1.1	0	100	0	4766 i
*		21.1.1.1			0	9318 3786 4766 i
*>i		11.1.1.1	0	100	0	4766 i
* i	41.1.1.0/24	22.1.1.1	0	100	0	9318 i
*>		21.1.1.1	0		0	9318 i
* i	42.1.1.0/24	22.1.1.1	0	100	0	9318 i
*>		21.1.1.1	0		0	9318 i
* i	43.1.1.0/24	22.1.1.1	0	100	0	9318 i
*>		21.1.1.1	0		0	9318 i
* i	44.1.1.0/24	22.1.1.1	0	100	0	9318 i
*>		21.1.1.1	0		0	9318 i
* i	51.1.1.0/24	12.1.1.1	0	100	0	4766 3786 i
* i		22.1.1.1	0	100	0	9318 3786 i
*>		21.1.1.1			0	9318 3786 i
* i		11.1.1.1	0	100	0	4766 3786 i
* i	52.1.1.0/24	12.1.1.1	0	100	0	4766 3786 i
* i		22.1.1.1	0	100	0	9318 3786 i
*>		21.1.1.1			0	9318 3786 i
* i		11.1.1.1	0	100	0	4766 3786 i
* i	53.1.1.0/24	12.1.1.1	0	100	0	4766 3786 i
* i		22.1.1.1	0	100	0	9318 3786 i
*>		21.1.1.1			0	9318 3786 i
* i		11.1.1.1	0	100	0	4766 3786 i
* i	54.1.1.0/24	12.1.1.1	0	100	0	4766 3786 i
* i		22.1.1.1	0	100	0	9318 3786 i
*>		21.1.1.1			0	9318 3786 i
* i		11.1.1.1	0	100	0	4766 3786 i
* i	103.244.108.0/24	7.1.1.10	0	100	0	i
* i		7.1.1.2	0	100	0	i
* i		7.1.1.14	0	100	0	i
*>		7.1.1.6	0		32768	i
* i	103.244.109.0/24	7.1.1.10	0	100	0	i
* i		7.1.1.2	0	100	0	i

```
*  i                    7.1.1.14      0     100        0  i
*>                       7.1.1.6       0              32768  i
*  i221.168.32.0         7.1.1.10      0     100        0  i
*  i                     7.1.1.2       0     100        0  i
*  i                     7.1.1.14      0     100        0  i
*>                       7.1.1.6       0              32768  i
*  i221.168.33.0         7.1.1.10      0     100        0  i
*  i                     7.1.1.2       0     100        0  i
*  i                     7.1.1.14      0     100        0  i
*>                       7.1.1.6       0              32768  I
```

```
R2#show ip route
Gateway of last resort is 21.1.1.1 to network 0.0.0.0
      34.0.0.0/24 is subnetted, 1 subnets
B        34.1.1.0 [200/0] via 11.1.1.1, 13:36:34
      51.0.0.0/24 is subnetted, 1 subnets
B        51.1.1.0 [20/0] via 21.1.1.1, 13:30:09
      1.0.0.0/32 is subnetted, 1 subnets
O        1.1.1.1 [110/2] via 9.1.1.1, 2d01h, FastEthernet2/0
      103.0.0.0/24 is subnetted, 2 subnets
S        103.244.109.0 [1/0] via 7.1.1.6
S        103.244.108.0 [1/0] via 7.1.1.6
      32.0.0.0/24 is subnetted, 1 subnets
B        32.1.1.0 [200/0] via 11.1.1.1, 13:36:35
      2.0.0.0/32 is subnetted, 1 subnets
C        2.2.2.2 is directly connected, Loopback0
S     221.168.32.0/24 [1/0] via 7.1.1.6
      33.0.0.0/24 is subnetted, 1 subnets
B        33.1.1.0 [200/0] via 11.1.1.1, 13:36:35
      3.0.0.0/32 is subnetted, 1 subnets
O        3.3.3.3 [110/102] via 9.1.1.10, 2d01h, FastEthernet0/0
                 [110/102] via 9.1.1.1, 2d01h, FastEthernet2/0
S     221.168.33.0/24 [1/0] via 7.1.1.6
      4.0.0.0/32 is subnetted, 1 subnets
O        4.4.4.4 [110/101] via 9.1.1.10, 2d01h, FastEthernet0/0
```

916

```
     21.0.0.0/30 is subnetted, 1 subnets
C       21.1.1.0 is directly connected, FastEthernet1/0
     54.0.0.0/24 is subnetted, 1 subnets
B       54.1.1.0 [20/0] via 21.1.1.1, 13:30:10
     53.0.0.0/24 is subnetted, 1 subnets
B       53.1.1.0 [20/0] via 21.1.1.1, 13:30:10
     52.0.0.0/24 is subnetted, 1 subnets
B       52.1.1.0 [20/0] via 21.1.1.1, 13:30:10
     7.0.0.0/30 is subnetted, 1 subnets
C       7.1.1.4 is directly connected, FastEthernet0/1
     42.0.0.0/24 is subnetted, 1 subnets
B       42.1.1.0 [20/0] via 21.1.1.1, 13:30:11
     9.0.0.0/30 is subnetted, 4 subnets
C       9.1.1.8 is directly connected, FastEthernet0/0
O       9.1.1.12 [110/101] via 9.1.1.10, 2d01h, FastEthernet0/0
C       9.1.1.0 is directly connected, FastEthernet2/0
O       9.1.1.4 [110/101] via 9.1.1.1, 2d01h, FastEthernet2/0
     43.0.0.0/24 is subnetted, 1 subnets
B       43.1.1.0 [20/0] via 21.1.1.1, 13:30:11
     41.0.0.0/24 is subnetted, 1 subnets
B       41.1.1.0 [20/0] via 21.1.1.1, 13:30:11
     44.0.0.0/24 is subnetted, 1 subnets
B       44.1.1.0 [20/0] via 21.1.1.1, 13:30:11
     31.0.0.0/24 is subnetted, 1 subnets
B       31.1.1.0 [200/0] via 11.1.1.1, 13:36:36
S*   0.0.0.0/0 [1/0] via 21.1.1.1, FastEthernet1/0
                 is directly connected, Null0
```

[R3] BGP Neighbor, BGP Table 및 Routing Table

```
R3#show ip bgp summary
Neighbor    V    AS MsgRcvd MsgSent  TblVer  InQ OutQ Up/Down State/PfxRcd
1.1.1.1     4  9526  177863  177862      25    0    0 13:24:50         12
2.2.2.2     4  9526  177857  177858      25    0    0 13:24:50         12
4.4.4.4     4  9526  177777  177778      25    0    0 13:24:50         12
7.1.1.10    4 13535  177547  177555      25    0    0 13:24:50          0
12.1.1.1    4  4766    2688    2681      25    0    0 13:24:50         12
```

```
R3#show ip bgp
   Network          Next Hop    Metric   LocPrf  Weight Path
*> 31.1.1.0/24      12.1.1.1      0                0     4766 i
*  i                11.1.1.1      0        100     0     4766 i
*> 32.1.1.0/24      12.1.1.1      0                0     4766 i
*  i                11.1.1.1      0        100     0     4766 i
*> 33.1.1.0/24      12.1.1.1      0                0     4766 i
*  i                11.1.1.1      0        100     0     4766 i
*> 34.1.1.0/24      12.1.1.1      0                0     4766 i
*  i                11.1.1.1      0        100     0     4766 i
*  41.1.1.0/24      12.1.1.1                       0     4766 3786 9318 i
*>i                 21.1.1.1      0        100     0     9318 i
*  i                22.1.1.1      0        100     0     9318 i
*  42.1.1.0/24      12.1.1.1                       0     4766 3786 9318 i
*>i                 21.1.1.1      0        100     0     9318 i
*  i                22.1.1.1      0        100     0     9318 i
*  43.1.1.0/24      12.1.1.1                       0     4766 3786 9318 i
*>i                 21.1.1.1      0        100     0     9318 i
*  i                22.1.1.1      0        100     0     9318 i
*  44.1.1.0/24      12.1.1.1                       0     4766 3786 9318 i
*>i                 21.1.1.1      0        100     0     9318 i
*  i                22.1.1.1      0        100     0     9318 i
*> 51.1.1.0/24      12.1.1.1                       0     4766 3786 i
*  i                11.1.1.1      0        100     0     4766 3786 i
*  i                21.1.1.1      0        100     0     9318 3786 i
*  i                22.1.1.1      0        100     0     9318 3786 i
*> 52.1.1.0/24      12.1.1.1                       0     4766 3786 i
*  i                11.1.1.1      0        100     0     4766 3786 i
*  i                21.1.1.1      0        100     0     9318 3786 i
*  i                22.1.1.1      0        100     0     9318 3786 i
*> 53.1.1.0/24      12.1.1.1                       0     4766 3786 i
*  i                11.1.1.1      0        100     0     4766 3786 i
*  i                21.1.1.1      0        100     0     9318 3786 i
*  i                22.1.1.1      0        100     0     9318 3786 i
```

	Network	Next Hop	Metric	LocPrf	Weight	Path
*>	54.1.1.0/24	12.1.1.1			0	4766 3786 i
* i		11.1.1.1	0	100	0	4766 3786 i
* i		21.1.1.1	0	100	0	9318 3786 i
* i		22.1.1.1	0	100	0	9318 3786 i
*>	103.244.108.0/24	7.1.1.10	0		32768	i
* i		7.1.1.2	0	100	0	i
* i		7.1.1.6	0	100	0	i
* i		7.1.1.14	0	100	0	i
*>	103.244.109.0/24	7.1.1.10	0		32768	i
* i		7.1.1.2	0	100	0	i
* i		7.1.1.6	0	100	0	i
* i		7.1.1.14	0	100	0	i
*>	221.168.32.0	7.1.1.10	0		32768	i
* i		7.1.1.2	0	100	0	i
* i		7.1.1.6	0	100	0	i
* i		7.1.1.14	0	100	0	i
*>	221.168.33.0	7.1.1.10	0		32768	i
* i		7.1.1.2	0	100	0	i
* i		7.1.1.6	0	100	0	i
* i		7.1.1.14	0	100	0	i

```
R3#show ip route
Gateway of last resort is 12.1.1.1 to network 0.0.0.0
     34.0.0.0/24 is subnetted, 1 subnets
B       34.1.1.0 [20/0] via 12.1.1.1, 13:24:35
     51.0.0.0/24 is subnetted, 1 subnets
B       51.1.1.0 [20/0] via 12.1.1.1, 13:24:35
     1.0.0.0/32 is subnetted, 1 subnets
O       1.1.1.1 [110/101] via 9.1.1.5, 2d01h, FastEthernet0/1
     103.0.0.0/24 is subnetted, 2 subnets
S       103.244.109.0 [1/0] via 7.1.1.10
S       103.244.108.0 [1/0] via 7.1.1.10
     32.0.0.0/24 is subnetted, 1 subnets
B       32.1.1.0 [20/0] via 12.1.1.1, 13:24:36
     2.0.0.0/32 is subnetted, 1 subnets
```

```
O       2.2.2.2 [110/102] via 9.1.1.14, 2d01h, FastEthernet2/0
                 [110/102] via 9.1.1.5, 2d01h, FastEthernet0/1
S       221.168.32.0/24 [1/0] via 7.1.1.10
        33.0.0.0/24 is subnetted, 1 subnets
B          33.1.1.0 [20/0] via 12.1.1.1, 13:24:36
        3.0.0.0/32 is subnetted, 1 subnets
C          3.3.3.3 is directly connected, Loopback0
S       221.168.33.0/24 [1/0] via 7.1.1.10
        4.0.0.0/32 is subnetted, 1 subnets
O          4.4.4.4 [110/2] via 9.1.1.14, 2d01h, FastEthernet2/0
        54.0.0.0/24 is subnetted, 1 subnets
B          54.1.1.0 [20/0] via 12.1.1.1, 13:24:36
        53.0.0.0/24 is subnetted, 1 subnets
B          53.1.1.0 [20/0] via 12.1.1.1, 13:24:36
        52.0.0.0/24 is subnetted, 1 subnets
B          52.1.1.0 [20/0] via 12.1.1.1, 13:24:36
        7.0.0.0/30 is subnetted, 1 subnets
C          7.1.1.8 is directly connected, FastEthernet0/0
        42.0.0.0/24 is subnetted, 1 subnets
B          42.1.1.0 [200/0] via 21.1.1.1, 13:24:37
        9.0.0.0/30 is subnetted, 4 subnets
O          9.1.1.8 [110/101] via 9.1.1.14, 2d01h, FastEthernet2/0
C          9.1.1.12 is directly connected, FastEthernet2/0
O          9.1.1.0 [110/101] via 9.1.1.5, 2d01h, FastEthernet0/1
C          9.1.1.4 is directly connected, FastEthernet0/1
        43.0.0.0/24 is subnetted, 1 subnets
B          43.1.1.0 [200/0] via 21.1.1.1, 13:24:37
        41.0.0.0/24 is subnetted, 1 subnets
B          41.1.1.0 [200/0] via 21.1.1.1, 13:24:37
        12.0.0.0/30 is subnetted, 1 subnets
C          12.1.1.0 is directly connected, FastEthernet1/0
        44.0.0.0/24 is subnetted, 1 subnets
B          44.1.1.0 [200/0] via 21.1.1.1, 13:24:37
        31.0.0.0/24 is subnetted, 1 subnets
B          31.1.1.0 [20/0] via 12.1.1.1, 13:24:37
```

```
S*    0.0.0.0/0 [1/0] via 12.1.1.1, FastEthernet1/0
                 is directly connected, Null0
```

[R4] BGP Neighbor, BGP Table 및 Routing Table

```
R4#show ip bgp summary
Neighbor    V    AS MsgRcvd MsgSent  TblVer  InQ OutQ Up/Down State/PfxRcd
1.1.1.1     4  9526  178135  178134      47    0    0 13:50:24      12
2.2.2.2     4  9526  178127  178127      47    0    0 2d01h         12
3.3.3.3     4  9526  178135  178135      47    0    0 13:30:47      12
7.1.1.14    4 13535  177916  177919      47    0    0 13:31:00       0
22.1.1.1    4  9318    2681    2677      47    0    0 13:42:29      12
```

```
R4#show ip bgp
   Network          Next Hop     Metric  LocPrf  Weight  Path
* i31.1.1.0/24      12.1.1.1          0     100       0  4766 i
*                   22.1.1.1                          0  9318 3786 4766 i
*>i                 11.1.1.1          0     100       0  4766 i
* i32.1.1.0/24      12.1.1.1          0     100       0  4766 i
*                   22.1.1.1                          0  9318 3786 4766 i
*>i                 11.1.1.1          0     100       0  4766 i
* i33.1.1.0/24      12.1.1.1          0     100       0  4766 i
*                   22.1.1.1                          0  9318 3786 4766 i
*>i                 11.1.1.1          0     100       0  4766 i
* i34.1.1.0/24      12.1.1.1          0     100       0  4766 i
*                   22.1.1.1                          0  9318 3786 4766 i
*>i                 11.1.1.1          0     100       0  4766 i
* i41.1.1.0/24      21.1.1.1          0     100       0  9318 i
*>                  22.1.1.1          0                 0  9318 i
* i42.1.1.0/24      21.1.1.1          0     100       0  9318 i
*>                  22.1.1.1          0                 0  9318 i
* i43.1.1.0/24      21.1.1.1          0     100       0  9318 i
*>                  22.1.1.1          0                 0  9318 i
* i44.1.1.0/24      21.1.1.1          0     100       0  9318 i
*>                  22.1.1.1          0                 0  9318 i
* i51.1.1.0/24      12.1.1.1          0     100       0  4766 3786 i
* i                 21.1.1.1          0     100       0  9318 3786 i
```

	Network	Next Hop	Metric	LocPrf	Weight	Path
*>		22.1.1.1			0	9318 3786 i
* i		11.1.1.1	0	100	0	4766 3786 i
* i	52.1.1.0/24	12.1.1.1	0	100	0	4766 3786 i
* i		21.1.1.1	0	100	0	9318 3786 i
*>		22.1.1.1			0	9318 3786 i
* i		11.1.1.1	0	100	0	4766 3786 i
* i	53.1.1.0/24	12.1.1.1	0	100	0	4766 3786 i
* i		21.1.1.1	0	100	0	9318 3786 i
*>		22.1.1.1			0	9318 3786 i
* i		11.1.1.1	0	100	0	4766 3786 i
* i	54.1.1.0/24	12.1.1.1	0	100	0	4766 3786 i
* i		21.1.1.1	0	100	0	9318 3786 i
*>		22.1.1.1			0	9318 3786 i
* i		11.1.1.1	0	100	0	4766 3786 i
* i	103.244.108.0/24	7.1.1.10	0	100	0	i
* i		7.1.1.2	0	100	0	i
*>		7.1.1.14	0		32768	i
* i		7.1.1.6	0	100	0	i
* i	103.244.109.0/24	7.1.1.10	0	100	0	i
* i		7.1.1.2	0	100	0	i
*>		7.1.1.14	0		32768	i
* i		7.1.1.6	0	100	0	i
* i	221.168.32.0	7.1.1.10	0	100	0	i
* i		7.1.1.2	0	100	0	i
*>		7.1.1.14	0		32768	i
* i		7.1.1.6	0	100	0	i
* i	221.168.33.0	7.1.1.10	0	100	0	i
* i		7.1.1.2	0	100	0	i
*>		7.1.1.14	0		32768	i
* i		7.1.1.6	0	100	0	i

```
R4#show ip route
Gateway of last resort is 22.1.1.1 to network 0.0.0.0
     34.0.0.0/24 is subnetted, 1 subnets
B       34.1.1.0 [200/0] via 11.1.1.1, 13:48:37
     51.0.0.0/24 is subnetted, 1 subnets
```

```
B      51.1.1.0 [20/0] via 22.1.1.1, 13:42:12
       1.0.0.0/32 is subnetted, 1 subnets
O       1.1.1.1 [110/102] via 9.1.1.13, 2d01h, FastEthernet2/0
                 [110/102] via 9.1.1.9, 2d01h, FastEthernet0/0
       103.0.0.0/24 is subnetted, 2 subnets
S       103.244.109.0 [1/0] via 7.1.1.14
S       103.244.108.0 [1/0] via 7.1.1.14
       32.0.0.0/24 is subnetted, 1 subnets
B       32.1.1.0 [200/0] via 11.1.1.1, 13:48:38
       2.0.0.0/32 is subnetted, 1 subnets
O       2.2.2.2 [110/101] via 9.1.1.9, 2d01h, FastEthernet0/0
S      221.168.32.0/24 [1/0] via 7.1.1.14
       33.0.0.0/24 is subnetted, 1 subnets
B       33.1.1.0 [200/0] via 11.1.1.1, 13:48:38
       3.0.0.0/32 is subnetted, 1 subnets
O       3.3.3.3 [110/2] via 9.1.1.13, 2d01h, FastEthernet2/0
S      221.168.33.0/24 [1/0] via 7.1.1.14
       4.0.0.0/32 is subnetted, 1 subnets
C       4.4.4.4 is directly connected, Loopback0
       54.0.0.0/24 is subnetted, 1 subnets
B       54.1.1.0 [20/0] via 22.1.1.1, 13:42:13
       53.0.0.0/24 is subnetted, 1 subnets
B       53.1.1.0 [20/0] via 22.1.1.1, 13:42:13
       52.0.0.0/24 is subnetted, 1 subnets
B       52.1.1.0 [20/0] via 22.1.1.1, 13:42:13
       22.0.0.0/30 is subnetted, 1 subnets
C       22.1.1.0 is directly connected, FastEthernet1/0
       7.0.0.0/30 is subnetted, 1 subnets
C       7.1.1.12 is directly connected, FastEthernet0/1
       42.0.0.0/24 is subnetted, 1 subnets
B       42.1.1.0 [20/0] via 22.1.1.1, 13:42:15
       9.0.0.0/30 is subnetted, 4 subnets
C       9.1.1.8 is directly connected, FastEthernet0/0
C       9.1.1.12 is directly connected, FastEthernet2/0
O       9.1.1.0 [110/101] via 9.1.1.9, 2d01h, FastEthernet0/0
```

```
O        9.1.1.4 [110/101] via 9.1.1.13, 2d01h, FastEthernet2/0
     43.0.0.0/24 is subnetted, 1 subnets
B        43.1.1.0 [20/0] via 22.1.1.1, 13:42:15
     41.0.0.0/24 is subnetted, 1 subnets
B        41.1.1.0 [20/0] via 22.1.1.1, 13:42:15
     44.0.0.0/24 is subnetted, 1 subnets
B        44.1.1.0 [20/0] via 22.1.1.1, 13:42:15
     31.0.0.0/24 is subnetted, 1 subnets
B        31.1.1.0 [200/0] via 11.1.1.1, 13:48:40
S*   0.0.0.0/0 [1/0] via 22.1.1.1, FastEthernet1/0
             is directly connected, Null0
```

[R5] BGP Neighbor, BGP Table 및 Routing Table

R5#show ip bgp summary

Neighbor	V	AS	MsgRcvd	MsgSent	TblVer	InQ	OutQ	Up/Down	State/PfxRcd
7.1.1.1	4	9526	178400	178399	68	0	0	13:50:50	1
7.1.1.5	4	9526	178404	178406	68	0	0	13:50:51	1

R5#show ip bgp

	Network	Next Hop	Metric	LocPrf	Weight	Path
*	0.0.0.0	7.1.1.5	0		0	9526 ?
*>		7.1.1.1	0		0	9526 ?

R5#show ip route

```
Gateway of last resort is 7.1.1.1 to network 0.0.0.0
     103.0.0.0/24 is subnetted, 2 subnets
S        103.244.109.0 [1/0] via 7.1.1.18
S        103.244.108.0 [1/0] via 7.1.1.18
S    221.168.32.0/24 [1/0] via 7.1.1.18
S    221.168.33.0/24 [1/0] via 7.1.1.18
     7.0.0.0/30 is subnetted, 3 subnets
C        7.1.1.4 is directly connected, FastEthernet0/1
C        7.1.1.0 is directly connected, FastEthernet0/0
C        7.1.1.16 is directly connected, FastEthernet1/0
B*   0.0.0.0/0 [20/0] via 7.1.1.1, 13:45:25
```

[R6] BGP Neighbor, BGP Table 및 Routing Table

```
R6#show ip bgp summary
Neighbor    V    AS MsgRcvd MsgSent  TblVer  InQ OutQ Up/Down State/PfxRcd
7.1.1.9     4  9526  178401  178395       3    0    0 13:38:57         1
7.1.1.13    4  9526  178408  178406       3    0    0 13:39:10         1


R6#show ip bgp
    Network          Next Hop        Metric  LocPrf  Weight  Path
*   0.0.0.0          7.1.1.9              0                0  9526 ?
*>                   7.1.1.13             0                0  9526 ?


R6#show ip route
Gateway of last resort is 7.1.1.13 to network 0.0.0.0
     103.0.0.0/24 is subnetted, 2 subnets
S       103.244.109.0 [1/0] via 7.1.1.22
S       103.244.108.0 [1/0] via 7.1.1.22
S    221.168.32.0/24 [1/0] via 7.1.1.22
S    221.168.33.0/24 [1/0] via 7.1.1.22
     7.0.0.0/30 is subnetted, 3 subnets
C       7.1.1.12 is directly connected, FastEthernet0/1
C       7.1.1.8 is directly connected, FastEthernet0/0
C       7.1.1.20 is directly connected, FastEthernet2/0
B*   0.0.0.0/0 [20/0] via 7.1.1.13, 13:39:08
```

[R7] Routing Table

```
R7#show ip route
Gateway of last resort is 7.1.1.21 to network 0.0.0.0
     103.0.0.0/24 is subnetted, 2 subnets
C       103.244.109.0 is directly connected, Loopback2
C       103.244.108.0 is directly connected, Loopback1
C    221.168.32.0/24 is directly connected, Loopback3
C    221.168.33.0/24 is directly connected, Loopback4
     7.0.0.0/30 is subnetted, 2 subnets
C       7.1.1.20 is directly connected, FastEthernet2/0
C       7.1.1.16 is directly connected, FastEthernet1/0
S*   0.0.0.0/0 [1/0] via 7.1.1.21
```

[R8] BGP Neighbor, BGP Table 및 Routing Table

R8#show ip bgp summary

Neighbor	V	AS	MsgRcvd	MsgSent	TblVer	InQ	OutQ	Up/Down	State/PfxRcd
11.1.1.2	4	9526	2710	2703	29	0	0	14:02:28	4
12.1.1.2	4	9526	2699	2706	29	0	0	13:42:52	4
111.1.1.2	4	3786	2487	2483	29	0	0	14:02:40	8

R8#show ip bgp

	Network	Next Hop	Metric	LocPrf	Weight	Path
*>	31.1.1.0/24	0.0.0.0	0		32768	i
*>	32.1.1.0/24	0.0.0.0	0		32768	i
*>	33.1.1.0/24	0.0.0.0	0		32768	i
*>	34.1.1.0/24	0.0.0.0	0		32768	i
*>	41.1.1.0/24	111.1.1.2			0	3786 9318 i
*>	42.1.1.0/24	111.1.1.2			0	3786 9318 i
*>	43.1.1.0/24	111.1.1.2			0	3786 9318 i
*>	44.1.1.0/24	111.1.1.2			0	3786 9318 i
*>	51.1.1.0/24	111.1.1.2	0		0	3786 i
*>	52.1.1.0/24	111.1.1.2	0		0	3786 i
*>	53.1.1.0/24	111.1.1.2	0		0	3786 i
*>	54.1.1.0/24	111.1.1.2	0		0	3786 i
*	103.244.108.0/24	12.1.1.2	0		0	9526 i
*>		11.1.1.2	0		0	9526 i
*	103.244.109.0/24	12.1.1.2	0		0	9526 i
*>		11.1.1.2	0		0	9526 i
*	221.168.32.0	12.1.1.2	0		0	9526 i
*>		11.1.1.2	0		0	9526 i
*	221.168.33.0	12.1.1.2	0		0	9526 i
*>		11.1.1.2	0		0	9526 i

R8#show ip route

Gateway of last resort is not set

    34.0.0.0/24 is subnetted, 1 subnets

C   34.1.1.0 is directly connected, Loopback4

```
         51.0.0.0/24 is subnetted, 1 subnets
B           51.1.1.0 [20/0] via 111.1.1.2, 14:02:08
         103.0.0.0/24 is subnetted, 2 subnets
B           103.244.109.0 [20/0] via 11.1.1.2, 13:43:03
B           103.244.108.0 [20/0] via 11.1.1.2, 13:43:03
         32.0.0.0/24 is subnetted, 1 subnets
C           32.1.1.0 is directly connected, Loopback2
B        221.168.32.0/24 [20/0] via 11.1.1.2, 13:43:03
         33.0.0.0/24 is subnetted, 1 subnets
C           33.1.1.0 is directly connected, Loopback3
B        221.168.33.0/24 [20/0] via 11.1.1.2, 13:43:04
         54.0.0.0/24 is subnetted, 1 subnets
B           54.1.1.0 [20/0] via 111.1.1.2, 14:02:10
         53.0.0.0/24 is subnetted, 1 subnets
B           53.1.1.0 [20/0] via 111.1.1.2, 14:02:10
         52.0.0.0/24 is subnetted, 1 subnets
B           52.1.1.0 [20/0] via 111.1.1.2, 14:02:10
         42.0.0.0/24 is subnetted, 1 subnets
B           42.1.1.0 [20/0] via 111.1.1.2, 13:53:47
         43.0.0.0/24 is subnetted, 1 subnets
B           43.1.1.0 [20/0] via 111.1.1.2, 13:53:47
         111.0.0.0/30 is subnetted, 1 subnets
C           111.1.1.0 is directly connected, FastEthernet0/0
         41.0.0.0/24 is subnetted, 1 subnets
B           41.1.1.0 [20/0] via 111.1.1.2, 13:53:47
         11.0.0.0/30 is subnetted, 1 subnets
C           11.1.1.0 is directly connected, FastEthernet1/0
         12.0.0.0/30 is subnetted, 1 subnets
C           12.1.1.0 is directly connected, FastEthernet2/0
         44.0.0.0/24 is subnetted, 1 subnets
B           44.1.1.0 [20/0] via 111.1.1.2, 13:53:47
         31.0.0.0/24 is subnetted, 1 subnets
C           31.1.1.0 is directly connected, Loopback1
```

[R9] BGP Neighbor, BGP Table 및 Routing Table

```
R9#show ip bgp summary
Neighbor    V    AS MsgRcvd MsgSent  TblVer  InQ OutQ Up/Down State/PfxRcd
21.1.1.2    4  9526    2692    2696      17    0    0 13:55:10           4
22.1.1.2    4  9526    2690    2694      17    0    0 13:55:10           4
112.1.1.2   4  3786    2489    2484      17    0    0 13:55:10          12

R9#show ip bgp
   Network          Next Hop    Metric  LocPrf  Weight  Path
*> 31.1.1.0/24      112.1.1.2                        0  3786  4766 i
*> 32.1.1.0/24      112.1.1.2                        0  3786  4766 i
*> 33.1.1.0/24      112.1.1.2                        0  3786  4766 i
*> 34.1.1.0/24      112.1.1.2                        0  3786  4766 i
*> 41.1.1.0/24      0.0.0.0          0           32768  i
*> 42.1.1.0/24      0.0.0.0          0           32768  i
*> 43.1.1.0/24      0.0.0.0          0           32768  i
*> 44.1.1.0/24      0.0.0.0          0           32768  i
*> 51.1.1.0/24      112.1.1.2        0               0  3786  i
*> 52.1.1.0/24      112.1.1.2        0               0  3786  i
*> 53.1.1.0/24      112.1.1.2        0               0  3786  i
*> 54.1.1.0/24      112.1.1.2        0               0  3786  i
*  103.244.108.0/24 112.1.1.2                        0  3786  4766 9526 i
*                   22.1.1.2         0               0  9526  i
*>                  21.1.1.2         0               0  9526  i
*  103.244.109.0/24 112.1.1.2                        0  3786  4766 9526 i
*                   22.1.1.2         0               0  9526  i
*>                  21.1.1.2         0               0  9526  i
*  221.168.32.0     112.1.1.2                        0  3786  4766 9526 i
*                   22.1.1.2         0               0  9526  i
*>                  21.1.1.2         0               0  9526  i
*  221.168.33.0     112.1.1.2                        0  3786  4766 9526 i
*                   22.1.1.2         0               0  9526  i
*>                  21.1.1.2         0               0  9526  i
```

```
R9#show ip route
Gateway of last resort is not set
     34.0.0.0/24 is subnetted, 1 subnets
B       34.1.1.0 [20/0] via 112.1.1.2, 13:54:52
     51.0.0.0/24 is subnetted, 1 subnets
B       51.1.1.0 [20/0] via 112.1.1.2, 13:54:52
     103.0.0.0/24 is subnetted, 2 subnets
B      103.244.109.0 [20/0] via 21.1.1.2, 13:54:52
B      103.244.108.0 [20/0] via 21.1.1.2, 13:54:52
     32.0.0.0/24 is subnetted, 1 subnets
B       32.1.1.0 [20/0] via 112.1.1.2, 13:54:52
B    221.168.32.0/24 [20/0] via 21.1.1.2, 13:54:52
     33.0.0.0/24 is subnetted, 1 subnets
B       33.1.1.0 [20/0] via 112.1.1.2, 13:54:53
B    221.168.33.0/24 [20/0] via 21.1.1.2, 13:54:53
     21.0.0.0/30 is subnetted, 1 subnets
C       21.1.1.0 is directly connected, FastEthernet2/0
     54.0.0.0/24 is subnetted, 1 subnets
B       54.1.1.0 [20/0] via 112.1.1.2, 13:54:54
     53.0.0.0/24 is subnetted, 1 subnets
B       53.1.1.0 [20/0] via 112.1.1.2, 13:54:54
     112.0.0.0/30 is subnetted, 1 subnets
C       112.1.1.0 is directly connected, FastEthernet0/1
     52.0.0.0/24 is subnetted, 1 subnets
B       52.1.1.0 [20/0] via 112.1.1.2, 13:54:54
     22.0.0.0/30 is subnetted, 1 subnets
C       22.1.1.0 is directly connected, FastEthernet1/0
     42.0.0.0/24 is subnetted, 1 subnets
C       42.1.1.0 is directly connected, Loopback2
     43.0.0.0/24 is subnetted, 1 subnets
C       43.1.1.0 is directly connected, Loopback3
     41.0.0.0/24 is subnetted, 1 subnets
C       41.1.1.0 is directly connected, Loopback1
     44.0.0.0/24 is subnetted, 1 subnets
```

```
C        44.1.1.0 is directly connected, Loopback4
     31.0.0.0/24 is subnetted, 1 subnets
B        31.1.1.0 [20/0] via 112.1.1.2, 13:54:55
```

```
R10#show ip bgp summary
Neighbor     V    AS MsgRcvd MsgSent  TblVer  InQ OutQ Up/Down State/PfxRcd
111.1.1.1 4  4766    2484    2488       45    0    0 14:03:58        8
112.1.1.1 4  9318    2484    2489       45    0    0 13:55:52        8


R10#show ip bgp
   Network          Next Hop      Metric LocPrf  Weight Path
*> 31.1.1.0/24      111.1.1.1        0             0 4766 i
*> 32.1.1.0/24      111.1.1.1        0             0 4766 i
*> 33.1.1.0/24      111.1.1.1        0             0 4766 i
*> 34.1.1.0/24      111.1.1.1        0             0 4766 i
*> 41.1.1.0/24      112.1.1.1        0             0 9318 i
*> 42.1.1.0/24      112.1.1.1        0             0 9318 i
*> 43.1.1.0/24      112.1.1.1        0             0 9318 i
*> 44.1.1.0/24      112.1.1.1        0             0 9318 i
*> 51.1.1.0/24      0.0.0.0          0         32768 i
*> 52.1.1.0/24      0.0.0.0          0         32768 i
*> 53.1.1.0/24      0.0.0.0          0         32768 i
*> 54.1.1.0/24      0.0.0.0          0         32768 i
*  103.244.108.0/24 112.1.1.1                   0 9318 9526 i
*>                  111.1.1.1                    0 4766 9526 i
*  103.244.109.0/24 112.1.1.1                   0 9318 9526 i
*>                  111.1.1.1                    0 4766 9526 i
*  221.168.32.0     112.1.1.1                   0 9318 9526 i
*>                  111.1.1.1                    0 4766 9526 i
*  221.168.33.0     112.1.1.1                   0 9318 9526 i
*>                  111.1.1.1                    0 4766 9526 i


R10#show ip route
Gateway of last resort is not set
     34.0.0.0/24 is subnetted, 1 subnets
```

930

```
B      34.1.1.0 [20/0] via 111.1.1.1, 14:03:26
    51.0.0.0/24 is subnetted, 1 subnets
C      51.1.1.0 is directly connected, Loopback1
    103.0.0.0/24 is subnetted, 2 subnets
B      103.244.109.0 [20/0] via 111.1.1.1, 13:56:04
B      103.244.108.0 [20/0] via 111.1.1.1, 13:56:04
    32.0.0.0/24 is subnetted, 1 subnets
B      32.1.1.0 [20/0] via 111.1.1.1, 14:03:26
B   221.168.32.0/24 [20/0] via 111.1.1.1, 13:56:04
    33.0.0.0/24 is subnetted, 1 subnets
B      33.1.1.0 [20/0] via 111.1.1.1, 14:03:27
B   221.168.33.0/24 [20/0] via 111.1.1.1, 13:56:05
    54.0.0.0/24 is subnetted, 1 subnets
C      54.1.1.0 is directly connected, Loopback4
    53.0.0.0/24 is subnetted, 1 subnets
C      53.1.1.0 is directly connected, Loopback3
    112.0.0.0/30 is subnetted, 1 subnets
C      112.1.1.0 is directly connected, FastEthernet0/1
    52.0.0.0/24 is subnetted, 1 subnets
C      52.1.1.0 is directly connected, Loopback2
    42.0.0.0/24 is subnetted, 1 subnets
B      42.1.1.0 [20/0] via 112.1.1.1, 13:55:35
    43.0.0.0/24 is subnetted, 1 subnets
B      43.1.1.0 [20/0] via 112.1.1.1, 13:55:35
    111.0.0.0/30 is subnetted, 1 subnets
C      111.1.1.0 is directly connected, FastEthernet0/0
    41.0.0.0/24 is subnetted, 1 subnets
B      41.1.1.0 [20/0] via 112.1.1.1, 13:55:35
    44.0.0.0/24 is subnetted, 1 subnets
B      44.1.1.0 [20/0] via 112.1.1.1, 13:55:35
    31.0.0.0/24 is subnetted, 1 subnets
B      31.1.1.0 [20/0] via 111.1.1.1, 14:03:29
```

지금까지 인터넷 백본을 최초 구축할 때의 구성도, 설정 값 및 라우팅에 대해서 확인했다. 위에서 적용된 네트워크 기술은 지금까지 학습해온 기술이 많이 적용됐다. 자세한 설명은 생략하도록 한다. 이 책을 꼼꼼히 학습한 독자분들께서는 충분히 이해할 수 있는 정도의 구성이라 감히 판단합니다.

| 맺음말 |

축하합니다.

이책도 마찬가지지만 IT 관련 서적을 끝까지 독파하기는 여간 쉽지가 않습니다.

끝까지 독파하고 맺음말까지 읽은 분들은 꼭 성공을 하리라 믿습니다.

책을 읽고 스스로 실습을 하면서 느낀 부분이 분명히 있을 것입니다. 의미있는 정보를 전달하는 데이터 통신을 위한 네트워크를 구축하려면 어떤 네트워크 프로토콜을 적용할 것이며, 데이터가 어디에서 출발해 어디로 전달되는지, 네트워크 구간의 장애로 우회하는 경로를 어떻게 마련하는지, 어떠한 네트워크 기술을 사용해 백업을 했는지에 대한 개념이 구체적으로 머리속에 요약이 될 것입니다.

또한 위의 내용만 충실히 해서 네트워크를 구축했다고 끝난 것이 아닙니다. 여기에는 네트워크 보안이라는 또 하나의 꼭지가 있습니다. 네트워크 보안을 고려한 네트워크 구축이야말로 데이터 통신을 위한 제대로 된 네트워크를 꾸미는 것입니다.

이 책을 끝까지 마무리했다면 중간중간 이해가 안 되거나 결과가 정상적으로 나오지 않는 경우도 있었을 것이지만 그 과정 자체가 여러분들에게 지식으로 쌓였을 것입니다.

이 책이 답은 절대 아닙니다. 많은 네트워크와 네트워크 보안 관련 서적과 마찬가지로 지식을 공유하고 더 나은 방법을 스스로 만들어 내는 데 도움은 드릴 수 있을 것입니다.

여기까지 이 글을 읽는 분들께는 축하와 함께 감사의 말을 전합니다. 아무쪼록 하는 업무에 도움이 되고 앞으로 스스로 발전하는 IT 관련 종사자가 되길 바랍니다.

두서없는 말이지만 긴 말이 필요없다고 봅니다. 독자님들께서 반드시 성공하시길 진심으로 바랍니다.

감사합니다.

| 찾아보기 |

따라 하면서 마스터하는 네트워크와 네트워크 보안 2/e

실무로 이해하는 네트워크 및 네트워크 보안의 개념과 원리

발 행 | 2021년 1월 4일

지은이 | 현 정 훈

펴낸이 | 권 성 준
편집장 | 황 영 주
편 집 | 이 지 은
디자인 | 박 주 란

에이콘출판주식회사
서울특별시 양천구 국회대로 287 (목동)
전화 02-2653-7600, 팩스 02-2653-0433
www.acornpub.co.kr / editor@acornpub.co.kr

Copyright ⓒ 에이콘출판주식회사, 2021, Printed in Korea.
ISBN 979-11-6175-469-7
http://www.acornpub.co.kr/book/tensorflow2-keras-deeplearning

이 도서의 국립중앙도서관 출판시도서목록(CIP)은 서지정보유통지원시스템 홈페이지(http://seoji.nl.go.kr)와
국가자료공동목록시스템(http://www.nl.go.kr/kolisnet)에서 이용하실 수 있습니다.(CIP제어번호: CIP2020049366)

책값은 뒤표지에 있습니다.